国家出版基金项目
NATIONAL PUBLICATION FOUNDATION

國家出版基金項目

教育部哲學社會科學研究重大課題攻關項目

「十一五」國家重點圖書出版規劃項目·重大工程出版規劃
國家社會科學基金重大項目
北京大學「九八五工程」重點項目

儒藏

精華編一二三冊
經部四書類

儒藏

精華編

北京大學《儒藏》編纂與研究中心

《儒藏》精華編第一二三

首席總編纂　季羡林

項目首席專家　湯一介

總　編　纂　湯一介　龐　樸　孫欽善　安平秋（按年齡排序）

本冊主編　陳　静　李存山

《儒藏》精華編凡例

一、中國傳統文化以儒家思想爲中心。《儒藏》爲儒家經典和反映儒家思想、體現儒家經世做人原則的典籍的叢編。收書時限自先秦至清代結束。

二、《儒藏》精華編爲《儒藏》的一部分，選收《儒藏》中的精要書籍。

三、《儒藏》精華編所收書籍，包括傳世文獻和出土文獻。傳世文獻按《四庫全書總目》經史子集四部分類法分類，大類、小類基本參照《中國叢書綜録》和《中國古籍善本書目》，於個别處略作調整。凡單書已收入入選的個人叢書或全集者，僅存目録，並注明互見。出土文獻單列爲一個部類，原件以古文字書寫者一律收其釋文文本。韓國、日本、越南儒學者用漢文寫作的儒學著作，編爲海外文獻部類。

四、所收書籍的篇目卷次，一仍底本原貌，不選編，不改編，保持原書的完整性和獨立性。

五、對入選書籍進行簡要校勘。以對校爲主，確定内容完足、精確率高的版本爲底本，精選有校勘價值的版本爲校本。出校堅持少而精，以校正誤爲主，酌校異同。校記力求規範、精煉。

六、根據現行標點符號用法，結合古籍標點通例，進行規範化標點。專名號除書名號用角號（《》）外，其他一律省略。

七、對較長的篇章，根據文字内容，適當劃分段落。正文原已分段者，不作改動。千字以内的短文一般不分段。

八、各書卷端由整理者撰寫《校點説明》，簡要介紹作者生平、該書成書背景、主要内容及影響，以及整理時所確定的底本、校本（舉全稱後括注簡稱）及其他有關情況。重複出現的作者，其生平事蹟按出現順序前詳後略。

九、本書用繁體漢字豎排，小注一律排爲單行。

#《儒藏》精華編一一三册

經部　四書類

四書總義之屬

孟子集註序說

《史記》列傳去聲。曰：「孟軻，〔趙氏曰：「孟子，魯公族孟孫之後。」《漢書》注云：「字子車。」一說：「字子輿。」〕趙氏名岐，字邠卿，東漢京兆人。騶人也，〔騶亦作鄒，本邾國也。〕受業子思之門人。〔子思，孔子之孫，名伋。音急。《索隱》云：「王邵以人爲衍字。」而趙氏註及《孔叢子》等書亦皆云孟子親受業於子思，未知是否。〕慶源輔氏曰：「子思之門人無顯名於後者，而孟子真得子思之傳，則疑親受業於子思者爲是，而《集註》兩存其說。蓋自古聖賢，固有聞而知之者，不必待耳傳面命而後得也。又以《中庸》一書觀之，所以傳授心法，開示蘊奥，如此其至，則當時門弟子豈無見而知之者？孟子從而受之，愈益光明，亦宜有之也。」○西山真氏曰：「七篇之書，其出乎《中庸》者非一。其曰『四端』云者，則『未發之中』、『中節之和』也。蓋仁、義、禮、智，性也，所謂『大本』也。惻隱、羞惡、辭讓、是非，情也，所謂『達道』也。其曰『禹、稷、顔回同道』、『孔子仕、止、久、速』者，則『君子而時中』也。其曰『鄉愿亂德』者，則『小人而無忌憚』也。其曰『子莫執中』者，『時中』之反也。其曰『曾子、北宮黝之勇』者，『南、北方之强』也。其曰『仁之實事親，義之實從兄，禮之實，節文斯二者』，則『仁者，人也，親親爲大。義者，宜也，尊賢爲大。親親之殺，尊賢之等，禮所生也』。其曰『堯、舜性之，湯、武反之』，則『自誠明之謂性，自明誠之謂教』也。其曰『天下國家之本在身』，則『爲天下國家有九經』也。至於『誠者，天之道；思誠者，人之道』一章之義，悉本於《中庸》，尤足以見淵源之所自。」《通考》吴氏程曰：「按孟子自魏惠王三十五年游梁，至哀王七年而燕人畔齊，距孔子蓋一百六十七年，是爲周赧王之三年，而孟子著書之成，固猶在其後也。況孔子夢奠時，伯魚之没已六載，子思固長，不然，亦非幼矣。子思享年六十有二，去孔子四五十年而卒，而孟子始生，其不得親受業可見。故《孟子》但曰『私淑諸人』，而《集註》以爲子思之徒，於《論語序説》止稱門人。」附《蒙引》：《綱目》「孟軻至魏」分注，又爲「受業孔子之孫子思」。蓋兩存以備攷定耳。○此段今斷從子思之門人。若得親受業於子思，不應七篇全無所述，而曰「私淑諸人」，如此輕他。道既通，〔趙氏曰：「孟子通五經，尤長於《詩》、《書》。」程子曰：「孟子曰：『可以仕則仕，可以止則止，可以久則久，可以速則速。』『孔子，聖之時者也。』故知《易》者莫如孟子。又曰：『王者之迹熄而《詩》亡，《詩》亡然後《春秋》作。』又曰：『春秋無義戰。』又曰：『《春秋》天子之事。』故知《春秋》者莫如孟子。」尹氏曰：「以此而言，則趙氏謂孟子長於《詩》、《書》而已，豈知孟子者哉？」〕游齊事宣王，宣王不能用。適梁，梁惠王不果所言，則見以爲迂遠而闊於事情。〔按《史記》：梁惠王之三十五年乙酉，孟子始至梁。其後二十三年，當齊湣王之十年丁未，齊人伐燕，而孟子在齊。故《古史》謂「孟子先事齊宣王，後乃見梁惠王、襄王、齊湣王」。獨《孟子》以伐燕爲宣王時事，與《史記》、《荀子》等書皆不合。而《通鑑》以伐燕之歲爲宣王十九年，則是孟子先游梁而後至齊見宣王矣。然《考異》亦無他據，又未知孰是也。〕新安陳氏曰：「謹按《通鑑綱目》：周顯王三十三年乙酉，孟軻至魏。慎靚王二年壬寅，魏君罃卒，孟軻去魏適齊。五年乙巳，燕君噲以國讓其相子之。赧王元年丁未，齊伐燕，取之。分注但云齊王，其下即書孟軻去齊。赧王二年戊申，即齊閔王地元年。〔閔即湣字。〕伐燕一事，《史記》以爲齊湣王十年丁未，蓋以顯王四十六年戊戌爲齊閔王元年。《通鑑》以爲宣王十九年丁未，蓋以顯王三十七年己丑爲宣王元年。《史記》、《通鑑》之不同，蓋如此。證以《通鑑綱目》，丁未，宣王卒，閔王立，戊申方改元，則丁未乃宣王末年，閔王繼位之年。蓋未能的知伐燕之爲先君事與嗣君事也，以淖齒事證之，閔王爲是。孟子謂爲宣王，恐傳寫之訛耳。無所折衷，姑以《綱目》爲據云。」《通考》仁山金氏曰：「齊宣王伐燕，孟子所見也。謂爲湣王者，荀卿所聞也。《史記》又所傳聞者也。安得以後世所傳聞之辭，而反疑孟子所見之辭乎？文公，尊孟子者，《序説》及《集註》反取《荀子》、《史記》，而疑《孟子》爲差，雖曰疑以傳疑，而後人將以爲實。」又曰：「伐燕事，《孟子》最詳，其次《戰國策》。蘇秦在燕，與其相子之婚，而蘇代與子之交。秦死，齊宣王復用代。代爲齊使燕，燕王問宣王何如，對曰必不霸，不信其臣。以激燕王而厚子之也。於是燕王以國讓子之，三年大亂。儲子謂齊宣王，因而伐之。王令章子伐燕，士卒不戰，城門不閉，燕王噲死，齊大勝，子之亡。此《通鑑》所據以係之宣王也。但《年表》以齊威王立三十六年，宣王立十九年，湣王立四十年。《通鑑》則下減湣王之十年，上益威王之十年，移下宣王十年，以合伐燕之事。《語録》疑考他據，故履祥以爲，伐燕雖微《戰國策》，亦當一以《孟子》爲是，况又有《戰國策》之可據乎？」附《蒙引》：「道既通」，此句亦只可淺説，若正經説到道處，又非司馬遷見識所能到。○新安陳氏謂「伐燕事以淖齒證之，閔王爲是」，此不知何謂也。淖齒是楚人，楚人將兵救齊，因爲齊相齒欲與燕分齊地，乃執閔王殺之，後爲王孫賈所誅。其見於《史記》者如是。此只足以證閔王爲燕所敗，何足以證伐燕之必爲閔王事？

當是之時，秦用商鞅，鞅，倚兩反。楚、魏用吴起，齊用孫子、田忌。天下方務於合從連衡，從，子容反。衡，與横同。○新安陳氏曰：「蘇秦主合從之説，欲合六國爲一以抗秦；張儀主連衡之説，則離六國之交以事秦。六國，謂楚、燕、齊、韓、趙、魏也。」以攻伐爲賢。而孟軻乃述唐、虞、三代之德，是以所如者不合。退而與萬章之徒序《詩》、《書》，述仲尼之意，作《孟子》七篇。」〔趙氏曰：「凡二百六十一章，三萬四千六百八十五字。」韓子曰：「孟軻之書，非軻自著。軻既没，其徒萬章、公孫丑相與記軻所言焉耳。」愚按：二説不同，《史記》近是。」韓子名愈，字退之，謚文公，唐鄧州人。○問：「《序説》謂『《史記》近是』，而《集註》於《滕文公》篇首章云『門人不能盡記其辭』，又第四章云『記者之誤』，如何？」朱子曰：「前説是，後兩處失之。熟讀七篇，觀其筆勢，如鎔鑄而成，非綴緝可就也。《論語》便是記録綴緝所爲，非一筆文字矣。」○新安陳氏曰：「愚聞或疑《易・繫辭》有『子曰』字，以爲非孔子作。朱子曰：『安知非後人所加？如周子自著《通書》，五峰刊之，每章加「周子曰」字。』今讀《孟子》，亦當會此意。」**附**《蒙引》：清嘗記一書，載朱子之言，謂《孟子》一書決是孟子所自作。不是孟子，如何寫得精意如此透徹，首尾如此貫串，看他是甚麽樣文氣。若當時門下有人寫得如此意思出，亦不可謂『軻之死，不得其傳矣』。故曾南豐謂《書》二典，亦臯、夔輩人所作。以公孫丑、萬章平日所問難於孟子者觀之，似未能寫出《孟子》七篇文字如此精粹圓活也。

韓子曰：「堯以是傳之舜，舜以是傳之禹，禹以是傳之湯，湯以是傳之文、武、周公，文、武、周公傳之孔子，孔子傳之孟軻，軻之死，不得其傳焉。荀與楊也，擇焉而不精，語焉而不詳。」〔程子曰：「韓子此語，非是蹈襲前人，又非鑿空撰得出，必有所見。若無所見，不知言所傳者何事。」〕荀子名況，戰國時趙人。楊子名雄，漢蜀郡人。○朱子曰：「此非深知所傳者何事，則未易言也。堯舜之所以爲堯舜，以其盡此心之體而已。禹、湯、文、武、周公、孔子傳之，以至於孟子，其閒相望，有或數百年者，非得口傳耳授密相付屬也。特此心之體，隱乎百姓日用之閒，賢者識其大，不賢者識其小，而體其全且盡者，則爲得其傳耳。」**附**《蒙引》：孟氏之後有董仲舒，如何不傳與？其所持所造，視猶優韓子。曰：視韓子則醇正過之矣，若以配堯、舜及孔、軻，如何得！今以先儒所論董子者録於後，便見董子之爲董子矣。程子曰：「董子言『仁人正其誼不謀其利，明其道不計其功』，度越諸子遠矣。」朱子曰：「仲舒資質純良，摸索道得數句著，然亦非他真見得這道理。」問仲舒見道不分明處。曰：「也是鶻突。如『命者天之令』，『性者生之質』，『情者人之欲』，『命非聖人不立』，『性非教化不成』，『情非制度不節』等語，是不識性善模樣。」○荀、楊是誠有不精不詳處，但不知韓子之見，是指何處爲不精不詳耳。○❶又曰：「孟氏醇乎醇者也。荀與楊，大醇而小疵。」〔程子曰：「韓子論孟子甚善。非見得孟子意，亦道不到。其論荀、楊則非也。荀子極偏駁，只一句性惡，大本已失。楊子雖少過，然亦不識性，更説甚道？」〕《荀子·性惡篇》：「人之性惡，其善者僞也。今人之性，生而有好利焉，有疾惡〔去聲。〕焉，有耳目之欲，好聲色焉，然則從人之性，順人之情，必出於争奪，合於犯分亂理而歸於暴。故必將有師化之法，禮義之道，〔音導。〕然後出於辭讓，合於文理而歸於治。然則人之性惡，明矣，其善者，僞也。」○《楊子·脩身篇》：「人之性也善惡混，脩其善則爲善人，脩其惡則爲惡人。氣也者，所適善惡之馬也歟？」○朱子曰：「韓子謂荀楊大醇小疵，非是。由田駢、慎到、申不害、韓非之徒觀之，則荀、楊爲大醇耳。」○程子説荀、楊等語，是就分金秤上説下來。附《蒙引》：「孟子醇乎醇者也」，謂其擇之精、語之詳也。擇之精以窮究言，語之詳以議論言。「荀與楊，大醇而小疵」，大醇以其皆知崇正道、黜邪説也，小疵即擇焉不精、語焉不詳也。❷

○❸又曰：「孔子之道大而能博，門弟子不能偏觀而盡識也，故學焉而皆得其性之所近。其後離散，分處上聲。諸侯之國，又各以其所能授弟子，源遠而末益分。惟孟軻師子思，而子思之學出於曾子。自孔子没，獨孟軻氏之傳得其宗。故求觀聖人之道者，必自孟子始。」〔程子曰：「孔子言參也魯。然顔子没後，終得聖人之道者，曾子也。觀其啓手足時之言，可以見矣。所傳者子思、孟子，皆其學也。」〕問：「大是就渾淪處説，博是就該貫處説否？」朱子曰：「韓子亦未必有此意，但如此看，亦自好。」問「學焉而皆得其性之所近」。曰：「政事者，就政

❶「○」，原脱，今據《四書大全》補。
❷「焉」，原作「言」，今據《四書蒙引》改。
❸「○」，原脱，今據《四書大全》補。

事上學得；文學者，就文學上學得；德行、言語者，就德行、言語上學得。」○慶源輔氏曰：「韓子但言孔門諸子，惟曾子之學獨傳而有子思、孟軻，然不言其所以獨傳之故。故程子又從而發明之，以爲曾子只緣資質魯鈍，故用功於内者深篤確實，觀其啓手足之言，所謂一息尚存，此志不容少懈者，此聖道之所以終傳而有子思、孟子之學也。」附《蒙引》：程子注曰「孔子言參也魯」云云，程子此言，不是正解韓子之言。朱子以其可相發明，故附云。○恐韓子見不到此，大概説學而已。觀其「偏觀盡識」字面可見也。其曰「必自孟子始」者，猶曰「顔子發聖人之藴」者耳。正論：觀聖道，必自曾子之《大學》始，所謂初學入德之門者。此言只是主孟子言耳，亦「行遠自邇，登高自卑」之意。○又曰：「楊子雲曰：『古者楊墨塞先則反。路，孟子辭而闢之，廓苦郭反。如也。』夫音扶。楊、墨行，正道廢。孟子雖賢聖，不得位。空言無施，雖切何補？然賴其言，而今之學者尚知宗孔氏，崇仁義，貴王賤霸而已。其大經大法，皆亡滅而不救，壞爛而不收。所謂存十一於千百，安在其能廓如也？然向無孟氏，則皆服左衽而言侏音朱。離矣。張存中曰：「《後漢・南蠻傳》云：『衣裳斑蘭，語言侏離。』侏離，蠻夷語，言不分明之聲也。」故愈嘗推尊孟氏，以爲功不在禹下者，爲去聲。此也。」新安陳氏曰：「自『夫楊墨行』至『安在其能廓如也』，皆是難辭，揚中之抑。只着『向無孟氏』三句斡轉而斷之，以孟氏功不在禹下盡之矣。孟子闢楊、墨，功不在禹治洪水下者，洪水溺人之身，異端陷溺人心，心溺之禍，甚於身溺故也。」

或問於程子曰：「孟子還可謂聖人否？」程子曰：「未敢便道他是聖人，然學已到至處。」愚按：「至」字恐當作「聖」字。朱子曰：「若以孟子比孔子時説得高，然孟子道性善，言必稱堯、舜，又見孟子説得實。」○慶源輔氏曰：「未敢便道他是聖人，以其行處言。學已到聖處，以其知處言也。孟子論『大而化之謂聖，聖而不可知之謂神』，與夫聖智巧力之譬，精密切當，非想像臆度之所能及，是其『學已到聖處』也。然其英氣未化，有露圭角處，故『未敢便道他是聖人』，此其權度審矣。」○程子又曰：「孟子有功於聖門，不可勝平聲。言。仲尼只説一箇仁字，孟子開口便説仁義。仲尼只説一箇志，孟子便説許多養氣出來。只此二字，其功甚多。」○又曰：「孟子有大功於世，以其言性善也。」○又曰：「孟子性善、養氣之論，皆前聖所未發。」慶源輔氏曰：「言性善，使資質美者聞之，必求復其本然而充其善；❶資質不美者聞之，亦知所自警，而不流於惡。言養氣，使氣質剛柔不齊者，勇猛奮發於道義，而無巽懦柔弱之弊。皆發夫子所未發，其功多蓋在此。此所以有大功於世也。」○又曰：「學者全要識時。若不識時，不足以言學。顔子陋巷自樂，音洛。以有孔子在焉。若孟子之時，世既無人，安可不以道自任？」○又曰：「孟子有些英氣。才有英氣，便有

圭角。英氣甚害事。新安陳氏曰：「『英氣甚害事』，蓋責備賢者之辭。」附《蒙引》：問：「孟子英氣害事處安在？」曰：「孔子德性較寬大，氣象較從容，故卑者亦得而親之，高者亦愈見其不可及，故曰『夫子温良恭儉讓以得之』，又曰『即之也温，聽其言也厲』。蓋狡詐者獻其誠，暴慢者致其恭，如飲醇醪，令人不覺自醉；譬之春風著物，自然能使發生也。如此而猶有不入不行處，則命也。若孟子，則不如孔子多矣。既是如此，則其所以感人者，亦未得如孔子矣。」如顔子便渾厚不同，顔子去聖人只毫髮間。孟子大賢，亞聖之次也。」❷或曰：「英氣見形甸反。於甚處？」曰：「但以孔子之言比之，便可見。如字。且如冰與水精非不光，比之玉，自是有温潤含蓄氣象，無許多光耀也。」覺軒蔡氏曰：「聞之程子又曰：『仲尼，元氣也；顔子，春生也；孟子并秋殺盡見。仲尼無所不包；顔子示不違如愚之學於後

❶「然」，疑衍。

❷「次」，原作「流」，今據《四書大全》改。

世，有自然之和氣，不言而化者也；孟子則露其材，蓋亦時然而已。仲尼，天地也；顏子，和風慶雲；孟子，泰山巖巖之氣象也。觀其言，皆可見之矣。仲尼無迹，顏子微有迹，孟子其迹著。』『孔子儘是明快人，顏子儘豈弟，孟子儘雄辨。』」〇慶源輔氏曰：「英氣是剛明秀發之氣，此自是好底氣質，若消化未盡，極有圭角，則有時而發。學要變化氣質，須渾然純是義理，如張子所謂『德勝於氣，性命於德』，方始是成就處。」又曰：「言，心聲也，德之符也，有德者必有言。若就言上看得分明，則其德無餘藴矣。玉有温潤含蓄氣象，所以爲寶；人有温潤含蓄氣象，所以爲聖也，其理一也。」附《蒙引》：蓋以顏子爲大賢亞聖，而孟子次之。

楊氏曰：❶「《孟子》一書，只是要正人心，教人存心養性，收其放心。至論仁、義、禮、智，則以惻隱、羞惡、辭讓、是非之心爲之端。論邪説之害，則曰『生於其心，害於其政』；論事君，則曰『格君心之非』，『一正君而國定』。千變萬化，只説從心上來。人能正心，則事無足爲者矣。《大學》之脩身、齊家、治國、平天下，其本只是正心、誠意而已。心得其正，然後知性之善。故孟子遇人便道性善。朱子曰：「『心得其正，然後知性之善』，語若有病。蓋知性之善，然後能正其心。心得其正，然後有以真知性之爲善而不疑耳。」〇慶源輔氏曰：「『人能正心，則事無足爲者』，則語亦失之大快。觀《大學》正心之後，於脩身、齊家、治國、平天下，更有工夫在。」附《蒙引》：孟子「大人格君心之非」，「一正君而國定」，豈亦大快哉？歐陽永叔名脩，廬陵人。却言『聖人之教人，性非所先』，可謂誤矣。人性上不可添一物，堯、舜所以爲萬世法，亦是率性而已。所謂率性，循天理是也。外邊用計用數，假饒立得功業，只是人欲之私。與聖賢作處，天地懸隔。」慶源輔氏曰：「此數句，判斷二帝三王及漢唐以後爲治之道所以不同，明白詳盡。」

❶「氏」，原作「子」，今據《四書大全》改。

孟子集註大全卷之一 三魚堂讀本

當湖陸隴其稼書手輯

受業 席永恂漢翼 王前席漢廷 參閱

姪 禮徵用中 男 宸徵直方 較訂

梁惠王章句上

凡七章。《通考》勿軒熊氏曰：「一章義利之辨，兼言孟子之學。二章言與民同樂。三、四、五、六章皆言仁政。七章兼言王霸之辨。」

孟子見梁惠王。

梁惠王，魏侯罃於耕反。也。都大梁，趙氏曰：「按魏初都安邑，在漢河東郡安邑縣。至惠王徙大梁，在漢陳留郡浚儀縣。」僭稱王，謚曰惠。《通考》趙氏悳曰：「魏之先，畢公高之後。晉獻公以魏封畢萬爲大夫，後從其國，名爲魏氏，至罃立爲王。謚法：愛人好與曰惠。《汲冢紀年》：『梁惠成王九年四月甲寅，徙都大梁。』」○東陽許氏曰：「孟子至梁時，魏尚爲侯，此章稱之爲王，乃著書之時追書耳。蓋始各王於其國，至徐州之會，則王之號通於天下矣。」《史記》：「惠王三十五年，新安倪氏曰：「按《綱目》，周顯王三十三年乙酉，爲惠王三十五年。」卑禮厚幣以招賢者，而孟軻至梁。」問：「孟子不見諸侯，其見惠王，何也？」朱子曰：「不見諸侯，不先往見也。見惠王，答其禮也。先王之禮，未仕不得見諸侯。時士鮮自重，而孟子猶守此禮，故所居之國，未仕，必君先就見，然後往見。異國，君不得越境，必以禮先焉，然後往答其禮耳。《史記》得其事之實矣。」附《蒙引》：《綱目》：周顯王三十三年，孟軻至魏，梁惠王之三十五年也。齊魏會於徐州以相王，惠王之三十七年也。《史記》：「惠王三十五年，卑禮厚幣以招賢者。」按《綱目》，於會徐州以相王之年始書魏惠王一年，則此所謂惠王三十五年者，是自始爲侯即位時計得此年數，不是爲王之三十五年也。爲王只一年而薨。○孟子嘗言「說大人則藐之」，以其在我自有一段高似他底正經本子在。至如問對之閒，他都有一段出他頭上底正經議論在。梁王問利，他便有仁義來換了他。齊王問桓文之事，他便有王道來換了他。蓋其所據者正，才又非常，所以迎刃而解。○《存疑》曰：「見梁惠王，舊或謂答其禮，或謂欲行道。要孟子本意，是欲行其道，而惠王卑禮厚幣以招賢，則有可見之義爾。」

王曰：「叟不遠千里而來，亦將有以利吾國乎？」

叟，長上聲。老之稱。《通考》吴氏程曰：「叟非絶句，當連下文。」附顧麟士曰：「按《通義》金仁山曰：『梁惠以叟稱孟子，古人尚年，以叟老爲相尊之辭，非必果有年也。』」王所謂利，蓋富國强兵之類。西山真氏曰：「當時王道不明，人心陷溺，惟知有利而已，故惠王利國之問，發於見賢之初。」附《存疑》：之類，所該尚廣。

孟子對曰：「王何必曰利？亦有仁義而已矣。

仁者，心之德、愛之理。義者，心之制、事之宜也。朱子曰：「仁者，心之德，見得可包四者。義者，心之制，只是說義。」○「心之德」，是混淪說；「愛之理」，方說到親切處。「心之制」，是說義之體，程子所謂「處物爲義」是也。「事之宜」，是就千條萬緒各有所宜處說，楊雄言「義以宜之」，韓愈言「行而宜之之謂義」。若只以義爲宜，則義有在外意思，須如程子所言，則處物者在心而非外也。「事之宜」雖若在外，然所以制其宜，則在心也。○「心之制」如利斧，事來劈將去，可底從這一邊去，不可底從那一邊去。○仁兼義言者，是言體；專言者，是兼體用而言。○仁對義，爲體用。仁又自有仁之體用，義又自有義之體用。○所謂「事之宜」，方是指那事物當然之理，未說到處置合宜處也。○問：「人所以爲性者五，獨舉仁義，何也？」曰：「天地所以生物，不過陰陽五行，而五行實一陰陽也。人性雖有五，然曰仁義則大端已舉矣。以陰陽五行言，則木火皆陽，金水皆陰，而土無不在；以性言，則禮者仁之餘，智者義之歸，而信亦無不在也。又曰『禮者仁之著，智者義之藏』，又曰『仁存諸心，性之所以爲體也；義制夫事，性之所以爲用也』。然以性言之，則皆體也；以情言之，則皆用也。以陰陽言之，則義體而仁用也；以存心制事言之，則仁體而義用也。錯綜交羅，惟其所當，而各有條理焉。」○疊山謝氏曰：「夫子罕言仁，不過於隨事發現處言。孟子『仁，人心』一語，直説仁之本體。此朱子於《論注》先言愛，而《孟注》先言心，真得孔孟之要旨。」○諸葛氏曰：「《語》之爲仁，猶曰行仁，以仁之用言，故《集註》先言『愛之理』。《孟子》此章，以仁之體言，故《集註》先言『心之德』。」○雲峰胡氏曰：「『心之德』是體，『愛之理』是用；『心之制』是體，『事之宜』是用。孟子所言仁義，是包體用而言，《論語》所謂爲仁，是以仁之用言。」《通考》吴氏程曰：「有子爲仁，是因用明體，就偏言處説仁；孟子仁義，是先體後用，就專言處説仁，故《集註》釋之互異。」○東陽許氏曰：「心有專言偏言。『心之德』是專言之仁，固全説體；『愛之理』是偏言之仁，其中又含體用，愛爲用，其理則體也。《或問》又推以陰陽言，則義體而仁用。蓋天地間物，静體而動用，陰静陽動，而仁，陽也；義，陰也，故其體用如此。」附《蒙引》：不必説亦有仁義，可以益王之國，只是對利字言，不必要對吾國字。但説到「未有仁而遺其親，未有義而後其君」，則自然有以利其國矣。此句且莫鑿破他。○「愛之理」，對「心之德」則爲用，若對「心之制、事之宜」，則仍又爲體。○謝説未然。所謂《論注》先言愛者，是有子「孝弟爲仁之本」章，蓋有子之言主愛上説，所以《注》先言愛，又不干孔子以隨事發見者言。況「仁遠乎哉」、「顔淵問仁」，《注》只言「心之德」，而全不及「愛之理」，又何先愛之理之有？若《孟子》並舉仁義，是以體用言，而仁義又各自有體用，則先體後用者，立言解義，法當然也。縱《孟子》無「仁，人心」之言，亦當如此解。○諸葛氏亦未是，讀者詳之。

此二句乃一章之大指，下文乃詳言之。後多放與倣同。❶此。

王曰『何以利吾國』，大夫曰『何以利吾家』，士庶人曰『何以利吾身』，上下交征利而國危矣。萬乘之國弑其君者，必千乘之家；千乘之國弑其君者，必百乘之家。萬取千

❶「同」，原作「此」，今據《四書大全》改。

焉，千取百焉，不爲不多矣。苟爲後義而先利，不奪不饜。乘，去聲。饜，於豔反。

此言求利之害，以明上文「何必曰利」之意也。征，取也。上取乎下，下取乎上，故曰交征。國危，謂將有弑奪之禍。乘，車數也。萬乘之國者，天子畿音祈。内地方千里，出車萬乘。千乘之家者，天子之公卿采音菜。地方百里，出車千乘也。千乘之國，諸侯之國。百乘之家，諸侯之大夫也。《前漢·刑法志》：「殷、周以兵定天下矣。天下既定，戢藏干戈，教以文德，而猶立司馬之官，設六軍之衆，〔司馬掌邦政，軍旅屬焉。萬二千五百人爲軍，王者六軍也。〕因井田而制軍賦。地方一里爲井，井十爲通，通十爲成，成方十里；成十爲終，終十爲同，同方百里；同十爲封，封十爲畿，畿方千里。有稅有賦：稅以足食，賦以足兵。四井爲邑，四邑爲丘。丘，十六井也，有戎馬一疋，牛三頭。四丘爲甸。甸，六十四井也，有戎馬四疋，兵車一乘，牛十二頭，甲士三人，〔在車上者。〕卒七十二人，干戈備具，是爲乘馬之法。〔一井八家，一甸六十四井，計田五百七十六頃，五百一十二家，出士卒七十五人，則殷周之制，不及七家給一兵也。又兵車一乘，有牛馬共十六，計三十二家，又出一馬或牛也。〕一同百里，提封萬井，〔提，舉也。舉四封之内也。〕除山川沈斥，城池邑居，園囿術路，三千六百井，〔沈斥，水田舃鹵也。沈，謂淵，深水之下也。斥，鹹鹵之地。術，大道也。〕定出賦六千四百井，戎馬四百疋，兵車百乘，此卿大夫采地之大者也，〔采，官也，因官食地，故曰采也。〕是謂百乘之家。一封三百一十六里，提封十萬井，定出賦六萬四千井，戎馬四千疋，兵車千乘，此諸侯之大者也，是謂千乘之國。天子畿方千里，提封百萬井，定出賦六十四萬井，戎馬四萬疋，兵車萬乘，故稱萬乘之主。戎馬車徒干戈素具。」《通考》程氏復心曰：「按《王制》，天子畿内，地方千里，爲方百里者百。則千乘之家，國當地方三百一十四里有奇，爲方百里者十。百乘之家，地方百里，爲方十里者百。故《刑法志》云云，與《集註》不同。要之，孟子特就當時假説言之，非謂古法然也。」〇東陽許氏曰：「萬乘之國則千乘之家，千乘之國則百乘之家，此以君十卿祿大概言之也。王畿方千里，固可出車萬乘。天子之卿受地視侯，則方百里，方百里不能出車千乘也。千乘之國，當三百十六里有畸，百乘之家，則當方百里矣。諸侯卿之采地，未必如是之大也。讀者不可以辭害意。」○詹氏道傳曰：「《書》孔疏：凡出車一乘，則有兩車，一正一副。一曰輕車，甲馬四疋，甲士三人，在車上，左主射，右主刺，中主御。步卒七十二人隨之，前拒二十四人，左角二十四人，右角二十四人。共七十五人。二曰重車，牛十二頭，炊家子十人，固守衣裝五人，廄養五人，樵汲五人，共二十五人，皆所以佐兵車者。兵車以戰，大車以載輜重，兩車總百人。」○項氏安世曰：「按舊説，一乘步卒七十二人，甲士三人，凡七十五人。除五長外，大率皆三人共治，恐於督率兵事不便。按兵車一乘，雖止用七十五人，而將重車者又二十五人，則百人也。若以百人當車一乘，則於旅卒師軍之長自然無所齟齬，不至如前之參差雜亂矣。」弑，下殺上也。饜，足也。言臣之於君，每十分扶問反，下同。而取其一分，新安陳氏曰：「以制地定法言，天子萬乘，諸侯取十之一，得千乘。諸侯千乘，大夫取十之一，得百乘。」亦已多矣。若又以義爲後而以利爲先，則不弑其君而盡奪之，其心未肯以爲足也。慶源輔氏曰：「《集註》發明不奪不饜，最説得人心求利之意出。蓋尚義則循理而有制，徇利則横流而無節，故不弑逆而盡奪之，其心猶有所不足也。」○新安陳氏曰：「此章始末兼言仁義，中單言義者，蓋仁有温然慈愛之意，義有截然斷制之意，取其斷制以勝私去利，則義之用爲尤切。兼言仁義，該體用之全也；單言義，取功用之切也。下文仁施於親，義施於君，此對君言之，故單言義，亦通。」**附**《淺説》：利欲之非正，固不可求，況求利又自有其害乎。○《存疑》：「萬乘之國」至「不奪不饜」，皆是説國危之事。「萬取千焉」至「不奪不饜」，又只是申「萬乘之國弑其君」四句。○「王曰何以利吾國」，一定是取之於臣民，所謂損下益上也；「大夫曰何以利吾家」，一定是取之君與民，所謂攘奪其君，尅剥其民也，故曰「上下交征利」。○《蒙引》：《路史·國名記》云：「國家之稱，抑又不一。」《孟子》言千乘之家，而《王制》縣内之采邑，皆曰國，《周官》朝大夫且稱每國，是國亦謂之家，而邑亦或稱國矣。豈非公侯卿佐謹度以事其上，則全於臣；節制以禦其下，則正於君。自臣道言之，雖國亦家；而自君道言之，則邑亦國耶？采邑曰國，則卿大夫固可爲諸侯矣，所謂内諸侯也。○「萬乘之國弑其君者」，豈必王朝之公卿而後可哉？幽王之見弑於申侯是已。但此處朱子大注，分明謂天子之公卿，蓋本《萬章下》「天子之卿受地視侯」説，大抵是要家字端的，未可輕疑妄議。○按《大學》孟獻子曰：「百乘之家，不畜聚斂之臣。」則已先孟子言之矣。豈彼百乘不謂大夫耶？○顧麟士曰：「《紹聞編》南軒曰：『以仁義爲本，是導民於理也。以利爲尚，是導民於欲也。理明則尊卑上下之分定，不然，則凡有血氣者，皆思自足其欲，非盡攘上之所有弗已也。』」

未有仁而遺其親者也，未有義而後其君者也。

此言仁義未嘗不利，以明上文「亦有仁義而已」之意也。遺，猶棄也。後，不急也。言仁者必愛其親，義者必急其君。故人君躬行仁義而無求利之心，則其下化之，自親戴於己也。

朱子曰：「仁者人也，其發則專主於愛，而愛莫切於事親，故人仁則必不遺其親矣。義者宜也，其發則事皆得其宜，而所宜者莫大於尊君，故人義則必不後其君矣。」○慶源輔氏曰：「仁義，人心之固有。人君躬行仁義以感之，而無求利之心以誘之，則人心之固有者，亦皆興起而自然尊君親上，有不待外求而勉强爲之也。」○雲峰胡氏曰：「人性有五，仁義爲先；人倫有五，君親爲先。所以孟子揭此於七篇之首。然此二句，本文『仁義』二字指下之人而言，《集註》必自人君躬行上説來者，蓋上文先言王，而後言大夫士庶，惟上之人求利，而後下皆求利。故《集註》於此揭人君躬行仁義而無求利之心，故其下化之，而自有仁義之利也。」○新安倪氏曰：「孟子謂『何必曰利，亦有仁義而已矣』，是以利對仁義而分言之。《集註》於此節云『仁義未嘗不利』，是以仁義合利而貫言之。若與《孟子》上文有不同者，何哉？蓋有仁義中之利，有仁義外之利。外仁義以求利，《孟子》之所戒，此章之大旨也。行仁義而得利，《集註》之所發明，亦《孟子》此節之本意也。『不遺其親』，即是親親之仁。『不後其君』，即是尊君之義。豈非仁義中自然之利乎？」附《淺説》：仁義之至正，固在所行，況行仁義又自有其利乎？○《蒙引》：細看大注「躬行仁義」與「仁義未嘗不利」兩箇仁義字，與本文仁義字及注中仁者義者字不同。蓋「仁義未嘗不利」，亦是就人君言，非是謂仁者自享愛親之利，義者自享敬君之利也。

王亦曰仁義而已矣，何必曰利？」

重平聲。言之，以結上文兩節之意。○此章言仁義根於人心之固有，天理之公也。利心生於物我之相形，人欲之私也。慶源輔氏曰：「利心人本無之，只緣有己有物，彼此相形，便生出較短量長，爭多競少之意。遂欲己長人短，人少己多，偏詖反側，惟己是徇，故曰『人欲之私』也。」循天理，則不求利而自無不利；徇人欲，則求利未得而害已隨之。慶源輔氏曰：「循天理者，無所爲而爲，故不求利；然成己成物，各得其宜，故自無不利。徇人欲者，有所爲而爲，故雖求利而未必得。然妨人害物，招尤取禍，故害常隨之。」所謂毫釐之差，千里之繆。靡幼反。此《孟子》之書所以造端託始之深意，學者所宜精察而明辨也。覺軒蔡氏曰：「學者細玩『而已矣』與『何必』之辭，見《孟子》語意嚴厲，斬釘截鐵，斷斷然只說仁義，更不向利上去。若董子『正其誼不謀其利，明其道不計其功』，意亦得其傳者歟？」○雲峰胡氏曰：「子朱子深有取於三山黃登之言，曰：『天下一切人都把害對利，事事上只見得利害，不問義理。須知利字乃對義字，明得義利，便是無乖爭之事。』《集註》所謂『循天理，則不求利而自無不利』，是以利字與義字對，而利不出乎義之外；『徇人欲，則求利未得而害已隨之』，是以利字與害字對，而害已藏於利之中也。」○太史公曰：新安陳氏曰：「司馬談爲太史令，子遷尊其父，故謂之公。遷繼其職，仍稱太史公。西漢龍門人也。」「余讀《孟子》書，至梁惠王問何以利吾國，未嘗不廢書而歎也。曰：嗟乎！利誠亂之始也。夫子罕言利，常防其源也。故曰『放上聲。於利而行，多怨』。自天子以至於庶人，好去聲。利之弊，何以異哉？」問：

「太史公之歎，其果知孟子之學耶？」朱子曰：「未必知也。以其言之偶得其要，是以謹而著之耳。」程子曰：「君子未嘗不欲利，但專以利爲心則有害。惟仁義則不求利而未嘗不利也。」慶源輔氏曰：「利者，民生所不可無者也，故乾之四德曰利，《書》之三事曰利，此所謂『君子未嘗不欲利』。但專欲求利，則不顧義理，專欲利己而必害於人。惟能循仁義而行，則體順有常，而自無不利。」當是之時，天下之人惟利是求，而不復扶又反。知有仁義。故孟子言仁義而不言利，所以拔本塞先則反。源而救其弊，此聖賢之心也。」龜山楊氏曰：「君子以義爲利，不以利爲利，使其民不後其君親，則國治矣。利孰大焉？故曰『亦有仁義而已，何必曰利』。」○朱子曰：「凡事不可先有箇利心，才説著利，必害於義。聖人做處，只向義邊做。然義未嘗不利，但不可先説道利，不可先有求利之心。蓋緣本來道理，只有一箇仁義，更無別物事，義是事事要合宜。以利心爲仁義，即非仁義之正，不待有不利，然後仁義阻也。」○雲峰胡氏曰：「孟子之得於子思者，曰仁義所以利之也，及告梁王，則言仁義而不言利。蓋子思所言者，利物之利；梁王所問者，利己之利也。程子以爲拔本塞源者，所以救當時流弊之極。朱子以爲造端託始者，所以謹夫學者心術之初。」○新安陳氏曰：「《孟子》一書，以遏人欲、存天理爲主。『何必曰利』，遏人欲也；『亦有仁義』，存天理也。自此以後，鮮有不可以此六字該貫章旨者。」○東陽許氏曰：「君子利己之心不可有，利物之心不可無。孟子不言利，是專攻人利己之心。絶利己之心，然後可行利物之事，然利物乃所以利己也。至於不遺親後君，則己亦無不利矣，但不可假仁義以求利耳。」

○孟子見梁惠王，王立於沼上，顧鴻鴈麋鹿，曰：「賢者亦樂此乎？」樂，音洛，篇内同。

沼，池也。鴻，鴈之大者。麋，鹿之大者。

附顧麟士曰：「按《詩》注：曲池曰沼。」○楊龜山云「梁王顧鴻鴈麋鹿以問孟子」，則是曰字當連上也。○《蒙引》：賢者，是指人君之賢者。如宣王問「賢者亦有此樂乎」，是指以下賢者。

孟子對曰：「賢者而後樂此，不賢者雖有此，不樂也。

此一章之大指。新安陳氏曰：「揭大指於前，而分開照應於後，此孟子諸章例也。首章及此章，皆如此。此後當以此法觀之，不一一提掇。」○南軒張氏曰：「孟子若答云賢者何樂乎此，則非惟告人之道不當爾，而於理亦有未完也。今云然，則辭氣不迫而理完矣。」又曰：「王所謂樂，人欲之私，以自逸爲樂也。孟子所謂賢者樂此，天理之公，與民同樂者也。」○雙峰饒氏曰：「王意謂賢者未必樂此，自家有慙。孟子説惟是賢者樂此，出王之意外。」

《詩》云：『經始靈臺，經之營之，庶民攻之，不日成之。經始勿亟，庶民子來。王在靈囿，麀鹿攸伏，麀鹿濯濯，白鳥鶴鶴。王在靈沼，於牣魚躍。』文王以民力爲臺爲沼。而民歡樂之，謂其臺曰靈臺，謂其沼曰靈沼，樂其有麋鹿魚鼈。古之人與民偕樂，故能樂也。亟，音棘。麀，音憂。鶴，《詩》作翯，户角反。於，音烏。牣，音刃。

此引《詩》而釋之，以明賢者而後樂此之意。《詩》，《大雅·靈臺》之篇。經，量度待洛反。也。靈臺，文王臺名也。《詩傳》：「國之有臺，所以望氛祲，察災祥，時觀游，節勞佚也。謂之靈者，言其倏然而成，如神靈所爲也。」《通考》東陽許氏曰：「《靈臺》之作，所以候日景，占星象，望雲物也。其下有囿，囿中有沼，併以游觀爾。七十里之囿，所以供四時之田，講武事於其中，且與民之芻蕘雉兔者共之，不容不廣，此在郊之外者也。靈臺之囿，必近城郭，地不可容，且無所用其大。文王繼體即位，本都岐，在位四十六年遷郢，又三年遷豐，作靈臺，其時九十有六，明年即薨。田獵之囿，非作靈臺之意也。七十里之囿，在岐山舊都，故有與民同芻蕘雉兔之常制。」營，謀爲也。攻，治也。不日，不終日也。亟，速也。言文王戒以勿亟也。子來，如子來趨父事也。靈囿、靈沼，臺下有囿，囿中有沼也。囿，所以域養禽獸。麀，牝婢忍反。鹿也。伏，安其所，不驚動也。濯濯，肥澤貌。鶴鶴，潔白貌。於，歎美辭。牣，滿也。孟子言文王雖用民力，而民反歡樂之，既加以美名，而又樂其所有。蓋由文王能愛其民，故民樂其樂，而文王亦得以享其樂也。雙峰饒氏曰：「自樂便不是仁，同樂便是仁，如文王未嘗無靈臺、靈沼，然與民同樂，便是天理。文王畢竟自朝至于日中昃，不遑暇食，用咸和萬民，人必得所，然後有此樂，此所謂後天下之樂而樂。」《通考》東陽許氏曰：「麀鹿魚鳥，各得其所，咸遂其性，可見文王之德被萬物。觀兩『在』字，而下文魚鹿云云，尤見文王仁及物而物感動處。物且如是，而人可知。」**附**《蒙引》：古之人與民偕樂，是説平日有恩惠及人，治岐之政是也，不必兼言勿亟之命。蓋詩人言「經始勿亟」，是與下句「庶民子來」相叫應，言文王尚戒以勿亟，而庶民亦自急也，以見其得民樂之意耳。壬辰會試講偕樂，慮咸和之政素孚於治岐之日，勿亟之令又布於經始之時，是以戒民勿亟爲偕樂矣。信然則當時儻不戒以勿亟，民有不子來乎？若泛論勿亟亦是愛民處，則何不可。○故能樂也，全在民樂其樂上，故《集註》用此句以發揮其義。○「不日成之」，成之亟也。又追言之曰方其經始之時，王尚戒以勿亟，而庶民歡忻踴躍，亦自爾其急也，所以不日成之。臺既成矣，臺下有囿也，於是遂言「王在靈囿」云云。囿中有沼也，於是又言「王在靈沼」云云。詩人語次蓋如此。○饒氏謂文王畢竟後天下之樂而樂，此意亦好。不然，文王之視民如傷，忍苦役之以供吾樂耶？○於，歎美辭。此乃民樂之辭，與上文麀鹿同。皆是民樂文王之所有，不可謂文王自歎美。○民反歡樂之，指「庶民子來，不日成之」也，不是包「謂其臺曰靈臺」以下。

《湯誓》曰：『時日害喪？予及女偕亡。』民欲與之偕亡，雖有臺池鳥獸，豈能獨樂哉？」害，音曷。喪，去聲。女，音汝。

此引《書》而釋之，以明不賢者雖有此不樂之意也。《湯誓》，《商書》篇名。時，是也。日，指夏桀。害，何也。桀嘗自言，吾有天下，如天之有日，日亡吾乃亡耳。

趙氏曰：「所引桀語，出《尚書大傳》。」**民怨其虐，故因其自言而目之曰，此日何時亡乎？若亡則吾寧與之俱亡，蓋欲其亡之甚也。孟子引此，以明君獨樂而不卹其民，則民怨之而不能保其樂也。**龜山楊氏曰：「梁王顧鴻鴈麋鹿以問孟子，孟子因以爲賢者而後樂此。至其論文王、夏桀之所以異，則獨樂不可也。世之君子，其賢者乎，則必語王以憂民而勿爲臺沼苑囿之觀，是拂其欲也；其佞者乎，則必語王以自樂而廣其侈心，是縱其欲也，二者皆非能引君以當道。唯孟子之言，常於毫髮之閒，剖析利善之所在，使人君化焉而不自知。夫如是，其在朝則可以格君心之非，而其君易行矣。」○南軒張氏曰：「民一也，得其心，則子來而樂君之樂；失其心，則害喪而欲君之亡。究其本，則由夫順理與徇欲之分而已。❶人君常懷不敢自樂之心，則足以遏人欲矣；常懷與民偕樂之心，則足以擴天理矣。」○雙峰饒氏曰：「孟子之書，句句是事實。說仁義，便說『未有仁而遺其親，未有義而後其君』，爲仁義事實。說『賢者樂此，不賢者雖有此不樂』，便說文王靈臺、靈沼，《湯誓》『時日曷喪』，爲同樂獨樂事實。」○新安陳氏曰：「南軒『遏人欲、擴天理』六字，可斷盡《孟子》七篇，謹提出以示學者。夫同一臺池苑囿、鳥獸魚鼈耳，賢者循天理之公，愛民而與之同樂，則民樂君之樂而君得享其樂；不賢者徇人欲之私，不卹民而自樂，則民欲君之亡，君安得有此樂？天理人欲，同行異情，詳見後章。」《通考》東陽許氏曰：「此章關鍵，全在偕樂獨樂上。文王與民同樂，夏桀結怨奉己，興亡乃其效也。」

○梁惠王曰：「寡人之於國也，盡心焉耳矣。河內凶，則移其民於河東，移其粟於河內。河東凶亦然。察鄰國之政，無如寡人之用心者。鄰國之民不加少，寡人之民不加多，何也？」

寡人，諸侯自稱，言寡德之人也。河內、河東，皆魏地。凶，歲不熟也。移民以就食，移粟以給其老稚之不能移者。移粟，民

❶「由」，原作「曰」，今據《癸巳孟子說》、《四書大全》改。

自移其粟耳。附《蒙引》：「何也」二字，是推在歲凶上去。末段《集註》明曰：「乃以民不加多歸罪於歲凶。」○設若河内河東俱凶，則惠王又將何以處之？

孟子對曰：「王好戰，請以戰喻。填然鼓之，兵刃既接，棄甲曳兵而走。或百步而後止，或五十步而後止。以五十步笑百步，則何如？」曰：「不可，直不百步耳，是亦走也。」曰：「王如知此，則無望民之多於鄰國也。」好，去聲。填，音田。

填，鼓音也。兵以鼓進，以金退。《通考》東陽許氏曰：「《集註》『兵以鼓進，以金退』，亦大約言之。《周禮·大司馬》辨鼓鐸鐲鐃之用，大抵鐲進鐃退，鐸兼進退也。後世戰陳，蓋專以金聲退。鐸，大鈴也。鐲，鉦也，形如小鐘，以爲鼓節。鐃如鈴，執而鳴之。」附《蒙引》：鼓字非虛，指戰字而言也。如《孫武子傳》所謂「於是鼓之」，「於是復鼓之」者一例。○後世戰陳，皆以金退，蓋自戰國已然也。直，猶但也。如《詩》「匪直也人」之直。言此以譬鄰國不卹其民，惠王能行小惠，然皆不能行王道以養其民，不可以此而笑彼也。楊氏曰：「移民移粟，荒政之所不廢也。然不能行先王之道，而徒以是爲盡心焉，則末矣。」慶源輔氏曰：「《周禮·司徒》『以荒政十有二聚萬民』，雖無所謂移粟之事，然大荒大札，則令邦國遺民以辟災就賤。」附《存疑》：戰以勝敵爲上，走之遠近弗計也。猶治以王道爲上，小惠之能行與否弗計也。行小惠，不可望民加多，欲民加多，惟在行王道爾，故下二節遂言王道。○《蒙引》：此且未追咎他前日所行之病民，只說他今日所行之未足以救民。至末段乃追舉其時病所在而切告之。○這都不似聖人辭氣，雖説得恁活落，折得來痛快，終是於誠意動人主上欠幾分。愚謂若於誠意動人主意思十分重，則應時閒自無此許多闔闢變化講論。先儒謂孟子未免有戰國氣習，此所以做人必要到聖人地位。

不違農時，穀不可勝食也；數罟不入洿池，魚鼈不可勝食也；斧斤以時入山林，材木不可勝用也。穀與魚鼈不可勝食，材木不可勝用，是使民養生喪死無憾也。養生喪死無憾，王道之始也。勝，音升。數，音促。罟，音古。洿，音烏。

農時，謂春耕夏耘秋收之時。凡有興作，不違此時，至冬乃役之也。不可勝食，言多也。數，密也。罟，網也。洿，窊烏瓜反。下之地，水所聚也。古者網罟必用四寸之目，魚不滿尺，市不得粥，余六反。人不得食。山林川澤，與民共之，而有厲禁。《周禮·地官司徒》：「山虞掌山林之政令，物爲之厲而爲之守禁。仲冬斬陽木，仲夏斬陰木。〔或謂陽木生山南者，陰木生山北者。〕凡服耜斬季材，以時入之。〔服牝服車之材也。季，猶穉也。服與耜，宜用穉材，尚柔韌也。〕令萬民時，斬材有期日。」○「澤虞掌國澤之政令，爲之厲禁，使其地之人守其材物，以時入之於王府，頒其餘於萬民。」○雲峰胡氏曰：「文王治岐，澤梁無禁。此所謂『山林川澤與民共之』，即是澤梁無禁。無禁者，王者愛民之仁也。雖無禁而有厲禁，又王者愛物之仁也。《周禮》『山虞掌山林之政令，物爲之厲而爲之守禁』。注：『物爲之厲，每物有藩界也。爲之守禁，爲守者設禁令也。守者謂其地之民，占伐林木者也。鄭司農云：厲，遮列守之也。』以是觀之，澤梁無禁者，不禁民之取。而有厲禁者，禁民之不以時取也。」草木零落，然後斧斤入焉。《禮記·王制》：「獺祭魚，然後漁人入澤梁。豺祭獸，然後田獵。鳩化爲鷹，然後設罻羅。草木零落，然後入山林。」此皆爲治去聲。之初，法制未備，且因天地自然之利，而撙祖本反。節愛養之事也。然飲食宮室所以養生，祭祀棺槨所以送死，皆民所亟而不可無者。今皆有以資之，則人無所恨矣。王道以得民心爲本，故以此爲王道之始。慶源輔氏曰：「養生送死，乃人世之始終，於是二者皆有以濟之，則人世之始終一無所憾，而民心得矣。此其所以爲王道之始也。」○新安陳氏曰：「『法制未備』，謂聖人未行井田法以前。『天地自然之利』，謂穀魚材木之類。『撙節愛養』，謂不違農時、不用數罟、斧斤時入之類。『王道之始』，謂王制未備，王道未成，不過初焉事。下一節，《集註》云『是王道之成也』，正與此『王道之始』相對。」附《蒙引》：「依文王之囿方七十里」章注云「古者四時之田，皆於農隙以講武事」，則四時皆有農隙，不專謂冬也。故春有蒐，夏有苗，秋有獮，冬有狩，豈必皆至冬乃役之乎？曰：「然則如此注乎？」曰：「田以講武，則四時皆可伺農隙以役民。凡有興作，則決須至冬也。興作，興徒作事也。田獵以講武，不與興作之目。」○穀，專指稻，不兼黍、稷、麥、菽也。黍、稷、麥、菽，不必皆春耕、夏耘、秋收也。一說正不可如此拘，春耕、夏耘、秋收，亦大概舉其大略云耳，論理當兼說方是。○「洿池」二字平看。洿，地勢自然者。池，是人所鑿者。○山林之分：其高者爲山，平而多草木者爲林。○斧斤當有別。賈誼《治安策》曰：「至於髖髀之所，非斤則斧也。」但考之韻書，俱無二義，當再詳之。意者有大小之别。○厲禁，厲與禁也，非謂嚴禁也。○養生喪死皆無憾，則民心自不能舍是而他適，此亦應前面加多之意。○元許衡《陳時務四事》：一曰立國規模。云：「古今立國，大要在得天下心，得其心無他，愛與公而已。愛則民心順，公則民心服，既順且服，則紀綱法度，施行有地，天下可不勞而理也。」所謂紀綱法度施行有地者，正此所謂王道之始之意。○王道以得民心爲本，得民心以植民生爲本。○當法制未備之時，且要安插吾民，使得將就生理，所以收攝民心，使無至於渙散，所以爲王道之始耳。如漢高入關，悉除秦苛法，而王基遂定。唐高祖始定河北，亦能安民，故民歸之者如市。皆是收拾民心於大事未定之時。○顧麟士曰：「按《通義》仁山金氏曰：『喪，平聲。』則是活字，包得祭祀棺槨，言喪其死也。」

五畝之宅，樹之以桑，五十者可以衣帛矣；雞豚狗彘之畜，無失其時，七十者可以食肉矣；百畝之田，勿奪其時，數口之家可以無飢矣；謹庠序之教，申之以孝悌之義，頒白者不負戴於道路矣。七十者衣帛食肉，黎民不飢不寒，然而不王者，未之有也。衣，去聲。畜，許六反。數，去聲。凡有天下者人稱之曰王，則平聲；據其身臨天下而言曰王，則去聲。後多倣此。

五畝之宅，一夫所受，二畝半在田，二畝半在邑。田中不得有木，恐妨五穀，故於牆下植桑以供蠶事。趙氏曰：「古者一夫一婦，受私田百畝，公田十畝。八家是爲八百八十畝，餘公田二十畝，八家分之，得二畝半，以爲廬舍城邑之居，亦各得二畝半。春令民畢出在野，冬則畢入於邑。在野曰廬，在邑曰里，廬各在其田中，而里聚居也。」五十始衰，非帛不暖，未五十者不得衣也。畜，養也。時，謂孕字之時，如孟春犧牲毋用牝之類也。《禮記・月令》：孟春之月，「命樂正入學習舞，乃脩祭典，命祀山林川澤，犧牲毋用牝。禁止伐木，毋覆巢，毋殺孩、蟲、胎、夭、飛鳥。」〔夭，烏老反。胎，懷孕者。夭，始生者。〕七十非肉不飽，未七十者不得食也。問：「既曰魚鼈不可勝食矣，又言老者始可食肉，何也？」朱子曰：「魚鼈自生之物，養其小而食其大，老幼之所同也。至於芻豢之畜，人力所爲，則非七十之老，不得以食之矣。」○南軒張氏曰：「衣帛食肉，必曰五十七十者，民之欲無窮，而桑蠶畜養之利有限，不爲之制，則争逐其欲，而老者或不得衣之食之矣。又使知老者之當養，其老幼之有別，教亦行乎其中矣。日用飲食，無非教也，不待庠序而後教也。」《通考》東陽許氏曰：「《王制》『五十始衰，六十非肉不飽，七十非帛不暖』，與此不同。或殷或周之制異。大抵年高者，衣帛食肉也。」百畝之田，亦一夫所受。至此則經界正，井地均，無不受田之家矣。趙氏曰：「古以百步爲畝，今以二百四十步爲畝，古百畝當今之四十一畝也。經界，謂治地分田，經畫其溝塗封植之界也。」《通考》仁山金氏曰：「古者六尺爲步，步百爲畝。一夫一婦受田百畝，又受田廬之地二畝半，邑居二畝半。田以九百畝爲一井，八面皆百畝，爲私田，八家受之；内一百畝爲公田，又有公田之内除二十畝爲廬舍，八家則每家得二畝半。邑屋所受亦如之。古所謂畝，即今田疄，其廣六尺，其長六百尺，是爲一畝。若以今大步計之，則古百步當今四十一畝，古者一畝半當今一畝十步。」庠序，皆學名也。申，重直用反。也，丁寧反覆之意。善事父母爲孝，善事兄長上聲，下同。爲悌。頒，與斑同，老人頭半白黑者也。負，任在背。戴，任在首。夫音扶。民衣食不足，則不暇治禮義；而飽暖無教，則又近於禽獸。故既富而教以孝悌，則人知愛親敬長而代其勞，不使之負戴於道路矣。《通考》東陽許氏曰：「庠序之教，教以人倫，於其常教之中，又以孝悌二者重明之，而篤之尤力也。」衣帛食肉但言七十，不言五十。舉重以見形甸反。輕也。黎，黑也。黎民，黑髮之人，猶秦言黔其廉反。首也。《史記·秦紀》：始皇三十四年，丞相李斯上書，有曰「惑亂黔首」，黔首，黑頭也。少去聲。壯之人，雖不得衣帛食肉，然亦不至於饑寒也。此言盡法制品節之詳，雙峰饒氏曰：「五畝宅，百畝田，是法制。五十衣帛，七十食肉，是品節。有法制無品節，則泛而不足用。有品節無法制，則於何處取用。」極裁成輔相去聲。之道，以左右民，是王道之成也。慶源輔氏曰：「《注》云『盡法制品節之詳，極裁成輔相之道』，則民情之變故已備見，聖人之制作已大成。『以左右民』，則不惟制民之産，使之有以養其生，而又爲之學校之教，使之得以全其性，如帝堯所謂『匡之、直之、輔之、翼之，使自得之』，是爲王道之大成也。」○新安陳氏曰：「『極裁成輔相』，總言田桑畜養之事。『以左右民』，就富教斯民說。乃王道之終事，應上文『王道之始也』一句。」附《蒙引》：豚，稚豕也。彘相承言牝豕也。然考諸韻書，並無此明訓，只云豕也。惟《正韻》：「豚，小豕也。」《周禮·天官·庖人》注亦然。蓋麋，鹿之大者。豚，豕之小者。曰麋又曰鹿，曰豚又曰豕，兼舉耳。○狗有三，守狗、獵狗、豢狗。此是指豢狗也。○上文不違農時，猶未有百畝之制，至此方一夫受田百畝。然雖受田百畝，而奪其時，亦無益矣。故又須弗奪其時，與上句雞豚狗彘無失其時同。或謂「勿失其受田之時」者，非也。○庠序，指鄉學，非謂國學也。舉俊秀及凡鄉之民皆教之，所謂使契爲司徒，教以人倫者也，所教之中，又以孝弟爲重。蓋春秋教以禮樂，冬夏教以《詩》、《書》，無非教也，豈特孝弟在所教耶。或者只見《集註》云「既富而又教以孝弟」，即以此爲憑，謂本文「謹庠序之教」全虛設，所教者只是孝弟而已。若果只是孝弟，亦不用「申」字了。《集註》特以其所重者而省文言之耳。○饒氏謂「五畝宅，百畝田，是法制。五十衣帛，七十食肉，是品節」，此説亦無憑據。蓋法制，固所以品節之也。況此節重五畝宅、百畝田，及鷄豚狗彘之畜，上其曰五十七十足以衣帛食肉者，乃其效耳，本意非以此論品節也。觀上條注有「法制未備」字，可見法制亦自兼得品節了。又或以五畝百畝爲法制，勿奪其時、無失其時爲品節，亦牽强。○撙節之節，與下條法制品節及制度品節之節不同，故「狗彘食人食」一句，只與「五畝之宅」一條相反看可也。又一説：因天地自然之利而撙節愛養之，此亦是先王制度品節處，但未盡其詳也。○「盡法制品節之詳」，所以「極裁成輔相之道」也。○《存疑》：必七十然後許食肉，少壯之人，不是都不得食，其食有時，不若老者之常用也。○老者衣帛食肉，黎民不飢不寒，內含教民意。○「裁成輔相之道」，即所以「左右其民」。輔氏以輔相當養説，左右其民當教説，不是。

狗彘食人食而不知檢，塗有餓莩而不知發；人死，則曰：『非我也，歲也。』是何異於刺人而殺之，曰：『非我也，兵也。』王無罪歲，斯天下之民至焉。」莩，平表反。刺，七亦反。

檢，制也。莩，餓死人也。發，發倉廩以賑音震，通作振，起也、救也。貸他代反。也。歲，謂歲之豐凶也。惠王不能制民之産，又使狗彘得以食人之食，則與先王制度品節之意異矣。至於民飢而死，猶不知發，則其所移特民間之粟而已。乃以民不加多，歸罪於歲凶，是知刃之殺人，而不知操七刀反。刃者之殺人也。不罪歲，則必能自反而益脩其政。即上文所言王道。天下之民至焉，則不但多於鄰國而已。○程子曰：「孟子之論王道，不過如此，可謂實矣。」新安陳氏曰：「王道不出農桑教養等實事，豈求之高遠難行者哉。」又曰：「孔子之時，周室雖微，天下猶知尊周之爲義，故《春秋》以尊周爲本。至孟子時，七國争雄，天下不復扶又反。知有周，而生民之塗炭已極。當是時，諸侯能行王道，則可以王去聲。矣。此孟子所以勸齊梁之君也。蓋王者，天下之義主也。聖賢亦何心哉？視天命之改與未改耳。」朱子曰：「孔子尊周，孟子不尊周，如冬裘夏葛、飢食渴飲，時措之宜異爾。此齊桓不得不尊周，亦迫於大義，不得不然。夫子筆之於經，明君臣之義於萬世，非專爲美桓公也。孔、孟易地則皆然，得時措之宜，則並行而不相悖矣。」○雲峰胡氏曰：「不有孔子之論，則在下者不知有尊王之義，而民可以無君矣。不有孟子之論，則在上者不知天命之改不改在民心之向背，而君可以無民矣。」○新安陳氏曰：「天命之改未改，驗之人心而已。人心猶知尊周，可驗天命未改，則當守天下之經，文王、孔子之事是也。人心不知有周，可驗天命已改，不得不達天下之權，武王、孟子之事是也。司馬温公、李泰伯尚不達此而非孟子，固哉！讀者不可不勘破此義。」附《蒙引》：「狗彘食人食而不知檢」，既有以致人之死，「塗有餓莩而不知發」，又無以救人之死，是人之死者，我也，非歲也。今也人死，則曰「非我也，歲也」云云。○當時惠王若遂用孟子之言而見之施行，必先發倉廪而賑貸，以舒目前之急，次行王道之始事，而後及王道之終事耳。或者不察，只謂劈初頭便只是不違農時、數罟不入、斧斤以時，不知民只管塗有餓莩，等你不違農時、數罟不入、斧斤以時，如何濟得？反是迂遠而闊於事情。孟子斷無迂闊事，且是時民既有飢色，野有餓莩矣，聖人通變宜民，雖使數罟入洿池、斧斤不以時入山林，亦可也。○初觀惠王之問，似若無罪歲之意，然孟子一聞其言，遂得其意，於其所謂「鄰國之民不加少，寡人之民不加多，何也」數字内，就見他是欲歸罪於歲。

梁惠王曰：「寡人願安承教。」

承上章言願安意以受教。附《淺説》：承教，還有求教之意，不是承上文之教也。梁惠王因孟子之言而有所感，復問曰行小惠不若行王政，宜罪己而不宜罪歲凶，夫子斯言，所以教我者至矣，然而國政多端，善言必再，寡人願安意以承教，夫子幸盡言而無隱也。

孟子對曰：「殺人以梃與刃，有以異乎？」

曰：「無以異也。」梃，徒頂反。

梃，杖也。

「以刃與政，有以異乎？」曰：「無以異也。」

孟子又問而王答也。新安陳氏曰：「政謂虐政。梃、刃、政殺人，承上章歲兵之意而敷演之。」

曰：「庖有肥肉，廐有肥馬，民有飢色，野有餓莩，此率獸而食人也。

厚斂力驗反。於民以養禽獸，而使民飢以死，則無異於驅獸以食人矣。新安陳氏曰：「此因前章『狗彘食人食』『塗有餓莩』之意而究言之，即以虐政殺人也。」

獸相食，且人惡之。爲民父母，行政不免於率獸而食人。惡在其爲民父母也？惡之之惡，去聲。惡在之惡，平聲。

君者，民之父母也。惡在，猶言何在也。

附《蒙引》：獸相食一節，極言人君以子民之責而反爲殘民之事。作俑一節，又痛言民之不可殘也。

仲尼曰：『始作俑者，其無後乎！』爲其象人而用之也。如之何其使斯民飢而死也？」俑，音勇。爲，去聲。

俑，從去聲，下同。葬木偶人也。古之葬者，束草爲人以爲從衛，謂之芻靈，略似人形而已。中古易之以俑，則有面目機發，而太似人矣。趙氏曰：「木人設機而能踊跳，故名曰俑。」故孔子惡去聲，下同。其不仁，而言其必無後也。新安陳氏曰：「作俑者，殺人殉葬之漸。孔子惡之者，以此。」○《禮記·檀弓下》：「孔子謂爲名器者，知喪道矣，備物而不可用也。哀哉！死者而用生者之器也，不殆於用殉乎哉？其曰明器，神明之也。塗車芻靈，自古有之，明器之道也。孔子謂爲芻靈者善，謂爲俑者不仁，不殆於用人乎哉？」孟子言此作俑者，但用象人以葬，孔子猶惡之，況實使民飢而死乎？《通考》東陽許氏曰：「孔子據已見之禍而深惡其始，謂爲不仁者，事始雖小，末流必大，不可以不謹。孟子因此以戒惠王不可輕視其民。」附《蒙引》：象人而用，不必說到殺人殉葬之漸處，只謂天地閒難得者人，今作俑者，象人以殉葬，猶未至於真殺人也，然以其用於死地，孔子猶惡之。○新安曰：「作俑者，殺人殉葬之漸，孔子惡之者以此。」愚謂孔子之意，未知其果在是與否？然以愚論之，始者之爲芻靈，猶爲不仁。蓋此有芻靈，久則自當有木俑出來，既有木俑，久則自當有殺人以殉者矣。然則始爲芻靈者，其無後乎？孔子蓋特遇俑而發耳。○李氏曰：「爲人君者，固未嘗有率獸食人之心。然徇一己之欲，而不卹其民，則其流必至於此。故以爲民父母告之。夫音扶。父母之於子，爲去聲。之就利避害，未嘗頃刻而忘於懷，何至視之不如犬馬乎？」疊山謝氏曰：「此章以人對獸，極言人君不行仁政，視人猶獸也。天地閒難得者人，象人而用之，猶不免於無後，豈可率獸食人，不行王政，一至於此乎！」○新安陳氏曰：「爲人君者，有作民父母之責，固未嘗有率獸食人之心，惟徇欲而不卹民，則其流至此而不自覺，故以率獸食人，箴其昏迷之錮習；而以爲民父母，觸其惻隱之本心。孟子之言，深切著明如此而王不悟，亦末如之何也已。右二章，戒梁王厲民自養，率獸食人，遏人欲也。勉其行王道，以爲民父母爲心，擴天理也。」附《蒙引》：按惠王曰「寡人願安承教」，是欲孟子教之也。今孟子但直斥其虐政之殺人者，而終無一言教之，何歟？蓋斥其虐政之殺人者，是欲惠王之除其虐政，而更施以仁政也，此即其所以教之也。況王政之詳，已前告之矣，上章所云云是也。今惠王既是安意以承教，則宜急改此等所爲矣。不然，雖有仁政，將何施乎？古云興一利不如除一害，蓋除害則興利也。孰謂孟子之終無以教惠王耶？○顧麟士曰：「上章姑因其盡心之言，而欲導其仁心，故其辭婉。此則因其承教之願，而欲使悟其失，故其言直。」

○梁惠王曰：「晉國，天下莫强焉，叟之所知也。及寡人之身，東敗於齊，長子死焉；西喪地於秦七百里；南辱於楚。寡人恥之，願比死者一洒之，如之何則可？」長，上聲。喪，去聲。比，必二反。洒與洗同。

魏本晉大夫魏斯，與韓氏趙氏共分晉地，號曰三晉。故惠王猶自謂晉國。惠王，斯之孫也。惠王三十年，齊擊魏，破其軍，虜太子申。《史記·魏世家》：惠王三十年，魏伐趙，趙告急齊。齊宣王用孫子計救趙擊魏，魏遂大興師，使龐涓將而令太子申爲上將軍，與齊人戰，敗於馬陵。齊虜魏太子申，殺將軍涓，軍遂大破。十七年，秦取魏少去聲。梁，《史記·魏世家》：惠王十七年，魏與齊戰元里，秦取我少梁。元里、少梁，皆魏地邑名。後魏又數音朔。獻地於秦。《史記·商君傳》：秦孝公使衛鞅將兵伐魏，魏使公子卬將而擊之。軍既相距，衛鞅遺魏將公子卬書曰：「吾始與公子驩，今俱爲兩國將，不忍相攻，可與公子面相見盟，樂飲而罷兵，以安秦魏。」魏公子卬以爲然，會盟已飲，而衛鞅伏甲士襲虜公子卬，因攻其軍，盡破之以歸秦。魏惠王恐，使使割河西之地獻於秦以和，而魏遂去安邑，徙都大梁。又與楚將去聲。昭陽戰敗，亡其七邑。《史記·楚世家》：懷王六年，楚使柱國昭陽將兵而攻魏，破之於襄陵，得邑八。○張存中曰：「按《史記》，魏襄王十三年，『楚敗我襄陵』，不言邑數。楚懷王六年，『得邑八』，與《集註》七邑不合，未知孰是。」比，猶爲去聲。也。言欲爲死者雪其恥也。慶源輔氏曰：「惠王之志，疑若剛勇而有爲者。然細考之史，則其敗於三國，皆非義舉也，徒以争城争地，不失之貪，則失之繆。事既如此，猶不知所以自反，乃於見賢之際，歷敘其喪敗，而欲爲死者一洗之。此正如匹夫賤人，勢出無聊，不勝其忿而求一快者所爲耳。豈有君人之度，而知所謂大勇之理哉？」附《蒙引》：不可謂死者爲太子申，亦不可謂凡死於戰者，是指其先人言也。○顧麟士曰：「『寡人恥之』，《存疑》曰：『言辱及先人也，故曰願比死者一洒之。』死者即先人也。《淺説》、《達説》皆從之。然孫《疏》云『寡人心甚愧恥之』，則下句另作一項亦似可。」

孟子對曰：「地方百里而可以王。

百里，小國也。然能行仁政，則天下之民歸之矣。附《蒙引》：地方百里而可以王，況以堂堂千里之梁。○地方之「方」字，不是與「地」字相連，如今之言地方之類。乃是「海内之地，方千里者九」之方字也，正與方寸、方丈之義同。○《存疑》曰：「地方百里而可以王」，則瑣瑣復讐，皆不足言矣。把惠王所圖底都末了，是何等規模，何等議論。○顧麟士曰：「注『能行仁政』，透下不可用。」

王如施仁政於民，省刑罰，薄稅斂，深耕易耨。壯者以暇日脩其孝悌忠信，入以事其父兄，出以事其長上，可使制梃以撻秦楚之堅甲利兵矣。省，所梗反。斂、易皆去聲。耨，奴豆反。長，上聲。

省刑罰，薄稅斂，此二者仁政之大目也。新安陳氏曰：「省刑則不戕民生，薄賦則民得養生，所以爲仁政之大目。」❶易，治也。耨，耘也。盡己之謂忠，以實之謂信。君行仁政，則民得盡力於農畝，而又有暇日以脩禮義，是以尊君親上而樂音洛，下同。於效死也。朱子曰：「魏地迫近於秦，無時不受兵，割地求成無虛日。孟子之言，似若容易，蓋當時之人，焦熬已甚，率歡欣鼓舞之民而征之，自是見效速。後來公子無忌率五國師，直擣至函谷關可見。」○慶源輔氏曰：「仁政在於養民而已。省刑罰，則民不至無所措其手足，而得以安其生。薄稅斂，則民不至有所闕於衣食，而得以保其生。故孟子言仁政，首及此二者，下面二句，則又其效驗也。深耕易耨，則薄稅斂之所致也。重稅厚斂，則民不聊生。民不聊生，則其於農事亦苟且鹵莽而已。壯者以暇日修其孝悌忠信，入以事父兄，出以事長上，則省刑罰之所致也。嚴刑峻罰，則民不樂生。民不樂生，則其於人道亦何暇脩爲之哉。」附《存疑》：省刑罰，只刑當其罪便是，不是人罪當死都宥了。薄稅斂，只是惟正之供。○出事長上之道，即入事父兄之道也。《大學》曰：「孝者所以事君也，弟者所以事長也。」故孝弟忠信不分者爲是。○《蒙引》：仁政又不止此二者，此特其大者耳。仁政是統言，綱領字也。省刑薄斂是仁政裏面事，故曰目。然仁政先於養民，而其事莫有大於此二者，又當時切務也，故曰大目。○輔氏以深耕易耨爲薄斂所致，孝弟忠信爲省刑所致，不是。○尊君親上，屬

❶「則民得養生所以爲仁政之大目」，原倒且衍一「則」字作「以爲仁政之大目則則民得養生所」，今據《四書大全》改。

本文「可使制梃」句。❶出事長上，以平時言也。尊君親上而樂於效死，指有事時言也。惟其知尊君親上，故樂於效死。○「孝弟以事父兄，忠信以事長上，分貼可，或曰不分爲是。孟子曰仁義忠信，忠信可上貼仁義也，則亦可上貼孝弟。孝弟獨不用忠信乎？」答曰：「事兄亦可謂之孝乎？事父亦可謂之弟乎？事長上亦可謂孝弟乎？然則不容不分矣。若以忠信全貼孝弟，則孝當屬父兄，弟當屬長上，如何得單言仁義可以忠信貼之，若孝弟則亦不用忠信字矣。雖曰誠於孝弟，亦只歸在孝弟内矣。但孝弟可分貼父兄，忠信不可分貼長上，長尊而上卑也。」○「可使制梃以撻秦楚之堅甲利兵」者，謂吾民樂於效死也，非謂不用斷殺也。若不用斷殺，則亦不用制梃矣。蓋此是以吾得民心而言，其實不用戰，故有下文之言。

彼奪其民時，使不得耕耨以養其父母，父母凍餓，兄弟妻子離散。養，去聲。

彼，謂敵國也。附《蒙引》：「彼奪其民時」云云「兄弟妻子離散」，何暇治禮義哉？貼此一句，自與上文相應，而意亦方足。

彼陷溺其民，王往而征之，夫誰與王敵？夫，音扶。

陷，陷於阱。通作穽，疾郢、才性二反。穿地陷獸也。溺，溺於水。暴虐之意。征，正也。以彼暴虐其民，而率吾尊君親上之民往正其罪。彼民方怨其上而樂歸於我，則誰與我爲敵哉？附《蒙引》：「彼陷溺其民」，指「奪其民時，使不得耕耨」云云。

故曰：『仁者無敵。』王請勿疑！」

「仁者無敵」，蓋古語也。以「故曰」二字知之。百里可王，以此而已。恐王疑其迂闊，故勉使勿疑也。附《淺説》：勿疑者，勿疑百里可王之言也，非勿疑「仁者無敵」之言也。○孔氏曰：孔氏，名文仲，字經父，臨江人。「惠王之志在於報怨，孟子之論在於救民。所謂唯天吏

❶「梃」，原作「挺」，今據上下文意改。

則可以伐之，蓋孟子之本意。」南軒張氏曰：「惠王憤其軍師之敗，欲一洒之，是乃不勝其忿欲之私耳。孟子所以告之者，乃爲國之常道，其所施爲，皆有實事。夫王政之所以不行者，以時君謀利計功之念深，每每致疑而莫肯力行故也。使其以先王之治爲必可法，以聖賢之言爲必可信，而力行之，則孰禦焉？」○慶源輔氏曰：「《注》引孔氏之言，蓋怨有當報者，有不當報者，若惠王之事，則所謂不當報者也。不當報而報，則是忿懥者之所爲耳。忿懥者之所爲，則其心熏灼焚燒，愈撲愈熾，不至於大敗極壞而不已。若所謂志於救民，則至誠惻怛，成己以成物，一日有一日之功。其曰唯天吏則可以伐之，其所以自治者嚴矣。」○勿軒熊氏曰：「當時七雄，皆大國也。孟子獨惓惓於齊、梁者，欲得志行乎中國也。若秦、楚，則蠻夷戎狄之裔，七篇之書深鄙外之。蓋其得志，必非天下生民之福。自周之衰，天下大勢，不入於楚，必入於秦，聖賢已逆知其所趨矣。當時孟子止言深耕易耨、孝悌忠信，則可以制梃而撻秦、楚，自一等富强而言，豈不太迂闊而不切於事情？然後來秦亡，不過起於揭竿斬木之匹夫，堅甲利兵果可恃乎？孟子之言，不我誣也。」○新安陳氏曰：「逞忿報怨，私欲也。行仁救民，公理也。行仁則自無敵，不得已而用兵，亦正之之征也。不行仁而惟報私怨，忿爭而已矣。豈惟怨不可報，敗亡常必由之，此章亦所以遏人欲、擴天理也。」

○孟子見梁襄王。

襄王，惠王子，名赫。新安倪氏曰：「按《通鑑》：慎靚王二年壬寅，惠王卒。孟子去魏適齊。是一見襄王後即去也。」

出，語人曰：「望之不似人君，就之而不見所畏焉。卒然問曰：『天下惡乎定？』吾對曰：『定於一。』語，去聲。卒，七没反。惡，平聲。

語，告也。不似人君，不見所畏，言其無威儀也。新安倪氏曰：「《左氏傳》云：『有威而可畏謂之威，有儀而可象謂之儀。』不似人君，無可象之儀也；不見所畏，無可畏之威也。」卒然，急遽之貌。蓋容貌辭氣，乃德之符。新安陳氏曰：「德存於中，容貌辭氣，乃德之符驗，可見於外者。」其外如此，則其中之所存者可知。王問列國分争，天下當何所定。孟子對以必合於一，然後定也。問：「孟子以梁襄王不似人君，不見所畏而譏之，然則必以勢位自高，而厲威嚴以待物邪？」朱子曰：「不然也。夫有諸中者，必形諸外。有人君之德，則必有人君之容。有人君之容，則不必作威而自有可畏之威矣。」曰：「言之急遽，亦何譏邪？」曰：「艮之六五，以中正而言有序。而吕氏亦曰：『志定者，其言重以舒；不定者，其言輕以疾。』然則言貌固皆内德之符，不惟可以觀人，學者雖以自省可也。」曰：「孔子居是邦，不非其大夫。而孟子誦言其君之失如此，何邪？」曰：「聖賢之分，固不同矣。且孔子仕於諸侯，而孟子爲之賓師，其地有不同也。抑七篇之中，無復與襄王言者，豈孟子自是而不復久於梁邪？」附《存疑》：定者，列國息争，干戈不作也。定於一，言必天下合於一統，然後定也。蓋列國分王，勢不歸一，故不相容而起争。天下一統，則天下之政出於一，無敢争也。孰能一之，言列國勢均力敵，莫能相尚，誰能芟除群雄，收其土地，合天下於一也。孰能與之，言列國之民，各屬其主，各畫地而守，孰能越其君而與我也。天下莫不與，言天下之人，莫不越其君而與我，其君不能禁也，故曰沛然孰能禦之。

『孰能一之？』

王問也。

對曰：『不嗜殺人者能一之。』

嗜，時利反。甘也。覺軒蔡氏曰：「好生不嗜殺，天地生物之心也。必得天地此心，然後可爲天之子，爲民之父母。此言，萬世人牧之龜鑑也。」附《蒙引》：不嗜殺人者能一之，此亦觀其時何如，在戰國決然如此。湯、武若不遇桀、紂，終身只是諸侯，故周公不有天下。是以孟子以五六月之旱苗得雨爲喻。而上章言百里可王，亦必以彼奪其民時者爲言，斷斷乎其然矣。〇《存疑》：「不嗜殺人者能一之」意思，於「王知夫苗」以下見得。

『孰能與之？』

王復扶又反。問也。與，猶歸也。

對曰：『天下莫不與也。王知夫苗乎？七八月之間旱，則苗槁矣。天油然作雲，沛然下雨，則苗浡然興之矣。其如是，孰能禦之？今夫天下之人牧，未有不嗜殺人者也，如有不嗜殺人者，則天下之民皆引領而望之矣。誠如是也，民歸之，由水之就下，沛然誰能禦之？』」夫，音扶。浡，音勃。由，當作猶，古字借用，後多倣此。

周七八月，夏五六月也。《孟子》內並以周月言，與《春秋左傳》同。油然，雲盛貌。沛然，雨盛貌。浡然，興起貌。禦，禁止也。人牧，謂牧民之君也。領，頸也。蓋好去聲，下同。生惡去聲。死，人心所同。故人君不嗜殺人，則天下悅而歸之。○蘇氏曰：「孟子之言，非苟爲大而已。然不深原其意而詳究其實，未有不以爲迂者矣。予觀孟子以來，自漢高祖及光武及唐太宗及我太祖皇帝，能一天下者四君，皆以不嗜殺人致之。其餘殺人愈多而天下愈亂。秦、晉及隋，力能合之，而好殺不已，故或合而復扶又反。分，晉武合之，劉、石亂而分王江東。或遂以亡國。孟子之言，豈偶然而已哉？」慶源輔氏曰：「不嗜殺之對，以見理勢之當然，非有爲而爲之者也。蓋人君之心，誠能不嗜殺人，則舉天下皆在我仁愛之中，又孰有渙散乖戾而不一歸於我哉？固非以不嗜殺人爲一天下之具也。」○新安陳氏曰：「嗜殺，人欲之殘虐也。不嗜殺，天理之惻隱也。此亦遏人欲、存天理也。」附《蒙引》：此節重在「今夫天下之人牧，未有不嗜殺人者」及「七八月之間旱，則苗槁矣」二句。因襄王不曉而問孰能與之，故以其時勢開曉之如此。○「誠如是」，該「如有不嗜殺人者，❶則天下之民皆引領而望之矣」二句，望與歸不同，扶携來歸也。引領而望，且說他得民心之向慕。○或要把「其如是，孰能禦之」，與下文「誠如是也」至「沛然孰能禦之」相並對者，亦非也。蓋「其如是，孰能禦之」，就指苗之浡然興言。下文曰「誠如是」，則與「其如是」

❶「該」，原作「誠」，今據《四書蒙引》改。

語意不同矣。況下句又更出一「民」字，如何盡同得。若論其大意，則固兩柱相對也。以苗之浡興於久旱之雲雨，喻民之樂歸於不嗜殺人者。○顧麟士曰：「通章皆作自述語，奇。亦七篇之別體。」

○齊宣王問曰：「齊桓、晉文之事可得聞乎？」

齊宣王，姓田氏，名辟音璧。彊。渠良反。○趙氏曰：「田氏本陳公子完之後，初以陳爲氏，後改姓田氏，至田和始篡齊而有之。辟彊，和之曾孫，是爲宣王。」《通考》趙氏悳曰：「周顯王二十七年，齊桓卒。子辟彊立，是爲宣王，在位十九年卒。《謚法》：『善問周達曰宣。』」○東陽許氏曰：「《集註》辟彊，作開辟封疆說，則上音闢下音疆；作辟除彊暴說，則上必益反，下巨良反。」諸侯僭稱王也。齊桓公，名小白。晉文公，名重耳。皆霸諸侯者。附《蒙引》：所問在此，所志在此也。

孟子對曰：「仲尼之徒無道桓、文之事者，是以後世無傳焉。臣未之聞也。無以，則王乎？」

道，言也。董子曰：「仲尼之門，五尺童子羞稱五伯。霸同。爲去聲。其先詐力而後仁義也，亦此意也。」新安倪氏曰：「董子，名仲舒，西漢廣川人。此語見《漢書》本傳：對江都易王問『粤有三仁』，而曰：『仁人者，正其誼不謀其利，明其道不計其功。是以仲尼之門，五尺童子羞稱五伯，爲其先詐力而後仁義也。』」○西山真氏曰：「孟子後，能深闢五伯者，惟仲舒爲然。」以、已通用。無已，必欲言之而不止也。王，去聲。謂王天下之道。程子曰：「得天下之正，極人倫之至者，堯舜之道也。用其私心、依仁義之偏者，霸者之事也。王道如砥，本乎人情，出乎禮義，若履大路而行，無復回曲。霸者崎嶇反側於曲徑之中，而卒不可與入堯舜之道。故誠心而王，則王矣；假之而霸，則霸矣。二者其道不同，在審其初而已。」○龜山楊氏曰：「齊宣王見孟子於雪宮，曰賢者亦有此樂乎，而孟子答以晏子之言，則霸者之事，非無傳也。孟子務引其君以當道，則桓、文之事，特詭遇而已。大匠不爲拙工改廢繩墨，故曰『無已，則王乎』。」○范氏曰：「按《論語》孔子曰：『桓公九合諸侯，不以兵車，管仲之力也。微管仲，吾其被髮左衽矣。』孔子美齊桓、管仲之功如此，孟子言仲尼之門，無道桓文之事者。聖人於人，苟有一善，無所不取，齊桓、管仲有功於天下，故孔子稱之。若其道，則聖人之所不取也。」○朱子曰：「無道桓、文之事，事者，營霸之事，儒者未嘗講求。如桓公霸諸侯，匡天下，則誰不知？至於經營霸業之事，儒者未嘗言也。」《通考》王氏若虚曰：「春秋之時，五伯迭興，而桓、文爲盛，有功者，莫大於桓、文，有罪者，亦莫大於桓、文。周之東遷，政教號令不行於天下，諸侯不知有周矣。有人於此，勃然而興，更爲明王，支一木於大厦將顛之際，屹砥柱於頽波潰決之餘，内合諸侯，外攘夷狄，使前日之不知有周者，咸知尊周，而君臣之義至於今不墮。謂非桓、文之功，不可也，故聖人略其罪而筆之於《春秋》。然其詐力是先，仁義爲後，如救邢封衛，養亂爲功；如伐衛致楚，陰謀取勝；挾天子而令諸侯，摟諸侯以伐諸侯，如是等類，非其罪歟？故聖人之徒卑其功而無道之者。然聖人《春秋》之作，爲萬世扶綱常，有如尊周之舉而不記之，則無以勸來者，其指微矣。乃若其徒所以不道之者，是又不欲率天下之人而禍仁義，亦《春秋》誅意之法也。故桓、文者，功之首，罪之魁，而聖賢待之仁之至、義之盡也。」附《蒙引》：王，謂王天下之道。道至重，對上文桓、文之事説。○大注必欲言之而不止也，謂必欲孟子言。

曰：「德何如，則可以王矣？」曰：「保民而王，莫之能禦也。」

保，愛護也。慶源輔氏曰：「保，如保赤子之保。」○新安陳氏曰：「王道甚大，其要只在保民。『保民而王』一句，爲此章之綱領。」附《蒙引》：德字輕看，不必云齊王以王道本於德也，只是人君之德當如何乃可王。○《存疑》：保民即德也。

曰：「若寡人者，可以保民乎哉？」曰：「可。」曰：「何由知吾可也？」曰：「臣聞之胡齕曰，王坐於堂上，有牽牛而過堂下者，王見之，曰：『牛何之？』對曰：『將以釁鐘。』王曰：『舍之！吾不忍其觳觫，若無罪而就死地。』對曰：『然則廢釁鐘與？』曰：『何可廢也？以羊易之！』不識有諸？」齕，音核。釁，許刃反。舍，上聲。觳，音斛。觫，音速。與，平聲。

胡齕，下没反。《集註》音核，核字有二音，宜審。齊臣也。釁鐘，新鑄鐘成，而殺牲取血以塗其釁郄乞逆反。也。觳觫，恐懼貌。孟子述所聞胡齕之語而問王，不知果有此事否。附《蒙引》：「可以保民乎哉」，本意言卿試度我能保民否也，乃不敢質言而謙之，曰「若寡人者，豈亦可以保民耶」，言恐不能保民而王也。故孟子下文屢屢於不爲不能之辨。○釁本釁郄，今曰釁鐘，則是因鐘之釁而釁之，使釁者不復釁也。作活字看，釁鐘之釁，如「予有亂臣十人」之亂字意。釁郄之釁，與隙字同。釁鐘之釁，謂填釁也。○顧麟士曰：「若無罪，作若人之無罪，或只大概説，俱可。」○「以羊易之」《淺説》曰：「吾以羊易之，亦作王語也。」

曰：「有之。」曰：「是心足以王矣。百姓皆以王爲愛也，臣固知王之不忍也。」

王見牛之觳觫而不忍殺，即所謂惻隱之心，仁之端也。擴而充之，則可以保四海矣。故孟子指而言之，欲王察識於此而擴充之也。愛，猶吝也。雲峰胡氏曰：「《孟子》一書，言心學甚詳，此是第一箇心字。是心何心也？人之本心也。即此本心而推之，所謂『先王有不忍人之心，斯有不忍人之政』者也。須看《集註》『察識』、『擴充』四字，察識屬知，擴充屬行。」○新安陳氏曰：「『是心足以王矣』一句最緊切。觀王有此愛物之心，即可知王有仁民之心，而可以保民矣。所以指言王之此心，即是足以王天下之本。真氏云『王道不外乎保民，而保民又不外乎此心』是也。」附《蒙引》：所謂「是心」者，即指此不忍之心也。「不忍」二字，此一章之骨子。孟子只得齊宣王「吾不忍其觳觫」一句，遂堅執著「不忍」字，一開一闔，百方開導，要他察識而擴充之。○「是心足以王」，不是愛一牛便足以王天下，爲有此心在，擴而充之，則可以王天下矣。擴充之實，在「老吾老以及人之老」云云。○以羊易之，亦無許大見識，然當時若計較者，則不成易矣。惟其無計較，所以見其爲一時惻隱之真心所發見，而有符於仁術也。此正所謂乍見孺子入井之時，其心怵惕，乃真心也，非思而得，非勉而中者也。○此事在孟子開導齊宣王，則云然耳。若在聖人，自能遠庖廚，縱使見之，亦不至以其觳觫而改用羊也。蓋宣王之易羊者，仁也。聖人之不必易者，義也。此時正用義之時，所謂「食以時，用以禮」者。若易牛之事，只可於無心中一行耳，如每見每易，則於道悖甚矣，故曰孟子主於開導齊王則云然。○《存疑》：齊王當時，雖云不能保民，然心非木石，見民疾苦，定必有惻怛之心，非但見牛而已。止是爲物蔽，隨發隨止，不能擴充此心耳。然孟子不言民而言牛者，姑就齊王見牛一事反覆開導之，所謂用其所明而通其所蔽也。○既曰「是心足以王」，便罷。又説「百姓皆以王爲愛」，又説「以小易大，彼惡知之」，又説「牛羊何擇」，何也？此是孟子機關見識，欲轉撥齊王處。蓋欲使轉輾深思，自得其以羊易牛之故也。以羊易牛之故，見牛未見羊而已，然直告之，則他不醒，都無意味了，故用「百姓皆以王爲愛」一語去起發他，使他反覆深思而自悟。無奈齊王不聽，隨孟子甚樣起發，都不醒悟。他初間只説「齊國雖褊小，吾何愛一牛」，後又説「吾非愛其財而易之以羊」，❶却自誣伏了，都無合殺。故孟子從而啓之，他方欣然頓醒，而前日之心復萌。使非孟子多方起發，他亦不能也。○《蒙引》：「齊國雖褊小，吾何愛一牛」，亦不消如此説，孟子已曰「臣固知王之不忍也」了，又何消解剥。蓋孟子意思，直是欲王察識其本心而擴充之。今齊王略不見有察識之意，只管答得冷澹來，所以孟子又説法以開之，難之曰「王無異」云云。○察識，如下文注所謂「乃知此心不從外得」者，蓋人皆有不忍人之心也。擴充，則須是自親親而仁民，自仁民而愛物，所謂反其本而推之，有所不忍而達之於其所忍者也。○顧麟士曰：「蔡、林説俱精，然察識、擴充、足王，内尚不可用。」

王曰：「然。誠有百姓者。齊國雖褊小，吾何愛一牛？即不忍其觳觫，若無罪而就死地，故以羊易之也。」

言以羊易牛，其迹似吝，實有如百姓所譏者。然我之心不如是也。雙峰饒氏曰：「《論

❶「羊」，原作「差」，今據哈佛本改。

語》『小不忍』，朱子兼『婦人之仁、匹夫之勇』説，婦人不能忍其愛，匹夫不能忍其忿，這箇又是要忍得了。」○雲峰胡氏曰：「饒氏發明兩不忍字甚好。孟子所謂不忍者，如齊宣王見牛之觳觫將死，一念之發，非有所勉强，自然而然者也。君子謂之仁，《論語》所謂『小不忍』者，如婦人匹夫一念之發，不能有所禁止，而一聽其自然者也。君子不謂之義。」○新安陳氏曰：「《論語》之『小不忍』云者，不忍之念發於私小，常人之所不能禁止者也。孟子之『不忍』云者，不忍之念出乎正大，君子之所當擴充者也。」

曰：「王無異於百姓之以王爲愛也。以小易大，彼惡知之？王若隱其無罪而就死地，則牛羊何擇焉？」王笑曰：「是誠何心哉？我非愛其財。而易之以羊也，宜乎百姓之謂我愛也。」惡，平聲。

異，怪也。隱，痛也。擇，猶分也。言牛羊皆無罪而死，何所分別彼列反。而以羊易牛乎？孟子故設此難，❶去聲。欲王反求而得其本心。王不能然，故卒無以自解於百姓之言也。慶源輔氏曰：「宣王既無講學之功，不知反求之理，而徒自辯解於百姓之言，故孟子又設此以問難之。蓋欲王反求而得其本心不忍之實，而王猶不能然也。」○東陽許氏曰：「上言『臣固知王之不忍』，下言『彼惡知之』，蓋宣王見牛不忍之心雖發，而不自知其爲仁之端，故以知與惡知相對説，以爲常人雖爲利欲所昏，而本然之善終未嘗泯，但時或發而不自覺，而不能充之爾。故孟子以爲惟君子爲能知之，衆人不能知也，是啓王之心，使凡遇善心發時，便須識得，即就此擴充，自小以及大，自近以及遠，即其二端推之至其極，則仁不可勝用矣。」**附**《蒙引》：「我非愛其財而易之以羊也」，是反辭，非直辭。言我若非愛其財，何故以羊之小，易牛之大，所謂「是誠何心」，而「宜百姓之謂我愛也」。○孟子故設此難。故字是故意之故。○問：「當時王若能反求而得其本心，則將如何爲辭？」曰：「合當云『見牛未見羊也』。於今言之，『於我心有戚戚

❶「設」，原作「説」，今據哈佛本改。

焉』，即問『此心之所以合於王者何也』，便快了。」○《淺説》：以小易大，迹有可疑，彼惡知王之心爲不忍其無罪就死乎？

曰：「無傷也，是乃仁術也，見牛未見羊也。君子之於禽獸也，見其生，不忍見其死；聞其聲，不忍食其肉。是以君子遠庖廚也。」遠，去聲。

無傷，言雖有百姓之言，不爲害也。術，謂法之巧者。言殺牛既所不忍，釁鐘又不可廢。於此無以處上聲。之，則此心雖發而終不得施矣。然見牛則此心已發而不可遏，未見羊則其理未形而無所妨。朱子曰：「『見牛未見羊也』，未字有意味。蓋言其體則無限量，言其用則無終窮，充擴得去，有甚盡時。」故以羊易牛，則二者得以兩全而無害，此所以爲仁之術也。朱子曰：「齊王見牛觳觫而不忍之心萌，故以羊易之。孟子所謂『無傷』，蓋乃護得齊王仁心發現處。術猶方便也。」○術字本非不好底字，只緣後來把做變詐看了，便道是不好，却不知天下事有難處，須看有箇巧的道理始得。當齊王見牛之時，惻隱之心已發乎中，又見釁鐘事大，似住不得，只得以所不見者而易之。既周旋得那事，又不抑遏了這不忍之心，此心乃得流行。若當時無箇措置，便抑遏了，這不忍之心遂不得而流行矣。此乃所謂術也。聲，謂將死而哀鳴也。蓋人之於禽獸，同生而異類。故用之以禮，而不忍之心施於見聞之所及。其所以必遠庖廚者，亦以預養是心，而廣爲仁之術也。朱子曰：「君子於物，愛之而已，食以時，用以禮，不身翦，不暴殄，既足以盡吾心矣。其愛之者，仁也；其殺之者，義也。齊王之不忍施於見聞之所及，正合愛物淺深之宜。若仁民之心，則豈爲其不見之故，而忍以無罪殺之哉？」○慶源輔氏曰：「唯其不忍之心，止施於見聞之所及，故古之君子知學問者，必遠其庖廚，乃所以預養是不忍之心。不使之見其生，聞其聲，以推廣其爲仁之術，不必屑屑然以其所不見而易其所見也。孟子言此，以見宣王之初心本無不善，以羊易牛，然後仁義之心得以兩全而無害也。」○雲峰胡氏曰：「一本，心也。已發在於擴充，未發在於預養。」《通考》東陽許氏曰：「既見牛而不忍，此心欲行，則便不可殺此牛，而釁鐘又不可廢。或殺牛，或廢禮，皆是人心行不徹，故用未見其形、未聞其聲之羊以代之，此正用術之圓機，此即是權。行仁者，當放此意而行，故謂之術。」附《淺説》：仁者，人之本心。術者，仁之巧法。無仁則心亡，無術則仁滯。自昔君子之爲仁，未嘗不有其術焉。蓋君子之於禽獸也，見其生不忍見其死，聞其聲不忍食其肉，而祭祀奉養賓客之需，亦禮之不可廢者。將何以處之？是以君子遠庖廚，則雖用之以禮，而亦不至見死聞聲以槁吾之心，蓋所以預養是心而廣爲仁之術也。吾王之以羊易牛，其所處正與君子暗合，故曰「是乃仁術也」。○《存疑》：孟子啓齊王，言雖百姓皆以王爲愛，然亦無害，此乃仁術也。然牛羊皆無罪，如何以羊易牛爲仁術？蓋見牛未見羊也。見牛則此心已發而不可遏，未見羊則其理未形而無所妨，故以未見之羊，易已見之牛，則牛得全而鐘得釁，二者得以兩全而無害，所以爲仁術也。○《蒙引》：此仁字就發用上説，其本體具於心者，用不得術也。○預養其心，即廣其爲仁之術也，重在預字上。養之也預，則不至有是心而抑遏不得施者矣。故其仁術自廣，蓋有不勝計者矣。○「君子之於禽獸也」至「遠庖廚也」，此因見牛未見羊及之。孟子開導齊王本意，不重在此。○庖廚，庖取烹炰之義，《周禮》有庖人。廚，庖屋也。○聲，謂將死而哀鳴也。若平時之聲，人誰不聞？又安得一一不忍食其肉耶？

王説曰：「《詩》云：『他人有心，予忖度之。』夫子之謂也。夫我乃行之，反而求之，不得吾心。夫子言之，於我心有戚戚焉。此心之所以合於王者，何也？」説，音悦。忖，七本反。度，待洛反。夫我之夫，音扶。

《詩》，《小雅·巧言》之篇。戚戚，心動貌。王因孟子之言，而前日之心復扶又反。萌，乃知此心不從外得，然猶未知所以反其本而推之也。南軒張氏曰：「宣王聞孟子之言，有得於心而説，謂已雖行之，及反而求之，則有不能以自得者，及孟子抽其端緒以告，則戚然有動於中，當時不忍之意，宛然而形。」○慶源輔氏曰：「戚戚，心動而有所慘傷也。孟子所言曲盡其理，故宣王前日之心復動於中，而委蛇曲折之意莫不盡見，而亦莫非吾心本然之善，非從外而得也。向非孟子據理之極，知言之要，深得夫開導誘掖之術，則亦何能使宣王前日不忍之心復萌也哉？宣王此心雖發動，而其端尚微，其體未充，而又未知所以用力推廣之方，故孟子此下復以用力、用明、用恩之説以曉切之。」○雲峰胡氏曰：「齊王於其本心，略能察識，自此以下，孟子皆教之以擴充。」○新安陳氏曰：「『此心之所以合於王者，何也？』王此句亦問得緊切，與孟子『是心足以王矣』一句相照應。」附《蒙引》：夫子言之，專指仁術一條。○《存疑》：此心不從外得者，若是從外得底物，一過就無了。今有感觸而前日之心復動，可見此心原是吾固有底，不從外得也。未知反本而推之，本對末言，親親是本，愛物是末，因其愛物，而知此心不從外得，反諸其本，自親親而推以仁民愛物也。

曰：「有復於王者曰：『吾力足以舉百鈞』，而不足以舉一羽；『明足以察秋毫之末』，而不見輿薪，則王許之乎？」曰：「否。」「今恩足以及禽獸，而功不至於百姓者，獨何與？然則一羽之不舉，爲不用力焉；輿薪之不見，爲不用明焉；百姓之不見保，爲不用恩焉。故王之不王，不爲也，非不能也。」與，平聲。爲不之爲，去聲。

復，白也。鈞，三十斤。百鈞，至重難舉也。羽，鳥羽。一羽，至輕易去聲，下同。舉也。秋毫之末，毛至秋而末鋭，小而難見也。輿薪，以車載薪，大而易見也。許，猶可也。今恩以下，又孟子之言也。蓋天地之性，人爲貴。故人之與人，又爲同類而相親。是以惻隱之發，則於民切而於物緩，推廣仁術，則仁民易而愛物難。雙峰饒氏曰：「《集註》『惻隱之發』，是就心上説。『推廣仁術，則仁民易而愛物難』，是就術上説。人性靈，所以仁民易；物無知，如何感得他動，所以愛物難。」今王此心能及物矣，則其保民而王，非不能也，但自不肯爲耳。南軒張氏曰：「親親而仁民，仁民而愛物，此天理之大，同由一本而其施有序也。豈有於一牛則能不忍，而不能保民者？蓋方見牛而不忍者，無以蔽之，而其愛物之端發見也。其不能加恩於民者，有以蔽之，而仁民之理不著也。然即夫愛物之端，可以知夫仁民之理素具，能反而循其不忍之實，則其所謂仁民者，固可得也。」○慶源輔氏曰：「天地之性人爲貴，而人之與人，又爲同類而相親，故惻隱之發，於民切，於物緩，皆自然而然，雖至愚之人，亦莫不然。學者須是臨事體察，看教分曉，不可模糊率略，聽其自然，事過便休。若夫推廣仁術，則仁民易而愛物難。所以難、所以易者，且以凡人言之，推廣此心，愛及同類者，其勢便，其事易；至於物則有不得已而資以爲用者，使之皆被吾之愛而無傷，則其勢遠，其事難。自君人者言之，發政施仁，使民得以遂其生者，其勢便，其事易；極輔相裁成之道，使庶類繁殖，鳥獸魚鼈咸若者，其勢遠，其事難。今王此心既發於見牛之際，而又有以處之，而使是心得以流行矣，則是於其勢遠而事難者，既能有以及之，則以是心而施於勢近而事易，與之同類而相親，所謂保民而王者，則豈有不能者哉？但自不肯爲耳。」○新安陳氏曰：「『今恩足以及禽獸，而功不至於百姓者，獨何歟？』此二句，難得最緊切，乃是一大章文意緊策處。下文又以此二句再難以結之，王能其緩且難者，而失之於切且易者，何也？使王能自其不忍之形於愛物者，充廣之以仁民，特舉而措之耳。」附《存疑》：齊王不知是心足以王道理，孟子告之意思，盡在「老吾老」一條。蓋所謂「是心足以王」者，在於擴而充之，非謂止愛一牛，便足致王也。老幼吾老幼，以及人之老幼，舉斯心加諸彼，善推其所爲，即擴充之說也。然不合下直與說，却有見輿薪察秋毫之喻。「不爲」與「不能」之說者，言王恩及禽獸，則於百姓固所優爲。今恩足以及禽獸而功不至於百姓，此事又差異了。故孟子拿住這一件，去辨難攻詰他。○《蒙引》：用恩與推恩何別？曰：單言親親亦爲用恩，仁民亦用恩，愛物亦用恩也。推恩則有次第。○難易二字，不必依饒氏。

曰：「不爲者與不能者之形何以異？」曰：「挾太山以超北海，語人曰『我不能』，是誠不能也。爲長者折枝，語人曰『我不能』，是不爲也，非不能也。故王之不王，非挾太山以超北海之類也，王之不王，是折枝之類也。語，去聲。爲長之爲，去聲。長，上聲。折，之舌反。形，狀也。挾，以腋持物也。超，躍而過也。爲長者折枝，以長者之命，折草木之枝，言不難也。是心固有，不待外求，擴而充之，在我而已。何難之有？

老吾老，以及人之老；幼吾幼，以及人之幼。天下可運於掌。《詩》云：『刑于寡妻，至於兄弟，以御於家邦。』言舉斯心加諸彼而已。故推恩足以保四海，不推恩無以保妻子。古之人所以大過人者無他焉，善推其所爲而已矣。今恩足以及禽獸，而功不至於百姓者，獨何與？

老，以老事之也。吾老，謂我之父兄。人之老，謂人之父兄。幼，以幼畜許六反。之也。吾幼，謂我之子弟。人之幼，謂人之子弟。運於掌，言易去聲，下同。也。《詩》，《大雅・思齊》莊皆反。之篇。刑，法也。寡妻，寡德之妻，謙辭也。御，治也。不能推恩，則衆叛親離，故無以保妻子。蓋骨肉之親，本同一氣，又非但若人之同類而已。故古人必由親親推之，然後及於仁民；又推其餘，然後及於愛物，皆由近以及遠，自易以及難。今王反之，則必有故矣。故復扶又反。推本而再問之。新安陳氏曰：「末二句再問難以結之，十分精神，文法亦有照應收拾。」○和靖尹氏曰：「『善推其所爲』，學者最要推也。因一事則推之大有所益，言舉斯心加諸彼是也。」○南軒張氏曰：「孟子非使之以其愛物者及人，蓋使之因愛物以循其不忍之實，而反其所謂一本者。以親親而仁民，仁民而愛物，此所謂王道也。」○慶源輔氏曰：「人之骨肉，本同一氣而生，又非但若人之同類而已。故於心爲至親至切，而行仁必自孝弟始，然後可以推而及民與物也。勢有近遠，當由近以及遠；事有難易，當自易以及難。老吾老，幼吾幼，以及人之老幼；刑寡妻，至兄弟，以御于家邦，此皆自然之序，而人所不自已者。若或反此，則必有其故矣。是不可不致其克復之功，使之循序而進，不然，則倒行而逆施之，如無源之水，無根之木，不旋踵而乾涸枯悴矣。」○雙峰饒氏曰：「因愛牛之心説到此，欲其因愛物之心，反而見得仁民；因愛人之心，反而見得親親。又因親親推而至於仁民，由仁民推而至於愛物。『運於掌』，言其近而易。天下雖大，只由一家老老幼幼推去，又何難且遠之有。『運於掌』與『視諸掌』不同，運屬行，視屬知，那箇是易知，這箇是易行。」○西山真氏曰：「由親以及民，由民以及物，此古人之善推也。能及物而不能及民，此宣王之不善推也。」○魯齋王氏曰：「『善推其所爲』一句，是孟子平生功夫受用只在此。」○雲峰胡氏曰：「須要看《集註》一節議論貫穿處。始言愛物，則曰：『人之於禽獸，同生而異類。』繼言仁民，則曰：『天地之性，人爲貴。故人之與人，又爲同類而相親。』此言老老幼幼，則曰：『骨肉之親，本同一氣，又非但若人之同類而已。』曰同生，曰同類，曰同氣，是爲理一而分殊。雖推之有序，然皆不過自吾本心而推之，是爲分殊而理一也。大抵此章凡千餘言，大要只二句：欲其察識此心於方發之初，故曰『是心足以王矣』；欲其擴充此心於已發之後，故曰『善推其所爲而已矣』。」附《淺説》：夫王之不王，固由於不推恩，今之欲王，惟在於推恩而已。必也先盡孝弟以老吾之老，而後推之以及人之老，使人亦得以老其老焉。先施慈惠以幼吾之幼，而後推之以及人之幼，使人亦得以幼其幼焉。如是則舉天下之老，無一而不被吾老老之恩；舉天下之幼，亦無一而不被吾幼幼之恩。其恩之及於天下也，特運諸掌耳，何難之有？《詩》云：『刑于寡妻，至于兄弟，以御于家邦。』蓋言人具此心，心具此仁，舉此心而加之寡妻，則寡妻以正；舉此心而加之兄弟，則兄弟以和；舉此心而加之家邦，則家邦亦隨以治矣。夫自寡妻而兄弟而家邦者，不外乎一心之推如此。然則老幼吾老幼以及人之老幼者，獨非是心所推乎？誠能推此一心之恩，老吾老以及人之老，幼吾幼以及人之幼，將見蒙恩者歸化，感德者屬心，足以保四海之大而有之矣。苟或忍心害理，恝然無情，當親者不親，當仁者不仁，則衆叛親離，雖妻子可得而保乎？夫自古堯、舜、禹、湯、文、武之君，其功業之所以巍巍卓卓，非後世之所能及者，豈有他哉，亦惟親親而仁民，仁民而愛物，自近以及遠，自易以及難，善推其所爲而已矣。今恩足以及禽獸，而功不至於百姓，倒行逆施，不能善推者，夫豈無其故哉？○《存疑》：推恩意思，在「老吾老以及人之老，幼吾幼以及人之幼」上。「天下可運於掌」，則其效也。引《詩》只是明此意，以「舉斯心加諸彼」句來照看。「老吾老以及人之老，幼吾幼以及人之幼」，即「舉斯心加諸彼」也，故承之曰《詩》云：「刑于寡妻，至于兄弟，以御于家邦。」言「舉斯心加諸彼而已」。「故推恩足以保四海」二句，是結其意。「古之人所以大過人者」三句，是引古人以證之。以上答「此心之所以合於王」，意思已盡了，又把他「功不至百姓」處重詰之，直究到他那病痛根源處。○「老吾老以及人之老」，意當屬上文「百姓之不見保，爲不用恩」句，方語脉相貫。謂「百姓之不見保爲不用恩」，欲保百姓，惟在於用恩，❶而其序則自近以及遠，自易以及難耳，故曰「老吾老以及人之老」云云。○其所以及人之老幼者，在後面「五畝之宅，樹之以桑」一條是也。○《蒙引》：及人之老，自吾老而推之。老吾老，則自何地而推之？曰「舉斯心加諸彼而已」。○老幼吾老幼以及人之老幼，是推恩。天下可運於掌，只保四海，然又必曰「推恩足以保四海」者，「故」字承「舉斯心」說來，而與下面「不推恩無以保妻子」反對説。○大注「運於掌，言易也」，蓋即上文「莫之能禦也」及「足以」之意。○引《詩》重在序上，解《詩》就揭一心字出，以應前「是心」字。是心也，所以老幼吾老幼者，此也；所以及人之老幼者，亦此也。如此則天下可運於掌，「是心足以王矣」，此之謂也。○「故推恩足以保四海」，有欲不作效言，只作保民言者。愚謂一則礙「推恩」二字，已有保民在内了；二則又礙「足以」二字。○以心對彼而言，則寡妻、兄弟、家邦，皆是彼也。此一章，心字是骨子。○「大過人」，是以保四海之功業言。所以能保四海者，惟能推恩而已。古之人，指二帝三王言。○心之所加者，即恩也。以其見於行事，故又謂之所爲。○「故復推本而再問之」，此推本，與前面「反其本而推之」之本字不同，蓋即是上文故字也。推字亦不同，此易見。

權，然後知輕重；度，然後知長短。物皆然，心爲甚。王請度之！度之之度，待洛反。

權，稱去聲，下同。錘直垂反。也。度，丈尺

❶「惟」，原作「推」，今據《四書説約》引《存疑》改。

也。度之，謂稱量之也。言物之輕重長短，人所難齊，必以權度度上如字，下待洛反。下文不度音同。之而後可見。若心之應物，則其輕重長短之難齊，而不可不度以本然之權度，又有甚於物者。今王恩及禽獸，而功不至於百姓。是其愛物之心重且長，而仁民之心輕且短，失其當然之序而不自知也。故上文既發其端，新安陳氏曰：「指『恩足以及禽獸，而功不至於百姓』二句。」而於此請王度之也。朱子曰：「物易見，心無形。度物之輕重長短易，度心之輕重長短難。度物差了，只是一事，心差了時，萬事差，所以心爲甚。」又曰：「愛物宜輕，仁民宜重，此是權度，以此去度。」○本然之權度，亦只是此心。此心本然，萬理皆具，應物之時，須是子細看合如何，便是本然之權度也。如齊王見牛而不忍之心見，此是合權度處。及至興甲兵、危士臣、結怨於諸侯，又却忍爲之，便是不合權度，失却本心。」○慶源輔氏曰：「此指宣王之心偏頗處言之也。必先見得其輕重長短如此分明了，然後究其所以然之故，則吾心之蔽始可去，而本然之理始可復。此孟子所以引物資權度之説，而使王自稱量其心也。」附《存疑》：「王請度之」者，爲齊王愛物之心重且長，仁民之心輕且短，請王度民之與物，孰重孰輕、孰長孰短也。若加度焉，則知民當重且長，物當輕且短，自親而及於民，自民而及於物，不至恩及禽獸，而功不至於百姓矣。○《蒙引》：上文末句，是詰其所以「恩及禽獸，而功不至於百姓」之故。此則承之而言，禽獸與百姓，孰爲當重，孰爲當輕，請比度之。一定是百姓重。既百姓重，王乃恩及禽獸，而功不至於百姓，其故何哉？是豈以三事爲快耶？然三事實非人心之所快，有甚於殺觳觫之牛者，於此亦可以度矣。此又是一重度了。要看《集註》「愛民之心所以輕且短」者之所以二字。此三者既是言其所以，比上文度字，豈不又是一重。○權雖解作稱錘，度雖解作丈尺，然實當作活字看。或曰：「如此則度字當作入聲。」曰：「還作去聲，不害爲活字。」○心之應物，則其輕重長短之難齊。輕重長短不在心，亦不在物，在心之應物上。蓋民與物，皆物也，仁民愛物，則是應物也。○果何以難道物有輕重長短，又難道心有輕重長短。

見心之當度尤甚於物處？曰：試論今有一匹布，不用丈尺，以二丈爲一丈，只是這一匹布上失了。若人君於民物之間，失所權度，至於恩及禽獸，而功不至百姓，則將有所謂「庖有肥肉，廐有肥馬，民有飢色，野有餓莩」者，其差視以二丈爲一丈者，相去何如？看是甚乎，不甚乎！○朱子注曰：「物易見，心無形。度物之輕重長短易，度心之輕重長短難。」此是「心爲甚」一説了。又曰：「度物差了，只是一事，心差了，萬事差，所以心爲甚。」此又是「爲甚」之一説。今定只依大注。此二説，俱小異，看來只在「不可不度」上。看甚且其曰「度心之輕重長短難」，「心安有輕重長短？須應物時就那物上，方有箇當重而長底，或有當輕而短底」，又曰「心差了，萬事差」，如此則心之不差，只消一度字。蓋事至物來，千態萬狀，其輕重長短，當隨物賦形，惟在居敬窮理以照之耳。若謂心一差則萬事都差，則未應物時，初何差之可云？既應物，則又未有萬物一時俱差者。大抵應此一物差，固是心差，應彼一物差，亦是心差。差字面所該亦廣，如此看方可通。○若云一心如印文，印文正，打過千張紙、萬張紙俱正；若印文不正，則千張萬張俱不正。此固是理如此。但自此處言，則度字説正去其或輕或重、或長或短，自有許多，要看得細膩，方得。○「今恩足以及禽獸，而功不至於百姓」，對言之度也。「抑王興甲兵，危士臣，構怨於諸侯，然後快於心與」，單言一事之度也。

抑王興甲兵，危士臣，構怨於諸侯，然後快於心與？」平聲。

抑，發語辭。士，戰士也。構，結也。孟子以王愛民之心所以輕且短者，必其以是三者爲快也。然三事實非人心之所快，有甚於殺觳觫之牛者。故指以問王，欲其以此而度之也。慶源輔氏曰：「孟子恐王不知所以稱量之要，故舉興甲兵、危士臣、構怨於諸侯三事，使王度之。蓋宣王愛民之心所以輕且短者，實以是三者之爲快蔽之也。夫此三事，乃人心之所不忍，有甚於殺觳觫之牛者，王若以是爲快，則宜乎愛民之心輕且短也。」○雲峰胡氏曰：「上一節一心字，亦指本心而言，蓋謂本心之中有自然之權度，非自外來也。此節一心字，與後數箇欲字，便非本心矣。本心難於擴充，而欲心易於蔽錮，此王道所以不行也。」附《蒙引》：王之所以功不至百姓者，興兵構怨累之也。王之所以興兵構怨者，將以求吾所大欲蔽之也。抑王興甲兵、危士臣、構怨於諸侯，然後快於心歟，意謂此比觳觫之牛何如？〇《存疑》：上注所謂「今王反之則必有故」，正指此也。

王曰：「否。吾何快於是？將以求吾所大欲也。」

不快於此者，心之正也；而必爲此者，欲誘之也。欲之所誘者獨在於是，是以其心尚明於他而獨暗於此。此其愛民之心所以輕短，而功不至於百姓也。慶源輔氏曰：「辟土地，朝秦楚，莅中國，撫四夷，是其本志也。興甲兵，危士臣，構怨於諸侯，則末流之禍耳。有是志，則有是禍矣。指其末流之禍，則以爲不快於此者，心之明也。而卒溺於初志之失，而不知反者，欲誘之也。其心尚明於他者，謂不忍一牛之觳觫也。而獨暗於此者，謂功不至於百姓也。」〇新安陳氏曰：「所大欲者，人欲之横流，所以不能仁民而擴天理之公也。」

曰：「王之所大欲可得聞與？」王笑而不言。曰：「爲肥甘不足於口與？輕煖不足於體與？抑爲采色不足視於目與？聲音不足聽於耳與？便嬖不足使令於前與？王之諸臣皆足以供之，而王豈爲是哉？」曰：「否。吾不爲是也。」曰：「然則王之所大欲可知已。欲辟土地，朝秦楚，莅中國而撫四夷也。以若所爲，求若所欲，猶緣木而求魚也。」與，平聲。爲肥、抑爲、豈爲，不爲之爲，皆去聲。便、令，皆平聲。辟，與闢同。朝，音潮。

便嬖，近習嬖幸之人也。已，語助辭。辟，開廣也。朝，致其來朝也。秦、楚，皆大國。莅，臨也。新安陳氏曰：「所大欲在此，所以初發問，便欲聞桓、文霸圖事。」若，如此也。所爲，指興兵結怨之事。緣木求魚，言必不可得。附《蒙引》：必闢土地，然後朝得秦楚。既闢土地，朝秦楚，然後中國俱我所莅，而四夷於我乎撫矣。

「莅中國而撫四夷」，此句又要看一「而」字。

王曰：「若是其甚與？」曰：「殆有甚焉。緣木求魚，雖不得魚，無後災。以若所爲，求若所欲，盡心力而爲之，後必有災。」曰：「可得聞與？」曰：「鄒人與楚人戰，則王以爲孰勝？」曰：「楚人勝。」曰：「然則小固不可以敵大，寡固不可以敵衆，弱固不可以敵彊。海内之地方千里者九，齊集有其一。以一服八，何以異於鄒敵楚哉？蓋亦反其本矣。甚與、聞與之與，平聲。

殆、蓋，皆發語辭。鄒，小國。楚，大國。齊集有其一，言集合齊地，其方千里，是有天下九分扶問反。之一也。新安陳氏曰：「千里者九，齊、楚、燕、秦、趙、魏、韓、宋、中山也。」《通考》吴氏程曰：「《王制》：四海之内，方三千里。爲九州，方千里。蓋以田計之，山川城池不在數内。」以一服八，必不能勝，即有敗亡之禍。所謂後災也。反本，説見形甸反。下文。附《蒙引》：以一服八，何以異於鄒敵楚哉？所謂霸，必有大國也，「今王發政」至「孰能禦之」，所謂「王不待大」也。○「蓋亦反其本矣」，此與前注「反其本而推之」，又不同。

今王發政施仁，使天下仕者皆欲立於王之朝，耕者皆欲耕於王之野，商賈皆欲藏於王之市，行旅皆欲出於王之塗，天下之欲疾其君者皆欲赴愬於王。其若是，孰能禦之？」朝，音潮。賈，音古。愬，與訴同。

行貨曰商，居貨曰賈。發政施仁，所以王去聲。天下之本也。近者悦，遠者來，則大小彊弱非所論矣。蓋力求所欲，則所欲者反不可得；能反其本，則所欲者不求而至。與首章意同。南軒張氏曰：「行王政者，心非欲傾他國以自利也，惟以民困爲己任，爲吾所當爲，而天下自歸心焉。夫欲朝秦楚、莅中國，自世俗言，則以爲有志，自聖賢觀之，苟不本乎公理，特出於忮求矜伐之私耳。齊王欲汲汲於濟其私，非惟不克濟，而禍患隨之。蹈私欲，固危道也。由孟子所言以發政施仁，則公理之所存，可大之業自可馴致。此天理人欲之分也。」○慶源輔氏曰：「力求所欲，則狥欲也，有爲而爲之也。計獲求得，用力雖勞，而所欲者反不如所期；能反其本，則循理者也，無所爲而爲之也。先難後獲，先事後得，而可大之業自爾循至，此天理人欲之分也。」

附《淺説》：今王誠能發愛民之善政，施愛民之仁心，澤被乎一邦，聲聞乎四國。○《蒙引》：「使天下仕者皆欲立於王之朝」云云，所謂朝秦楚、莅中國，就在其中矣。○其曰「使天下仕者」，即發政施仁有以使之也，故曰「發政施仁，所以王天下之本也」。然則盡心力於興兵搆怨以求王天下，抑末矣，本字當如此照看。

王曰：「吾惛，不能進於是矣。願夫子輔吾志，明以教我。我雖不敏，請嘗試之。」惛，與昏同。曰：「無恒產而有恒心者，惟士爲能。若民，則無恒產，因無恒心。苟無恒心，放辟，邪侈，無不爲已。及陷於罪，然後從而刑之，是罔民也。焉有仁人在位，罔民而可爲也？恒，胡登反。辟，與僻同。焉，於虔反。

恒，常也。產，生業也。恒產，可常生之業也。恒心，人所常有之善心也。士嘗學問，知義理，故雖無常產而有常心。民則不能然矣。罔，猶羅網，欺其不見而取之也。慶源輔氏曰：「恒產，常生之業，則下文所言五畝之宅、百畝之田是也。恒心，常有之善心，則下文所言善與禮義是也。善又禮義之總名。緣民無常產，所以無常心，故不知禮義而陷於放辟邪侈也。若遂從而刑之，是誠無異於以羅網罔民，欺其不見而取之也。」○雲峰胡氏曰：「此心字，亦指本心而言，但指其在士民者言之。」

是故明君制民之產，必使仰足以事父母，俯足以畜妻子，樂歲終身飽，凶年免於死亡。然後驅而之善，故民之從之也輕。畜，許六反，下同。

輕，猶易去聲。也。此言民有常產而有常心也。

今也制民之產，仰不足以事父母，俯不足以畜妻子，樂歲終身苦，凶年不免於死亡。此惟救死而恐不贍，奚暇治禮義哉？ 治，平聲。凡治字爲理物之義者，平聲；爲已理之義者，去聲。後皆倣此。贍，時念反。 足也。 此所謂無常產而無常心者也。

王欲行之，則盍反其本矣。

盍，何不也。 使民有常產者，又發政施仁之本也。 新安陳氏曰：「『則盍反其本矣』，與前『蓋亦反其本矣』當對觀。 發政施仁，是所以王天下之本。 使民有常產，又是發政施仁之本也。」說見形甸反。 下文。 附《蒙引》：此「反其本」，是指發政施仁中之大者，以爲之本也。 如「孝弟爲仁之本」一般，都只是仁中事。

五畝之宅，樹之以桑，五十者可以衣帛矣；雞豚狗彘之畜，無失其時，七十者可以食肉矣；百畝之田，勿奪其時，八口之家可以無飢矣；謹庠序之教，申之以孝悌之義，頒白者不負戴於道路矣。 老者衣帛食肉，黎民不飢不寒，然而不王者，未之有也。」音見前篇。

此言制民之產之法也。 趙氏曰： 趙氏名岐，詳見《序說》中注。 「八口之家，次上農夫也。 此王政之本，常生之道，故孟子爲去聲。 齊、梁之君各陳之也。」楊氏曰：「爲天下者，舉斯心加諸彼而已。 然雖有仁心仁聞，去聲。 而民不被其澤者，不行先王之道故也。 故以制民之產告之。」附《蒙引》：此言制民之產之法也。 謹庠序之教，序於制田里教樹畜之後。 分明是先使民有常產，然後得有常心，所謂「然後驅而之善，故民之從之也輕」。 意不是教養平說，故釋之曰「此言制民之產之法也」。 ○末段獨提老者衣帛食肉，黎民不飢不寒，而不兼收不負戴一意，何也？ 曰：禮義生於富足，衣食足則禮義興矣。 況老者衣帛食肉，便是少者知所以養之，故老者得安於衣帛食肉，而自無負戴之勞，亦可知矣。聖賢語話自活落，然亦不至有晦漏，或舉重以見輕，或提此以該彼，不如後人文字，綳着格字做。○此保民之實事也。所謂及人之老幼而運天下於掌者也。○顧麟士曰：「此節雖趙注云『爲齊梁各陳』，不嫌其重，然前對小惠，爲王者之大道；此對霸功，爲王者之正道，亦各有頭項也。」○此章言人君當黜霸功，行王道。而王道之要，不過推其不忍之心，以行不忍之政而已。齊王非無此心，而奪於功利之私，不能擴充以行仁政。雖以孟子反覆曉告，精切如此，而蔽錮已深，終不能悟是可歎也。南軒張氏曰：「孟子如對鴻鴈之問，及對好樂好色好貨，皆徐引之當道，何其辭氣不迫也。至於利國之問，則應以『何必曰利』；桓文之問，則對以『無道』、『無傳』，論管晏，則曰『管仲，曾西之所不爲』；言交兵之不利，則曰『號則不可』，又何其嚴也。自後世觀之，後數說比之前數者，宜若未至甚害，而攻之反甚切，何歟？蓋前數者，一病爲一事耳，故紬繹其性之端以示之，使之曉然知反躬之要，則天理可明，而人欲可遏矣。至於霸者功利之説易以惑人，人或趨之，則大體一差，雖有嘉言善道，亦何由入？戰國諸侯，其失正在乎此，故闢之不可不嚴也。」○雲峰胡氏曰：「此章甚詳，《集註》斷之甚約。蓋欲黜霸功，則心之所向者正；能行王道，則心之所充者大。先王有不忍人之心，斯有不忍人之政，今雖有不忍之心，而不能推之以行不忍之政，無他，奪於功利之私也。功利二字，依舊是向霸功上去，入於彼，必出於此，世安有不能黜霸功而能行王道者哉？此孟子所以斷然以爲仲尼之徒所不道也。」附《蒙引》：此一章當疊疊看。劈初出一王字，究其所以王者無他，保民而已。又究其所以保民者無他，是心足以王矣。是心足以王如何？反其所及禽獸者而以序行之，老吾老以及人之老，幼吾幼以及人之幼，天下可運於掌也。老幼吾老幼以及人之老幼，而天下可運於掌者如何？五畝之宅，可以衣帛；百畝之田，可以無飢；雞豚之畜可以食肉；庠序孝弟，頒白不負戴，然而不王者，未之有也。○此一章書，通是説王道之易。蓋因齊王謂「德何如，則可以王矣」，又曰「若寡人者，可以保民乎哉」，又曰「何由知吾可也」，皆是難之之辭。故孟子答之，一則曰「保民而王，莫之能禦也」，又引胡齕之言而曰「是心足以王矣」，及「明足以察秋毫之末」以至「天下可運於掌」，言舉斯心加諸彼，通是易得意思。至於百畝田，五畝宅，然而不王者未之有，則所謂「保民而王，莫之能禦」者，豈不信哉！○人之所以能參天地、贊化育者，亦只是一箇心而已。此一箇心，在人所用何如，其所畜原無限量，其出之固無窮已時，亦無有窮極處也。今人雖各有是心，而猶未真知其日用間無一毫不是此心之主宰運用也。但人有用得盡者，有用得不盡者；有用得正者，有用得不正者；有用得大者，有用得小者；有用得遠者，有用得近者。如堯、舜、孔、孟，一心用之于滿天下，無處不周匝，又直用至千萬世猶不竭，此最善用其心者也。

孟子集註大全卷之一終

雲間受業趙鳳翔魚裳
慎徽旂公　編緝

孟子集註大全卷之二　三魚堂讀本

梁惠王章句下

凡十六章。《通考》勿軒熊氏曰：「告齊君十一章，鄒一章，滕三章，魯一章。一二章皆言當與民同樂，三章言交隣之道，四五章言仁政，七章論親賢之道，八章言湯武征伐，九章事君當行我之道，不可循君之欲，十章告齊王，皆湯武弔民伐罪之意，十二章交隣之道，十六章言孟子出處。」

莊暴見孟子，曰：「暴見於王，王語暴以好樂，暴未有以對也。」曰：「好樂何如？」孟子曰：「王之好樂甚，則齊國其庶幾乎！」

「暴見於」之「見」，音現，下「見於」同。語字，去聲，下同。好，去聲，篇内並同。

莊暴，齊臣也。庶幾，近辭也。言近於治。去聲。附《蒙引》：莊暴見孟子，特地來見也。他日見於王，有因得見也。○孟子曰「王之好樂甚，則齊國其庶幾乎」，通篇之意已具，而暴不能再問也，故他日見於王云云。如孔子答孟懿子問孝，曰「無違」，其中正有意在，而孟懿子不能問，故因樊遲發之。○「齊國其庶幾乎」，言可王也，非謂只是能治其國。有以前只言齊庶幾，後乃言可王爲疑者，非是。

他日，見於王曰：「王嘗語莊子以好樂，有諸？」王變乎色，曰：「寡人非能好先王之樂也，直好世俗之樂耳。」

變色者，慚其好之不正也。東陽許氏曰：「王語暴以好樂，蓋論及所好之俗樂。暴未有以對，蓋莊暴亦知俗樂之不足好，欲諫而未得其辭，故以告孟子。」○王變色，是愧前與暴論者不可聞於孟子，故其下直言之。

曰：「王之好樂甚，則齊其庶幾乎！今之樂由古之樂也。」

今樂，世俗之樂。古樂，先王之樂。附《蒙引》：范氏曰：「其實今樂古樂，何可同也？但與民同樂之意，則無古今之異耳。其實說時不要人同樂意思，同樂意思却入在甚字内。孟子只謂今樂也是這鐘鼓管籥，古樂也是這鐘鼓管籥，今樂也可以爲樂，古樂也可以爲樂，今之樂何異於古之樂哉？讀者不以辭害意可也。」

曰：「可得聞與？」曰：「獨樂樂，與人樂樂，孰樂？」曰：「不若與人。」曰：「與少樂樂，與衆樂樂，孰樂？」曰：「不若與衆。」聞與之與，平聲。樂樂，下字音洛。孰樂，亦音洛。《通考》仁山金氏曰：「下樂音洛，朱子從古注。然以文義推之，則下樂如字，上樂字音洛爲是。」

獨樂音洛，下同。不若與人，與少樂不若與衆，亦人之常情也。附《蒙引》：可得聞與，是欲聞其所以好樂甚而齊庶幾者，不兼今樂猶古樂，不重在此。○依注，上樂如字，下樂音洛，不必依金氏。蓋上樂字自含有鼓樂意在，如芻蕘者往焉，雉兔者往焉，亦不必有採擊字，而自含採擊意在。○《存疑》：獨樂不若與人，是與人之樂甚，獨樂未甚也。與少樂不若與衆，是與衆之樂甚，與少之樂未甚也。與人與衆樂，如何爲好樂甚？今使滿堂燕笑，有一人向隅而泣，滿堂之人必爲之慘然不樂矣，其樂能甚乎？○《淺說》：「與人樂樂」，但說與人鼓樂以爲樂，❶未說到推心以行仁政處。「與衆樂樂」亦然，乃引起之意。到下文「與民同樂」，方實說好樂甚也。

「臣請爲王言樂：爲，去聲。

此以下，皆孟子之言也。

今王鼓樂於此，百姓聞王鐘鼓之聲，管籥之音，舉疾首蹙頞而相告曰：『吾王之好鼓樂，夫何使我至於此極也？父子不相見，兄弟妻子離散。』今王田獵於此，百姓聞王車馬之音，見羽旄之美，舉疾首蹙頞而相告曰：『吾王之好田獵，夫何使我至於此極也？父子不相見，兄弟妻子離散。』此無

❶「但」，原作「且」，今據哈佛本改。

他，不與民同樂也。蹙，子六反。頞，音遏。夫，音扶。同樂之樂，音洛。

鐘鼓管籥，皆樂器也。新安陳氏曰：「管，笙也。籥，如笛而六孔。或曰簫也。」《通考》趙氏悳曰：「樂以鼓爲節。《周禮》：『鼓人掌教六鼓，以節音樂。』」○籥，音藥。舉，皆也。疾首，頭痛也。蹙，聚也。頞，額也。人憂戚則蹙其額。極，窮也。羽旄，旌屬。趙氏曰：「《春秋傳》：范宣子假羽旄於齊，晉人假羽旄於鄭。注：析羽爲旌，王者游車所建也。按《周禮》：司常九旗之數，有全羽析羽。釋云：全羽析羽，直有羽而無帛。」不與民同樂，謂獨樂其身而不卹其民，使之窮困也。新安陳氏曰：「因好樂而及田獵，以王亦好田獵故也。」附《蒙引》：鐘鼓之聲，管籥之音，猶郊社之禮，禘嘗之義，互文耳。○舉天地間萬物之有聲者，皆謂之聲。至於音，似屬人所作以節度乎聲者。○蓋其心原有憂樂之異，故聞王之樂而憂樂之容亦隨之。

今王鼓樂於此，百姓聞王鐘鼓之聲，管籥之音，舉欣欣然有喜色而相告曰：『吾王庶幾無疾病與？何以能鼓樂也？』今王田獵於此，百姓聞王車馬之音，見羽旄之美，舉欣欣然有喜色而相告曰：『吾王庶幾無疾病與？何以能田獵也？』此無他，與民同樂也。病與之與，平聲。同樂之樂，音洛。

與民同樂者，推好樂之心以行仁政，使民各得其所也。雙峰饒氏曰：「庶幾無疾病，民唯恐君不安樂，有愛之欲其生之意。若時日害喪，則惡之欲其死矣。田獵雖非樂，推類而言之也。」附《蒙引》：「吾王庶幾無疾病與？何以能鼓樂也」，「夫子聖者與？何其多能也」，中間都著不然二字貼說。○惟恐其有疾病，見其能鼓樂而喜也。○《存疑》：曰「庶幾」，曰「何以」，皆欣幸之詞，不可作自相問答。○《蒙引》：本文此字，兼鼓樂田獵，而注獨云「與民同樂者，推好樂之心以行政」，蓋田獵亦好樂之類也，故概以好樂。○「與民同樂者」，非同鼓樂也，「推好樂之心以行仁政」云云也。

今王與百姓同樂，則王矣。

好樂而能與百姓同之，則天下之民歸之矣，所謂齊其庶幾者如此。○范氏曰：「戰國之時，民窮財盡，人君獨以南面之樂音洛，下同樂同。自奉其身。孟子切於救民，故因齊王之好樂，開導其善心，深勸其與民同樂，而謂今樂猶古樂。其實今樂古樂，何可同也？但與民同樂之意，則無古今之異耳。南軒張氏曰：『與民同樂』者，固樂之本也。『好世俗之樂』者，私欲也。『與民同樂』者，公理也。孟子不遽詆其所好而獨擴之以公理，可謂善啓君者。」若必欲以禮樂治天下，當如孔子之言，必用《韶》舞，必放鄭聲。蓋孔子之言，爲邦之正道；孟子之言，救時之急務，所以不同。」楊氏曰：「樂以和爲主，使人聞鐘鼓管絃之音而疾首蹙頞，則雖奏以《咸》、《英》、《韶》、《濩》，胡故反。無補於治去聲。也。《前漢・禮樂志》：「昔黃帝作《咸池》，顓頊作《六莖》，❶帝嚳作《五英》，堯作《大章》，舜作《招》，〔讀作韶。〕禹作《夏》，湯作《濩》，武王作《武》，周公作《勺》。〔讀作酌。以上並樂名。〕《勺》，言能勺先祖之道也；《武》，言以功定天下也；《濩》，言救民也；《夏》，大承二帝也；《招》，繼堯也；《大章》，章之也；《五英》，英華茂也；《六莖》，及根莖也；《咸池》，備矣。」《通考》趙氏悳曰：「《周禮・大司樂》注云：《大咸》，堯樂。《大磬》，舜樂。《大濩》，湯樂。《咸池》，言德無不施也。英華，茂也。招，紹也，繼堯也。《濩》，言救民也。」故孟子告齊王以此，姑正其本而已。」朱子曰：「孟子開導時君，故曰『今之樂猶古之樂』，至於言百姓聞樂音欣欣然有喜色處，則關閉得甚密。如好色、好貨，亦此類也。」○慶源輔氏曰：「范氏辨孔子、孟子之説，可謂平正明白，無餘蘊矣。而楊氏論樂，以和爲主，及與民同樂爲樂之本，又可以足范氏之説。」○新安陳氏曰：「不卹民而自好世俗之樂，以縱其荒樂，人欲之縱肆也。因賢者之問而自慙所好之不

❶「頊」，原作「項」，今據《漢書》改。

正，天理之流動也。齊王慙之，孟子不詆而開導之，戒其縱獨樂之私，而勉其充同樂之公，遏人欲而擴天理也。王道在遏人欲擴天理而已。」附《蒙引》：民窮財盡。財盡者，民之財也。方起得下文云云。

○齊宣王問曰：「文王之囿方七十里，有諸？」孟子對曰：「於傳有之。」囿，音又。傳，直戀反。

囿者，蕃音煩。育鳥獸之所。古者四時之田，皆於農隙乞逆反。以講武事。《左傳》：「隱公五年春，公將如棠觀魚者，臧僖伯諫曰：『凡物不足以講大事，〔大事，謂祀與戎。戎，兵也。〕其材不足以備器用，則君不舉焉。君將納民於軌物者也，故講事以度軌量，謂之軌；取材以章物采，謂之物。不軌不物，謂之亂政。亂政亟行，所以敗也，故春蒐、夏苗、秋獮、冬狩。〔四者皆田獵之名。〕蒐，索，擇取不孕者。苗，爲除害也。獮，殺也，以殺爲名，順秋氣也。狩，圍守也，冬物畢成，獲則取之，無所擇也。皆於農隙以講事也。』」然不欲馳騖音務。於稼穡場圃之中，故度待落反。閒曠之地以爲囿。然文王七十里之囿，其亦三分天下有其二之後也與？音余。○南軒張氏曰：「意齊王欲廣其囿，諛佞之徒必有假文王事以逢之者。文王豈崇囿如此？蓋其蒐田所及，民以爲王之囿耳。以芻雉得往知其然也。」傳，謂古書。慶源輔氏曰：「孟子時有之，今不復存。孟子所謂於傳有之，亦言據古書有此說耳，然未必其然否也。」附《蒙引》：南軒以爲「文王豈崇囿如此，蓋其蒐田所及，民以爲文王之囿耳」。愚謂此說似長。《集註》曰「其亦三分天下有二之後也與」，然則固亦致其疑矣。○《存疑》：文王三分有二，亦是人心屬之耳，未必土地盡爲所有也，安得有七十里之囿。南軒辨之是也。愚謂當時所謂傳，毋亦戰國諸侯欲便已私者爲之？輔氏說得好。○《蒙引》：看來孟子都不肯辨折他，只要大處合正便罷。如焚廩浚井之說，最宜駁倒，孟子亦不駁，只要有「象憂亦憂，象喜亦喜」二句，便罷。○種曰稼，斂曰穡。

曰：「若是其大乎？」曰：「民猶以爲小也。」曰：「寡人之囿方四十里，民猶以爲大，何也？」曰：「文王之囿方七十里，芻蕘者往焉，雉兔者往焉，與民同之。民以爲小，不亦宜乎？芻，音初。蕘，音饒。

芻，草也。蕘，薪也。

臣始至於境，問國之大禁，然後敢入。臣聞郊關之内有囿方四十里，殺其麋鹿者如殺人之罪。則是方四十里，爲阱於國中。民以爲大，不亦宜乎？」

禮：入國而問禁。《禮記・曲禮》：「入境而問禁，入國而問俗，入門而問諱。」國外百里爲郊，郊外有關。阱，坎地以陷獸者，言陷民於死也。新安陳氏曰：「前篇『罔民』與此『爲阱』皆是借網取禽、阱取獸以諷切時君之禽獸其民，苑囿一也。設禁阱民者，人欲之私。與民同利者，天理之公。無非欲遏人欲擴天理而已。」附《存疑》：阱是所以掩取禽獸者，坎地作阱，以物爲餌，置之阱上，欺禽獸無知，誘之入阱，陷而取之。園囿禁嚴，小民無知，見利易動，麋鹿出没，見而生心，竊取之，迄爲人所得而抵以法。猶以麋鹿爲餌，以囿爲阱也。《蒙引》曰：「愚民見麋鹿而逐之，豈知其國之有禁且如此之嚴？愚竊謂未然。夫國之有禁，昭示臣民，民豈不知？特謂民之無知，見利而犯法，有似於不知耳。」

○齊宣王問曰：「交鄰國有道乎？」孟子對曰：「有。惟仁者爲能以大事小，是故湯事葛，文王事昆夷；惟智者爲能以小事大，故大王事獯鬻，句踐事吴。獯，音熏。鬻，音育。句，音鉤。

仁人之心，寬洪惻怛，當葛反。○慶源輔氏曰：「寬洪，仁者之量。惻怛，仁者之意。」而無較計大小彊弱之私。故小國雖或不恭，而吾所以字之之心自不能已。程子曰：「凡人有所計較者，皆私意也。仁者欲人之善而矜人之惡，不計較小大彊弱而事之，故能保天下，犯而不較，亦樂天順理者也。」○新安陳氏曰：「惟仁者能忘己之大而事鄰國之小。實只字之，若事之耳。」智者明義理，識時勢。故大國雖見侵陵，而吾所以事之之禮尤不敢廢。新安陳氏曰：「惟智者爲能安己之小而事鄰國之大。朱子云：『智者不特是見得利害明，道理自合恁地。小之事大，弱之事彊，皆是道理合恁地。』」湯事見形甸反，下同。後篇。文王事見《詩·大雅》。大王事見後章。所謂狄人，即獯鬻也。《詩·綿》八章：「肆不殄厥慍，亦不隕厥問。柞〔子洛反。〕棫〔音域。〕拔〔蒲具反。〕矣，行道兑〔吐外反。〕矣。混〔音昆。〕夷駾〔徒對反。〕矣，維其喙〔吁貴反。〕矣。」駾，突也。喙，息也。言大王雖不能殄絶混夷之慍怒，亦不隕墜己之聲聞。蓋雖聖賢，不能必人之不怒己，但不廢其自修之實耳。然大王始至此岐下之時，林木深阻，人物鮮少，至於其後生齒漸繁，歸附日衆，則木拔道通，昆夷畏之而奔突竄伏，惟其喙息而已。言德盛而昆夷自服也，蓋已爲文王之時矣。《通考》趙氏惪曰：「《綿》詩二章言『古公亶父，來朝走馬』之事，八章言『肆不殄厥慍，亦不隕厥問』，朱子《傳》云：『言大王雖不殄絶昆夷之慍怒，亦不隕墜己之聲聞。』是皆指大王而言，《集註》引《詩》似不合。九章曰：『虞芮質厥成，文王蹶厥生。』則言昆夷既服，而虞芮來質，其訟之成，又非事昆夷之謂也，故注疏以八章爲文王事。蓋《孟子》亦云：『肆不殄厥慍，亦不隕厥問，文王也。』如此，則《集註》所引方合。文王事見昆夷之言。」又曰：「唐虞以上有獫狁、獯戎，居於北邊。夏道衰，公劉變於西戎，邑于西戎，邑于豳。其後二百餘，戎狄攻大王，大王走于岐山。後至六國，遂爲匈奴。」句踐，越王名。事見《國語》、《史記》。《國語·吴語》、《史記·越王句踐世家》同云：「越王句踐〔芊姓。〕興兵伐吴，吴王夫差〔姬姓。〕聞之，悉發精兵擊越，❶敗之夫〔音扶。〕椒。〔今太湖中椒山是也。〕越王乃以餘兵五千人保棲於會〔古外反。〕稽。〔山名，在山陰南七里。〕吴王追而圍之。❷越王乃令大夫種行成於吴，〔成者，平也。求平於吴也。〕膝行頓首曰：『君王亡臣句踐使臣種敢告於執事：句踐請爲臣，妻爲妾。』吴王將許之。子胥言於吴王曰：『天以越賜吴，勿許也。』種還，以報句踐。欲殺妻子，燔寶器，觸戰而死。種止句踐曰：『夫吴太宰嚭貪，可誘以利，請間行〔猶微行。〕言之。』於是句踐乃以美女寶器令種間以獻吴太宰嚭。

❶「越」，原作「之」，今據《四書大全》改。
❷「追」，原作「退」，今據《史記》改。

嚭受，乃見大夫種於吴王。種頓首言曰：『願大王赦句踐之罪，盡入其寶器。不幸不赦，句踐將盡殺其妻子，燔其寶器，五千人觸戰，必有當也。』嚭因説吴王曰：『越以服爲臣，若將赦之，此國之利也。』卒赦越，罷兵歸。」○朱子曰：「仁者自然合理，智者知理之當然而敬以循之，其大概是如此。若細分之，則大王句踐意思自不同也。」○潛室陳氏曰：「仁者無計較之私，忘其孰大而孰小。智者有度量之明，自知小不能敵大。」○雲峰胡氏曰：「本文大事小、小事大，《集註》則曰『大字小、小事大』，一『字』字，尤見仁人之心。然大之字小，猶未足以見其仁，必小國雖或不恭，而字之之心自不能已，乃見大者之仁。小之事大，猶未足以見其智，必大國雖見侵陵而事之之禮尤不敢廢，乃足以見小者之智。」《通考》趙氏悳曰：「《國語圖譜》：吴自泰伯至壽夢十六世，始見《春秋》。越之先，夏少康之庶子，封會稽，以奉禹祀，至句踐始見《春秋》。魯哀公元年，大夫種行成於吴。哀公五年，越王歸國，與范蠡謀吴。魯哀公二十年，冬十一月伐吴，居軍三年。吴使大夫王孫雄行成，王弗忍，將許之，范蠡諫不可，遂滅吴。」附《蒙引》：如梁惠王則東敗西喪，幾至於不支，但憤於喪敗，故有雪恥之情。在齊宣王則與鄰敵相持，互有勝負，宜有息争求寧之意，故問交鄰之道，此一問亦好意思。○仁者以大事小，智者以小事大，大概都是忍小忿而已。○寬洪，故能含容人不恭；惻怛，故能矜人之惡而不較。○智兼明理勢，仁則惟見理而不見勢。○《存疑》：《詩·大雅·綿》八章「肆不殄厥愠，亦不隕厥問」，本謂太王事，注謂文王事。見《詩·大雅》者，「其不殄厥愠」，則在大王之時。至「昆夷駾矣，維其喙矣」，則在太王之後而文王之始也。《蒙引》曰：「非以『肆不殄厥愠，亦不隕厥問』二句爲文王事昆夷事實。蓋以昆夷事在《大雅》之《綿》，而因可見文王事之之略而已。」此説是也。○《蒙引》：按《綿》詩，周太王事昆夷，猶爲以小事大。至文王時，國勢日削，則爲以大事小矣。但太王事昆夷在事獯鬻之後。昔者太王居邠，則爲獯鬻所侵，及去之岐山之下，則又爲昆夷所擾，是兩項事。

以大事小者，樂天者也；以小事大者，畏天者也。樂天者保天下，畏天者保其國。樂，音洛。

天者，理而已矣。大之事小，小之事大，

皆理之當然也。自然合理，故曰樂天。不敢違理，故曰畏天。包含徧覆，敷救反。無不周徧，保天下之氣象也。制節謹度，不敢縱逸，保一國之規模也。問：「樂天畏天不同。以仁者而居小國，固不免爲智者之事，使智者而居大國，則未必能爲仁者之舉。何者？智者分別曲直，未必能容忍而不與之較，如仁者之爲也。」朱子曰：「得之。」○仁者與天爲一，智者聽天所命。與天爲一者，嘉人之善，矜人之惡，無所擇於利害，故能以大事小。聽天所命者，循理而行，順時而動，不敢用其私心，故能以小事大。○何叔京曰：「仁者以天下爲度，一視而同仁，惟欲人各得其所，不復計彼此强弱之勢，故以大事小，而不以爲難。如葛與昆夷之無道，湯、文慇懃而厚卹之，及終不可化而禍及於人，然後不得已而征伐之，仁之至也。智者達於事變，而知理之當然，故以小事大而不敢忽。然而必自强於政治，期於有以自立，如獯鬻與吴之方强，太王、句踐外卑躬而事之，内則治其國家，和其民人，終焉或興王業，或刷其恥，此智之明也。使湯、文保養夷、葛，惡極而不能去，是不仁而縱亂也。太王、句踐惟敵之畏，而終不能自强，是無恥而苟安也，又何取於仁智哉。」○慶源輔氏曰：「『天者，理而已矣』，即程子所謂『夫天專言之即道也』。以道理言，則大者自當字小，此天之所以覆地也，小者自當事大，此坤之所以承乾也。」又曰：「保天下保其國，言仁智者之氣象規模有此效也，非謂仁者智者之心欲其如此也。」○雲峰胡氏曰：「『字之之心，自不能已』，即是自然合理。『事之之禮，尤不敢廢』，即是不敢違理。『包含徧覆，無不周徧』，即其字之之心而其氣象愈充拓，愈恢宏。『制節謹度，不敢縱逸』，即其事之之禮而其規模愈收斂，愈嚴謹。《集註》措辭之精微如此。」附《淺説》：王之於鄰國，其大者則當以仁者之道處之，其小者則當以智者之道處之，二端之外，無餘法矣。而能盡此二者，則又有其效焉。蓋大事小，小事大，皆天理之當然也。以大事小者，忘其勢之在己，誠心愛人而自然合理，樂天者也。以小事大者，順其勢之在人，安分自守而不敢違理，畏天者也。樂天者，包含徧覆，無不周徧，自有保天下之氣象。豈不足以保天下乎？吾見「民罔常懷，懷於有德」，九有之大，皆在所統馭矣。畏天者，制節謹度，不敢縱逸，自有保一國之規模。豈不足以保其國乎？吾見以禮自固，孰敢侮之，四境之內，皆在所維持矣。○《存疑》：上解智者，兼理勢，此解天，只説理者，理字兼勢在內。○注「包含偏覆，無不周徧」，還在樂天內，以下句「制節謹度，不敢縱逸」見得。○注「保天下之氣象」這句，尚在「保天下」上。「保一國之規模」，亦然。○《蒙引》：真實會保天下，會保其國。或謂只是論其氣象與規模而已，非也。其曰「保天下之氣象」、「保一國之規模」者，蓋謂樂天者如何屬以保天下，畏天者如何屬以保其國。蓋樂天者，包含偏覆，無不周徧，便是保天下之氣象也，故屬以「保天下也」云云。且氣象無迹而難量，規模則有限矣。此又朱子用字之意。○「制節謹度」，制字與謹字相對，制猶守也，自節限也。節字與度字相對，鄱陽薰鼎《孝經注》曰：❶「制節，制財用之節。謹度，謹守法度也。」愚謂不止財用當有節，況此處須就「以小事大」上論。若《孝經》則下云「滿而不溢，所以長守富」，固指財用也。○雲峰胡氏愈字以下，不得。則是更進一步，非也。

《詩》云：『畏天之威，于時保之。』

《周頌·我將》之篇。時，是也。新安陳氏曰：「引詩不及樂天一邊，亦偶然耳。」○朱子曰：「此智者畏天而保其國之事。」○雙峰饒氏曰：「天理當然，違之則有禍，此便是天威了。」

王曰：「大哉言矣！寡人有疾，寡人好勇。」

言以好勇，故不能事大而卹小也。新安陳氏曰：「大之事小，善待之而已，非奉事之也。《集註》於大事小，必曰字小，又曰卹小，而於事大不易事字。蓋欲發明孟子意，不可不略易此字也。」附《蒙引》：改字小爲卹小，以其理一，取音韻之順耳。

對曰：「王請無好小勇。夫撫劍疾視曰，『彼惡敢當我哉』！此匹夫之勇，敵一人者也。王請大之！

夫撫之夫，音扶。惡，平聲。

疾視，怒目而視也。小勇，血氣所爲。大勇，義理所發。趙氏曰：「血氣所爲之勇，如溝澮之水，暴集隨涸，故謂之小。義理所發之勇，天開地闢，自不能已，故謂之大。」

❶「薰」，當作「董」。引文見所著《孝經大義》。

《詩》云：『王赫斯怒，爰整其旅，以遏徂莒，以篤周祜，以對于天下。』此文王之勇也。文王一怒而安天下之民。

《詩》，《大雅・皇矣》篇。赫，赫然怒貌。爰，於也。旅，衆也。《通考》趙氏悳曰：「莒，當讀作旅。」遏，《詩》作「按」，止也。徂，往也。莒，《詩》作旅。徂旅，謂密人侵阮徂共音恭。之衆也。篤，厚也。祜，福也。對，答也，以答天下仰望之心也。《詩・皇矣》：「帝謂文王，無然畔援，無然歆羨，誕先登于岸。密人不恭，敢距大邦，侵阮徂共，王赫斯怒，爰整其旅，以按〔音遏。〕徂旅，以篤周祜，以對于天下。」〔密，密須氏，姞姓之國，在今寧州。阮，國名，在今涇州。共，阮國之地名，今涇州共池是也。此言文王征伐之始也。無所畔援，歆羨，文能先造道之極，因密人不恭，是以如此。〕此文王之大勇也。新安陳氏曰：「怒者，勇之發也。因『王赫斯怒』一怒字發出『一怒安民』之説，蓋自赫怒舉兵以對于天下而生此意。」附《蒙引》：密人不是來侵周，乃侵阮也。但文王是方伯，而密人乃擅敢興師以侵阮，是無文王矣，故曰「密人不恭，敢距大邦」。

《書》曰：『天降下民，作之君，作之師。惟曰其助上帝，寵之四方。有罪無罪，惟我在，天下曷敢有越厥志？』一人衡行於天下，武王恥之。此武王之勇也。而武王亦一怒而安天下之民。衡，與橫同。

《書》，《周書・泰誓》之篇也。然所引與今《書》文小異，雙峰饒氏曰：「《書》言『寵綏四方』，指君而言。《孟子》言『寵之四方』，指天而言。《書》之『有罪無罪』，指紂而言。《孟子》之『有罪無罪』，指諸侯而言。《書》之『越厥志』，指君而言。《孟子》之『越厥志』，指民而言。二者大段不同。想古人之書與今多不同，多是人記得，人家不常有此本。」《通考》趙氏悳曰：「孟子言《書》凡二十九。援《詩》凡三十五。」今且依此解之。寵之四方，寵異之於四方也。有罪者我得而誅之，無罪者我得而安之。我既在此，則天下何敢有過越其心志而作亂者乎？衡行，謂作亂也。孟子釋《書》意如此，而言武王亦大勇也。慶源輔氏曰：「寵異，謂天寵異武王於天下也。亶聰明，是以天德寵異之也。作元后，是以天位寵異之也。心志，謂天下之心志也。人之作亂，皆過越其心志之故耳。若守其心志，無所過越，則何至有作亂之事乎。此武王以天下之重自任也。」附《淺説》：天降下民，立我爲之君師，亦以我能助上帝以安民，故以君師之位而寵異之於四方也。上天立我之意如此，然則有罪者，我得而誅之，無罪者，我得而安之，天下豈敢有自越其心志而作亂以虐民者乎？以此言觀之，則當時設有一人横行倡亂於天下，武王必以爲己之恥而誅之矣。此武王之勇也。武王亦一怒而安天下之民。○顧麟士曰：「前講立我爲之君師，我能助上帝。兩我字俱照下倒裝法也。」○《蒙引》：或曰：「一人衡行於天下，謂紂也。」如此，則《集註》當有明訓。

今王亦一怒而安天下之民，民惟恐王之不好勇也。」

王若能如文武之爲，則天下之民望其一怒以除暴亂，而拯音整。己於水火之中，惟恐王之不好勇耳。○此章言人君能懲小忿，則能卹小事大，以交鄰國；能養大勇，則能除暴救民，以安天下。慶源輔氏曰：「君人者必能懲小忿，然後能養大勇。所謂人能有所不爲，然後可以有爲也。」○新安陳氏曰：「章旨『能懲小忿』四字，實自『寡人好勇』一句發出。齊王所好之勇，小忿也；孟子所言之勇，大勇也。」附顧麟士曰：「按總注『能懲小忿，則能卹小事大，以交鄰國；能養大勇，則能除暴救民，以安天下』，舊亦看作兩截語。今由湯、文、太王、句踐之究竟觀之，理亦一串也。交鄰交字，只是交接之義，不必與交友同義，勿太認真爲佳。」○《紹聞編》云：「湯與太王、文王、武王，平時則能卹小事大以交鄰國，有事則能除暴救民以安天下。是此章意雖兩節，而理實相通也。」亦與愚見合。張敬夫曰：「小勇者，血氣之怒也。大勇者，理義之怒也。血氣之怒不可有，理義之怒不可無。知此，則可以見性情之正，而識天理人欲之分矣。」龜山楊氏曰：「人君固不可無勇，而齊王以是爲有疾，故孟子告以文武之事，使廓而大之，則安天下無足爲者矣。」○雙峰饒氏曰：「怒得是，便是天理。怒得不是，便是人欲。孟子之論，大概要分別天理人欲於毫釐之間，如同樂獨樂之類。」○雲峰胡氏曰：「夫子嘗以智仁勇三者並言，此勇字亦當連前仁智字並言。仁智中之勇，是謂大勇。小勇者，不仁不智者也。不仁者徒逞血氣，而於義理之勇必無之。不智者不明義理，而於血氣之勇必有之。」

○齊宣王見孟子於雪宮。王曰：「賢者亦有此樂乎？」孟子對曰：「有。人不得，則非其上矣。樂，音洛，下同。

雪宮，離宮名。言人君能與民同樂，則人皆有此樂；不然，則下之不得此樂者，必有非其君上之心。明人君當與民同樂，不可使人有不得者，非但當與賢者共之而已也。慶源輔氏曰：「離，猶別也，別在其所居宮室之外，故曰離宮。『君能與民同樂，則人皆有此樂』，此釋『有』之一字。『下不得此樂者，必有非君上之心』，此釋『人不得，則非其上矣』一句。」○雲峰胡氏曰：「觀《集註》『非但當與賢者共之』一句，便見得梁惠王問『賢者亦樂此』與齊宣王問『賢者亦有此樂』兩賢字，似同而實有不同。孟子答以『賢者而後樂此，不賢者雖有此不樂』，所謂賢者，皆指君而言。此則答以『有』之一字者，謂賢者有此樂也，然非特賢者有此樂，凡人皆欲有此樂，人有不得其樂，則必有非其上之心矣。是知此樂當與凡人共之，不但當與賢者共之也。如此則兩處賢字不同。又按饒氏謂朱子云：『賢者亦樂此，其辭遜。賢者亦有此樂，其辭驕。』以此觀之《語録》，謂『沼上之對其辭遜，雪宮之對其辭夸』，傳録之誤明矣。蓋謂之驕者，當以問字言，不當以對字言也。」附《蒙引》：時王館孟子於雪宮而就見之也。若説王在雪宮而見孟子，則當云孟子見齊宣王於雪宮矣。且與大注下文「非但當與賢者共之而已」不相符合。○孟子對曰「有」，此有字，正答齊宣王「亦有」之問，是説賢者固有也。賢者亦安得有此，孟子意以爲當得也，如答彭更「不已泰乎」，及答公孫丑「不素餐兮」之意。《集註》「言人君當與民同樂，不可使人有不得者」以下，盡屬在「人不得則非其上矣」句内，與有字無干。輔氏之説不是。○顧麟士曰：「《紹聞編》云：『孟子對曰「有」者，以君以此待賢，則賢者得有此樂矣。』」○《存疑》：《集註》「人君能與民同樂，則人皆有此樂」，解在「人不得則非其上」句内，不是解有字。○《蒙引》：「言人君能與民同樂」，謂皆有此宫室安居之樂也，非謂以雪宫與民共之，乃爲人皆有此樂也。○雪宫之樂，在賢者分上原無許多道理可説。若只管以爲當有，則賢者似不宜以此爲事，故孟子只用一個有字答了便罷，再不復顧，只引向與民同樂上説。

不得而非其上者，非也；爲民上而不與民同樂者，亦非也。

下不安分，扶問反。上不卹民，皆非理也。慶源輔氏曰：「下不得而非其上者，不知命也，故謂之不安分。爲民上而不與民同樂者，不知義也，故謂之不卹民。」附《蒙引》：用上句以陰助下句，非是平説也。韓子作文嘗得此法，如曰「其故在下之人，負其能不肯顧其上；上之人，負其位不肯顧其下」，或用上句陰助下句，或用下句陰助上句。亦言語之法也。

樂民之樂者，民亦樂其樂；憂民之憂者，民亦憂其憂。樂以天下，憂以天下，然而不王者，未之有也。

樂民之樂而民樂其樂，則樂以天下矣；憂民之憂而民憂其憂，則憂以天下矣。南軒張氏曰：「憂樂不以己而以天下，天理之公也。於是舉景公事，蓋道其國故典以告之。」○慶源輔氏曰：「君以民之樂爲樂，則民亦以君之樂爲樂。如是則君以民爲體，民以君爲心，天下雖大，兆民雖多，其懽忻愉怡，痒痾疾痛，舉切於吾之身矣。君能體仁如此，則天下之民，其將何往？雖欲無王不可得也。」附《淺説》：夫不與民同樂，則民既有非之之心，能與民同樂，則民豈無感之之心。是故安居粒食，民之樂也，樂民之樂而皆爲致之，則民見君有宫室遊豫之樂，亦欣欣然爲君之樂矣。貧窮無告，民之憂也，憂民之憂而勿以施之，則民聞君有敵國外患之憂，亦戚戚然爲君之憂矣。夫樂民之樂，是樂不以己而以民，固爲樂以天下。至於民亦樂其樂，則是吾一人之所獨樂者，亦衆人之所共樂也，豈非樂以天下乎？憂民之憂，是憂不以己而以民，固爲憂以天下。至於民亦憂其憂，則是吾一人之所獨憂者，亦衆人之所共憂也，豈非憂以天下乎？憂樂皆以天下，則民皆望風仰德而莫不尊親矣，然而不王者，未之有也。

昔者齊景公問於晏子曰：『吾欲觀於轉附、朝儛，遵海而南，放於琅邪。吾何脩而可以比於先王觀也？』朝，音潮。放，上聲。

晏子，齊臣，名嬰。轉附、朝儛，皆山名也。《通考》趙氏悳曰：「轉附，作轉鮒，屬萊州。」○吴氏程曰：「轉，當如字，上聲。後章及公孫下、滕文上，轉溝壑並同。」遵，循也。放，至也。琅邪，余遮反。齊東南境上邑名。觀，遊也。附顧麟士曰：「引景、晏事，大段是望其納誨意多，然主意亦終在同民也。」○《蒙引》：至於「大戒於國，出舍於郊，始興發補不足」，則所謂欲觀轉附、朝儛，放於琅邪者，皆不果矣。

晏子對曰：『善哉問也！天子適諸侯曰巡狩，巡狩者巡所守也；諸侯朝於天子曰述職，述職者述所職也。無非事者。春省耕而補不足，秋省斂而助不給。夏諺曰：「吾王不遊，吾何以休？吾王不豫，吾何以助？一遊一豫，爲諸侯度。」

述，陳也。省，視也。斂，收穫也。給，亦足也。夏諺，夏時之俗語也。豫，樂音洛。也。巡所守，巡行諸侯所守之土也。述所職，陳其所受之職也。趙氏曰：「巡所守者，自上察下也。述所職者，自下達上也。王十二年一巡狩，諸侯六年一朝。」皆無有無事而空行者，附《存疑》：非字當無字看。而又春秋循行去聲。郊野，察民之所不足而補助之。故夏諺以爲王者一遊一豫，皆有恩惠以及民，而諸侯皆取法焉，不敢無事慢遊以病其民也。新安陳氏曰：「以上晏子言先王之法，此下言當時之弊。」附《蒙引》：天子適諸侯曰巡狩，又必解曰「巡狩者，巡所守也」，諸侯朝於天子曰述職，又必解曰「述職者，述所職也」，是何也？正以見其非無事者。言一爲巡諸侯所守而行，一爲述所職於天子而行，是皆非無事者。〇曰巡狩也，曰述職也，便見是非無事者，非訓解之辭。〇省耕省斂，天子諸侯皆然。夏諺獨言王者，蓋畿内之諺也。〇夏諺只帶省耕省斂，不必通管巡狩述職。〇省耕省斂，天子諸侯都有，此法都是先王之制也。此又在巡狩述職之外，不是巡狩述職就便省民以補不足也。天子只是省其畿内。〇《存疑》：春耕之時，舊穀既没，新穀未升，民之乏絶，正在此時也。若有不足，則不能盡力於耕，一年之計俱失矣，故察民之不足而資補之。秋斂之時，民之所收或有或無，或彀一歲之用，或不彀一歲之用，皆在此時。若不察知其有無，預處以周助之，則民將有狼狽失所者矣，故察民之不給而周助之。〇省斂内亦有蠲租，如今踏災傷相似，亦是助不給。〇遊與豫，當分合看，分看則遊是巡遊，豫是逸樂，合看則巡遊即所以爲樂也。二句疊言，詠歌之體也。〇《蒙引》：遊者遊行巡視也，豫蓋如田獵之類，二字須當有分别爲是。

今也不然：師行而糧食，飢者弗食，勞者弗息。睊睊胥讒，民乃作慝。方命虐民，飲食若流。流連荒亡，爲諸侯憂。睊，古縣反。

今，謂晏子時也。師，衆也。二千五百人爲師。《春秋傳》曰：「君行師從。」《左傳》：定公四年，劉文公合諸侯於召陵，謀伐楚。衛侯令祝鮀從。辭曰：「君以軍行，祓往釁鼓，〔師出，先有事祓禱於社，謂之宜社。於是殺牲，以血塗鼓鼙，謂之釁鼓。〕祝奉以從，〔奉社主也。〕於是乎出竟。若嘉好之事，〔謂朝會。〕君行師從，卿行旅從，〔五百人爲旅。〕臣無事焉。」糧，謂糗去久反，熬米麥也。又丘救反。糒音備，乾飯也。之屬。睊睊，側目貌。胥，相也。讒，謗也。慝，《通考》吴氏程曰：「吐得反。」怨惡烏路反。也，言民不勝平聲。其勞而起怨謗也。方，逆也。命，王命也。若流，如水之流，無窮極也。流連荒亡，解見形甸反。下文。諸侯，謂附庸之國，縣邑之長。上聲。〇慶源輔氏曰：「晏子主言齊事，而云爲諸侯憂，故知爲附庸之國，縣邑之長也。王者之命諸侯，豈固欲其如此哉？不過使之愛養斯民而已。逆王命則虐必及其民矣。」○雙峰饒氏曰：「『師行而糧食』，君之行也以師，其食也以糧，一而字在中間，見得是兩事。方命之命，是好底命。天子之命，必是教他撫一國之民。今也如此，則是逆王命了。又曰『爲諸侯度』，指先王言。『爲諸侯憂』，指時君言。」附《淺説》：君行則師從，師行則糧食，有供給之費而民飢者不得食，有夫征之擾而民勞者不得息，於是民皆側目聚爲讒謗之言，民皆作慝深懷忿怨之心。然豈惟爲民之憂而已，以其上逆天子之命，下虐無事之民，飲食之侈靡，若流水之無窮，或流或連，或荒或亡，亦爲其所屬諸侯之憂也。○《存疑》：師行，則夫征之擾，民實供之。糧食，則供億之費，民實出之。○《蒙引》：饒氏曰：「君之行也以師，其食也以糧。」如此則只是人君食糧矣。愚嘗笑而駁之曰，恐糗糒之屬非當時食前方丈之諸侯所能甘矣。○胥讒，非謂交相怨謗也，❶謂相與怨謗也。○若流，與從流下而忘反謂之流不同，從流下，乃實事也。○若流之流，水流也。流連之流，舟流也。

從流下而忘反謂之流，從流上而忘反謂之連，從獸無厭謂之荒，樂酒無厭謂之亡。厭，平聲。樂，音洛。

此釋上文之義也。從流下，謂放舟隨水而下。從流上，時掌反。謂挽舟逆水而上。從獸，田獵也。荒，廢也。樂酒，以飲酒爲樂也。亡，猶失也，言廢時失事也。雙峰饒氏曰：「荒是廢時，亡是失事。」附《蒙引》：順水而下，固謂之從流，逆水而上，如何亦謂從流？蓋從不訓順，乃訓逐也。從獸之從，亦是逐也。

先王無流連之樂，荒亡之行。去聲。惟君所行也。』

言先王之法，今時之弊，二者惟在君所行耳。附《淺説》：先王之法，有巡狩述職，有省耕省斂，無流連之樂、荒亡之行也。○《存疑》：「惟君所行」，猶史云帝王「顧所行何如爾」意，言先王之法，今時之弊，這二者惟在君之所行，不干別人事。君行先王之法，是亦先王矣，若不行先王之法，則爲今時矣。一古一今，

❶「謂」，原脱，今據哈佛本補。

皆不在人而在乎君，可見當自勉也。告滕文公問喪禮曰「是在世子」，亦是此意。

景公說，大戒於國，出舍於郊。於是始興發補不足。召太師曰：『爲我作君臣相說之樂！』蓋《徵招》、《角招》是也。其詩曰：『畜君何尤？』畜君者，好君也。」

戒，告命也。出舍，自責以省悉井反。民也。興發，發倉廩也。太師，樂官也。君臣，己與晏子也。樂有五聲，三曰角爲民，四曰徵爲事。《禮記·樂記》：「宮爲君，商爲臣，角爲民，徵爲事，羽爲物。注：宮絃最大，用八十一絲，聲重而尊，故爲君。商屬金，金爲決斷，臣事也。絃用七十二絲，次宮，如臣次君者也。角，觸也，物觸地而出，載芒角也。絃用六十四絲，聲居宮羽之中，屬木，以其清濁中民之象也。徵屬夏，夏時正長，萬物皆成形體，事亦有體，故配事。絃用五十四絲。羽屬水，聚清物之象，故爲物。絃用四十八絲。」《通考》趙氏悳曰：「宮土音，絃用八十一絲。商金音，三分徵益一以生，絃用七十二絲。角木音，三分羽益一以生，絃用六十四絲。徵火音，三分宮去一以生，絃用五十四絲。羽水音，三分商去一以生，絃用四十八絲。景公所作角、徵樂，以其爲民爲事也。」《招》，舜樂也。其詩，《徵招》、《角招》之詩也。尤，過也。言晏子能畜止其君之欲，宜爲君之所尤，然其心則何過哉？孟子釋之，以爲臣能畜止其君之欲，乃是愛其君者也。新安陳氏曰：「上文引援景公晏子事實，只末一句是孟子說。」○西山真氏曰：「《易》之大小畜，皆以止爲義。凡止君之欲者，乃所以爲愛君也。縱君之欲者，其得爲愛君乎？忠臣之心，惟恐其君之有欲，奸臣之心，惟恐其君之無欲。」○尹氏曰：「君之與民，貴賤雖不同，然其心未始有異也。孟子之言，可謂深切矣。齊王不能推而用之，惜哉！」南軒張氏曰：「孟子羞稱管、晏，今乃引晏子之言，何也？蓋羞稱者，其大法也，言與事有可取，亦不可没也。亦見與人爲善、至公至平之心也。」○雲峰胡氏曰：「齊景能聽晏子之言，而齊宣不能受孟子之説，是可惜也。」○新安陳氏曰：「此章與沼上之對略相似，大意主於不自樂而與民同樂耳。樂民之樂，憂民之憂，雖平説，然憂樂相反而實相關。憂民之憂者，必不暇樂己之樂，樂己之樂者，必不知憂民之憂，惟先憂以天下，而後能樂以天下也。前一截已盡之，後不過引一段故實耳。不與民同樂，人欲也，憂樂以天下，天理也。游豫爲諸侯度，天理也，流連爲諸侯憂，人欲也，無非遏人欲擴天理也。又舜之《招》，遺音必有在齊者，孔子在齊聞《招》，景公樂亦名《招》，可見。」附《蒙引》：「大戒於國」，謂布告境内，以圖回治政也。如今政令，凡一切勞民傷財之事，悉皆停免；凡一切奸宄情弊之事，盡行禁革；凡諸利於國利於民之事，盡許陳納無隱之類。蓋人君但有志於圖回政治，便須有一番告命，以彰境内之耳目也。○「出舍於郊」，自責以省民也。蓋以示不敢安居深宫之意，且於省民之不給爲便也。省民者，省民之耕斂也，故出郊。但不知出舍之時爲春爲秋耳，此則不必求者也。○《存疑》：晏子陳先王之法，今時之弊，以告景公，而致景公之悦，是臣有以悦君也。景公悦晏子之言，而大戒出舍興發，是君有以悦臣也。故曰君臣相悦。○《蒙引》：「蓋《徵招》、《角招》是也」，此一句是孟子述事之言。當孟子時，此樂蓋猶在也，故孟子舉以實之。○其曰《韶》者舜樂也，當時《韶》在齊，齊景公蓋用之而被以新詩，故其樂亦謂之《韶》也。○當朱子時，無可據了，故兼言《徵招》、《角招》之詩。或只是《角韶》之詩，或只是《徵招》之詩耳。○「畜君者，好君也」，既出於好君，夫何尤哉？如此説，方見是釋詩意。○樂有五聲，獨舉《徵招》、《角招》二者，以角爲民，徵爲事，取其切者也。景公一場作樂，必不止作二音之樂而已。或者當孟子時，只有此二音之樂在，其他亡失，不可知，故特舉其見存者耶。○每一音之樂，皆須具宫、商、角、徵、羽，如《徵招》之内，固有宫、商、角、徵、羽，《角招》之内，亦須有宫、商、角、徵、羽也。此之《徵招》、《角招》者，又是个大角、徵也，蓋五音旋相爲宫。

○齊宣王問曰：「人皆謂我毁明堂。毁諸？已乎？」

趙氏曰：「明堂，泰山明堂。周天子東巡守去聲。朝音潮。諸侯之處，漢時遺址音止。尚在。人欲毁之者，蓋以天子不復扶又反。

巡守，諸侯又不當居之也。王問當毀之乎？且止乎？」慶源輔氏曰：「《漢書・郊祀志》：武帝元封元年，封泰山，泰山東北址古有明堂處云。欲毀明堂，正與子貢欲去告朔餼羊之意同。以其無用，故欲去之也。」附《蒙引》：天子巡狩，隨方之鎮山各設明堂。此之明堂，趙氏何以知其爲泰山明堂也？曰：以其在齊境内也。○漢時遺址尚在，《集註》此句，亦足以證齊王因孟子之言而不果毁也。○漢時遺址尚在，不是趙氏説了。

孟子對曰：「夫明堂者，王者之堂也。王欲行王政，則勿毁之矣。」夫，音扶。

明堂，王者所居，以出政令之所也。能行王政，則亦可以王去聲。矣。何必毁哉？

朱子《明堂説》曰：「論明堂制者非一，竊意當有九室，如井田之制。東之中爲青陽太廟，東之南爲青陽右个，東之北爲青陽左个。南之中爲明堂太廟，南之東即東之南，爲明堂左个。南之西即西之南，爲明堂右个。西之中爲總章太廟，西之南即南之西，爲總章左个。西之北即北之西，爲總章右个。北之中爲玄堂太廟，北之東即東之北，爲玄堂右个。北之西即西之北，爲玄堂左个。中爲太廟太室。凡四方之太廟，異方所，其左个右个，則青陽之左个，乃玄堂之右个，明堂之右个，乃總章之左个也。總章之右个，乃玄堂之左个，明堂之左个，乃青陽之右个也。但隨其時之方位開門耳。太廟太室，則每季十八日，天子居焉。古人制事，多用井田遺意，此恐然也。」新安倪氏曰：「此朱子按《禮記・月令》爲説。」附顧麟士曰：「按《通義》白雲許氏曰：『宣王之意，正是欲不毁耳。蓋已稱王，即欲行天子之制也。孟子則不禁他不毁，只是教他行王政。蓋行王政，則足副王之名，雖行天子之制，可也。』」○《蒙引》：明堂者，通明之堂也，所以朝諸侯行王政者在是，所以享上帝配祖考者在是。○朱子曰：「古者祭天地於圜丘，掃地而行事，器用陶匏，牲用犢，其禮極簡。聖人之意，以爲未足以盡其意之委曲，故於季秋之月有大享之禮焉。天即帝也，郊而曰天，所以尊之也，故以后稷配。后稷遠矣，配稷於郊，亦所以尊稷也。明堂而曰帝，所以親之也，以文王配焉。文王親也，祀文王於明堂，亦以親文王也。尊尊而親親，周道備矣。然則郊者古禮，而明堂者周制也，周公以義起之也。」

王曰：「王政可得聞與？」對曰：「昔者文王之治岐也，耕者九一，仕者世禄，關市譏而不征，澤梁無禁，罪人不孥。老而無妻曰鰥。老而無夫曰寡。老而無子曰獨。幼而無父曰孤。此四者，天下之窮民而無告者。文王發政施仁，必先斯四者。《詩》云：『哿矣富人，哀此煢獨。』」與，平聲。孥，音奴。鰥，切頑反。哿，王可反。煢，音窮。

岐，周之舊國也。趙氏曰：「按岐州在漢右扶風美陽縣西北，唐屬岐州。岐州縣山之南有周原，蓋周之舊國。」❶《通考》東陽許氏曰：「文王未嘗稱王，而所行却是王政。」九一者，井田之制也。方一里爲一井，其田九百畝。中畫井字，界爲九區。一區之中，爲田百畝。中百畝爲公田，外八百畝爲私田。八家各受私田百畝，而同養去聲。公田，是九分扶問反。而稅其一也。世禄者，先王之世，仕者之子孫皆教之，教之而成材則官之。如不足用，亦使之不失其禄。蓋其先世嘗有功德於民，故報之如此，忠厚之至也。關，謂道路之關。市，謂都邑之市。譏，察也。征，稅也。關市之吏，察異服異言之人，而不征商賈音古。之稅也。澤，謂瀦水。梁，謂魚梁。與民同利，不設禁也。周文王治岐，關市不征，澤梁無禁，成周門關市廛，皆有限守，山林川澤，悉有厲禁，何也？潛室陳氏曰：「文王因民所利而利之，乃王道之始，成周經制大備，乃王道之成。」孥，妻子也。惡惡止其身，不及妻子也。新安陳氏曰：「世禄善善，長也。不孥惡惡，短也。」先王養民之政：導其妻子，使之養其老而卹其幼。不幸而有鰥寡孤獨之人，無妻子父母之養，則尤宜憐卹，故必

❶「周」，原作「州」，今據《四書大全》改。

以爲先也。《詩》，《小雅·正月》之篇。哿，可也。惸，困悴秦醉反。貌。新安陳氏曰：「《正月》末章之意，云『亂至於此，富人猶或可勝，惸獨甚矣』，其可哀也。」〇雙峰饒氏曰：「都鄙用助法，鄉遂用貢法，此周所以兼二代之法。井田之法，坦平處可行，江南想從古行貢法。關是道路樽節處，市是市井，澤是水所都處，梁是水所通處。耕者九一，仕者世禄，是士農工商皆有所養。惟鰥寡孤獨無所告，故發政施仁必先斯四者。」《通考》趙氏惪曰：「《孟子》以鰥寡孤獨爲序者，輕重之序也。《王制》以孤獨矜寡爲序，《禮運》以矜寡孤獨爲序，豈非所養之常餼有寡多，有二等，故先言孤獨，以重者先之。《禮運》先矜寡，以輕者先之。就二等之中，則矜於寡爲重，獨於孤爲輕。蓋《孟子》言『幼而無父』，則孤爲重。鰥，愁悒不能寐，目常鰥鰥然。其字從魚，魚目恒不閉。寡，寡果也，果然單獨也。孤，顧也，顧望無所瞻見也。獨，獨鹿也，鹿鹿無所依也。」附《存疑》：殷人七十而助，看來文王治岐之時，尚當遵殷制。所謂耕者九一，想每夫受田七十畝。注謂百畝，豈偶然不及思耶。〇顧麟士曰：「按徹田爲糧，則公劉時已有此制矣。似不必拘，且《集註》百畝，亦本漢注。」〇《蒙引》：饒注：「澤，水所都處。梁，水所通處。」正可絶流而漁，故以爲漁梁也。《正韻》：「石絶水爲梁。」梁所以節水。〇潛室曰「文王因民所利」云云，此說不如前篇雲峰所謂「澤梁無禁者，不禁民之取；而有厲禁者，禁民之不以時取也。」蓋「關市不征，澤梁無禁」，與「門關市廛，皆有限守，山林川澤，悉有厲禁」者，自不相妨也。潛室工於立說而疏於明理矣。雲峰之說，最痛快明徹。況所謂限守厲禁者，正合前篇王道之始事。〇或謂「發政施仁」，指上文「耕者九一」至「罪人不孥」，非也。「發政施仁」是虛字。先者重之也，亦非先卹窮民而後行九一世禄之法也。人君不發政施仁則已，一行仁政，便是此數者一時出令。但此數窮民，尤在所宜留意耳，故曰「尤宜憐卹，必以爲先也」。此先字，亦如後義先利之先字，不可拘以時之先後爲言也。〇只此數句，見得文王當時治岐，舉許多等人，都區處得當了。《大學》曰：「君子賢其賢而親其親，小人樂其樂而利其利，此以没世不忘也。」此之謂也。〇趙氏惪所論鰥寡孤獨之序及其字義，不必盡從，惟鰥字爲有義。以孤爲顧，以獨爲鹿，皆所不可知。〇顧麟士曰：「《王制》：『少而無父者謂之孤。老而無子者謂之獨。老而無妻者謂之矜。老而無夫者謂之寡。此四者，天民之窮而無告者，皆有常餼。』虛齋官養之説，蓋本此也。」

王曰：「善哉言乎！」曰：「王如善之，則何爲不行？」王曰：「寡人有疾，寡人好貨。」對曰：「昔者公劉好貨。《詩》云：『乃積乃倉，乃裹餱糧，于橐于囊。思戢用光。弓矢斯張，干戈戚揚，爰方啓行。』故居者有積倉，行者有裹糧也。然後可以爰方啓行。王如好貨，與百姓同之，於王何有？」餱，音侯。橐，音拓。戢，《詩》作輯，音集。

王自以爲好貨，故取民無制，而不能行此王政。公劉，后稷之曾孫也。《詩》，《大雅·公劉》之篇。積，露積也。《通考》仁山金氏曰：「積，當作子賜反，穀堆也。」餱，乾音干。糧也。無底曰橐，有底曰囊。皆所以盛音成。餱糧也。戢，安集也。言思安集其民人，以光大其國家也。戚，斧也。揚，鉞音越。也。爰，於也。啓行，言往遷於豳悲巾反。也。何有，言不難也。孟子言公劉之民富足如此，是公劉好貨，而能推己之心以及民也。今王好貨，亦能如此，則其於王天下也，何難之有？西山真氏曰：「人君豈不事儲峙之富，惟能推此心，使斯民亦有餱糧之積，可也。」附《蒙引》：積，無屋而露積也。倉，屋以貯之者也。「餱，乾糧也。」《詩傳》與此不同，曰：「餱，食；糧，糗也。」又分作二字看。大抵或合看，或分看，總是乾糧也。○橐、囊，皆袋也。不用竹木器，出行輕便也。○公劉遷邠，逼於西戎故也。○戚、揚二者，斧、鉞之別名，鉞大斧小。○「王如好貨，與百姓同之」，與百姓同之者，好貨而推己之心以及民，便是「耕者九一，仕者世祿」云云矣。好色與民同亦然。

王曰：「寡人有疾，寡人好色。」對曰：「昔者大王好色，愛厥妃。《詩》云：『古公亶父，來朝走馬，率西水滸，至于岐下。爰及姜女，聿來胥宇。』當是時也，内無怨女，外無曠夫。王如好色，與百姓同之，於王何有？」大，音泰。

王又言此者，好色則心志蠱惑，用度奢侈，而不能行王政也。大王，公劉九世孫。《詩》，《大雅·綿》之篇也。古公，大王之本號，後乃追尊爲大王也。亶父，音甫。大王名也。來朝走馬，避狄人之難去聲。也。新安陳氏曰：「來朝，其來以朝也。古人紀事，蓋有此例，如《書》曰：『王朝步自周，周公朝至于洛。』」率，循也。滸，呼五反。水涯也。岐下，岐山之下也。姜女，大王之妃也。胥，相也。宇，居也。曠，空也。無怨曠者，是大王好色，而能推己之心以及民也。南軒張氏曰：「齊王好貨好色，孟子以公劉大王對，但謂公劉好貨，大王好色，而不知實未嘗好也。二君處心平和，無一毫物我之私，如曰『居者有積倉，行者有裹糧』，豈惟欲其國富，而亦欲其民富也。如曰『内無怨女，外無曠夫』，不惟君有室家，而民亦欲其有室家也。好字雖同，而所以爲好則異，故孟子曰：『王如好貨好色，與百姓同之，於王何有？』二君之好，天理也。齊王之好，人欲也。」○新安陳氏曰：「孟子之言，有因其近似而發揮之，以足己意者。如公劉好貨，本無事實，只『乃積乃倉』一句。大王好色，亦無事實，只『爰及姜女』一句而已。然欲開導時君，意正辭辨。」附《蒙引》：「『爰及姜女』，蓋同時『率西水滸』而『至於岐下』也。不可因上句『古公亶父，來朝走馬』，爲初只大王獨來。○究公劉之好貨，止於『乃積乃倉，乃裹餱糧』而已，他無所謂好貨也。究太王之好色，亦止於『爰及姜女，聿來胥宇』而已，他無所謂好色也。然則亦所謂其争也君子。雖然，『乃積乃倉』，乃民之貨，非公劉之貨也。『爰及姜女』，乃天理人情之當然，大王豈可委其妃而獨行哉，然則亦何好色之有。孟子之權辭耳。○《存疑》：公劉好貨，大王好色，本詩初無此意，孟子特就其中看出一個意思來引導其君爾。楊氏曰：「孟子與人君言，皆所以擴充其善心擴天理。而格其非心，遏人欲。不止就事論事。若使爲人臣者，論事每如此，豈不能堯舜其君乎？」愚謂此篇自首章至此，大意皆同。蓋鐘鼓、苑囿、游觀之樂，音洛。與夫音扶。好勇、好貨、好色之心，皆天理之所有，而人情之所不能無者。然天理人欲，同行異情。循理而公於天下者，聖賢之所以盡其性也；縱欲而私於一己者，衆人之所以滅其天也。二者之間，不能以髮，而其是非得失之歸，相去遠矣。故孟子因時君之問，而剖普后反。析於幾平聲。微之際，皆所以遏人欲而存天理。其法似疏平聲。而實密，其事似易去聲。而實難。慶源輔氏曰：「法似疏而實密，事似易而實難，蓋不直禁其好貨好色，則似若疏且易矣；然必使爲公劉、大王之事，推己之心以及民，循理而不縱欲，公天下而不私一己，則其實又甚密而且難矣。法，指孟子之說。事，指公劉大王之事。非孟子據理之極，知言之要，何能辨析其精微如此哉！」學者以身體之，則有以識其非曲學阿世之言，而知所以克己復禮之端矣。新安陳氏曰：「克己復禮之端，即謂天理人欲。二者之間，幾微之際也。」○問：「孟子答梁惠王問利，直掃除之。此處却如此引導之，何也？」朱子曰：「此處亦自分義利，特人自不察耳。」○慶源輔氏曰：「鐘鼓、苑囿、游觀之樂，與夫好勇、好貨、好色之心，固天理人情之所不能無者，但有理與欲、公與私之異耳。故《集註》舉胡氏『天理人欲，同行異情』之說而辨析之。夫聖賢之與衆人，其於好色、好貨，其行雖同，而其情則異。『循理而公天下者，聖賢之所以盡其性』，此即公劉、大王與民共欲之事也。『縱欲而私於一己者，衆人之所以滅其天理也』，即齊王自以爲疾之事也。二者同異不過毫髮之間，而其終之是非得失，則其相去遂有盡性滅天、興王絕世之相反。《集註》言此，不但贊其理之密，正欲使學者因其言以反諸身，至誠體察於所謂毫髮之際，然後力求所以循天理而克其欲耳。」○雲峰胡氏曰：「『天理人欲，同行異情』，出五峰胡氏之言，朱子平日深取之。今引以釋此章者，如齊王好色，大王亦好色，是同行也；齊王是行從人欲上去，大王是行歸天理上來，是異情也。同行，則天理人欲之幾若不能以髮，異情，則天理人欲之判不啻霄壤矣。凡曲學阿世者，非逢君之惡，則長君之惡。孟子之言，無非止君之惡，而誘君於善，無非遏人欲而存天理也。」附《蒙引》：是非以理言，得失以效言。是者歸於天理，而爲有道之主；非者歸於人欲，而爲無道之君。得者歸於王，而可以保天下；失者歸於亡，而不足以保妻子。○端者，言下克己復禮之工夫，自此始也。

○孟子謂齊宣王曰：「王之臣有託其妻子於其友，而之楚遊者。比其反也，則凍餒其妻子，則如之何？」王曰：「棄之。」託，寄也。比，及也。棄，絶也。附《蒙引》：「比其反也，則凍餒其妻子」，非是自楚反，彼乃凍餒其妻子，蓋反之日，乃知彼之凍餒其妻子也。○「則如之何」，托以妻子者，當何如處也。

曰：「士師不能治士，則如之何？」王曰：「已之。」士師，獄官也。其屬有鄉士遂士之官，士師皆當治之。已，罷去上聲。也。《周禮·秋官·司寇》：刑官之屬：士師、鄉士、遂士、縣士。注：鄉士掌六鄉之獄，遂士掌六遂之獄，縣士掌縣獄。

曰：「四境之内不治，則如之何？」王顧左右而言他。治，去聲。

孟子將問此而先設上二事以發之，及此而王不能答也。其憚於自責，恥於下問如此，不足與有爲可知矣。慶源輔氏曰：「顧左右以釋其愧，言他事以亂其辭，有護疾忌醫之心，無責己求言之意。」○雙峰饒氏曰：「自責、下問，《集註》自爲他開兩條路。當言此則寡人之罪也，這便是自責。又當言如何可以治人，這便是下問。齊王亦無服善之心，故顧左右而言他。後來因孔距心之辭，則不憚於自責矣，然亦恥於下問。」附《蒙引》：四境之内不治，或治道乖方，而邑里之蕭條；或教化凌夷，而風俗之惡薄。

○趙氏曰：「言君臣上下并王與士師言。各

勤其任，無隳許規反。其職，乃安其身。」**附**《蒙引》：趙注「君臣上下」，注謂并王與士師言。愚謂須兼友之受托者言。蓋受人之託，便亦有一職在身，職者分内事也，必無隳其職，然後不爲友人所棄而身安矣。蓋上二事，皆是設言以發之，不是只重在士師一節也。○各勤其職，乃爲不隳其職也。不隳其職，然後友不爲友所棄，士不爲君所黜，人君亦得安於民上，而保其社稷也。

○孟子見齊宣王曰：「所謂故國者，非謂有喬木之謂也，有世臣之謂也。王無親臣矣，昔者所進，今日不知其亡也。」

世臣，累魯水反。世勳舊之臣，與國同休戚者也。親臣，君所親信之臣，與君同休戚者也。此言喬木世臣，皆故國所宜有。然所以爲故國者，則在此而不在彼也。此，謂世臣。彼，謂喬木。昨日所進用之人，今日有亡去而不知者，則無親臣矣。况世臣乎？**附**《存疑》：在商則伊陟象賢，在周則召穆公虎，皆世臣也。○《蒙引》：古人立國，凡廟、朝、壇、壝、宫、府及臺、榭之所，皆必植之名木，如三槐九棘之類，歲數既久，則成喬木，是亦故國之一證也。若新造之邦，亦安得有此。○「昔者所進」進字，不是泛泛進用，蓋是其所親幸而將倚以爲腹心者，故以「不知其亡」爲無親臣也。若是百僚庶官之中，有今日進而明日亡去，亦何怪得王之不及知。○昔者，昨日也。凡語及千百年之遠，概謂之昔者，而此乃釋爲昨日，何與？曰：此對下文今日言也。孟仲子曰「昔者有王命」，對「明日出弔於東郭氏」，則昔者之爲昨日，其來尚矣。他日孟子謂樂正子曰：「子來幾日矣？」曰：「昔者。」注曰：「昔者，前日也。」則又隨文而訓義。

王曰：「吾何以識其不才而舍之？」

王意以爲此亡去者，皆不才之人。我初不知而誤用之，故今不以其去爲意耳。因問何以先識其不才而舍之邪？**附**《存疑》：「吾何以識其不才而舍之」，不但自解其昔者所進今日不知其亡之失，實欲得真才而用之，以免向日之弊也。言此亡去者，皆不才之人，我初不知而誤用之，故今不以其去爲意耳。從今以始，吾何以預識其人之不才而舍之，所用者皆真才，不致後日之輕視乎。

曰：「國君進賢，如不得已，將使卑踰尊，疏踰戚，可不慎與？與，平聲。

如不得已，言謹之至也。蓋尊尊親親，用世臣而尊其尊，親其親。禮之常也。然或尊者親者未必賢，則必進疏遠之賢而用之。是使卑者踰尊，非尊尊之常。疏者踰戚，非親親之常。非禮之常，故不可不謹也。朱子曰：「孟子言『昔者所進，今日不知其亡』，故王問『何以識其不才而舍之』，而孟子告以『進賢如不得已』，蓋於進退之間無所不審，非但使之致察於去人殺人也。」○慶源輔氏曰：「先儒皆以『如不得已』一句連下文說，言不得已則將使卑踰尊、疏踰戚，故不可不謹。雖若可通，然如此則是國君用人惟不得已之際方致其謹。非孟子意也。故《集註》直以『如不得已』一句連上文說，言如不能得已，是至謹之意，人君於進賢之際，皆不可不謹。故於下段結之，云所謂進賢如不得已者如此。至於尊者、親者未必賢，則又將進其疏遠之賢者而用之，至使卑者踰尊，疏者踰戚，則又非禮之常，尤不可不謹也。」附《存疑》：「如不得已」須看得明白。先看不得已三字有着落，然後看如字，則明白矣。如有個人，已本不欲用他，此欲已也，却有人要用他，我不能主張得，不得不用，此不得已也。凡不得已者，皆猶豫留難，遲慢不亟向前。曰「如不得已」，則非真不得已，特如之爾。蓋這人本是已要用的，初若已不欲用他，因他人要用，我不得已而用他。如此其遲慢留難也，特以欲得真才，審之又審，至再至三至四，遲遲慢慢，留留難難，有似於已本欲不用，逼於人不得已而用之耳。○左右皆賢一條，即「如不得已」意。「左右皆曰賢」，似可矣，猶不可。至於「國人皆曰賢」，似可矣，猶不可，而必自察。此便是至再至三至四、遲慢留難意思，故曰即如不得已意。「將使卑踰尊，疏踰戚」，是說所以如不得已處。蓋進賢不謹之於始，至有不賢，將求疏遠之賢而用之，是使卑者踰尊，疏者踰戚也。如此則非禮之常矣，此所以當如不得已也，故曰「可不慎與」。《蒙引》曰：「是恐今日所進者不賢，後來又更著賢，而親疏尊卑有易位者爾。此是懲前而戒後也，故曰『將使』。」○《蒙引》：尊尊親親，禮之常也。小注以爲用世臣是尊尊親親者，非也。○於此不謹而誤用之，則既在尊親之列矣。他日未免使卑踰尊、疏踰戚，而越常理矣。

左右皆曰賢，未可也；諸大夫皆曰賢，未可也；國人皆曰賢，然後察之；見賢焉，然後用之。左右皆曰不可，勿聽；諸大夫皆曰不可，勿聽；國人皆曰不可，然後察之；見不可焉，然後去之。去，上聲。

左右近臣，其言固未可信。諸大夫之言，宜可信矣，然猶恐其蔽於私也。至於國人，則其論公矣，然猶必察之者，蓋人有同俗而爲衆所悦者，新安陳氏曰：「若孟子所論鄉原，一鄉皆稱原人是也。」亦有特立而爲俗所憎者。新安陳氏曰：「若韓子所論，伯夷特立獨行而舉世非之是也。」故必自察之，而親見其賢否之實，然後從而用舍上聲。之，則於賢者知之深，任之重，而不才者不得以幸進矣。所謂進賢如不得已者如此。慶源輔氏曰：「所謂察之，則必因言以察其心，考迹以察其用，如孔子之視，所以觀所由，察所安，然後能親見其賢否之實，從而用舍之。則於賢者，非徒知之，知之必深而無所疑；非徒任之，任之必重而不可易。至於不才，亦不容於幸進矣。」○新安陳氏曰：「如此方見進賢謹之之至，如必不得已而然者。要之用舍之道，參之於衆，而察之於獨，不賢者固去之勿疑矣。賢者必任之勿貳，是即君所親信之臣也。此非親信之一己之私，而實親信之以國人之公，所謂民之所好好之也。今日爲王之親臣，他日託孤寄命，即爲國家之世臣矣。」附《蒙引》：左右皆曰不可者，亦是今日所欲進用之人，不可謂是已在位而尊親之不賢者也。不但進賢如不得已，退人亦如不得已，方爲退得當。下文殺人亦如不得已也，總是好惡與民同也。○「左右皆曰不可，勿聽」云云者，誠恐其失賢也。恐其失賢者，正欲其得真賢也。故二條總歸於「進賢如不得已」。蓋不果進，則在退列矣。進退相形，非固增一箇退人説也。故注云，如是「則於賢者知之深，任之重，而不才者不得以倖進矣。所謂進賢如不得已者如此。」只説就一邊。

左右皆曰可殺，勿聽；諸大夫皆曰可殺，勿聽；國人皆曰可殺，然後察之；見可殺焉，然後殺之。故曰，國人殺之也。

此言非獨以此進退人才，至於用刑，亦以此道。蓋所謂天命結上文進人才。天討，結此一節。皆非人君之所得私也。南軒張氏曰：「既言進退人才之道，復及於可殺者，蓋如舜之於四凶，孔之於少正卯，天討之，施有不可已者也。曰『國人殺之』，言非己殺之，因國人之公心耳。然則其用是人，去是人，亦非吾用之去之，國人用之去之也。蓋天聰明自我民聰明，國人之公心，即天理之所存，一毫私意加於其閒，則非天之理矣。」○新安陳氏曰：「因用舍而及刑殺，亦是孟子敷演以明其意。不才者舍之，有罪而甚焉者殺之也。」《通考》朱氏公遷曰：「此明折獄政刑之道。曾子之言，卹刑也。孟子之言，慎刑也。哀矜勿喜者，好生之德洽於民心之意也。國人殺之者，刑人於市與衆棄之之謂也。若子路無宿諾而片言可以折獄者，即所謂上好信則民莫敢不用情者乎？君子之於獄於刑也，忠信以孚之，審慎以行之，惻隱以施之，有子路之德而用曾子、孟子之言，則於天討之義庶幾無愧乎？」附《存疑》：因說用人，帶說刑殺，蓋用舍刑殺，人君大事也。○《蒙引》：大注「天命」，指進退人才言。「天討」，指刑殺言。如何以退人才亦爲天命有德耶？曰：有進便有退，以此相形言耳。意重進賢，退只是不用，不可謂之天討。○若下文「民之所惡惡之」，則兼去之殺之。上文因說「進賢」，却形出一个退的來說。此條只說可殺者，亦就藏得一个不可殺的在裏許。蓋國人曰可殺，或察之見不可殺，則不殺矣。○「左右皆曰可殺」，此條不可依南軒、新安，帶連上文進退人才，言不可而甚者則殺之，如舜之於四凶，非也。蓋不可而去之者，正是所進之人才，詢察其不可進而退之者，亦何至有可殺之罪耶？若四凶自是積惡犯罪，非是因人薦進之際，知其不可而殺之也。《集註》明白此言非獨以此進退人才，至於用刑亦以此道，分明果斷了。

如此，然後可以爲民父母。」

傳去聲。曰：《大學》傳文。「民之所好好之，民之所惡惡之，此之謂民之父母。」新安陳氏曰：「總結上文用之、去之、殺之三節意。」附《淺說》：夫人不苟用，而用之必當其可，所謂天命有德，人君不得以私喜而加爵；人不輕殺，而殺之必當其可，所謂天討有罪，人君不得以私怒而用刑，必如此然後可以爲民之父母。蓋民之所好好之，民之所惡惡之，此之謂民之父母。若所用非其可用，所殺非其可殺，則好惡拂民之性矣，惡在其爲民父母也。○顧麟士曰：「按前說退不賢，亦是足進賢意，故只云命討兩節。新安云三節，便使人摇惑，不是。」○《存疑》：「如此，然後可以爲民父母」，總結「左右皆曰賢」以下兩節意。

○齊宣王問曰：「湯放桀，武王伐紂，有諸？」孟子對曰：「於傳有之。」傳，直戀反。

放，置也。《書》曰：「成湯放桀於南巢。」

附《蒙引》：齊宣王素以辟土地、朝秦楚、莅中國、撫四夷爲心，實有滅東周而自帝之意，故發此問耶？孟子之言，其所以警齊王自省君德之意，又有出於其意外者。

曰：「臣弑其君可乎？」

桀、紂，天子，湯、武，諸侯。

曰：「賊仁者謂之賊，賊義者謂之殘，殘賊之人謂之一夫。聞誅一夫紂矣，未聞弑君也。」

賊，害也。殘，傷也。害仁者，凶暴淫虐，滅絶天理，故謂之賊。害義者，顛倒錯亂，傷敗彝倫，故謂之殘。一夫，言衆叛親離，不復扶又反。以爲君也。《書》曰：「獨夫紂。」蓋四海歸之，則爲天子；天下叛之，則爲獨夫。所以深警齊王，垂戒後世也。新安陳氏曰：「紂罪浮於桀，故下文單說紂。」

○朱子曰：「傷敗彝倫，只是小小傷敗常理，如不以禮食、不親迎之類。若是紾兄臂、踰東家牆，便是絶滅天理。《周書》『怠勝敬者滅』，即賊仁謂賊之意；『欲勝義者凶』，即賊義謂殘之意。賊義是就一事上說，賊仁是就心上說，其實賊義，便是賊那仁底，但分而言之，則如此。」○賊仁是將三綱五常天秩之禮，一齊壞了。義隨事制宜，賊義只是於此一事不是，更有他事在。○賊仁者，無愛心而殘忍之謂也。賊義者，無羞惡之心之謂也。○問：「賊仁是害心之理，賊義是見於所行處傷其理？」曰：「以義爲見於所行，便是告子義外矣。義在內，不在外。義所以度事，亦以心度之。然則果何以別？蓋賊之罪重，殘之罪輕。仁義皆是心，仁是天理根本處，賊仁則大倫大法虧滅了，便是殺人底人一般；義是就一節一事上言，一事上不合宜，便是傷義，似手足上損傷一般，所傷者小，尚可以補。」○慶源輔氏曰：「賊之爲害深，殘之爲害淺。凶暴淫虐，指發於中者言；顛倒錯謬，指見於事者言。然發於中者，必見於外；見於事者，實生於心。絶滅天理，則是殄闕其本根；傷敗彝倫，則是損害其枝葉。衆叛親離，不復君之，此賊仁賊義，衆惡皆備之證驗也。此事自君言之，則理所當然；自臣下言之，則不得已之大變。故《集註》下文舉王勉之語，所以著萬世爲臣者之大戒。」○新安陳氏曰：「賊仁賊義，細分之有絶本根、傷枝葉之殘。然仁義皆根於心，未有賊仁而不賊義者，所以下文只以殘賊之人總言其惡耳。孟子此言，雖意在警齊王，然亦見英氣太露處。」附《蒙引》：殘，破也，故曰傷敗。○天之所以立君，民之所以戴君，爲能爲天下守此仁義也。今也仁義乃自彼而壞，則是喪其所以爲君者矣。○孟子是以誅字換了弑字，一夫字換了君字。○王勉建安人。曰：「斯言也，惟在下者有湯、武之仁，而在上者有桀、紂之暴則可。不然，是未免於簒弑之罪也。」雲峰胡氏曰：「無孟子之説，無以警後世之爲人君者。無王氏之言，無以警後世之爲人臣者。然孟子曰：『有伊尹之志則可，無伊尹之志則簒。』王氏之説，未嘗不自孟子中來。」

○孟子見齊宣王曰：「爲巨室，則必使工師求大木。工師得大木，則王喜，以爲能勝其任也。匠人斲而小之，則王怒，以爲不勝其任矣。夫人幼而學之，壯而欲行之。王曰『姑舍女所學而從我』，則何如？勝，平聲。夫，音扶。舍，上聲。女，音汝，下同。

巨室，大宮也。工師，匠人之長。上聲。匠人，衆工人也。姑，且也。言賢人所學者大，而王欲小之也。附《蒙引》：「則王喜，以爲能勝其任也」，謂大木勝巨室之任也，不謂工師勝任。○

幼而學者，仁義也，故壯則欲行夫仁義。今王曰「姑舍汝所學而從我」，是欲令舍所學之仁義，而徇吾所欲之功利也。

今有璞玉於此，雖萬鎰，必使玉人彫琢之。至於治國家，則曰『姑舍女所學而從我』，則何以異於教玉人彫琢玉哉？」鎰，音溢。

璞，玉之在石中者。鎰，二十兩也。趙氏曰：「《國語》云：『二十四兩爲鎰。』趙岐誤注，《集註》因之。」○東陽許氏曰：「萬鎰，謂璞玉之價，值萬鎰之金也。」玉人，玉工也。不敢自治而付之能者，愛之甚也。治國家則徇私欲而不任賢，是愛國家不如愛玉也。雙峰饒氏曰：「兩箇譬喻是兩意，前譬是説任賢不如任匠，後譬是説愛國不如愛玉。」附《蒙引》：萬鎰，言其價值之小也。問：「萬鎰，子猶以爲小乎？」曰：「自我輩言，則何翅云多也。自齊王有國家者言，則萬鎰所值幾何。孟子此語，爲齊王言也，方起得下句。」○舊説玉人自有治玉之法，不待人教之，猶賢人自有治國家之法，不待人君教之，故曰云云「則何以異於教玉人彫琢玉哉」。此雖説得教字穩，然於愛國不如愛玉意將晦了。蓋此教字，是命字之義，言玉則教玉人琢之，而國家則不使賢者得伸其志以治之，豈非愛國不如愛玉哉！○顧麟士曰：「教玉人教字，即使玉人使字。『何以異』，猶云爲甚麽緣故乃如此，怪歎之辭。」○范氏曰：「古之賢者，常患人君不能行其所學；而世之庸君，亦嘗患賢者不能從其所好。去聲。是以君臣相遇，自古以爲難。孔、孟終身而不遇，蓋以此耳。」新安陳氏曰：「前譬王欲小用賢者，後譬王不專用賢者。所以不能用賢，皆己之私欲害之。庸君必不能行賢者之所學，賢者必不肯從庸君之所好，此遇合所以難也。」附《存疑》：兩條之意，前是治國不如作室，下是愛國不如愛玉，意思甚明白。新安不用不專用之説，固非。饒氏任賢不如任匠之説，亦未甚貼。○《淺説》：任賢不如任匠，便是愛國不如愛玉。

○齊人伐燕，勝之。

按《史記》，燕平聲。王噲音快。讓國於其相去聲。子之，而國大亂。齊因伐之。燕士卒不戰，城門不閉，遂大勝燕。《史記・燕世家》：「燕王噲用其相子之，蘇代爲齊使於燕，以事激燕王以尊子之，於是燕王大信子之。鹿毛壽謂燕王：『不如以國讓相子之。人之謂堯賢者，以其讓天下於許由，許由不受，有讓天下之名而實不失天下。今王以國讓於子之，子之必不敢受，是王與堯同行也。』燕王因屬國於子之，子之南面行王事，而噲老不聽政，顧爲臣，國事皆決於子之。三年，國大亂，百姓恫恐。將軍市被與太子平謀，將攻子之。諸將謂齊湣王曰：『因而赴之，破燕必矣。』齊王令人告燕太子，太子因與市被圍公宮，攻子之，不克。將軍市被及百姓反攻太子平，市被死，以徇。因構難數月，死者數萬，衆人恫恐，百姓離怨。❶孟軻謂齊王曰：『今伐燕，此文、武之時，不可失也。』王因令章子將五都之兵，因北地之衆以伐燕。士卒不戰，城門不閉，燕王噲死，齊大勝。燕子之亡，而燕人共立太子平，是爲燕昭王。」附顧麟士曰：「《風俗通》云：『召公奭與周同姓，武王滅紂，封召公於燕。成王時入據三公，出爲二伯。壽九十餘卒。』然皇甫謐又云：『奭，文王庶子。康王時考終，百有餘歲。』」

宣王問曰：「或謂寡人勿取，或謂寡人取之。以萬乘之國伐萬乘之國，五旬而舉之，人力不至於此。不取，必有天殃。取之，何如？」乘，去聲。

以伐燕爲宣王事，與《史記》諸書不同，已見形甸反。序說。何氏曰：「萬乘之國，非諸侯之制也。今燕、齊互相侵奪而皆有之，故以萬乘之齊，伐萬乘之燕，勢均力敵。但以五旬而即舉之，若以人力論之，不能至於如此之易，意者其天乎？不取必有天殃。齊王本有利燕之心，特託天而遂其私耳。孟子之對，則不歸之天而歸之人。」附《存疑》：五旬而舉之，亦是燕國自亂，非齊真能勝之也。

孟子對曰：「取之而燕民悅，則取之。古之人有行之者，武王是也。取之而燕民不悅，則勿取。古之人有行之者，文王是也。

❶「姓」，原作「性」，今據哈佛本改。

商紂之世，文王三分天下有其二，以服事商。至《春秋傳》。❶ 至武王十三年，乃伐紂而有天下。張子曰：「此事間不容髮。一日之間，天命未絶，則是君臣。當日命絶，則爲獨夫。然命之絶否，何以知之？人情而已。諸侯不期而會者八百，武王安得而止之哉？」朱子曰：「此亦是齊王欲取燕，故引之於文武之道。非謂文王欲取商，以商人不悦而止，武王見商人悦己，遂取之也。直是論其理如此耳。」○慶源輔氏曰：「文王、武王，豈有一毫利天下之心哉？亦順天命而不敢違焉耳。而張子之説爲尤嚴，所謂間不容髮之際，非理明義精，德至聖人者，孰能處之而無愧哉！纔有一毫利心，則失之矣。然其命之絶否，則亦不過察於人情，又與孟子之言實相表裏也。」附《蒙引》：畢竟文王三分天下有其二，還是天命未絶商。而夫子以爲至德者，蓋在他人則必舉大事矣，不然，亦以有二者自有矣。而文王乃復以之而事商焉，是亦可取不取，可爲不爲，而爲至德也。若使諸侯不期而會者八百，雖文王亦安得而止之哉？故曰：「堯、舜、湯、武，其揆一也。」

以萬乘之國伐萬乘之國，簞食壺漿，以迎王師。豈有他哉？避水火也。如水益深，如火益熱，亦運而已矣。」簞，音丹。食，音嗣。

簞，竹器。食，飯也。運，轉也。言齊若更爲暴虐，則民將轉而望救於他人矣。《通考》趙氏悳曰：「腹方口圓曰壺。簞以竹爲之，長二尺，廣一尺，深六寸，足高二寸，上有蓋。」○趙氏曰：「征伐之道，當順民心。民心悦，則天意得矣。」新安陳氏曰：「齊王言天命，孟子欲其以人心觀天命。欲知天命，當觀人心，欲得人心，當施仁政。燕之可取不可取，決之以此足矣。惟仁可以易暴，燕人避燕之虐，望齊之仁而歸之，齊苟不施仁而益暴，得非以暴易暴而益甚之乎？蓋警之也。」附《蒙

❶「至」，當衍，或爲「見」。四庫本詹道傳《孟子纂箋》作「見」。

引》：此後一條，見得是當施仁政以慰燕民之心。民心悦則天意得，而燕庶其可取矣。〇按後一條，分明是説齊未能得燕民之悦，而未便有可取之理。其曰「如水益深，如火益熱」，蓋已窺見其有將殺其父兄、係累其子弟之意矣。然當時猶未有其事，方是始勝之日也。〇「如水益深，如火益熱」，此如字是假如之如也，非如似之如也，即《集註》「若更爲暴虐」之若字。若作如似之如，則上文當有話。況上文「避水火也」，皆未有如字，而必於此方用如字，何也？故斷作若字用。〇以上條看之，固未見得民悦齊，亦未見得民不悦齊，故此條勸以行仁政，猶或可取也。及齊不行仁政，而更爲暴虐，致煩諸侯之兵，孟子乃轉教以置君而去。蓋是時已失燕人之心矣，無復可爲者矣。二章之旨，所以爲不相悖。或曰：「然則孟子是教齊王行仁政，以收燕之人心，然後從而取之與？」曰：「何傷。上文分明謂取之而燕民悦則取之，使齊王能得燕民之悦，則孟子亦主張他取燕矣。況孟子常常教時君行仁政而王，此亦何傷哉。」或謂此處是教齊王如何樣行仁政，以慰其壺漿相迎之意耶？或謂是要着他反旄倪、止重器而別立君，非也。此時未擬到此節。蓋殺其父兄云云，是取之以後事。此則方是圖謀要取之耳，尚未曾殺其父兄云云也。此處只是教他反燕政以慰民望，即如沛公入關，與秦民約法三章，餘悉除去秦苛法，則善矣。

〇齊人伐燕，取之。諸侯將謀救燕。宣王曰：「諸侯多謀伐寡人者，何以待之？」孟子對曰：「臣聞七十里爲政於天下者，湯是也。未聞以千里畏人者也。

千里畏人，指齊王也。新安陳氏曰：「七十里爲政，千里畏人，立兩句爲柱，下文分兩節應之。」

《書》曰：『湯一征，自葛始。』天下信之。『東面而征，西夷怨；南面而征，北狄怨。曰，奚爲後我？』民望之，若大旱之望雲霓也。歸市者不止，耕者不變。誅其君而弔其民，若時雨降，民大悦。《書》曰：『徯我后，后來其蘇。』霓，五稽反。徯，胡禮反。

兩引《書》，皆《商書·仲虺》許偉反。之誥文也。與今《書》文亦小異。一征，初征也。天下信之，信其志在救民，不爲暴也。奚爲後我，言湯何爲不先來征我之國也。霓，虹也。雲合則雨，虹見形甸反。則止。《通旨》趙氏悳曰：「《爾雅》：❶『雲出天之正氣，霓出地之正氣，雄謂之虹，雌謂之霓，則雲陽物也。陰陽和而既雨，則雲散而霓見矣。』」變，動也。徯，待也。后，君也。蘇，復生也。他國之民，皆以湯爲我君，而待其來使己得蘇息也。此言湯之所以七十里而爲政於天下也。附《淺説》：《書》曰「葛伯無道」，湯初征，則自葛始，而天下已信其志在於救民矣，由是「東面而征」云云。按《書》此言觀之，可見湯所未征之國，則民望之若大旱之望雲霓也。及湯既至，則「歸市者不止」云云，故《書》又有曰「徯我后，后來其蘇」，則其望之切而悦之至矣。何如哉！○《蒙引》：只曰東征西怨、南征北怨可也，必曰西夷北狄，何與？舉其遠者言，則近者可知也。○大注「雲合則雨，虹見則止」，若望雲者，仰其來也；若望霓者，又疑其不來也。願其雨，又恐其不雨，故只管望看是雲是霓耳。○霓，虹也。單言則同，對言則分。趙氏悳曰：「雄謂之虹，雌謂之霓。」愚每疑霓安得有雌雄，及考《正韻》霓字，注曰：「霓，屈虹也。」方知虹是長虹，所謂蝃蝀者。霓只是雲端之白者，故謂之屈虹也。又趙氏悳曰：「雲出天之正氣，霓出地之正氣。」此亦可疑。天降時雨，山川出雲，何謂雲爲天氣？《蝃蝀》之《詩傳》曰：「虹者，日與雨交，倏然成質，似有血氣之類。乃陰陽之氣不當交而交者，蓋天地之淫氣也。」何爲霓爲地氣？○《書》之言，至「奚爲后我」止，自「民望之」以下，孟子申言也。謂當湯未至時，則「民望之，若大旱之望雲霓」，及湯既至，則「歸市者不止，耕者不變，誅其君而弔其民，若時雨降，民大悦」矣，故又提「《書》曰『徯我后，后來其蘇』」，見得以上是孟子之言也。下篇亦然。○顧麟士曰：「按蔡傳，湯師之未加者，則怨望其來，曰『何獨後子』。其所往伐者，則妻孥相慶，曰『待我后久矣，后來我其復生乎』，明作兩截。故此節，斷當於雲霓句一畫。上已舉《書》文而申言之，下將舉《書》文而先釋之也。以己意夾説在《書》内。又

❶「爾雅」，疑當作「樂書」。

引經一體。《達説》謂徯我二句，總証民望民悦，非是。此二句，只證民悦。」

今燕虐其民，王往而征之。民以爲將拯己於水火之中也，簞食壺漿，以迎王師。若殺其父兄，係累其子弟，毁其宗廟，遷其重器，如之何其可也？天下固畏齊之彊也。今又倍地而不行仁政，是動天下之兵也。累，力追反。

拯，救也。係累，縶音至。縛也。重器，寶器也。畏，忌也。倍地，并去聲。燕而增一倍之地也。齊之取燕，若能如湯之征葛，則燕人悦之，而齊可爲政於天下矣。今乃不行仁政而肆爲殘虐，則無以慰燕民之望，而服諸侯之心，是以不免乎以千里而畏人也。附《存疑》：畏，猶忌也。齊之强，天下固畏之，第無釁可乘耳。今又倍地而不行仁政，則在我有釁而人得執以爲辭，天下之兵，從此起矣。故曰：「是動天下之兵也。」

王速出令，反其旄倪，止其重器，謀於燕衆，置君而後去之，則猶可及止也。」

反，還也。旄，老人也。倪，小兒也。謂所虜略之老小也。猶，尚也。及止，及其未發而止之也。雙峰饒氏曰：「當時只是子噲、子之爲亂，燕民自無罪。齊王只當誅子噲、子之，别立君而去，不當取他國。這時只當定亂。定亂者，取其亂者而誅之，如湯十一征，不是全滅其國，取之則是蹊田而奪之牛。齊王殺其父兄，係累其子弟，毁其宗廟，遷其重器，是滅其國了。」○新安陳氏曰：「此是爲齊畫一策。如此區處，略無所利，於燕庶幾。湯誅君弔民，非富天下之爲，則可逆止諸侯之兵矣。」附《蒙引》：既動天下之兵了，而爲之計，則須是置君而去。若只施仁政，亦無及，蓋晚矣。若初間倍地而行仁政，則燕民戴之，諸侯亦無釁可乘。○旄與耄同，九十曰耄。○《存疑》：「王速出令」條，是爲齊王畫策，正答其「何以待之」之辭。○范氏曰：「孟子事齊、梁之君，論道德則必稱堯、舜，論征伐則必稱湯、武。蓋治民不法堯、舜，則是爲暴；行師不法湯、武，則是爲亂。豈可謂吾君不能，而舍上聲。所學以徇之哉？」慶源輔氏曰：「范氏發明孟子此意甚好。蓋莫非道也，而堯舜之道，則正道也。莫非師也，而湯武之師，則天討也。《集註》又益以『豈可謂吾君不能而舍所學以徇之哉』一句，尤爲有功於學者。此萬世臣子事君之大法也。」

○鄒與魯鬨。穆公問曰：「吾有司死者三十三人，而民莫之死也。誅之，則不可勝誅；不誅，則疾視其長上之死而不救，如之何則可也？」鬨，胡弄反。勝，平聲。長，上聲，下同。鬨，鬭聲也。穆公，鄒君也。不可勝誅，言人衆不可盡誅也。長上，謂有司也。民怨其上，故疾視其死而不救也。附《蒙引》：鬨，本謂聲之鬨鬨也，不著鬭字，解不來。○顧麟士曰：「莫之，莫爲之也。」

孟子對曰：「凶年饑歲，君之民老弱轉乎溝壑，壯者散而之四方者，幾千人矣；而君之倉廩實，府庫充，有司莫以告，是上慢而殘下也。曾子曰：『戒之戒之！出乎爾者，反乎爾者也。』夫民今而後得反之也。君無尤焉。幾，上聲。夫，音扶。轉，飢餓輾音展。轉而死也。充，滿也。上謂君及有司也。尤，過也。附《蒙引》：凶年，凡疾疫之類皆是。饑歲，只是歲不熟。○《存疑》：「有司莫以告」者，不告君發倉廩府庫以賑其民也。「上慢而殘下」，上慢事而殘害下民也。上兼君有司說，君之倉廩實，府庫充，君之慢也；有司莫以告，有司之慢也。

君行仁政，斯民親其上、死其長矣。」君不仁而求富，是以有司知重斂力驗反。其民，而不知卹民。故君行仁政，則有司皆愛其民，而民亦愛之矣。新安陳氏曰：「有司所以然者，皆君不行仁政之故。孟子對鄒君言，故略有司而專勉君，正本之論也。」附《存疑》：上文兼罪君有司。

「君行仁政」，則專責其君者。要之，治亂皆在於君，臣下有不得專焉，故曰「此非距心之所得爲也」。專責其君，治其本也。○親其上，就平時言。死其長，就危難言。○《淺說》：親上死長，此長上俱指有司。○范氏曰：「《書》曰：『民惟邦本，本固邦寧。』《夏書・五子之歌》篇。有倉廩府庫，所以爲去聲。民也。豐年則斂之，凶年則散之，卹其飢寒，救其疾苦。是以民親愛其上，有危難去聲。則赴救之，如子弟之衛父兄，手足之捍音汗。頭目也。穆公不能反己，猶欲歸罪於民，豈不誤哉？」南軒張氏曰：「有司視民之死而不救，故民視有司之死而亦莫之救，所以爲得反之也。君行仁政而以民爲心，民亦將以君爲心，而親其上、死其長矣。此感應之理也。曾子『戒之戒之』之語，非特爲人上者，不可須臾忘，檢身者亦當深體之。」○新安陳氏曰：「上之愛民，如父母之於子，則民之衛上，如子弟之衛父兄。鄒君知罪民而不知反己，孟子惟以行仁政勉之，而誅不誅亡言焉。得反之之意，凜然可畏，真深切之論。死其長，如『回何敢死』之死，謂忘身救上，死且不避也。平時親其上，當危難則死其長。」

○滕文公問曰：「滕，小國也，間於齊楚。事齊乎？事楚乎？」間，去聲。

滕，國名。

孟子對曰：「是謀非吾所能及也。無已，則有一焉：鑿斯池也，築斯城也，與民守之，效死而民弗去，則是可爲也。」

無已見形甸反。前篇。一，謂一說也。效，猶致也。國君死社稷，《禮記・曲禮》：「國君死社稷，大夫死衆，士死制。」衆，謂師衆。大夫率師，敗則死之。制，謂命令。士受命，或迫以死，寧死而不可棄君命也。故致死以守國。至於民亦爲去聲。之死守而不去，則非有以深得其心者不能也。○此章言有國者當守義而愛民，不可僥倖而苟免。南軒張氏曰：「與其望二國矜己以求安，不若思所以自强而立國。鑿池築城，與民效死以守之，是在我所當爲之事，爲我所當爲而已。然固國以得民爲本，民心不附，雖有金城湯池，誰與守之？使民效死而不忍去，非得之有素，不能然也。」○慶源輔氏曰：「築城鑿池，致死以守者，守義也。使民亦爲之死守而不去，則非愛民者不能也。若夫閒於二大，而徒欲擇强者而事之，以覬一日之安，則是僥倖苟免而已。」○雲峰胡氏曰：「不守義，不能效死而不去。不愛民，不能使民亦效死而不去。」○新安陳氏曰：「守義，守死社稷之義，以倡其民也。愛民當在平時。」○城池，地利也。民弗去，人和也。復致死而守義以倡之，此守國之正法也。**附**《蒙引》：此數章，意實相承。初因文公問而告以死守；後因其問，又告以太王之遷；及其又問也，則合死守遷都，而請其自擇。蓋理之可爲者，不過如此。○愚嘗疑智者爲能以小事大而保其國，今滕文公欲事齊、楚，而孟子乃曰「是謀非吾所能及」，何歟？蓋以小事大，文公自能之，不待教也。但文公全欲憑大國之援，以僥倖旦夕之無事，而特不知有自固之義，故孟子特以所缺者箴之。南軒曰：「與其望二國矜己以求安，不若思所以自强而立國。」雖曰自强立國，❶然論到道理十全處，齊、楚還當事他，當以鄭子産爲法。○顧麟士曰：「『與民守之』，與字内有一君字。『效死』，則但言君自效死以守國也，即後『效死勿去』效死二字。『而民弗去』，方是指民亦死守說。《集註》甚明。」○「與民守之」，大概說。「效死而民弗去」，作兩層說。○《蒙引》：「效死而民弗去」，此處還未是說到破國處，正是要立國也。然「國君死社稷」，必不得已，亦須死了。

○滕文公問曰：「齊人將築薛，吾甚恐。如之何則可？」

薛，國名，近滕。《通考》仁山金氏曰：「薛，任姓之國，奚仲、仲虺之後。」齊取其地而城之，故文公以其偪筆力反，與逼同。己而恐也。

孟子對曰：「昔者大王居邠，狄人侵之，去之岐山之下居焉。非擇而取之，不得已也。

邠，與豳同。

邠，地名。言大王非以岐下爲善，擇取而

❶「自」，原作「身」，今據《四書蒙引》改。

居之也。說見下章。《通考》趙氏悳曰：「周自后稷生於邰。邰，姜嫄之國，后稷母家。夏后氏衰，失其官而奔戎狄。公劉，后稷曾孫也，復遷豳，《詩》『篤公劉』即遷豳之事。又九世而太王去邠遷岐，《緜》詩所言是也。沮、漆在豳地，二水東流，亦過周岐山，東入渭。邠在岐山之北，則自邠踰梁山至岐下，當率岐水之涯耳。蓋《公劉》『皇澗』及『芮』，言都邑之水也。《緜》之『自土沮漆』，舉境内之水也。以此觀之，則不得以『率西水滸』爲『漆沮』也，明矣。《皇矣》詩云：『度其鮮原，居岐之陽。』大王已遷在岐山，而文王又遷在岐山之南，後又遷豐邑，在豐水之西。武王又遷鎬，在豐水南。故周自后稷居邰，不窋奔戎狄，公劉居豳，大王邑岐，文王邑郢，又遷豐，武王居鎬，故《群書百考》有自稷至武七遷之圖。」

苟爲善，後世子孫必有王者矣。君子創業垂統，爲可繼也。若夫成功，則天也。君如彼何哉？彊爲善而已矣。」夫，音扶。彊，上聲。

創，造也。統，緒也。言能爲善，則如大王雖失其地，而其後世遂有天下，乃天理也。然君子造基業於前，而垂統緒於後，但能不失其正，令平聲。後世可繼續而行耳。若夫成功，則豈可必乎？彼，齊也。君之力既無如之何，則但彊於爲善，使其可繼而俟命於天耳。○此章言人君當竭力於其所當爲，不可徼幸與僥倖同。於其所難必。朱子曰：「孟子言『若夫成功，則天也。君如彼何哉？彊爲善而已矣』，初無望報之心也。『苟爲善，後世子孫必有王者矣』，乃爲大王避狄而言。《易大傳》曰『積善之家，必有餘慶』，《書》曰『作善降之百祥』，亦豈望報乎。」○南軒張氏曰：「所謂爲善，循天理而不爲己私也。爲善者，初不期後世之有王，而必有王者，理則然也。開久大之基，爲其可繼者而已，而不必其成功也。若有期於成功之意，則欲速而見利，私意一生，無復可繼之實矣。」○雲峰胡氏曰：「《集註》兩章皆言不可僥倖，大凡僥倖者，不爲天理之所當爲，而徒覬夫意外之得者也。前章是守義愛民，當盡其在我者，而不可僥倖其在人者。此章是勉强爲善，當盡其在我者，而不可僥倖其在天者。」附《蒙引》：大王之爲善，避狄遷都，以存其宗社，保其人民，不忍殘民以與敵争，而積功累仁，以有待於後。此是太王之爲善處。孟子令文公强爲善者，意蓋亦欲其如此。○君子創業垂統爲可繼，似是亦就遷國圖存上説。○「苟爲善」至「爲可繼也」，泛説。「君如彼何哉」，乃是指滕文公説。○《存疑》：「苟爲善」至「爲可繼」，是泛説道理，罩大王在其内。○滕當時雖是遷無所之，然《春秋》書「紀侯大去其國」，亦是逼於强國而去。無已，無亦出於此耳。

○滕文公問曰：「滕，小國也。竭力以事大國，則不得免焉。如之何則可？」孟子對曰：「昔者大王居邠，狄人侵之。事之以皮幣，不得免焉；事之以犬馬，不得免焉；事之以珠玉，不得免焉。乃屬其耆老而告之曰：『狄人之所欲者，吾土地也。吾聞之也：君子不以其所以養人者害人。二三子何患乎無君？我將去之。』去邠，踰梁山，邑於岐山之下居焉。邠人曰：『仁人也，不可失也。』從之者如歸市。屬，音燭。

皮，謂虎、豹、麋、鹿之皮也。幣，帛也。屬，會集也。土地本生物以養人，今争地而殺人，是以其所以養人者害人也。邑，作邑也。歸市，人衆而争先也。南軒張氏曰：「大王之言，忠厚不迫。其遷本以全民，不敢必民之歸而强之徙也。曰『二三子何患乎無君』，此天地之心，真保民之主也。民心自不容釋乎大王，戴其仁有素矣。然大王之事，非德盛而達權，不足以與此。」○東陽許氏曰：「大王自邠遷岐，民從之如歸市，史所謂居三月成城郭，一年成邑，三年成都，而民五倍其初。蓋非獨邠民，近於岐周之民皆歸之也。當時西方地近戎狄，皆閒隙之地，非封國之疆界，故大王得優游遷徙。若滕在中國，久介大國之閒，無可遷之地，民雖或從之，亦無可往。孟子特舉大王之得民以警文公爾。故下文言效死，乃其正也。」附《存疑》：常説「二三子何患乎無君」，是大王與民別之言。《蒙引》獨謂是率民而去之言，似有理。曰「二三子何患乎無君」，又曰「我將去之」，便是有君也。○《蒙引》：「仁人也，不可失也」，以平昔有德於民言，非惟一時所謂「不以其所養人者害人」數語而感得民之樂從也。仁言不如仁聲之入人深也，故注云「若無大王之德，則民或不從而遂至於亡」，正以平昔言也。「君請擇」者，亦觀乎素所施何如耳。

或曰：『世守也，非人之所能爲也。效死勿去。』

又言或謂土地乃先人所受而世守之者，非己所能專。但當致死守之，不可舍上聲。去。此國君死社稷之常法。傳去聲。所謂國滅君死之，正也，正謂此也。《公羊傳》：「襄公六年，十有二月，齊侯滅萊。曷爲不言萊君出奔？國滅，君死之，正也。不書殺萊君者，舉滅國爲重。」《通考》趙氏悳曰：「襄二十五年，崔子弑齊君。晏子曰：『君民者，社稷是主。臣君者，社稷是養，故君爲社稷死，則死之；爲社稷亡，則亡之。』」

君請擇於斯二者。」

能如大王則避之，不能則謹守常法。蓋遷國以圖存者，權也；守正而俟死者，義也。《記・禮運》：「故國有患，君死社稷，謂之義。大夫死宗廟，謂之變。」○問：「《集註》義字當改作經字？」朱子曰：「思之誠是。蓋義便近權，或可如此，或可如彼，皆義也。經則一定而不易，既對權字，須著用經字。」《通考》吴氏程曰：「君死社稷謂之義，與權似無別，故《語録》欲改作經字。」審己量力，擇而處上聲。之可也。慶源輔氏曰：「遷國以圖存者，大王是也。守正而俟死者，國君死社稷是也。在文公唯有此二法，故併舉以告之。然權非大賢以上不能爲，經則人皆當勉也，故使文公審己量力，擇而取其一焉。夫大王之立，非文公所能爲，然則孟子之意，固欲文公勉守其當然也。」○楊氏曰：「孟子之於文公，始告之以效死而已，❶禮之正也。至其甚恐，則以大王之事告之，非得已也。然無大王之德而去，則民或不從而遂至於亡，

❶「始」，原作「如」，今據《孟子集註》改。

則又不若效死之爲愈。故又謂擇於斯二者。」又曰：「孟子所論，自世俗觀之，則可謂無謀矣。然理之可爲者，不過如此。舍上聲。此則必爲儀秦張儀、蘇秦。之爲矣。凡事求可，功求成。取必於智謀之末而不循天理之正者，非聖賢之道也。」問：「孟子對滕文公二段，皆是無可奈何，只得勉之爲善之辭。想見滕國至弱，都主張不起，故如此。」朱子曰：「滕是必亡，無可疑者。況王政不是一日行得底事，他又界在齊楚之間，二國視之，如泰山之壓雞卵耳。若教他初成次第，此二國亦必不見容也。若湯文之興，皆在空間之地，無人來覰他，故日漸成大。若滕，則實是難保也。」

○魯平公將出。嬖人臧倉者請曰：「他日君出，則必命有司所之。今乘輿已駕矣，有司未知所之。敢請。」公曰：「將見孟子。」曰：「何哉？君所爲輕身以先於匹夫者，以爲賢乎？禮義由賢者出。而孟子之後喪踰前喪。君無見焉！」公曰：「諾。」乘，去聲。

乘輿，君車也。駕，駕馬也。孟子前喪父，後喪母。踰，過也，言其厚母薄父也。諾，應辭也。新安陳氏曰：「平公將見孟子，必得之於樂克。所以沮於臧倉後，克入見審問不見之故。」附《蒙引》：新安陳氏謂平公之欲見，必得於樂克之言，此乃臆度之說。不知下文自有明證，何用此臆說爲？

樂正子入見，曰：「君奚爲不見孟軻也？」曰：「或告寡人曰，『孟子之後喪踰前喪』，是以不往見也。」曰：「何哉君所謂踰者？前以士，後以大夫；前以三鼎，而後以五鼎與？」曰：「否。謂棺槨衣衾之美也。」曰：「非所謂踰也，貧富不同也。」入見之見，音現。與，平聲。

樂正子，孟子弟子也，雙峰饒氏曰：「樂正是樂官之長，恐其先世曾作樂官來，子孫遂以爲姓。樂正裘亦是一人，以此見樂正是姓。如司馬亦是因官以爲姓。」仕於魯。三鼎，士祭禮。五鼎，大夫祭禮。雙峰饒氏曰：「五鼎是大夫之禮，羊、豕、魚、腊、膚。三鼎是士之禮，特豕、魚、腊。」《通考》東陽許氏曰：「《儀禮·特牲饋食禮》：士祭禮，特用豕，陳鼎三。豕右肩、臂、臑、膊、骼、正脊、横脊、長脅、短脅九體，膚三，離肺一，刌肺三，爲一鼎。魚十有五爲一鼎。腊獸之乾者用兔，爲一鼎。《少牢饋食禮》：大夫祭禮，牲用少牢，陳鼎五。羊右肩、臂、臑、膊、骼、正脊、脡脊、横脊、短脅、正脅、代脅十一體，腸三、胃三、舉肺一，祭肺三，實於一鼎。豕十一體如羊，舉肺一，祭肺三，實於一鼎。膚九，實於一鼎。魚用鮒，十有五而鼎。腊用麋，一純而鼎。肩、臂、臑者，肱骨也，❶膊、骼，股骨也。正脊，脊之前也。脡脊，❷次正脊。横脊，在後者。膚，革肉也。離肺者，挂離之，不絶中央少許。刌肺者，切肺也。舉肺，尸食所先舉也。祭肺者，尸、主人、主婦用以祭也。舉肺，即離肺。祭肺，即刌肺也。凡牲用右胖，❸腊合升立右胖，故曰腊一純。純，猶全也。然此諸侯之大夫若士。天子之大夫用索牛，士用少牢。附《淺説》：前以士，後以大夫，且虚説。下文三鼎五鼎，乃其實也。○《存疑》：「謂棺椁衣衾之美也」，蓋以三鼎五鼎，禮有定分，不得謂踰，棺椁衣衾，人人之所得自盡，而有厚薄，乃所謂踰也。謂棺椁衣衾，人人之所得自盡者，如中古棺七寸，椁稱之，自天子達於庶人是也。○《蒙引》：祭，不必喪後方有祭，自初喪未葬之前，皆有祭也。古禮可考。○「前以士，後以大夫，前以三鼎，而後以五鼎與」，此非問辭，乃因問而答也。

樂正子見孟子，曰：「克告於君，君爲來見也。嬖人有臧倉者沮君，君是以不果來也。」曰：「行或使之，止或尼之。行止，非人所能也。吾之不遇魯侯，天也。臧氏之子焉能使予不遇哉？」爲，去聲。沮，慈吕反。尼，女乙反。焉，於虔反。

克，樂正子名。沮、尼，皆止之之意也。言人之行，必有人使之者。其止，必有人尼之者。然其所以行所以止，則固有天

❶「肱」，原作「股」，今據《讀四書叢説》及《儀禮·少牢饋食禮》鄭註改。

❷「脡」，原作「挺」，今據上下文改。

❸「右」，原作「古」，今據哈佛本改。

命，而非此人所能使，亦非此人所能尼也。然則我之不遇，豈臧倉之所能爲哉？○此章言聖賢之出處，上聲。關時運之盛衰。乃天命之所爲，非人力之可及。龜山楊氏曰：「孟子之遇不遇，治亂興衰之所繫，天實爲之，非人所能也。夫何怨尤之有？」○范氏曰：「在孟子可以言天，在魯侯不可以言天。賢者在己者有義，在天者有命，脩其在己，而聽其在天。至於人君，則當尊用賢德，奉行天命，不當諉之天也。」○慶源輔氏曰：「章旨之説，深得聖賢出處之道。樂正子亦未免以世俗之心窺孟子，故孟子以此發之。」○雙峰饒氏曰：「孔子有兩説：『道之將行也與，命也；道之將廢也與，命也。』與《孟子》此章一同皆取必於天。『天之將喪斯文也，後死者不得與於斯文也；天之未喪斯文也，匡人其如予何？』這是取必於己，言天既欲喪斯文，必不使我得與於斯文，天既使我得與於斯文，則是天必不喪斯文。一説是我之命係乎天，是以天爲主；一説是天命係乎我，是以我爲主。二者相爲賓主，那箇是聖人之言，這箇是賢人之言。孔子告子服景伯，是與常人説話，又低得一等。」《通考》朱氏公遷曰：「此章論出處，而以天命決之。聖賢蓋以天命曉人，封人則以天意觀聖人者也。此一類專以窮達言。真氏以伯寮之愬、臧倉之沮、夫子莫我知之歎、孟子何爲不豫之語，皆爲安義命之事。天以分定言，此亦在天之天，雖以理言，而實兼乎氣者也，故與命以氣言者相貫。餘凡所謂不怨天，與此類同。」附《蒙引》：「吾之不遇魯侯，天也」，此天字以氣數言。

孟子集註大全卷之二終

孟子集註大全卷之三 三魚堂讀本

公孫丑章句上

凡九章。《通考》勿軒熊氏曰：「一章言養氣集義，六章言仁政，二章言古聖賢，三章言答問之辭，餘皆孟子自言。」

公孫丑問曰：「夫子當路於齊，管仲、晏子之功，可復許乎？」復，扶又反。

公孫丑，孟子弟子，齊人也。當路，居要地也。管仲，齊大夫，名夷吾，相去聲。桓公，霸諸侯。許，猶期也。孟子未嘗得政，丑蓋設辭以問也。慶源輔氏曰：「此必丑初見孟子時事。觀其語意，恐孟子不敢以管、晏自許，是全未知孟子也。」〇西山真氏曰：「齊宣既慕桓、文，丑復慕管、晏，蓋霸者功利之説，深入人心已久，故不惟時君慕之，而學者亦慕之也。」附《蒙引》：許，猶期也。謂自許也，自期也。〇以今之道德一時而觀孟子，猶未甚見孟子之高處。惟自當時言之，則滿天下是治功利之學者，君非此不以求於下，臣非此不以獻於上，士非此則全不見數於人，內而父兄之所以教其子弟，外而朋友之所以相傳授付囑者，無非是功利。獨有孟子一人，汲汲焉，皇皇焉，力以堯舜之道、孔子之教爲説，必欲一掃功利之蕪穢，以還先王之大道。此是何等用心，何等氣力，真有大功於天下萬世也。故曰孟子之功，不在禹下。

孟子曰：「子誠齊人也，知管仲、晏子而已矣。

齊人但知其國有二子而已，不復扶又反。知有聖賢之事。慶源輔氏曰：「世衰道微，聖學不明，人不知有學問，則亦不復知有聖賢之事業。雖有英才美質，不覺溺於時俗之見聞而已，此齊人之所以但知其國之有二子也。」

或問乎曾西曰：『吾子與子路孰賢？』曾西蹵然曰：『吾先子之所畏也。』曰：『然則吾子與管仲孰賢？』曾西艴然不悦，曰：『爾何曾比予於管仲？管仲得君，如彼其專也；行乎國政，如彼其久也；功烈，如彼其卑也。爾何曾比予於是？』」蹵，子六反。艴，音拂，又音勃。曾，並音增。○《通考》吴氏程曰：「《唐韵》雖有二音，而於勃音注怒色，拂音注淺色，故孫氏單音勃。」

孟子引曾西與或人問答如此。曾西，曾子之孫。蹵，不安貌。先子，曾子也。艴，怒色也。曾之言則也。烈，猶光也。桓公獨任管仲四十餘年，是專且久也。管仲不知王道而行霸術，故言功烈之卑也。楊氏曰：「孔子言子路之才，曰：『千乘之國，可使治其賦也。』使其見形甸反。於施爲，如是而已。其於九合諸侯，一匡天下，固有所不逮也。然則曾西推尊子路如此，而羞比管仲者何哉？譬之御者，子路則範我馳驅而不獲者也；管仲之功，詭遇而獲禽耳。曾西，仲尼之徒也，故不道管仲之事。」問：「聖人分明是大管仲之功，而孟子硬以爲卑，如何？」朱子曰：「孟子是不肯做他底，是見他做得那規模來低。」○慶源輔氏曰：「楊氏斷置得極分明。子路之才，視管仲誠爲不及，然子路之所學，則聖人之道，其於管仲之事，蓋有所不屑爲者。」或曰：「楊氏本説但云子路譬之御者，則範我馳驅者；若管仲，蓋詭遇耳。此則是以御而譬其所爲，未説到功効上。今《集註》增益之曰『子路則範我馳驅而不獲者也；管仲之功，詭遇而獲禽耳』，則是非與功都説了。然按孟子，範我馳驅是一人，不獲又是一人；詭遇是一人，獲禽又是一人。今若作一人看，則似以子路爲御之善而射未善，然射御又非一人所能兼者，恐不若只從其本説之爲得也。」曰：「非是之謂也。《集註》之意，蓋謂子路是範我馳驅而不遇王者，故不獲。管仲則詭遇以逢桓公之爲，故得禽多耳。」○雙峰饒氏曰：「使王良得善射者而御之，則範我馳驅正所以獲禽，即《詩》所謂『不失其馳，舍矢如破』。儻以孔孟之道而遇明主，則治國平天下皆餘事耳。」附《存疑》：夫子大管仲之功，孟子則卑之。卑之者，律以聖賢之法。大之者，取其救時之功。○《蒙引》：或人初擬曾西於子路，因其不敢當，乃始以管仲擬之。然則或人之權衡，殆亦審矣，第猶未知曾西耳。此人見識優於公孫丑，若丑必不以子路爲優於管仲。○《蒙引》：子路勇於義而不可以勢利拘，又負大有爲之才，若達却「爲國以禮」道理，則便是堯舜氣象。結纓之節，有行一不義、殺一不辜而得天下不爲之心。所立如此，曾子服之，非謙辭也。然曾子惟其知畏子路，此曾子之所以爲曾子也。曾子最服善，如以能問於不能章，其追慕顔子如此，又知畏子路，非用心於内者，豈肯信服人邪？其曰「堂堂乎張也，難與並爲仁矣」，則以用心於内處不相合耳，所敬畏者在此，則其所不足者固當在彼。○楊氏曰：「譬之御者，子路則範我馳驅而不獲者也；管仲之功，詭遇而獲禽耳。」以範我馳驅，比子路以聖門規矩作爲也；不獲，以比子路僅可治千乘之賦，而九合一匡，有所不逮也。以詭遇，比管仲之行伯術；以獲禽，比管仲之九合一匡之功業也。比意讀者了了分明，不待辨説。而輔氏乃云「謂子路是範我馳驅而不遇王者，故不獲。管仲則詭遇以逢桓公之爲，故得禽多」，饒氏亦云然。皆不可曉。是抱以射御之兩人也，太抱亦太鑿矣。

曰：「管仲，曾西之所不爲也，而子爲我願之乎？」子爲之爲，去聲。

曰，孟子言也。願，望也。《通考》董氏彝曰：「公孫丑問管、晏，孟子以曾西之言推尊聖門高弟。淳于髡問子柳、子思，孟子以百里奚之功答之。蓋尊王賤霸者，聖賢之本心；賢才進退者，興亡之大事。一則責霸者之臣，不能致君於王道；一則美霸國之君，能用賢者以興邦。」

曰：「管仲以其君霸，晏子以其君顯。管仲、晏子猶不足爲與？」與，平聲。

顯，顯名也。附《蒙引》：管仲以其君霸，有可言者矣。晏子以其君顯處，何如？曰：「當晏子時，五霸俱没，中夏諸侯，惟齊最强大，景公在位且五十八年，諸侯莫侵侮之者。其任晏子，或用其省耕省斂之言而興發，或用屨賤踴貴之言而寬刑，或增其室，或更其宅，此皆賢君所爲。如夾谷之會，能歸侵疆，亦庶幾知彊仁義者。在當時，宜其視他諸侯爲獨顯也。蓋有所謂彼善於此者歟。其晚年失政，使陳氏得厚施於國，又多內嬖而不立太子，則自其失矣。」

曰：「以齊王，由反手也。」王，去聲。由、猶通。

反手，言易去聲。也。附《存疑》：「以齊王猶反手」，言霸顯之不足爲也。○《蒙引》：此是孟子自負也。以，言能佐輔之也。以字正承上文「以其君霸、顯」二以字說來。

曰：「若是，則弟子之惑滋甚。且以文王之德，百年而後崩，猶未洽於天下；武王、周公繼之，然後大行。今言王若易然，則文王不足法與？」易，去聲，下同。與，平聲。

滋，益也。文王九十七而崩，言百年，舉成數也。《禮記·文王世子》：「文王九十七而終。」文王三分天下，才有其二；武王克商，乃有天下。周公相去聲。成王，制禮作樂，然後教化大行。東陽許氏曰：「武王、周公繼之，然後大行。此言周公制禮作樂之後，雖殷之頑民莫不率化趨善之時也。」附《蒙引》：言以管晏爲不足爲，弟子既已惑矣。今又言以齊王猶反手，則惑轉甚也。○百年而後崩，不可謂在位百年也。在位無百年，只言其壽之長，以見其在位之久也。○文王之德，蓋指治岐之政，九一世祿、不征不孥之類。下文德行速，亦指仁政也，且與「未洽」及「大行」字意相符，不只就文王一身上說。○然後大行，兼武王、周公說。《集註》云：「然後教化大行。」此大行，只就周公一邊說，與本文大同小異。在武王爲政化大行，在周公爲教化大行。

曰：「文王何可當也？由湯至於武丁，賢聖之君六七作。天下歸殷久矣，久則難變也。武丁朝諸侯有天下，猶運之掌也。紂之去武丁未久也，其故家遺俗，流風善政，猶有存者；又有微子、微仲、王子比干、箕子、膠鬲，皆賢人也，相與輔相之，故久而後失之也。尺地莫非其有也，一民莫非其臣也，然而文王猶方百里起，是以難也。朝，音潮。鬲，音隔，又音歷。輔相之相，去聲。猶方之猶與由通。

當，猶敵也。商自成湯至於武丁，中間太甲、太戊、祖乙、盤庚，皆賢聖之君。作，起也。自武丁至紂凡七世。故家，舊臣之家也。雙峰饒氏曰：「故家舊臣，遺俗舊民，是説在下底。流風之化，善政之事，是説在上底。」附《蒙引》：當，猶敵也。以其不可當也。孰謂文王不足法哉，但文王所遭之時勢難耳。「由湯至於武丁」至「故久而後失之也」，此言其時之難。「尺地莫非其有，一民莫非其臣」至「是以難也」，是言勢之難。○問：「周自太王之時，商道寖衰，而周日强大矣，何文王猶方百里起也耶？」曰：「是時太王、王季雖盛，商運雖衰微，然王制猶未改，故只是仍舊百里之國。太王、王季又非挾君無已而併呑鄰國以自封殖者，其所謂强大者，只是國勢內實，而有可畏不易敵之勢耳。『文王由方百里起』之言，固自無可疑。」顧麟士曰：「五人惟鬲異姓。」○《蒙引》：「是以難也」，此句只帶「然而文王猶方百里起」，不兼承上文。上文自有「故久而後失之」一句在了。○《蒙引》：「賢聖之君六七作」，則其教化之陶習民心者厚，惠澤之固結民心者深，故繼之曰「天下歸殷」云云。

齊人有言曰：『雖有知慧，不如乘勢；雖有鎡基，不如待時。』今時則易然也。知，音智。鎡，音兹。

鎡基，田器也。時，謂耕種之時。附顧麟士曰：「孫疏《釋名》云：『鎡基，大鋤也。』」○《蒙引》：「雖有知慧，不如乘勢」，以作事言。「雖有鎡基，不如待時」，以種田言。「今時則易然也」，此時字又該時勢。○《淺説》：吾謂「以齊王，猶反手」者，亦以今時之時勢，則易然也。

夏后、殷、周之盛，地未有過千里者也，而齊有其地矣；雞鳴狗吠相聞，而達乎四境，而齊有其民矣。地不改辟矣，民不改聚矣，行仁政而王，莫之能禦也。辟，與闢同。

此言其勢之易也。三代盛時，王畿音祈。不過千里。《通考》詹氏道傳曰：「《王制》：『四海之内爲九州，州方千里。』而王畿居其一，是亦井田之制。」今齊已有之，異於文王之百里。又雞犬之聲相聞，自國都以至於四境，言居民稠密也。雙峰饒氏曰：「勢是指事力而言。有地則有財，有民則有兵，地廣則財富，民聚則兵强，既富且强，所以舉事易。文王百里，地狹民少，所以難。」附《蒙引》：「地不改闢矣」，言地已闢而不待再辟矣。凡改者，皆是更圖之辭，如改卜、改筮、改日之類。○「行仁政而王，莫之能禦也」，言以此之勢，行仁而王易也。與下條「飢者易爲食，渴者易爲飲」相對。

且王者之不作，未有疏於此時者也；民之憔悴於虐政，未有甚於此時者也。飢者易爲食，渴者易爲飲。

此言其時之易也。自文、武至此七百餘年，異於商之賢聖繼作；民苦虐政之甚，異於紂之猶有善政。易爲飲食，言飢渴之甚，不待甘美也。附《存疑》：此時而施仁政，不待深仁厚澤而民快於心。猶飢渴之久易爲飲食，而人適於口也。

孔子曰：『德之流行，速於置郵而傳命。』郵，音尤。

置，驛也。郵，馹音日。也。新安陳氏曰：「如漢五里一置。《左傳》：『楚子乘馹會師。』」○東陽許氏曰：「《字書》馬遞曰：『置步遞曰郵。』《漢・西域傳》『因騎置以聞。師古曰：即今驛馬也。』《黄霸傳》『郵亭』，師古曰：『書舍，謂傳送文書所止處，如今驛館。』」所以傳命也。孟子引孔子之言如此。雙峰饒氏曰：「德之流行，即是應前面文王之德底德字。蓋德是本，全靠時勢不得。有智慧而後可以乘勢，有鎡基而後可以待時。若無德，雖有時勢，何以行之？」附顧麟士曰：「問曰：『則文王不足法與？』答曰：『文王何可當也？』皆指其德而言。大段謂此須兼時勢，故難易別耳。但如此，則似看德較輕，故引孔子語，又周旋説德亦自好，以起下仁政得時勢，則反手可必之意。仁政即德。」○《淺説》：且孔子有曰，「德之流行，速於置郵而傳命」，盡其誠於此而動於彼，不待疾之而自速也。此有感而彼即應，不待行之而自至也。夫德行之速，本不假於時勢之易，況加以當今之時，齊國萬乘之勢，則德行之速也，又當何如耶？

當今之時，萬乘之國行仁政，民之悦之，猶解倒懸也。故事半古之人，功必倍之，惟此時爲然。」乘，去聲。

倒懸，諭困苦也。所施之事，半於古人，而功倍於古人，由時勢易而德行速也。問：「孟子既卑管仲，使孟子當管仲之時，則如之何？」雙峰饒氏曰：「亦只是合諸侯以尊周室。但孟子則真能使王室尊安，而諸侯各循王度。管仲不過假尊周之名，以蓋其摟諸侯之實。其所爲，實文、武之罪人也。王霸之分，只在誠僞，孔子作《春秋》，亦不過欲諸侯尊周室、循周制而已。」○新安陳氏曰：「丑並論管、晏，孟子只及管仲而不及晏，蓋晏之事功，又在管之下，不必言也。晏事景公，政在陳氏，晏未嘗當齊政也。晏才不及管，而其人稍正於管，其人無可譏，其事無可言，此孟子所以置晏不言而專及管歟。」附《存疑》：「當今之時」，指上兩時字説，易王之時也。「萬乘之國」，指夏后、殷周之盛條説，易王之勢也。「古之人」，指文王。「功必倍之」，亦指文王。「惟此時爲然」，此時包時勢在内，即上「今時則易然」之時字。○《蒙引》：前面孟子只説管仲者，因或問曾西只及管仲，故只承之曰「管仲，曾西之所不爲也」云云。初非以晏子之事功不及管，且未嘗當齊政，又以其人稍正而無可譏也。

○公孫丑問曰：「夫子加齊之卿相，得行道焉，雖由此霸王不異矣。如此，則動心否乎？」孟子曰：「否。我四十不動心。」相，去聲。《通考》吴氏程曰：「『雖由』至『異矣』作一句，只王字微讀。」

此承上章，又設問孟子，若得位而行道，則雖由此而成霸王之業，亦不足怪。任大責重如此，亦有所恐懼疑惑而動其心乎？雙峰饒氏曰：「《集註》『恐懼疑惑』四字，雖是説心之所以動，然恐懼字是爲下文養氣張本，疑惑字是爲下文知言張本。要之，不疑惑然後能不恐懼，故《集註》論心之動，則以恐懼居先；論心之所以不動，則又以無所疑惑居先。」附《蒙引》：公孫丑以管仲、晏子期孟子，既爲孟子所斥，於此又渾舉伯王爲言，足見當時功利入人之深。○任大責重，亦有分別。如爲泉州府知府，則此一府之事，皆其職任也。若府事之治不治、民之安不安，則皆其責也。**四十彊仕，君子道明德立之時。孔子四十而不惑，亦不動心之謂。**朱子曰：「盡心知性，無所疑惑，動皆合義，無所畏怯，雖當盛位、行大道，亦沛然行其所無事而已，何心動之有。《易》所謂『不疑其所行』者，蓋如此，而孔子之不惑，亦其事也。公孫丑非謂孟子以卿相富貴動其心，謂霸王事大，恐孟子擔當不過，有所疑懼而動其心耳。不知霸王當甚閒事。」○雙峰饒氏曰：「道明屬知言，德立屬養氣。」○陵陽李氏曰：「明則不疑，立則不懼，然未有不明而能立者。故知言養氣雖一事並進，而其序必以知言爲先。孔子不惑，則自不動矣。」○雲峰胡氏曰：「孔子四十而不惑，在三十而立之後，德立而道明，誠而明者也。孟子所以四十不動心者，先知言而後養氣，道明而後德立，明而誠者也。」○東陽許氏曰：「疑懼即是動心處，《集註》却言『有所恐懼疑惑而動其心』，似疑懼又在動心之外者。蓋心本虛靈静一，能明天下之理者，此也；足以應天下之事，亦此也。今理有所不能明而疑，事有所不能應而懼。然有疑懼，乃動心之目。心因疑懼而動，而疑懼非心之所動也。」《附纂》黄氏洵饒曰：「孔子道明自然德立，孟子道明然後德立。無所疑是道明，無所懼是德立。」○《通考》東陽許氏曰：「此章當作五節看，疑懼二字包一章大意，而直字貫乎其中。」附《蒙引》：此一章，當分五節看，東陽許氏之説，一自「夫子加齊之卿相」，至「又不如曾子之守約也」，大概言孟子能不動心，未詳其所以不動心處，只略露其端。一自「敢問夫子之不動心」，至「是氣也，而反動其心」，則言孟子之不動心，異於告子者，俱從養氣一邊説。一自「敢問夫子惡乎長」，至「聖人復起，必從吾言矣」，乃詳孟子之心所以不動處，兼知言、養氣二者言也。一自「宰我、子貢善爲説辭」，至「乃所願，則學孔子也」，則皆是願學孔子之意。以言外味之，又見得孟子雖不敢自以爲聖，然知言養氣，學已到聖處，蓋已寓繼孔子之意矣。一自「伯夷、伊尹於孔子」，至「未有盛於孔子也」，則皆盛言孔子之聖，卓冠於百王，以見孟子之所以願學者也。○孟子一生受用，只是精義、集義二者。精義故能知言，集義故能養氣。精義者，《大學》所謂格致，《論語》所謂博文，孟子所謂盡心知性，堯舜所謂惟精者也。

集義者,《大學》所謂誠意、正心、脩身,《論語》所謂約禮,孟子所謂存心養性,堯舜所謂惟一者也。由此而正,則爲齊家、治國、平天下矣。○《存疑》:王者事業,一部《大學》書盡之矣。孟子四十不動心,是物格、知至、意誠、心正、身脩之時,其於齊家、治國、平天下道理,都爛熟在胷中了。使得時行道,特舉而措之耳,何動心之有。觀其一見齊、梁之君,開口便談王道。滕文公問爲國,就舉三代井田學校之法以告之,而曰「有王者起,必來取法,是爲王者師」。這等規模,霸王事業當甚事?○《蒙引》:雲峰云「孔子四十而不惑,在三十而立之後」云云,此説似是而非。蓋孔子不惑,亦兼道明德立,非專是明也,正與不動心相類,豈可如此强分别,蓋認不惑字不真故也。○《存疑》:注「恐懼疑惑」,就是動心處,舍恐懼疑惑,又何討動心矣。饒氏謂「是心之所以動」,固不是。許氏以「疑懼又在動心之外」,亦不是。其云「疑懼即是動心處,疑懼乃動心之目」,是矣。又云「心因疑懼而動,而疑懼非心之所動」,又説得騎牆。

曰:「若是,則夫子過孟賁遠矣。」曰:「是不難,告子先我不動心。」賁,音奔。

孟賁,勇士。賁,齊人,能生拔牛角。秦武好多力士,賁往歸之。**告子,名不害。孟賁血氣之勇,丑蓋借之以贊孟子不動心之難。孟子言告子未爲知道,乃能先我不動心,則此亦未足爲難也。**朱子曰:「孟子是義精理明,天下之物不足以動其心。告子之不動心,是硬把定,是粗法强制而能不動,非若孟子酧酢萬變而不動也。」○南軒張氏曰:「孟子以集義爲本,告子則以義爲外。故在孟子,則心體周流,人欲不萌,而物各止其所者也。在告子,則心制其欲,專固凝滯,而能不動者也。」○慶源輔氏曰:「告子外義,未爲知道。然未四十時,已能不動心,其不動心又先於孟子,以此觀之,則不動心未足爲難,可知也。」○新安陳氏曰:「告子强制其心,而能不動。孟子有定見,有定力,而自然心不動。此處孟子亦姑借告子以淺説耳。」附《蒙引》:朱子下一借字好。蓋孟賁以力,孟子以心,丑非全不曉,而以孟子之不動心,爲孟賁類也,故曰借。○《淺説》:蓋孟賁之力,僅能舉一物之重。而夫子之心,則能荷一世之重也。○《存疑》:不動心甚難,孟子曰不難者,姑借此以抑告子耳。抑告子者，欲見得己之不動心異於告子處。此與仲弓問子桑伯子意思一般。陳氏姑借告子以淺説之説，初無意味。

曰：「不動心有道乎？」曰：「有。

程子曰：「心有主，則能不動矣。」新安陳氏曰：「有主二字，包得闊。下文黝、舍、曾、孟，皆是有主，但有精粗之分。」《附纂》：北宫黝之不動心，以必勝爲主。孟施舍之不動心，以無懼爲主。孟子之不動心，以守約爲主。附《淺説》：心無所主，則事物之紛然而至，率然而臨者，皆得以入其中而摇之，故必各隨其見之所到而固執之。令此心有一定之主，則利害不能爲之惑，死生不能爲之驚，任吾身之所接，而此心皆安然無所震懾矣。○《存疑》：北宫黝之養勇，是北宫黝之不動心有道也。孟施舍之養勇，是孟施舍之不動心有道也。曾子之大勇，曾子之不動心有道也。北宫黝之道，以必勝爲主。孟施舍之道，以無懼爲主。曾子之道，以理直爲主。即北宫黝、孟施舍之不動心，告子之不動心大略可見矣。即曾子之不動心，孟子之不動心大略可見矣。此孟子答問之意也。

北宫黝之養勇也，不膚撓，不目逃，思以一毫挫於人，若撻之於市朝。不受於褐寬博，亦不受於萬乘之君。視刺萬乘之君，若刺褐夫。無嚴諸侯。惡聲至，必反之。黝，伊糾反。撓，奴效反。朝，音潮。乘，去聲。

北宫姓，黝名。膚撓，肌膚被刺而撓屈也。目逃，目被刺而轉睛逃避也。挫，猶辱也。褐，毛布。以毳織布。寬博，寬大之衣，賤者之服也。不受者，不受其挫也。刺，殺也。嚴，畏憚也。言無可畏憚之諸侯也。黝蓋刺客之流，以必勝爲主，而不動心者也。慶源輔氏曰：「《集註》云『黝蓋刺客之流』，以其言所謂『視刺萬乘之君若刺褐夫』而知之也。『以必勝爲主』，亦以其言而知之，推其心以必勝人爲主，故無有尊貴，視之一如匹夫，不受其挫，必反報之。」○雙峰饒氏曰：「惡聲必反，不專謂諸侯，於褐寬博、萬乘皆然。」○東陽許氏曰：「一毫挫於人，謂所辱者至小也。不受者，必報之也，不惟必報於賤者，雖貴者亦必報之。惡聲至，必反之，謂不惟辱來必報，雖言小不善，亦必報也。」附顧麟士曰：「不膚撓，言膚不至被刺而屈撓也。不目逃，言目不至被刺而轉睛逃避也。便見必勝意。不當如《存疑》謂自思以一毫下，方皆見其必勝。且《存疑》又云，不膚撓、目逃，是不怕痛不怕死之意，則依舊是無懼，非必勝矣。俱不可從。」○《蒙引》：要之，此等人若遇真主，亦自當垂首喪氣，安能得無畏憚。不見李密之見秦王世民乎？況以道德爲威者哉。蓋萬古不動心者，只有孔孟一道，如北宮黝、孟施舍，雖能以血氣强之於一時，然無道義以爲主張定力，則豈能終無所動哉。我以氣凌人，人亦得以氣勝我；我以力加人，人亦得以力制我。惟道義之重，自能使王公失其貴，賁育失其勇，外此，無他術也。○褐爲賤服，猶有寬大之衣，如何爲賤者之服？蓋以其貼身衣少，又不以時澣濯整摺，自然虛軟而寬博也。

孟施舍之所養勇也，曰：『視不勝猶勝也。量敵而後進，慮勝而後會，是畏三軍者也。舍豈能爲必勝哉？能無懼而已矣。』舍，去聲，下同。

孟，姓。施，發語聲。舍，名也。會，合戰也。舍自言其戰雖不勝，亦無所懼。若量敵慮勝而後進戰，則是無勇而畏三軍矣。舍蓋力戰之士，以無懼爲主，而不動心者也。朱子曰：「量力慮勝，是畏三軍者，此舍譏別人。舍自云我則能無懼而已。」問：「施，發語聲？」曰：「此古注說，後面只稱舍，可見。」問：「有何例可按？」曰：「如孟之反、舟之僑、尹公之他之類。」○慶源輔氏曰：「注云『舍蓋力戰之士』，亦以其言而知之也。惟其心以無懼爲主，故不問其徒之衆寡、我之勝否，遇敵則戰也。」○新安陳氏曰：「黝、舍本以心有主而能不動，一則主於必勝，一則主於無懼，蓋是粗猛之不動心。孟子此處，且敷演粗說。」○東陽許氏曰：「黝、舍不動心，本又在告子之下。公孫丑又以孟賁比孟子，故孟子亦以勇士之類言之。」附《存疑》：量敵而後進，慮勝而後會，此正夫子所與行三軍者。

孟施舍似曾子，北宮黝似子夏。夫二子之勇，未知其孰賢，然而孟施舍守約也。夫，音扶。

黝務敵人，舍專守己。慶源輔氏曰：「黝務敵人，謂專以必勝於人爲主也。舍專守己，謂專以我無所懼爲主也。」子夏篤信聖人，曾子反求諸己。問「子夏篤信聖人」。朱子曰：「這箇雖無事實，但看他言語，如日知其所亡，月無忘其所能，博學而篤志，切問而近思，看他此處，孟子又把北宮黝來比，便見他篤信聖人處。」○雙峰饒氏曰：「曾子反求諸己，便是聖人與他說話，他也未敢便以爲然，必要求諸己，以審其理而後信。子夏篤信聖人，則以聖人之言爲必可信，不問說得是與未是，便信了。」故二子之與曾子、子夏，雖非等倫，然論其氣象，則各有所似。賢，猶勝也。約，要也。言論二子之勇，則未知誰勝；論其所守，則舍比於黝，爲得其要也。問：「如何是孟施舍守約處？」朱子曰：「北宮黝便勝人，孟施舍却只是能無懼而已矣。如曰『視不勝猶勝也』，此是孟施舍自言其勇如此。孟子言此二子之勇未知其孰勝，但孟施舍所守得其要也。蓋不論其勇之孰勝，但論其守之孰約。且二子之似曾子、子夏，直以其守氣養勇之分量淺深爲有所似耳，豈以其德哉。」○雙峰饒氏曰：「孟施舍取必於己，其氣象似曾子之反求諸己。北宮黝取必於人，其氣象似子夏之篤信聖人。此是論二子之勇有所似，非論其是非等級也。然將二子所守來比量，則孟施舍守其在我者，爲得其所守之要耳。」○凡言守約，不是守這約。約，要也，言所守者得其要也。守得其約，則守字活；言守定這約，則守字死了。附《存疑》：舍比於黝爲得其要者，黝務敵人，舍專守己。在人者不可必，在己者有可據。以力勝人者，人亦以力勝之；其心主於必勝而不動，人亦以力勝之，未免爲之動矣。舍專於守己而無懼，戰勝無懼，不動心固也，戰雖不勝，我之無懼自在，其心初不爲之動，此舍比黝所以爲得其要也。蓋務敵人，心或有時而動，務守己者，心無時而動也。○《蒙引》：或曰：「上既云『孟施舍似曾子，北宮黝似子夏』，便是舍賢於黝矣，乃又曰『夫二子之勇，未知其孰賢』，何與？」曰：「舍似曾子，黝似子夏，此只是言二子之所以爲勇者，其不同有如此，未說到優劣也。」○優劣亦不足深辨，守己二字亦輕看。大抵是漸次說上去，如殺人以挺與刃有以異乎，獨樂樂與人樂樂之類。孟子立言之法，大概如此。

昔者曾子謂子襄曰：『子好勇乎？吾嘗聞大勇於夫子矣：自反而不縮，雖褐寬博，吾不惴焉；自反而縮，雖千萬人，吾往矣。』好，去聲。惴，之瑞反。

此言曾子之勇也。子襄，曾子弟子也。夫子，孔子也。縮，直也。《檀弓》曰：「古者冠縮縫，今也衡縫。」又曰：「棺束縮二衡三。」衡，與横同。引二説證縮爲直。惴，恐懼之也。《附纂》黄氏洵饒曰：「恐懼之，之字指人。」往，往而敵之也。朱子曰：「《儀禮》、《禮記》多有縮字，每與衡字作對。下文直養之説，蓋本於此，乃一章大指所繫，不可失也。」○自反縮與不縮，所以不動，只在方寸之間。若仰不愧、俯不怍，看如何大利害，皆不足以易之。若有一毫不直，則此心便索然。黝、舍是不畏死而不動心，告子是不認義理而不動心，曾子是自反而縮而不動心。○雙峰饒氏曰：「縮不縮，指理言。不惴、吾往，指氣言。理者，氣之主。理直則氣壯，理曲則氣餒。吾之理不直，雖一夫之賤，亦爲之屈。吾之理直，雖千萬人之衆，在所必伸。孟子因丑有過孟賁之語，所以先説黝、舍，然後説歸曾子來。」○魯齋王氏曰：「朱子云，孟子養氣之論，孔子已道了，曰『内省不疚，夫何憂何懼』。愚謂與此正相表裏。自反，則内省也，直則不疚矣。雖千萬人吾往，不憂不懼也。」○新安陳氏曰：「此曾子之大勇，以義理之直爲主而不動心者也。孟子之論，至此始精細。下文『至大至剛，以直養而無害』之説，蓋自此自反而縮發之也。」附《蒙引》：「自反而不縮，雖褐寬博，吾不惴焉」者，非怕褐寬博也，怕理也。「自反而縮，雖千萬人，吾往」者，非輕視千萬人也，視吾理之勝，不見千萬人之爲衆也。○「自反而不縮，雖褐寬博，吾不惴焉」，要以起下段之「自反而縮」。蓋浩然之勇，以無懼爲主，爲褐寬博者所惴，終是理不直而有所懼也。○吾不惴焉，猶云吾得不怕他。不受於褐寬博者，不知此義也；能無懼而已矣者，亦不知此義也，正可以相形觀。○《淺説》：天下之物，皆無足畏，惟理最可畏。天下之物，皆無所恃，惟理最可恃。

孟施舍之守氣，又不如曾子之守約也。」

言孟施舍雖似曾子，然其所守乃一身之氣，又不如曾子之反身循理，所守尤得其要也。孟子之不動心，其原蓋出於此，下文詳之。朱子曰：「孟子説曾子謂子襄一段，已自盡了，只謂公孫丑問得無了期，故後面有許多説話。此一段爲被他轉换問，所以答得亦周匝。然就前段看語脈氣象，雖無後截，亦自可見前一截已自具得後面許多意思足。」○守約只是所守之約，言北宫黝之守氣不似孟施舍守氣之約，孟施舍之守氣又不如曾子所守之約也。孟施舍就氣上做工夫，曾子就理上做工夫。○慶源輔氏曰：「論舍之氣象雖大略有似於曾子，然舍之所守不過是一身之血氣，固未嘗反之於心，以自顧其直與不直也。其視曾子之自反，以縮不縮爲勇怯，則其所守之要，非舍之所能知、所可比也。反身，謂自反。循理，謂直。」○雙峰饒氏曰：「或問孟子之不動心，如何原於曾子？曰，浩然之氣，便是大勇；以直養，便是自反而縮；行有不慊於心則餒，便是自反而不縮。」《通考》東陽許氏曰：「章首至守約爲第一節。」附《蒙引》：不是以氣字對約字，言舍所守雖約，猶是氣耳，其守約又不如曾子也。○以舍視黝，則舍爲守約。以曾子視舍，則曾子爲守約。故皆謂之守約。○曾子比舍，尤得其要者，蓋師直爲壯，曲爲老。舍之無懼，初不以義理爲主，全是血氣所爲，若有人以義理勝之，未有不屈服者。如項羽力拔山，氣蓋世，殺卿子冠軍，殺義帝，一何勇也。漢高帝用董公之説，三軍縞素，爲義帝發喪，名其爲賊，羽之氣從此沮矣。曾子之勇，則以義理爲主，理直而氣壯，隨他天來大事，皆不能屈服矣。○顧麟士曰：「《紹聞編》曰：『愚按孟子歷言黝、舍之養勇，都不露個氣字，而氣字在其中。直到説曾子後，然後曰「孟施舍之守氣」，只一氣字斷盡了。其引曾子告子襄一段，自反而不縮，自反而縮，此兩言，乃一章血脈，包括管攝處。後面以直養而無害，是從這箇縮字來，此人所知。不知配義與道，集義所生，都管攝在這個縮字裏。朱子識其意，故於此條注云：「又不如曾子之反身循理，所守尤得其要也。」始露出一理字。黝、舍之所不能識者在此，孟子告子之所以得失者在此。』」

曰：「敢問夫子之不動心，與告子之不動心，可得聞與？」「告子曰：『不得於言，勿求於心；不得於心，勿求於氣。』不得於心，勿求於氣，可；不得於言，勿求於心，不可。夫志，氣之帥也；氣，體之充也。夫志至焉，氣次焉。故曰：『持其志，無暴其氣。』」聞與之與，平聲。夫志之夫，音扶。

此一節，公孫丑之問。孟子誦告子之言，又斷丁亂反，下同。以己意而告之也。告子謂於言有所不達，則當舍上聲。置其言，而不必反求其理於心；於心有所不安，則當力制其心，而不必更求其助於氣，此所以固守其心而不動之速也。速，謂年未四十。○朱子曰：「告子之意，以爲言語之失，當直求之於言，而不足以動吾之心；念慮之失，當直求之於心，而不必更求之於氣。蓋其天資剛勁，有過人者，力能堅忍固執，以守其一偏之見，所以學雖不正，而能先孟子不動心也。觀其論性數章，理屈詞窮，則屢變其説以取勝，終不能從容反覆，審思明辨，因其所言之失而反之於心，以求至當之歸。此其不得於言而不求諸心之驗也。」○告子只去守個心得定，都不管外面，是亦得，不是亦得。孟子之意，謂是心有所失則見於言，如肝病見目相似。附《存疑》：孟子言北宮黝、孟施舍、曾子不動心之有道，則孟子與告子之不動心，固可以意會矣。而丑未達，故孟子復告之。○不得於言者，口欲言而不得所以言，如言性則不達性之理，言事則不達事之理是也。不得於言，由心中義理不明也，正宜反求其理於心，審思明辨，使義理精明而達之於言可也。告子以爲如此，則心爲之動矣。故寧舍置其言，不必反求其理於心。○言如何舍置，隨他不達，隨他鶻突，都不去審思明辨，使義理通明。而可達之言，便是舍置也。○不得於心，如應一事差失，於心有所不安；或接一人差失，於心有所不安也。不得於心，由氣之應接失其道也。正當更求其助於氣，悔過謝愆，而補其差失可也。告子以爲如此，則心爲之動矣，故力制其心，不必更求其助於氣。事也隨他差失，人也隨他差失，更不悔過謝愆，以補其差失也。○《蒙引》：丑問是兩平，孟子只述告子之不動心者而論斷之，亦就見得己之所以不動心者也。○注「此所以固守其心而不動之速也」，愚謂告子實未嘗不動心，何以言之？不得於言，不得於心，便是動心了也，故曰冥然無覺、悍然不顧而已。然其心終必有不安者，不動心豈有兩種道理耶？如北宮黝、孟施舍各有所主，而暫能不動，然主非其主，恐皆不免於静中之動，嗚呼微矣。孟子既誦其言而斷之曰，彼謂不得於心而勿求諸氣者，急於本而緩其末，猶之可也。慶源輔氏曰：「不得於心，勿求於氣，可。氣固有時而能動其心，然心之不正，則未必皆氣使之。大抵心是本，氣是末，故程子亦曰：『人必有仁義之心，然後有仁義之氣，睟然達於外。』此不得於心，勿求諸氣，所以爲急於本而緩其末。猶之可也，猶言尚爲可也。」謂不得於言而不求諸心，則既失於外，而遂遺其內，其不可也必矣。朱子曰：「以下文觀之，氣亦能反動其心，則勿求於氣之説，亦未爲盡善。但心動氣之時多，氣動心之時少，故孟子取其彼善於此而已。至於言，則雖發於口，而實出於心，內有蔽陷離窮之病，則外有詖淫邪遁之失。不得於言而每求諸心，則其察理日益精矣。孟子所以知言養氣，以爲不動心之本者，用此道也。而告子反之，是徒見言之發於外，而不知其出於中，不知言便不知義，所以外義也。其害理深矣，故斷然以爲不可。於此可見告子之不動心所以異於孟子，而亦豈能終不動哉？」然凡曰可者，亦僅可而有所未盡之辭耳。若論其極，則志固心之所之，而爲氣之將去聲。帥；然氣亦人之所以充滿於身，而爲志之卒徒者也。慶源輔氏曰：「心有知而氣無知，雖云氣一則能動志，然大抵是氣隨心動。故以志爲氣之將帥，氣從志所使，猶卒徒之聽命於將帥也。不言心而言志者，志者心之動而有所之處也。但志則就其動處言，故尤切耳。下文又言是氣也而反動其心，亦可見矣。心無形而氣有質，雖云心爲本、氣爲末，然人之所以充滿其身而不至餒乏者，實賴氣爲志之卒徒也。志而無氣，則志無所使，亦由將帥而無卒徒，則亦虚名而已。」○新安陳氏曰：「吕與叔《克己銘》云：『志以爲帥，氣爲卒徒。』此蓋就帥字上生出卒徒字。」《附纂》：若論其極，以理之極。故志固爲至極，而氣即次之。人固當敬守其志，然亦不可不致養其氣。蓋其內外本末，交相培養。此則孟子之心所以未嘗必其不動，而自然不動之大略也。潛室陳氏曰：「《集註》謂『致養其氣』，即無暴氣，發得暴，失養故也。必言致者，見養氣之難，須以集義爲本，又無正忘助長之弊，方爲能致養也。」○雲峰胡氏曰：「《集註》於持志，謂守其志可也，必曰『敬守其志』，添入一敬字，最有意。蓋孟子養氣之功在集義，而所以集義者在敬。敬義夾持，方爲成德之事。或疑兩言字不同，告子不得於言，己之言也；孟子知言，天下之言也。愚嘗應之曰，理一而已，告子於己之言且不能反求其理，如何能於天下之言而求其理？孟子於天下之言能究極其理，則於己之言可知也。」○新安陳氏曰：「下文知言養氣，其根已安於此。告子不得於言，即不求其理於心，是不知言也；不得於心，即不求其助於氣，是不養氣也。孟子、告子其不動心之名雖同，而其所以不動心之本，則相反而全不同者在此。」《通考》仁山金氏曰：「孟子不動心，不是心上用工。知言是其要，養氣是其助。」《附纂》黄氏洵饒曰：「告子勿求於心，與孟子持其志相反。告子勿求於氣，與孟子無暴其氣相反。此告子不動心之速，與孟子自然不動者相反。故曰：持其志，持志養氣，不可分先後，持志便要養氣。」附《蒙引》：氣，體之充也。氣自是氣，體自是體，自首至足，都是體，氣則行乎體之中。體無氣，則餒而不能運動矣，故曰「氣，體之充也」。○至字與次字對，猶云第一件也。○「夫志，氣之帥也」至「無暴其氣」，全是破他「不得於心，勿求於氣」之説。其「不得於言，勿求於心」一句，已斷以爲不可了，故不復論。○《注》謂「急於本而緩其末」，「失於外而遂遺其内」，「内外本末交相培養」，兩本末字，皆同。兩内外字，則惟内同而外不同。失於外之外，指言。内外交相培養之外，指氣。

「既曰『志至焉，氣次焉』，又曰『持其志無暴其氣』者，何也？」曰：「志壹則動氣，氣壹則動志也。今夫蹶者趨者，是氣也，而反動其心。」夫，音扶。

公孫丑見孟子言志至而氣次，故問如此則專持其志可矣，又言無暴其氣何也？壹，專一也。蹶，姑衛反，又音厥。顛躓音至。

也。趨，走也。孟子言志之所向專一，則氣固從之；然氣之所在專一，則志亦反爲之動。慶源輔氏曰：「志者心之所之，故可言向。氣則做出來底，便是不可以向言，只得下在字。下文云『氣專在』，是兩在字相照應，察理精矣。」如人顛蹶趨走，則氣專在是而反動其心焉。所以既持其志，而又必無暴其氣也。程子曰：「志動氣者什九，氣動志者什一。」程子曰：「告子『不得於言，勿求於心』，蓋不知義在内也。志帥氣也，持定其志、無暴亂其氣，兩事也。志專一則動氣，氣專一則動志，然志動氣爲多。且若志專在淫辟，豈不動氣？氣專在喜怒，豈不動志？故蹶者趨者，反動其心。」○朱子曰：「爲告子將氣説得太低了，故説志最緊要。氣亦不可緩，故曰志至氣次。持其志，無暴其氣，是兩邊做工夫。志即是心之所向，而今欲做一件事，這便是志。持其志，便是養心，不是持志外别有箇養心。如喜怒，若當喜也須喜，當怒也須怒，這便是持志。若喜得過分，一向喜，怒得過分，一向怒，則氣便暴了，志即反爲所動。蹶趨是氣也，他心本不曾動，只忽然喫一跌，氣打一暴，則其心便動了。」○問：「蹶趨反動其心，若是志養得堅定，莫須蹶趨亦不能動得否？」曰：「人之奔走，如何心不動？」曰：「蹶趨多遇於卒然不虞之際，所以易得動心。」曰：「是。」○問：「在車聞鸞和，行鳴佩玉，皆所以無暴其氣。今既無此，不知如何而爲無暴？」曰：「凡人多動作，多語笑，做力所不及底事。且如只行得五十里，却硬要行百里，皆是暴其氣。學者須事事節約，莫教過當，此便是養氣之道。志動氣，是源頭濁者，故下流亦濁也。氣動志者，却是下流壅而不泄，反濁了上面也。」○問：「《程氏遺書》云：『志一動則動氣，氣一動則動志。』《外書》云：『志專一則動氣，氣專一則動志。』二説孰是？」曰：「此必一日之語，學者同聽之而所記各有淺深，類多如此。『志一動則動氣，氣一動則動志』，此言未説動氣動志而先言志動氣動，反添一動字了，固不若後一説所記得其本旨。蓋曰志專一固可動氣，而氣專一亦可以動其志也。」○問：「持志養氣之爲交養，何也？」曰：「持志所以直其内，無暴所以防於外，兩者各致其功而無所偏廢，則志正而氣自完，氣完而志益正。其於存養之功，且將無一息之不存矣。」○問：「養氣次第功夫，内外是交盡，❶不可靠自己自守其志，便謂無事。氣纔不得其平，志亦不得其安，故孟子以蹶趨形容之。告子所謂『不得於心，勿求於氣』，是未爲全論。程子所以言『氣動志者什一』，正謂是爾。」曰：「然。兩者相夾著，方始德不孤。」○雙峰饒氏曰：「志，帥也。氣，卒徒也。如周亞夫軍中夜驚，亞夫堅卧不起。不起固是帥之定處，然設或被他驚不已，自家如何睡得安？於此見持其志又不可不養其氣。」○君子所以足容重，手容恭，聲容静，氣容肅，行中鸞和，步中采齊，皆是要無暴其氣。○新安陳氏曰：「前言心與氣，忽又變心言志者，蓋心以全體言，志以心之動而有所向處言。欲致持之之功，則就其動而有所向處用力。若心則不可言持矣，故志字尤切。後云『氣壹即動志』，即以是氣也而反動其心證之，可見動其心即是動志矣。程子什九什一之説，蓋言志動氣之時多，十中常有九，所以志爲至；氣動志之時少，十中亦有一，所以氣亦次焉也。」《通考》東陽許氏曰：「『敢問夫子之不動心』，至『反動其心』爲第一節。孟子但曰『我善養吾浩然之氣』，是專言養氣，而不言志。所以養之之方與養之之節度一一詳備，專是氣上工夫。孟子之自得至於大，而將進於化，正在於此。」○黄氏紹曰：「持志工夫簡而易知，養氣工夫密而難明，故孟子因公孫丑之問獨詳於養氣，而不復更言持志。道者事之理，義者理之宜。合乎道者，容有不適其宜。合乎宜者，未有不中天道。此孟子所以言氣配義與道，而其下文詳言集義而不及道也。」附《蒙引》：孟子言「氣次焉」，次者，即次之謂也。依丑之問意，則是認次字爲後字義矣。差之毫釐，謬以千里。○志一動氣，則志固不可以不持。氣一動志，則氣亦不可以暴。○氣動志，不止於蹶趨，凡視聽言動，氣用事到勝處，皆能動志，所以説致養其氣。自蹶趨而言，則當謹慎步履之間，不使至於蹶趨，是爲不暴其氣也。○氣一則動志，人多要主不好者言，蓋以蹶者趨者之反動其心爲證，是未然也，孟子舉其易見者以曉公孫丑云耳。且如聖人之論恕，曰「己所不欲，勿施於人」，此只是從不好邊説，然要之己所欲者，則以施於人，亦此理也。又如下文知言，只説詖辭知其所蔽等，都是自不好者一邊説。然言

❶「養氣」至「交盡」，《朱子語類》作「養氣功夫内外須是交盡」。「第」，原作「次」，今據哈佛本改。

之病者，既知其所以然，則言之不病者，亦知其所以然必矣。豈可謂恕只是推不好者於人，知言只是知那不好者之言哉？近時學者讀書論理，有此等執泥，不可不説破。氣之所在不善，則心爲之不寧静，此固可見氣之不可暴，氣之所在者善，則心便爲之寧静，此亦可見氣之不可暴也。志壹動氣亦然。○問：「持志與無暴其氣孰重？」曰：「論理持其志爲重。論《孟子》此節之意，則無暴其氣爲重。蓋自『夫志，氣之帥也』至『無暴其氣』，俱是以破告子『勿求於氣』之説。言云云，豈可以勿求於氣哉？下節『志一則動氣，氣一則動志』，亦重在氣一邊。」○「今夫蹶者趨者，是氣也」，此氣之不出於志者也。若持志工夫到，則亦不至有蹶蹷及妄奔趨。○雙峰注「行中和鸞，步中采薺」，行是車行，步是徒步。

「敢問夫子惡乎長？」曰：「我知言，我善養吾浩然之氣。」惡，平聲。

公孫丑復扶又反。問孟子之不動心所以異於告子如此者，有何所長而能然，而孟子又詳告之以其故也。知言者，盡心知性，於凡天下之言，無不有以究極其理，而識其是非得失之所以然也。朱子曰：「知言便是窮理。不先窮理，見得是非，如何養得氣？須是道義一一審處得是，其氣方充大。」○孟子論浩然之氣一段，緊要全在知言上，所以《大學》許多工夫，全在格物致知。格物則能知言，誠意則能養氣。○知言養氣雖是兩事，其實相關，正如致知、格物、正心、誠意之類。若知言，便見得是非邪正，義理昭然，此浩然之氣自生。○知是知得此理，告子便不理會，故以義爲外。○雲峰胡氏曰：「《論語》亦曰：『不知言，無以知人。』但《論語》爲初學而言，故《集註》但曰『言之得失，可以知人之邪正』。《孟子》則自言也，故《集註》釋之，比《論語》尤詳且重。《論語》之知言，爲知人之端，入德之事。《孟子》之知言，爲養氣之本，成德之事。」浩然，盛大流行之貌。氣，即所謂體之充者。本自浩然，失養故餒，惟孟子爲善養之以復其初也。朱子曰：「浩然之氣乃指其本來體段而言。」○酧酢應接，舉皆合義，則俯仰並無愧怍，故其氣自然盛大流行。○慶源輔氏曰：「盛大言其體，流行言其用。才怯小，則便非氣之本體。才鬱塞，則便非氣之本用。氣即天地之氣，而人之所以充滿其身者，其本然之體用，自是浩然，由失其養，故餒乏而不充乎體。」○雙峰饒氏曰：「孟子之言善養氣，是以成德言，非是説做工夫。下文『必有事焉而勿正』以下，却是説養氣做工夫處。」○雲峰胡氏曰：「《集註章句》言『復其初』者凡三。《論語》謂人之性，其初本善，學者當明善以復其初。《大學》謂人之心，其初本自光明，學者當明之以復其初。此言人之氣，其初本自盛大流行，惟孟子能善養之以復其初。然非學以復此心此性之初者，未必能復此氣之初也。故孟子養氣，先之以知言。《附纂》黄氏洵饒曰：「盡心是知至，知性是物格。盛大是體，流行是用。體之充者，泛言之。復其初，行之事。」蓋惟知言，則有以明夫音扶，下同。道義，而於天下之事無所疑；養氣，則有以配夫道義，而於天下之事無所懼，此其所以當大任而不動心也。慶源輔氏曰：「《集註》『疑懼』二字，以應此章第一節注文『疑惑恐懼』四字也。道，體也。義，用也。言道義以該體用也。知言則於道義究極無餘，一事來，則以一理應之，夫復何疑之有？養氣則於道義襯貼得起，勇猛果決而不留行，夫復何懼之有？」○雙峰饒氏曰：「浩然之氣，即達德中之勇。不動心，即是勇者不懼。添一個知言，即是知者不惑。」○雲峰胡氏曰：「章首公孫丑問動心，《集註》以爲『有所恐懼疑惑』。先懼而後疑者，懼者心之動，疑者心之所由以動也。恐懼二字，於動字最切。而疑惑二字，已蘊知言之意。此則釋知言養氣二句，故先疑而後懼。」○東陽許氏曰：「知言則盡心知性，萬理洞然，何所疑惑？養氣則動皆合義，遇事即行，何有畏怯？二者既全，何能動心。」《附纂》黄氏洵饒曰：「無所疑即道明，無所懼即德立。」告子之學，與此正相反。其不動心，殆亦冥然無覺，悍然不顧而已爾。問「知言養氣」之説。朱子曰：「孟子之不動心，知言以開其前，故無所疑。養氣以培其後，故無所懾。如智勇之將，勝敗之形，得失之算，判然於胷中，而熊虎貔貅百萬之衆，又皆望其旌旄，聽其金鼓，爲之赴湯蹈火，有死無二。是以千里轉戰，所向無前，其視告子之不動心，正猶勇夫悍卒，初無制勝料敵之謀，又無蚍蜉蟻子之援，徒恃其勇而挺身以赴敵也。其不爲人所擒者，特幸而已。

告子之學，他雖無所考證，然以孟子此章之言反覆求之，亦曉然可見矣。先引告子之言以張本於前，後言己之所長以著明於後。今以其同者而比之，則告子所不得之言，即孟子所知之言，告子所勿求之氣，即孟子所養之氣也。以其異者而反之，則告子之所以失，即孟子之所以得，孟子之所以得，則告子之所以失也。是其彼此之相形，前後之相應，固有不待安排而不可移易者。」○慶源輔氏曰：「孟子能知人言之是非，告子乃自以其言爲外而不復考。孟子善養其氣，而告子乃以氣爲末而不知求。此所謂正相反也。其不動心者，不過是硬把定其心，冥冥然都無知覺，於一切事皆漠然與之扞格而不顧耳，亦豈能終不動哉？然其所以能不動者，亦幸而已。」○新安陳氏曰：「冥然無覺，則不能無疑。悍然不顧，非真能無懼也。」《附纂》黄氏洵饒曰：「冥然無覺，不能知言。悍然不顧，不能養氣。」○冥然無覺，不得於言勿求於心，不能知言是也。悍然不顧，不得於心勿求於氣，不能養氣是也。附《蒙引》：丑因孟子之言，便知得孟子之不動心異於告子矣。故復問曰，告子之不動心如此，而夫子之不動心所以異於告子如此者，有何所長而能然？能然者，能不動心也，非謂其所以異也。○知言，知也。養氣，行也。知言浩然，舉成功言，其用功，則在精義集義上。○顧麟士曰：「此節以不動心爲綱，知言養氣爲目。若顧子而失母，即非。」

「敢問何謂浩然之氣？」曰：「難言也。

孟子先言知言而丑先問養氣者，承上文方論志氣而言也。難言者，蓋其心所獨得，而無形聲之驗，有未易去聲。以言語形容者。故程子曰：「觀此一言，則孟子之實有是氣可知矣。」問：「浩然之氣與血氣如何？」朱子曰：「只是一氣。義理附於其中，則爲浩然之氣，不由義理而發，則只爲血氣。然人所禀氣，亦自不同，有禀得盛者，則爲人强壯，隨分亦有立作，使之做事，亦隨分做得出。若禀得衰者，則委靡巽懦，都不解有所立作。唯是養成浩然之氣，則却與天地爲一，更無限量。」○孟子先説知言，後説養氣，而公孫丑先問氣者，向來只爲他承上文先論志氣而言也。今看來不然，乃是公孫丑會問處。留得知言在後面問者，蓋知言是末後合尖上事。如《大學》説正心、誠意，只合殺在致知、在格物一句，蓋是用功夫起頭處。附《蒙引》：浩然之氣，本難言也。聊試言之，其爲氣也云云。○《淺說》：欲微言其妙，則恐其入於晦。欲顯言其似，則又恐其涉於粗。

其爲氣也，至大至剛，以直養而無害，則塞於天地之閒。

至大初無限量，去聲。至剛不可屈撓。女巧、女教二反。蓋天地之正氣，而人得以生者，其體段本如是也。慶源輔氏曰：「初無限量，便是盛大。不可屈撓，便是流行。即所謂浩然之氣也。不言用者，舉體則足以該之矣。」附《蒙引》：「其體段本如是也」，輔氏以爲舉體以該用者，非也。體段猶云形像模樣耳，非體用之體。惟其自反而縮，新安陳氏曰：「照應本章，上文釋之以直之，直字即是上文縮字意。」則得其所養；而又無所作爲以害之，則其本體不虧而充塞無閒去聲。矣。新安陳氏曰：「充塞彌滿乎天地之閒而無有閒斷之者矣。」○程子曰：「浩然之氣難識。須要識得當行不歉於心之時，自然有此氣象。」○問：「伊川於至大至剛以直點句，先生却於剛字點句。」朱子曰：「若於直字點句，則養字全無骨力。」○至大至剛，氣之本體。以直養而無害，是用功處。塞於天地之閒，乃是效也。○問：「他書不說養氣，只《孟子》言之，何故？」曰：「這源流便在那個心廣體胖、内省不疚、夫何憂何懼處來。大抵只是一氣，又不是别將個甚底去養他，但集義便是養氣。知言便是知得這義，人能仰不愧、俯不怍時，看這氣自是浩然塞乎天地之閒。」○纔說浩然，便有剛果意思，如長江大河浩浩然而來也。富貴貧賤威武不能淫移屈之類，皆低，不可以語此。丑本意只是設問孟子能擔當得此樣大事否，故孟子所答只說許多剛勇，故說出浩然之氣。只就問答本文看之，便見子細。○魯齋王氏曰：「此所謂其爲氣也，氣之體。下文所謂其爲氣也，氣之用。」《附纂》黄氏洵饒曰：「天理無有不善，而正氣中正浩然，但其流行參差不齊，故人所禀有清濁之異。能去其昏濁，則本然者自浩然矣。」附《語類》：問浩然之氣。曰：「這個孟子本說得來粗，只看他一章本意，是說不動心。所謂浩然之氣，只似個粗豪之氣。他做工夫處雖細膩，然其成也，却只似個粗豪之氣，但非世俗所謂粗豪者耳。」○浩然之氣，與清明之氣自不同。○浩然之氣，乃是於剛果處見。以前諸儒於此却不甚説，只上蔡云浩然是無虧欠處。○《蒙引》：朱子曰：「才説浩然，便自有廣大剛果意思。富貴貧賤威武不能淫移屈之類，皆低，不可以語此。」此一句，愚竊疑焉，恐是説富貴貧賤威武之類皆低。若説富貴不淫，貧賤不移，威武不屈，則在那居天下之廣居，立天下之正位，行天下之大道上來，所謂浩然而盛大流行者，豈有加於此？此固所謂和而不流、中立而不倚、國有道不變塞、國無道至死不變者，中庸之勇，惟聖者能之也。如何乃猶以爲低而不足以語此耶？大抵是記録者之誤無疑。

程子曰：「天人一也，更不分别。必列反。浩然之氣，乃吾氣也。養而無害，則塞乎天地；一爲私意所蔽，則欿音坎。然而餒，知其小也。」《附纂》黄氏洵饒曰：「欿然，不足之意。」謝氏曰：「浩然之氣，須於心得其正時識取。」又曰：「浩然是無虧欠時。」朱子曰：「天地之氣，無處不到，無處不透，是他氣剛，雖金石也透過去。人便是稟得這個氣無欠缺，所以程子曰：『天人一也，更不分別。浩然之氣，乃吾氣也。』」○問：「浩然之氣是稟得底否？」曰：「只是這個氣，若不曾養得，剛底便粗暴，弱底便衰怯。」○問：「孟子説浩然之氣，却不分稟賦清濁説。」曰：「此章孟子之意，不是説氣稟，只因説不動心，滚説到這處。似今人説氣魄相似，有這氣魄，便做得這事，無氣魄，便做不得。」○慶源輔氏曰：「浩然之氣本是天地之正氣，然天人一理，故孟子更不分别，直以爲己之氣也。養而無害，則全其本體而塞乎天地。若不務集義，而所爲一有私意遮隔了，則便不流行而欿然餒乏，不足以充乎身而失其正大之體也。」○雙峰饒氏曰：「人得天地之氣以生，天地之氣如此剛大，人之氣亦合如此剛大。其所以不能如此者，不善養之故也。程子曰：『人與天地一氣也，人特自小耳。』且如文武一怒而安天地之民也，只是這氣做出來他底，却與天地一般樣。至大至剛，只是善養故耳。」○雲峰胡氏曰：「此氣是天地之正氣，心得其正，便是不失其所得於天地之正者。」○東陽許氏曰：「此氣本得於天，故至大至剛。剛大，天之體段也。聖人生知安行，無非直道，不假乎養。衆人知不明，自害其剛大，故須直以養之。直即義也。塞天地，言其效也。」《通考》東陽許氏曰：「塞天地，只是應物皆合道義，而物莫不從，至於郊則格、廟則享、鳥獸魚鼈咸若，而人倫日用不言可知。」附《蒙引》：至大初無限量。天下之廣居，吾居也。天下之正位，吾立也。天下之大道，吾行也。天下之大經，可經綸也。天下之大本，可立也。天地之化育，可與之脗合無閒也。此氣之行，推之東海而準，推之西海而準，推之南海而準，推之北海而準。舟車所至，❶人力所通，天之所覆，地之所載，日月所照，霜露所墜，凡有血氣者，莫不尊親也。何大如之！○銖視軒冕，左之右之，無不宜之；右之左之，無不有之。賁育遇之，無所用其勇。王公遇之，無所用其勢。儀秦遇之，無所用其辯。良平遇之，無所用其智。天理周流而無閒，天德自强而不息，何剛如之！○《存疑》：至大是極盛大，他那力量隨甚麼事都做得，雖旋乾轉坤事也做得，故曰初無限量。至剛是極剛勁，他要這等做，隨甚麼人都止他不得，雖刀鋸在前，鼎鑊在後，也止他不得，故曰不可屈撓。塞乎天地之閒，只是至大至剛。凡天地閒，無一事不做，無一處不到。上而天，下而地，中而人物，皆其運用所及，豈不塞乎天地？○《蒙引》：浩然之氣，只是載理以行者，此氣不得理，則不能浩然矣。蓋天之生人，合下是理氣一團交付他了。○本文曰「以直養」，而注曰「惟其自反而縮，則得其所養」，猶《文言》曰「敬以直內，義以方外」，而《程傳》曰「敬立而內自直，義形而外自方」，皆是先儒剖析精微處。蓋養氣工夫，只在直上，不在養上。○「以直養而無害，則塞於天地之閒」，此所謂善養之以復其初者也。○至大至剛，即是浩然。「以直養而無害，則塞於天地之閒」，即是復於浩然者矣。浩然字本都該了，因丑問何謂浩然之氣，故又爲之狀其體段如此。○此處不可說效，下文配義與道，方是說效。○《存疑》：既曰「其爲氣也，至大至剛」，又必曰「以直養而無害，則塞於天地之閒」者，明必得所養，然後復其浩然也。雖曰必得所養，然此處方欲明其爲浩然處，初未重在所養，故至下文「是集義所生」二條，方言所養之事。○「以直養而無害」，此意本上文「自反而縮」來。下文「是集義所生，非義襲而取」，有事勿正、勿忘、勿助意思，都在其中了。

其爲氣也，配義與道；無是，餒也。 餒，奴

❶「車」，原作「居」，今據《中庸》及《四書蒙引》改。

罪反。

配者，合而有助之意。慶源輔氏曰：「此意本於李先生，曰『配是襯貼起來』。朱子謂『襯貼二字説配字極親切』。蓋道義是虛底物，本自孤單，得這氣襯貼起來，便張大無所不達。今人做事亦有合於道義者，若無此氣，則只是一箇衰颯底人。李先生又曰『氣與道義一滚出來』，朱子謂『一滚出來説得道理好』。孟子分明説配義與道，不是兩物相補貼，只是一滚發出來，故朱子用此意而就配字説出此句，蓋已極於精切矣。」○雙峰饒氏曰：「合而有助，譬如妻之配夫，以此合彼而有助於彼者也。蓋理氣不相離，氣以理爲主，理以氣爲輔。大凡人不能爲善爲，是無那氣來襯貼，有那氣來襯貼起，做得定是有力。」○雲峰胡氏曰：「所謂合，即延平所謂『一滚出來』之意。所謂助，即延平所謂『襯貼起來』之意也。」義者，人心之裁制。道者，天理之自然。餒，飢乏而氣不充體也。言人能養成此氣，則其氣合乎道義而爲之助，使其行之勇決，無所疑憚。若無此氣，則其一時所爲雖未必不出於道義，然其體有所不充，則亦不免於疑懼而不足以有爲矣。新安陳氏曰：「『疑憚疑懼』四字仍應前注文『疑惑恐懼』字意，憚即恐懼也。」○程子曰：「浩然之氣，天地之正氣，大則無所不在，剛則無所屈。以直道順理養而無害，則塞乎天地之閒。有少私意，即是氣虧。無不義，便是集義。有私意，便是餒。」○率氣在志，養氣在直，内有私意則餒，無不義則浩然。○朱子曰：「道義，別而言則道是物我公共自然之理，義即吾心之能斷制者，所用以處此理者也。」○道是舉體統而言，義是就此一事所處而言。如父當慈、子當孝、君當仁、臣當敬，此義也。所以孝慈、所以仁敬，則道也。故後面只説集義。○道義是公共無形影底物事，氣是自家身上底。自家若無這氣，則道義自道義，氣自氣，如何助得他。○兩箇「其爲氣也，至大至剛」，是説此氣之體段。「配義與道」，是説此氣可將如此。用是説氣之功用。○或問「何以言氣之配義與道也」。曰：「道，體也。義，用也。二者皆理也，形而上者也。氣也者，器也，形而下者也。以本體言之，則有是理而後有是氣，而理之所以行，又因氣以爲質也。以人言之，則必明道集義，然後能生浩然之氣，而義與道又因是氣而後得以行焉。蓋三者雖有上下體用之殊，然其渾合而無閒也乃如此。苟不知所以養而有以害之，則理自理，氣自氣，其浩然而充者且將爲慊然之餒矣。或略知道義之爲貴而欲恃之而有爲，亦且散漫蕭索而不能以自振矣。」○雙峰饒氏曰：「浩然之氣全靠道義在裏面做骨子，無這道義，氣便軟弱。蓋緣有是理而後有是氣，理是氣之主。如天地二五之精氣以有太極在裏面做主，所以他底常恁地浩然。」《通考》涂氏溍生曰：「仁包四者，故一言而有餘。義非一端，故累言而不足。以仁配義，以義配理，所重在仁與理，體用之謂也。以義配道，以義配德，以義配命，以義配理，所重在義，裁制之謂也。」附《語類》：兩箇「其爲氣也」，前箇是説氣之體段如此，後箇是説這氣可將如此用。○方集義以生，此氣則須要勉强。及到氣去配義與道，則道義之行，愈覺剛果，更無凝滯，尚何恐懼之有？○問「配義與道」。○曰：「此爲理會得道理底也，須養得氣，才助得他。」○集義是平時工夫，配義與道，是卒然臨事，氣配道義行將去。此兩項各自有頓放處。○《淺説》：浩然，盛大流行之貌。而至大至剛之一言，足以盡浩然之體段。而塞天地，即至大至剛者之復其初。而配道義，則養成之功效，而益足以見其爲剛且大也。○《蒙引》：不是以直養而無害塞乎天地之閒之後，方能配義與道，此本是一時事。上節只言浩氣，下節以氣對道義而言。○《存疑》：配義與道，是就直養無害説來，故注曰「人能養成此氣」。○道義非二也，在物爲道，所以處是物爲義。如父慈、子孝、君仁、臣敬，道也。爲父而慈，爲子而孝，爲君而仁，爲臣而敬，義也。朱子以道爲統體，《蒙引》爲即天道之流行而賦於物者，乃事物所以當然之故也。非是一物有一物之道，萬物有萬物之道，此道不可以體統言。曰在物爲理，處物爲義，則是矣。○《蒙引》：配義與道，正是説他不動心處。上節直養無害，正是説他善養浩然之氣處。蓋善養浩然之氣，則自然不動心，故《集註》曰：「養氣則有以配乎道義，而於天下之事無所懼也。」然其實不是今日善養浩然之氣，明日方能不動心。○大注「不免於疑懼而不足以有爲」字，貼在「餒」字下。○氣既浩然了，又能配義與道，使其行勇決而無疑懼。此猶自得之則居之安、資之深，左右逢原，皆自得之節次也。樂則生矣，至手舞足蹈，皆樂之深也。○言人能養成此氣，以直養而無害，則塞於天地之閒，此正所謂養成也。

是集義所生者，非義襲而取之也。行有不慊於心，則餒矣。我故曰，告子未嘗知義，以其外之也。慊，口簟反，又口劫反。

集義，猶言積善，蓋欲事事皆合於義也。襲，掩取也，如齊侯襲莒音舉。之襲。《春秋》襄公二十三年秋，齊侯伐晉。冬，齊侯襲莒。注：輕行掩其不備曰襲，因伐晉還襲莒。○輕，遣政反。《通考》趙氏悳曰：「凡師有鐘鼓曰伐，無鐘鼓曰襲。齊襄公二十三年，齊莊公伐晉，遂襲莒，即華周、杞梁死命之時。」言氣雖可以配乎道義，而其養之之始，乃由事皆合義，自反常直，是以無所愧怍，而此氣自然發生於中。非由只行一事偶合於義，便可掩襲於外而得之也。朱子曰：「直只是無私曲，集義只是事事上皆直。仰不愧於天，俯不怍於人，便是浩然之氣。而今只將自己心體驗到那無私曲處，自然有此氣象。」○以直養，是自反而縮。集義是以直養。然此工夫須積漸集養，自然生此浩然之氣。不是行一二件合義底事，能掩取浩然之氣也。集義是歲月積久之功，襲取是一朝一夕之事，從而掩取，終非己有也。○此上三句本是說氣，下兩句「是」字與「非」字應，「襲」字與「生」字對。其意蓋曰，此氣乃集義而自生於中，非行義而襲取之於外云爾。○「生」字正與「取」字對。生是自裏面生出，取是在外面取來。○義襲是於一事之義勇而爲之，以壯吾氣，然無生底道理，只是些客氣耳，不久則消矣。慊，快也，足也。言所行一有不合於義，而自反不直，則不足於心而其體有所不充矣。然則義豈在外哉？朱子曰：「孟子許多論氣，只在『集義所生』一句上。只是件件合宜，無一事不求箇是，自然積得多，則胸中仰不愧，俯不怍，纔有些子不合道理，心下便不足。」○新安陳氏曰：「集義則浩然之氣生。行有不合義而心不慊，則此氣餒。可見義在內，非由外矣。」告子不知此理，乃曰仁內義外，而不復扶又反。以義爲事，則必不能集義以生浩然之氣矣。上文不得於言勿求於心，即外義之意，詳見形甸反。《告子》上篇。問：「配義與道，是氣助道義而行，又曰集義所生，是氣又自集義而生？」朱子曰：「初下工夫時，集義然後生浩然之氣。氣已養成，又却助他道義而行。」○告子之病，蓋不知心之慊處即是義之所安，其不慊處即是不合於義，故直以義爲外而不求。○告子直是將義屏除去，只就心上理會。因舉陸子静云，讀書講求義理，正見告子義外工夫。某曰不然，如子静不讀書，不求義理，只静坐澄心，却是告子外義。○雙峰饒氏曰：「先説氣配義與道，後説集義而不及道者，蓋道是體，義是用。浩然之氣有體有用，其體配道，其用配義，故曰配義與道，其體用一也。言用則體在其中，體上無做工夫處，故只説集義。」○二「餒」字之分：「無是餒也」，是無氣則道義餒；「行有不慊則餒」，是無道義則氣餒，所指不同。蓋二者相資，論其用則道義非氣無以行，論其體則氣非道義無以生。○新安陳氏曰：「二『是』字亦不同。『無是餒也』，此『是』字指浩然之氣言。『是集義所生』，此『是』字正與下句『非』字相呼喚，猶言是如此非如彼耳。」○雲峰胡氏曰：「集義即是以直養，襲而取之即是有所作爲以害之。《集註》訓『慊』字與《大學音義》同。自慊則心廣體胖，不慊則餒。餒字正與廣字胖字相反。《集註》訓『以直養』則曰『自反而縮』，此則言『自反常直』、『自反不直』，見得孟子養氣之論正自曾子所謂『自反而縮』來也。」《附纂》黄氏洵饒曰：「知言一，集義二，養氣三，配道義四，浩然之氣五。」○此一段説直養。附《蒙引》：言氣雖可以配道義，而其養之之始云云。此「始」字，正對上條注「養成此氣」之「成」字。○集義而浩然，亦由忠恕而一貫也。集義是脩爲，浩然是得效。○據理而言，則有義有道。據盡此理而言，則只是集義。○是集義所生，不兼言道，饒氏曰「道體義用，體上無做工夫處，故只説集義」，蓋是也。但其上云「浩然之氣，其體配道，其用配義」，此説似戾。蓋配義與道，皆是就行處説，故曰使其行之勇決無所疑憚也。饒氏又云：「無是餒也，是無氣則道義餒。行有不慊於心則餒，是無道義則氣餒。」此説尤謬。一餒字本同也，皆謂體不充。○合於義則慊於心，其心慊則其氣充。夫心之慊否，係於義之得失，則義之非外也，昭昭矣。告子既外義，則必不能集義矣。不能集義而能先孟子不動心者，豈其不動心之謂哉？○告子未嘗知義，以其外之也，不可謂指不得於言勿求於心説。大注只是因舉以證之耳，故曰「即外義之意」，又曰「見《告子上》篇」。○如何不得於義便心不慊，豈非以義與心根脈相連耶？蓋仁、義、禮、智者，心内物也。此義字又該仁、義、禮、智、信單言者也。○《存疑》：是集義所生，是發生之生，是氣候到自然生，不由人力安排得。此豈旦夕可能，所以説箇集義。集義工夫不是小可，須是無量工夫，只管聚集，自一而十，自十而百，自百而千而萬，以至於無一欠缺遺漏，方是。所以説「必有事焉而勿正，心勿忘，勿助長」，有事而正，正之不得而忘，或助長，皆非集義也。助長却又是義襲而取也，故曰集義工夫甚大。《蒙引》曰：「此數句總是要説集義到底，『是集義所生』這句裏面，也有不正，也有不忘，也有不助長。」○集義如何生浩然之氣？❶蓋集義則自反常直，而心無愧怍。人所以怕事而氣餒，只緣自家心中有愧爾。心苟無愧，則氣自壯，隨他甚樣大事，都不怕，這便是浩然處，故曰「自反而縮，千萬人，吾往」。内省不疚，夫何憂何懼？此處都是出於自然，不待勉强。到集義後，自然有此，故曰「非義襲而取」。義襲而取，是行一件事偶合於義，便緣此欲做剛强不屈的模樣，説道我能擔當事，隨他死生禍福皆不怕，不知此須集義工夫到無一毫愧怍於心，方能有此氣。他雖是一件事合義，其餘不合義者多矣，心中原自有愧，所謂「雖褐寬博，吾不惴焉」者有之，如何得有此氣？故曰「行有不慊於心則餒矣」。行有不慊於心則餒，正是發明非義襲而取意。義襲而取，是行尚有不慊於心也，故餒。○曰「行有不慊於心則餒」，見集義所生者行慊於心也。行有不慊於心句，承上兩句而發其意，言「是集義所生者，非義襲而取之也」，何也？行有不慊於心則餒矣。行有不慊於心則餒，故氣必集義而後生，非義襲而可取也。○《蒙引》：或説「行有不慊於心則餒」是帶下句「告子未嘗知義，以其外之也」説，非是。蓋上文「是集義所生，非義襲而取」，内無有箇心在，故注云「自反常直，是以無所愧怍」，無所愧怍，即慊於心也。「非義襲而取之」，則正與「集義所生」相反説。而「行有不慊於心則餒」，正所以發其意也。此三句皆見得義内處。注云「然則義豈在外哉」，亦通管上三句。詞雖不管，意亦自管到。○顧麟士曰：「饒氏道義餒、氣餒之説，亦舉世通行之解，

❶「義」，原作「養」，今據《四書説約》改。

且其理實然，無可疑也。但因《蒙引》而玩兩條注，一曰雖未必不出於道義，然其體有所不充。一曰則不足於心，而其體有所不充。則雖前節依舊，餒在人不在道義矣。『氣，體之充也』，充是飽滿之意，則餒是飢虛之意。道義必不受此名色。尊朱者且尊《集註》，餘雖《大全》尚可抹却，無論其他矣。」○「氣，體之充也」，即氣不充，亦體之餒也。故連後節亦不可曰氣餒，只是體餒耳。而體必係之人，故餒皆在人，不在道義與氣也。○其體有所不充，言無以充於其體也。譬如人不曾喫飯相似，餒不在人之腹，乃在飯耶？

必有事焉而勿正，心勿忘，勿助長也。無若宋人然：宋人有閔其苗之不長而揠之者，芒芒然歸。謂其人曰：『今日病矣，予助苗長矣。』其子趨而往視之，苗則槁矣。天下之不助苗長者寡矣。以爲無益而舍之者，不耘苗者也；助之長者，揠苗者也。非徒無益，而又害之。」長，上聲。揠，烏八反。舍，上聲。

必有事焉而勿正，趙氏、程子以七字爲句。極是。近世或并下文心字讀之者亦通。必有事焉，有所事也，如有事於顓臾之有事。問：「『必有事焉』，當用敬否？」程子曰：「敬只是涵養一事。『必有事焉』，須當集義。只知用敬，不知集義，却是都無事也。」又問：「義莫是中理否？」曰：「中理在事，義在心内，苟不主義，浩然之氣從何而生？」○朱子曰：「集義是養氣之丹頭，必有事是集義之火法。『必有事焉』，言養氣者必以集義爲事，須要把做事去做。如主敬也須把做事去主，如求放心也須把做事去求。」正，預期也。《春秋傳》曰「戰不正勝」，是也。《公羊傳》僖公二十六年夏，❶齊人伐我北鄙，公子遂如楚乞師。乞者何？卑辭也。曷爲以外内同若辭？重師也。曷爲重師？師出不正反，戰不正勝也。不正者，不期也。反，復也。勝，捷也。如作「正心」，義亦同。此與《大學》之所謂正心者，語意自不同也。此言

❶「二」，原作「三」，今據《春秋公羊傳註疏》改。

養氣者，必以集義爲事，而勿預期其效。其或未充，則但當勿忘其所有事，而不可作爲以助其長，乃集義養氣之節度也。閔，憂也。揠，拔也。芒芒，無知之貌。其人，家人也。病，疲倦也。舍之而不耘者，忘其所有事。揠而助之長者，正之不得，而妄有作爲者也。然不耘則失養而已，揠則反以害之。無是二者，則氣得其養而無所害矣。朱子曰：「勿正，勿待也。勿忘，勿忘以集義爲事也。助長，待之不至而拔之使長也。正者，等待期望之意。如一邊集義，一邊在此等待那氣生，等來等去，却便去助長。氣未至於浩然，便作起令張主，謂已剛毅，無所屈撓，便更發揮去做事，便是助長。『必有事焉勿忘』，是論集義工夫。『勿正、勿助長』，是論氣之本體上添一件物事不得，不要等待，不要催促。」○論「集義所生」，則義爲主。論「配義與道」，則氣爲主。一向都欲以義爲主，故失之。○人能集義以養其浩然之氣，故事物之來自有以應之。不可萌一期待之心，少間待之不得，則必出於私意，有所作爲而逆其天理矣，是助之長也。今人之於物，苟施種植之功，至於日至之時，則自然成熟。若方種而待其必長，不長則從而拔之，其逆天害物也甚矣。○養氣一章在不動心。不動心在勇。勇在氣。氣在集義，勿忘勿助長又是那集義底節度。若告子則更不理會言之得失，事之是非，氣之有平有不平，只是硬制壓那心，使不動，恰如説打硬修行一般。○問：「此氣是禀得天地底來？是集義方生？」曰：「本自浩然，被人自少時壞了，今當集義方能生。」曰：「有人不知集義，合下便恁地剛勇，是如何？」曰：「此只是粗氣，便是黝舍之勇，亦終有餒時。此章須從頭節節看來看去，首尾貫通，見得活方是。不可只略涉獵，説得去便了。」○南軒張氏曰：「勿助長者，待其自充，不可强使之充也。此爲循天理之當然，而不以人爲加之。然欲不忘，則近於助長。欲不助長，則或忘之。二者之間，守之爲難。學者多知忘之爲害，不知助長之爲害尤甚，故引揠苗爲喻。閔苗之不長，猶憂氣之未充也。揠苗助長，猶作其氣而使之充也。或曰，二程多以『必有事焉』爲有事乎敬，而孟子則主於『集義』，有異乎？曰，無以異也。孟子所謂持志，即敬之道也，非持其志，其能以集義乎？『敬』、『義』蓋相須而成者也。」〇雙峰饒氏曰：「有事勿忘，是説以直養。勿正勿助，是説養而無害。必有事焉而勿忘勿助長，是集義工夫。正而助長，是要義襲而取。集義、義襲兩句，乃是一段骨子。以集義爲無益而忘之者，不耘苗者也。以義襲爲心，預期其效而助長者，揠苗者也。惟其是集義所生者，故當必有事焉，心勿忘。惟其非義襲而取之，故當勿正勿助長。以直養而無害，是養之之正道。集義所生，是養之之成功。有事勿忘，是做工夫處。」〇前説持志、無暴氣，是兩事。後説養氣，不及持志，言集義則持志在其中。今日集義，明日又集義，則此志全在義上。有事勿忘，念念在集義上。忘便是不能持其志，助長便是暴其氣。〇問：「『天下之不助苗長者寡矣』，其意何謂？」曰：「此是説天下之人平時不能養其氣者，皆是臨時助長以暴其氣。也似浩然，却不是自家集義所生底，故乍長乍消，易盈易縮，適足以戕賊其氣而已。不特養氣不可助長，凡事皆不可助長，如看書未通，不能潛心玩索，而强探力索之類，皆是助長。」〇雲峰胡氏曰：「『必有事焉』，是念念必合乎義，而無一念之不義也；事事必合乎義，而無一事之不義也。謂之『有事』，是集義之外無他事。謂之『必有事』，是此事之外無他念也。但必於此者，每有所期於彼。必而勿正，則先事後得，集義之心始無間斷。期之不得者，又易忘其所有事。勿正而不忘，則集義之心愈無間斷。正、忘、助三字相因，皆是爲害，助之害愈甚。大抵必有事是集義，是以直養。正、忘、助是義襲，是害。所以孟子始曰『無害』，終曰『害之』。孟子論養氣工夫是一正一反，《集註》亦是一正一反；論以直養，正説曰『自反常直』，反説曰『自反不直』；論害之，正説曰『不可作爲以助其長』，又反説曰『正之不得而妄有作爲』，前後相應。學者當字字體認。」

如告子不能集義，而欲彊上聲。制其心，則必不能免於正助之病。其於所謂浩然者，蓋不惟不善養，而又反害之矣。慶源輔氏曰：「集義而不忘其所事，則氣得其義。勿正而不妄作爲，則氣無所害。如此則日引月長而充塞天地之體，沛然流行之用將不期然而然矣。」又曰：「所謂揠而反害之者，正指告子而言。」《通考》東陽許氏曰：「揠苗一段八十五字，專言私意害氣之大。」〇黃氏四如曰：「孟子工夫全在養氣上，以集義爲主。勿忘是工夫不可緩，勿助長是又不可急。如煉丹有文武火，火冷則灰死，火猛則丹走，惟慢火常在爐中，可使二三十年伏火，然後養得成丹。孟子下工夫，有節度如此。」附《蒙引》：言養氣者，但當以集義爲事，而勿預期其效，久之當自然有效。設或久之不見效，則恐是集義之功猶有所未至，故但當勿忘其所有事，只管益集其義，切不可作爲以助其長也。○所嫌於助長者，蓋以天理十分爲率，若養到五分天理者，尚有五分人欲在；養到九分天理者，尚有一分人欲在，終是於事未盡善。集義到盡頭處，則有以盡夫天理之極，而無一毫人欲之私，何節不立，何功不成。富貴不能淫，貧賤不能移，威武不能屈，何浩然如之。○問：「助長者模樣何如？」曰：「堅白未足而欲自試於磨涅，自負可不至於磷緇者是也。」○助長多見於臨事之際，蓋由平日不能養其氣也。饒氏亦有此說。○忘與助長皆生於正之不得，先正而後或忘或助。○人固當養氣，但養氣者只當於義上著工夫，不要於氣上著工夫。正與助長者，正是於氣上著工夫。其忘者，又不能於義上著工夫到底。○「必有事焉」，雲峰分「念念合義」與「事事合義」，不是。只當以事言，念則隨之。參之前後大小皆然，蓋言集義則持志自在其中。蓋義者制事之宜，無事則應守著心，難以喚做義。《書》曰「以義制事，以禮制心」，可見。○節度，猶言法則也，不是節次度數。○朱注「勿忘勿助長」，詞雖兩平，意則歸重下句也。○養氣工夫，以一言該之，曰「集義」；以二言該之，曰「直養而無害」；以四言該之，曰「必有事焉而勿正、心勿忘、勿助長也」，其實一而已。有事固是集義，勿正、勿忘、勿助長，也皆不出一集字之外也。○天下之不助苗長者寡矣，言天下之養氣不似那宋人之助苗長者寡矣。彼以爲氣無益而舍之不養者，猶似不耘苗者耳，未爲害也。至於助氣之長者，正如揠苗者也，則非徒無益於氣，而又反害於氣矣。重在助長之害，不可以無益而舍之者對看，亦不可以《集註》「無是二者」云云爲正解本文。○或疑注謂「然不芸則失養而已，揠則反以害之」爲專說苗，以証本文「非徒無益而又害之」亦只是說苗，不然也。「天下之不助苗長者寡矣」，豈天下治苗者皆助長乎？亦借說耳。此二句注，亦是借說養氣者，故下即承之曰「無是二者，則氣得其養而無所害矣」。豈有上二句說苗，下二句接說養氣。○「必有事焉」一條，亦只是申詳「集義所生」一條意耳。○孟子曰「以爲無益而舍之者，不耘苗者也；助之長者，揠苗者也」，先氣而後苗，直説也。《集註》曰「舍之而不耘者，忘其所有事。揠而助之長者，正之不得，而妄有所作爲者也」，先苗而後氣，倒懸也。一理也，互相發也。○「是集義所生者」至「非徒無益，而又害之」，大抵語意都從「敢問夫子惡乎長」上説來，故往往碍著告子。「集義所生」一條，本文則曰「告子未嘗知義，以其外之也」，而注云「則必不能集義以生浩然之氣矣」。○《淺説》：非徒無益於氣，而又反害於氣，蓋其乍長乍消，易盈易涸。其長而盈也，則發於粗暴而不能自制。其消而涸也，則轉爲退去而不能自恃。助長之害何如哉！○顧麟士曰：「『必有事焉而勿正』，養氣之始之事。『心勿忘勿助長也』，養氣之既之事。觀注『其或未充』四字，可見大段，四下作兩對。不必以有事爲一頭，而正、忘、助相因也。」○《存疑》：問：「非徒無益而又害之，模樣如何？」曰：「無益者但是氣不能生，遇事不敢向前做，若能養起來，尚能生浩然之氣，尚可向前去做事，故曰『未害也』。助長者自以爲剛强，要向前去做事，一經摧折，索然沮喪，一敗塗地，再不能培養使氣復充向前去做事矣，故曰『而又害之也』。假如二人皆諫官，一人是忘其所有事，一人是助長，忘所有事者只是氣餒怕事，不敢去犯顔諫諍，然氣之本體自在，若養起來，尚可去犯顔諫諍；助長者自以爲剛勇，敢去犯顔諫諍，待君父一怒起來，著他著實回話，他就怕了，俯伏乞憐認罪之不暇，此則剛勇之氣都銷盡了，恁生培養，此氣更不能復生矣，此是反害乎氣。」

「何謂知言？」曰：「詖辭知其所蔽，淫辭知其所陷，邪辭知其所離，遁辭知其所窮。生於其心，害於其政；發於其政，害於其事。聖人復起，必從吾言矣。」詖，皮寄反。復，扶又反。

此公孫丑復扶又反。問而孟子答之也。詖，偏陂卑義反。也。淫，放蕩也。邪，邪僻也。遁，逃避也。四者相因，言之病也。蔽，遮隔也。陷，沈俗作沉，非。溺也。離，叛去也。窮，困屈也。四者亦相因，則心之失也。人之有言，皆出於心。其心明乎正理而無蔽，然後其言平正通達

而無病；苟爲不然，則必有是四者之病矣。朱子曰：「詖淫邪遁，蔽陷離窮，四者相因。心有所蔽，只見一邊，不見一邊，如楊氏爲我，墨氏兼愛，各只見一邊，故其辭詖。詖是偏陂，此理本平正，他只説得一邊。字凡從皮，皆是一邊意。如跛是脚一長一短，坡是山一邊斜。蔽則陷，陷，深入之義也，是身陷在那裏，如陷溺於水，只見水，不見岸了，故其辭放蕩而過。説得週遮浩瀚，纔恁地陷入深了，於是一向背却正路，開去愈遠，遂與正路相離了，故其辭邪。既離去了正路，他那物事不成物事，畢竟用不得，遂至於窮。窮是説不去了，故其辭遁。遁是既離後走脚底話，如楊子本是不拔一毛以利天下，却説天下非一毛所能利；夷子本説愛無差等，却説施由親始；佛氏本無父母，却説父母經，皆是遁辭。」○問：「楊、墨似詖，莊、列似淫，儀、秦似邪，佛似遁。」曰：「不必如此分別，有則四者俱有，其序自如此。」○此一章專以知言爲主，若不知言，則自以爲義而未必是義，自以爲直而未必是直。是非且莫辨矣，然説知言，又只説是詖淫邪遁四者。蓋天下事，只有一箇是與不是而已，若辨得那不是底，則便識得那是底了。然非見得道理十分分明，則不能辨得親切。且如集義皆是見得道理分明，則動静去處皆循道理，無非集義也。○蔡氏曰：「知言則善惡邪正皆當知之，此之所知獨詖淫邪遁之辭，何也？蓋孟子之時，楊、墨之言盈天下，正人心，息邪説，莫此爲急，故曰楊、墨之道不息，孔子之道不著，此其意也。」○慶源輔氏曰：「言形於外，故以病言。心存於中，故以失言。」○雙峰饒氏曰：「詖淫邪遁，雖是四件，却只是兩件，詖淫屬陽，邪遁屬陰。蓋詖尚有一邊是道理，邪則并這一邊亦離了，淫是詖之深，遁是邪之極。如楊、墨初以爲我，兼愛爲仁義，雖非仁義之全體，猶自見得仁義之一偏。其終也至於無父無君，則其離仁義也遠矣。天下道理，好底四件，不好底亦四件。元、亨、利、貞，仁、義、禮、智，是好底。詖、淫、邪、遁，意、必、固、我，是不好底。好底相因，不好底亦相因。元亨利貞起於元，仁義禮智起於仁，意必固我起於意，詖淫邪遁起於詖。當看四箇所字，如看病相似。詖淫邪遁是病證，蔽陷離窮是病源，所蔽、所陷、所離、所窮，是病源之所在。墨氏之蔽在於見仁而不見義，楊氏之蔽在於見義而不見仁，其蔽雖同，而所以蔽則異。孟子知言，如明醫然，纔見病證，便説病源在何處。欲治蔽陷離窮之病，在先去其蔽，無所蔽，便無下面三件。蔽之源不一，有爲氣禀所蔽，有爲物欲所蔽，有爲學術所蔽，有爲習俗所蔽。問去蔽之道當如何？曰，孔子嘗謂六言六蔽，皆基於不好學，欲去蔽者，當自好聖賢之學始。」○雲峰胡氏曰：「《集註》釋『我知言』曰：『識其是非得失之所以然。』此所謂言之病者，其然也。所謂心之失者，即所以然也。特上文汎指天下之言，故兼是非得失而知之。此則似指告子之言，故專於其失者而知之也。」○新安倪氏曰：「《集註》既釋蔽陷離窮四者，而下文則曰『其心明乎正理而無蔽，然後其言平正通達而無病』，又提出蔽之一字者，蓋四者之失心起於蔽。饒氏謂『無所蔽，便無下面三件』，亦其深得《集註》之意者歟。」即其言之病，而知其心之失，又知其害於政事之決然而不可易者如此。非心通於道，而無疑於天下之理，其孰能之？問：「孟子知言處，説『生於其心，害於其政』，先政而後事。闢楊墨處，説『作於其心，害於其事』，先事而後政。」朱子曰：「先事而後政，是自微而至著。先政而後事，是自大綱而至節目。」○慶源輔氏曰：「孟子之所以能知言也，因其言之病，而知其心之失，是即其用而知其體也。又知其害於政事之決然而不可易者如此，是據其始而知其終也。非心與理一，其於天下之事，如燭照數計，略無所疑者，何能如是哉？不然，則知其用者，或不知其體；見其始者，或不見其終者有矣。」○雙峰饒氏曰：「政者，事之大體。事者，政之條目。心纔不正，到處有害政事，皆心之所發。於大體既有害，則小者可知，故曰『發於其政，害於其事』。後篇説『作於其事，害於其政』，是條上既有害，則大者亦可知。」○雲峰胡氏曰：「所謂害者，皆指異端之害，而言詖淫邪遁之言，即異端之言也。其害或先政而後事，或先事而後政，但言無大無小，無不有害，不必拘先後也。」彼告子者，不得於言而不肯求之於心；至爲義外之説，則自不免於四者之病，其何以知天下之言而無所疑哉？新安陳氏曰：「《集註》於養氣、知言兩節，皆解上告子身上，以終前『不得於言』至『勿求於心，不可』之説。」程子曰：「心通乎道，然後能辨是非，如持權衡以較音教。輕重，孟子所謂知言是也。」又曰：「孟子知言，正如人在堂上，方能辨堂下人曲直。新安陳氏曰：「此言必有超於衆人之見，然後能知衆人之言也。」若猶未免雜於堂下衆人之中，則不能辨決矣。」問：「程子之説，莫直是喻心通於道者否？」朱子曰：「此只是言見識高似他，方能辨他是非得失。若見識與他一般，如何解辨得他？」○雙峰饒氏曰：「知言當如何用功？程子『心通乎道』之説便是發明知言之要，亦須格物上做來。道便是箇權衡，以道觀人，如持權衡以較輕重，無有能逃之者。知言便是知道，孟子不欲以知道自謂，所以只説知言。告子以義爲外，所以只取必於口，全不反求諸心。如杞柳之説孟子闢之，則又移爲湍水之説。第一説用不得，又換第二説，是之謂遁辭。」○新安陳氏曰：「此章甚長，頭緒頗多，其要旨未易究也。知言養氣下，《集註》標出綱領，而未及所以能知言養氣之本。朱子《與郭冲卿帖》云：『孟子之學，蓋以窮理集義爲始，不動心爲效。蓋惟窮理爲能知言，惟集義爲能養氣，理明而無所疑，氣充而無所懼，故能當大任而不動心。考於本章，次第可見矣。』此章要指，惟此帖盡之而無餘藴。集義故能養氣，孟子所已言。窮理故能知言，孟子所未言。心通乎道而無疑於天下之理，程子固言之。而提綱挈領以示後學，未有如朱子此帖之明白周備者也。明理以知言，知之之事。集義以養氣，行之之事。不出乎知行二者而已。此章雖未終於此，而正意止於此。」《通考》東陽許氏曰：「『敢問夫子惡乎長』至『必從吾言』爲三節。」附《蒙引》：詖有許多樣詖，蔽亦有許多樣蔽。詖辭知其所蔽，是自其辭如何樣詖，便知其心之所蔽者何在，非徒泛然知其有蔽而已。○「生於其心，害於其政」云云，謂蔽陷離窮之失既生於心，不但發於言者有詖淫邪遁之病而已，必且害於政，而所設施之間，大綱皆不是了。大綱既不是，則本根壞而枝葉隨，於是衆目俱差了。政、事亦不必十分分先後，故注云「又知其害於政事之決然」，不得似生心害政之先後矣。或生於心而害於政，或生於心而害於事，本無先後，害則一時俱害。此亦立言一時之不同耳。○或問：「何謂知言章先説害於其政，好辨章先説害於其事。」曰：「此亦無説，必求其説則鑿矣。蓋告子與楊、墨等是邪説，等是詖淫邪遁也。非楊、墨之害先事而後政，告子之害先政而後事也。」○蓋所謂知言，則只是到知其蔽陷離窮而已。然蔽陷離窮不止爲言辭之害，又爲政事之害，故兼及之。然朱子大注於下文却總之曰：「非心通於道，而無疑於天下之理，其孰能之？」則又似皆爲知言之事。豈以詖淫邪遁之辭實生於心，既生於心，必害於政與事耶？曰：未必然也。如此說則是詖淫邪遁之辭害於政事矣。以爲辭之害政事，不如說心害政事。蓋心之病，一路發於言，一路發於政事，言病則政事亦病。孟子知言之極，所以知其蔽陷離窮之害於政事者。何以知之？亦不過是因辭之詖淫邪遁而知其心之蔽陷離窮，即就此而併知其蔽陷離窮之害於政事之必然耳。豈不亦是知言之事乎？如此說，則理意昭然矣。故孟子嘗曰「聽其言也，人焉廋哉」，孔子亦曰「不知言，無以知人也」。聖賢之知人，最憑言語，故孟子不曰知道，不曰知心，不曰知人，只說知言。然則所以知其蔽陷離窮之生於心而害於政事者，非以其言而何哉？○饒氏曰：「孟子不欲以知道自謂，所以只說知言。」愚謂說知道又不如說知言之深，知道只是泛說知道理而已，知言則即人之言而探見其心術之隱處，蓋尤難也。能如是，則知道又不足言矣。○知言最是不易，故前注云：「知言者，盡心知性，於凡天

下之言無不究極其理，而識其是非得失之所以然也。」解得亦十分重。○生之端微，發之迹著。試云發於其心、生於其政，則便不通。好辨章曰「作於其心」，作，起也，其端亦微。○「聖人復起，必從吾言」，此句只帶「生於其心」四句，不連帶上四知說。大注云「又知其害於政事之決然而不可易」。○平正對偏詖而言，正則不偏，平則不陂，通達則不窮而遁矣。言有詖淫邪遁之四病，反之者獨言平正通達，何也？曰：平正原其始，通達要其終，而淫邪之反者在其中矣。○心通於道而無疑於天下之理，道以理之本體言，理以道之散殊者言。心通於道，猶云知命也。無疑於天下之理，猶云不惑也。○知言只就知詖淫邪遁，亦猶孔子言恕，云「己所不欲，勿施於人」一般。蓋不欲勿施，則所欲者必以施於人矣。○顧麟士曰：「虛齋云：『政字不必是有位之政，有位無位皆有政也。只是大綱，如有子言小事大事。』殆未必然。章首明言加齊卿相，伯王不異，故非布衣事耳。」○或問：「『聖人復起』二句只承『生於其心』四句，何以知之？」曰：「此亦無據，但以好辨章觀之，自是一流語，想當然也。」○養氣知言兩處，結尾俱要回顧不動心處，方見本領。

「宰我、子貢善爲説辭，冉牛、閔子、顏淵善言德行。孔子兼之，曰：『我於辭命則不能也。』然則夫子既聖矣乎？」行，去聲。○説，如字。

此一節，林氏以爲皆公孫丑之問是也。林氏名之奇，字少穎，三山人。説辭，言語也。説，如字。或讀税字者，非。德行，得於心而見形甸反。於行事者也。三子善言德行者，身有之，故言之親切而有味也。公孫丑言數子各有所長，而孔子兼之，然猶自謂不能於辭命。今孟子乃自謂我能知言，又善養氣，則是兼言語德行而有之，然則豈不既聖矣乎？此夫子，指孟子也。問：「善爲説辭，則於德行或有所未至。善言德行，則所言皆其自己分上事也。」朱子曰：「得之。」○慶源輔氏曰：「知言則在我在人一也，知其如此，則於言語辭命何患不能。養氣自集義生，豈非德行乎？」**附**《蒙引》：善爲説辭，大概只是善辨。善言德行，善言字輕，德行字重。善爲説辭，則是有言者不必有德。善言德行者，不期於有言也，有德者必有言也。○丑於冉牛、閔子、顏淵，不曰「有德行」而曰「善言德行」者，承上文善爲説辭言，見得三子不但善爲説辭而已。其所説辭，又皆得於躬行心得之餘者也。○程子曰：「孔子自謂不能於辭命者，欲使學者務本而已。」雲峰胡氏曰：「此以後因公孫丑提出一聖字爲問，故專發明一聖字。」《附纂》黄氏洵饒曰：「欲使學者務本。務本就德行上做工夫。」

曰：「惡！是何言也？昔者子貢問於孔子曰：『夫子聖矣乎？』孔子曰：『聖則吾不能，我學不厭而教不倦也。』子貢曰：『學不厭，智也；教不倦，仁也。仁且智，夫子既聖矣！』夫聖，孔子不居，是何言也？」惡，平聲。夫聖之夫，音扶。

惡，驚歎辭也。昔者以下，孟子不敢當丑之言，而引孔子、子貢問答之辭以告之也。此夫子，指孔子也。學不厭者，智之所以自明。教不倦者，仁之所以及物。再言「是何言也」，以深拒之。朱子曰：「《中庸》『成己仁也』，是體；『成物智也』，是用。此『學不厭，智也』，是體；『教不倦，仁也』，是用。」○潛室陳氏曰：「仁智互爲體用，義精仁熟之後，道理縱看横看皆可。智爲體則仁爲用，仁爲體則智爲用。」○雙峰饒氏曰：「不厭不倦，則粘上『聖』字説，言學聖人之道而不厭，又以聖人之道教人而不倦。」○子貢此言與《中庸》不同，詳見《中庸》第二十五章《章句》、《或問》、《輯釋》論之。《附纂》黄氏洵饒曰：「子思之言主於行，子貢之言主於知。此乃入德之事，以進學而言；彼乃成德之事，以行道而言。」附《蒙引》：「昔者子貢問於孔子」至「仁且智，夫子既聖矣」，愚每讀此一段，以爲孟子既是不敢當既聖，則只宜引到「聖則我不能」，或到「我學不厭而教不倦也」亦可。今乃又引子貢曰「學不厭，智也；教不倦，仁也。仁且智，夫子既聖矣」，却又自家推説「夫聖，孔子不居，是何言也」，爲不可曉。一説是明孔子雖既聖而猶不自聖，以見己之尤不敢當也。

「昔者竊聞之：子夏、子游、子張皆有聖人之一體，冉牛、閔子、顔淵則具體而微。敢問所安？」

此一節，林氏亦以皆爲公孫丑之問，是也。一體，猶一肢也。具體而微，謂有其全體，但未廣大耳。安，處上聲，下同。也。公孫丑復扶又反。問孟子既不敢比孔子，則於此數子欲何所處也。朱子曰：「聖人道大而能博，如游、夏得其文學，子張得其威儀，皆一體也。惟顔淵、冉、閔氣質不偏，理義完具，獨能具有聖人之全體。但未若聖人之大而化之，無限量之可言，故以爲具體而微耳。」附《蒙引》：孔門四科，猶乾道之四德。四德之元，統亨、利、貞。四科之德行，亦統乎政事、言語、文學。何也？有德者必有言，故冉牛、閔子、顔淵皆善言德行。又顔子王佐之才，政事之長何如？博我以文，則嘗既竭吾才，其文學又可知。冉牛、閔子雖無事實可據，然舉一亦可以三隅反矣。

曰：「姑舍是。」舍，上聲。

孟子言且置是者，不欲以數子所至者自處也。陵陽李氏曰：「問：『如《集註》之説，則孟子猶有不足於顔子歟？』天台潘氏曰：『孟子之志，願學孔子，是誠有不足於顔子者。蓋非不足於顔子，以顔子不幸短命，而未至於聖人之域。前輩云，纔遜第一等事與別人做，便是自棄。古人之志大率如此。然立志之後，須要力行以酬其志，不可徒有此志也。』」

曰：「伯夷、伊尹何如？」曰：「不同道。非其君不事，非其民不使；治則進，亂則退，伯夷也。何事非君，何使非民；治亦進，亂亦進，伊尹也。可以仕則仕，可以止則止，可以久則久，可以速則速，孔子也。皆古聖人也，吾未能有行焉；乃所願，則學孔子也。」治，去聲。

伯夷，孤竹君之長上聲。子。兄弟遜國，避紂隱居，聞文王之德而歸之。及武王伐紂，去而餓死。伊尹，有莘之處上聲。士。湯聘而用之，使之就桀。桀不能用，復歸於湯。如是者五，乃相去聲。湯而伐桀也。三聖人，事詳見此篇之末及《萬章》下篇。魯齋王氏曰：「『乃所願，則學孔子』，後四段盡在此句。」○雲峰胡氏曰：「孟子以顔子具聖人之體而未極其大，故欲學其大者。以伯夷、伊尹有聖人之德而未極其全，故欲學其全者。故此以下，則專言夫子之聖。」《通考》東陽許氏曰：「宰我、子貢至所願學孔子，爲四節。願學孔子，是答知言以後之意。」附《蒙引》：不同道，言與己不同道，就是「姑舍是」之意。○「何如」者，言夫子肯處之否。曰「不同道」，則亦在所不處矣。○伯夷無治則進之實事，此只是伴説。蓋論亂則退，則治而進必然矣。《易·文言》乾初九曰：「樂則行之，憂則違之。」初九只是憂違，曷嘗有樂行之事？其並舉言者，正是此例。○問：「伯夷何以見其治則進？」曰：「如文王作興曰『盍歸乎來』。」曰：「非也，此所謂來就養，非求仕也。」○仕止以出處言，久速以去就言。危邦不入，亂邦不居，去就也。有道則見，無道則隱，出處也。或遠或近，或去或不去，亦然。

「伯夷、伊尹於孔子，若是班乎？」曰：「否。自有生民以來，未有孔子也。」

班，齊等之貌。公孫丑問，而孟子答之以不同也。附《存疑》：孟子既説願學孔子，則孔子優於伯夷、伊尹，已自可見。公孫丑此問亦多矣，爲他無見解，故有此問爾。○《蒙引》：不知是從仕、止、久、速各當其可上説，抑以事功上説。若止以仕、止、久、速各當其可上説，自生民未有孔子，則自生民以來，聖人不止都是伯夷伊尹之倫耳。伏羲、神農，繼天立極之聖，皆是時乘六龍以御天，先天弗違，後天奉天時者，其處孔子之地，獨不能仕、止、久、速各當其可乎？況舜嘗耕於歷山，陶於河濱，漁於雷澤，此亦時止而止也。及膺堯之薦，於是納于百揆，賓于四門，以至於受禪爲天子，若固有之，是豈當孔子之時不能爲孔子之事，而謂自生民未有如夫子之仕、止、久、速各當其可者乎？惟以事功言，則群聖之功止於一時，而孔子之功垂及萬世。蓋孔子之功所以集群聖之大成，一世用之，一世之治也；十世用之，十世之治也；百世千世以至萬世用之，則百千萬世之治也，皆其功也。如此説，則誠有群聖所未有者，此程子事功之説所以最爲有功也。然此等事功，亦非堯、舜不能爲，夫子獨能爲之，乃其所處之時不同故耳。使堯、舜若當孔子之時，道既不得行於當時，則亦必將集先聖之大成，以垂法萬世，無疑矣。若使孔子得爲堯、舜，亦無此事功矣。而謂夫子之聖，實有盛於堯、舜乎？○「自生民以來未有孔子也」，此句似只承上節仕、止、久、速之各當其可而言。然以下文「敢問其所以異」數段証之，則又是以事功言。大抵孔子只是一個孔子，自古聖人則自羲、皇、堯、舜，以至伯夷、伊尹、柳下惠之儔，皆古聖人也。以孔子之時中言之，則伯夷、伊尹、柳下惠等數聖人所未有。以孔子之事功言之，則羲、皇、堯、舜等群聖人所未有。蓋孔子一身，其時中之道既集伯夷、伊尹之大成，而其事功之盛又集堯、舜、禹、湯群聖人之大成也，故曰兼説爲盡。

曰：「然則有同與？」曰：「有。得百里之地而君之，皆能以朝諸侯有天下。行一不義、殺一不辜而得天下，皆不爲也。是則同。」

與，平聲。朝，音潮。

有，言有同也。以百里而王去聲。天下，

德之盛也。行一不義、殺一不辜而得天下有所不爲，心之正也。

問：「伯夷、伊尹之行一不義、殺一不辜而得天下，有所不爲，何以言之也？」朱子曰：「以其遜國而逃、諫伐而餓、非道義一介不取與觀之，則可見矣。」○魯齋王氏曰：「此亦是自反而不縮，所以不爲也。」

聖人之所以爲聖人，其根本節目之大者，惟在於此。於此不同，則亦不足以爲聖人矣。

新安陳氏曰：「上文德之盛，根本之大也。心之正，節目之大也。大根本節目同而小處不同，皆可以言聖人。若大處不同，則大本已非，吾何以觀之哉？」附《淺説》：丑又問，二子之於孔子雖不能盡同，然既皆謂之聖人，則豈無一二之同歟？○《蒙引》：德之盛則近悦遠來，所謂「仕者皆欲立於王之朝，耕者皆欲耕於王之野」矣。

曰：「敢問其所以異？」曰：「宰我、子貢、有若智足以知聖人。汙，不至阿其所好。

汙，音蛙。好，去聲。

汙，下也。三子智足以知夫子之道。假使汙下，必不阿私所好而空譽平聲。之，明其言之可信也。

朱子曰：「汙是汙下不平處，或是當時方言，當屬下句讀。」○慶源輔氏曰：「智足以知聖人，則其智識高明矣。阿私所好而空譽之，則其識趣汙下矣。高明與汙下正相反，高明則必不至汙下矣。反覆極言之，以明三子之言必可信耳。」

宰我曰：『以予觀於夫子，賢於堯舜遠矣。』

程子曰：「語聖則不異，事功則有異。夫子賢於堯、舜，語事功也。蓋堯、舜治天下，夫子又推其道以垂教萬世。堯、舜之道，非得孔子，則後世亦何所據哉？」

問：「『夫子賢於堯、舜』，有論宰我此言之失者。」南軒張氏曰：「殊不思孟子引宰我此言爲甚？」曰：「《遺書》謂『語聖則不異，事功則有異』。」曰：「便是這箇意思。五峰云：『成一時之勳業有限，開萬世之道學無窮。』亦是此意。」○慶源輔氏曰：「『語聖則不異』，以其德言也。『事功則有異』，就其所爲事與成功而言也。堯、舜治天下，夫子又推其道以垂教萬世，此言事功久遠之不同也。堯、舜之道，非得孔子，則後世亦何所據哉？此言事功始終成就之不同也。」○新安陳氏曰：「後世聖賢之君不作，異端漸熾，苟非得孔子祖述堯、舜以詔後世，則無所據依以入堯、舜之道矣。輔氏有言：『當時若無孔子，今人連堯舜也不識。』由此言之，則孔子爲天地立心，爲生民立命，爲往聖繼絶學，爲萬世開太平，其功業豈不賢於堯舜遠哉！宰予此言，可謂深知孔子，其得在言語之科，宜矣。此孟子所以表而出之於子貢、有若之言之先也歟？」

子貢曰：『見其禮而知其政，聞其樂而知其德。由百世之後，等百世之王，莫之能違也。自生民以來，未有夫子也。』

言大凡見人之禮，則可以知其政；聞人之樂，則可以知其德。是以我從百世之後，差楚宜反。等百世之王，無有能遁其情者，新安陳氏曰：「差等，猶言品第。情，實也。以見禮知政、聞樂知德二句鑒之，皆不能逃於洞察之下。」而見其皆莫若夫子之盛也。問：「『見其禮而知其政，聞其樂而知其德』，是謂夫子？是謂他人？」朱子曰：「只是大概如此説。子貢之意，蓋言見人之禮便可知其政，聞人之樂便可知其德，所謂由百世之後、等百世之王莫有能違我之見者，所以斷然謂自生民以來未有孔子也。子貢以其所見而知夫子之聖如此也。一説夫子見人之禮而知其政，聞人之樂而知其德，由百世之後、等百世之王莫有能逃夫子之見者，此子貢所以知其爲生民以來未有也。然不如前説之順。」附《蒙引》：「見其禮而知其政，聞其樂而知其德」，此正是子貢由百世之後、等百世之王的訣子。言今日見其所遺之禮，而可以知其當日之政。今日聞其所遺之樂，而可以知其當日之德。在當日者既與其人俱往矣，而禮樂之遺於後者尚未與之俱忘，固可即此而推之。○《存疑》：聞樂知德，德須兼功説。蓋樂以崇德象功也，以《韶》、《武》來看最明。○見禮知政，自王者言之。政是紀綱法度，所以爲治者。禮是文爲制度，所以文飾治道者。如體國經野，設官分職，馭臣馭民，皆帝王之設施，以爲治者也。尊卑上下之等，車旗服色之辨，賓祭昏喪之儀，皆帝王之制作，以飾治者也。禮與政皆出一心之經畫，其飾治者如此，則其爲治者可知矣。故觀汙尊杯飲之習，上古朴略之政可知矣。觀籩豆簠簋之美，後世尚文之政可知矣。此以帝王言之。若在人，其見之身者，雍容禮度之可觀，則設施之合天理當人心，亦可知也。但此語本意是指王者言，這禮是夏禮、殷禮吾能言之禮。○顧麟士曰：「按《紹聞編》，夫子分上不復更説禮樂。蓋夫子不得位，未嘗制禮作樂，況子貢親炙夫子，又豈待見禮聞樂而後知其德與政哉？」

有若曰：『豈惟民哉？麒麟之於走獸，鳳凰之於飛鳥，泰山之於丘垤，河海之於行潦，類也。聖人之於民，亦類也。出於其類，拔乎其萃，自生民以來，未有盛於孔子也。』」垤，大結反。潦，音老。

麒麟，毛蟲之長。上聲，下同。鳳凰，羽蟲之長。垤，蟻封也。行潦，道上無源之水也。出，高出也。拔，特起也。特，挺然孤特也。萃，衆也。衆所聚之中。言自古聖人，固皆異於衆人，新安陳氏曰：「此聖人字是汎説從古以來之聖人。」然未有如孔子之尤盛者也。○程子曰：「孟子此章，擴前聖所未發，指養氣與知言而言也。學者所宜潛心而玩索色栢反。也。」雙峰饒氏曰：「孟子要學聖人，故於子游、子夏、子張、冉牛、閔子、顔淵皆曰『姑舍是』。伯夷、伊尹雖是古聖人，然伯夷偏於清，伊尹偏於任，不若孔子之時中，故曰『乃所願，則學孔子』。解《孟子》與解《論語》不同，《論語》章句短，《孟子》章句長，須要識他全章大指所在，又須看教前後血脈貫通而後可。」○雲峰胡氏曰：「公孫丑疑孟子動心，孟子遂極言養氣知言之功。公孫丑疑其知言養氣之既聖，孟子遂極言夫子之聖之盛。要之，夫子之聖不假乎養氣知言，孟子之養氣知言乃學而至聖者也。前則深斥告子闢異端也，後則推尊孔子承聖道也。前後之言若不相貫而實相貫，學者味之。」《通考》東陽許氏曰：「伯夷、伊尹於孔子至章終，爲第五節。」○涂氏溍生曰：「孟子養氣之論雖曰擴前聖所未發，然遡而求之，子思之致中和、天地位、萬物育，是即所謂塞乎天地之間者也。」附《淺説》：有若之言曰，豈惟民有民之類哉？夫物則亦有然者。麒麟之於走獸，同一走之類。鳳凰之於飛鳥，同一飛之類。泰山之於丘垤，同一山之類。河海之於行潦，同一水之類。聖人之於民，形同性同，亦同一人類也。但聖人能踐其形，能盡其性，雖同乎群類之中，而實高出乎群類之上；雖處乎群萃之内，而實特起乎群萃之表。然自生民以來之聖人，語其事功，未有盛於孔子者也，然則孔子其出類拔萃中之尤者乎？今觀三子稱孔子之言，則見孔子之聖尤甚於群聖，又豈伯夷、伊尹之所得而班乎？○《蒙引》：有若本意只是就民類言，其曰麒麟之於走獸，河海之於行潦類也，特用以比況耳。故下即承之曰「聖人之於民亦類也」，以終首一言之意也。而下又繼之曰「出乎其類，拔乎其萃」，只承「聖人之於民亦類也」説，不必兼麟鳳山海，須觀其意之所主。蓋既露出「聖人之於民亦類也」，則不必復粘泥著麟鳳山海矣，彼皆客辭客意也。○「出乎其類，拔乎其萃」二句，言自古聖人固皆異於衆人也。○《存疑》：「出乎其類」，是承「亦類也」説。「拔乎其萃」，又是自出類處説。既出乎其倫類，就拔出許多人矣。

○孟子曰：「以力假仁者霸，霸必有大國，以德行仁者王，王不待大。湯以七十里，文王以百里。

力，謂土地甲兵之力。假仁者，本無是心，而借其事以爲功者也。霸，若齊桓、晉文是也。以德行仁，則自吾之得於心者推之，無適而非仁也。朱子曰：「以德行仁，德非止謂有救民於水火之誠心。這德字説得來闊，是自己身上事都做得來，是無一不備了，所以行出來便是仁。且如湯不邇聲色、不殖貨利，至彰信兆民，是先有前面底，方能彰信兆民，救民水火之中。若無前面底，雖欲救民，不可得也。武王亶聰明、作元后，是亶聰明方能作元后，救民水火之中。若無這亶聰明，雖欲救民，其道何由。」○行仁，便自仁中行出，皆仁之德。若假仁，便是恃其甲兵之强，財賦之多，須有如是資力方可服人。是假仁之名以欺其衆，非有仁之實也。○以力假仁，仁與力是兩箇。以德行仁，仁便是德，德便是仁。○雙峰饒氏曰：「或引『包茅不入，昭王不復』是假仁。曰：『此是假義，不是假仁。』請問假仁？曰：『救民，仁也。尊君，義也。湯放桀，武伐紂，以救民爲主，其事屬仁。齊問罪於楚，以尊周爲主，其事屬義。孟子不説假義，却説假仁，蓋仁包五常，言仁則義在其中。如伐原示信，大蒐示禮，皆是假仁處。』」《通考》楊氏奐曰：「三代之前，功爲德之輔。三代之後，功爲德之賊。求速效者，必入於霸。霸者，始强而終弱也。」附《蒙引》：王字或讀如字，或讀去聲，未知孰是。按此章言王霸之辨，只宜讀如字，謂以力假仁者是霸也，以德行仁者是王也。○顧麟士曰：「按《紹聞編》曰：『德即仁，而曰以德行仁者，此章仁以事言。』」○《存疑》：行仁所該亦廣，養民亦是仁，教民亦是仁，伐罪弔民亦是仁。

以力服人者，非心服也，力不贍也。以德服人者，中心悦而誠服也，如七十子之服孔子也。《詩》云：『自西自東，自南自北，無思不服。』此之謂也。」

贍，時驗反。足也。《詩》，《大雅·文王有聲》之篇。王霸之心，誠僞不同。故人所以應之者，其不同亦如此。慶源輔氏曰：「以力假仁者，僞也。假而行之，終非己有，非僞而何？以德行仁者，誠也。所謂誠者，成己成物者也。己以僞感，人以僞應，己以誠感，人以誠應，如形聲影響之相隨，蓋不容於有異也。」○鄒氏曰：鄒氏名浩，字志完，毗陵人。「以力服人者，有意於服人，而人不敢不服。以德服人者，無意於服人，而人不能不服。從古以來，論王霸者多矣，未有若此章之深切而著明者也。」問「王霸之别」。朱子曰：「以力假仁者，不知仁之在己而假之也。以德行仁，則其仁在我而惟所行矣。以執轅濤塗侵曹伐衛之事而視夫東征西怨虞芮質成者，則人心之服與不服可見。若七十子之從孔子，至於流離飢餓而不去，此又非有名位勢力以驅之也。孟子真可謂長於譬喻也。」○慶源輔氏曰：「鄒氏以有意無意釋力與德字，最爲簡要。然其所謂無意者，非如木石之無意者，無期必之私意耳。若夫正心脩身之道，則自有不可已者。至論『自古論王霸，未有如是之深切著明者』，亦爲得之。其視董子美玉碔砆之喻，荀子降禮尊賢、重法愛民，與夫曰粹曰駁諸説，皆爲優矣。」○新安陳氏曰：「王道純乎天理，霸之假雜以人欲，崇王道、黜霸功，亦擴天理遏人欲也。」《附纂》黃氏洵饒曰：「以善服人，以善養人，重在『服』、『養』二字。此章重在『力』、『德』二字。」附《蒙引》：「以力服人者」一條，又是解上節之意。言霸者之所以必有大國，與王者之所以不待大者，其故何也？蓋一是以力服人，一是以德服人。以力服人者，其人則既服之矣，然非心服也，乃爲力不贍也。此非有大國，則人得以力拒之矣，是故必有大國也。若夫以德服人者，非有所强也，乃其中心悦而誠服也，如七十子之服孔子，至於困厄流離而不舍去者，孔子豈有名位勢力以驅之哉？信乎其爲以德服人者矣。故《詩》云：「自西自東，自南自北，無思不服。」此即以德服人之説也。王之不待大也可見矣。○以力服人者，謂以力得人之服也，非謂用這力去服那人也。義亦小異，當辨。○無思不服，言無不心服也，故《詩傳》云：「無思不服，心服也。」蓋本《孟子》與《中庸》「神之格思，不可度思」之思不同。○《存疑》：上只説以力假仁，以德行仁，下突説出箇以力服人，以德服人。蓋以力假仁中已含箇以力服人意，以德行仁中已含箇以德服人意。○以德服人，是以德得人之服，不是懷箇心要去服人。以善服人，是懷箇心要去服人，此其不同也。○以力假仁者，其力足以有爲，假仁之名以舉事，事益濟矣。問：「有力若不假仁，亦能濟事否？」曰：「一時亦被他做去，只是不光明俊偉，亦竟無成爾。自古英雄舉事，皆必有所憑藉，奸如曹瞞，猶挾天子以令諸侯。若强秦暴項恣爲不道，亦卒抵於滅亡矣。此可驗也。」問：「無力亦假得仁否？」曰：「夫假仁者，其心術人誰不知？只爲他力强，無奈何屈服之爾。若無力而假仁，人誰肯服？所以説霸必有大國。如漢昭烈本帝室之胄，豈是不仁，卒不能興復漢室，此則兵力寡小不足有爲之明驗也。真仁且爾，況假仁乎？」

○孟子曰：「仁則榮，不仁則辱。今惡辱而居不仁，是猶惡濕而居下也。惡，去聲，下同。

好去聲。榮惡辱，人之常情。然徒惡之而不去上聲。其得之之道，不能免也。朱子曰：「此亦只是爲下等人言。若是上等人，他豈以榮辱之故而後行仁哉？」○蔡氏曰：「《程子易·比卦·象傳》曰：『且得他畏危亡之禍而求所以比輔其民，猶勝於全不顧者。』此章近之。」

如惡之，莫如貴德而尊士，賢者在位，能者

在職。國家閒暇，及是時明其政刑。雖大國，必畏之矣。閒，音閑。

此因其惡辱之情，而進之以彊上聲。仁之事也。新安倪氏曰：「《禮記·表記》云『畏罪者彊仁』，謂勉彊行仁也。貴德以下，皆彊仁之事目。」貴德，猶尚德也。士，則指其人而言之。賢，有德者，使之在位，則足以正君而善俗。能，有才者，使之在職，則足以脩政而立事。國家閒暇，可以有爲之時也。詳味及字，則惟日不足之意可見矣。或謂賢者在位、能者在職，謂賢者有德，但使之在位而不任事；能者有才，所以使之在職而任事。雙峰饒氏曰：「如此說，則賢者是箇無能底人。蓋凡是賢者，皆當使之在位。然賢者所能却不同，就其閒使能敷教者在敷教之位，能治獄者在治獄之位。既有其位，便有其職，天下豈有無職之位？豈有無能之賢？」○新安陳氏曰：「《春秋傳》云：『及，猶汲汲也。』及是時而明政刑，即《書》所謂『吉人爲善，惟日不足』之意。此一節，應『仁則榮』也。」附《存疑》：預收賢能，正爲脩政明刑用也。○德是人之所具，士則指其人。「德」字兼下文「賢能」，猶孔子曰「才難」兼「才德」也。○《蒙引》：《五命》中有云「尊賢育才，以彰有德」，此「德」字，兼「賢才」也。○注兩「足以」字好看。是未見於脩政立事，然既有其人，則已足以脩政立事。正君善俗亦然。且正君善俗亦不是空坐無爲者，「政刑」二字盡之矣。○賢能，依《大全》當作兩樣人。饒氏說以能爲賢者之能也，居是位則有是職，然者則併合說，亦未爲孟子本意。但其謂「如此說則賢是箇無能底人」，亦是。蓋賢者未必無能，但以人君所以處之者所重在德，故置之尊位以正君善俗。有德固可兼夫才，有才者未必有德，如爲宰相亦有宰相之事，爲三公亦有三公之職，豈皆不任事耶？但其所重在德耳。○當以下文「及是時般樂怠傲」相對看。問：「何以必及國家閒暇乃明其政刑也？」曰：「戰國之時，七雄虎視，無日而不干戈之逞，無歲而不城野之爭，國家多事，常是危急存亡之秋，故孟子有此云。彼般樂怠傲者，方其未閒暇時，亦不得以般樂怠傲，故云『及是時』。」

《詩》云：『迨天之未陰雨，徹彼桑土，綢繆牖户。今此下民，或敢侮予？』孔子曰：『爲此詩者，其知道乎？能治其國家，誰敢侮之？』徹，直列反。土，音杜。綢，音稠。繆，武彪反。

《詩》，《豳風·鴟處脂反。鴞》吁驕反。之篇，周公之所作也。迨，及也。徹，取也。桑土，桑根之皮也。綢繆，音矛。纏綿補葺七入反。也。牖户，巢之通氣出入處也。予，鳥自謂也。言我之備患詳密如此，今此在下之人，或敢有侮予者乎？周公以鳥之爲巢如此，❶比君之爲國，亦當思患而預防之。孔子讀而贊之，以爲知道也。雲峰胡氏曰：「『爲此詩者，其知道乎？』《孟子》凡兩引之。彼則爲詩者知率性之道，此則爲詩者知治國平天下之道也。」附《存疑》：引《詩》及孔子之言，是證上節之意。○《蒙引》：以「迨天之未陰雨」比「及時」。以「徹彼桑土，綢繆牖户」比「明其政刑」。以「今此下民，或敢侮予」比「雖大國必畏之」。○其實鳥雖善爲巢，下民無知者將莫如之何耶？以意逆志可也。大抵纏綿根固，則能免於兒輩射擊崩頹之患而已。○鳥之巢在民居之上，故曰下民。○知道，只是知道還他，不要説是治國平天下之道。蓋率性之道，亦道也。治國平天下之道，亦道也。但不宜先説出。下文「能治其國家，誰敢侮之」，道斯在矣。知道云者，其知此而已。知道是通套字，雲峰之説雅也。○顧麟士曰：「能治二句，亦孔子語。能治者，云制治於未亂、保邦於未危也。」

今國家閒暇，及是時般樂怠敖，是自求禍也。般，音盤。樂，音洛。敖，音傲。

言其縱欲偷安，亦惟日不足也。雙峰饒氏曰：「般樂則不暇明其政刑，怠敖則不暇貴德尊士。」○新安陳氏曰：「及是時而縱欲偷安，亦《書》所謂『凶人爲不善，惟日不足』之意。此一節，應『不仁則辱』也。」附《蒙引》：《正韻》：「般，旋也，運也。」般樂，蓋樂而又樂，樂而忘返，故有般旋之意。此所謂縱欲也。怠，惰也。傲，恣慢也。此所謂偷安也。般樂以動言，怠傲以靜言。○般樂怠傲，不恤政刑也。不恤政刑，無求於賢

❶「公」下，原空一格，今據上下文意删。

才而惟姦諛是崇是用矣。自與本文相反對，不必如饒氏所分。

禍福無不自己求之者。

結上文之意。新安陳氏曰：「仁榮，福也。不仁之辱，禍也。皆自己求之。」

《詩》云：『永言配命，自求多福。』《太甲》曰：『天作孽，猶可違；自作孽，不可活。』此之謂也。」孽，魚列反。

《詩》，《大雅・文王》之篇。永，長也。言，猶念也。配，合也。命，天命也。此言福之自己求者。《太甲》，《商書》篇名。孽，禍也。違，避也。活，生也，《書》作逭。音喚。逭，猶緩也。此言禍之自己求者。蔡氏曰：「及時明政刑，自求福也，仁榮者如此。及時而樂敖，自作孽也，不仁之辱如此。」○新安陳氏曰：「《記》云：『仁者安仁，智者利仁，畏罪者彊仁。』此因戰國諸侯惡辱而勉以行仁，正畏罪彊仁之事。勉之存天理而享仁之榮，戒之徇人欲以遠不仁之辱，亦遏人欲擴天理也。」附《蒙引》：《詩》曰：「無念爾祖，聿脩厥德，永言配命，自求多福。」《傳》云：「聿，發語辭。言欲念爾祖，在於自脩其德，而又常自省察，使其所行無不合於天理，則盛大之福自我致之，有不求而自得矣。」○言，猶念也。凡人所存所念，往往於言語間見得。不曰永念，而曰永言，亦見古人心口如一之意。○命，天命，《詩》作天理。天作孽，如水火盜賊之災，誠猶可避。至於放僻邪侈以陷乎罪，姦盜詐僞以失其身者，是真無所逃於天地之閒，而舉天地之閒皆爲牢獄也。

○孟子曰：「尊賢使能，俊傑在位，則天下之士皆悅而願立於其朝矣。朝，音潮。

俊傑，才德之異於衆者。雙峰饒氏曰：「俊傑，謂人中之俊傑者，即指賢能而言。尊賢使能，便是俊傑在位。尊非禮貌之虛文，與之共天位，治天職，以至去讒遠色，賤貨貴德，皆尊賢之道。」附《存疑》：尊賢是隆之以禮貌，不但委之以事任也。使能是隨才任使，亦非無禮貌，但比賢有閒爾。

市廛而不征，法而不廛，則天下之商皆悅而願藏於其市矣。

廛，市宅也。張子曰：「或賦其市地之廛，而不征其貨；《禮記・王制》：「古者公田藉而不稅，市廛而不稅，關譏而不征。」《通考》趙氏悳曰：「廛市者，貨財、諸物、邸舍之稅，所謂列肆之稅。《王制》疏：市内空地曰廛，城内空地曰肆。」或治以市官之法，而不賦其廛。《周禮・地官司徒・司市》：「市官掌市之治教，政刑，量度，禁令，以次叙分地而經市，以陳肆辨物而平市，以政令禁物靡而均市，以商賈〔音古。〕阜貨而行布。以量度成賈〔價同。〕而徵儥，〔音育。〕以質劑〔即隨反。〕結信而止訟。〔《爾雅》：「劑，齊也。」〕質劑，謂兩書一札而別之也。若今手書言保物要還矣。〕以賈〔音古。〕民禁僞而除詐，以刑罰禁虣〔皮告反。〕而去盜，以泉府同貨而斂賖。大市日㫙〔昃同。〕而市，百族爲主。朝市〔朝時而市。〕商賈爲主，夕市〔夕時而市。〕販夫販婦爲主。」蓋逐末者多則廛以抑之，少則不必廛也。」朱子曰：「『市廛而不征』，謂使居市之廛者各出廛賦若干，如今人賃鋪面相似，更不征稅。其所貨之物，法而不廛，則但治之以市官之法而已，雖廛賦亦不取之也。」問：「『古之爲市者以其所有易其所無者，有司者治之耳。』此是《周禮》市官之法否？」曰：「然。如漢之獄市之類，皆是古之遺制。」○問：「市廛，此市在何處？」曰：「此都邑之市。國都如井田様，畫爲九區，面朝背市，左祖右社，中一區，君之宮室。宮室前一區爲外朝，朝會藏庫之屬皆在焉。後一區爲市，市四面有門，每日市門開，則商賈百物皆入。惟民得入，公卿大夫士皆不得入，入則有罰。市官之法，如《周禮》司市，平物價，治爭訟，譏察異服異言之類。左右各三區，皆民所居。外朝一區，左則宗廟，右則社稷。此國君都邑規模之大概也。」附《存疑》：廛，市宅也。本是死字，今却作活字用，蓋取其稅也。○逐末者多，則廛以抑之，少則不必廛也。多少以貨言。○廛而不征、法而不廛之廛，是活字。廛無夫里之布之廛，是死字。

關譏而不征，則天下之旅皆悅而願出於其路矣。

解見形甸反。前篇。雙峰饒氏曰：「關譏之制，凡衆途所會之地，則立關以限之，行旅有節傳，方可度關，以此稽考其來歷，以防姦宄。節是使者所持之節，傳如今脚引及州縣移文。或用節，或用傳，《周禮》所謂『以節傳出納之』者是也。」

耕者助而不稅，則天下之農皆悅而願耕於其野矣。

但使出力以助耕公田，而不稅其私田也。

廛無夫里之布，則天下之民皆悅而願爲之氓矣。氓，音盲。

《周禮》：「宅不毛者有里布，民無職事者，出夫家之征。」鄭氏謂：「宅不種桑麻者，罰之使出一里二十五家之布；民無常業者，罰之使出一夫百畝之稅，一家力役之征也。」《周禮·地官司徒·載師職》：「凡宅不毛者，有里布。田不耕者，出屋粟。民無職事者，出夫家之征。」鄭司農云：「宅不毛者，謂不樹桑麻也。里布者，布參印書，廣二寸長二尺，以爲幣貿易物。」《詩》云「抱布貿絲」，貿此布也。或曰布泉。鄭玄曰：「宅不毛者，罰以一里二十五家之布。空田者，罰以三家之稅粟，以共吉凶二服及喪器也。民雖有閒無職事者，猶出夫稅，家稅也。夫稅者，百畝之稅。家稅者，出士徒車輦給繇役。」《通考》趙氏悳曰：「廛者，一夫所受之宅。里者，一廛所居之地。」今戰國時，一切取之。

市宅之民，已賦其廛，又令平聲。出此夫里之布，非先王之法也。氓，民也。問「一里二十五家之布」。朱子曰：「亦不可考。」又問：「民無常産者，罰之如何恁地重？」曰：「後世之法與此正相反，農民賦稅丁錢却重，而游手浮浪之民，泰然都不管他。」○慶源輔氏曰：「先王之政，宅不種桑麻與閑民無職事者，上之人皆有法以抑之。此所以當其盛時，民皆著業，而無游手與貧困者。所謂窮民，不過鰥寡孤獨者而已。戰國時，如夫里之布，一切取之，皆末流之害，縱人欲滅天理者也。」○雙峰饒氏曰：「家征是力役之征，如今庶役。夫征是粟米之征，即百畝之稅，如今輸租。里布是布縷之征，即五畝之稅，如今納絹。」附顧麟士曰：「布本訓泉，即錢。今作布縷之征，非古也，然亦通。」

信能行此五者，則鄰國之民仰之若父母矣。率其子弟，攻其父母，自生民以來，未有能濟者也。如此，則無敵於天下。無敵於天下者，天吏也。然而不王者，未之有也。」

吕氏曰：「奉行天命，謂之天吏。廢興存亡，惟天所命，不敢不從，若湯武是也。」雙峰饒氏曰：「吏，君所命。天吏，天所命。君所命者，可以刑人殺人，凡有罪者，得而刑殺之。天所命者，可以征人伐人，凡暴亂之國，皆得而征伐之。」附《蒙引》：上五條，且條舉王道而言其理如此。此則言當時人君誠能云云。○此章言能行王政，則寇戎爲父子；不行王政，則赤子爲仇讎。雙峰饒氏曰：「『無敵於天下』一句，乃是此章之大旨，蓋能行王者之政，則可以興王者之治。當時諸侯不得民心，惟務侵人土地，故孟子教之但行王政以恤其民，使吾國之民仰之若父母，則天下之民亦仰之若父母矣。如此則東征西伐，何向不服？不然，吾國之民亦仇敵也，況鄰國乎？」○新安陳氏曰：「欲除後世過取以奉其私之弊，而一行之以先王之法，皆所以遏人欲擴天理也。」

○孟子曰：「人皆有不忍人之心。

天地以生物爲心，而所生之物因各得夫音扶。天地生物之心以爲心，所以人皆有不忍人之心也。朱子曰：「無天地生物之心，則没這身。纔有這血氣之身，便具天地生物之心矣。」○天地以生物爲心，天包著地，别無所作爲，只是生物而已。譬如飯甑蒸飯，從裏面蒸上，到上面又下來，只管在裏面滚，便蒸得熟。天地即是包得許多氣在這裏，無出處，滚一番，便生一番物。所謂爲心者，豈切切然做，似磨子相似，只會磨出這物事。○雙峰饒氏曰：「人心慈愛惻怛，纔見人便發將出來，更忍不住，所以謂之不忍人。仁之爲德，在天地則爲生物之心，在人則爲不忍人之心。天地能生物，人不能生物，但是愛人之心即是生物之心。程子云：『惻隱之心，人之生道也。』正此之謂。」○西山真氏曰：「天地造化，無他作爲，惟以生物爲事。觀夫春夏秋冬，往古來今，生意周流，何嘗一息間斷。天地之心，於此可見。萬物從天地生意中出，故物物皆具此理，何況人爲最靈，宜乎皆有不忍人之心也。」○新安陳氏曰：「不忍即是仁，忍則非仁。性中有此仁，發出來便是不忍人之心。所以後面提起『所以謂人皆有不忍人之心者』，便指出惻隱之心以當之。見孺子將入井而惻隱者何也？蓋不忍見此子之如此也。若見此而不動心，則頑忍非人矣。天地之大德曰生，人得天地之德曰好生，好生之德，即所謂得天地生物之心以爲心也。」附《存疑》：此章首兩節，當做一章大旨看，重在擴充上。看程子總注「人皆有是心，惟君子爲能擴而充之」句可見。❶自「所以謂人皆有不忍人之心」以下，是申説人皆有不忍人之心。自「凡有四端於我者」以下，是申説人當如先王有以推不忍人之心。「人之有是四端也」，❷是結上文起下文之意。○《淺説》：仁者人之心，推者心之法，《孟子》此章之意，不過如此。○《蒙引》：天地無心而成化，此何以云「以生物爲心」邪？曰：「天地別無勾當，只是生物而已，則其所主宰者在此，此便有心之道。畢竟天地之心不得似人心之靈活，何也？動物則有知覺，故其爲心也活。靜物便不如此矣，此動靜之分也。草木亦是靜類，不能運動。」或曰：「水，動物也，何以亦無心？」曰：「水對山則爲動，其實亦靜也。其流行澎湃衝激號鬧者，勢之所激也。其潮汐者，氣之噓吸所使也。草亦隨風而動耳。」○春夏主生，秋冬主成，同歸於生物也。○問：『人皆有不忍人之心』，是説性，是説情？」曰：「是亦情也。」○「人皆有不忍人之心」，此一句兼四端，是專言之仁。後是偏言之仁。○不忍人忍字，是反字。饒氏謂「人心慈愛惻怛，才見人便發將出來，更忍不住」者，非是不忍人，不忍害人也。

先王有不忍人之心，斯有不忍人之政矣。以不忍人之心，行不忍人之政，治天下可運之掌上。

言衆人雖有不忍人之心，然物欲害之，存焉者寡，故不能察識而推之政事之閒。惟聖人全體此心，仁之體。隨感而應，仁之用。故其所行無非不忍人之政也。雙峰饒氏曰：「斯，猶即也。聖人之心無物欲之蔽，纔有不忍人之心，即有不忍人之政，不待充廣而後能也。若衆人，則須待充廣。」○西山真氏曰：「人有是心而私欲閒

❶「而充」，原作「而充而充」，今據《孟子纂疏》刪。

❷「也」，原作「節」，今據《孟子集註》改。

斷之，故不能達之於用。惟聖人全體此心，私欲不雜，故有此仁心，便有此仁政，自然流出，更無壅遏。天下雖大，運以此心而有餘矣。」附《蒙引》：「先王有不忍人之心，斯有不忍人之政」者，胸中無一物以障之，故天理自然流出，無壅蔽也。衆人雖有不忍人之心，然物欲害之，則爲他隔著，流不出來矣。故人皆有所不忍，而又須達於其所忍也，達之於其所忍，則須察識擴充。○「治天下可運之掌上」，蓋以不忍人之心，行不忍人之政，則老者衣帛食肉，黎民不飢不寒，然而天下不治者，未之有也。○「人皆有不忍人之心」，此句如云「人皆有之」。「先王有不忍人之心」，此條如云「賢者能勿喪耳」，非爲先王詳也，故下條即接之云「所以謂人皆有不忍人之心者」。不然，是隔著先王一段了。

所以謂人皆有不忍人之心者，今人乍見孺子將入於井，皆有怵惕惻隱之心。非所以内交於孺子之父母也，非所以要譽於鄉黨朋友也，非惡其聲而然也。怵，❶音黜。内，讀爲納。要，平聲。惡，去聲，下同。

乍，猶忽也。怵惕，驚動貌。惻，傷之切也。隱，痛之深也。此即所謂不忍人之心也。慶源輔氏曰：「怵惕，心驚懼而起念之意。緣卒乍而見，故心驚懼而動也。惻隱，由傷切而痛深。自淺而深，皆所以名狀不忍人之心，可謂善形容矣。」内，結。要，求。聲，名也。言乍見之時，便有此心，隨見而發，非由此三者而然也。

程子曰：「滿腔苦江反。子是惻隱之心。」朱子曰：「腔子，猶言軀殼耳。滿腔子，只是言充塞周徧，本來如此。是就人身上指出理充塞處，最爲親切。若於此見得，則萬物一體，更無内外之别。若見不得，却去腔子外尋，則莽莽蕩蕩，無交涉矣。」又曰：「腔子，身裏也，言滿身裏皆惻隱之心。在腔子裏，亦只云心在身裏，滿這箇軀殼，都是惻隱之心。纔觸著，便是這箇物事出來，大感則大應，小感則小應。」勉齋黃氏曰：「陵陽李氏謂：『腔子指人身言。天地間充塞上下，渾然生物之意，無有空處。人得此以爲心，則亦四體百骸，充塞徧滿，無非此惻隱之心，觸處即是，無有欠缺也。』此

❶「怵」，原作「沭」，今據《四書大全》改。

説極是。」《通考》朱子曰：「滿腔子是惻隱之心。不特是惻隱之心，滿腔子是羞惡之心，滿腔子是辭遜之心，滿腔子是是非之心，彌滿充塞，都無空缺處。」

謝氏曰：「人須是識其真心。方乍見孺子入井之時，其心怵惕，乃真心也。非思而得，非勉而中，去聲。天理之自然也。内交、要譽、惡其聲而然，即人欲之私矣。」

朱子曰：「方乍見孺子時，也著手脚不得，縱有許多私意，也未暇思量到。」問：「心所發處不一，便説惻隱，如何？」曰：「惻隱之心渾身皆是，無處不發見。如見赤子有惻隱之心，見一蟻亦豈無此心？」○如孺子入井，如何不推得其他底出來，只推得惻隱之心出來？蓋理各有路，如做得穿窬底事，如何令人不羞惡？偶遇一人衣冠而揖我，我便亦揖他，如何不恭敬？事有是非，必辨別其是非，試看是甚麼去感得他？何處一般出來？○惡其聲，是惡被不救人之名。○西山真氏曰：「孺子未有所知而將入於井，乍見之者，無問賢愚皆有傷痛之心。方此心驟發之時，非欲以此内交，非欲以此干譽，非欲以避不仁之名也。倉卒之間，無安排矯飾而天機自動，此所謂真心也。」○雲峰胡氏曰：「《集註》與謝氏皆看得『乍見』二字緊，蓋惟倉卒忽然而見之時，此心便隨所見而發，正是本心發見處。若既見之後，稍涉安排商量，便非本心矣。」附《蒙引》：非惡其聲而然也，是惡被不救人之名。真氏謂不仁之名，愚謂今人乍見孺子將入於井，皆有怵惕惻隱之心，只是乍見時光景，未説至救處，亦當辨也。只用不仁之名説，然既怵惕惻隱，則隨而救之矣。○腔子是指身不是指心。滿身都是這生生之心所在也，凡知痛癢處都是仁。腔子是活套字，不指竅子也。

由是觀之，無惻隱之心，非人也；無羞惡之心，非人也；無辭讓之心，非人也；無是非之心，非人也。惡，去聲，下同。

羞，恥己之不善也。惡，憎人之不善也。辭，解使去己也。讓，推吐雷反。以與人也。是，知其善而以爲是也。非，知其惡而以爲非也。人之所以爲心，不外乎是四者，故因論惻隱而悉數上聲。之。言人

若無此，則不得謂之人，所以明其必有也。問：「上蔡見明道先生，舉史文成誦，明道謂其玩物喪志，上蔡汗流浹背，面發赤色。明道云：『此便是惻隱之心。』公且道上蔡聞得過失，恁地慚惶，自是羞惡之心，如何却説道見得惻隱之心？」久之，朱子曰：「惟是有惻隱之心，方會動，若無惻隱之心，却不會動。惟是先動，方始有羞惡，方始有恭敬，有是非。動處便是惻隱，若不會動，却不成人。若不從動處發出，所謂羞惡者非羞惡，所謂恭敬者非恭敬，是非者非是非。天地生生之理，這些動意未嘗止息，看如何梏亡，亦未嘗盡消滅，自是有時而動，學者只怕間斷了。」○羞惡、辭讓、是非雖與惻隱並説，但此三者皆是自惻隱中發出來，因有惻隱後，方有此三者。惻隱比三者又較大。○或問：「孟子專論不忍人之心，而後乃及乎四端，何也？」曰：「不忍之心即惻隱之謂也。性之德爲仁義禮知，而一以包三者，仁也。情之發爲四端，而一以貫三者，惻隱也。然則其言之安得無先後之别耶？」○慶源輔氏曰：「人之所以爲心雖不外是四者，然仁則又貫乎三者之中，故此因論惻隱而悉數之也。至於言人若無此心則非人也者，所以明其必有而使人知反求之於己也。」○西山真氏曰：「孟子始言惻隱之心，至此則兼羞惡、辭讓、是非而言者，蓋仁爲衆善之長，有惻隱則三者從之矣。惻隱不存，三者亦何有哉？然賦形爲人，孰無此心，苟無此心，則非人矣。所謂無者，豈其固然哉？私欲閉塞而失其本真耳。」○莆田黄氏曰：「由是觀之，是字指孺子入井一事説，論惻隱便引箇羞惡、辭讓、是非之心出來。」附《淺説》：無惻隱之心，非人也，人則必有惻隱之心矣。惻隱之心無所不貫，而所謂羞惡、辭讓、是非者，皆待是心之動而始有也。故既有惻隱之心，則自有羞惡、辭讓、是非之心矣。○《蒙引》：是非是活字，是其所是，非其所非也。

惻隱之心，仁之端也；羞惡之心，義之端也；辭讓之心，禮之端也；是非之心，智之端也。

惻隱、羞惡、辭讓、是非，情也。仁、義、禮、智，性也。心，統性情者也。朱子曰：「性者，心之理。情者，心之用。心者，性情之主。」○性是静，情是動，心兼動静而言。統如統兵之統。心有以主宰之也，動静皆主宰，非是静時無所主，及至動時方有主宰也。」○新安陳氏曰：「性情字皆從心。心涵養此性，心統性也。心節制此情，心統情也。性如在營之軍，情如臨陣之軍，皆將實統之。心統性情，當以是觀焉。」又曰：「此六字，横渠語。」端，緒音序。也。潛室陳氏曰：「端者，端倪也，物之緒也。譬之繭絲，外有一條緒，便知得内有一團絲。若其無絲在内，則緒何由而見於外。」○莆田黄氏曰：「注謂『端，首也』，疏謂『端，本也』，《集註》以爲緒也。如繅絲然，先尋其緒，則千絲萬絲，續續而上。」因其情之發，而性之本然可得而見，猶有物在中而緒見形甸反。於外也。問：「四端之端，《集註》以爲端緒。向見蔡季通説，端乃是尾，如何？」朱子曰：「以體用言之，有體而後有用，故端亦可謂之尾。若以始終言之，則四端是始發處，故亦可以端緒言之。二者各有所指，自不相礙也。」○問：「孟子説仁、義、禮、智，義在第二。《太極圖》以義配利，則在第三。」曰：「仁、義、禮、智，猶言東西南北。元、亨、利、貞，猶言東南西北。一箇是對説，一箇是從一邊説起。」○問：「元、亨、利、貞，自有次第。仁、義、禮、智，因感而發，則無次第。」曰：「發時無次第，生時自有次第。」○四端八個字，每字是一意。惻是方惻然有此念起。隱是惻然後隱痛，比惻爲深。羞者羞己之惡。惡者惡人之惡。辭者辭己之物。讓者推與他人。是非自是兩樣分明。但仁是總名。若説仁義，便如陰陽。若説四端，便如四時。若分四端八字，便如八節。○惻隱自是情，仁自是性。性即是這道理。仁本難説，中間却是愛之理，發出來方有惻隱。義却是羞惡之理，發出來方有羞惡。禮却是辭遜之理，發出來方有辭遜。智却是是非之理，發出來方有是非。仁、義、禮、智，是未發底道理。惻隱、羞惡、辭遜、是非，是已發底端倪。如桃仁、杏仁，是仁，到得萌芽，却是惻隱。又曰：「仁、義、禮、智，本體自無形影，要捉模不著，只得將他發動處看，却自見得。程子云：『以其惻隱，知其有仁。』此八字説得最親切分明。也不道惻隱便是仁，又不道掉了惻隱别取一個物事説仁。」○惻隱、羞惡，多是因逆其理而見。惟有所可傷，這裏惻隱之端便動。惟有所可惡，這裏羞惡之端便動。若是事親、從兄，又是自然順處見之。○一心之中，仁、義、禮、智，各有界限。而其性情體用又各自有分别，須是見得分明，然後就此四者之中，又自見得仁義兩字是個大界限。如天地造化，四序流行，而其實不過於一陰一陽而已。仁字是個生底意思，通貫周流於四者之中。仁固仁之本體，義則仁之斷制，禮則仁之節文，智則仁之分別也。正如春之生氣貫徹四時，春則生之生也，夏則生之長也，秋則生之收也，冬則生之藏也。○北溪陳氏曰：「四端之説，是説外面可見底，以驗其中之所有。惟是有四者之體，故四者端緒自然發見於外。」○潛室陳氏曰：「性是太極，渾然之全體，本不可以名目言。孟子時，異端蠭起，往往以性爲不善。孟子苟但曰渾然本體，則恐爲無星之秤，無寸之尺，而終不足以曉天下。於是别而言之，界爲四破，而四端之説於是乎立。蓋四端之未發也性，雖寂然不動，而其中自有條理，自有間架，不是籠統都是一物。所以外邊纔動，其中便應。如赤子之事感，則仁之理便應，而惻隱之心形。如蹴爾嘑爾之事感，則義之理便應，而羞惡之心形。如過朝廷、過宗廟之事感，則禮之理便應，而恭敬之心形。如妍醜美惡之事感，則智之理便應，而是非之心形。蓋由其中閒衆理渾然，各各分明，故外邊所遇隨感隨應。析而四之，以示學者，使知渾然全體之中，粲然有條如此，則性之善可知矣。然四端之未發也，渾然全體之理，無聲臭之可言，無形象之可見，何以知其粲然有條如此？蓋是理之可驗，乃依然就他發處驗得。凡物必有本根，而後有枝葉，見其枝葉，則知其本根。性之理雖無形，而端緒之發則可驗。」○雙峰饒氏曰：「孟子論性，唯是這一章説得最分曉。」《通考》朱子曰：「性是静，情是動，心則兼動静而言。統猶兼也，性情皆出於心，故心能統之。統如統兵之統，言有以主之也。仁、義、禮、智，是心統性。惻隱、羞惡、辭遜、是非，是心統情。」○陳氏懼齋曰：「情者，性之動也。實有此性，不能不發動。其發者，性之實也，是爲情，即孟子四端，惻隱、羞惡、辭讓、是非之心是也。故情字當訓實字。」

人之有是四端也，猶其有四體也。有是四端而自謂不能者，自賊者也。謂其君不能者，賊其君者也。

四體，四肢，人之所必有者也。自謂不能者，物欲蔽之耳。附《淺説》：有是四端而自謂不能擴而充之者，是置其身於不善之地而自賊者也。謂其君不能而不勉之以行仁政者，是引其君於不善之地而賊其君者也。爲臣者，其忍賊其君乎？愛其身者，其肯甘心於自賊乎？不甘自賊，則當擴而充之矣，誠使凡有四端於我者云云。○顧麟士曰：「『自謂不能』，亦指君而言，蓋此章亦爲當時諸侯發也。」○劉上玉曰：「『不能』，即下能充不能充意，但且渾。」

凡有四端於我者，知皆擴而充之矣，若火之始然，泉之始達。苟能充之，足以保四海；苟不充之，不足以事父母。」擴，音廓。

擴，推廣之意。充，滿也。四端在我，隨處發見。形甸反。**知皆**兩字緊要。**即此推廣，而充滿其本然之量，**去聲。**則其日新又新，將有不能自已者矣。能由此而遂充之，則四海雖遠，亦吾度內，無難保者；不能充之，則雖事之至近而不能矣。**

朱子曰：「人之一心，在外者要收入來，如求放心章是也；在內者又要推出去，此章是也。《孟子》一部書，皆是此意。大抵一收一放，一闔一闢，道理森然。」○問「推」與「充」字。曰：「推是從這裏推將去，如老吾老以及人之老，幼吾幼以及人之幼。到得充，則填得來滿了。如注水相似，推是注水下去，充則注得器滿了。蓋仁義之性本自可以充塞天地，若自不能充廣，則無緣得這殼子滿，只是空殼子。」○問：「知字是重字，還是輕字？」曰：「不能擴充者，正爲不知，都只是冷過了。若能知而擴充，其勢甚順，如乘快馬、放下水船相似。」○問：「兩説充字，未曉。」曰：「上只説知皆擴而充之，只説知得了，要推廣以充滿此心之量。下云苟能充之，足以保四海，是能充滿此心之量。上帶知皆擴字說，下就能充滿説。惟擴而後能充，能充則不必説擴矣。」○此心之量，本足以包括天地，兼利萬物，只是人自不能充滿其量，所以推不去。或能推之於一家，而不能推之於一國。或能推之於一國，而不足以及天下。此皆是未足以盡其本然之量。須是充滿其量，自然足以保四海。○雙峰饒氏曰：「《集註》『即此推廣』，是釋『擴』字。『滿其本然之量』，是釋『充』字。自親親而仁民而愛物，推至於無一民一物之不愛，是充仁之量。自一事之得宜，推至於無一事之不得宜，是充義之量。禮、智皆然。人能充廣，則四端之流行發達，常如火始然，泉始達，其勢方張而不可遏，便由此而可以燎原赴海。若不能充廣，則如火始然而即滅，泉始達而即壅，便只恁地休了。所以《集註》云『日新又新』。『新』字正是發明二『始』字之意。」問：「四端衆人皆有，若擴充，似非衆人所能。」曰：「知皆擴而充之，其緊要在知字、皆字。衆人之中若有能知所以擴而充之，又於四者皆能擴而充之，則便是人中之君子。但患人不知不爲耳。」○張氏彭老曰：「朱子云『若以始終言之，則四端是始發處』。『端』訓『始』字尤切。如發端、履端、開端之類，皆始也。孟子既言之，凡有四端若火始然，泉始達，始然便是火之端，始達便是泉之端。惻隱、羞惡，便是仁義之端。此心始動乃是情，可爲善處是心也。人皆有之，然不能無智愚之異，由充與不能充而已。如乍見孺子將入井，看是何等人皆有惻隱之心，此所謂仁之端。苟能因此擴而充之，其仁將不可勝用。不能充廣，天理纔動，人欲便萌，於是納交等心生。循是而人欲日長，天理日消，而仁之端斬然矣。此自謂不能者也，始於充與不能充之分，終乃天壤隔焉。」○雲峰胡氏曰：「《集註》於盡心曰『盡其心之量』，此則曰『充滿其本然之量』，須看朱子如何下一量字。蓋體無所不具，用無所不周，此心之量，本如是其大也。知性則有以盡此心本然之量，知此性之發而擴充之，則有以滿此心本然之量。」附《語類》：知皆擴而充之，即是苟能知去擴充，則此道漸漸生長，如火之始然，泉之始達。中間「矣」字，文勢不斷。○《蒙引》：擴，推廣之意。蓋有所不忍而達之於其所忍也，有所不爲而達之於其所爲也，即《中庸》所謂致曲。○若火始然，泉始達，所以日新又新，有不能自已如此者，蓋因其有而有，易爲力也。若非本性所有，安得一擴充之而遂沛然燁然之不可禦。○事父母亦須用四端，無四端則不孝矣，何以事父母？○《存疑》：「知皆擴而充之」，重在知與擴上，是方知去推廣，欲使其充滿也。「苟能充之」，是承上面知擴説來，蓋既知去推廣，使其充滿，用功久之，遂能充滿也。知與擴，是用功之始。能與充，是用功之成。○若火始然，若泉始達，言善端之發，勃勃充長，日新月盛，其勢不可遏也。彷彿生則惡可已意。《蒙引》曰：❶苟能充之，足以保四海，是仁無所不愛，義無所不宜，禮無所不敬，智無所不明。愚謂「充之」與「致中和」一般，禮樂刑政，皆在所充之內。○《蒙引》：大注「知皆即此而充滿其本然之量」，一「此」字，

❶「蒙引曰」，原作「曰蒙引」，今據《四書存疑》正。

指上文「四端在我隨處發見」者言。又云「能由此而遂充之」,「此」字又指「知皆即此推廣而充其本然之量,則其日新又新,將有不能自已者」言。二「此」字所指不同。○至於足以保四海,則亦治天下可運之掌上矣。○此章大抵亦如「仁則榮」及「矢人豈不仁於函人哉」二章,皆爲當時諸侯發。

○此章所論人之性情,心之體用,本然全具,而各有條理如此。學者於此,反求默識而擴充之,則天之所以與我者,可以無不盡矣。慶源輔氏曰:「《集註》『反求默識』者,格物致知,窮理之事也。『擴充之』者,誠意正心,力行之事也。既能窮理,又能力行,則天之所以予我仁、義、禮、智之性,可以各各充滿其量而無遺憾矣。前言『日新又新,將有不能自已』,所以言其推廣之意於其始也。此言『天之所以與我者,可以無不盡矣』,所以言充滿於其後之意也。」

○程子曰:「人皆有是心,惟君子爲能擴而充之。不能然者,皆自棄也。然其充與不充,亦在我而已矣。」雲峰胡氏曰:「性者心之體,其未發也,本然全具。情者心之用,其初發也,各有條理。❶反求默識,知之事。擴充,行之事。至於天之與我者無不盡,即是盡心而知之無不盡,盡性而行之無不盡也。」

又曰:「四端不言信者,既有誠心爲四端,則信在其中矣。」愚按:四端之信,猶五行之土。無定位,無成名,無專氣。而水、火、金、木,無不待是以生者。故土於四行無不在,於四時則寄王去聲。焉,其理亦猶是也。朱子曰:「四端不言信,如實是惻隱,實是羞惡,信便在其中。」○土於四時,各寄王十八日。或謂王於戊巳,然季夏乃土之本宮,故尤王於夏末。《月令》載「中央土」者,以此。○潛室陳氏曰:「五行無土位,位在四象之中。五常無信位,信在四端之中。」○雲峰胡氏曰:「按饒氏云,以四方論之,土無定位,無成名,無專氣。以五方論之,亦未嘗無定位、成名、專氣,不可執一看。愚見朱子之說,是就五方看,方

❶「理」,原作「里」,今據《四書大全》改。

見得。試以《河圖》看之，五土居中，似有定位，然三八木位乎東，不可以西；一六水位乎北，不可以南；如中間五土，則自具五方，而於東西南北無所不該。似有定位，而實無定位也。一二三四各因五而後成七八九六，故於四季各寄王十八日。木、火、金、水，各專生、長、收、藏之一氣，而各成生、長、收、藏之一名，然無土皆不可。是則土無專氣，而氣無所不貫。土無成名，而名無所不成。就四方看如此，就五方看亦如此，似不必分也。分看則論土於四行之外，是猶論信於四端之外。合看則土實在四行之中，而信在四端之中也。」〇新安陳氏曰：「此章始專以不忍人之仁言，繼因體驗惻隱之心而悉及羞惡、辭讓、是非之心，貫四者一仁也。惟聖人能以是心行是政，安而行之者也。惟君子能知其本有是心而擴充之，勉而行之者也。若衆人則不能識察，不能擴充，此心雖發，隨發隨泯，真自棄也。又按人皆有不忍人之心，同此天理也。物欲害之，則天理之存焉者寡矣。見孺子而惻隱，天理也。內交之類，即人欲矣。四端能充不能充之分，判於擴天理與徇人欲而已。此章亦在於遏人欲擴天理也。」《通考》東陽許氏曰：「此章七節。第一節言人心皆有仁。二節言先王全此仁，以實人之皆有是心。三節就人易曉處指出，使人體認此心。四節併言義、禮、智各有所發，皆是本然之性。六節言四者人所共得，不可自棄。七節言因發處察識而推充之，工夫全在此後一節。」附《蒙引》：成名之名，職名也。不然，則既名曰土矣，又何謂無成名？〇不可以土爲四行中之太極也，蓋五行皆器也，太極其理之全體也。

〇孟子曰：「矢人豈不仁於函人哉？矢人惟恐不傷人，函人惟恐傷人。巫匠亦然，故術不可不慎也。

函，甲也。惻隱之心人皆有之，是矢人之心，本非不如函人之仁也。巫者爲去聲。人祈祝，利人之生。匠者作爲棺槨，利人之死。新安陳氏曰：「此只借以術之當擇說起，引上人當擇仁而處之。」附《蒙引》：此術字，不只是藝術而已。〇惻隱之心，人皆有之，性之本善也。矢人惟恐不傷人，匠者利人之死，習之不美也，術之不善也。

孔子曰：『里仁爲美。擇不處仁，焉得

智？』夫仁，天之尊爵也，人之安宅也。莫之禦而不仁，是不智也。焉，於虔反。夫，音扶。里有仁厚之俗者，猶以爲美。人擇所以自處上聲。而不於仁，安得爲智乎？此孔子之言也。新安陳氏曰：「孔子之意，本言擇里，孟子引之以證擇術，微有不同。《集註》於此，只以孟子之意釋孔子之言，故與《語》注小異。」仁、義、禮、智，皆天所與之良貴。而仁者天地生物之心，得之最先，而兼統四者，所謂元者善之長上聲。也，故曰尊爵。問：「『仁，天之尊爵』，先生解曰『仁者天地生物之心，得之最先』，如何是得之最先？」朱子曰：「人得那生底道理，所謂心生道也。有是心，斯有是形以生也。」○新安陳氏曰：「元者善之長也，此句出《易·乾卦·文言》，引以爲證。元者，生意之始，爲亨、利、貞之長。」在人則爲本心全體之德，有天理自然之安，無人欲陷溺之危。人當常在其中，而不可須臾離去聲。者也，故曰安宅。此又孟子釋孔子之意，以爲仁道之大如此，而自不爲之，豈非不智之甚乎？慶源輔氏曰：「五性皆人心之德，而仁則周貫乎四者之中，故爲本心全體之德。天理有則而不流，故有自然之安。人欲橫流而無止，故有陷溺之危。克盡人欲，純是天理，方始是仁，此所以有安而無危也。人當常處其中而不可須臾離，即所謂『依於仁』，『造次必於是，顛沛必於是』之意。此聖門學者必以求仁爲先務也。」○西山真氏曰：「仁乃我所自有，苟欲爲之，誰能止者？乃甘心於不仁，豈非不智乎？故仁智二者，常相須焉。不仁斯不智矣，下文言之；不智斯不仁矣，此是也。」《通考》東陽許氏曰：「《集註》『本心全體之德』，以仁之體言。『人當常在其中，而不可須臾離』，兼其用言。」附《蒙引》：得之最先，已有尊爵之義。兼統四者，亦爲尊爵之義。○「仁、義、禮、智，皆天所與之良貴」，此句於「爵」字見。「仁者天地生物之心，得之最先，而兼統四者」，此句於「尊」字始見。○以用工之序言，則先智而後仁。以自然之理言，則先仁而後智。故上文云「莫之禦而不仁，是不智也」，下云「不仁不智」。〇《存疑》：《論語》處仁，指仁里言。此處仁，指仁道言。

不仁、不智、無禮、無義，人役也。人役而恥爲役，由弓人而恥爲弓，矢人而恥爲矢也。由，與猶同。

以不仁故不智，不智故不知禮義之所在。慶源輔氏曰：「不仁則頑然不覺，故不智。不智則懵然無知，故不知禮義所在。」附《蒙引》：夫人之所以不仁者，固由於是非之心不明。然既以是非之心不明而不爲仁，則其心日益昏頑，而自此又不智矣。不智則懵然無知，又何有於禮義？是其身無一善之足貴，而自流於汙賤之歸矣。〇昧於擇術，便是不智。不仁不智了，方爲人役。〇《存疑》：不仁不智，無禮無義，則德不足以服人。彼有德有力者，皆足以服我，而我當爲之役矣，故曰人役也。〇弓矢人如何恥爲弓矢？攻於小藝，以供民用，是不能大有爲以服役人，故自羞恥。不能自强以服役人，但爲人役而恥之，亦猶是也。

如恥之，莫如爲仁。

此亦因人愧恥之心，而引之使志於仁也。不言智、禮、義者，仁該全體。能爲仁，則三者在其中矣。附《存疑》：「如恥之，莫如爲仁」，爲仁如何？前章貴德而尊士云云，則爲之仁也。

仁者如射，射者正己而後發。發而不中，不怨勝己者，反求諸己而已矣。」中，去聲。

爲仁由己，而由人乎哉？雙峰饒氏曰：「此上三四章，皆是爲當時君大夫言之。此章與「仁則榮」二章之意同，皆是教時君因恥辱而勉於仁。言不能行仁，則既無尊爵之可貴，又無安宅之可居，安富尊榮皆無之，而爲人役不免焉。則不當歸怨於人，但當反求諸己，己能爲仁，大國安能役之？此役字，即『小國役大國』、『楚六千里爲讎人役』之役。」〇新安陳氏曰：「此章以尊爵安宅論仁，其理甚精微。勉人爲仁，其意甚切至。既言『莫之禦而不仁』，又言『反求諸己』，皆言爲仁由己，其機在我，不在人也。仁固包義、禮、智，然人所以不爲仁者，由於是非之心不明，與羞惡之心不正耳。故孟子先言『是不智也』，欲人以是非之智而擇爲仁之術；繼言『如恥之』，欲人以羞惡之義而決爲仁之機也。」附《存疑》：既曰「如恥之，莫如爲仁」，又曰「仁者如射」云云，是示以「爲仁由己」之意，使自勉也。○《蒙引》：「仁者如射」一句之下，皆就射上説，而「爲仁由己」之意在於言外。猶有爲譬若云云，九仞以下，皆就掘井，而有爲者必底於成之意，亦在言外。

○孟子曰：「子路，人告之以有過則喜。

喜其得聞而改之，其勇於自脩如此。周子曰：「仲由喜聞過，令名無窮焉。今人有過，不喜人規，如諱疾而忌醫，寧滅其身而無悟也。噫！」程子曰：「子路，人告之以有過則喜，亦可謂百世之師矣。」南軒張氏曰：「聞過則喜，非能克其驕吝者不能。驕則自以爲善，而惡人議己。吝則安其故常，而不能從人。子路用力於克己，其功深矣。」○慶源輔氏曰：「人受天地之中以生，本自無過，所以有過者，非出於氣稟之偏，則由乎物欲之誘。人能知而改之，則可以復於本然之善。不知則其過愈深，將陷溺焉而失其所以爲人矣。是豈可不懼哉？人有告我以過，我因得而改之，以復於善，則又豈可不以爲喜乎？然非子路之勇於自脩，則亦不能然也。」○新安陳氏曰：「程子深贊子路，欲學者師之以脩身補過也。」附《蒙引》：仲由喜聞過，令名無窮焉。非是説喜聞過一事令名也，因喜聞過而勇於自脩，故有善可稱而令名無窮也。

禹聞善言則拜。

《書》曰：「禹拜昌言。」蓋不待有過，而能屈己以受天下之善也。慶源輔氏曰：「子路賢者也，故不能無過，但勇於自脩，是以喜於得聞而改之。禹則聖人也，其心純是天理本然之善，故不待其有過，但一聞善言，則至誠屈己，拜而受之。」附《淺説》：蓋以善言有益於身心，有利於國家，聞之而不受，則士止於千里之外矣。此善言之所以當拜也。

大舜有大焉，善與人同。舍己從人，樂取於人以爲善。舍，上聲。樂，音洛。

言舜之所爲，又有大於禹與子路者。善與人同，公天下之善而不爲私也。己未善，則無所繫吝解舍字。而舍以從人；人有善，則不待勉强上聲。解樂字。而取之於己，此善與人同之目也。程子曰：「樂取於人爲善，便是與人爲善。與人爲善乃公也。」○問「善與人同」。朱子曰：「善者，天下之公理，本無在己在人之別，但人有身，不能無私於己者，故有物我之分焉。惟舜之心無一毫有我之私，是以能公天下之善以爲善，而不知其孰爲在己，孰爲在人，所謂善與人同也。舍己從人，言其不先立己而虛心以聽乎天下之公，蓋不知善之在己也；樂取於人以爲善，言其見人之善，則至誠樂取而行之於身，蓋不知善之在人也。此二者，善與人同之目也。然此二句本一事，特交互言之，以見聖人之心表裏無間如此耳。」○「大舜『樂取諸人以爲善』，是成己之善。『是與人爲善也』，是著人之善。」○慶源輔氏曰：「禹聞善言則拜，聞之者禹也，言之者人也。以我之聞，聞彼之善，拜以受之，猶有人己之分也。至於舜，則善與人同耳。善與人同者，蓋善乃天下之公，非人己所得而私者，故曰『公天下之善而不爲私也』。」○雙峰饒氏曰：「舜之稱堯，方以舍己從人爲『惟帝時克』。聖人雖生知，而不自以爲生知，常虛心以受人之善。己之所爲偶有未盡，而人之所見有善於己，即舍而從之，無一毫執吝之意。乃所以見聖人之無我而非人所及也。」附《蒙引》：舍己從人，舍己字重，從人即是樂取諸人也。蓋二句本一事也，舍己之未善，而取人之善以爲善也。○善與人同，此善字以天下之公善而言，不可認作舜之善，故曰「善者天下之公理」。○樂取諸人以爲善，以爲不知善之在人，固是。舍己從人，以爲不知善之在己，何以言之？曰：舍己從人者，其心只要當可而已，不以善爲己有也。若有以善爲己有之心，則自病其己之未善，而欲文飾以爲心，而不能舍己必矣。○二句只是一事，故下只言無非取諸人者。○《存疑》：公天下之善而不爲私，不但爲己私，做在人底，亦私也。○或曰：「聖人亦有未善，何也？」曰：「聖人之心，不自滿假，進善無窮。己或見得己之善未至十分，人之善有勝乎己，便舍而從之，直欲求到至善地位。蓋是聖人自見得未善，非若凡人之不善也。」

自耕、稼、陶、漁以至爲帝，無非取於人者。舜之側微，耕于歷山，陶于河濱，漁于雷澤。《史記·五帝紀》：舜耕歷山，歷山之人皆讓畔。漁雷澤，雷澤之人皆讓居。陶河濱，河濱器皆不苦窳。〔病也。〕一年所居成聚，二年成邑，三年成都。〔歷山在河東，雷澤夏兗州，今屬濟陰。河濱，濟陰定陶西南。〕

附《存疑》：自耕、稼、陶、漁以至爲帝，無非取於人者，是説他平生爲人都是如此。

取諸人以爲善，是與人爲善者也。故君子莫大乎與人爲善。」

與，猶許也，助也。取彼之善而爲之於我，則彼益勸於爲善矣，是我助其爲善也。能使天下之人皆勸於爲善，君子之善，孰大於此？慶源輔氏曰：「舜之取人以爲善，初未嘗有助人爲善之意也。孟子推説其事，故以爲取諸人以爲善，是乃助人之爲善也。因吾取人之善以爲善，而使天下之人皆勸於爲善，則是聖人成己成物之事，故曰『君子之善孰大於此』。」附《蒙引》：取諸人以爲善，不可謂只是取人之善言，如好問、用中之説耳，須兼言行，故曰「聞一善言，見一善行，若決江河，沛然莫之能禦也」。○此章言聖賢樂音洛。善之誠，初無彼此之閒。去聲。故其在人者有以裕於己，在己者有以及於人。朱子曰：「禹聞善言則拜，猶著意做。舜與人同，是自然氣象。聖人之拜固出於誠意，然拜是容貌閒，未見得行不行。若舜則真見於行事處己未善，則舍己之未善而從人之善；人有善，則取人之善而爲己之善。人樂於見取，便是許助他爲善也。」○慶源輔氏曰：「《集註》所謂聖賢，兼子路、禹、舜言之。三人雖淺深大小不同，其樂善之誠皆無彼此之閒。末二句却單説舜。」○新安陳氏曰：「舜事優於禹，禹事優於子路。然學者之希賢希聖，未有無其序者。常人徇欲背理，諱過飾非，視子路之心已相背馳，何敢言舜、禹事？必先忘私克己，然後能至公而自然無私。故必如子路之克己私，始漸能如聖人之與人爲公耳。」○新安倪氏曰：「《語録》云：『三者本意只是取人，但有淺深。而與人爲善，乃是孟子再疊一意以發明之。』即此條以證《集註》之説，則是三人皆有樂善之誠。子路樂於聞人告之以有過，禹樂於聞人之善言而拜，舜樂取人以爲善，雖有淺深，是皆在人者有以裕於己也。末一句所謂『在己者有以及於人』，乃是申明孟子再疊之意耳。輔氏謂末二句皆單説舜，竊恐未然。」附《蒙引》：此章言聖賢樂善之誠，初無彼此之閒，今人以由、禹與舜分彼此，非也，是以人己分彼此。子路聞人告以過而喜，子路樂善之誠，不以彼此而閒也。禹聞善言則拜，是禹樂善之誠，不以彼此而間也。故下二句俱通三人説，朱子統言此章之文，而總其旨以示人也。蓋孟子之説，分殊也；朱子之説，理一也。聖賢之言，時有足前人之所未備者，此類是也。○《淺説》：知舜之與人爲善，則禹與子路之與人爲善也，亦從可知矣。○顧麟士曰：「此章兩『大』字，有『大焉』之大，説取人；『莫大乎』之大，説成人。」

○孟子曰：「伯夷，非其君不事，非其友不友。不立於惡人之朝，不與惡人言。立於惡人之朝，與惡人言，如以朝衣朝冠坐於塗炭。推惡惡之心，思與鄉人立，其冠不正，望望然去之，若將浼焉。是故諸侯雖有善其辭命而至者，不受也。不受也者，是亦不屑就已。朝，音潮。惡惡，上去聲，下如字。浼，莫罪反。

塗，泥也。鄉人，鄉里之常人也。望望，去而不顧之貌。浼，汙去聲。也。屑，趙氏曰：「潔也。」《説文》曰：「動作切切也。」不屑就，言不以就之爲潔，而切切於是也。合趙氏、《説文》二説，以解一「屑」字。已，語助辭。朱子曰：「世之所謂清者，不就惡人耳，若善辭令而來者，固有時而就之。惟伯夷不然，此其所以爲聖之清也。柳下惠不屑之意亦然。」○新安陳氏曰：「此言伯夷之清，嚴於惡惡而不輕與人群也。」附《存疑》：言不但非其君不事，其朝亦不立也。不但非其友不友，亦不與言也。又不但惡人之朝不立，惡人不與之言，鄉人之冠不正，亦少失禮耳，要未必惡也，望望然去之，若將浼焉。又不但鄉人少失禮不與立，至於諸侯之善其辭命而至，初無少失禮矣，亦不受。一節深一節。○《蒙引》：推，孟子推之也。思，伯夷自思見得如此也。○辭命雖善，而其人未善也，故亦不受。若孔子則交以道，接以禮，斯受之矣。○「推惡惡之心」云云「浼焉」，此無實事，而孟子本其心而形容之如此耳。「是故諸侯」云云，此却是實事，只就諸侯説，衆人亦可知。解其不受之故，由其心之不屑也。

柳下惠，不羞汙君，不卑小官。進不隱賢，必以其道。遺佚而不怨，阨窮而不憫。故曰：『爾爲爾，我爲我，雖袒裼裸裎於我側，爾焉能浼我哉？』故由由然與之偕而不自失焉，援而止之而止。援而止之而止者，是亦不屑去已。」佚，音逸。袒，音但。裼，音錫。裸，魯果反。裎，音程。焉能之焉，於虔反。

柳下惠，魯大夫展禽，居柳下而謚惠也。《通考》趙氏悳曰：「《春秋傳》注：『柳下惠，氏展，名獲，字禽。柳下是所食之邑名。謚曰惠。展無駭之後。』」不隱賢，不枉道也。遺佚，放棄也。阨，困也。憫，憂也。爾爲爾至焉能浼我哉，惠之言也。袒裼，露臂也。裸裎，露身也。由由，自得之貌。偕，並處上聲。也。不自失，不失其正也。援音爰。而止之而止者，言欲去而可留也。朱子曰：「進不隱賢，便是必以其道。人有所見，不肯發出，尚有所藏，便是枉道。」○問：「《集註》謂『不隱賢，不枉道也』，疑與下文『必以其道』意相重。」曰：「兩句相承，只作一句讀，文勢然也。」○「所以『不』解作『不蔽賢』，謂其下文云『必以其道』，若作蔽賢說，則下文不同矣。」○「不隱賢，謂不隱避其賢。如己當廉，却以利自污；己當勇，却以怯自處之類，乃是隱賢，是枉道也。」○雙峰饒氏曰：「他人不羞汙君，不卑小官，必至於苟進，而柳下惠則不隱賢。他人見袒裼裸裎而與之偕，則必至於流，而柳下惠則不自失。此其所以爲聖人之和而異乎常人之和也。」○新安陳氏曰：「此言惠之和，寬以處衆而不輕與人絶也。」附《淺説》：柳下惠不羞汙君而亦事之，不卑小官而亦爲之。其進而事汙君爲小官也，亦不自隱在己之賢，而必以其道。惟必以其道，則必至於遺逸阨窮矣。雖遺逸而不怨，雖阨窮而不憂焉，可見其和而不流，有非惡人之所能染矣。故其自言曰：「爾爲爾，我爲我，雖袒裼裸裎於我之側，其無禮如此，爾亦安能浼我哉？」惟其不能我浼，故常由由然與之並處而不自失焉。雖其欲去之際，或援而止之，則亦止也。其所以援而止之而止者，蓋其不以去爲潔而必於去也。○《存疑》：柳下惠不羞汙君，不卑小官，和也。進不隱賢至阨窮不憫，和而介也，故其和爲聖人之和。○《蒙引》：遺佚是去位也，阨窮是困也。阨窮是遺佚後事。○由由然，惠由由然也。「與之偕」，之字指「爾爲爾」者言，不必拘「袒裼裸裎」。○顧麟士曰：「按趙注曰：『塗，泥；炭，墨也。』《蒙引》曰：『炭，火也。』趙注是。」

孟子曰：「伯夷隘，柳下惠不恭。隘與不恭，君子不由也。」

隘，狹窄側格反。也。不恭，簡慢也。夷、惠之行，去聲。固皆造七到反。乎至極之地。然既有所偏，則不能無弊，故不可由也。朱子曰：「伯夷既清，必有隘處。柳下惠既和，必有不恭處。道理自是如此。孟子恐後人以隘爲清，以不恭爲和，故曰『隘與不恭，君子不由也』。」問：「如伯夷之清而不念舊惡，柳下惠之和而不以三公易其介，此其所以爲聖之清、聖之和也。但其流弊，則有隘與不恭之失。」曰：「這也是諸先生恐傷觸二子，所以說流弊。今以聖人觀二子，則二子多有欠闕處。纔有欠闕處便有弊，所以孟子直說他隘與不恭，不曾說末流如此。如不念舊惡，不以三公易其介，固是清和好處，然十分只救得一分，救不得那九分清和之偏處了。」○問：「不恭是處己，是待人？」曰：「是待人如此。其心玩世，視人如無也。」○「清、和皆是一偏，學之便有隘、不恭處。使懦夫學和，愈不恭；鄙夫學清，愈隘矣。可爲百世師，謂能使薄者寬，鄙者敦，頑者廉，懦者立。君子不由，不由其隘與不恭也。」○「夷隘惠不恭，不必言效之而不至者，其弊如此，只二子所爲已有弊矣。」○雲峰胡氏曰：「道惟中則無弊，夷、惠不合乎中庸之道，故君子所不由。夫子之道，大中至正之準，故孟子所願學。」○新安陳氏曰：「《孟子》一書，言夷、惠者不一。以百世之師稱之，以聖之清和許之，此章則謂其隘不恭，似若相反。蓋孟子實欲人法夷、惠之得，又恐人不知戒夷、惠之失，其憂學者至矣。」吕伯恭曰：「學伯夷者，未必得其清，而先得其隘。學惠者，未必得其和，而先得其不恭。大抵清之極易至於隘，和之極易至於不恭。學之者當法其清和之得而戒其隘不恭之失，可也。」《通考》程氏復心曰：「動作切切，只是不汲汲於就，不汲汲於去。屑字却是重。如此解屑字，方盡其義。以聖人觀二子，多有欠處，便有弊，所以孟子直說隘與不恭耳。」附《存疑》：孟子既述夷、惠之行，遂從而斷之，謂伯夷視當世無一人可與，其弊則狹隘；柳下惠視當世之人皆不足與較，其弊則不恭。惟其隘與不恭，故君子不由其道也。不由其道，是不由其清和。《蒙引》謂「可由其清，不可由其隘；可由其和，不可由其不恭」，恐未是。蓋伯夷之清，便有隘之弊；柳下惠之和，便有不恭之弊。非清和之外又有隘不恭也。

附《蒙引》都邑之圖

蒙引都邑之圖

附《存疑》：「宅不毛者有里布」，他本受有五畝之宅，却拋荒而不種桑麻，故從而罰之，使出一里二十五家之布也。「民無常業者，出夫家之征」，是不工不商，游手游食，無所事事之民，故從而罰之，使出一夫百畝之稅、一家力役之征也。市宅之民，是爲商者，其所居之廛，乃積貨之所，原非可種桑麻，以商賈爲業，又非無常業而游手游食者，不可以不種桑麻無常業罰之也。故先王之法，其逐末者多，但賦其廛而已矣。戰國之時，忘其所自來，但見得從前有宅不毛、民無常業之罰，謂市宅之民是宅不毛無常業者，併使出夫里布，則重稅矣。民焉得不病哉？○《蒙引》：謂「廛無夫里之布」之廛，與「廛而不征」之廛，當有分別。爲「廛而不征」下，則曰「天下之商」；「廛無夫里之布」下，則曰「天下之民」，有此不同也。又謂「在市曰商，在野曰農」，今出此夫里之布謂之民，則廛宜不爲市而亦非在野者，欲以鄉村民居之貨市者爲廛。依愚見，二廛字皆同均爲在市之宅。何也？蓋民有四：士、農、工、商，民則其總稱也。此章曰士、曰商、曰旅、曰農，又曰民，豈農商之外又有個民耶？鄉村民居之貨市，總歸之廛爾，豈有分耶？孟子所以分作兩條説者，是見當時待商有此兩層事。廛與貨並征，已不是。又舉先王之罰游民者併取之，益不是了。故先説那稅商處不是，見得意思未盡，又説那併取不是，都是隨口説出。其曰商、曰民，又初不計，古人文字只取意足，多是如此。○顧麟士曰：「孫疏案：『《周官》制地之法，六鄉以教爲主，其民有郊於內，故其地爲郊，而民則謂之民，以其近主而有知者也。六遂以耕爲主，而其民有遂於外，故其地爲野，而民故謂之氓，以其遠主而無知者也。』愚按：孫奭引六鄉六遂語無謂,《集註》此處只説『氓,民也』,『願受一廛處』,却云氓者『野人之稱』。亦從《周官》六遂之解也,則不應在市宅者,反遠而稱野人。」

孟子集註大全卷之三終

孟子集註大全卷之四 三魚堂讀本

公孫丑章句下

凡十四章。自第二章以下，記孟子出處行去聲。實爲詳。《通考》勿軒熊氏曰：「首章爲國之本不在富强，以得民心爲本，即首篇告齊、梁之意。二章至篇終，皆孟子居齊之事。」

孟子曰：「天時不如地利，地利不如人和。

天時，謂時日支干、孤虛、王相並去聲。之屬也。蔡氏曰：「時，四時也。日，日辰也。《史記》注六甲孤虛法：甲子旬戌亥爲孤，辰巳爲虛。後五甲倣此。如今人以甲子旬無戌亥爲空亡，是以空亡爲孤也。辰巳與戌亥對，辰巳爲虛。王相，如東方木旺，相於卯之類。」○慶源輔氏曰：「時，十二時。日，十日。支，十二支，干，十干也。」○雙峰饒氏曰：「此大概以五行衰旺言之。五行有孤虛時，有旺相時。春屬木，甲乙木，生丙丁火，便是木旺而火相。旺字即是王字。相，王之次也。金到這裏衰，所以孤。孤者，無輔助之意。如今説四廢然。水爲母，木爲子，子實則母虛，水到此所以虛。」或問：「此説時日，或是方所？」曰：「二者一般。一箇是横，一箇是直。所以天德月德日，亦有天德月德方。大意如此，其間又自有細密處。」《通考》仁山金氏曰：「此兵家用日時方位法也。支即十二枝。干即十幹。十甲如木之有幹。十二辰如木之有枝。唐李靖用兵精風角。孤，空亡也。虛，空亡對宮。歲孤虛：太歲後二辰爲孤，前四辰爲虛。月孤虛：正月以子丑爲孤，午未爲虛。旬孤虛：如甲子旬則戌亥爲孤，午未爲虛。餘倣此。王相：占算家所謂吉、凶、臧、否、平，王、相、休、因、死，又五行、十二宫、生旺、八卦，冬至坎王震相，立春震王巽相之類。皆是總言以『之屬』二字，其用非一。兵家八門遁甲，逐時分開，休生傷閉，景死驚方，立太乙局，逐日分主客勝負。又出城布陣，逐時占斗柄天角所指之方。又如六壬遁甲，以支加支，范蠡以占歲占兵，❶此皆其屬也。○趙氏惪曰：「孫奭疏干支，所以配時日而用之。金王在巳午未申酉，木旺在亥子丑寅卯，水王在申酉戌亥子，火旺在寅卯辰巳午，土王在申酉戌亥。孤虚者，其法以一畫爲孤，無畫爲虚，二實爲實。以六十甲子日定東西南北方向，然後占其孤、虚、實而向背之，即知吉凶。如周武王犯歲星以伐商，魏太祖以甲子日破慕容之類是也。又曰戰陳之法，背孤擊虚則吉。《史記·律書》以十干十二支配五音十二律，而《序》云：『六律爲萬事根本，其於兵械尤所重，故云望敵知吉凶，聞聲效勝負。』此雖以律言，而不外乎十干十二支，是皆兵書所尚也。《集註》謂『孤虚、王相之屬』，又當觸類而推之。」附《蒙引》：支干不出於時日，孤虚、王相不出於支干。時日有支干，而支干有孤虚、王相也。兵家蓋只就孤虚、王相上論吉凶。蔡氏曰：「時，四時也。日，日辰也。」輔氏曰：「時，十二時。日，十日。」二説不同。○時日者，時謂四時，主蔡氏説，該十二日在其中，日則該十二時。此猶年有四時，而錯舉春秋二字以該之也。皆以五行生剋論。如十干，則東方甲乙木，南方丙丁火，中央戊己土，西方庚辛金，北方壬癸水。十二支，則東方寅卯木，南方巳午火，西方申酉金，北方亥子水，中央辰戌丑未土。而又有納音之五行，如甲子乙丑海中金，甲乙不爲木，子不爲水，丑不爲土，而總謂之金也。丙寅丁卯爐中火，寅卯不爲木，而丙丁仍爲火也。此又别是一道，其説見於《三車一覽》，云：甲己、子午數九，乙庚、丑未數八，丙辛、寅申數七，丁壬、卯酉數六，戊癸、辰戌數五，巳亥二位數四。甲子乙丑屬金者，甲數九，子亦數九；乙數八，丑亦數八。二箇九，二箇八，共成三十四。除五六三十數，零有四數，故納音屬金。又如戊辰己巳，戊數五，辰亦數五；己數九，巳數四，共成二十三。除五四二十數，零有三數，是以納音屬木。○旺相、孤虚似是元、亨、利、貞之意。先言孤虚者，蓋由静而動、避害爲先之義。○兵家論孤虚、旺相，大概如看命家所論，不出五行而已。

地利，險阻、城池之固也。人和，得民心之和也。立兩句爲柱，下文分兩邊自解之。

三里之城，七里之郭，環而攻之而不勝。夫環而攻之，必有得天時者矣；然而不勝者，

❶「范」，原作「義」，今據哈佛本改。

是天時不如地利也。夫，音扶。

三里七里，城郭之小者。郭，外城。環，圍也。言四面攻圍，曠日持久，必有值天時之善者。附《蒙引》：此條申「天時不如地利」，就攻上說。○顧麟士曰：「《集註》『曠日持久』字生『值』字，妙。」

城非不高也，池非不深也，兵革非不堅利也，米粟非不多也，委而去之，是地利不如人和也。

革，甲也。粟，穀也。委，棄也。言不得民心，民不爲去聲。守也。趙氏曰：「古甲以革爲之，故函人爲攻皮之工。後世始用金，曰鎧。」○雙峰饒氏曰：「非謂可以全無天時地利，但不如人和爾。用兵也要天時地利，但人和爲本。人心不和，雖有天時地利，亦不可取勝。況時不時，屬天。利不利，屬地。人心和不和，則在我而已。在天地者難必，在我者可恃。」《通考》仁山金氏曰：「黄牛皮者爲犀甲，青牛皮者爲兕甲，即今水牛也。有殼曰粟，無殼曰米，粟即穀也。古人米與穀兼積，米切用而易腐，穀氣全而可久，緩急兼儲。後世軍儲獨以米，故久即不可食。」附《蒙引》：此條申「地利不如人和」，就守上說。○《存疑》：《蒙引》曰：「兵革米粟，皆出於地利。」愚按晁錯《籌邊策》曰：「匈奴之長技三，中國之長技五。」可見兵革出於地利也。枚乘諫吴王濞曰：「轉粟西向，陸行不絶，水行滿河，不如海陵之倉。」可見米粟出於地利也。

故曰：域民不以封疆之界，固國不以山谿之險，威天下不以兵革之利。得道者多助，失道者寡助。寡助之至，親戚畔之；多助之至，天下順之。

域，界限也。南軒張氏曰：「得道者，順乎理而已。舉措順理，則人心悦服矣，先王之所以致人和者在此。而極夫多助之效，至於天下順之，其王也孰禦？一失道，則違拂人心。心之所睽，雖親亦疏也，不亦孤且殆哉？雖有高城深池，誰與爲守？」○雙峰饒氏曰：「緊要在『得道』二字上。」○新安陳氏曰：「封疆、山谿、兵革，皆末也。『不以』，不全以此也。其本在得道而已。」附《蒙引》：封疆、山谿，意不主地利言。此段極言有國者當務得於人和也。或説是謂得人和之本在於得道，此説於理亦無害，但未必其本意也。蓋孟子但謂要得人和，内便含有得道意，不必再推一層，再序一段也。看「故曰」二字可知而其旨意，又歸在下文，以終所言之意也。○「威天下不以兵革之利」，兵固是利，革何以亦謂之利？曰：「革之堅處亦是利。此利字，不專訓爲鋭，蓋切利之利也。○得道大要在於用賢而愛民，所謂貴德而尊士，與施仁政於民也。親戚者，相親愛則相憂戚。○《淺説》：天下順之順字，只是悦而願歸之，未便是歸。多助正是人和。○顧麟士曰：「親戚叛之，親戚字重，言不但一國。天下順之，天下字重，亦不但一國。」

以天下之所順，攻親戚之所畔，故君子有不戰，戰必勝矣。」

言不戰則已，戰則必勝。○尹氏曰：「言得天下者，凡以得民心而已。」新安陳氏曰：「此章言用兵在得人心。得人心在得道，得道以得人心，則地利之險，人爲之守；天時之善，人爲之乘。先王之守國家，用天下，本末具舉如此。固以得道得人心爲本，而亦不廢天時地利之末。孟子見當時用兵者惟以天時地利爲務，而不知以得道得人心爲本，故發此論。」附《淺説》：以天下之所順，攻親戚之所叛，自我之攻彼而言，則是以至仁伐至不仁，而仁者不可爲衆也。自彼之敵我而言，則是率子弟以攻父母，而未有能濟者也。○《蒙引》：「故君子有不戰，戰必勝矣」，此以人和言之，言其無恃於地利，更無拘於天時也。○非惟天時之善，人爲之乘，地利之險，人爲之守，亦無假於天時之善，地利之險。

○孟子將朝王，王使人來曰：「寡人如就見者也，有寒疾，不可以風。朝將視朝，不識可使寡人得見乎？」對曰：「不幸而有疾，不能造朝。」章内朝，並音潮，唯朝將之朝，如字。造，七到反，下同。

王，齊王也。孟子本將朝王，王不知而託疾以召孟子，故孟子亦以疾辭也。問：「莫是齊王不合託疾否？」朱子曰：「未論託疾。孟子之意，只是説他不合來召。爲其賓師，有事則王自來見，或自往見。若王召之，則有自尊之意，故不往見。在他國時，諸侯無越境之理，只得以幣來聘，故賢者受其幣而往見之。答陳代『如不待其招而往何哉』，此以在他國而言。答萬章『天子不召師而況諸侯乎』，此以在其國而言。」○孟子於此處賓師之位，未嘗受祿，非齊王所得臣也。王不能見而乃召之，既失禮矣。其託疾，又不誠。若何而可往哉？○新安陳氏曰：「王託疾以召，孟子亦託疾以辭，欲其稱也。與孔子亦瞰陽貨之亡同意。」附顧麟士曰：「如通解作往，謂往而就見。」

明日出弔於東郭氏。公孫丑曰：「昔者辭以病，今日弔，或者不可乎？」曰：「昔者疾，今日愈，如之何不弔？」

東郭氏，齊大夫家也。昔者，昨日也。或者，疑辭。辭疾而出弔，與孔子不見孺悲取瑟而歌同意。慶源輔氏曰：「孔子以疾辭孺悲而不見，然又取瑟而歌，使之知其非疾，所以警教孺悲也。孟子以疾辭齊王而不往朝，然又出弔東郭，而使之知其非疾者，所以警教齊王也。此皆聖賢至誠應物而得乎時中之義也。」

王使人問疾，醫來。孟仲子對曰：「昔者有王命，有采薪之憂，不能造朝。今病小愈，趨造於朝，我不識能至否乎？」使數人要於路，曰：「請必無歸，而造於朝！」要，平聲。

孟仲子，趙氏以爲孟子之從去聲。昆弟，學於孟子者也。采薪之憂，言病不能采薪，謙辭也。仲子權辭以對，又使人要孟子令平聲。勿歸而造朝，以實己言。新安陳氏曰：「王先託疾以召，意本不誠。今問疾醫來，虛文美意，意亦非誠也。仲子遂權對促朝。」附《蒙引》：孟仲子之見，亦景丑氏之見也。甚矣，知己之難也！

不得已而之景丑氏宿焉。景子曰：「內則父子，外則君臣，人之大倫也。父子主恩，君臣主敬。丑見王之敬子也，未見所以敬王也。」曰：「惡！是何言也！齊人無以仁義與王言者，豈以仁義爲不美也？其心曰『是何足與言仁義也』云爾，則不敬莫大乎是。我非堯舜之道，不敢以陳於王前，故齊人莫如我敬王也。」惡，平聲，下同。

景丑氏，齊大夫家也。景子，景丑也。惡，歎辭也。景丑所言，敬之小者也。孟子所言，敬之大者也。慶源輔氏曰：「丑之說，擎跽曲拳，奔走承順之敬。敬君以貌，世俗之所知，故曰敬之小。孟子所言，陳善閉邪，致君堯舜之敬。敬君以心，聖賢之所行，故曰敬之大。」〇西山真氏曰：「景子但知聞命奔走爲敬其君，不知以堯舜之道告其君。僕隸之臣，唯唯承命，外若敬其君，然心實薄之。曰『是何足與言仁義』，此不敬之大者也。」附《存疑》：孟子辭疾出弔，是欲使齊王知其非疾。使問醫來，正可達齊王之機也。孟仲子乃權辭以對，又使人要請造朝以實己言，如此彌縫，則孟子一段意思竟不得達於齊王，其心良亦苦矣，故不得已而之景丑氏宿焉。蓋景子齊臣，看其家，欲使齊王知其非疾，即前出弔之意也。看來孟仲子全無見識，與公孫丑都是一般人。愚謂得天下英才而教育，孟子猶不得如意，正爲是也。〇君臣、父子、夫婦、長幼、朋友五者，皆是人之大倫。獨舉父子、君臣者，君臣一倫，正是所論之事，以父子一倫與並言也。〇《淺說》：父慈子孝而相愛以恩，君禮臣恭而相與以敬。〇《存疑》：「惡！是何言也」，言謂我爲不敬王，此言是何言也。正以己非不敬王也，遂言己之敬王處。〇堯舜之道，仁義而已，故上曰仁義，下曰堯舜之道。

景子曰：「否，非此之謂也。禮曰：『父召，無諾；君命召，不俟駕。』固將朝也，聞王命而遂不果，宜與夫禮若不相似然。」夫，音扶，下同。

禮曰：「父命呼，唯以水反。而不諾。」又曰：「君命召，在官不俟屨，官謂朝內。在外不俟車。」並出《禮記·玉藻》篇。言孟子本欲朝王，而聞命中止，似與此禮之意不同也。附《存疑》：「否，非此之謂也」，言我謂子不敬王，非不與言仁義之謂也。禮曰云云，固將云云，以是爲不敬也。〇《淺說》：景子此言，蓋以人臣之常禮律孟子，而不知賓師不與臣同也。

曰：「豈謂是與？曾子曰：『晉楚之富，不

可及也。彼以其富，我以吾仁；彼以其爵，我以吾義，吾何慊乎哉？』夫豈不義而曾子言之？是或一道也。天下有達尊三：爵一，齒一，德一。朝廷莫如爵，鄉黨莫如齒，輔世長民莫如德。惡得有其一，以慢其二哉？與，平聲。慊，口簟反。長，上聲。

慊，恨也，少也。或作嗛，字書以爲口銜物也。然則慊亦但爲心有所銜之義，其爲快、爲足、爲恨、爲少，則因其事而所銜有不同耳。孟子言我之意，非如景子之所言者。因引曾子之言，而云夫此豈是不義，而曾子肯以爲言，是或別有一種上聲。道理也。達，通也。蓋通天下之所尊，有此三者。曾子之說，蓋以德言之也。今齊王但有爵耳，安得以此慢於齒德乎？朱子曰：「達尊之說，達，通也。三者不相值，則各伸其尊而無所屈。一或相值，則通視其重之所在而致隆焉。故朝廷之上，以伊、周之忠聖耆老，而祗奉嗣王，左右孺子，不敢以其齒德加焉。至論輔世長民之任，則太甲、成王固拜手稽首於伊、周之前矣。其迭爲屈伸，以致崇極之義，不異於孟子之言也。故曰『通視其重之所在而致隆焉』，惟可與權者知之，爵也，齒也。蓋有偶然而得之者，是以其尊施於朝廷者，則不及於鄉黨；施於鄉黨者，則不及於朝廷。而人之敬之也，亦或以貌而不以心，惟德得於心，充於身，刑於家，推於鄉黨，而達於朝廷者也。曾子曰：『彼以其富、其爵，我以吾義、吾仁。』子思曰：『事之云乎，豈曰友之云乎？』孟子曰：『惡得有其一，以慢其二哉？』師弟子間意見之相合固如此。」○雙峰饒氏曰：「景子之言，是人臣事君之常。孟子之言，是人君尊賢之道。」○東陽許氏曰：「仁者循理樂天安貧守分，故不知彼之富。義者審度事宜進退有制，故不羨彼之爵富。只在彼爵可加我，故用仁義字不同。」附《存疑》：「豈謂是」，是字指景子所說言，以孟子之不赴召爲不敬，景子之所言也。「豈謂是者」，言我之意，豈說道如子之所言也。蓋子之言以我不當不赴王之召，我之意則以王不當召我也。「曾子曰」以下至「惡得有其一，以慢其二哉」，正是說不當召己之意。然其意猶未甚顯。至「故將大有爲之君」以下三條，則意思明白說出矣。至「管仲且猶不可召，而況不爲管仲乎」，則圭角盡露矣。○引曾子之言，既曰「夫豈不義而曾子言之」，是或一道也，則「天下有達尊三」以下，當是解曾子所言之意。蓋曰「朝廷莫如爵，輔世長民莫如德」，德便是仁義，此所以不慊於彼也。大意是如此。○《蒙引》：「朝廷莫如爵」，故爵爲一達尊。「鄉黨莫如齒」，故齒爲一達尊。「輔世長民莫如德」，故德爲一達尊。三句所以申上爵齒德，所以爲天下之達尊耳，非是又添隨所在而致隆一意也。若說隨所在而致隆，則所謂「惡得有其一以慢其二哉」者。孟子於齊，又豈有鄉黨之分哉？隨所在而致隆之說，不是正議，是議論詞。○「惡得有其一，以慢其二哉」，此句接上文。當過文云，夫天下三達尊，今齒德二者皆在我，而齊王僅有爵耳。「惡得有其一以慢其二哉」，只是以一二較多寡而爲屈伸，不復拘於朝廷鄉黨與輔世長民矣。尤見得「朝廷莫如爵」三句只是申明其所以爲天下之達尊，而無隨所在而致隆之意。○《淺說》：「彼以其富，我以吾仁」，仁則體無不具，用無不周，亦極天下之至富也。「彼以其爵，我以吾義」，義不屈於萬物之下，而當伸於萬物之上，亦極天下之至貴也。是彼非有餘，而我非不足也，吾何慊於彼哉。○《蒙引》：「彼以其富，我以吾仁，吾何慊乎哉」，其詞只兩平，其意則重在仁義。蓋富爵之與仁義，自是抵對不過。○輔世對御世者言，如「五百年必有王者興，其間必有名世者」，王者便是御世者，名世便是輔世者。就人臣之分言，故不曰治世而曰輔世。長民，長，治也，君長之長。自天子至士大夫皆說得長民，非長育之長也。

故將大有爲之君，必有所不召之臣。欲有謀焉，則就之。其尊德樂道，不如是不足與有爲也。樂，音洛。

大有爲之君，大有作爲，非常之君也。程子曰：「古之人所以必待人君致敬盡禮而後往者，非欲自爲尊大也，爲去聲。是故耳。」雙峰饒氏曰：「『不如是』，指『謀焉則就之』。」

附《存疑》：德以人之所得言，道即其所得者也。德如心，道如性。○《淺說》：「必有所不召之臣」，非有是君則有是臣之說也。要主人君言，亦不必說君不召於臣，只把必有所不召之臣還他，猶言必有所尊禮之臣云。其實不召乎臣，即便有所不召之臣也。

故湯之於伊尹，學焉而後臣之，故不勞而王；桓公之於管仲，學焉而後臣之，故不勞而霸。

先從受學，師之也。後以爲臣，任之也。雙峰饒氏曰：「何處見得學而後臣？蓋學師之臣相之也。觀尹之辭，無所遜於湯；桓之於管，一則曰仲父，二則曰仲父，亦可見師之之意。」附《存疑》：湯之於伊尹，桓公之於管仲，學焉而後臣之，尊德樂道也。不勞而王伯者，足與大有爲也。○《淺説》：「學焉而後臣之」，不必泥先後字及臣字，只是尊禮而且委任之耳。不是先之以爲師了，然後以之爲臣也。臣字不是卑之之詞，亦不重臣字。

今天下地醜德齊，莫能相尚。無他，好臣其所教，而不好臣其所受教。好，去聲。

醜，類也。尚，過也。所教，謂聽從於己，可役使者也。所受教，謂己之所從學者也。附《存疑》：地醜，言無一人能辟土地。德齊，言無一人能奮發有爲。故曰「莫能相尚」。好臣其所教，不好臣其所受教，於學焉而後臣者異矣，此所以不足與有爲而莫能相尚也。○《蒙引》：德齊之德，以所就功業言。李斯云：「王者不却衆庶，故能成其德。」

湯之於伊尹，桓公之於管仲，則不敢召。管仲且猶不可召，而況不爲管仲者乎？」

不爲管仲，孟子自謂也。慶源輔氏曰：「不爲管仲，孟子到此不得已而直言之。不如是，則公孫丑之徒終不足以知此義也。」范氏曰：「孟子之於齊，處上聲。賓師之位，非當仕有官職者，故其言如此。」問：「賓師如何？」朱子曰：「當時有所謂客卿是也。大概尊禮之而不居職任事，但召之則不往。」○新安陳氏曰：「若當仕有官職，乃可以其官召之耳。」○此章見賓師不以趨走承順爲恭，而以責難陳善爲敬；新安陳氏曰：「恭見於外貌者，故於趨走承順言之。敬存於中心者，故於責難陳善言之。」人君不以崇高富貴爲重，而以

貴德尊士爲賢，則上下交而德業成矣。南軒張氏曰：「孔子膰肉不至而去魯，不知者以爲爲肉，知者以爲爲無禮，皆非知孔子者。孟子不朝而出弔，不知者或以爲要君，知者則以爲太甚矣。公孫仲子以門人近屬，猶不克知，何怪於景丑乎。將朝，禮也。聞王託疾之言而不往，義也。明日出弔，欲王深惟其故，取瑟意也。使仲子知孟子之心，則告之曰：昔者疾，今日愈而出弔矣。豈不正大，而何必爲是紛紛哉？王託疾要賢，邪志也。孟子方引以當道，可徇其邪志乎？孟子知人皆可爲堯舜，故以堯舜事望王。若以僕僕共命爲敬，則僕妾服役之事耳。孟子於公孫仲子告之不詳，二子學者也，欲其深省而自識。於景子陳義明著如此，景子大夫也，庶幾其有以啓悟王心焉。初不可召而後爲卿於齊，何也？王始不能如湯之於伊尹，猶望其感悟於終也。賢者伸縮變化，皆有深意存焉。」〇慶源輔氏曰：「天地交而後萬物遂，上下交而後德業成，此自然之理也。世衰道微，君不知下賢，惟知恃勢以驕賢者；下不知自重，惟知自屈以諂時君。上日驕而下日諂，上下之情，扞格而不接，德之與業，渙散而無成。天下日趨於亂而世俗猶以孟子爲迂闊，亦可悲矣。」〇新安陳氏曰：「上下之交，惟不苟合，然後可合耳。」附《蒙引》：天道下濟，地道上行，天地交而造化成。故人君常患於亢，而人臣常患其卑。

〇陳臻問曰：「前日於齊，王餽兼金一百而不受；於宋，餽七十鎰而受；於薛，餽五十鎰而受。前日之不受是，則今日之受非也；今日之受是，則前日之不受非也。夫子必居一於此矣。」

陳臻，孟子弟子。兼金，好金也，其價兼倍於常者。一百，百鎰音逸。也。附《蒙引》：重在非字上。〇夫子必居一於此矣，謂不免於一不是也。

孟子曰：「皆是也。

皆適於義也。慶源輔氏曰：「陳臻則就事迹校量，孟子則以義禮斷制。」附《存疑》：此章與孟子居鄒，季任爲任處守章一般。以此看禹、稷、顔回同道，益明白矣。〇《蒙引》：主於義言，故曰皆是，不必說出皆是義也。惟其皆適於義，故得爲皆是。陳臻之問只有是字，無義字。

當在宋也，予將有遠行。行者必以贐，辭曰：『餽贐。』予何爲不受？贐，徐刃反。

贐，送行者之禮也。

當在薛也，予有戒心。辭曰：『聞戒。』故爲兵餽之，予何爲不受？爲兵之爲，去聲。

時人有欲害孟子者，孟子設兵以戒備之。薛君以金餽孟子，爲兵備。辭曰「聞子之有戒心也」。有其辭，則義可受矣。附《蒙引》：當時列國各有封疆之界，一出薛之關，則非薛之令所能行矣。故薛君之於孟子，只得以金爲之兵備。○顧麟士曰：「必以贐，可受也。爲兵餽，亦可受也。曰『餽贐』，曰『聞戒』，辭而已矣，似反不甚重。」○辭只說聞子有戒備不虞之心，餽金意頗未出，故又自補爲兵一句。○上曰餽贐，可接「受」字，此止曰聞戒，不可接「受」字，故補曰「故爲兵餽之」。然「故爲兵餽之」自對「行者必以贐」句，亦倒裝文法。

若於齊，則未有處也。無處而餽之，是貨之也。焉有君子而可以貨取乎？」焉，於虔反。

無遠行戒心之事，是未有所處上聲。也。未有所處，則無辭而義不可受矣。取，猶致也。朱子曰：「取是羅致之意，輕受之，便是被他以貨賄籠絡了。」問：「處事是處物爲義之處否？」曰：「是。」○南軒張氏曰：「人於不當受而受，其動於物固也。當受不受，亦是爲物所動。何則？以其蔽於物而見物之大也。聖賢從容不迫，惟義之安，外物何有焉。物有大小，義之所在一耳。」○新安陳氏曰：「孟子辭受從容，惟義之安。陳臻欲辭則皆辭，受則皆受，而不知隨事以酌其義，固哉。」附《蒙引》：「處」字一說是孟子無所處，一說是齊王之餽無所處。然以上文「予將有遠行」、「予有戒心」照之，則是孟子未有處也。○《存疑》：未有處之處，是處物爲義之處。凡事當於義，是有所處。若於義無當，是無處也。今人作事，必云處得停當，可見處字意。○以貨與人而曰貨之者，猶市廛取稅而曰廛也，皆是死字作活字用。○《蒙引》：兩貨字皆是活字。

尹氏曰：「言君子之辭受取予，通作與。唯當去聲。於理而已。」慶源輔氏曰：「孟子於此無予，尹氏併予言之者，學者觀此，非特可知辭與取之義，亦可知所予矣。」

○孟子之平陸。謂其大夫曰：「子之持戟之士，一日而三失伍，則去之否乎？」曰：「不待三。」去，上聲。

平陸，齊下邑也。大夫，邑宰也。戟，有枝兵也。《通考》趙氏悳曰：「雙枝曰戟。單枝曰戈。」士，戰士也。伍，行音杭。列也。去之，殺之也。附《達説》：失伍，就行師之時言。若平時訓練，即一不在伍，亦未至於殺也。○《蒙引》：下邑，屬邑也。如云管下。○枝，旁枝也。如鎗只直刃而無旁枝。《論語》「謀動干戈於邦内」，注：「戈，戟也。」以其一類也。

「然則子之失伍也亦多矣。凶年饑歲，子之民，老羸轉於溝壑，壯者散而之四方者，幾千人矣。」曰：「此非距心之所得爲也。」幾，上聲。

子之失伍，言其失職，猶士之失伍也。距心，大夫名。對言此乃王之失政使然，非我所得專爲也。雙峰饒氏曰：「凶年説得闊，如水旱疾疫之類。饑歲，只是五穀不熟。」附《蒙引》：溝壑，溝長壑深皆有水者。

曰：「今有受人之牛羊而爲之牧之者，則必爲之求牧與芻矣。求牧與芻而不得，則反諸其人乎？抑亦立而視其死與？」曰：「此則距心之罪也。」爲，去聲。死與之與，平聲。

牧之，養之也。牧，牧地也。芻，草也。孟子言若不得自專，何不致其事而去。

他日，見於王曰：「王之爲都者，臣知五人焉。知其罪者，惟孔距心。」爲王誦之。王曰：「此則寡人之罪也。」見，音現。爲王之爲，去聲。

爲都，治邑也。邑有先君之廟曰都。《左傳》：莊公二十八年，築郿，非都也。凡邑有宗廟先君之主曰都。無曰邑，邑曰築。都曰城。《周禮》：「四縣爲都，四井爲邑。」然宗廟所在，雖邑曰都，尊之也。孔，大夫姓也。爲王誦其語，所以風去聲。曉王也。附《蒙引》：「臣知五人焉」，知，識也。○「爲王誦之」，此句記述之言，非孟子曰「爲王誦之」也。若曰「請爲王誦之」，則可。然下文須費辭。○「邑有先君之廟曰都」，蓋其邑嘗爲先君所都，後遷之他，乃只爲邑，故猶有廟在而稱都也。不然均是邑也，何此有廟而彼獨無廟耶？○《語類》曰：「看來古之王者嘗爲都處便自有廟，太王廟在岐，文王廟在豐。武王祭太王則于岐，祭文王則于豐。『王朝步自周，至于豐』，是自鎬至豐，以告文王廟也。又如晉獻公使申生祭于曲沃。武公雖自曲沃入晉，而其君之先廟則仍在曲沃。」○顧麟士曰：「爲都，治邑，恐亦是大概語。邑有先君之廟曰都，雖都字一解，然不應執定以證此處也。不然，必如《大全》、《蒙引》、《語類》諸說，何得齊先君廟遽有五處，而一時治者皆孟子之所識耶？」○《語類》又云：「王之爲都，又恐是都鄙之都。《周禮》：『四縣爲都。』」則朱子已不執定「邑有先君之廟曰都」一句。陳氏曰：陳氏名暘，字晉臣，三山人。「孟子一言而齊之君臣舉知其罪，固足以興邦矣。然而齊卒不得爲善國者，豈非説音悦。而不繹，從而不改故耶？」慶源輔氏曰：「孟子一言而齊之君臣舉知其罪者，理明辭達，長於譬喻，而能感發於人故也。然齊之君臣，雖知其罪而終不能改繹者，志小氣輕。志小則易足，蓋原不曾有大底規模。氣輕則多率，多率則凡事説過便休。都無那自訟自責之意。如此則何緣會改？」○雲峰胡氏曰：「齊之君臣，一時聞孟子之言皆知其罪，天理之乍明也。終於不改，人欲錮之也。」附《蒙引》：陳氏曰「孟子一言」云云，按悦不繹，從不改，意在齊王，不必兼距心。若繹而改之，不得自專，則致其事而去耳，何關於齊之爲善國也。

○孟子謂蚳鼃曰：「子之辭靈丘而請士師，似也，爲其可以言也。今既數月矣，未可以言與？」蚳，音遲。鼃，烏花反。爲，去聲。與，平聲。

蚳鼃，齊大夫也。靈丘，齊下邑。似也，言所爲近似有理。可以言，謂士師近王，得以諫刑罰之不中去聲。者。《通考》趙氏悳曰：「《周禮》：『王以五戒，先後刑罰，毋使罪麗於民。一曰誓，用之軍旅。二曰誥，用之會同。三曰禁，用諸田役。四曰糾，用諸國中。五曰憲，用諸都鄙。』先後，猶左右也。」

蚳鼃諫於王而不用，致爲臣而去。

致，猶還也。

齊人曰：「所以爲蚳鼃，則善矣；所以自爲，則吾不知也。」爲，去聲。

譏孟子道不行而不能去也。附《蒙引》：孟子謂蚳鼃曰「子之辭靈丘」云云「以言歟」，只是使之諫，及至諫於王而不用致爲臣而去，此乃蚳鼃自行其志也。如何見得孟子爲蚳鼃也？曰：不必如此，蓋有言責者必言，不得其言則去，此自古士人去就之律令然也。孟子使鼃言，鼃既言時，便是自如此擬斷了。用則留，不用則去，豈復有餘法哉。況孟子云「今既數月矣，未可以言與」，其意便是謂苟不得言，便當去耳。亦可見蚳鼃之去，亦孟子之爲之也。

公都子以告。

公都子，孟子弟子也。

曰：「吾聞之也：有官守者，不得其職則去；有言責者，不得其言則去。我無官守，我無言責也，則吾進退，豈不綽綽然有餘裕哉？」

官守，以官爲守者。言責，以言爲責者。綽綽，寬貌。裕，寬意也。孟子居賓師之位，未嘗受祿。故其進退之際，寬裕如此。南軒張氏曰：「孟子異乎蚳鼃，故得從容不迫，陳善閉邪，以俟王之改，可徐處乎進退之宜也，然卒致爲臣而歸。誠意備至，啓告曲盡，而王終莫悟，則有去之而已。然三宿出晝，猶庶幾王之改，終從容不迫也，豈悻悻者能識之。」○慶源輔氏曰：「距心有官守，蚳鼃有言責。鼃雖未自以爲罪，然諫不行能去。距心雖知其罪，然如是而止，不聞其能去也。鼃賢於距心矣。」○雙峰饒氏曰：「餘裕，是寬緩不迫之意。賓師從容規諷，以漸而入，如今朋友相似。少焉不入，亦當去，但寬得些子。不如那有官守言責者，恁地逼迫，不得其職，不得其言，則目下便著休。」或疑孔子不脱冕而行，與孟子之説不同。曰：「正是一般。蓋孔子有去志久矣，但去得不恁地逼迫，後來膰肉不至，方不脱冕而行。且如衛靈公，可謂無道，然亦以賓禮待孔子，故孔子在衛極多時。後來却因問陳，明日遂行，亦是久有去志，因此遂行耳。」尹氏曰：「進退久速，當去聲。於理而已。」雲峰胡氏曰：「《集註》前引尹氏言：『君子之辭受取予，惟當於理而已。』此又引其言曰：『進退久速，當於理而已。』蓋天理人欲之幾，最不可不辨。當辭而辭，是天理，受即非矣。可久而久，是天理，速即非矣。如此則當於理，不如此則涉於欲，故惟聖人能審其幾焉。」附《蒙引》：「我無官守」云云，此孟子最高處。蓋自見王於崇，退而有去志，便商量此一着了，非常法也。○此時未嘗爲卿於齊。

○孟子爲卿於齊，出弔於滕，王使蓋大夫王驩爲輔行。王驩朝暮見，反齊滕之路，未嘗與之言行事也。蓋，古盍反。見，音現。

蓋，齊下邑也。王驩，王嬖臣也。輔行，副使去聲，下同。也。反，往而還也。行事，使事也。慶源輔氏曰：「使事，謂弔祭之禮，邦交之儀，凡禮文制數，皆是。」附《存疑》：事兼儀文器數。升降揖遜往來交際之類，儀文也。筐篚玉帛之類，器數也。

公孫丑曰：「齊卿之位，不爲小矣；齊滕之路，不爲近矣。反之而未嘗與言行事，何也？」曰：「夫既或治之，予何言哉？」夫，音扶。

王驩蓋攝卿以行，故曰齊卿。夫既或治之，言有司已治之矣。孟子之待小人，不惡而嚴如此。南軒張氏曰：「孟子雖爲卿而實賓師也，則夫禮文制數，固可付之於有司。是王驩雖曰輔行，然齊王之意，特欲藉孟子以爲重，有司之事不敢以煩，而驩則行之也。孟子特統其大綱於上，而驩則共其事於下。若驩於事上之禮有失邦交之儀，有曠，則孟子固不免有言以正其事之失也。彼既或治之，未見有可正之事，則亦烏用有言哉？」○慶源輔氏曰：「『夫既或治之』，正答公孫丑『未嘗與之言行事』一句。孟子言使事有司既已治之而得其宜矣，自不須更與王驩言也。只此句，便見孟子之待小人不惡而嚴之意。使有司不能治其事，於禮儀制數有曠闕不齊整處，而孟子固不與驩言而正之，則非所謂不惡矣。今有司既已能治辦其事，而猶與之言，則便有徇之之意，而不可謂之嚴矣。然自常情觀之，孟子之不與驩言，不以爲惡之而不欲與之言，則以爲易之而不足與之言矣。夫惡之而不欲與之言，則隘。易之而不足與之言，則忽。隘與忽，孟子無是心也。但言有司既已能治辦其事而不與之言，則亦是順理之事，而其中自有不惡而嚴之意耳。故愚嘗謂，君子之待小人，有正己而無屈意，有容德而無過禮，惡惡之心雖不能無，然亦不爲已甚之疾也。」〇新安陳氏曰：「『君子以遠小人，不惡而嚴』，《易·遯卦·大象傳》文。孟子於王驩不欲與言，於弔公行子亦可見。今答丑不過平平説，所以不與言之意，未始及也，蓋欲使丑自悟耳。」〇治之，朱子以爲有司，南軒以爲驩正是治之者。《附纂》黄氏洵饒曰：「孟子爲卿於齊，待小人不惡而嚴如此。」〇《易》曰：「天下有山，遯。君子以遠小人，不惡而嚴。」程注曰：「遠小人之道者，以惡聲厲色適足以致其怨怒，惟在乎矜莊威嚴，使知敬畏，則自然遠矣。」附《蒙引》：前章注孟子之於齊，處賓師之位，下有問賓師如何，朱子曰：「當時有所謂客卿是也，大概尊禮之而不居職任事，召之則不往。」今此爲卿於齊，難説全是客卿。又後章注曰：「我前日爲卿，嘗辭十萬之禄」，則是實爲卿，但不受其禄，以示齊王非利富貴耳。若全説是客卿，則不居職任事，況可使爲我出弔乎？召之且不往，況實使之乎？不必全説是客卿。但與他卿終是不同，爲不受禄也，故又曰「仕而不受禄」。就仕上見得不全是客卿，不受禄上見得不全是齊卿。〇公孫丑此章之問，與《論語》「子奚不爲政」之問略同。孟子、孔子，當時皆有難顯言者，皆是託詞以告之。〇大注有司不指王驩。若是驩，朱子何故又云有司。且驩既號齊卿，則又難以有司目之。惟南軒以爲驩是各自爲説，非解有司以爲驩也。〇朱子是於「或」字生出「有司」字。〇《存疑》：以「子入太廟，每事問」觀之，使事雖有人治，亦不嫌問。此云然者，託詞爾。

〇孟子自齊葬於魯，反於齊，止於嬴。充虞請曰：「前日不知虞之不肖，使虞敦匠事。

嚴，虞不敢請。今願竊有請也，木若以美然。」

孟子仕於齊，喪去聲。母，歸葬於魯。嬴，齊南邑。今泰山嬴縣。充虞，孟子弟子，嘗董治作棺之事者也。嚴，急也。木，棺木也。以、已通。以美，太美也。附《蒙引》：「董治」，董，督也，非自治也。

曰：「古者棺椁無度，中古棺七寸，椁稱之。自天子達於庶人。非直爲觀美也，然後盡於人心。稱，去聲。

度，厚薄尺寸也。中古，周公制禮時也。椁稱之，與棺相稱也。欲其堅厚久遠，非特爲人觀視之美而已。直，但也。○慶源輔氏曰：「人子之喪親，所以爲之棺椁者，蓋欲其堅厚以歷久遠而已，非是欲爲人觀視之美也。蓋必如此，然後於人心爲盡耳。『盡於人心』，此一句須當自體之。若後世之厚葬，却只是欲爲人觀美之故也。」○古者棺椁無度，想只是過於厚，觀《易》，喪葬取之大過可見。至周公制禮時，始爲七寸之制也。棺七寸，則椁亦七寸也。○雙峰饒氏曰：「周七寸只如今四寸許。」附《存疑》：「古者棺椁無度」一條，是説先王之制，以解「木若以美」之疑。「古之人皆用之，吾何爲獨不然」條，是説己所以美其木之意。得之，正指先王之制。有財，言力可爲。蓋制雖得爲而財不足，亦不能如制，故並言之。「且比化者」條，是説用之正，欲無使土親膚，自盡其心也。曰「於人心獨無恔乎」，應上文「然後盡於人心」句。曰「盡於人心」，曰「悦」，曰「恔」，都是一意。此心必盡，然後悦。法制所不當得，不能盡其心，不悦也。法制當得而財不足，不能盡其心，不悦也。得之、有財而用之，無使土親膚，然後此心始盡始悦。恔即悦也。

不得，不可以爲悦。無財，不可以爲悦。得之爲有財，古之人皆用之，吾何爲獨不然？

不得，謂法制所不當得。得之爲有財，言得之而又爲有財也。或曰：「爲當作而。」慶源輔氏曰：「不得、得之，汎説葬禮。如重累之數，牆翣之飾，既有定制，則不可得以爲悦，非獨指棺椁而言也。」

且比化者，無使土親膚，於人心獨無恔乎？

比，必二反。恔，音效。

比，猶爲去聲，下同。也。化者，死者也。恔，快也。言爲死者不使土親近其肌膚，於人子之心，豈不快然無所恨乎？附《蒙引》：「無使土親膚」，即是上文注中所謂「堅厚久遠」者。其所以以此爲盡心，以此爲悦者，其歸在於無使土親膚而已。○「且比化者」一條，不是别一段意，即上文「然後盡於人心」也。蓋得之爲有財而遂用之者，正謂無使土親膚耳。尋常説者泥着「且」字，遂爲更端之語，非矣。「且」是發語辭，其實一意相發。

吾聞之也，君子不以天下儉其親。」

送終之禮，所當得爲而不自盡，是爲去聲。天下愛惜此物，而薄於吾親也。問「不以天下儉其親」。朱子曰：「以，猶爲也。不爲天下惜棺椁之費而儉於其親也。王氏《中説》記太原府君之言，一布被二十年不易，曰『無爲費天下也』。文意略與此同。」○吕氏曰：「注云『所當得爲而不自盡』，則便是倒行逆施，不順理底。於所厚者薄，則無所不薄矣。墨子之葬以薄爲道者，即是此意。」○新安陳氏曰：「此章當味『盡於人心』及『悦』與『恔』字。人子事親，至葬而終。凡附於身與棺，必誠必信，勿之有悔焉。蓋不如是無以盡於吾心，不爲悦、不爲恔也。必悦且恔，然後於心爲盡。不得爲而僭爲，與可爲而不爲，皆非盡於人心。」曰：「不得不可以爲悦，則制不得爲者，決不敢過。」曰：「得之有財，何獨不然？則力所能爲者，亦何忍於不及。厚所當厚而不儉於親，無非天理也。盡於人心，盡天理而已矣。」附《蒙引》：「此物」二字，不專指棺椁，是泛説也。且曰「吾聞之」，即此一古語也。安得知古語是爲棺椁説耶？或兼生事葬祭耳。

○沈同以其私問曰：「燕可伐與？」孟子曰：「可。子噲不得與人燕，子之不得受燕於子噲。有仕於此，而子悦之，不告於王而私與之吾子之禄爵；夫士也，亦無王命而私受之於子，則可乎？何以異於是？」伐與之與，平聲；下伐與、殺與同。夫，音扶。

沈同，齊臣。以私問，非王命也。子噲、子之，事見形甸反。下一節，解見音同。前篇。諸侯土地人民，受之天子，傳之先君。私以與人，則與者受者皆有罪也。仕，爲官也。士，即從仕之人也。慶源輔氏曰：「沈同問燕可伐否耳，固不問以齊伐燕爲如何也。若是以王命來問，孟子必當詳告之，不但曰可而已也。」○注云「與者受者皆有罪」，謂不由其道，妄取妄予，如子噲、子之之徒者。由其道則三聖之授受，乃先天而天弗違之事，不可以罪言也。附《存疑》：沈同之問，或以己意，或齊王陰使之，皆不可知。然以下文「彼然而伐之」語觀之，其事必成於孟子之言也。

○齊人伐燕。或問曰：「勸齊伐燕，有諸？」曰：「未也。沈同問：『燕可伐與？』吾應之曰『可』，彼然而伐之也。彼如曰：『孰可以伐之？』則將應之曰：『爲天吏，則可以伐之。』今有殺人者，或問之曰：『人可殺與？』則將應之曰『可』。彼如曰：『孰可以殺之？』則將應之曰：『爲士師則可以殺之。』今以燕伐燕，何爲勸之哉？」

天吏，解見上篇。言齊無道，與燕無異，如以燕伐燕也。《史記》亦謂孟子勸齊伐燕，蓋傳聞此說之誤。○楊氏曰：「燕固可伐矣，故孟子曰可。使齊王能誅其君，弔其民，何不可之有？乃殺其父兄，虜其子弟，而後燕人畔之。乃以是歸咎孟子之言，則誤矣。」朱子曰：「孟子言伐燕處有四。燕父子君臣如此，固有可伐之理，然孟子不曾教齊不伐，亦不曾教齊必伐，但曰『惟天吏，則可以伐之』。」○或謂孟子於沈同之問，曷爲不盡其辭以告之。曰：「沈同固非能伐燕者，且其以私來問，又不言齊之將伐燕也，則直以可伐之理告之，足矣。若遂探其情而預設辭以伐之，則是猜防險詖之私爾，豈所謂聖賢之心哉。且齊雖無道，若能拯燕之遺民於水火之中，而無殺戮繫累之暴，則其伐之也，亦何爲而不可哉？」○雙峰饒氏曰：「惟士師則可以殺有罪之人，泛泛如何可以擅殺？

惟天吏可以伐無道之國，諸侯如何可以擅相征伐？天吏，天所命者。士師，君所命者。天吏以其有道，故天命之征伐，如湯、武是也。沈同安曉此理，但知人之可伐，而不知己之不可伐人。」附《存疑》：未也只作未曾説。《蒙引》謂「未有其機，故曰未也，而不曰無之」，非是。○《蒙引》：「今有殺人者，或問之曰『人可殺與』」，兩「人」字不同，下一「人」字，是殺人之人也。

○燕人畔。王曰：「吾甚慚於孟子。」

齊破燕後二年，燕人共立太子平爲王。平即昭王。附《蒙引》：前諸侯將謀救燕，則曰「宣王曰」，此但言「王曰」，疑是湣王也。蓋著書時湣王未卒，無謚可稱也。

陳賈曰：「王無患焉。王自以爲與周公，孰仁且智？」王曰：「惡！是何言也？」曰：「周公使管叔監殷，管叔以殷畔。知而使之，是不仁也；不知而使之，是不智也。仁智，周公未之盡也，而況於王乎？賈請見而解之。」惡、監，皆平聲。

陳賈，齊大夫也。管叔，名鮮，武王弟，周公兄也。武王勝商殺紂，立紂子武庚，而使管叔與弟蔡叔、霍叔監其國。武王崩，成王幼，周公攝政。管叔與武庚畔，周公討而誅之。附《蒙引》：陳賈意只要坐不智與周公，故下文又云「周公知其將畔而使之與？曰不知也」。賈斷曉不是知其將畔而使之，亦斷曉得孟子不以爲是知其將畔而使之。

見孟子問曰：「周公何人也？」曰：「古聖人也。」曰：「使管叔監殷，管叔以殷畔也，有諸？」曰：「然。」曰：「周公知其將畔而使之與？」曰：「不知也。」「然則聖人且有過與？」曰：「周公，弟也；管叔，兄也。周公之過，不亦宜乎？與，平聲。

言周公乃管叔之弟，管叔乃周公之兄，然則周公不知管叔之將畔而使之，其過有所不免矣。或曰：「周公之處上聲，下同。

管叔，不如舜之處象何也？」游氏曰：「象之惡已著，而其志不過富貴而已，故舜得以是而全之。若管叔之惡則未著，而其志其才皆非象比也，周公詎忍逆探平聲。其兄之惡而棄之邪？周公愛兄，宜無不盡者。管叔之事，聖人之不幸也。舜誠信而喜象，周公誠信而任管叔，此天理人倫之至，其用心一也。」程子曰：「象憂亦憂，象喜亦喜，蓋天理人情於是爲至。舜之於象，周公之於管叔，其用心一也。夫管叔未嘗有惡也，使周公逆知其將叛，果何心哉？惟管叔之叛非周公所能知，則其過有所不免矣。故孟子曰：『周公之過，不亦宜乎。』」○問：「周公誅管叔，自公義言之，其心固正大直截；自私恩言之，其情終有不自滿處。所以孟子謂『周公之過不亦宜乎』者，以此。」朱子曰：「周公豈得已爲此哉？莫到恁地較好。胡氏云：『象得罪於舜，故封之。管蔡流言將危周公，以間王室，得罪於天下，故誅之。非周公誅之，天下之所當誅，周公豈得而私之哉？舜處其常，周公處其變，此聖人所以同歸於道也。』」○慶源輔氏曰：「周公不忍料兄之惡而使之，故不免有過。是以孟子亦言『周公之過不亦宜乎』，不説周公無過也。」○雲峰胡氏曰：「『詎忍逆探其兄之惡而棄之』，此一句最是得周公之用心。舜之心誠信而喜象，不忍逆以其弟爲詐，舜爲兄之道盡矣；周公之心誠信而任管叔，不忍逆以其兄爲叛，周公爲弟之道盡矣，故曰『此天理人倫之至』。人倫之至，人倫即是天理。特分而言之，天理其自然者，人倫其當然者爾。」《附纂》：逆，先也。附《蒙引》：必求無過，必須逆探其兄之惡而棄之矣。然則孰與有過之爲愈乎？蓋有過之過小，無過之過大也。此等過，真是聖人之不幸而已，何可求免也。○《存疑》：周公之過，當有不當無。周公而無過，則所得者小而所失者大。惟當論其大，不必録其小，是其無過適所以爲過也。周公而有過，則所失者小而所得者大。惟當取其大，而不必計其小，是其有過正所以免過也。此周公之過，所以爲宜，與舜之信象，同一天理人倫之至。○周公果是不知其將叛而使之，蓋愛兄之心蔽之也。若謂本知其將叛，但不忍以不仁待兄而姑使之，是以惡養天倫，若莊公之於叔段，其不仁甚矣。○

過本不當有，亦有當有時，若周公之於管叔是也。蓋事有重於此者。此處彷彿似孔子曰「丘也幸，苟有過，人必知之」意。周公以兄弟而受不智之過，孔子以君臣而受黨惡之過。然周公之過，初不自知；孔子之過，分明知，此其不同也。

且古之君子，過則改之；今之君子，過則順之。古之君子，其過也，如日月之食，民皆見之；及其更也，民皆仰之。今之君子，豈徒順之，又從而爲之辭。」更，平聲。

順，猶遂也。更，改也。辭，辯也。更之則無損於明，故民仰之。順而爲之辭，則其過愈深矣。責賈不能勉其君以遷善改過，而教之以遂非文去聲。過也。新安陳氏曰：「孟子窺賈爲君文過之心於不言之表而責之。」附《蒙引》：新安陳氏注云：「孟子窺賈爲君文過之心於不言之表而責之」，亦有斟酌分曉。孟子責陳賈意亦微微説。今之君子，不必説指賈，亦不必説指王，只是泛論而寓責賈之意於不言之表。聖賢是甚次第？爲見賈特地撰出此議論於他面前講，必有箇來頭，心是恁度他，故綴以此語，其實未知其爲王解燕人畔之慙也。○顧麟士曰：「此節只連過字帶下，閑論一番，而大指自見。大段則言古今人不特其過不相及，處過亦不相及也。」○《存疑》：於「過則改之」上，又説箇無隱諱意。於「過則順之」下，又説箇爲之辭意。總是即上兩句意而充拓之也。○《蒙引》：「其過也」與「及其更也」相對，皆就君子身上説。民皆見之，民皆仰之，亦全就君子身上説。「民皆仰之」句内，即説有如日月之食而復其明者意。○林氏曰：「齊王慙於孟子，蓋羞惡去聲。之心，有不能自已者。使其臣有能因是心而將順之，則義不可勝平聲。用矣。而陳賈鄙夫，方且爲去聲。之曲爲辯説，而沮在呂反。其遷善改過之心，長上聲。其飾非拒諫之惡，故孟子深責之。然此書記事，散出而無先後之次，故其説必參考而後通。若以第二篇十章齊人伐燕勝之章。十一章，齊人伐燕取之章。置之前章之後，此章之前，則孟子之意，不待論説而自明矣。」南軒張氏曰：「周公於管叔親愛之而不知其將畔，其過也宜矣。賈爲君文過，過之中又生過焉。」○汪氏曰：「己富貴而兄弟無位，仁者弗爲也。兄弟惡未萌而以惡逆之，智者弗爲也。自陳賈觀之，以周公爲仁智未之盡。由君子觀之，周公實仁且智者也。不期以畔而卒至於畔，不免於過，乃所遭之不幸也。及其畔也，不以私恩害公義，誅之以安宗社天下，是於過爲能改矣。其不得已而行權也。」

○孟子致爲臣而歸。

孟子久於齊而道不行，故去也。附《蒙引》：致，送至也。見《正韻》。○《存疑》：前爲君之臣，今致還於君，不爲之臣也。今云致仕亦然。○孟子於齊，先處賓師之位，後亦嘗爲卿。雖不受禄，畢竟是臣位，故曰爲臣。○《蒙引》：孟子於齊，仕而不受禄。其所謂仕，不過署其名，而實則未嘗食禄任事，故去就得以自由。

王就見孟子，曰：「前日願見而不可得，得侍，同朝甚喜。今又棄寡人而歸，不識可以繼此而得見乎？」對曰：「不敢請耳，固所願也。」朝，音潮。

新安陳氏曰：「謙言得侍賢者，同朝者皆甚喜。」

他日，王謂時子曰：「我欲中國而授孟子室，養弟子以萬鍾，使諸大夫國人皆有所矜式。子盍爲我言之？」爲，去聲。

時子，齊臣也。中國，當國之中也。萬鍾，穀禄之數也。鍾，量去聲。名，受六斛四斗。矜，敬也。式，法也。盍，何不也。

趙氏曰：「四豆爲區，區受斗六升。四區爲釜，釜受六斗四升。十釜爲鍾，鍾受六斛四斗。」附《蒙引》：「他日謂時子曰」，愚每因「他日」二字，見得孟子亦有遲遲其去之意。

時子因陳子而以告孟子，陳子以時子之言告孟子。

陳子，即陳臻也。

孟子曰：「然。夫時子惡知其不可也？如

使予欲富，辭十萬而受萬，是爲欲富乎？夫，音扶。惡，平聲。

孟子既以道不行而去，則其義不可以復扶又反。留。而時子不知，則又有難顯言者。故但言設使我欲富，則我前日爲卿，嘗辭十萬之禄，今乃受此萬鍾之餽。是我雖欲富，亦不爲此也。況本非欲富乎？○慶源輔氏曰：「齊王告時子，是就人欲中計較。孟子之意，道合則從，不合則去，惡用是多端爲哉？」○注云孟子「有難顯言者」，顯言之，則訐揚齊王之失，而有戾於我固所願之仁。附《蒙引》：前日不受卿禄，亦是以當時諸侯只挾其勢禄在手，以爲足以輕重天下士也。如是則待賢之心薄了，安望其上下交而德業成也，故孟子早見而堅執，不受其禄，使齊王知其志不在溫飽耳。○顧麟士曰：「按《蒙引》曰，此『然』字只因陳子所述時子之言而曰，是如此耶，然時子惡知我之不可以復留邪？《存疑》稍異。然《淺説》、《達説》俱從《蒙引》。」

季孫曰：『異哉子叔疑！使己爲政，不用，則亦已矣，又使其子弟爲卿。人亦孰不欲富貴？而獨於富貴之中，有私龍斷焉。』龍，音壟。

此孟子引季孫之語也。季孫、子叔疑，不知何時人。龍斷，徒玩反。岡壟之斷而高也，義見形甸反。下文。蓋子叔疑者嘗不用，而使其子弟爲卿。季孫譏其既不得於此，而又欲求得於彼，如下文賤丈夫登龍斷者之所爲也。孟子引此以明道既不行，復扶又反。受其禄，則無以異此矣。慶源輔氏曰：「舉季孫所譏子叔疑之事，以見我不敢效此之意。辭禄而受餽，雖多寡之不同，畢竟是既不得於此而又求得於彼也。」

古之爲市者，以其所有易其所無者，有司者治之耳。有賤丈夫焉，必求龍斷而登之，以左右望而罔市利。人皆以爲賤，故從而征之。征商，自此賤丈夫始矣。」

孟子釋龍斷之説如此。治之，謂治其爭訟。左右望者，欲得此而又取彼也。罔，謂罔羅取之也。雙峰饒氏曰：「左右望，是欲全得之。萬一不得於此，亦可得於彼。不得於此，是譬喻辭十萬。得於彼，是譬喻受萬。」附《蒙引》：市所貿易，或此處有穀粟而無魚鹽，則魚鹽得利矣。或此處有魚鹽而無穀粟，則穀粟得利矣。或止利魚鹽而不兼穀粟，或止利穀粟而不兼魚鹽，猶未爲龍斷也。龍斷者，登高望之，盡得其所有無，却以魚鹽馳至無魚鹽處而貨焉，又以穀粟馳至無穀粟處而貨焉，以至其他所利處皆然，是爲罔市而包括取之，故使人賤之也。然隆古之時尚以此爲賤，而今則皆以此爲當然而不復以爲怪，惟恐貨力之不充而已，是又可以論世道矣。○問：「子叔疑是既不得於此而又求得於彼，龍斷者是欲得於此而又兼得於彼，如何以爲同？」曰：「不得此又欲得彼者，原其本心，固是欲得此而又取彼也。」從而征之，謂人惡去聲。其專利，故就征其稅，後世緣此遂征商人也。慶源輔氏曰：「文王關譏不征，是三代之初皆如此。」○新安陳氏曰：「孟子有引喻以終之，而不復説上正意者，此章之類是也。」○程子曰：「齊王所以處上聲。孟子者，未爲不可，孟子亦非不肯爲國人矜式者。但齊王實非欲尊孟子，乃欲以利誘之，故孟子拒而不受。」新安陳氏曰：「齊王固不得待孟子之道，尤爲不知孟子之心。」附《蒙引》：此章當以程子之説來斷他。程子曰「齊王所以處孟子」云云，蓋孟子之去齊者，以道也；而齊王之所以留者，利也。此齊王之所以終爲不知孟子，孟子之所以終不留於齊而其道之所以終不行，齊之所以終於不振也。

○孟子去齊，宿於晝。晝，如字，或曰：「當作畫，音獲。」下同。

晝，齊西南近邑也。

有欲爲王留行者，坐而言。不應，隱几而臥。爲，去聲，下同。隱，於靳反。

隱，憑也。客坐而言，孟子不應而臥也。

客不悦曰：「弟子齊宿而後敢言，夫子臥而不聽，請勿復敢見矣。」曰：「坐！我明語子。昔者魯繆公無人乎子思之側，則不能安子思；泄柳、申詳，無人乎繆公之側，則不能安其身。齊，側皆反。復，扶又反。語，去聲。齊宿，齊戒越宿也。繆音穆。公尊禮子思，常使人候伺音笥。道去聲。達誠意於其側，乃能安而留之也。泄柳，魯人。申詳，子張之子也。繆公尊之不如子思，然二子義不苟容，非有賢者在其君之左右維持調護之，則亦不能安其身矣。問：「泄柳、申詳無人乎繆公之側，則不能安其身。二子之賢，其心固如是乎？」朱子曰：「非謂二子之心倚君側之人也，語其勢則然耳。若二子之心如此，則與世之垢面汙行而事君側便嬖之人者，何以異乎？」○慶源輔氏曰：「繆公好賢之切，惟恐有不當其意者，常使人道達誠意乃能安而留之。泄柳嘗閉門以避繆公，不苟合可見。申詳見《禮記》，與泄柳並稱，其賢可知。繆公待子思，恐子思不察己之誠也。二子非有賢者調護之，則又恐君不察己之誠也。德若子思，則自有此應。若只及得二子，則自處又當如此。下此，則苟容以徇君者也。」附顧麟士曰：「《通義》東嘉史氏曰：『孟子既言繆公待子思之事，又言泄柳、申詳自處之事，以見賢者去就之義有此二等之不同耳。至於所以自處，則惟在於子思一事，若泄柳、申詳則因帶言之，非欲以其事自處也。觀其言曰「繆公無人乎子思之側，則不能安子思」，然則繆公以待泄柳、申詳者待子思，必不安子思矣。孟子平日自知之明、自任之重爲何如？齊王若以繆公待泄柳、申詳者待之，其不能安孟子明矣。觀下文有「子爲長者慮而不及子思」之言，可見矣。』」○《蒙引》：有欲爲王留行章，輔氏注大謬。不知輔氏是何等人物！

子爲長者慮，而不及子思，子絕長者乎？長者絕子乎？」長，上聲。長者，孟子自稱也。言齊王不使子來，而子自欲爲去聲，下以爲同。王留我；是所以爲我謀者，不及繆公留子思之事，而先絕我也。我之卧而不應，豈爲先絕子乎？慶源輔氏曰：「孟子之自處不在子思之下，故意或人之爲我謀不及繆公留子思之事也。蓋有欲爲王留行者，雖有愛賢之意，而不知待賢者之禮，故孟子告之如此。」○新安倪氏曰：「孟子之於齊，齊王既不能如繆公之待子思，固無以安孟子矣。次焉而齊之群臣又無賢者爲之維持調護，孟子亦豈能安其身哉？孟子之德無愧子思，齊王如繆公之待子思宜也。故末又以不及子思爲言泄柳、申詳之事，姑引以言齊之無賢臣耳。」附《蒙引》：「子絶長者乎」，要下一「先」字。卧而不應，不可謂不是絶。○《存疑》：「子絶長者乎，長者絶子乎」，詞語是兩詰之，其意則是説他先絶己而後己絶之也。《集註》得其意而曰：「是所以爲我謀者，不及繆公留子思之事，而先絶我也。我之卧而不應，豈爲先絶子乎？」

○孟子去齊。尹士語人曰：「不識王之不可以爲湯武，則是不明也；識其不可，然且至，則是干澤也。千里而見王，不遇故去。三宿而後出晝，是何濡滯也？士則茲不悦。」語，去聲。

尹士，齊人也。干，求也。澤，恩澤也。濡滯，遲留也。附《蒙引》：尹士譏孟子有三段：一曰是不明也；二曰是干澤也；三乃曰是何濡滯也。今孟子只辨「是何濡滯也」一句，上二句都不管者，何耶？曰：「千里而見王，是予所欲也」，如此説便見不敢逆以爲不足爲湯武，且非干澤之意尤明矣。

高子以告。

高子，亦齊人，孟子弟子也。

曰：「夫尹士惡知予哉？千里而見王，是予所欲也；不遇故去，豈予所欲哉？予不得已也。夫，音扶，下同。惡，平聲。

見王，欲以行道也。今道不行，故不得已而去，非本欲如此也。附《蒙引》：或疑孟子千里而見王，是自請見齊王，不如見梁惠王，應聘而往見也。曰：非也。不見諸侯之義，決是孟子終身所守而不變者，前日應齊王之聘而往，亦説得千里而見王也。

予三宿而出晝，於予心猶以爲速。王庶幾改之。王如改諸，則必反予。

所改必指一事而言，然今不可考矣。

夫出晝而王不予追也，予然後浩然有歸志。

予雖然，豈舍王哉？王由足用爲善。王如用予，則豈徒齊民安，天下之民舉安。王庶幾改之，予日望之。

浩然，如水之流不可止也。楊氏曰：「齊王天資朴實，如好勇、好貨、好色、好世俗之樂，皆以直告而不隱於孟子，故足以爲善。若乃其心不然，而謬爲大言以欺人，是人終不可與入堯舜之道矣，何善之能爲？」附《蒙引》：未出晝時而三宿於近郊，已是一節，望王之改而留之矣。及出晝而猶自以爲速，曰「王庶幾改之，王如改諸，則必反予」，此第二節，望王之改而留之也。「夫出晝而王不予追也」云云「予日望之」，此又第三節之望王之改而留之也。於既去之日而猶三致其意而不已，聖賢之急於行道如此。然其不肯枉道之意，則有確乎其不可易者。○所謂爲善，是後日事。「王如用予，則豈徒齊民安，天下之民舉安」，此正是足用爲善處。輔氏以此爲行道濟時之本心，非也。正是愛君澤民之餘意處，此是出晝後心事。

予豈若是小丈夫然哉？諫於其君而不受，則怒，悻悻然見於其面。去則窮日之力而後宿哉？」悻，形頂反。見，音現。

悻悻，怒意也。窮，盡也。

尹士聞之曰：「士誠小人也。」

此章見聖賢行道濟時，汲汲之本心；愛君澤民，惓惓音權。之餘意。慶源輔氏曰：「《集註》『本心』，謂其初本欲如此也。『餘意』，則後來不得已之意耳。詳玩此兩句，便可見聖賢之心。千里見王，『王如用予，豈特齊民安，天下之民舉安』，此其行道濟時汲汲之本心。『三宿出晝，王庶幾改之，予日望之』，此其愛君澤民惓惓之餘意。」附《淺説》：「尹士聞之曰」，以行道濟時爲心，以愛君澤民爲念，欲去之始而不忍舍，方去之際而不忍舍，既去之後而惓惓之心猶未忘也，此君子之所爲也。然必君子而後識君子，士誠小丈夫也，但知諫君不受，則便爾悻悻然而去矣，豈知君子之心，其忠厚固若此哉？○《蒙引》：惓惓之餘意，即汲汲本心之不容釋者。汲汲之本心，所謂是予所欲也。惓惓餘意，必予不得已之後事。○尹士是荷蕢、接輿之流，其氣象較從容，其心較虛，而非執拗者，蓋可與者也。李氏曰：「於此見君子憂則違之之情，而荷何可反。蕢者所以爲果也。」《易·乾卦·文言》：「樂則行之，憂則違之。」○朱子曰：「孟子與荷蕢皆是憂則違之，但荷蕢者果於去，不若孟子之遲遲吾行。蓋得時行道者，聖人之本心。不遇而去者，聖人之不得已。此與孔子去魯之心同。蓋聖賢憂世濟時之誠心，非若荷蕢之果於去也。」○南軒張氏曰：「齊王資雖鈍而不敏，然異夫飾情矯非以自欺欺人者，故孟子有望焉。以爲王如用予，天下舉安，蓋其安天下之道已素定於胸中，而其本則在於格君心，故拳拳望王之改之也。若夫諫而不用，去則窮日而後宿者，是私意所發，其諫也固無誠意之感，其去也又無忠厚之氣，真小丈夫哉。」○雙峰饒氏曰：「方其來也，只望齊王能行其道。及其去也，又望王能改過。此聖賢仁厚之意。蓋決然去者，義也。欲去不去者，仁也。李氏所以説『憂則違之之情』，憂只是不樂；違，去也，當看情字。」○雲峰胡氏曰：「孟子憂則違之，若與荷蕢同。而其憂則違之之情，與荷蕢之恝然忘情者大不同也。」新安陳氏曰：「孟子所歷，如滕文雖慕道，然國微弱，道必難行。其次如魯，沮於臧倉，又必不行。大國，齊、梁也。梁惠不足與有行，襄尤劣矣。庶幾焉者，其齊宣乎？齊有易以安天下之勢，孟子又有安天下之道，王天資誠朴，若可與有行者，所以拳拳望之，有不能自已焉。於此終不遇合，則孟子之道，知其不行矣。」

○孟子去齊。充虞路問曰：「夫子若有不豫色然。前日虞聞諸夫子曰：『君子不怨天，不尤人。』」

路問，於路中問也。豫，悦也。尤，過也。此二句實孔子之言，蓋孟子嘗稱之以教人耳。

曰：「彼一時，此一時也。

彼，前日。此，今日。新安陳氏曰：「前日言不怨尤之時，與今日所遇之時不同。」附《存疑》：彼一時，尋常無事之時也。此一時，吾道行止之時也。

五百年必有王者興，其間必有名世者。

自堯舜至湯，自湯至文、武，皆五百餘年而聖人出。名世，謂其人德業聞去聲。望，可名於一世者，爲之輔佐。若臯陶、稷、契、私列反。伊尹、萊朱、太公望、散素亶反。宜生之屬。《通考》趙氏悳曰：「堯在位九十八年，舜在位五十年，禹至桀，十七王四百三十二年爲商，是堯、舜至湯共五百八十年。湯至紂，三十王六百二十八年而周興。」

由周而來，七百有餘歲矣。以其數則過矣，以其時考之則可矣。

周，謂文、武之閒。數，謂五百年之期。時，謂亂極思治去聲。可以有爲之日。於是而不得一有所爲，此孟子所以不能無不豫也。附顧麟士曰：「注：『此孟子所以不能無不豫也。』此句煞住，妙。若無此句，亦起『吾何爲不豫哉』句不得。」

夫天，未欲平治天下也；如欲平治天下，當今之世，舍我其誰也？吾何爲不豫哉？」

夫，音扶。舍，上聲。

言當此之時，而使我不遇於齊，是天未欲平治天下也。然天意未可知，而其具又在我，我何爲不豫哉？新安陳氏曰：「天意或欲平治天下，亦未可知。其具，謂能平治天下之道也。」然則孟子雖若有不豫然者，而實未嘗不豫也。蓋聖賢憂世之志，樂音洛。天之誠，有並行而不悖者，於此見矣。朱子曰：「或問文中子曰：『聖人有憂乎？』曰：『天下皆憂，吾獨得不憂？』又曰：『樂天知命，吾何憂？』若孟子不忘天下之憂，而亦不害其樂天知命之樂，其庶幾乎。』」○慶源輔氏曰：「不能無不豫，憂世之志也。實未嘗不豫，樂天之誠也。憂樂自常情觀之，則相反。自聖賢言之，則並行而不悖也。」○自「五百年」至「則可矣」觀之，則孟子不能無不豫然也。自「夫天未欲平治」以下觀之，則孟子實未嘗不豫也。○雙峰饒氏曰：「孟子到此，亦未如之何，所以只得歸之於天。」附《存疑》：「夫天未欲平治天下」，是以不得有爲，歸之天也。「如欲平治天下，當今之世，舍我其誰」，言在己有可爲之具，自任之意也。「吾何爲不豫」，須兼此二意。蓋天意既不欲有爲，則當安之爾；在我有可爲之具，亦足以自樂矣，此所以無不豫也。注「樂天之誠」，亦要兼兩意。是「天未欲平治天下」，是以治亂歸之數，固樂天也。「當今之世，舍我其誰」，是以治具任之己，亦樂天也。○《蒙引》：「樂天之誠」，此「天」字以理言。與本文「夫天未欲平治天下也」之「天」字不同。

○孟子去齊，居休。公孫丑問曰：「仕而不受祿，古之道乎？」

休，地名。

曰：「非也。於崇，吾得見王。退而有去志，不欲變，故不受也。

崇，亦地名。孟子始見齊王，必有所不合，新安陳氏曰：「道不行於齊，其幾已先見乎此。」故有去志。變，謂變其去志。

繼而有師命，不可以請。久於齊，非我志也。」

師命，師旅之命也。國既被兵，難請去也。新安陳氏曰：「恐只是因師旅之事而戒嚴耳。」附《蒙引》：國既被兵，難以請去，非避嫌也，直是勢有所不得去者。此處聖賢不避嫌，賓師不與臣同，義果當去，心果欲去，便去了，豈爲避嫌姑留？直是國既被兵，上下戒嚴，勢不得不且留。且見王天資亦可取，故留而爲卿，以觀其久後感悟何如。但不欲變其去志，故不受祿耳。○《存疑》：「不可以請」，《蒙引》謂，據朱子是主於義而言，據新安陳氏是主於勢而言。《蒙引》主新安之說。愚謂當兼二者方是。蓋見王亦有際可之義，雖云賓師不與臣同，然國方有事，飄然而去，亦不是，況其勢亦有不得去者。要其未決去之意，則屬望齊王之意居多。○孔氏曰：「仕而受祿，禮也；不受齊祿，義也。義之所在，禮有時而變，公孫丑欲以一端裁之，不亦誤乎？」南軒張氏曰：「孟子之去齊，三宿出晝，猶以爲速，而謂初見已有去志，久於齊非我志，何也？蓋孟子雖庶幾齊王之可與有爲，而可去之幾，未嘗不先覺也。初見察王之情，必有不能受者，又以其質亦有可取，故不受其禄，姑留以觀其感悟與否也。初志雖欲去，而猶有望焉，豈徒爲苟留也哉？此篇載孟子於齊始終去就久速之義甚備，學者所宜深究也。」○慶源輔氏曰：「禮則有常，義則有權，如君命召不俟駕，禮也，有不召之臣，便是義。孔氏謂『仕而受禄，禮也；不受齊禄，義也』，說得自好。」○雙峰饒氏曰：「有見行可之仕，有際可之仕，有公養之仕。孟子當時見王於崇，便有不合處，難於委質爲臣，所以止爲際可之仕。見行可者，見這道理漸可行也。孟子自崇既退之後，未見其道之可行，所以終於不受禄。」○新安陳氏曰：「不受卿禄，此孟子最高處。其超然不屈，進退餘裕，本全在此。一受其禄，則爲禄所縻，是爲禄而仕耳。十萬之禄，脱屣而去，齊王猶欲以萬鍾縻之，豈知孟子者？吾意戰國之世，高節如許，惟孟子一人而已。庶幾焉者，其魯仲連乎？」

孟子集註大全卷之四終

孟子集註大全卷之五 三魚堂讀本

滕文公章句上

凡五章。《通考》勿軒熊氏曰：「四章皆言滕事。末章辨墨道，因許行之學附記。」

滕文公爲世子，將之楚，過宋而見孟子。

世子，太子也。附《蒙引》：或謂天子之子爲太子，諸侯之子爲世子，非也。周公立教世子之法，成王亦稱世子，則世子、太子，天子諸侯之子通稱矣，故曰「世子，太子也」。後世乃分。

孟子道性善，言必稱堯舜。

道，言也。性者，人所稟於天以生之理也，渾上聲。然至善，未嘗有惡。人與堯、舜初無少異，但衆人汨音骨。於私欲而失之，堯、舜則無私欲之蔽，而能充其性爾。新安陳氏曰：「四端章雖言性情之理，而性字未說出，性字始見於此，而詳見《告子》、《盡心》篇。『充其性』，即擴而充之之充。」附《蒙引》：「但衆人汨於私欲而失之」，不可兼氣稟所拘說。○《正韻》注：《莊子》「與汨偕出」，注「回洑而涌出者，汨也」。然則「汨沒」二字，似有浮沉之意，蓋汨者乍入乍出之義，不全是沒也。故此句下有「而失之」三字，若竟作沒字解，可不用「而失之」三字矣。故孟子與世子言，每道性善，而必稱堯、舜以實之。欲其知仁義不假外求，聖人可學而至，而不懈居隘反。於用力也。新安陳氏曰：「《集註》已包後面成覸等三說之意。」門人不能悉記其辭，而撮其大旨如此。慶源輔氏曰：「朱子既斷《孟子》之書以爲孟子自著，則似此處皆當改。此是後來不曾改得。」附顧麟士曰：「此節頗與『爲王誦之』、《論語》『子告之曰某在斯某在斯』一例，撮敘語耳，不必盡悉當時所言何等也。『孟子道性善』，言孟子與世子所道者性善。『言必稱堯舜』，言孟子與世子每言必稱堯舜。俱要根住世子。」○《淺説》：吾想其言必曰：人有此生，則有此性。性無不仁，而仁即性也。性無不義，而義即性也。是性之在人，本至善也。獨不觀諸堯、舜乎？堯，大聖人也，而其德則欽明文思、允恭克讓也。使性有不善，則堯何爲有是德乎？舜，大聖人也，而其德則濬哲文明、温恭允塞也。使性有不善，則舜何爲有是德乎？知堯、舜之德，則知人性之善矣。知人性之善，則知人皆可爲堯、舜矣。此孟子告世子之意也。

程子曰：「性即理也。天下之理，原其所自，未有不善。喜、怒、哀、樂音洛。未發，何嘗不善。發而中去聲，下同。節，即無往而不善；發不中節，然後爲不善。故凡言善惡，皆先善而後惡；言吉凶，皆先吉而後凶；言是非，皆先是而後非。」問：「孔子言性與天道不可得而聞，孟子乃開口便説性善，是如何？」朱子曰：「孟子也只是大概説性善，至於性之所以善處，也少説。須是如説『一陰一陽之謂道，繼之者善也，成之者性也』，方是説性與天道耳。」○《易》言「繼善」，是指未生之前。《孟子》言「性善」，是指已生之後。雖曰已生，然其本體初不相離也。○孟子見滕文公，便道性善。他欲人先知得一箇本原，則爲善必力，去惡必勇。○伊川謂「性即理也」一句，直是孔子後惟伊川説得盡。這一句，便是千萬世説性之根基。理是箇公共底物事，不解會不善，人做不是，自是失了性，却不是壞了著脩。又曰：「未發之前，氣不用事，所以有善而無惡。」○性善者，以理言之。稱堯、舜者，質其事以實之。所以互相發也。其意蓋曰，知性善，則知堯舜之必可爲矣；知堯舜之可爲，則其於性善也，信之益篤而守之益固矣。○問：「性善之性與『堯、舜性之』之性，如何？」曰：「性善之性實，性之之性虚。性之只是合下禀得，自下便將來受用。」○性善，故人皆可爲堯、舜。必稱堯舜，所以驗性善之實。○問：「人未能便至於堯、舜而孟子言必稱之，何也？」曰：「『道性善』與『稱堯舜』二句正相表裏。蓋人之不至於堯、舜者，是他力量不至，固無可奈何。然人須當以堯、舜爲法，人到得堯、舜地位，方做得一箇人，無所欠闕。然也只是本分事，這便是止於至善。」○問：「孟子道性善，看來孟子言赤子將入井有怵惕惻隱之心，此只就情上見。如言孩提之童無不愛其親，亦只是就情上説。」曰：「未發時，怵惕惻隱與孩提愛親之心皆在裏面了。少間發出來，即是未發底物事。静也只是這物事，動也只是這物事，如孟子所説，正要人於發動處見得是這物事，即是静時所養底物事。静時若存守得這物事，則日用流行，即是這物事。而今學者，且要識得動静只是一箇物事。」○問：「孟子道性善，蓋謂性無有不善也。明道乃以爲善固性也，然惡亦不可不謂之性，其義如何？」潛室陳氏曰：「纔識氣質之性，即善惡方各有著落，不然，則惡從何處生？以孟子説未備，故子門發此義。孟子專説義理之性，則惡無所歸，是論性不論氣，孟子之説爲未備。專説氣禀，則善爲無別，是論氣不論性，諸子之論，所以不明夫本也。程子兼氣質論性。」○雲峰胡氏曰：「孔子亦嘗説性善，曰『繼之者善，成之者性』。但善字從造化發育處説，不從人生禀受處説。子思曰『天命之謂性，率性之謂道』，正是從源頭説性之本善，但不露出一善字。性善之論，自孟子始發之。《集註》釋『性者，人禀於天以生之理也』，此一句，便闢到告子所謂生之謂性。蓋生不是性，生之理是性。天地間豈有不好底道理？故曰『渾然至善，未嘗有惡』。古今只是一箇道理，故曰『人與堯舜初無少異』。孟子道性善，言其理也，稱堯舜以實之，言其事也。天下無理外之事，能爲堯、舜所爲之事，便是不失吾所得以生之理。然而人不能皆堯、舜者，氣質之拘，物欲之蔽也。《集註》言物欲，不言氣質，蓋以孟子不曾説到氣質之性，故但據孟子之意言之。孟子曰『性善』二字，孟子擴前聖之所未發而有功於聖門。愚亦敢曰『性即理也』一句，程子擴前聖所未發而有功於孟子。」○新安陳氏曰：「性善是虚説其理，稱堯、舜是指能盡性之人以實其説。如朱子著小學書，列立教明倫於前，盡是説其理；列實立教、實明倫於後，並是實有是人，實有是事，以實前面之説。此之謂實之。何以驗人性之善哉？觀堯、舜能盡其性而爲大聖人，則可以知同有是性者之皆可以爲聖人，而不懈於學聖人矣，所以言性善而必稱堯、舜以實之歟？」《通考》張氏須曰：「孟子言性善，所謂天地之性也。斯言也，實傳子思天命謂性之言。子思指天所賦而人受之者爲言，合理氣而言也。孟子指民受天地之中者爲言，專指理而言也。孔子言性相近，以形體之已具者言。孟子之言性善，以有形體之初者言也。皆一理也。然則氣質之性，孟子所不言乎？曰形色天性，曰動心忍性，曰君子不謂性，皆指氣質之性也。」○吳氏程曰：「孟子道性善，是就氣質中挑出其本然之理而言。」附《蒙引》：「凡言善惡，皆先善而後惡」云云，然亦有不盡然者，如邪正、災祥、曲直之類，蓋從語音所便也。又如牝牡、雌雄、臣主之類，亦皆顛倒其字，皆從一時語音所便，久之遂爲不易之成語耳。

世子自楚反，復見孟子。孟子曰：「世子疑吾言乎？夫道一而已矣。復，扶又反。夫，音扶。

時人不知性之本善，而以聖賢爲不可企及，故世子於孟子之言不能無疑，而復來求見，蓋恐別有卑近易去聲。行之說也。孟子知之，故但告之如此，以明古今聖愚本同一性，前言已盡，無復扶又反，下同。有他說也。朱子曰：「當戰國之時，聖學不明，天下之人但知功利之可求，而不知己性之本善，聖賢之可學。聞是說者，非惟不信，往往亦不復致疑於其間。若文公，則雖未能盡信，而已能有所疑矣，是其可與進道之萌芽也。故孟子於其去而復來，迎而謂之曰：『世子疑吾言乎？』而又告之曰：『夫道一而已矣。』蓋古今聖愚，同此一性，則天下固不容有二道，但在篤信力行，則天下之理雖有至難，猶必可至。況善乃人之所本有，而爲之不難乎？」○雲峰胡氏曰：「按饒氏謂『道一而已矣』與『性一而已矣』不同。性以所稟言之，道以所由言之，《集註》此處說得性字稍重。愚謂《集註》不曰『同一道』而曰『同一性』者，蓋推本而言根。自上文性善說來，性之外他無所謂道，同此性即同此道，又何疑焉。」附《存疑》：疑者，疑性善之說未必然，或有性不善也。人皆可爲堯、舜之說未必然，堯、舜或另是一性而不可幾及也。故孟子曰「夫道一而已矣」，言道理在人，一而已矣，更無兩箇。上古聖賢也是這一箇道理，如今塗人也是這一箇道理。○《蒙引》：「夫道一而已矣」，言道既一，吾不容有二說也，前言已盡矣。道，理也。此道字泛說尤活。或以道出於性，性一故道一。言者雖知有道性之別，然解此義泥矣，不知此道字正指性也。道者，德行性命之總名，何者不是道？此處不必拘於《中庸》性、道之分。○《存疑》：此道字分明是指性說，但不可直說作性，只當說作道。蓋道是活落通統字，隨處皆說得，所以說道爲虛位，說仁義爲道也得，說禮智爲道也得。如「是道也，何足以臧？」「是或一道也。」道字皆是活落通統字，然皆有所指。

成覸謂齊景公曰：『彼丈夫也，我丈夫也，吾何畏彼哉？』顏淵曰：『舜何人也？予何人也？有爲者亦若是。』公明儀曰：『文王我師也，周公豈欺我哉？』覸，古莧反。

成覸，人姓名。彼，謂聖賢也。有爲者亦若是，言人能有爲，則皆如舜也。公明，姓；儀，名；魯賢人也。文王我師也，蓋周公之言。公明儀亦以文王爲必可師，故誦周公之言，而歎其不我欺也。孟子既告世子以道無二致，而復引此三言以明之，欲世子篤信力行，以師聖賢，不當復求他說也。朱子曰：「孟子引三段說話，教人如此發憤，勇猛向前，日用之閒不得存留一毫人欲之私在這裏，此外更無別法。若如此有箇奮迅興起處，方有田地可下工夫。不然，則是畫脂鏤冰，無真實得力處。」○雲峰胡氏曰：「性之本善，堯、舜無異於人。行之不力，人自異於堯舜。」附《蒙引》：「吾何畏彼哉」者，以其道之一也。「有爲亦若是」者，亦以其道之一也。周公以文王爲我師者，亦以其道之一也。此《集註》所謂「既告以道無二致，而復引此三言以明之」者也。「欲世子篤信力行以師聖賢，不當復求他說」者，言外意也。○《存疑》：使道不一，聖賢又有一箇道，則聖賢不可幾及。成覸等何以謂聖賢不足畏，有爲亦若是哉？故知此節是明上文道一之旨。○彼丈夫我丈夫，舜何人予何人等處，都要以性人說。○《蒙引》：能有爲者，盡其性而已矣。

今滕，絕長補短，將五十里也，猶可以爲善國。《書》曰：『若藥不瞑眩，厥疾不瘳。』」瞑，莫甸反。眩，音縣。

絕，猶截也。《書》，《商書・說音悅。命》篇。瞑眩，憒古對反。亂。言滕國雖小，猶足爲治，去聲。但恐安於卑近，不能自克，則不足以去上聲。惡而爲善也。朱子曰：「滕小不過如今一鄉，孟子只説可爲善國，終不成以告齊、梁之君者告之。」○人要爲聖賢，須是猛起，如服瞑眩之藥，以除深痼之疾，直是不可悠悠。○蔡氏曰：「《方言》云：『飲藥而毒，海岱之間謂之瞑眩。』」○勉齋黄氏曰：「歷引三人之言，所以釋滕文之疑。終以藥瞑眩，所以厲其志。」○雙峰饒氏曰：「前面文公再去見孟子時，是疑其資禀凡下，不可以爲堯、舜，故孟子以成覸以下三説答之。末後孟子恐文公又自疑其土地狹小，故以瞑眩之説告之。文公後來也能問喪禮，問經界，亦足見其有爲處。」附《淺説》：欲師聖人，惟患無奮發之志，不患無勢力之資。今滕絶長補短，將五十里也。國雖云小矣，苟本之於身而達之於政，以其所以治己者而治夫人，則雖小國，猶可以爲善國。但恐立志不高，自治不勇，見天理而不肯進，戀人欲而不忍割，則人欲日長，天理日消，身之汙濁，固不足以爲善人；而紀綱廢墜，亦不足以爲善國。故《書》曰：「若藥不瞑眩，厥疾不瘳。」有志於復其性而爲聖賢者，尚知所以自勵云。

○愚按：孟子之言性善，始見形甸反。於此，而詳具於《告子》之篇。然默識如字。而旁通之，則七篇之中，無非此理。其所以擴前聖之未發，而有功於聖人之門，程子之言信矣。西山真氏曰：「『七篇之中無非此理』者，如言仁義，言四端，蓋其大者。至於因齊王之愛牛而勸之以行王政，亦因其性善而引之當道也。以此推之，他可識矣。」○新安陳氏曰：「林氏於下章言喪禮處，謂可驗人性之善，亦當以此意類推之。」

○滕定公薨。世子謂然友曰：「昔者孟子嘗與我言於宋，於心終不忘。今也不幸至於大故，吾欲使子問於孟子，然後行事。」

定公，文公父也。然友，世子之傅也。大故，大喪也。事，謂喪禮。

然友之鄒問於孟子。孟子曰：「不亦善乎！親喪固所自盡也。曾子曰：『生，事之以禮；死，葬之以禮，祭之以禮，可謂孝矣。』諸侯之禮，吾未之學也，雖然，吾嘗聞之矣。三年之喪，齊疏之服，飦粥之食，自天子達於庶人，三代共之。」齊，音資。疏，所居反。飦，諸延反。

當時諸侯莫能行古喪禮，而文公獨能以此爲問，故孟子善之。又言父母之喪，固人子之心所自盡者。蓋悲哀之情，痛疾之意，非自外至，宜乎文公於此有所不能自已也。但所引曾子之言，本孔子告樊遲者，豈曾子嘗誦之以告其門人歟？三年之喪者，子生三年，然後免於父母之懷。故父母之喪，必以三年也。齊，衣下縫音逢。也。不緝七入反。曰斬衰，音催，下同。緝之曰齊衰。疏，麤也，麤布也。飦，糜也。《喪禮》：三日始食粥。既葬，乃疏食。音嗣。○《記·喪大記》：君之喪，子、大夫、公子、衆士皆三日不食。子、大夫、公子食粥，士疏食水飲。夫人、世婦、諸妻皆疏食水飲。大夫之喪，主人、室老、子姓皆食粥，衆士疏食水飲。室老，其貴臣也。衆士，衆臣也。妻妾疏食水飲，士亦如之。既葬，主人疏食水飲，不食菜果，婦人亦如之。君、大夫、士一也。練而食菜果，祥而食肉。此古今貴賤通行之禮也。朱子曰：「孟子説制度，皆舉其綱而已。如田之什一，喪之自天子達之類。」○孟子答滕文公喪禮，不説到細碎上，只説齊疏之服，飦粥之食，自天子達於庶人這二項，便是大原大本。自盡其心，喪禮之大本也。三年、齊疏、飦粥，喪禮之大經也。孟子生戰國，不得見先王全經矣，然其學得孔氏之正傳，而於文武之道，識其大者。故其考論制度雖若疏闊，而於大本大經之際則有不可得而亂者。以是爲主而酌乎人情世變以文之，則禮雖先王未之有，亦可以義起矣。後世議禮者不明乎此，故常以其度數節文之小不備而不敢爲，卒以就乎大不備而後已。此劉向所以深歎之也。然無孟子之學而强爲之，如叔孫通、曹褒之流，是又不免乎私意之鑿而已矣。○趙氏曰：「自天子達於庶人，是無貴賤之別。三代共之，無古今之異。」附《蒙引》：「諸侯之禮，吾未之學也」，此其分之殊者也。「雖然，吾嘗聞之矣。

三年之喪，齊疏之服，飦粥之食，自天子達於庶人」，此其理之一者也。分之殊者，節文度數之詳，固非今日所可考。理之一者，乃其大本大經之所在，出於天理人心之不容已者，則固無庸致疑於服行也。○《存疑》：親喪固所自盡，此因世子之所能而與之也，亦因以加勉之也。三年、齊疏、飦粥，是正告世子處。○顧麟士曰：「文公於父，當斬衰不齊，而云齊疏者，大概語耳。」○《内則》注：「饘，厚粥。酏，薄粥。」《字彙》：「飦、饘同。」

然友反命，定爲三年之喪。父兄百官皆不欲，曰：「吾宗國魯先君莫之行，吾先君亦莫之行也，至於子之身而反之，不可。且《志》曰：『喪祭從先祖。』」曰：「吾有所受之也。」

父兄，同姓老臣也。滕與魯俱文王之後，而魯祖周公爲長。上聲。兄弟宗之，故滕謂魯爲宗國也。《通考》趙氏悳曰：「文王之子周公旦，旦子伯禽封於魯。文王子錯叔綉，武王庶弟，封於滕，侯爵。」然謂二國不行三年之喪者，乃其後世之失，非周公之法本然也。《志》，《記》也，引《志》之言而釋其意。以爲所以如此者，蓋爲去聲。上世以來，有所傳受，雖或不同，不可改也。然《志》所言，本謂先王之世舊俗所傳，禮文小異而可以通行者耳，不謂後世失禮之甚者也。朱子曰：「古宗國，如周公兄弟之爲諸侯者，則皆以魯國爲宗。至戰國時，滕猶稱魯爲宗國也。」○南軒張氏曰：「考滕世子問孟子之辭，則三年之喪，其廢也久矣，其在周之末世乎？故曰『吾宗國魯先君莫之行，吾先君亦莫之行也』。又曰『喪祭從先祖』，『吾有所受之也』，然則其廢也久矣。世之治亂，此豈非其根柢耶？」

附《蒙引》：定爲三年之喪，則所謂齊疏之服，飦粥之食在其中矣。○三年之喪，齊疏之服，飦粥之食，非獨世子爲然，其父兄百官皆有此服，故皆不欲也。○此服惟封建之法行，然後服之爲稱。且今知府便是一府之父，有卒於其任，能使士民服此否？古者君臣之閒恩至厚也。○《存疑》：定爲三年之喪，只是世子行，未有子行而臣下不行者。然此處所重却在君上，觀「親喪固所自盡」一句可見。《蒙引》：說是臣子都行，雖有證據，覺不是本意。○「喪祭從先祖」，《志》言先祖，尚是始初立法之先祖，不是後來壞法之先祖。蓋法本壞於後人，非作於始初，子孫沿襲之久，認爲始初也。但大注不主此說，不知何也。○顧麟士曰：「《集註》『上世以來』四字，即『吾有所受』。吾字蓋暗體先祖意，以推明其沿襲之禮不可改也。」

謂然友曰：「吾他日未嘗學問，好馳馬試劒。今也父兄百官不我足也，恐其不能盡於大事，子爲我問孟子。」然友復之鄒問孟子。孟子曰：「然。不可以他求者也。孔子曰：『君薨，聽於冢宰，歠粥，面深墨。即位而哭，百官有司，莫敢不哀，先之也。』上有好者，下必有甚焉者矣。『君子之德，風也；小人之德，草也。草尚之風必偃。』是在世子。」好、爲，皆去聲。復，扶又反。歠，川悅反。

不我足，謂不以我滿足其意也。然者，然其不我足之言。不可他求者，言當責之於己。冢宰，六卿之長上聲。也。歠，飲也。深墨，甚黑色也。即，就也。尚，加也。《論語》作上，古字通也。偃，伏也。「必偃」以上，皆孔子語。孟子言但在世子自盡其哀而已。慶源輔氏曰：「『當責之於己』，是應前面『固所自盡』之說。『在世子自盡其哀』，是應上句『不可他求』之意。」○雙峰饒氏曰：「『君薨』，君字統天子諸侯而言。『聽於冢宰』，是國家政事皆聽命於冢宰，非聽政、聽訟之謂。」附《存疑》：孟子曰「然。不可以他求也」，此是因其疑惑之際而贊決之。言當喪禮廢壞之久，子之生平又未足取信於人，一旦欲行禮，而父兄百官不汝足，誠是也。然爲子計者，但當求之於己，不可以他求也，隨他足不足，都莫管他，子但自盡而已。故末復丁囑之曰「是在世子」，引孔子之言，是說求之於己無有不應者。○《蒙引》：「孔子曰君薨」直至「草尚之風必偃」，皆是孔子之言。惟「是在世子」一句，是孟子言。○「即位而哭」，位，喪位也。

然友反命。世子曰：「然。是誠在我。」五月居廬，未有命戒。百官族人可謂曰知。及至葬，四方來觀之，顏色之戚，哭泣之哀，弔者大悅。

諸侯五月而葬，未葬，居倚廬於中門之外。居喪不言，故未有命令教戒也。《左傳》隱公元年：「天子七月而葬，同軌畢至。〔言同軌以別四夷之國。〕諸侯五月，同盟至。〔同在方嶽之盟。〕大夫三月，同位至。士踰月，外姻至。〔此言赴弔各以遠近爲差，因爲葬節。〕」○《禮記・喪大記》：「父母之喪，居倚廬，不塗，寢苫枕塊，非喪事不言。」附《蒙引》：《禮記》疏曰：「倚廬者，於中門外東牆下倚木爲廬也。」「可謂曰知」，疑有闕誤。或曰：「皆謂世子之知禮也。」慶源輔氏曰：「『可』當作『皆』，如作『可』，不成文理。」

○林氏曰：「孟子之時，喪禮既壞，然三年之喪，惻隱之心，痛疾之意，出於人心之所固有者，初未嘗亡也。惟其溺於流俗之弊，是以喪去聲。其良心而不自知耳。文公見孟子而聞性善堯舜之説，則固有以啓發其良心矣，是以至此而哀痛之誠心發焉。及其父兄百官皆不欲行，則亦反躬自責，悼其前行去聲。之不足以取信，而不敢有非其父兄百官之心。雖其資質有過人者，而學問之力，亦不可誣也。及其斷丁亂反。然行之，而遠近見聞無不悅服，則以人心之所同然者，自我發之，而彼之心悅誠服，亦有所不期然而然者。人性之善，豈不信哉？」西山真氏曰：「三年之喪，自唐虞三代未有改者。春秋之世，此禮廢墜，於是宰予欲短喪，而孔子責其不仁。子思亦謂自期以下，貴賤有殊，父母之喪則一而已。方滕文用孟子言，欲行此禮，父兄百官譁然爭之，及違衆而行，又以爲知禮何耶？蓋以爲不可行者，蹈常襲故之陋見。而以爲知禮者，秉彝好德之良心也。世降教失，雖以東魯文獻之邦，猶不能行，何怪於滕之父兄乎？然文公一以身先之，則幡然而悟，天理之在人心者，固不可泯也。」○雲峰胡氏曰：「前章論性善，此章自是論三年之喪。《集註》引林氏說，首尾必舉性善而言者，蓋喪制『人子之心所自盡』者，最可見人性之本善處。文公自悔其前日未嘗學問，而一旦力行其所聞於孟子者，是孟子一開發之際，而文公之性善見矣。及其行之，而遠近見聞莫不悦服，是文公一感發之頃，而遠近之人性善皆見矣。於是益可信人性之無有不善，而堯舜之真可爲也。」

○滕文公問爲國。

文公以禮聘孟子，故孟子至滕，而文公問之。慶源輔氏曰：「前云『使然友問』，後云『使畢戰問』，但此云『滕文公問』，則知是文公親問孟子也。蓋文公既即位，固不得越國往見孟子，此必是以禮聘孟子至滕而文公問之也。」

孟子曰：「民事不可緩也。《詩》云：『晝爾于茅，宵爾索綯；亟其乘屋，其始播百穀。』

綯，音陶。亟，紀力反。

民事，謂農事。《詩》，《豳風·七月》之篇。于，往取也。綯，絞古巧反。也。亟，急也。乘，升也。播，布也。言農事至重，人君不可以爲緩而忽之。故引《詩》言治屋之急如此者，蓋以來春將復扶又反。始播百穀，而不暇爲此也。慶源輔氏曰：「《詩》言民之趨於農功，自然如此其亟。孟子引之，以證民事不可緩之說。然熟玩之，便見得民事真不可緩之意，人君者若能真知民事之不可緩，則於爲國也思過半矣。」附《存疑》：「民事不可緩」一句，是一章大指，通章皆是此意。引《詩》是證民事不可緩之說。「民之爲道也」節，是說民事所以不可緩處。民之陷罪，由於無恒心，無恒心由於無恒産，此民事所以不可緩，而民之恒産，不可不制也。故承之曰：「賢君必恭儉禮下，取民有制。」自「夏后氏五十而貢」至「雖周亦助」，都是說此事。「設爲庠序」一節，又是說既富而教之事，不在民事内。蓋必教養兼具，然後爲治法也。然終歸重在民事上，故自使畢戰問井地後，只說井田，不復言學校。○《蒙引》：「亟其乘屋，其始播百穀」，民自以農事爲急也。惟民所急在此，故君當以爲急也。○「晝爾于茅，宵爾索綯」，乃冬月事也，故云「來春將復，始播百穀」。○「宵爾索綯」，謂索是絞也。

民之爲道也，有恒産者有恒心，無恒産者無恒心。苟無恒心，放辟邪侈，無不爲已。及陷乎罪，然後從而刑之，是罔民也。焉有仁人在位，罔民而可爲也？音義並見前篇。是故賢君必恭儉禮下，取於民有制。

恭則能以禮接下，儉則能取民以制。趙氏曰：「禮下，所以開世禄及學校之事也。取民以制，所以開制民常産及貢助徹之法也。」附《蒙引》：放始違於道，辟則浸淫矣，邪則成其惡矣，侈則益肆矣，亦有淺深之别。○罔民者，但知自利，不知利民，故曰「爲富不仁」矣。此其上下文相屬之意。賢君必恭儉，正與罔民者反也。取民有制，便是仁。○上言仁人之急於制民産，只是儉德。下復兼恭儉言者，蓋恭儉皆賢君之事也。恭者必儉，儉者必恭。且分田制禄，二者相須。制禄即禮下之事，分田即制民産之事，故於此兼言之。○恭儉，以持身言。禮下、取民有制，以其所施者言。故曰「恭則能以禮接下」。不可以爲指恭儉之實也，看「則能」二字。○一説恭儉以德言，禮下、取民有制以事言，有是德於中，則云云。○恭則能以禮接下，無關於教民之事。

陽虎曰：『爲富不仁矣，爲仁不富矣。』

陽虎，陽貨，魯季氏家臣也。天理人欲，不容並立。虎之言此，恐爲仁之害於富也；孟子引之，恐爲富之害於仁也。君子小人，每相反而已矣。慶源輔氏曰：「先儒多以爲孟子不以人廢言，《集註》則以爲言雖同而所取各異，其説尤的當。」

夏后氏五十而貢，殷人七十而助，周人百畝而徹，其實皆什一也。徹者，徹也；助者，藉也。徹，敕列反。藉，子夜反。

此以下，乃言制民常産，與其取之之制也。夏時一夫受田五十畝，而每夫計其五畝之入以爲貢。商人始爲井田之制，以六百三十畝之地，畫爲九區，區七十畝。中爲公田，其外八家各授一區，但借其力以助耕公田，而不復扶又反。稅其私田。所謂助而不稅。周時一夫受田百畝。鄉遂用貢法，十夫有溝；《周禮・地官司徒・遂人》：❶「凡治野：夫閒有遂，遂上有徑。十夫有溝，溝上有畛。百夫有洫，洫上有涂。千夫有澮，澮上有道。萬夫有川，川上有路，以達於畿。」都鄙用助法，八家同井。《周禮・冬官考工記》：匠人爲溝洫：「九夫爲井。井閒廣四尺深四尺，謂之溝。方十里爲成。成閒廣八尺深八尺，謂之洫。方百里爲同。同閒廣二尋深二仞，謂之澮。」《通考》趙氏悳曰：「鄉遂之地在國中，遂人所職是也。都鄙之地在野外，《周禮》匠人所職是也。大司徒之職：『令五家爲比，使之相保。五比爲閭，使之相受。四閭爲族，使之相葬。五族爲黨，使之相救。五黨爲州，使之相賙。五州爲鄉，使之相賓。』是一萬二千五百家爲鄉也。遂人掌六遂，猶司徒之六鄉。遂人以『土地之圖經田野，造縣鄙形體之法：五家爲隣，五隣爲里，四里爲酇，五酇爲鄙，五鄙爲縣，五縣爲遂』，朱子所謂以五起數者，亦是一萬二千五百家爲遂也。皆有地域溝樹之，所謂鄉遂也。遂人治野，夫閒有遂，遂廣深各二尺，凡一夫所受之田閒，必有遂，故曰夫閒有遂。遂上有徑，徑之廣，可容牛馬行，亦所以通行於國都也。十夫有溝，十夫，千畝之田也。溝之深廣倍於遂，溝上有畛，畛之廣可容大車。百夫有洫，百夫，萬畝之田也。洫之廣倍於溝，洫上有涂，涂之廣可容乘車一軌。千夫有澮，千夫，十萬畝之田也。川所以受溝洫澮之水，川上有路，路之廣可容車三軌。以達於畿，畿亦遂之境也。每百夫之田爲一經界，十夫之田同一遂，百夫之遂凡十而皆有溝，溝有九而皆橫。百夫之田萬畝，外其洫直。千夫之田十萬畝，外其澮橫。此鄉遂之大略也。小司徒『乃經土田而井牧其田野：九夫爲井，四井爲邑，四邑爲丘，四丘爲甸，四甸爲縣，四縣爲都』，朱子所謂以四起數者。此乃造都鄙，采地制井田，異於鄉遂。重立國，小司徒爲經之，每丘之地，縱橫各三溝，四丘之田爲一甸，十字中爲四洫。《冬官考工記》：『匠人爲溝洫。』此畿內采地制井田，異於鄉遂。故匠人以一井至一同言之，則以開方之法而言。遂人以一夫至

❶「地」，原作「夏」，今據《周禮註疏》改。

萬夫言之，則以車運屬而言也。」○奉新陰氏炤曰：「鄉遂在近郊遠郊之閒，平原曠野，可畫爲萬夫之井，故有溝洫塗路。都鄙謂甸稍縣都，包山林陵麓在内，難用溝洫齊整分畫，但逐處畫爲井田。」耕則通力而作，收則計畝而分，故謂之徹。朱子曰：「此亦不可詳知，但因《洛陽議論》中『通徹而耕』之説推之耳。但或耕則通力而耕，收則各得其畝，亦未可知也。」附《存疑》：耕則通力合作，收則計畝而分，所以謂之徹也。不是通用貢助二法故謂之徹。○《蒙引》：十夫有溝，八家同井，夫與家一般。一夫上有父母，下有妻子，或九人，或五人，所謂數口之家也。非夫與家不同也。○耕則通力合作，收則計畝均分，此周家之徹兼鄉遂之貢與都鄙之助，皆然也。其曰計畝而分者，十夫同溝者亦然。其實皆什一者，貢法皆以十分扶問反，下同。之一爲常數，惟助法乃是九一，慶源輔氏曰：「此以『文王治岐，耕者九一』及下文『請野九一而助』知其然也。」而商制不可考。周制則公田百畝，中以二十畝爲廬舍，新安陳氏曰：「二十畝分爲八家，家各二畝半，以爲治田時所居，所謂『二畝半在田』是也。」一夫所耕公田實計十畝。通私田百畝，爲十一分而取其一，蓋又輕於十一矣。《前漢·食貨志》：「理民之道，地著爲本，〔地著，謂安土。〕故必建步立晦，正其經界。六尺爲步，步百爲晦，晦百爲夫。夫三爲屋，屋三爲井，井方一里，是爲九夫。八家共之，各受私田百畝，公田十晦，是爲八百八十晦，餘二十晦以爲廬舍。出入相友，守望相助，疾病相救，民是以和睦，而教化齊同，力役生産可得而平也。民受田，上田夫百晦，中田夫二百晦，下田夫三百晦。歲耕種者爲不易上田，休一歲者爲一易中田，休二歲者爲再易下田。三歲更耕之，自爰其處。〔更，互也。爰，於也。〕農民户一人已受田，其家衆男爲餘夫，亦以口受田如比。〔比，例也。〕士、工、商家受田，五口乃當農夫一人。此謂平土可以爲法者也。若夫山林、藪澤、原陵、淳鹵之地，〔淳，盡也。舃鹵之田不生五穀。〕各以肥磽多少爲差。民年二十受田，六十歸田。在野曰廬，在邑曰里。」竊料商制亦當似此，而以十四畝爲廬舍，一夫實耕公田七畝，是亦不過十一也。徹，通也，均也。藉，借也。朱子曰：「嘗疑孟子所謂『夏后氏五十而貢，殷人七十而助，周人百畝而徹』，恐不解如此。先王疆理天下之初，做許多畎澮溝洫之類，大段是費人力了。若是自五十而增爲七十，自七十而增爲百畝，則田間許多疆理都合更改，恐無是理。孟子當時未必親見，只是傳聞如此，恐亦難盡信也。」○問：「所言井地之法，以《周禮》諸説考之，亦未有悉合者，何也？」曰：「吾於前章，固已論之矣。大抵孟子之言，雖曰推本三代之遺制，然常舉其大而不必盡於其細也，師其意而不泥於文也。蓋其疏通簡易，自成一家，乃經綸之活法，而豈拘儒曲士牽制文義者之所能知哉。」曰：「三代受田，多少之不同，何也？」曰：「張子嘗言之矣，陳氏、徐氏亦有説焉，然皆若有可疑者。蓋田制既定，則其溝涂畛域亦有一定而不可易者，今乃易代更制，每有增加，則其勞民動衆，廢壞已成之法，使民不得服先疇之田畝，其煩擾亦已甚矣。不知孟子之言其所以若此者，果何耶？陳氏云：『夏時洪水方平，可耕之地少。至商而寖廣，周而大備也。』徐氏云：『古者民約，故田少而用足。後世彌文而用廣，故授田之際，隨時而加焉。』」○南軒張氏曰：「楊氏云：『徹者，徹也，兼貢助而通力也。』故孟子曰：『請野九一而助，國中什一使自賦。』八家皆私百畝，其中爲公田，所謂『九一而助』也。『國中什一使自賦』，則用貢法矣，此周人所以爲徹也。鄭氏謂『周制畿内用貢法，邦國用助法』，有得於此歟？」《通考》仁山金氏曰：「《集註》之説雖明，而《語録》亦自疑之。古者田制，遂、徑、溝、畛、洫、澮、道，凡水陸封樹，自禹濬畎澮距川以來，積世累代而後成。若商又變爲六百三十畝之區，周又變爲九百畝之井，則一時徑遂改易，固不甚難，而溝畛洫涂，例須改作，大費民力，久而不定。按古者以平地爲田，其同溝共井者，無甚疆界，但各以畝數爲記。而所謂畝，又與今尖斜折方不同。古者六尺爲步，步百爲畝，所謂畝者，闊一步，長百步。古人重黍稷粱菽，其所謂畝，即今種豆麥者作田疄也。《詩》所謂『南東其畝』，謂田閒作疄，向南向東，視水土之利也。古者中土，既是平田，但正以田疄爲計。夏后氏之時，田未盡闢，又去古未遠，雖士大夫無不躬稼穡，受田者多，故每夫受田五十疄。比周一井，則十八家受之，而自貢其什一。至殷人則田已開闢，一夫受田七十疇。比周一井，則十二家受之，而助耕公田六十疇。至周則土田盡闢，而君子小人又分，在官者食公田之禄，工商不盡受田，惟農受田，故得以百畝爲限。鄉遂用貢法，十夫有溝。都鄙用助法，八家同井。而一夫各授田百疇，其廬舍則撥田之外又共撥若干疇。三代可以例推也。」○傅氏寅曰：「《孟子》：『夏后氏五十而貢。』《詩》：『信彼南山，維禹甸之。』《春秋傳》：『夏少康有田一成，有衆一旅。』甸，五百七十六家，家一人，則五百七十六人。一旅者，軍也。餘七十六人爲軍外之用。以《詩》與《春秋》觀之，丘甸之法，其來尚矣。但夏貢無公田，一夫受田止五十畝。一成之地百井，甸六十井。五百七十六夫，家受五十畝爲半夫，五百七十六家，受田千二百八十八夫耳。所餘亦如之，以九等通率家受萊之夫，則田萊俱取足於一甸之内。甸外三十六井，其三分去一之法乎？成，一旅。旅五百人，二十五成，計萬二千五百人爲一軍。七十五成則三軍矣。猶餘二十五成，以爲宅田、士田、賈田、官田、牛田、賞田、牧田、閒田及餘夫之田，是方百里僅可爲公侯之國。見夏之制，未設都鄙明矣。甸五百七十六夫，周悉井其田。夏則田萊各半，蓋夏之時未盡闢故也。殷人七十而助，惟助爲有公田。一成百井，甸六十四井。除公田爲五百一十二夫，計五萬一千二百畝。五家十二家，各授七十畝，計三萬五千八百四十畝。家授萊者三十畝，計一萬五千三百六十畝。其甸外三十六井，亦三分去一之法也。一同百成，爲三軍。二十五成爲宅田、士田、賈田、官田、牛田、賞田、牧田、閒田及餘夫之田。殷每一國之地爲都鄙，則有遂矣。國三軍，鄙亦三軍，三郊三遂也。周既增地制域，宅田等亦有餘地，故國中爲四軍，五鄙則三軍耳。惟國中四軍，故曰千乘之國。」附《存疑》：貢、助、徹，是三代田法之名。三句是渾淪説，言夏后氏受田每夫五十畝，而行貢法；殷人七十畝，而行助法；周人百畝，而行徹法。注是細解，不可用他説本文。觀孟子自解曰「徹者，徹也。助者，藉也」可見。○貢法每夫受田五十畝，就中出五畝之入以爲貢，是十分中取一分也。助法每夫受田七十畝，外耕公田七畝，已得七十畝，以七畝之入供上，是十分外取一分也。曰「其實皆什一」，亦概言之爾。○顧麟士曰：「此節必重在『其實皆什一』句。《存疑》云『貢、助、徹是三代田法之名』，名者對實而言也。百畝而徹，只以『通力合作，計畝均分』爲義，不必遽兼貢、助。蓋此處方以徹與貢、助三者之名並列，亦不重能兼耳。且雖周亦助，至『雨我』節，纔想像說出。而貢、助兼行，則『請野』節始明言之。然亦必是貢少而助多，以見其法之通融，實不是要行貢，謂監二代也。」○《達說》：「什一也」，分上是敘三代之賦其實同，下是釋其義也。則雖以「通力合作，計畝均分」釋徹字，亦當在「徹者徹也」內，說書須要有步驟分寸概如此。○《蒙引》：《通考》曰：「三代貢、助、徹之法，歷千餘年而不變者，蓋有封建足以維持井田故也。三代而上，天下非天子所得私也，秦廢封建而始以天下奉一人矣。三代而上，田產非庶人所得私也，秦廢井田而始捐田產以與百姓矣。」○自助法盡廢，胥而爲貢法，於是民所耕者私田，所輸者公租，田之豐歉靡常，而賦之額數已定。限以什一，民猶病之，況過取於什一之外乎？○顧麟士曰：「《通義》仁山金氏曰：『徹者徹也，下徹字讀作澈。經書凡以本字解本字者，上字是古書，下字是當時俗語。』」

龍子曰：『治地莫善於助，莫不善於貢。貢者校數歲之中以爲常。樂歲，粒米狼戾，多取之而不爲虐，則寡取之；凶年，糞其田而不足，則必取盈焉。爲民父母，使民盻盻然，將終歲勤動，不得以養其父母，又稱貸而益之。使老稚轉乎溝壑，惡在其爲民父母也？』樂，音洛。盻，五禮反，從目從兮。或音普現反者非。養，去聲。惡，平聲。

龍子，古賢人。狼戾，猶狼籍，言多也。糞，壅於用反。也。盈，滿也。盻，《禮韻》：胡計、吾計二反。謂陸音五禮反，誤。恨視也。勤動，勞苦也。稱，舉也。貸，他代反。借也。取物於人，而出息以償之也。益之，以足取盈之數也。稚，幼子也。問：「貢法大禹之遺制，而其不善若此，何也？」朱子曰：「蘇氏、林氏嘗言之矣。蘇氏曰：『作法必始於粗，終於精。古之不爲此，非不智也，勢未及也。方其未有貢也，以貢爲善矣，及其既貢而後知其有不善也。』林氏曰：『禹貢之法，九州之賦，有錯出於他等者，不以爲歲之常數。又因遊豫，則視其豐凶而補助之。周制鄉遂用貢法，亦有司稼之官巡野觀稼，視年之上下以出斂法。則其弊未至如龍子之言，乃當時諸侯用貢法之弊耳。』」○雙峰饒氏曰：「稱貸而益之」，如常年五石納官，凶年折了，只納四石，而公家必取盈五石之數，則又貸他人一石來湊納，以足其數。此所以見貢法之害。」《通考》董氏彝曰：「夏后氏五十而貢，孟子與殷助周徹並言，又引龍子之説，謂莫不善於貢。禹貢之法，在當世則爲善，在後世則爲弊，非法之過也，人爲之弊耳。後世欲賦於民者，必先之以唐虞命官之意，而後禹貢之法可行。得人而用則爲良，不得人而用則爲弊。」附《蒙引》：「夏后氏五十而貢」一條，備舉先王取民以制之法也。龍子曰「治地莫善於助」一條，則從而裁其所宜行於今者。○「凶年糞其田而不足」，謂以其所得者供壅田之費尚不能給也。○自此以下，亦且做龍子之言看。爲大注不曾曰，自某以下申龍子之言也。○狼戾，猶狼籍。《韻府》曰：「言粒米饒多，狼籍棄捐於地也。」戾字亦有顛亂之意。○「較數歲之中」，謂樂歲與凶歲二者之中也。蓋數歲之内，自有凶樂之不同，此亦近於「子莫之執中」矣。

夫世禄，滕固行之矣。夫，音扶。

孟子嘗言文王治岐，耕者九一，仕者世禄，二者王政之本也。今世禄滕已行之，惟助法未行，故取於民者無制耳。蓋世禄者，授之土田，使之食其公田之入，實與助法相爲表裏，所以使君子野人各有定業，而上下相安者也，故下文遂言助法。附《存疑》：既引龍子之言見助法當行，又説「夫世禄滕固行之」一句，意含只是未行助法耳。遂引《詩》以證「雖周亦助」，以教文公之行助法也。亦緣上文原有禮下制禄意，故特照起説。○「夫世禄滕固行之矣」，此不必是公田所需者，蓋當時助法不行，那有公田，只是於貢法隨俗加賦而取之，正是取民無制者也。○貢法無公田，而《集註》乃曰「蓋世禄者授之土田」云云，此蓋正言之。

《詩》云：『雨我公田，遂及我私。』惟助爲有公田。由此觀之，雖周亦助也。雨，于付反。

《詩》，《小雅·大田》之篇。雨，降雨如字。也。言願天雨於公田，而遂及私田，先公而後私也。當時助法盡廢，典籍不存，惟有此詩，可見周亦用助，故引之也。朱子曰：「考之《周禮》，行助法處有公田，行貢法處無公田。孟子也不曾見周禮，只據《詩》裏說，用詩意帶將去。後面說『鄉田同井，出入相友，守望相助，疾病相扶持。井九百畝，其中爲公田，八家皆私百畝，同養公田』，說井田只說得這幾句，是多少好。這也是大原大本處，却不理會細碎。」附《淺說》：由此詩觀之，可見助法不特行之於商，雖周家盛時亦行助法也。益以見助法之善，爲當代之所宜行，滕國當舉其廢而復行也。○顧麟士曰：「此節方證周亦用助貢者，以下方言貢之失。而百畝而徹，内即兼貢助而言之，何其不倫不晳乎？大抵《集註》之妙，只主說書，不主行文，即以說書行文者，誤解也。」

設爲庠序學校以教之：庠者，養也；校者，教也；序者，射也。夏曰校，殷曰序，周曰庠，學則三代共之，皆所以明人倫也。人倫明於上，小民親於下。

庠以養老爲義，校以教民爲義，序以習射爲義，皆鄉學也。學，國學也。共之，無異名也。倫，序也。父子有親，君臣有義，夫婦有別，長幼有序，朋友有信，此人之大倫也。庠序學校，皆以明此而已。

問：「鄉學如何？」朱子曰：「皆是農隙而學。」曰：「孰與教之？」曰：「鄉大夫有德行而致其仕者教之。」○慶源輔氏曰：「鄉學有異名，國學無異名，然其明人倫以教之之事則同也。」○雙峰饒氏曰：「孟子教時君行仁政，只是教與養兩事，井田以養之，學校以教之。告齊王、滕文，皆如此。『小民親於下』者，蓋百姓不親，五品不遜，所以教以人倫，使之君與臣自相親，父與子自相親，長與幼自相親，非尊君親上之親。」○問：「夫婦有別，如何相親？」曰：「夫婦無別，則相瀆，瀆便相離了。」《通考》趙氏悳曰：「《王制》：『有虞氏養國老於上庠，養庶老於下庠。夏后氏養國老於東序，養庶老於西序。』又，『黨正以禮屬民而飲於序』，是庠序皆可言養也。《文王世子》云：『書在上庠。』是庠亦可言教也。孟子特因立名之義，舉其重者爾。」附《蒙引》：庠以養老爲義，序以習射爲義，而所教實兼五品之人倫。此皆鄉學，三代所教皆同，但取一義以名學。○或曰：「非使滕文公兼設此四學以教民也，只是舉三代教民之制如此。若使文公設學教民，只用一鄉學一國學足矣。然『設爲庠序學校以教之』，以『設爲』二字提端，而夏商周字在下，還當作使文公設學教民云。兼舉庠序學校，文公若行時，聽其自擇一名也。」○《存疑》：《蒙引》曰：「古者，國學惟天子之都及諸侯之國都有之，鄉學則隨所在而酌立之。鄉子弟之秀者，則以次升之，至於國學而待用，其不能者則歸之農，而士農分矣。」愚按：古人建學，惟在於明人倫，使民親於下爾。其間俊秀成材者，則升而用之。今之學校，惟欲養士以待用，已無古人教民意思。至其所以教之，又只是區區文藝之末，非古人所以造士之舊矣。

有王者起，必來取法，是爲王者師也。

滕國褊俾淺反。小，雖行仁政，未必能興王業；然爲王者師，則雖不有天下，而其澤亦足以及天下矣。聖賢至公無我之心，於此可見。朱子曰：「孟子語滕文，只說有王者起必來取法，不曾説便可以王，是亦要大國方做得。」附《淺説》：以滕國之褊小，果行此仁政，未必能興王業。然一有王者受命而起，欲養民歟，必來取法吾君之養民者以養其民；欲教民歟，必來取法吾君之教民者以教其民，是爲王者師也。

《詩》云『周雖舊邦，其命維新』，文王之謂也。子力行之，亦以新子之國。」

《詩》，《大雅・文王》之篇。言周雖后稷以來，舊爲諸侯，其受天命而有天下，則自文王始也。子，指文公，諸侯未踰年之稱也。《左傳》：「僖公九年春，宋桓公卒，未葬而襄公會諸侯，故曰子。凡在喪，王曰小童，公侯曰子。」子者繼父之辭。春秋例凡，公侯卒，未越一年而有王事，皆稱子也。○雙峰饒氏曰：「新其國，小大雖不同，可以爲善，便是新其國。」○東陽許氏曰：「文公問爲國，孟子告以教養其民。有養然後可教，故先言分田制禄而後及學校也。自『民事不可緩』至『雖周亦助也』，養之事。『設爲庠序』至『小民親於下』，教之事。下至『新子之國』，總言之。答文公者至此。下答畢戰，却只是言分田，蓋畢戰惟掌井田之事也。」附《淺説》：然「皇天無親，惟德是輔」，「民罔常懷，懷於有仁」，苟行仁政，豈特爲王者師而已哉。《詩》云「周雖舊邦，其命維新」，文王之謂也。子力行乎仁政，亦足以受天命，興王業，而新子之國矣。○顧麟士曰：「上節言勢，此節言理，亦有漸致不可知者，蓋多方勉之。」

使畢戰問井地。孟子曰：「子之君將行仁政，選擇而使子，子必勉之！夫仁政，必自經界始。經界不正，井地不均，穀禄不平。是故暴君汙吏必慢其經界。經界既正，分田制禄可坐而定也。」夫，音扶。

畢戰，滕臣。文公因孟子之言，而使畢戰主爲井地之事，故又使之來問其詳也。井地，即井田也。經界，謂治地分田，經畫其溝塗封植之界也。雙峰饒氏曰：「溝塗封植之界，經緯錯綜，直者爲經，横者爲緯。又舉經字有緯在其中。溝，溝洫之類。塗，道塗。封，土堠。植，種木爲界。」附《蒙引》：此仁政，專指分田制禄。○《存疑》：孟子之言，教養並舉，文公獨使畢戰問井地者，蓋必先養而後可教也。孟子合下就説「民事不可緩」，主意還重在養上。故文公亦惟只此爲問，孟子亦惟只此告之也。○分田制禄，是尋起前面恭儉禮下、取民有制説。

此法不脩，則田無定分，去聲。而豪强得以兼并，去聲。故井地有不均；賦無定法，而貪暴得以多取，故穀禄有不平。此欲行仁政者之所以必從此始，而暴君汙吏則必欲慢而廢之也。有以正之，則分田制禄可不勞而定矣。慶源輔氏曰：「度孟子來滕不久便去，故使畢戰往問。」○若有仁君欲行仁政，使彼此均平，田無多少之差，則必從經界之事做起。而暴君汙吏貪得務多，只知有我不知有民，只知爲己不知爲人者，則必欲慢而廢之也。凡事須是敬則能立，纔有慢心，便日趨於弊壞也。附顧麟士曰：「後節《大全》饒注云：『穀禄即井田中公田，撥其穀以爲禄。』則《集註》貪暴多取，自指在上者；而豪强兼并、井地不均，必謂在下者耳。乃《蒙引》雖從維斗借舊本，亦云在上，此梨棗誤耳。《達説》自以豪强爲在下，宜從之。」○汙吏謂貪官，非掾吏之吏，即亦在上。然此是慢經界者，豪强兼并是因經界既亂而因以爲恣者也。

夫滕壤地褊小，將爲君子焉，將爲野人焉。無君子莫治野人，無野人莫養君子。夫，音扶。養，去聲。

言滕地雖小，然其間亦必有爲君子而仕者，亦必有爲野人而耕者，是以分田制禄之法，不可偏廢也。雙峰饒氏曰：「分田制禄雖平説，然却相因。穀禄即井地中公田，撥其穀以爲禄，分田始可制禄。」○新安陳氏曰：「分田以給野人，制禄以待君子。」附《蒙引》：將，殆也。言殆必有爲君子者焉，殆必有爲野人者焉，非將然之理。○《存疑》：無君子莫治野人，故禄不可不制。無野人莫養君子，故田不可不分。

請野九一而助，國中什一使自賦。

此分田制禄之常法，所以治野人使養君子也。野，郊外都鄙之地也。九一而助，爲公田而行助法也。國中，郊門之内，鄉遂之地也。問「《禮・司徒・鄉老遂人》：百里内爲六鄉，外爲六遂」。「萬二千五百家爲鄉，六鄉七萬五千家。遂亦如之。遂人主六遂。六遂之地自遠郊以達於畿中，有公邑、家邑、小都、大都焉，遂謂王國百里外也。」《通考》趙氏悳曰：「公侯田方百里，爲地一百成，三郊一遂。國中什一，使自賦，無公田，井九夫。國中十六成，成六十四井，以九乘之，爲五百七十六夫。以十六乘上數，爲九千二百六夫。野九一而助，有公田，井八夫。野八十四成，成六十四井，以八乘之，爲五百十二夫。八十四成，以八十四乘上數，爲四萬三千單八夫。併國中，共二百萬三千二百二十四夫。凡起徒役，每過家一人，則五萬二千二百二十四人。除三，萬七千五百人，爲三軍，是爲三郊之賦。餘一萬四千七百二十四人，更以萬二千五百人爲一軍，是爲一遂之賦。餘二千二百二十四人，爲軍外之用。」○袁氏明善曰：「野九一，輕於國中什一者，國中近城市，田地膏腴，故其賦重於郊外。」田不井授，但爲溝洫，使什而自賦其一，蓋用貢法也。周所謂徹法者蓋如此，以此推之，當時非惟助法不行，其貢

亦不止什一矣。朱子曰：「國中行鄉遂之法，如五家爲比，五比爲閭，四閭爲族，五族爲黨，五黨爲州。又如五人爲伍，五伍爲兩，四兩爲卒，五卒爲旅，五旅爲師，五師爲軍。皆五五相連屬，所以行不得那九一之法，故只得什一使自賦。如都鄙却行井牧之法。鄉遂之法，次第是一家出一人兵，且如五家爲比，比有一箇長了。井牧之法，次第是三十家方出得士十人，徒十人。」○此等亦難卒曉，須以《周禮》爲本，而參取孟子、班固、何休諸説訂之，庶幾可見髣髴。然恐終不能有定論，但不可不盡其異同耳。○慶源輔氏曰：「都鄙用助法，則收公田所入以爲君子之禄。鄉遂用貢法，則使什自賦一以充國家所用。此周所爲徹法也。前云『徹，通也，均也』，所以釋徹字之義，此則正言其法如此。」○《集註》以其「請野九一而助」，則知助法之不行。又云「國中什一使自賦」，則當時之貢法，亦有强取其賦於什一之外者矣。《通考》仁山金氏曰：「孟子雖不見載籍之詳，而此二句與周制鄉遂用貢、都鄙用助之法合。國中自賦，民無遠輸之勞。野九一而助，則卿大夫食邑無過取之失。」附《蒙引》：「請野九一而助，國中什一使自賦」，總言行周之徹也。○輔氏曰：「都鄙用助法，則收公田所入以爲君子之禄。鄉遂用貢法，則使什自賦其一以充國家所用。」此説意周。蓋君子之禄，所謂君十卿禄，卿禄四大夫，大夫倍上士者，皆有畝數，決是助法之公田無疑。然國家供費萬端，又將於何取給？故知貢法所取者，實以給之。此外又有布縷力役之征，工商衡虞之入，凡皆野人所供也。○前只言「治地莫善於助」，至「雖周亦助也」，切切焉只要滕行助法，都不及貢。及答戰，則云「請野九一而助，國中什一使自賦」，却又兼貢，何也？曰：滕當時只是行貢法也，世禄已行者，正是將貢上之粟充世禄也。惟助法未行，故始則切切然只言助法，後告畢戰，不得不兼言貢助，蓋授以方略形勢也。然滕雖嘗用貢，而貢亦不止什一，又不止鄉遂用貢也，故又云「國中什一使自賦」。

卿以下必有圭田，圭田五十畝。

此世禄常制之外，又有圭田，所以厚君子也。圭，潔也，所以奉祭祀也。《通考》趙氏惪曰：「圭，潔白也，德行潔白，始與之田。此殷法也。趙岐注：『圭，潔也。士田故謂之圭田，所以奉祭祀。』《集註》本此。又曰：『治圭田者不税，所以厚賢。』此則周禮之士田，以在近郊之地者也。」不言世禄者，滕已行之，但此未備耳。附《蒙引》：卿以下必有圭田，圭田五十畝，餘夫二十五畝。此亦井田之制也，非井田法外之制，但是分田制禄常制之外耳。圭田則都是井田之中而未有所屬，中分之爲五十畝也。餘夫之田，則或是都鄙之井田，或鄉遂十夫之田，而四分之，爲四箇二十五畝也。○圭田五十畝，是卿以下皆同也。蓋制禄之法，則有定分，卿禄四大夫，大夫倍上士，上士倍中士，中士倍下士。惟圭田乃是分外加厚之田，則一視同仁，無卿大夫之别，蓋先王之特恩也。○顧麟士曰：「按《祭法》：大夫三廟，適士二廟，官師一廟。注：『適士，諸侯之上士也。官師，諸侯之中士。下士爲一官之長者。』又曰：『庶士庶人無廟。』注：『庶士，府史之屬。』可見是有廟則有祭，有祭則有圭田，故曰一視同仁，無卿大夫之别。而降至下士，爲一官之長者，亦預之。」

餘夫二十五畝。

程子曰：「一夫上父母，下妻子，以五口八口爲率，受田百畝。如有弟，是餘夫也。年十六，别受田二十五畝，俟其壯而有室，然後更受百畝之田。」愚按：此百畝常制之外，又有餘夫之田，以厚野人也。問：「卿大夫之圭田，必有耕之者，豈亦有耕屬可耕乎？」朱子曰：「恐圭田只是給公田之在民者。大抵古者田禄，皆是助法之公田充，而八家因爲之屬，如『有田一成，有衆一旅』是也。圭田恐亦如此，故《王制》云『夫圭田無征』。」○雙峰饒氏曰：「圭田餘夫，亦是百畝中撥與他。半分則五十畝，四分則二十五畝。」問：「各受田百畝，六十歲傳與其子，子養其父。但只是長子受父之田，次子便是餘夫，别請二十五畝。若無子，則百畝納之官。」曰：「然。」問：「人物繁庶，公家安得有許多田分授？」曰：「天地間只着得許多物事，少間人物過多，便自有乘除，亦理勢使之然也。」《通考》仁山金氏曰：「上文絶長補短五十里，是除山川林麓城郭而以田計也。以五十里之田，而分君子以有公田，小人私田，君子又有圭田，小人又有餘夫，似爲難給。然以方田法計之，方十里者，爲方一里者百，則是百井九百夫矣。方五十里者，爲方十里者二十五，則是二千五百井，二萬二千五百夫矣。亦自不患於不給。以此知戰國之時，諸大國若能脩復井田，不爲園囿宮室汙池以廢地，能行王政以聚民，則田野不至於不給。人衆地大，不患於不可以行王政也。」附顧麟士曰：「或曰此二項當取閒田爲之，麟則曰圭田在公田中，中分得之；餘夫田在私田中，四分得之，似亦可也。」

死徙無出鄉，鄉田同井。出入相友，守望相助，疾病相扶持，則百姓親睦。

死，謂葬也。徙，謂徙其居也。同井者，八家也。友，猶伴也。守望，防寇盜也。

附《蒙引》：此言井田之法之有以善乎民俗也。若只説井田之善，則上下俱見其善，不獨民俗矣。今觀「死徙無出鄉，鄉田同井。出入相友，守望相助，疾病相扶持，則百姓親睦」，都是就百姓説，故定爲井田之法有以善民俗。亦不必云著其效也，蓋都是井田之制使然耳。若云行井田之法之效，則必至「願受一廛而爲氓」處方是。○「鄉田同井」，則十夫有溝者不在此耳。○顧麟士曰：「《達説》講首二句云：『死者徙者舉無出鄉而人懷舊土之戀，鄉田之治同此一井而人安共業之風。』『同井』字亦稍作着力説，妙。據此，則似上句言其變，而下句言其常，皆爲安土重遷盛世之象也。」

方里而井，井九百畝，其中爲公田。八家皆私百畝，同養公田。公事畢，然後敢治私事，所以別野人也。養，去聲。別，彼列反。

此詳言井田形體之制，乃周之助法也。

《通考》朱子《井田類説》曰：「《班志》：古者建步立畝，六尺爲步，步百爲畝，畝百爲夫。夫三爲屋，屋三爲井，井方一里，是爲九夫八家共之。一夫一婦受私田百畝，公田十畝，是爲八百八十畝，餘二十畝以爲廬舍。民受田，上田夫百畝，中田夫二百畝，下田夫三百畝，歲更耕之，換易其處。注：何休曰：『司空謹別田之高下善惡，分爲三品。上田一歲一墾，中田二歲一墾，下田三歲一墾。肥饒不得獨樂，磽埆不得獨苦，三年一換土易居。』其家衆男爲餘夫，亦以口受田如此。士工商家受田，五口乃當農夫一人，有賦有税。賦則計口發賦，税則公田什一，及工商衡虞之入也。賦供車馬兵甲士徒之役，充實府庫賜予之費。税給宗廟百神之祀、天子奉養、百官禄食、庶事之費。民年二十受田，六十歸田。

種穀必雜五種以備災害，中弗得有樹，以妨五穀。環廬種桑，菜茹有畦，瓜瓠果蓏，植於疆畔，雞豚狗彘無失其時。女脩蠶織，五十可以衣帛，七十可以食肉。五家爲比，五比爲閭，四閭爲族，五族爲黨，五黨爲州，五州爲鄉，鄉萬二千五百户。」又曰：「三年耕則餘一年之蓄，故三年有成，成此功也。故王者三載考績，九年耕，餘三年之食。進業曰登，故三考黜陟。再登曰平，餘六年食。三登曰太平，二十七歲餘九年食。然後至德流洽，禮樂成焉。」附顧麟士曰：「古者畝非正方，其闊一步，長一百步。然積至百畝，闊亦百步矣。」

公田以爲君子之禄，而私田野人之所受。先公後私，所以別君子野人之分去聲。也。不言君子，據野人而言，省文耳。上言野及國中二法，此獨詳於治野者，國中貢法，❶當世已行，但取之過於什一爾。

慶源輔氏曰：「上既言助法之善，故此下遂言周之助法也。方里而井，井九百畝，其中爲公田，便是井田形體之制也。」《通考》袁氏明善曰：「井田始於黃帝，經界如井字，後世因號爲井田。《孟子》『方里而井，井九百畝』，又曰『夏后氏五十而貢，殷人七十而助，周人百畝而徹』。貢者，上送於官之名，九家同井，家授五十畝，其半以爲菜田。助者，借也，謂借民之力以耕公田。八家同井，家授七十畝，共耕公田七十畝。其一井之中，除八家所授，外餘二百四十畝，以爲菜田。公田之外，餘三十畝，以爲菜田及廬舍。徹者，通也，言其通用夏殷貢助之法也。請野九一而助，國中什一使自賦，即周之所以通用二代之法而爲徹者也。野謂近郊之外。九一而助者，八家同井，以其中一百畝，内除二十畝爲八家廬舍，外公田，而借民之力共耕之，此即殷之助法，但比殷則每家增多三十畝耳。國中謂近郊之内。什一使自賦者，九家同井，各以其什分之一上貢於官，此即夏之貢法，但比夏則每家增多五十畝耳。其菜田則皆在別井，以八等差次分授之。《孟子》謂『方里而井，井九百畝，其中爲公田』。八家皆私百畝，同養公田。公田事畢，然後敢治私田』。事者，專指周家郊外助法而言也。夏殷以上，其詳已不可知。」

此其大略也。若夫潤澤之，則在君與子

❶「法」，原作「治」，今據哈佛本改。

矣。」夫，音扶。

井地之法，諸侯皆去上聲。其籍，此特其大略而已。潤澤，謂因時制宜，使合於人情，宜於土俗，而不失乎先王之意也。或問潤澤之説。雙峰饒氏曰：「前面説底是箇硬局子，到這裏須是要會變通，使合人情、宜土俗可也。潤澤非文飾之謂，乃是和軟底意思，不全是硬局子，温潤滑澤，方可行得。此朱子善於形容孟子用心處。」附《淺説》：「此其大略也」，此字指方里而井一節言。而上文正經界與圭田餘夫之田，皆包在「方里而井」一節内矣。故《注》曰「此詳言井田形體之制」也。既曰詳言，而《孟子》乃曰「此其大略」，何也？要説得通。○《蒙引》：使當時諸侯不去其籍，孟子若得志，行王政於天下，亦須有所損益折衷，故曰「三王不同禮」。又曰「周公思兼三王，以施四事」，此便是任法不如任人之理。○潤柔而不硬也，澤滑而不澁也。推此義，可見但凡論古制，後面都着用此義合殺。○呂氏曰：「子張子橫渠。慨然有意三代之治。去聲，下言治同。論治人先務，未始不以經界爲急。講求法制，粲然備具。要平聲。之可以行於今，如有用我者，舉而措之耳。嘗曰：『仁政必自經界始。貧富不均，教養無法，雖欲言治，皆苟而已。世之病難行者，未始不以亟奪富人之田爲辭。然茲法之行，悦之者衆。苟處上聲。之有術，期以數年，不刑一人而可復。所病者，特上之未行耳。』乃言曰：『縱不能行之天下，猶可驗之一鄉。』方與學者議古之法，買田一方，畫爲數井。上不失公家之賦役。退以其私，正經界，分宅里，立斂去聲。法，廣儲蓄，興學校，成禮俗，救菑與災同。恤患，厚本抑末。足以推先王之遺法，明當今之可行。有志未就而卒。」○愚按：《喪禮》經界兩章，見孟子之學，識其大者。是以雖當禮法廢壞之後，制度節文不可復扶又反。考。新安陳氏曰：「《喪禮》有節文經界之法，有制度，二者皆廢壞，故不可詳考。」而能因略以致詳，推舊而爲新；不屑屑於既往之迹，而能合乎先王之意，真可謂命世亞聖之才矣。南軒張氏曰：「井田王制之本，而經界又井田之本也，大要在分田制禄二事而已。田得其分，則小民安其業。禄得其制，則君子賴其養。上下相須而各宜焉，治之所由興也。人皆知商鞅廢井田，開阡陌，考孟子之言，則井田之廢久矣。蓋孟子時，井田之法雖廢，而井田之名猶在，暴君雖去其籍，猶不敢易其名也。至鞅始蕩然一泯其迹而掃除，其阡陌併與其名亡之矣。」○雙峰饒氏曰：「井田之法，黄帝開端便做成了，如何改得？商人七十畝，周人如何便更百畝？至於溝洫塗畛，亦非一朝一夕所能成。朱子亦嘗疑之，《王制》與《周禮》已不同，孟子多是臆度言之。井田可行於中原平曠之地，若是地勢高低，如何可井？恐江南是用貢法。阡陌是田間路，古人車制，一車闊六尺有餘，兩旁又翼之以人，占田太多，商君欲富國，所以鑿開阡陌爲田。前此諸侯欲富其國，井田大綱已自廢了，商君則索性壞却。」《通旨》朱氏公遷曰：「龍子之言如此，則貢法之不善甚矣。但意其初制未必然，惟行之既久而不能無弊耳。鄉遂用貢法，周亦未嘗廢之，孟子亦言國中什一使自賦，蓋斟酌損益，推舊爲新，貢助兼行，此王制之大略也。先王之法何爲而不可用哉？」附《蒙引》：《史記》第二序曰：「信命世之宏才。」注：《索隱》云：「命者，名也，言賢人有名於世也。」此二字不見經傳。《三國史》橋玄謂曹操曰：「天下將亂，非命世之才不能濟也。」命世二字，蓋出於此。

○有爲神農之言者許行，自楚之滕，踵門而告文公曰：「遠方之人聞君行仁政，願受一廛而爲氓。」文公與之處，其徒數十人，皆衣褐，捆屨、織席以爲食。衣，去聲。捆，音閫。

神農，炎帝神農氏。始爲耒耜，教民稼穡者也。爲其言者，史遷所謂農家者流也。《前漢・藝文志》：「農家者流，蓋出於農稷之官。播百穀，勸耕桑，以足衣食。」許，姓，行，名也。踵門，足至門也。仁政，上章所言井地之法也。廛，民所居也。氓，野人之稱。褐，毛布，賤者之服也。捆，扣椓作角反。之欲其堅也。以爲食，賣以供食也。程子曰：「許行所謂神農之言，乃後世稱述上古之事，失其義理者耳，猶陰陽、醫方稱黄帝之説也。」問：「許行爲神農之言，而有君臣並耕市不貳價之説，何耶？」朱子曰：「程子之言盡矣。然以《易》考之，二者皆神農之所爲也。當時民淳事簡，容或有如許行之説者。及乎世變風移，至於唐虞之際，則雖神農復生，亦當隨時以立政，而不容固守其舊矣。況許行之妄，乃欲以是而行於戰國之時乎？」○慶源輔氏曰：「陰陽、醫方所稱黄帝之説，如《素問》、《靈樞》之類是也。使真有神農、黄帝之説傳於世，孔孟豈得而不稱述之哉？」○新安陳氏曰：「後世小道，必推古聖賢爲宗，以求取信於世故也。」附《蒙引》：「有爲神農之言者許行」，着一「爲」字，便見其言本非神農之言矣。「爲其言」之「爲」字，彷彿似云爲其學者之類。《孟子》曰「固哉高叟之爲詩」云，亦其意類。○按《集註》「廛，民所居也。氓，野人之稱」，則此居固非市宅矣。野人原不在市宅，在市宅者商賈也。「願受一廛而爲氓」，則有田可知。○「衣褐」二字爲讀，其所以衣者也。「捆屨、織席以爲食」爲一項，其所以食者也。

陳良之徒陳相與其弟辛，負耒耜而自宋之滕，曰：「聞君行聖人之政，是亦聖人也，願爲聖人氓。」

陳良，楚之儒者。耜，所以起土。耒，其柄也。附《蒙引》：許行自楚來，既捆屨織席以爲食，陳相自宋來，又負耒耜，只是其未相見之前，已有默相遇之機矣。○《淺説》：「願爲聖人氓」，此蓋實言也。彼本學於陳良，而未聞邪説，其遠負耒耜而至者，亦不爲出疆而舍其耒耜耳，非若許行直欲售其並耕之説而來也。但其識見不足，故見許行而大悦，盡棄其學而學焉。蓋邪説易以惑人，而人情每厭常而喜新也。

陳相見許行而大悦，盡棄其學而學焉。陳相見孟子，道許行之言曰：「滕君，則誠賢君也；雖然，未聞道也。賢者與民並耕而食，饔飧而治。今也滕有倉廩府庫，則是厲惡，平聲。

民而以自養也，惡得賢？」饔，音雍。飧，音孫。

饔飧，熟食也。朝曰饔，夕曰飧。言當自炊爨七亂反。以爲食，而兼治民事也。厲，病也。許行此言，蓋欲陰壞音怪。孟子分別必列反。君子野人之法。附《蒙引》：「未聞道也」，蓋謂神農之道也。○陳相、許行之言，所刺在滕君，而其所以刺，則在孟子也。

孟子曰：「許子必種粟而後食乎？」曰：「然。」「許子必織布而後衣乎？」曰：「否。許子衣褐。」「許子冠乎？」曰：「冠。」曰：「奚冠？」曰：「冠素。」曰：「自織之與？」曰：「否。以粟易之。」曰：「許子奚爲不自織？」曰：「害於耕。」曰：「許子以釜甑爨，以鐵耕乎？」曰：「然。」「自爲之與？」曰：「否。以粟易之。」衣，去聲。與，平聲。

釜，所以煮。甑，所以炊。爨，然火也。鐵，耜屬也。此語八反，皆孟子問而陳相對也。附《蒙引》：「許子必種粟而後食」，此段意，總謂莫道爲人君者難以與民並耕而食，饔飧而治，便是他這匹夫之身，已不能盡兼他技，況人君一身百職攸萃乎？故每詰之，果不待辨而自支離矣。○「必種粟而後食乎？曰：然。」此決知其然者，猶將問以刃與政，將問與少樂樂與衆樂樂，而先問獨樂樂與人樂樂也。孟子於折辨之際，多用此法。○《存疑》：「『許子必種粟而後食乎？曰：然。』此決知其然者」，以起下文之難爾。「曰：否。許子衣褐。」本以逃孟子之駁也，要亦逃不得，何也？雖褐必須人織也。但孟子姑置之，續以「許子冠乎？曰：冠。奚冠？曰：冠素。自織之與？」則陳相無逃處。「曰：否。以粟易之。」則已爲孟子辨折之地。又曰「害於耕」，則盡之矣。然孟子欲多即事以辨，故又有釜甑爨、鐵耕之説，「曰：否。以粟易之。」下不曰「奚爲不自織」者，以上文已有「奚爲不自織」之言，其意已見也。此聖賢之筆，非若後世之文人也。○《蒙引》：「曰：許子奚爲不自織？曰：害於耕。」則已可折之矣。然孟子欲多其邪遁之辭，以爲折服開悟之地，故不即闢之。而又曰「許子以釜甑爨，以鐵耕乎」，彼則又曰「然」，又曰「以粟易之」，然後曰「以粟易械器者，不爲厲陶冶」云云，人但見孟子之多其詞説，而不知此法即省了許多詞説也。不然，彼之邪説蔽錮已深，其執拗論辨，可據申吾説耶？

「以粟易械器者，不爲厲陶冶；陶冶亦以其械器易粟者，豈爲厲農夫哉？且許子何不爲陶冶，舍皆取諸其宮中而用之？何爲紛紛然與百工交易？何許子之不憚煩？」曰：「百工之事，固不可耕且爲也。」舍，去聲。

此孟子言而陳相對也。械下戒反。器，釜甑之屬也。陶，爲甑者。冶，爲釜鐵者。新安陳氏曰：「厲陶冶、厲農夫之説，乃是因行厲民自養之言，承其厲字而明辨以闢之。」〇雲峰胡氏曰：「樊遲欲學稼，孔子斥之曰『吾不如老農』，直謂其所學者小人之事，而舉大人之事以答之。孟子問許行，即此意也。但遲之志陋，不過欲自學之。行之學僻，欲以治國家。此孟子所以深闢之也。舍，止也，或讀屬音燭。上句。舍，謂作陶冶之處也。附《蒙引》：「以粟易械器者不爲厲陶冶」云云，此「厲」字，因他厲民自養而發。言汝謂滕有倉廩府庫爲厲民自養，以今觀之，以粟易械器者不爲厲陶冶，陶冶亦以其械器易粟者，豈爲厲農夫哉？知陶冶與農之相易爲不相厲，則滕君之不並耕而食，饔飧而治，亦未爲厲民以自養也可知。此已足以折陳相之説無餘矣。然猶未也，又繼之曰且許子何不自爲陶冶，則凡百器械，止皆自取於其家而用於其家，是多少便，而乃何爲紛紛然與百工交易，何許子之不憚煩？曰：「百工之事，固不可耕且爲也。」即應之曰：「然則治天下獨可耕且爲與？」蓋上既承其害於耕之説，而明彼此之不相厲，以見滕君之非厲民以自養矣。此則又承其百工不可耕且爲之説，而明彼此之交相濟，亦以見滕君之不厲民以自養也。只是一意，錯出於語次之間，不必强分爲二意，抑通章是此意也。〇《存疑》：「何爲紛紛然與百工交易」，正欲得他「百工之事不可耕且爲」之語出，而因以折之。此比告子「生之謂性，猶白之爲白」節尤覺警發，此孟子所以爲善辯。《蒙引》曰：「以朱子之正學精義，而不能折服象山兄弟於一時之語次，亦其雄辯不如孟子也。」○《蒙引》：械器釜甑之屬，謂其機械便當也，凡民生日用所資器皿皆是，故用「之屬」二字以該之。下文亦兼百工言之，就本文而言，則甑爨耒耜皆是也。但不可分貼，惟陶冶則分。○陶何以能爲甑？曰：古之甑實陶爲之，故從瓦。北方原無杉木可爲木甑，今有之者，皆自南方往也。

「然則治天下獨可耕且爲與？有大人之事，有小人之事。且一人之身，而百工之所爲備。如必自爲而後用之，是率天下而路也。故曰：或勞心，或勞力；勞心者治人，勞力者治於人；治於人者食人，治人者食於人：天下之通義也。與，平聲。食，音嗣。

此以下皆孟子言也。新安陳氏曰：「百工之事不可耕且爲，此亦陳相對得理明處，故孟子即此二句以難之。百工之事尚不可耕且爲，而治天下國家，乃可耕且爲也？」路，謂奔走道路，無時休息也。治於人者，見治於人也。食人者，出賦稅以給公上也。食於人者，見食於人也。此四句皆古語，而孟子引之也。首有「故曰」字，知其爲古語。君子無小人則飢，小人無君子則亂。以此相易，正猶農夫陶冶以粟與械器相易，乃所以相濟而非所以相病也。治天下者，豈必耕且爲哉？南軒張氏曰：「滕文亦可謂賢君矣，而不克終用孟子之說，寂然無聞於後世者，許行之言有以奪之也。聽治於人者，出力以食其上，而治人者享其食焉，此理天實爲之，萬世所共由者，故曰天下之通義也。如許行之說，則昧天理之當然，務小惠以妨大德，昵私情以妨正體，卒歸於不可行耳。」附《淺說》：大人自有大人之事，小人自有小人之事，大小自不得而相兼也。○《存疑》：「有大人之事」二句，是承「治天下獨可耕且爲」之說。治天下，大人之事也。但止說治與耕是兩事，不是上文治耕不可相兼意。「且一人之身，而百工之所爲備」二句，又是舉「百工之事，不可耕且爲」意再敷暢之。「是率天下而路也」下，就當貼云「況治天下而可兼爲乎」，然後接說「故曰或勞心，或勞力」云云。○「治於人者食人，治人者食於人，天下之通義」，這便見得食人者不爲厲食，食於人者不爲厲民，許行厲民而以自養之説之爲妄也。

當堯之時，天下猶未平，洪水橫流，氾濫於天下。草木暢茂，禽獸繁殖，五穀不登，禽獸偪人。獸蹄鳥跡之道，交於中國。堯獨憂之，舉舜而敷治焉。舜使益掌火，益烈山澤而焚之，禽獸逃匿。禹疏九河，瀹濟漯，而注諸海；決汝漢，排淮泗，而注之江，然後中國可得而食也。當是時也，禹八年於外，三過其門而不入，雖欲耕，得乎？瀹，音藥。濟，子禮反。漯，佗合反。

天下猶未平者，洪荒之世，生民之害多矣。聖人迭興，漸次除治，至此尚未盡平也。洪，大也。橫流，不由其道而散溢妄行也。氾濫，橫流之貌。暢茂，長上聲。盛也。繁殖，衆多也。五穀，稻、黍、稷、麥、菽也。登，成熟也。道，路也。獸蹄鳥跡交於中國，言禽獸多也。敷，布也。益，舜臣名。烈，熾也。禽獸逃匿，然後禹得施治水之功。疏，通也，分也。九河：曰徒駭，曰太史，曰馬頰，曰覆釜，曰胡蘇，曰簡，曰潔，曰鉤盤，曰鬲音隔。津。新安倪氏曰：「蔡氏《書傳》云：『按《爾雅》，九河：一曰徒駭，二曰太史，三曰馬頰，四曰覆釜，五曰胡蘇，六曰簡潔，七曰鉤盤，八曰鬲津，其一則河之經流也。先儒不知河之經流，遂分簡潔爲二。』此與《集註》小異。《書傳》經朱子晚年訂正，當以爲定也。」《通考》吴氏程曰：「曰簡，曰潔，《集註》與《爾雅》同，而蔡氏則謂《爾雅》合簡潔爲一，而其一即河之經流。殊不可曉。以水道考之，九河率在河間路滄州境内，今存者尚五六處，何得言盡湮入海？南皮縣明有潔河，未聞與簡河合一，《集註》良是。」瀹，亦疏通之意。濟、漯，二水名。決、排，皆去上聲。其壅塞也。汝、漢、淮、泗，亦皆水名也。據《禹貢》及今水路，惟漢水入江耳。汝、泗則入淮，而

淮自入海。此謂四水皆入於江，記者之誤也。朱子曰：「『決汝、漢，排淮、泗，而注之江』，此但取其字數足以對偶而云爾。只是行文之失，無害爲義理，不必曲爲之説也。」新安陳氏曰：「『堯獨憂之』，所憂者大。『舉舜禹益而用之』，所憂在此，何暇於並耕？『雖欲耕，得乎』，是提掇『耕』字，以照應前『獨可耕且爲與』句。」《通考》仁山金氏曰：「汝出今河南梁縣天息山，至蔡州下入淮。漢出今漢中利路之閒兩縣嶓冢山東南，流二千四百二十里，至漢陽軍大別山入江。淮出唐州桐柏山，千七百里至海州入海。泗出襲慶府，泰山陪尾有泗源，南至下邳入淮。當是疏九河，瀹濟，排淮江，而注之海；決汝、泗而注之淮；決漢而注之江。」附《存疑》：「天下之通義也」以上，是即民生日用之常來辨折。「當堯之時」以下，又是舉堯、舜治天下之事來辨折。○《蒙引》：「當堯之時，天下猶未平」，此以下言自古聖君賢臣，歷歷可數，那有一箇是與民並耕而食、饔飧而治者耶？○惟洪水氾濫，草木得水，則暢茂矣。禽獸得草木，則繁殖矣。禽獸草木，皆妨害五穀者，故五穀不登，則人類益稀，而禽獸逼人，舉中國多是禽獸之地，此其上下文相屬之大意也。○洪水橫流云云，使於是而遽施治水之功，則草木之暢茂者，道途既爲之梗塞而不通，而禽獸之逼人者，又方巢穴於其中而不可避，治水之功，固未可施。舜灼見其理勢，乃先使益烈山澤而焚之。草木既焚，禽獸失其所依，乃皆逃匿遠去，然後禹得以施治水之功於水土。○本文「雖欲耕，得乎」一句，只承「禹八年於外」説。「聖人之憂民如此，而暇耕乎」一句，亦只承勞來、匡直、輔翼四句説，似於舜、益、后稷諸公有欠詞焉。然古之文，多取意足而已，其於辭有不屑屑然者，而實足以互見而相發也。○《存疑》：上曰「舜使益烈山澤而焚之」，則下文曰「禹疏九河」、「稷教稼穡」，皆舜使也。○《蒙引》：《書傳》此説又與《楚辭注》不同。《楚辭注》以爲徒駭是河之本道，本道即謂此經流也，尚不知孰是。○《禮》曰：「四瀆視諸侯。」謂之瀆者，獨也。以其獨入於海。故江、河、淮、濟，皆名以瀆焉。今以一淮而受大黃河之全勢，合二瀆而爲一也。自宋以前，河自入海，尚能爲並河州郡之害，況今河、淮合一，而清口又合沁、泗、沂三水以同歸於淮也哉。

后稷教民稼穡。樹藝五穀，五穀熟而人民

育。人之有道也，飽食、煖衣、逸居而無教，則近於禽獸。聖人有憂之，使契爲司徒，教以人倫：父子有親，君臣有義，夫婦有別，長幼有序，朋友有信。放勳曰：『勞之來之，匡之直之，輔之翼之，使自得之，又從而振德之。』聖人之憂民如此，而暇耕乎？契，音薛。別，彼列反。長，放，皆上聲。勞、來，並去聲。

言水土平，然後得以教稼穡；衣食足，然後得以施教化。后稷，官名，棄爲之。《通考》趙氏悳曰：「稷乃五穀之長，故以稷爲農官之稱。后者，有爵土之號。后稷，名棄者，其母有邰氏，出野履巨人跡而孕，及生子，以爲不祥而棄之，故以棄名。《說文》：『種曰稼，斂曰穡。』」○黄氏紹曰：「治水之役，勢必偕行，故禹明言予載四載，隨山刊木，則暨奏庶艱食。予決九川，距四海，濬畎澮，距川，則暨稷播奏庶艱食鮮食。夫暨稷播艱食，則禹固嘗躬耕矣。蓋當疏導之餘，相其便宜有可播種以爲民食者，稷授其方。稷與禹未始相離也，禹過門不入，稷獨得從容暇逸乎？雖謂稷亦過門不暇入，可也。」然言教民，則亦非並耕矣。樹，亦種也。藝，殖也。契，亦舜臣名也。司徒，官名也。人之有道，言其皆有秉彝之性也。然無教則亦放逸怠惰而失之，故聖人設官而教以人倫，亦因其固有者而道去聲。之耳。《書》曰：「天敘有典，勑我五典五惇哉。」此之謂也。慶源輔氏曰：「《集註》舉《書》以爲證者，天敘，即所謂固有也。勑而厚之，即所謂道之也。」○新安陳氏曰：「典者，人道之常。天所次序，本有此典也。勑，正也。我，謂君也。五典，即父子至朋友五者是也。惇，厚也。勑正自我，即天敘之本然者而品節之，然後有典。別而爲五典，而五者皆惇厚也。惇典，如言厚人倫。」放勳，本史臣贊堯之辭，孟子因以爲堯號也。德，猶惠也。堯言勞如字。者勞之，來如字。者來之，邪者正之，枉者直之，輔以立之，翼以行之，使自得其性矣，又從而提撕警覺解振字。**以加惠焉，不使其放逸怠惰而或失之。蓋命契之辭也。**問：「振德是施惠否？」朱子曰：「是。然不是財惠之惠，只是施之以教化，上文匡、直、輔、翼等事是也。彼既自得之，又從而教之。」○慶源輔氏曰：「勞者勞之，來者來之，所以安其生也。邪者正之，枉者直之，所以正其德也。輔以立之，翼以行之，所以助其行也。自得，謂自得其性也。振，謂提撕警省也。此乃《大學》新民之功也。」○新安陳氏曰：「『聖人有憂之』，又言堯所憂者大，使契爲司徒以教民，所憂在此，何暇於並耕？『聖人之憂民如此，而暇耕乎』，是再提掇耕字，以照應『獨可耕且爲與』一句。」《通旨》朱氏公遷曰：「此人倫以道言，指其異於禽獸者，明君子當全天命之性，以自別於禽獸也。憂其近於禽獸者，見聖人必明脩道之教，以別人於禽獸也。言人之生也直，則欲人因其生理而順之。言無惻隱、羞惡、辭讓、是非之心則非人，則欲人因其本心而擴充之。皆恐人之不能盡人道也。」附《存疑》：「聖人有憂之」，聖人兼指堯、舜，引放勳之言，特以爲證也，不是專指堯。○「聖人之憂民如此」，此聖人，指堯與舜。○顧麟士曰：「《達説》講放勳處云：『民之用力於人倫而爲勞者，則獎勸以勞之。民之歸向於人倫而爲來者，則誘掖以來之。民之立心背乎人倫而爲邪者，則約其情以正之。民之所行戾乎人倫而爲枉者，則矯其偏以直之。凡此勞、來、匡、直，正所以輔以立之，翼以行之，使之自得其性也。既自得其性矣，則又從而提撕警覺以加惠焉，不使其放逸怠惰而或失之也。』勞、來、匡、直，俱貼人倫。妙。然亦本《淺説》。勞、來、匡、直之貼人倫，猶《中庸》『生而知之』、『安而行之』等『之』字，之，謂達道也。今人皆將説開，全無巴鼻矣。」○兩節結尾，一則曰：「雖欲耕，得乎？」一則曰：「而暇耕乎？」本自割截，不知何緣於「聖人之憂民」句連扭益、禹、稷、契並説。麟與子常屢辨，蓋斷自臆解，亦初未見《大全》、《蒙引》也，後乃歎獲我耳。今觀《達説》亦云：「常説多把『聖人之憂民如此』總承上數箇聖人，誤矣。」○《蒙引》：「使契爲司徒」，舜舉而使之。但天無二日，民無二王，制誥拜除，還須是堯出，此古今所同也。

堯以不得舜爲己憂，舜以不得禹、皋陶爲己憂。夫以百畝之不易爲己憂者，農夫也。

夫，音扶。易，去聲。

易，治也。堯、舜之憂民，非事事而憂之也，急先務而已。所以憂民者其大如此，則不惟不暇耕，而亦不必耕矣。慶源輔氏曰：「舉農者之所憂以並堯舜之憂，見其小大廣狹之不倫，則不暇耕與不必耕可知矣。」○新安陳氏曰：「接上文三憂字，而又發明出三憂字。在三句中，聖人之憂在不得聖賢而用之，得而用之，則足以釋己之憂矣。此《集註》所謂急先務也。聖人所以憂民者，其大如此，若農夫之憂，憂之小者耳。許行又欲聖人憂百畝之憂，可乎？」附《存疑》：「當堯之時」二節，言堯、舜之憂民，急於爲治，而不暇耕。「堯以不得舜爲己憂」二節，言堯、舜之憂民，所憂之大，而不必耕。要之得人意，上面「堯獨憂之，舉舜而敷治」，「使契爲司徒」裏便都有了。但上文方重在急於爲治不暇耕上，且未及此意，至此則專露其意，見聖人憂人，所憂者大，其澤自有以及天下，不惟不暇耕，而亦不必於耕也。觀注「不惟不暇耕」與「不必耕」二句，便見得有兩層意。○「以百畝之不易爲己憂者，農夫也」，言非堯、舜之所憂也。此句摠歸在「堯以不得舜爲己憂」二句內，❶故注不解，明是斥許行自爲並耕之説，正是以百畝之不易爲己憂，農夫之所爲也。「分人以財謂之惠」三句，是解「堯以不得舜爲己憂」兩句。是故「以天下與人易，爲天下得人難」二句，又是因「爲天下得人謂之仁」句，特剔出得人難之意以曉人，使人知所重也。○《淺説》：堯、舜憂不得人，何以見其不必耕？言其所憂者特其大者耳。凡治民庶務，亦不必身自爲之，而況於耕乎？以見其不必耕也。「所憂者大」，大字乃大綱大體之大，非恩惠廣大之大也。○顧麟士曰：「上兩節無皋陶，而此舜之憂無益、稷、契，獨禹、皋並列者，亦大概之言，不屑分配耳。然堯、舜、禹而下，揆其品地，實必先皋而後益。故史稱禹元歲即位，任皋陶益以國政，二歲皋陶薨，命費侯伯益總師，則令皋陶不亡，薦天七年不及益矣。然則舜爲天下得人，自禹而下，宜以皋陶爲急。或古人原以並稱而順口因之，俱不可知也。」

分人以財謂之惠，教人以善謂之忠，爲天下

❶「得」，原脱，據哈佛本補。

得人者謂之仁。是故以天下與人易，爲天下得人難。爲、易，並去聲。

分人以財，小惠而已。教人以善，雖有愛民之實，然其所及亦有限人者，對己而言。而難久。教之者，僅己耳。惟若堯之得舜，舜之得禹、皋陶，乃所謂爲天下得人者，而其恩惠廣大，應惠字句。教化無窮矣，應忠字句。此其所以爲仁也。仁字可包惠字忠字。○慶源輔氏曰：「以己之善而教人，使人皆爲善，則是有愛民之實矣。然其所及，亦止於吾力之所能與吾身之所及而已，故有限而難久也。」○堯之得舜，舜之得禹、皋陶，則能廣吾力之所能，而俾其恩惠極於廣大；繼吾身之所存，而俾教化推於無窮矣，然後可以謂之仁。附《存疑》：「堯以不得舜爲己憂」兩節，與上文相承意思，大略謂堯、舜憂民，固急於爲治而不暇耕，要其所憂亦大，初不屑屑於其小者。故堯未嘗不憂民也，然惟以不得舜爲己憂；舜未嘗不憂民也，然惟以不得禹、皋陶爲己憂，固非事事而憂之也。彼以百畝不易爲己憂者，農夫之所爲也，豈堯、舜之所憂哉。何也？蓋分人以財，特小惠耳，教人以善，可謂忠矣，然未仁也，惟爲天下得人始謂之仁。此堯、舜所以特以不得禹、皋陶爲己憂，初不屑屑於其小而事事憂之也。夫爲天下得人謂之仁，如此則得人豈容易哉？是故以天下與人，此無難者，惟爲天下得人，其事始難耳。誠知得人之難，從而謹之，斯能爲天下得人，而仁覆天下矣，何必屑屑於其小，事事而憂之哉。大意是如此。○知得其人，可以授天下，便把天下與他，此只争能捨與不能捨耳，何擔利害，故爲之易。欲爲天下得人，一毫少差，便許多爲害，如何得恰好無差，所以難。「爲天下得人難」後，就當繳云，爲天下得人，則仁自有以被天下，如此何用於耕哉？故上注曰：「不惟不暇耕，而亦不必耕。」此兩節大意彷彿，如離婁章「君子平其政，行辟人可也」意。○引孔子稱堯、舜之言，是説堯、舜功業之大如許，必有所用心，然亦不在於耕，所以辨並耕之説之非也。此比上兩節，又是一意。要孟子辨許行並耕之説，意思層見疊出。「當堯之時」兩節是一意，「堯以不得舜」兩節是一意，引孔子之言又是一意。○劉上玉曰：《存疑》説井井有條，麟士善之，而愚竊有商焉。得人意上面已有，至此專露是矣，然須知『堯以不得』節乃承上起下也。曰舜、曰禹、皋陶，是承上節來。曰『不得』，則照下『得人』，是起下去，只宜平平說。言堯、舜憂民，急急於使益，使禹，使稷、契如此，是堯當日非事事而憂之，而惟以不得舜爲己憂，舜當日亦非事事而憂之，而惟以不得禹、皋陶爲己憂，則夫得舜，得禹、皋，其先務也。若夫以百畝不易爲己憂者，農夫之事也，豈堯舜之所憂哉？注『非事事而憂之，急先務』二句，本節正解止此。至下節『爲天下得人謂之仁』，方言得人所係之大，爲天下得人難；方言堯、舜所憂之大，方是解『堯以不得舜爲己憂』二句。上節注『所以憂民者其大如此』，因百畝句相形而預透此意於前耳。《存疑》云『爲天下得人謂之仁』，是解『堯以不得舜』二句，而謂『爲天下得人難』，又因『謂之仁』句。特剔出曉人，使知所重，便添出層折。至云『爲天下得人難』下，就當繳『何用於耕哉』，更不妥。蓋『何用耕』意，直至下『堯、舜之治天下』三句方繳完，此節何得繳？上節注『不惟不暇耕，亦不必耕』，又是預透下意而言之於前耳。皆宜渾渾漸次說去。」○「當堯之時」兩節，是一意。「乃欲耕而不暇也」，「堯以不得舜」三節，只一意。言耕固不是其所用心也，不必作三意。○《蒙引》：惟爲天下得人難，此堯、舜之所以孜孜然用心於得人也，故曰「堯以不得舜爲己憂，舜以不得禹、皋陶爲己憂」。惟難，故憂也。○「是故與天下與人易，爲天下得人難」，此猶《中庸》言「天下國家可均也，至中庸不可能也」，《論語》謂「三軍可奪帥也，匹夫不可奪志也」之例。

孔子曰：『大哉堯之爲君！惟天爲大，惟堯則之，蕩蕩乎民無能名焉！君哉舜也！巍巍乎有天下而不與焉！』堯、舜之治天下，豈無所用其心哉？亦不用於耕耳。與，去聲。

則，法也。蕩蕩，廣大之貌。君哉，言盡君道也。巍巍，高大之貌。不與，猶言不相關，言其不以位爲樂音洛。也。新安陳氏曰：「『亦不用於耕耳』，至此三提掇『耕』字，以照應收結『獨可耕且爲與』一句，不待辯闢，明白痛快，文法亦照顧得好。以上亦辯倒許行之說，下文乃責陳相也。」

附《淺說》：孔子稱堯、舜之言如此。夫堯、舜之治天下也，一則法天而德業之蕩蕩，一則不以位爲樂而事功之巍巍，若此者，豈無所用其心哉？民害未除，思得人以除之。民生未遂，思得人以養之。民性未復，思得人以教之。此皆其用心所在也，特其心不用之於耕耳。夫道莫備於堯、舜也，使君與民並耕乃道之所在，則堯、舜當先爲之矣。而皆不然，則許行之説何其妄哉。○《蒙引》：則，法也。法字與《論語》解齊準義亦同。蓋法天，則亦與天同其大矣。

吾聞用夏變夷者，未聞變於夷者也。陳良，楚産也，悦周公、仲尼之道，北學於中國。北方之學者，未能或之先也。彼所謂豪傑之士也。子之兄弟事之數十年，師死而遂倍之。

此以下責陳相倍音佩。師而學許行也。夏，諸夏禮義之教也。變夷，變化蠻夷之人也。變於夷，反見變化於蠻夷之人也。産，生也。陳良生於楚，在中國之南，故北遊而學於中國也。先，過也。豪傑，才德出衆之稱，言其能自拔於流俗也。倍，與背同。言陳良用夏變夷，陳相變於夷也。慶源輔氏曰：「陳良，楚人，而北學於中國，則是用夏變夷。陳相素學於陳良，乃爲許行所變，則是變於夷也。」

昔者孔子没，三年之外，門人治任將歸，入揖於子貢，相嚮而哭，皆失聲，然後歸。子貢反，築室於場，獨居三年，然後歸。他日，子夏、子張、子游以有若似聖人，欲以所事孔子事之，彊曾子。曾子曰：『不可。江漢以濯之，秋陽以暴之，皜皜乎不可尚已。』任，平聲。彊，上聲。暴，蒲木反。皜，音杲。

三年，古者爲去聲。師心喪三年，若喪父而無服也。《記·檀弓》：「事師無犯無隱，左右就養無方，服勤至死，心喪三年。」又云：「孔子之喪，門人疑所服。子貢曰：『昔者夫子之喪顔淵，若喪子而無服，喪子路亦然，請喪夫子若喪父而無服。』」任，擔都濫反。也。場，冢上之壇場也。有若似聖人，蓋其言行去聲。氣象有似之者，如《檀弓》所記子游謂有子之言似夫子之類是也。《記·檀弓上》：「有子問於曾子曰：『問喪於夫子乎？』〔問，鄭讀爲聞。喪，去聲，謂仕失位去國也。〕曰：『聞之矣。喪欲速貧，死欲速朽。』有子曰：『是非君子之言也。』曾子曰：『參也與子游聞之。』有子曰：『然。然則夫子有爲〔去聲。〕言之也。』曾子以斯言告於子游。子游曰：『甚哉！有子之言似夫子也。昔者夫子居於宋，見桓司馬自爲石椁三年而不成。〔桓司馬，宋向戍之孫，名魋。〕夫子曰：「若是其靡也，死不如速朽之愈也。」死之欲速朽，爲桓司馬言之也。南宮敬叔反，〔敬叔，孟僖子之子仲孫閱，蓋嘗失位去魯，而得反。〕必載寶而朝。夫子曰：「若是其貨也，喪不如速貧之愈也。」喪之欲速貧，爲敬叔言之也。』曾子以子游之言告於有子。有子曰：『然。吾固曰非夫子之言也。』曾子曰：『子何以知之？』有子曰：『夫子制於中都，〔中都，魯邑名。孔子嘗爲之宰。〕爲民作制四寸之棺，五寸之椁，以斯知不欲速朽也。昔者夫子失魯司寇，將之荆，〔蓋應聘於楚。〕蓋先之以子夏，又申之以冉有，以斯知不欲速貧也。』」所事孔子，所以事夫子之禮也。《通考》趙氏悳曰：「孔子既没，弟子思慕，有若狀似孔子，相與共立爲師，故《集註》謂『蓋其言行氣象有似之者』。築室於場，冢上祭祀壇場。孔子葬魯城北泗上，去城十里。冢塋百畝，南北廣十步，東西十三步，高一丈二尺。冢前以瓴甓爲祠，壇丈六尺。冢塋中樹以數百，皆異種，魯人世世無能名者。弟子各持其方樹來種之，塋中不生荆棘及刺人草。」江漢水多，言濯之潔也。秋日燥烈，言暴之乾音干。也。皜皜，潔白貌。尚，加也。言夫子道德明著，光輝潔白，非有若所能彷妃兩反。佛音弗。也。或曰：「此三語者，孟子贊美曾子之辭也。」附《存疑》：「『昔者孔子没』節，見孔門不背師有四：相向而哭皆失聲，不倍師也；獨居三年然後歸，不倍師也；欲以所事孔子事之，亦不倍師也；曾子曰不可，亦不倍師也。下文獨曰『亦異於曾子』者，從煞尾一人不倍師，尤得其道者言也。《蒙引》

作三段説。依其説，則子張、子夏輩是倍師矣。要三子不是倍師，其欲以所事孔子事有若者，特以致其思慕之心，如後世丁蘭刻木之類耳。○江漢水多而濯之潔，無一點之汙也。秋日燥烈而暴之乾，無一些之濕氣也。在聖人則是一絲不存，萬理明浄，人欲浄盡，天理流行。○皜皜，潔白也。都是承江漢以濯、秋陽以暴上説。凡物濯不潔，暴不乾，則不潔白。濯之潔，暴之乾，則潔白矣。注「明著、光輝、潔白」，通是就道德上説。○《淺説》：「江漢以濯之，秋陽以暴之」，此二「之」字，指孔子道德言。猶云吾夫子之道德，如江漢濯出來底，秋陽暴出來底，極其潔白，不可加也。只用潔白二字盡皜皜之意，明著、光輝，總是潔白之意。蓋有點汙蔽蕪，便不光明也。潔白只是純乎天理。顔子三月不違仁，猶未得爲潔白也。潔白者，是借來字面承上二句説。下但當實説，不可謂如物之潔白也。○《蒙引》：皜皜乎無以加矣，有若安得擬其彷佛？有若既不足以彷佛夫子，而乃事以事夫子之禮，不惟尊信有若爲過高，以夫子爲有若所可同，其待夫子反卑矣，而可乎？○有若雖不足以比孔子，而孔門之所推，一時皆無有若比可知。咸淳三年升從祀，以補十哲，衆議必有若也。祭酒爲疏，力詆有若不當升而升子張，不知《論語》一書未嘗深許子張。據此章，則子張欲事有若者也。子張之未能爲有若，昭昭也。陸象山天資高明，指心穎悟，不欲人從事學問，嘗斥有子孝弟之説爲支離，奈何習其説者不察，因攻之千載之下。即子張有靈，回觀有若，恐不自安其位次耳。江漢秋陽之喻，曾子甚言道德盛大、彰著灼然，非他人可擬之狀，而講象山之學者，又往往襲取以證精神之説。恐本旨亦不如此，在學者詳之。

今也南蠻鴃舌之人，非先王之道，子倍子之師而學之，亦異於曾子矣。鴃，亦作鵙，古役反。

鴃，博勞也，惡聲之鳥。南蠻之聲似之，指許行也。附《蒙引》：「非先王之道」，此非字，不訓詆毁，與《論語》「異端，非聖人之道而别爲一端」者同。○《存疑》：「亦異於曾子」，不可作不倍師説，當有斟酌。夫三子欲以所事孔子者事有若，是乃欲致其思，未必有倍師之意，曾子且爲不可。今也南蠻鴃舌之人，非先王之道，子倍子之師而學之，亦異於曾子矣。

吾聞出於幽谷遷於喬木者，未聞下喬木而入於幽谷者。

《小雅・伐木》之詩云：「伐木丁丁，中耕反。鳥鳴嚶嚶，音鶯。出自幽谷，遷于喬木。」新安陳氏曰：「譬陳相由高趨下，不如禽能舍下遷喬也。」附《蒙引》：此與上節「吾聞用夏變夷」一意而疊出，所以深責之也。

《魯頌》曰：『戎狄是膺，荆舒是懲。』周公方且膺之，子是之學，亦爲不善變矣。」

《魯頌・閟宮》之篇也。膺，擊也。荆，楚本號也。舒，國名，近楚者也。懲，艾音乂。也。按今此詩爲僖公之頌，而孟子以周公言之，亦斷章取義也。斷，都管反。截之使斷也。若自然判絶，則徒管反。○新安陳氏曰：「不善變，謂變於夷也。」

「從許子之道，則市賈不貳，國中無僞。雖使五尺之童適市，莫之或欺。布帛長短同，則賈相若；麻縷絲絮輕重同，則賈相若；五穀多寡同，則賈相若；屨大小同，則賈相若。」賈，音價，下同。

陳相又言許子之道如此。蓋神農始爲市井，故許行又託於神農，而有是說也。五尺之童，言幼小無知也。許行欲使市中所粥余六反。之物，皆不論精粗美惡，但以長短輕重多寡大小爲價也。慶源輔氏曰：「若不以精粗美惡言之，則無由說得通。此義未有人看得出，至《集註》而義始明。」○雙峰饒氏曰：「長短以丈尺言，輕重以權衡言，多寡以斗斛言，皆是比而同之，與共耕相似，便是《齊物》『剖斗折衡而民不争』之說。凡託神農、黄帝者，皆老氏之說也。」

曰：「夫物之不齊，物之情也；或相倍蓰，或相什伯，或相千萬。子比而同之，是亂天下也。巨屨小屨同賈，人豈爲之哉？從許子之道，相率而爲僞者也，惡能治國家？」夫，音扶。蓰，音師，又山綺反。比，必二反。惡，平聲。

倍，一倍也。蓰，五倍也。什伯千萬，皆

倍數也。比，次也。孟子言物之不齊，乃其自然之理，新安陳氏曰：「情，實也。自然之理，即所謂物之實理也。」其有精粗，猶其有大小也。若大屨小屨同價，則人豈肯爲其大者哉？今不論精粗，使之同價，是使天下之人皆不肯爲其精者，而競爲濫惡之物以相欺耳。慶源輔氏曰：「物之不齊，乃物之情，而實天之理也。物各付物，止於其所，吾何容心於其間哉？若强欲齊之，私意横生，徒爲膠擾，而物終不可齊也。故莊周之齊物，强欲以理齊之，猶爲賊夫道，況乎許子遂欲一天下之物，而泯其一定之分，其蔽豈不甚哉！孟子應以『物之不齊，物之情也』，斯言足以發明天理之大，不但可以闢許行，而莊周之説併可坐見其偏矣。」○東陽許氏曰：「此章『孟子曰』以下三大節，自『許子必種粟而後食乎』至『不用於耕耳』，闢其假託神農之言。『吾聞用夏變夷』至『不善變矣』，責其倍師。『從許子之道』以下，陳相之遁辭，故又闢其市價不貳之説。」附《淺説》：夫物有精粗美惡之不齊者，乃物之情也。蓋其氣化之參差，人力之巧拙，自然而有是也。故其不齊，或相倍蓰，或相什伯，或相千萬，不可得而强同也。子乃欲比而同之，而使之無異價，是亂天下也。何則？物有精粗，猶屨之有大小也，巨屨小屨同價，則人豈肯爲其大者哉？精者粗者同價，則人豈肯爲其精者哉？今從許子之道，不論精粗而使之同價，是使天下之人競爲濫惡之物以相欺耳。本欲除僞，適以長僞；本欲無事，適以多事，如何能治其國家？

○墨者夷之，因徐辟而求見孟子。孟子曰：「吾固願見，今吾尚病，病愈，我且往見，夷子不來！」辟，音壁，又音闢。

墨者，治墨翟之道者。夷，姓；之，名。徐辟，孟子弟子。孟子稱疾，疑亦託辭以觀其意之誠否。雲峰胡氏曰：「許行與民並耕之説，是欲以其君下同於庶民。墨子兼愛之説，是欲以其親泛同於衆人。皆非聖人之道而自爲一端，此孟子所以深闢之也。」

他日又求見孟子。孟子曰：「吾今則可以

見矣。不直，則道不見；我且直之。吾聞夷子墨者。墨之治喪也，以薄爲其道也。夷子思以易天下，豈以爲非是而不貴也？然而夷子葬其親厚，則是以所賤事親也。」不見之見，音現。

又求見，則其意已誠矣，故因徐辟以質之如此。直，盡言以相正也。莊子曰：❶「墨子生不歌，死無服，桐棺三寸而無槨。」《莊子·天下篇》：「古人喪禮，貴賤有儀，上下有等，天子棺槨七重，諸侯五重，大夫三重，士再重。今墨子獨生不歌，死不服，桐棺三寸而無槨，以爲法式。」是墨之治喪，以薄爲道也。易天下，謂移易天下之風俗也。夷子學於墨氏而不從其教，其心必有所不安者，故孟子因以詰克乙反。之。問：「夷之請見而孟子終不見之，何也？」朱子曰：「孟子雖以闢邪説爲己任。然不過講明其説，傳之當世，使闢者有以發悟於心而自得之耳，固不輕接其人，交口競辯，以屈吾道之尊也。譬如蠻夷寇賊之害，聖人固欲去之，然豈肯被甲執兵而親與之角哉？」○慶源輔氏曰：「夷子雖師墨氏之教，至於葬親之時，天理自然發動，有不得如其師之説者，故不用其制，而凡事從厚也。此於人情固宜有之，故孟子因舉此一事以詰之。而下文又舉喪葬之説以發其意，此正夷子之天理一點明處也。」

徐子以告夷子。夷子曰：「儒者之道，古之人『若保赤子』，此言何謂也？之則以爲愛無差等，施由親始。」徐子以告孟子。孟子曰：「夫夷子，信以爲人之親其兄之子爲若親其隣之赤子乎？彼有取爾也。赤子匍匐將入井，非赤子之罪也。且天之生物也，使之一本，而夷子二本故也。夫，音扶，下同。匍，音蒲。匐，蒲北反。

「若保赤子」，《周書·康誥》篇文，此儒者

---

❶「莊」，原作「程」，今據《孟子集註》、《四書大全》改。

之言也。夷子引之，蓋欲援音爰。儒而入於墨，慶源輔氏曰：「夷子蓋以儒者『若保赤子』是愛他人子如愛我之赤子，有似於墨子愛無差等之説，故謂其欲引儒家入墨教中去。」以拒孟子之非己。又曰「愛無差楚宜反。等，施由親始」，則推吐灰反。墨而附於儒，新安陳氏曰：「之又曰墨氏兼愛之學，愛其親與愛外人無差等之殊，但施則自親始耳。『施由親始』一句，髣髴竊取儒家『立愛自親始』之意，是推墨氏而依附於儒家也。」以釋己所以厚葬其親之意，皆所謂遁辭也。新安陳氏曰：「理屈詞窮，强爲此説，以自逃遁也。」孟子言人之愛其兄子與鄰之子，本有差等。《書》之取譬，本爲去聲。小民無知而犯法，如赤子無知而入井耳。慶源輔氏曰：「『彼有取爾也』一句，先儒説皆不明。自今斷以爲《書》之取譬，方説得通，蓋非謂愛凡人之赤子與兄弟之子一般也。言兄弟之子而不言己子者，蓋兄弟之子與己之子無異也。」且

人物之生，必各本於父母而無二，乃自然之理，若天使之然也。故其愛由此立，而推以及人，自有差等。今如夷子之言，則是視其父母本無異於路人，但其施之之序，姑自此始耳。非二本而何哉？然於先後之閒，猶知所擇，則又本心之明有終不得而息者，此其所以卒能受命而自覺其非也。問：「愛無差等，夷子既知此説，便當一親疎、合貴賤，方得。今却曰『施由親始』，則是又將親疎對待而言，豈非吾之愛又有差等也哉？其辭牴牾，信乎其遁而窮矣。」朱子曰：「夷之所説愛無差等，此其大病。其言施由親始，雖若粗有差別，然亦是施此無差等之愛耳。故孟子但責其二本，而不論其下句之自相矛盾也。夷之所以卒能感動而自知其非，蓋因下文極言非爲人泚之心有以切中其病耳。此是緊要處，當着眼目。」○「施由親始」一句，乃是夷子臨時撰出來湊孟子，却不知「愛無差等」一句，已自不是了。他所爲施由親始，便是把愛無差等之心施之，然把愛人之心推來愛

親，是甚道理？○人之有愛，本由親立，推而及物，自有等級。今夷子先以愛無差等，而施之則由親始，此夷子所以二本。○事他人之親，如己之親，則是兩箇一樣重了，如一木有兩根也。○愛無差等，何止二本，蓋千萬本也。○問：「夷子學於墨矣，而必推其説以求合於儒，何也？」曰：「天下之理，其本有正而無邪，其始有順而無逆，故天下之勢，正而順者常重，而無待於外；邪而逆者常輕，而不得不資諸人，此理勢之必然也。胡不以近世之佛學觀之？吾所以拒彼者至矣，彼未嘗不求自附於吾儒，蓋不如是，則尤反側而無以自安也。其理之悖，説之窮，於是亦可概見。惜世無孟子，無能因其所明以誘之者，是以卒於漂蕩而不反也。」○慶源輔氏曰：「《書》曰：『立愛惟親。』《記》曰：『立愛自親始。』蓋愛必始於愛親，因事親以立其愛，即所謂孝弟爲仁之本也。然後推以及民及物，自有差等輕重，此仁義所以相爲用也。夷子雖陷於墨教，而其天理一點之明終有不可息滅者，此蓋秉彝之心也。故其先親後疎之際，猶知所擇而不至於逆施，故孟子之言得因所明而入之，夷子亦得因其明而受之也。」○雙峰饒氏曰：「夷之引『若保赤子』來證愛無差等，孟子謂其差認了此句意。『彼有取爾也』，是説《周書》別有所取譬也。下二句却解《周書》本意。又曰一本便有厚薄，如木然，根榦枝葉，自有大小次第。二本則天下皆是父母，無分根榦枝葉了。蓋親親而仁民，仁民而愛物，各有差等不同，夷子不識，以爲愛無差等。」○雲峰胡氏曰：「本文云『使之一本』，而《集註》以自然之理釋之。蓋纔謂之使，便似涉於人爲，今曰天使之，則莫之爲而爲。故人物之生，萬有不齊，無不一本而生者，若使之然，莫非自然，是之謂天。夷子二本，非天矣。《集註》後節釋『掩之誠是也』，以爲若所當然，正與此自然二字相應。蓋凡人事之所當然者，即本於天理之自然者也。」附《蒙引》：墨者以薄親爲道，而夷子獨從厚，此正其一點天理之不容泯滅處，孟子所以直用以入其教也。孟子蓋亦愛其人也，夷子是甚次第聰明，蓋曉得孟子之意欲以兩路擒獲也。若伸我之厚者是，則與其道之薄者戾矣。若伸其道之薄者是，則我之獨厚又無謂矣。左右皆坑谷也。乃爲執中之説，騎牆之勢，曰吾之兼愛，與儒者之保赤子何異，但謂之如保赤子，則所施尚自親者始，我之獨厚，亦未爲倍也。蓋兩救之詞也。○既曰愛無差等，並不論親疎矣。而又曰施由親始，則又略有親疏之辨。

此其言亦自相矛盾，足見其遁也，然下句自有是處。夷之所以未盡滅其本心，孟子之所以得入其教者，正惟有此一綫在。故孟子不攻其説之矛盾處，而但力攻其本病之所在也。○《存疑》：墨子之言意謂，孟子以吾兼愛爲非是也，然儒者之道，如《康誥》之言，古人保民若保赤子，此言何謂也？不猶吾之兼愛者乎？在之則以爲愛無差等矣，但其施必由親始，於此宜稍從厚，此吾所以厚葬其親也。此其兩自救之詞也。然愛無差等，其施由親始，如何便宜從厚，其説亦自不通，故曰遁詞也。孟子又解《書》之意以闢之。謂夫夷子看《康誥》之語，真以謂人之愛其兄之子若愛其隣之赤子，都無分別乎？彼《書》之言有所取也。《書》之言以爲小民之犯法，出於無知，非故犯之罪。猶赤子匍匐將入井，出於無知，非赤子之罪也。故保民當如保赤子，其犯法則哀矜而勿喜，非謂愛其兄之子真若愛其隣之赤子也。謂儒者之道亦兼愛，不亦謬乎！○顧麟士曰：「夫夷子信以爲至非赤子之罪也，先辨儒無兼愛之説，『且天之生物』至『二本故也』，方正愛無差等之誤。既辨儒無兼愛之説，則不得援儒入墨也。復正愛無差等之誤，亦不得推墨附儒也。」○《蒙引》：且無論愛己之子過於隣之子也，視兄之子自是過於隣之子，則己之子蓋可知。○《存疑》：這本，是「本乎天者親上，本乎地者親下」之本。物之所從出處，便是本也。人物只有一箇父母，更無兩箇，故曰一本。

蓋上世嘗有不葬其親者。其親死，則舉而委之於壑。他曰過之，狐狸食之，蠅蚋姑嘬之。其顙有泚，睨而不視。夫泚也，非爲人泚，中心達於面目。蓋歸反虆梩而掩之。掩之誠是也，則孝子仁人之掩其親，亦必有道矣。」蚋，音汭。嘬，楚怪反。泚，七禮反。睨，音詣。爲，去聲。虆，力追反。梩，力知反。

因夷子厚葬其親而言此，以深明一本之意。上世，謂太古也。委，棄也。壑，山水所趨也。蚋，蚊屬。姑，語助聲，或曰螻音婁。蛄音姑。也。嘬，攢徂官反。共食之也。顙，額也。泚，泚然汗出之貌。

睨，邪視也。視，正視也。不能不視，而又不忍正視，哀痛迫切，不能爲心之甚也。非爲人泚，言非爲他人見之而然也。所謂一本者，於此見之，尤爲親切。蓋惟至親故如此，在他人，則雖有不忍之心，而其哀痛迫切，不至若此之甚矣。反，覆也。虆，土籠盧紅反。也。梩，土轝音預。也。於是歸而掩覆敷救反。其親之尸，此葬埋之禮所由起也。此掩其親者，若所當然，則孝子仁人所以掩其親者，必有其道，而不以薄爲貴矣。慶源輔氏曰：「此又孟子略其遁辭，而專以其良心之發有不容已處，深明夫惟一本，故其於親之喪哀痛迫切，非他人之所可得同者，而因以見先王所制葬埋之禮，必誠必信，勿之有悔者，固皆自然之理。而墨子二本薄葬之説，爲杜撰妄作，而不可行也。」○雙峰饒氏曰：「厚葬其親，發於其心之不能自已，這便是夷子求見孟子之萌芽。孟子就舉上世不葬其親之説，亦見得發於不容已。蓋上世不葬其親，這一人於心有所不安，却掩之，葬親之事自此始。若以爲掩得是，則孝子仁人之掩其親，亦必自有箇道理。以此觀之，則厚葬其親自有不容已者。葬其親厚，則愛無差等之説不攻自破矣。《集註》『若所當然』四字，説『掩之誠是』二句佳。」附《存疑》：「非爲人泚」，猶「非所以納交於孺子之父母」三句意，言非有所爲而然也。○「掩之誠是也」，只從掩之上搭過厚葬去，蓋因是而推廣之也。○《蒙引》：注中「在他人則雖有不忍之心」云云，他人，謂路人見之者也。此他人字，不必拘定與上文「非爲他人見之而然」者相同。○「蓋歸反虆梩而掩之」，通是一本之意，不止「非爲人泚」也。

徐子以告夷子。夷子憮然爲閒曰：「命之矣。」

憮然，茫然自失之貌。爲閒者，有頃之閒也。命，猶教也。言孟子已教我矣。朱子曰：「之字，夷子名。若作虛字，不成句法。」蓋因其本心之明，以攻其所學之蔽，是以吾之言易去聲，下同。入，而彼之惑易解也。慶源輔氏曰：「孟子因夷之本心之明而入之，得《易》『納約自牖』之義。」○雲峰胡氏曰：「夷子之學墨，非也。而葬其親厚，此一厚字，猶是夷子行得是處。愛無差等，施由親始，夷子之所言，非也。然此一始字，猶是夷子説得是處，所以可因其本心之明而教之也。」○新安陳氏曰：「驗人性之本善，於此章尤可見焉。」

附滕文公問爲國章考

《存疑》：鄉遂用貢法，十夫有溝，即《周禮》遂人所掌也。遂人治溝洫，夫間有遂，十夫有溝，百夫有洫，千夫有澮，萬夫有川。《賈疏》曰：「一行隔爲十夫，則於首爲橫溝。十溝即百夫，於東畔爲南北之洫。十洫則於南畔爲橫澮，九澮則於四畔爲大川。即此推之，十夫當有十遂，而皆縱，首爲橫溝，所以受十遂之水也。自下而上，積至十溝爲百夫，則於東畔爲一洫，其縱如遂，所以受十溝之水也。又自西至東，積至十洫爲千夫，則於其首爲一澮，其橫如溝，所以受十洫之水也。又自下而上，積至九澮而爲萬夫，則於四旁爲川，所以受九澮之水也。澮之橫似溝，千夫有十而澮獨九者，意第九澮外之田，就是四旁之川，可受水，不復爲澮也與？」《蒙引》圖畫差訛失真，不足憑。○都鄙用助法，八家同井，即《周禮·考工記》匠人所掌也。匠人爲溝洫，廣尺深尺曰圳，田首倍之之曰遂，九夫爲井，井間有溝，方十里爲成，成間有洫，方百里爲同，同間有澮。以今觀之，井間之溝若依小注趙氏之説，每丘之地縱橫各三溝，四丘之間十字中爲四洫，與《蒙引》所圖則與《鄭注》溝縱洫橫之説不合。《通考》載陳及之説，謂方里一井之内凡四溝，兩旁各一溝，中間二溝；十里一成之内凡四洫，兩旁各一洫，中間二洫；至於澮，亦然。此雖不言縱橫，其縱橫自可意會，於《賈疏》未見牴牾。今因其説推之，四井爲邑，四面合凑朋幇只二井爾。每井四溝，一邑當有八溝。四邑爲丘，四面合凑朋幇只二邑爾。一邑八溝，一丘當有十六溝。四丘爲甸，甸方八里，兩旁各加一里治溝，爲方十里，即成也。四丘，四面合凑朋幇只是二丘。一丘十六溝，一甸當有三十二溝。遂於其中鑿〔四洫而皆橫，以受三十二溝之水。南北兩旁一洫，中當二丘之間合鑿〕之一洫，是四洫矣。四甸爲縣，四面合湊朋幇只是二甸。一甸四洫，一縣當有八洫。四縣當有八洫。❶四縣爲都，四面合湊朋幇只是二縣。一縣八洫，一都當有十六洫。四都爲同，同方八十里，兩旁各加十里治洫，共一百里，所謂同方百里是也。四都，四面合湊朋幇只是二都。一都十六洫，一同當有三十二洫。遂於其中鑿四澮而皆直，以受三十二洫之水。東西各一澮，中當二都之間各鑿一澮，是四澮矣。此據陳氏之説推之，想是如此耳。○《蒙引》：《文獻通考》曰：按：自《孟子》有「野九一而助，國中什一使自賦」之説，其後鄭康成注《周禮》，以爲周家之制，鄉遂用貢法，遂人所謂「十夫有溝」是也；❷都鄙用助法，匠人所謂「九夫爲井」是也。自是兩法。晦菴以爲遂人以十爲數，匠人以九爲數，決不可合，以鄭氏分注作兩項爲是，而近世諸儒合爲一法爲非。然愚嘗考之，《孟子》所謂野九一者，乃受田之制；國中什一者，乃取民之制。蓋助有公田，故其數必拘於九，八居四旁爲私，而一居其中爲公，是爲九夫，多與少皆不可行。若貢則無公田，《孟子》之什一，特言其取之數；遂人之十夫，特姑舉成數以言之耳。若九夫自有九夫之貢法，十夫自有十夫之貢法，初不必拘以十數而後可行貢法也。今徒見匠人有九夫爲井之文，而謂遂人所謂十夫有溝者亦是以十爲數，則似太拘。蓋自遂而達於溝，自溝而達於洫，自洫而達於澮，自澮而達於川，此二法之所以同也。行助法之地，必須以平地之田分畫作九夫，中爲公田，而八夫之私田環之，列如井字，整如棊局，所謂溝洫者，直欲限田之多少而爲之疆界。行貢法之地，則無問高原下隰，截長補短，每夫授之百畝，所爲溝洫者，不過隨地之高下而爲之蓄洩。此二法之所以異也。是以匠人言遂，必曰二尺；言溝，必曰四尺；言洫，必曰八尺；言澮，必曰二尋。蓋以平原曠野之地，畫九夫之田以爲井，各自其九以至於同，其閒所謂遂、溝、洫者，狹則不足以蓄水，而廣又至於妨田，故必有一定之尺寸，不可踰也。若遂人只言「夫閒有遂，十夫有溝，百夫有洫，千夫有澮」，蓋是山谷藪澤之閒，隨地爲田，横斜廣狹皆可墾辟，故溝洫亦不言其尺寸。所謂「夫閒有遂，遂上有

❶「四縣當有八洫」，疑衍。

❷「謂」，原作「有」，今據《四書蒙引》改。

徑」，以至「萬夫有川，川上有路」云者，姑約略言之，大意謂路之下即爲水溝，溝之下即爲田耳，非若匠人之田必拘以九夫，而其溝洫之必拘以若干尺也。〇《訂義》所載永嘉陳氏謂「遂人十夫有溝，是以直度之；匠人九夫爲井，是以方言之」，又謂「遂人所言者積數，匠人所言者方法」，想亦有此意，但其説欠詳明爾。〇按《禮書》曰：遂人百夫有洫，而匠人十里爲成，成閒有洫，則九百夫之地；遂人千夫有澮，而匠人百里爲同，同閒有澮，則九萬夫之地。其不同何耶？成閒有洫，非一成之地包以一洫而已，謂其閒有洫也；同閒有澮，非一同之地包以一澮而已，謂其閒有澮也。洫與澮，溝之大者也。成與同，地之廣者也。於成舉洫，於同舉澮，亦其大略云爾。〇遂人言五溝之制而始於遂，匠人言五溝之制而始於甽，則甽非溝也，乃播種之地而已。一畮三甽，一夫三百甽。甽從則遂横，甽横則遂從。遂從則溝横，遂横則溝從。由溝以達洫，由洫以達澮，其横縱如之。鄭氏曰：「以南畝圖之，遂從溝横，洫從澮横，九澮而川周其外。」然川之所流，當適地勢，非於萬夫之外必有大川圍而匝焉。穎達疏《詩》，謂鄭氏所言特設法耳，其説是也。〇遂、溝、洫、澮、川雖不同，皆謂之溝，司險曰五溝是也。徑、畛、涂、道、路雖不同，皆謂之涂，司險曰五涂是也。然涂不特如此而已，亦謂之旅，《記》曰旅樹是也；亦謂之行，《詩》曰微行是也。《爾雅》曰：「宫中衖謂之壼，廟中路謂之唐，堂途謂之陳。一達謂之道路，二達謂之岐旁，三達謂之劇旁，四達謂之衢，五達謂之康，六達謂之莊，七達謂之劇驂，八達謂之宗期，九達謂之逵。」蓋涂莫小於徑，莫大於路，莫枝於逵。

《存疑》：貢助二法，大較是如此。然鄉遂所以用貢，都鄙所以用助者，又各有説。小注陰氏、《通考》陳氏皆謂鄉遂平曠之地，可畫萬夫之井；都鄙包山林陵陸在内，故隨處畫爲井田。朱子則謂鄉遂以五五相連屬，所以行不得九一之法。馬氏《通考》又謂行助法之地，必須平地之田；行貢法之地，則無問高原下隰，截長補短。然鄉遂附國之地，只是平衍沃饒，可以分畫，宜行助法，而反行貢法；都鄙野外之地，必是有山谷之險峻，溪澗之阻隔，難以分畫，宜行貢法，而反行助法。蓋助法九取其一，重於貢；貢法十取其一，輕於助。今以愚見，貢法是十分中取一，助法則十一分中取一，又輕於貢矣。馬氏之説，殆未必然。陰、陳之説若近似。然若謂鄉遂平曠之地可行井田法，亦未爲不可。要亦未的然可據，看來只當以朱子之説爲是。○《周禮》鄭注：「畿内用貢法者，郊遂及公之邑，吏旦夕從事，爲其促之以公，使不得而恤其私。邦國用助法者，諸侯專一國之政，爲其貪暴，税民無藝。」此未敢盡以爲然，爲諸侯之國亦有鄉遂都鄙故也。孟子曰：「請野九一而助，國中什一使自賦。」而滕亦有鄉遂也。

《存疑》：貢法十中取一，似重於助。蓋鄉遂附郭，其地肥饒，故其賦獨重。都鄙野外之田，不及鄉遂，故其賦輕。又鄉遂之法，五家爲比，五人爲伍，是家出一兵。井田之法，一甸之地六十四井，五百一十二家，方出兵車一乘，士卒七十五人。是不及七家給一兵，又甚輕於鄉遂者，蓋鄉遂之地既饒，其兵又止於衛王室，無征行之勞，故其役重。都鄙之地既磽，其民又有征行之苦，故其役輕。朱子所謂「悉調者不用，用者不悉調」是也。先王立法，各有深意。

《説約》：《農書》徐玄扈曰：「三代制産，多寡不同，諸家之説互異。然以愚意言之，其閒有一可論，有一不可論。嘗考尺度畝法，周之百畝，當今田二十四畝五分有奇而已；若夏尺夏畝與周等者，其五十畝當今田十二畝有奇而已，而謂足以食八口之家乎？且聖王制産，必度民之力可治，必度民之用可足，何至夏周之閒所差一倍，非夏之民勤於食，則周之民勤於力矣。此其尺度畝法，必有異同，乃夏商之故，今不可考也。此所謂不可論者也。其可論者，則三代聖王非以多與之田爲厚，而以少與之田爲厚。譬食小兒者，非以多與之食爲愛，而以少予之食爲愛也。《語》曰：『務廣地者荒。』《詩》曰：『無田甫田，維莠驕驕。』故后稷爲田，一畝三畎；伊尹作爲區田，負水澆灌，古之治田者，盡力盡法而不務多。大禹時，稷爲農師未久也，於是洪水初治，作乂之土甚多，深恐其民務於廣地，以致荒蕪，故限田五十，不得踰制，而使精於其業。人人用后稷之法，即此五十之田，可以食八口之家矣。治田既少，業既耑精，積久之后，因生便巧，如后稷之耕，兩耜爲耦，其孫叔均遂作牛耕是也。便巧既多，人力有餘，至於殷周，遂以漸加多，而其田亦治，故由七十而至於百畝。要使人之力足以治田，田之收足以食人，必不至於務廣而荒耳。然周人治田既稍廣，蓄積必倍多，故《周禮》能以九年耕餘三年之食矣。今世貧人無立錐，而廣虛之地，數口之家，輒田二三百畝，鹵莽滅裂，豐年則爲薄收，水旱則盡荒矣。此上之無法以教之，無制以限之故也。」《存疑》：井田之説，夏五十畝，殷增爲七十畝，周又增爲百畝。朱子及金仁山皆疑其更擾費力。愚以傅氏之意推之，孟子之言始可信而無容疑。蓋井田其制已久，非但始於商，《詩》稱「信彼南山，惟禹甸之」，《春秋傳》「夏少康有田一成，有衆一旅」，可見井田之法夏時已有，非至殷始制也。但夏人無公田，謂五十而貢，則一井之田授十八家，每家授五十畝耳。殷人七十而助，則一井之田，百畝爲公田，外八百畝，十二家授之，每家不彀七十畝，其數不能恰好，然大意不過如此。以是觀之，孟子之言信爲可據，不可以不見《周禮》而疑之也。《蒙引》：校數歲之中以爲常，蓋亦禹之舊設。使盡是後世流弊而仍用其正法，亦可也，何必又改用助法？今人只是恐傷了大禹，則謂其初制未必然耳。夫聖人隨時有作，法則因時詳略，禹去唐虞未遠，世尚古朴，只用貢亦足治矣。至後世子孫不善用之，不能隨時豐歉以爲賦之增損，而拘守成法，則見其弊耳。故後世改用助徹，而儒者之論，亦不能不置優劣也。大抵貢之法若常有，禹貢法，亦是局於地勢之不獲也。若禹生於周時，亦不止用貢。於此亦可以判其得失之所在矣。○使文王、周公生於大禹之時，亦決只是行貢法而已。蓋是時洪水方平，懷山襄陵之患始息，上窟下巢之居始變，其民大概星居散處，其田亦大概段落不相聯屬，若聚其田而經界之，聚其民而使之八家同井，通力合作，大抵是難。及歷四百年而爲商，又五百年而爲周，則天下之田土盡已墾辟，天下之生齒益以繁庶，且周監於二代，安得不會爲貢助而爲徹哉？故曰：時之未至，聖人不能先時以有爲；時之既至，聖人不敢後時而不爲。龍子之言，蓋激於當日之弊，而未及考聖禹之時也。

陳祥道《禮書》曰：「四代之學，虞則上庠下庠，夏則東序西序，商則右學左學，周則東膠虞庠。而周則又有辟廱、成均、瞽宗之名。則上庠：東序、右學、東膠，大學也，故國老於之養焉；下庠：西序、左學、虞庠，小學也，故庶老於之養焉。《記》曰〔《祭義》。〕『天子設四學』，蓋周之制也。周之辟廱，即成均也；東膠，即東序也；瞽宗，即右學也。蓋以其明之以法，和之以道，則曰辟廱；以其成其虧，均其過不及，則曰成均；以習射事，則曰序；以糾德行，則曰膠；以樂祖在焉，則曰瞽宗；以居右焉，則曰右學。蓋周之學，成均居中，其左東序，其右瞽宗，此大學也。虞庠在國之西郊，則小學也。《記》曰：『天子視學，命有司行事，祭先師先聖焉。卒事，遂適東序，設三老五更之席。』又曰：〔《祭義》。〕『食三老五更於太學，所以教諸侯之弟；祀先賢於西學，所以教諸侯之德。』夫天子視學，則成均也。命有司行事，祭先師先聖焉，即祀先賢於西學也。祀先賢於西學，則祭於瞽宗也。有司卒事適東序，設三老五更之席，即養國老於東膠也。養國老於東膠，即食三老五更於太學也。然則商之右學，在周謂之西學，亦謂之瞽宗。夏之東序，在周謂之東膠，亦謂之太學。蓋夏學上東而下西，商學上右而下左，周之所存，特其上者爾，則右學、東序，蓋與成均並建於一丘之上而已。由是觀之，成均頒學政，右學祀樂祖，東序養老更，右學、東序，不特存其制而已，又因其所上之方而位之也。夫諸侯之學，小學在內，大學在外，故《王制》言小學在公宮南之左，大學在郊，以其選士由內以升於外，然後達於京故也。天子之學，小學居外，大學居內，故《文王世子》言凡語於郊者，於成均取爵於上尊，以其選士由外以升於內，然後達於朝故也。《明堂位》曰：『米廩，有虞氏之庠也。序，夏后氏之序也。瞽宗，商學也。頖宮，周學也。』頖宮，則泮水也，其制半於辟廱，而水蓋闕於北方也。諸侯樂懸闕其南，而泮水闕其北者，闕南而存北，所以便其觀也；闕北而存南，所以便人之觀也。頖宮，大學也。魯之大學在郊，❶故將有事於上帝，則於之先有事焉。然則序與瞽宗，蓋亦設於頖宮之左右，而米廩其公宮南之小學歟？孟子曰『夏曰校，商曰序，周曰庠』，何也？孟子因論井地而及此，則校、庠、序者，鄉學也。《鄉飲酒》：『主人迎賓於庠門之外。』鄉簡不帥，耆老皆朝於庠，則庠，鄉學名也。《周官》：『州長會民射於州序。』黨正屬民飲酒於序，則序，亦鄉學名也。鄭人之所欲毀者，謂之鄉校，則校，亦鄉學名也。然鄉

❶「郊」，原作「效」，今據《禮書》改。

曰庠，《記》言黨有庠，州曰序，《記》言遂有序，何也？古之致仕者，教子弟於閭塾之基，則家有塾云者，非家塾也，合二十五家而教之於閭塾，謂之家有塾，則合五黨而教之鄉庠，謂之黨有庠可也。《周禮》遂官各降鄉官一等，則遂之學亦降鄉一等矣。降鄉一等而謂之州長，其爵與遂大夫同，則遂之學其名與州序同，可也。周之時，干戈羽籥在東序，絃誦與禮在瞽宗，書在上庠，以言學者之事，始乎書，立乎禮，成乎樂，而舞又樂之成焉。故大司樂言樂德樂語而終於樂舞；樂師言樂成告備而終於皐舞；孟子言仁、義、禮、樂之實，而終於不知手之舞之；《記》言詩言志，歌咏聲，而終於舞動容，此舞之所以爲樂之成也。由小學之書，以進於瞽宗之禮樂；由瞽宗之禮樂，而成之以東序之舞，則周之教法可知矣。漢明帝時視辟廱，冠帶搢紳之人圜橋門而觀者，蓋億萬計，則周人辟廱之制，宜亦然也。董仲舒以成均爲五帝之學，大戴、賈誼有帝入五學之説，鄭康成謂周有四郊之虞庠，王肅謂辟廱即明堂耳，此皆不可考也。」〇按《王制》：有虞氏養國老於上庠，養庶老於下庠。夏后氏養國老於東序，養庶老於西序。商人養國老於右學，養庶老於左學。周人養國老於東膠，養庶老於虞庠。虞庠在國之西郊。〇鄭氏釋《王制》，謂辟，明也；廱，和也，所以明和天下。毛氏釋《詩》，謂水旋丘如璧，以節觀者，故曰辟廱。孔穎達曰：「《禮注》解其義，《詩注》解其形。」〇《學記》曰：「古之教者，家有塾，黨有庠，術有序，國有學。」〇鄭氏注曰：「術，當爲遂，聲之誤也。」〇《文王世子》曰：「春夏學干戈，秋冬學羽籥，皆於東序。春誦夏弦，大師詔之瞽宗。秋學禮，執禮者詔之。冬讀書，典書者詔之。禮在瞽宗，書在上庠。」

《禮書》曰：「先王之於民，受地雖均百畝，然其子弟之衆，或食不足而力有餘，則又以餘夫任之。然餘夫之田不過二十五畝，以其家既受田百畝，而又以百畝予之，則彼力有所不逮矣，故其田四分農夫之一而已。《禮》言上地田百畝，萊半之；中地二十五畝，萊亦二十五畝；下地二十五畝，萊五十畝，❶則所謂如之者，如田萊之多寡而已，非謂餘夫亦受百畝之田，如正農夫也。

❶「萊」下，原衍「五」，今據《禮書》刪。

班固謂其家衆男亦以口受田如此；鄭司農謂户計一夫一婦而賦之，餘夫亦受此田，其説與《孟子》不合。賈公彦之徒遂謂餘夫三十有妻者受百畝，二十九已下，未有妻者受田二十五畝，是附會之論也。」○顧麟士曰：「《集註》程説固明言俟其壯而受室，更受百畝之田矣。但既受百畝之田，則當自名一夫，非餘夫也。古者三十而娶，故賈説云然。然諸家又有二十受田、六十歸田之説。」○按《周禮》遂人：「上地夫一廛田百畝，萊五十畝，餘夫亦如之；中地夫一廛田百畝，萊百畝，餘夫亦如之；下地夫一廛田百晦，萊二百畝，餘夫亦如之。」○注：「萊，休其地力而不耕者，所謂一易再易之田也。」《蒙引》：荀悦論曰：「古者什一而税，今漢氏或百一而税，然豪强輸其賦大半。官家之惠，優於三代，豪强之暴，酷於一秦，文帝不正其本，適以資豪强也。且井田之制，不宜於衆人之時卒而革之，蓋有怨心則生紛亂。若高祖初定天下，光武中興之後，人民稀少，立之易矣。今既難行，宜以口數占田，爲之立限，人得耕種，不得買賣，以贍貧弱，以防兼并，且爲制度張本，不亦善乎！」○葉水心曰：「自黄帝至於成周，天子所自治者，皆是一國之地，是以尺寸步畝可歷見。於鄉遂之中而置官師，役民夫，正疆界，治溝洫，辛苦以井田爲事，而諸侯亦各自治其國，百世不移。故井田之法，可頒於天下。然江漢以南，臨淄以東，其不能爲者，不强使也。今天下爲一國，雖有郡縣，吏皆總於上，率二三歲一代，其間大吏有不能一歲半歲而去者，是將使誰爲之乎？」又曰：「封建既絶，井田雖在，亦不可獨存矣。故井田封建，相待而行者也。」○小國寡民，法制易立。竊意當時有國者授其民以百畝之田，壯而畀，老而歸，不過如後世大富之家，以其祖父所世有之田授之佃客，程其勤惰以爲予奪，校其豐凶以爲收貸，其東阡西陌之利病，皆其少壯之所習聞，雖無俟於考覈，而奸弊自無所容矣。降及戰國，大邦凡七，而么麽之能自存者無幾。諸侯之地愈廣，人愈衆，雖時君所尚者用兵争强，未嘗以百姓爲念，然井田之法未全廢也，而其弊已不可勝言。故《孟子》有今也制民之産之説，又有暴君汙吏慢其經界之説，可見當時未嘗不授田，而諸侯之地廣人衆，考覈難施，故法制墮弛而奸弊滋多也。至秦人蓋廢井田，人民所耕，不計多少而隨其所占之田以制賦。蔡澤言商君決裂井田，廢壞阡陌，以静百姓之業而一其志。夫曰静曰一，則可見周受田之制，至秦時必是擾亂無章，輕重不均矣。

孟子集註大全卷之五終

孟子集註大全卷之六 三魚堂讀本

滕文公章句下

凡十章。《通考》勿軒熊氏曰：「七章言出處之道，二章言仁政，一章言異端。」

陳代曰：「不見諸侯，宜若小然；今一見之，大則以王，小則以霸。且《志》曰：『枉尺而直尋』，宜若可爲也。」王，去聲。

陳代，孟子弟子也。小，謂小節也。枉，屈也。❶直，伸也。八尺曰尋。枉尺直尋，猶屈己一見諸侯，而可以致王霸，所屈者小，所伸者大也。南軒張氏曰：「謂屈己事小，王霸爲大。此自春秋以來，風俗習於霸者計較功利之説而有是言。」○新安陳氏曰：「孟子平生以不見諸侯自守，故以此爲問。」附《蒙引》：不見諸侯，宜若小然，今一見之，大則以王，小則以霸，此只是枉尺直尋道理。又引《志》曰云云者，明其從來有此説話而諷其爲之也。

孟子曰：「昔齊景公田，招虞人以旌，不至，將殺之。志士不忘在溝壑，勇士不忘喪其元。孔子奚取焉？取非其招不往也，如不待其招而往，何哉？」喪，去聲。

田，獵也。虞人，守苑囿之吏也。招大夫以旌，招虞人以皮冠。《左傳》：景公將殺虞人，虞人辭曰：「臣不見皮冠，故不敢進。」元，首也。志士固窮，常念死無棺槨，棄溝壑而不恨；勇士輕生，常念戰鬭而死喪其首而不顧也。此二句，乃孔子歎美虞人之言。夫音扶。虞人招之不以其物，尚守死而不

❶「也」，原脱，今據《孟子集註》補。

往，況君子豈可不待其招而自往見之邪？此以上是掌反。告之以不可往見之意。朱子曰：「不忘二字是活句，須向這裏參取，若果識得此意，辨得此心，則無入而不自得，而彼之權勢威力，亦皆無所施矣。」○南軒張氏曰：「虞人守官，義不敢往，義有重於死故也。使一有畏死之心，應非其招，則見利忘義矣。自常情觀之，必重一死而以非其招爲細事，不知義之所在，事無巨細，苟愛一身之死而隳天命之正，則凡可以避死者無不爲，而弑父與君之所由生也。充虞人之心，行一不義而得天下不爲之心也，人紀之所由立也，是以夫子取之。」附《蒙引》：朱子曰「不忘二字是活句」，言是撿了能不顧利害，不是說定要死於溝壑而喪其元。○問：「虞人是志士乎，是勇士乎，抑兼得志士勇士乎？」曰：「若貶斥而死，則爲志士矣；若被刑而死，則爲勇士矣。虞人奚擇焉？」○溝長而小，壑深而大，壑谷之受水者。

且夫枉尺而直尋者，以利言也。如以利，則枉尋直尺而利，亦可爲與？夫，音扶。與，平聲。此以下，正其所稱枉尺直尋之非。夫所謂枉小而所伸者大則爲之者，計其利耳。一有計利之心，則雖枉多伸少而有利，亦將爲之邪？甚言其不可也。和靖尹氏曰：「有枉尺而直尋之心，則亦必至於枉尋而直尺矣。」○朱子曰：「援天下以道，若枉己便已枉道，則是已失援天下之具矣，更說甚事！自家身既已壞了，如何直人？天下事不可顧利害，凡人做事多要趨利避害，不知纔有利必有害，吾雖處得十分利，有害隨在背後，不如且在理上求之。」○慶源輔氏曰：「人有一計利之心，則惟利是務。始猶有枉小直大之辨，浸浸不已，其終併大小皆不復計，不至滅天理壞人紀不止也。孟子所以極其流而言之。」附《蒙引》：甚言其不可者，蓋枉尺而直尋，已不免於喪己而爲不可；乃至於枉尋直尺，所喪愈多，所得愈少，乃不復計較廉恥而爲之，甚不可也。孟子非是以枉尺直尋爲可，至於枉尋直尺乃不可爲也。○顧麟士曰：「始論大小者，究只論得失，亦常情必至耳。『此亦可爲與』，與上『如不待其招而往何哉』，後『雖若丘陵弗爲也』，『如枉道而從彼何也』，俱斷詞。」

昔者趙簡子使王良與嬖奚乘，終日而不獲

一禽。嬖奚反命曰：『天下之賤工也。』或以告王良。良曰：『請復之。』彊而後可，一朝而獲十禽。嬖奚反命曰：『天下之良工也。』簡子曰：『我使掌與女乘。』謂王良。良不可，曰：『吾爲之範我馳驅，終日不獲一；爲之詭遇，一朝而獲十。《詩》云：「不失其馳，舍矢如破。」我不貫與小人乘，請辭。』乘，去聲。彊，上聲。女，音汝。爲，去聲。舍，上聲。

趙簡子，晉大夫趙鞅於兩反。也。王良，善御者也。嬖奚，簡子倖臣。與之乘，爲之御也。復扶又反。之，再乘也。彊而後可，嬖奚不肯，彊之而後肯也。一朝，自晨至食時也。掌，專主也。範，法度也。詭遇，不正而與禽遇也。言奚不善射，以法馳驅則不獲，廢法詭遇而後中去聲，下同。也。《詩》，《小雅·車攻》之篇。言御者不失其馳驅之法，而射者發矢皆中而力，今嬖奚不能也。貫，習也。朱子曰：「詭遇，是做人不當做底。行險，是做人不敢做底。」○雙峰饒氏曰：「射者是驅禽獸來迎而射之，此禽當中來，則可以正射；若來得不正，則或當左或當右以射之。御者自有法度，射者不過迎而射之，則不中非關御者事。詭遇是詭道以遇禽獸，射者不能迎而射之，而御者以詭遇則得中，非射者之能，乃御者之力也。」又曰：「前引虞人，明不可往見之意；後引王良，明不可枉尺直尋之意。」

附《存疑》：以易王用三驅失前禽來看，凡田獵是前面驅禽來，我馳車迎而射之。馳車者自有正法，禽獸之來不皆正，或左或右，此在射者顧盼左右，迎而射之耳。奚不善射，但是禽獸當頭者方能射之，或左或右者，皆不能射，故終日不獲一。詭遇，是因他不能左右迎射，舍馳車正法，驅車左右以迎之，所以一朝而獲十也。饒氏說亦儘明白，《蒙引》不知何爲未曉。○《蒙引》：謂王良，簡子語之也。○「不失其馳，舍矢如破」，兩句要相連說，重在下句，看大注「而」字可見。且獨曰「今嬖奚不能也」，尤可見下句重。「請辭」亦王良之言，非孟子記述之言。

御者且羞與射者比。比而得禽獸，雖若丘陵，弗爲也。如枉道而從彼，何也？且子過矣，枉己者，未有能直人者也。」比，必二反。比，阿黨也。若丘陵，言多也。南軒張氏曰：「事無巨細，莫不有義利之兩端存焉。曰『比而得禽獸，雖若丘陵，弗爲也』，學者要當立此志，而後可以守身。」附《蒙引》：「御者且羞與射者比」至「弗爲也」，當以連屬上條。「且子過矣，枉己者未有能直人者也」，當更提頭而自爲一條。○顧麟士曰：「『如不待其招而往何哉』，『如枉道而從彼何也』，何哉，何也，《達説》云：『總是説如何其可也。』」○或曰：「居今之世，出處上聲。去就不必一一中節，欲其一一中節，則道不得行矣。」楊氏曰：「何其不自重也，枉己其能直人乎？古之人寧道之不行，而不輕其去就；是以孔、孟雖在春秋戰國之時，而進必以正，以至終不得行而死也。使不恤其去就而可以行道，孔、孟當先爲之矣。孔、孟豈不欲道之行哉？」慶源輔氏曰：「欲道之行，仁也。進必以正，義也。仁義並行而不悖，所以爲聖賢。」○新安陳氏曰：「楊雄謂孔子見陽貨爲詘身以信道，龜山謂雄非知孔子者。道外無身，身外無道，身詘矣而可以信道，吾未之信也。當即此意以讀《孟子》此章。竊謂陳代以不見諸侯爲小節，殊不知自君子觀之，守孰爲大？守身爲大；枉己從人，失身莫大焉。不可以爲所屈者小也，枉己即是枉道，枉道決不能行道，所關之大如此，而可視爲小節乎？戒枉尋直尺而徇利，遏人欲也；守義而不枉道，存天理也。不見諸侯凡三章，此章一也。此篇第七章公孫丑曰『不見諸侯何義』，二也；《萬章》下篇第七章萬章曰『敢問不見諸侯何義』，三也。宜參觀之。」附《蒙引》：天下之事，有義理，有利害。孟子之不見諸侯，主義理者也。陳代之言，主利害者也。然主義理者，自兼得利害；專主利害者，未免乖於義理，而終之則利害所計者亦不完。此章自齊景公田以下，俱從義理上説，至末云「枉己者未有能直人者也」，則所計者於利害亦盡矣。○《存疑》：此章答陳代，大段有兩意。

齊景公田一條，是説不見諸侯之義。「且夫枉尺直尋」以下，是説其所稱枉尺直尋之非。「枉尺直尋」以下，又自分三節：首節言枉尺直尋是計利之心，將無所不至，以見不可爲；「昔者趙簡子」至「如枉道而從彼何哉」，是言枉尺而直尋，君子之所不爲；「且子過矣」以下，是言枉尺亦無直尋之理。

○景春曰：「公孫衍、張儀豈不誠大丈夫哉？一怒而諸侯懼，安居而天下熄。」

景春，人姓名。公孫衍、張儀，皆魏人。怒則説音稅。諸侯使相攻伐，故諸侯懼也。新安陳氏曰：「二人皆破六國之從以爲衡者。熄如火之熄滅，以兵猶火故也。」附《蒙引》：《通鑑》所謂犀首者，即衍也。犀首，魏官名，衍嘗爲此官。又秦惠王使犀首欺齊、魏，❶與共伐趙，以敗從約。

孟子曰：「是焉得爲大丈夫乎？子未學禮乎？丈夫之冠也，父命之；女子之嫁也，母命之，往送之門，戒之曰：『往之女家，必敬必戒，無違夫子！』以順爲正者，妾婦之道也。焉，於虔反。冠，去聲。女家之女，音汝。

加冠於首曰冠。去聲。女家，夫家也。婦人內夫家，以嫁爲歸也。夫子，夫也。女子從人，以順爲正道也。蓋言二子阿諛苟容，竊取權勢，乃妾婦順從之道耳，非丈夫之事也。雙峰饒氏曰：「儀、衍雖使得諸侯懼，不過順其欲耳。諸侯志在土地，二人從而投其所好説之征伐，以得土地，不過妾婦之事爾。丈夫且不可爲，況大丈夫乎？」附《存疑》：「以順爲正者，妾婦之道」，此兩句正是孟子之言。説了方以《集註》貼之云「二子阿諛苟容，竊取權勢，乃妾婦順從之道耳」，安得爲大丈夫哉？○《蒙引》：不是阿諛苟容，如何能竊取權勢，使得諸侯懼。懼是他國諸侯懼也，本國諸侯他却着阿諛苟容始得。○又曰：「阿，依也。諛，諂也。阿諛，所以苟容者也。」

居天下之廣居，立天下之正位，行天下之大

❶「欺」，原作「救」，今據《資治通鑑》改。

道。得志與民由之，不得志獨行其道。富貴不能淫，貧賤不能移，威武不能屈，此之謂大丈夫。」

廣居，仁也。正位，禮也。大道，義也。朱子曰：「此心廓然，無一毫私意，直與天地同量，這便是居天下之廣居，便是居仁。到得自家立身，更無些子不當於理，這便是立天下之正位，便是立於禮。及推而見於事，更無些子不合於義，此便是行天下之大道，便是由義。論上面兩句，則居廣居是體，立正位是用。論下面二句，則立正位是體，行大道是用。要之，能居天下之廣居，自然能立天下之正位，行天下之大道。」○居字就心上說，立字就身上說，行字就施爲上說。又曰：「正位就處身上說，大道就處事上說，廣居是不狹隘。以天下爲一家，中國爲一人，何廣如之？正位大道，只是不偏曲。」○雲峰胡氏曰：「《集註》於三句雖平說，朱子廣居一句極重。仁者之心，以天地萬物爲一體，如廣居之內，何所不容？其所立所行，從可知矣。」與民由之，推其所得於人也；由，謂與民共由此仁、禮、義也。所得，亦即此三者。獨行其道，守其所得於己也。道，即仁禮義之道。淫，蕩其心也。移，變其節也。屈，挫其志也。趙氏曰：「富貴則求得欲從，故易至蕩其心；貧賤則居約處困，故易至變其節；遇威武又易至隕穫震懼，故多挫攝其志氣。」○何叔京名鎬，昭武人。曰：「戰國之時，聖賢道否，部鄙反。天下不復扶又反。見其德業之盛；但見姦巧之徒，得志橫行，氣焰以念反。可畏，遂以爲大丈夫。不知由君子觀之，是乃妾婦之道耳，何足道哉？」朱子曰：「居廣居以下，惟集義養氣方到此地位。富貴不能淫，貧賤不能移，威武不能屈，以浩然之氣對著他，便能如此。」○觀孟子答景春之問，直是痛快，三復令人胷次浩然，如濯江漢而暴秋陽也。○問：「大丈夫之說，其詳可得聞乎？」朱子曰：「廓然大公，心不狹隘，則所居者真天下之廣居矣。履繩蹈矩，身不苟安，則所立者必天下之正位矣。秉彝循理，事不苟從，則所行者皆天下之大道矣。得志與民由之，則出而推此於人也。不得志獨行其道，則退而樂此於己也。如是則富貴豈能誘而淫其心，貧賤豈能撓而移其志，威武豈能脅而屈其節哉？此其視衍、儀之以睢盱側媚得志於一時，真可謂妾婦之爲，而所謂大丈夫者，其不在彼而在此也，決矣。然此數言者，皆以居廣居、立正位、行大道爲主。而夫三言者，又以廣居爲主也。」〇南軒張氏曰：「公孫衍、張儀持合從連衡之説以動諸侯，景春徒見其言足以捭闔摇撼而遂以爲大丈夫，其説固爲陋矣。而孟子以衍與儀比妾婦之道者，蓋事君以弼違爲義，不當徇其欲也；衍與儀不知正救其心術而徒探其意之所欲爲，以神其説，此何以異於妾婦之道無違夫子以順爲正者乎？人受天地之中以生，與天地萬物本無有閒，惟其私意自爲町畦而失其廣居；失其廣居則遷奪流蕩，亦無以立於正位而行其大道矣。與民由之，與共由乎此也，雖不得志，此道未嘗不由於己也。不能淫，不能淫此；不能移、不能屈，不能移此屈此也。此者何也？廣居、正位、大道是也。蓋得乎己而外物，舉不足以貳之也，所謂大丈夫者，蓋如此。」〇雲峰胡氏曰：「當時但見姦巧之人氣焰可畏，豈知聖賢剛大浩然之氣哉？」《通考》朱氏公遷曰：「《中庸》『故君子和而不流』至章末，與此一節言節操，通以立身之道言之，亦曰平居自守之節。餘如孟子論柳下惠之介，亦是此類。但君子大丈夫是學問之功，下惠之可稱者只是資質之美，未必義理之純全也。」附《淺説》：所謂大丈夫者，知有理而不知有勢，恃在己而不恃在人；存心以仁而居天下之廣居，持身以禮而立天下之正位，制事以義而行天下之大道；所性既全，無往不善，得志則與民共由其道，不得志則獨行其道；遇富貴則惟知有是道，不知有富貴，而富貴不能淫；遇貧賤則惟知有是道，不知有貧賤，而貧賤不能移；遇威武則惟知有是道，不知有威武，而威武不能屈；高明與游而超然於塵埃之外，從容自得而浩然於天地之閒，此之謂大丈夫。〇《蒙引》：廣居曰天下之廣居，正位曰天下之正位，大道曰天下之大道，天下字不閑，蓋皆是一等的直到至極處。〇此只言仁、禮、義，不及知者，知則知此三者弗去是也。

〇《存疑》：居如人之居宅，孟子嘗曰「仁人之安宅」，此又曰「天下廣居」者，自其安固不危言，則曰安宅；自其寬大有容言，則曰廣居。仁者，心之德、愛之理。曰安宅，從心之德言也，故曰在人則爲本心全體之德，有天理自然之安，無人欲陷溺之危；曰廣居，從愛之理言也，故曰殺一無罪，非仁也，居惡在，仁是也。○仁者愛之理，近而親親，遠而仁民，又遠而愛物，皆此愛也，何廣如之。此人之所宜居，故謂之廣居也。居廣居，看來只是充無欲害人之心，而仁不可勝用意也。蓋充得此理盡，便是能居廣居也。○位是人身所立之處。子曰：「不學禮，無以立。」可見禮是位。又曰：「拜下，禮也，今拜乎上，泰也。雖違衆，吾從下。」孟子曰：「禮，朝廷不歷位而相與言，不踰階而相揖，我欲行禮。」可體認立正位意。禮是人道之紀綱，經禮三百，曲禮三千，散見於日用事物之閒，皆吾身所當立之位也。○孟子嘗曰「義，人之正路」，此言「天下之大道」，正言無邪曲也，大言不狹小也。義者，心之制，事之宜，乃人出入往來之所當由，故謂之正路，又謂之大道。○得志與民由之，達則兼善天下也。不得志獨行其道，窮則獨善其身也。居仁立禮由義，則道充於己，在外者不能奪之，故富貴不能淫，貧賤不能移，威武不能屈，此便是以直養而無害則塞乎天地之閒道理。○孟子此章，是以平生所得者見之言。看他何等氣魄，何等力量，泰山巖巖氣象於此可見。

○周霄問曰：「古之君子仕乎？」孟子曰：「仕。傳曰：『孔子三月無君，則皇皇如也，出疆必載質。』公明儀曰：『古之人三月無君則弔。』」傳，直戀反。質，與贄同，下同。

周霄，魏人。無君，謂不得仕而事君也。皇皇，如有求而弗得之意。《記》曰：「皇皇焉如有求而弗得。」出疆，謂失位而去國也。質，所執以見人者，如士則執雉也。《周禮・春官・大宗伯》：「以禽作六摯以等諸侯。孤執皮帛，卿執羔，大夫執鴈，士執雉，庶人執鶩，〔音木。〕工商執雞。〔摯之爲言至也，所執以自致也，亦作贄。皮帛者，束帛而表，以爲之飾。皮，虎豹之皮。羔，小羊，取其群而不失其類。鴈取其候時而行。雉取其守介而死，不失其節。鶩取其不飛先。雞取其守時而動。〕」出疆載之者，將以見所適國之君而事之也。

「三月無君則弔，不以急乎？」

周霄問也。以、已通，大也。後章放上聲。此。

曰：「士之失位也，猶諸侯之失國家也。《禮》曰：『諸侯耕助，以供粢盛；夫人蠶繅，以爲衣服。犧牲不成，粢盛不潔，衣服不備，不敢以祭。惟士無田，則亦不祭。』牲殺器皿衣服不備，不敢以祭，則不敢以宴，亦不足弔乎？」盛，音成。繅，素刀反。皿，武永反。

《禮》曰：「諸侯爲籍秦昔反。百畝，冕而青紘，音宏。躬秉耒以耕，而庶人助以終畝。收而藏之御廩，以供宗廟之粢盛。《記·祭義》：昔者天子爲籍千畝，冕而朱紘，〔纓也。〕躬秉耒。諸侯爲籍百畝，冕而青紘，躬秉耒。以事天地、山川、社稷、先古，以爲醴酪粢〔音咨。〕盛，於是乎取之。敬之至也。○《周禮·天官》：甸師掌帥其屬而耕耨王籍，以時入之，以共齍盛。王以孟春躬耕帝籍，天子三推，三公五推，卿諸侯九推，庶人終於千畝。籍之爲言借也，王一耕之，而使庶人耘芓終之。齍盛，祭祀所用穀也。粢，稷也。穀以稷爲長，在器曰盛。○《穀梁傳》桓公十四年：天子親耕以供粢盛，王后親蠶以供祭服，甸粟而内三宮，三宮米而藏之御廩。〔甸，甸師掌田之官也。三宮，三夫人也。〕宗廟之禮：君親割，夫人親舂之。使世婦蠶于公桑蠶室，奉繭古典反。以示于君，遂獻于夫人。夫人副褘音揮。受之，繅三盆手，遂布于三宮世婦，使繅以爲黼黻音斧弗。文章，《周禮·冬官·考工記》曰：「青與赤謂之文，赤與白謂之章，白與黑謂之黼，黑與青謂之黻，五采備謂之繡。」而服以祀先王先公。」《記·祭義》：古者天子諸侯必有公桑蠶室，近川而爲之。及大昕之朝，君皮弁素積，卜三宮之夫人世婦之吉者，使入蠶於蠶室。〔大昕，季春朔日之朝也。諸侯三宮，半王后也。〕奉種浴於川，桑於公桑，風戾以食之。〔風戾之使露氣燥乃以食蠶，蠶性惡濕。〕世婦卒蠶，奉繭以示於君，遂獻繭於夫人。夫人曰，此所以奉爲君服與。〔平聲。〕遂副褘而受之，〔副褘，王后之服。〕因少牢以禮之。及良日，夫人繅三盆手，〔三盆手者，三淹也。凡繅每淹大總，以手振之以出緒也。〕遂布于三宮夫人世婦之吉者，使繅。遂朱綠之，玄黃之，以爲黼黻文章。服既成，君服以祭先王先公，敬之至也。《通考》東陽許氏曰：「紘以組爲之，而屬兩端于武，所以固冠于首也。副者，王后之首服，猶王之冕。褘者，王后之衣，猶王之袞衣。二者皆王后之服，此言諸侯之夫人者。《禮記》注謂：『審二王之後與？』」○吴氏程曰：「副，編髮爲之，所以覆首爲飾。褘與翬，同刻繒爲之形而采畫之，綴于衣也。」○趙氏悳曰：「《周禮》：內司服掌王后六服，褘衣其一，其色玄。追師掌王后首服，❶爲副。夏后氏官名，故以名冠冕之官。副遺象若今之步摇。副、褘，皆祭服。」**又曰：「士有田則祭，無田則薦。」**《記·王制》：大夫士宗廟之祭，有田則祭，無田則薦。庶人春薦韭，夏薦麥，秋薦黍，冬薦稻。〔有田者既祭又薦新，祭以首時，薦以仲月。〕**黍稷曰粢，在器曰盛。牲殺，牲必特殺也。皿，**眉永反。**所以覆**敷救反。**器者。**慶源輔氏曰：「此先王之制，必如是然後能自盡其心。至於不得奉祭祀，則神不容以自安，而人亦以爲弔焉。古人之重祭祀也如此。」○雙峰饒氏曰：「三月無君則弔，恐是爲士先有位後失位者言之。畢竟子爲士則祭以士，子爲大夫則祭以大夫，尋常有祭，一旦失位而不得祭。一年有四時之祭，若失位三月，便廢一祭，故可弔之，弔其不得祭，非弔其不得君也。古人重祭祀，故如此。不然，則如何三月無君便弔？」附《存疑》：「諸侯耕助以供粢盛，夫人蠶繅以爲衣服，惟士無田，則亦不祭」，此四句是孟子隱括《祭義》、《王制》之文，不是全文，其餘皆孟子解禮意。○《蒙引》：「則不敢以宴，亦不足弔乎」兩句，只帶「惟士無田」一段，蓋主意在答「三月無君則弔」。○説夫人蠶繅而又兼祀先王先公者，諸侯亦助祭於天子之廟故也。○蠶本是世婦，繭成然後獻夫人繅。今云夫人蠶繅者，蠶亦夫人主之也。且曰使世婦，使者誰使之，夫人治內事也。○「夫人副褘受之」，《注》云「副者王后之首服，猶王之冕。褘者王后之衣，猶王之袞衣，二者皆王后之服」，此言諸侯之夫人者。《禮記注》謂「審二王之後與」，愚按：謂王后之服只循舊文而不察夫人亦有副也，如袞冕一般。天子有袞冕，諸侯亦有袞冕，但天子自有天子之袞冕，王后自有王后之副褘，制固必有等殺矣。此處小注都欠主張。○繅三盆手，小注不甚明。《禮記注》曰：「三盆手者，置繭于盆中而手

❶「師」，原作「司」，今據《周禮註疏》、《四書箋義》改。

三次淹之，每淹則以手抓出其緒，故曰三盆手也。」方氏云：「夫人之繅止於三盆，猶天子之耕止於三推。」○繅，繹繭爲絲也，亦作繰。○士無田，不仕則不得公田所入，是謂無田也。○牲殺，牲必特殺也，不敢用見成牲肉也，故曰牲殺。○輔氏解不敢以宴，謂神不敢以自安者，非也。上句「不敢以祭」是人，下句承言「亦不敢以宴」，乃可謂神乎？且神既不自安，則人又當何如？何不就人言不敢自安，愈爲見其可弔耶。○顧麟士曰：《蒙引》：諸侯失國家，則無田而不祭，緣士失位亦無田而不祭，一亦字，看出其實以無田二字説諸侯未穩。」○《王制》士連大夫言之，則是有位者且有宗廟，則有田矣。而又云「有田則祭，無田則薦」，似《王制》亦因有位失位言之。注曰：祭有常日，薦無常時；祭必卜日，薦不擇日；祭有尸，薦無尸；祭以三牲黍稷，薦無牲。其隆殺不同固如此，亦宜人子之不敢以宴而至於弔也。

「出疆必載質，何也？」

周霄問也。**附**《淺説》：出疆必載質，何也？曰：仕以行道者，士之事；耕以謀食者，農夫之事。士之仕也，亦猶農夫之耕也。見君不可無質禮，亦猶治田不可無耒耜也。農夫豈爲出疆舍其耒耜哉？此士之出疆所以必載質也。

曰：「士之仕也，猶農夫之耕也，農夫豈爲出疆舍其耒耜哉？」曰：「晉國亦仕國也，未嘗聞仕如此其急。仕如此其急也，君子之難仕，何也？」曰：「丈夫生而願爲之有室，女子生而願爲之有家。父母之心，人皆有之。不待父母之命、媒妁之言，鑽穴隙相窺，踰牆相從，則父母國人皆賤之。古之人未嘗不欲仕也，又惡不由其道。不由其道而往者，與鑽穴隙之類也。」爲，去聲。舍，上聲。妁，音酌。隙，去逆反。惡，去聲。

晉國，解見形甸反。首篇。仕國，謂君子游宦之國。霄意以孟子不見諸侯爲難仕，故先問古之君子仕否，然後言此以風去聲。切之也。男以女爲室，女以男爲家。

妁，亦媒也。言爲父母者，非不願其男女之有室家，而亦惡其不由道。蓋君子雖不潔身以亂倫，而亦不徇利而忘義也。慶源輔氏曰：「周霄亦頗有策士之風，但孟子據道之極，不爲其所動，直述其義理以告之而已。」○士之仕猶男女之願有室家者，此正理也。至於爲人男女而不待父母之命、媒妁之言，鑽穴隙相窺，踰牆相從，則父母國人皆賤之；爲士而仕者，不循天理之正，不俟人君之招，屈己以徇利，枉道以事君，則爲聖賢之學皆賤之，直與兒女子相窺相從者無異。故君子之於仕，未嘗潔身以亂倫而長往不顧，亦未嘗徇利忘義而屈道以伸身也。○雲峰胡氏曰：「《集註》末二句與《論語》解『不仕無義處』語意同而實有不同者，《論語》是從『不仕無義處』説來，故雖兩句而實一意；《孟子》是從『古之人未嘗不欲仕也，又惡不由其道』兩句説來，故兩句自是兩意。《論語》蓋謂夫子雖責隱者之不仕，而義之一字，雖仕亦有不可苟者，故《集註》謂君子雖不亂倫不仕，而其閒亦非不義而仕，故下一『非』字；《孟子》謂既不可不仕，又惡不由其道，故下一『不』字。《集註》字字句句精審如此，學者當如此看。」附《存疑》：仕如此其急也，君子之難仕何也，此方是周霄發問之本意。故孟子答之曰「古之人未嘗不欲仕也，又惡不由其道。不由其道而往者，與鑽穴隙之類也」，此君子所以難仕也。○《蒙引》：由前段「出疆必載質」、「三月無君則弔」之説，則君子之急於仕也如此。由後段「又惡不由其道」之説，則君子又有不欲速者在。雖曰「不敢以祭，則不敢以宴」，而有所不恤也。○魏人之稱晉國，猶胡人至今猶稱中國人爲漢人。○媒，引合也。妁，酌也，斟酌二氏以成配合也。

○彭更問曰：「後車數十乘，從者數百人，以傳食於諸侯，不以泰乎？」孟子曰：「非其道，則一簞食不可受於人；如其道，則舜受堯之天下，不以爲泰，子以爲泰乎？」更，平聲。乘，從，皆去聲。傳，直戀反。簞，音丹。食，音嗣。《通考》吴氏程曰：「直戀反，合正其音，更作張戀反，與傳車之傳同。毛晃收入柱戀反内，訓遞，殊附會。」

彭更，孟子弟子也。泰，侈也。新安陳氏曰：「孟子歷聘，徒御衆多，食於諸國，故更以爲泰，陋矣。」

曰：「否。士無事而食，不可也。」

言不以舜爲泰，但謂今之士無功而食人之食，則不可也。

曰：「子不通功易事，以羨補不足，則農有餘粟，女有餘布；子如通之，則梓匠輪輿皆得食於子。於此有人焉，入則孝，出則悌，守先王之道，以待後之學者，而不得食於子。子何尊梓匠輪輿而輕爲仁義者哉？」羨，延面反。

通功易事，謂通人之功而交易其事。羨，餘也。有餘，言無所貿音茂。易，而積於無用也。梓人匠人，木工也。輪人輿人，車工也。新安陳氏曰：「傳先王之道，雖未得行於當時，守先王之道，乃可以傳之來世。此其繼往聖，開來學，有功於吾道甚大。孟子蓋自謂也。」《通考》趙氏悳曰：「梓人成器械以利用，匠人營宮室以安居，輪人作車輪以運行，輿人作車輿以利載。」附《存疑》：男耕女織，各有功事，男耕與女織相通易，以男之餘粟，補女之無粟，以女之餘布，補男之無布，是謂通工易事，以羨補不足。不然，則男有餘粟，且積之無用，而又不得女之布；女有餘布，且積之無用，而又不得農之粟。多者無所用，缺者無所取，生民之用缺矣。是以男耕女織下及百工技藝，莫不相通，實民生日用之所由以濟也。○先王之道，廣矣大矣，獨言孝弟者，孝弟人道之本也。觀有子曰「孝弟爲仁之本」，孟子曰「堯舜之道，孝弟而已」，可見「守先王之道」，雖承上「入則孝，出則弟」説，又須説得寬。《蒙引》曰「如論井田學校之制，喪禮封建之法，何莫非先王之道」是也。

曰：「梓匠輪輿，其志將以求食也；君子之爲道也，其志亦將以求食與？」曰：「子何以其志爲哉？其有功於子，可食而食之矣。且子食志乎？食功乎？」曰：「食志。」與，平聲。可食而食，食志食功之食，皆音嗣，下同。

孟子言自我而言，固不求食；自彼而言，凡有功者則當食音嗣。之。南軒張氏曰：「君子之志，固不在食，而爲國者知其有功則當食之。夫王者之祿夫人，爲有以賴其用而可祿耳，豈必以其志之欲而禄之哉？如以其志，是率天下而利也。」

曰：「有人於此，毁瓦畫墁，其志將以求食也，則子食之乎？」曰：「否。」曰：「然則子非食志也，食功也。」墁，武安反。子食之食，亦音嗣。

墁，牆壁之飾也。毁瓦畫墁，言無功而有害也。既曰食功，則以士爲無事而食者，真尊梓匠輪輿而輕爲仁義者矣。雙峰饒氏曰：「當時功利之説盛，不知聖道之有用，見孟子所至之國，時君稍見尊禮，養其從者，則以爲無事而食。如王子墊問士何事，不素餐兮，皆是此意。畢竟當時之君，雖能養之而不能用之，故時人有此疑。然而當時諸侯尚知尊敬儒者，如孔子之適衛，孟子之仕齊，皆有所養，亦是先王之澤未泯。」○新安陳氏曰：「此章當與《盡心上》「不素餐兮」章參看。君子居是國，君用之則安富尊榮，子弟從之則孝弟忠信，縱未能爲當世開太平，亦足以繼往聖之絶學而爲後世開太平，其有功於道統者爲何如。更等乃以無事而食議之，抑何其無知也。食志爲人上者不當言，食功則功之大小輕重所當辨。志可以觀人，非所以食人，專食志，則志貪饕者皆得食矣。食功而不審其大小輕重，則僅有功於器物者，得以加諸有功於吾道者矣。」附顧麟士曰：「毁瓦畫墁，非謂以此去求食，言毁畫無功有害而志則求食，何以處之？蓋甚其辭以見志之不可殉也。」

○萬章問曰：「宋，小國也。今將行王政，齊、楚惡而伐之，則如之何？」惡，去聲。

萬章，孟子弟子。宋王偃嘗滅滕伐薛，敗齊、楚、魏之兵，欲霸天下，疑即此時也。《史記·宋世家》：偃立爲君十一年，自立爲王。東敗齊，取五城。南敗楚，取地三百里。西敗魏軍，乃與齊、魏爲敵國。盛血以韋囊，懸而射之，命曰射天，淫於酒婦人，群臣諫者輒射之，於是諸侯皆曰「桀宋」。宋其復爲紂所爲，不可不誅，告齊伐宋。王偃四十七年，齊湣王與魏、楚伐宋，殺王偃，遂滅宋而三分其地。附趙注曰：「問宋當如齊楚何也。」

孟子曰：「湯居亳，與葛爲鄰，葛伯放而不祀。湯使人問之曰：『何爲不祀？』曰：『無以供犧牲也。』湯使遺之牛羊。葛伯食之，又不以祀。湯又使人問之曰：『何爲不祀？』曰：『無以供粢盛也。』湯使亳衆往爲之耕，老弱饋食。葛伯率其民，要其有酒食黍稻者奪之，不授者殺之。有童子以黍肉餉，殺而奪之。《書》曰：『葛伯仇餉。』此之謂也。遺，唯季反。盛，音成。往爲之爲，去聲。饋食、酒食之食，音嗣。要，平聲。餉，成亮反。

葛，國名。伯，爵也。放而不祀，放縱無道，不祀先祖也。亳衆，湯之民。其民，葛民也。授，與也。餉，亦饋也。《書》，《商書·仲虺許偉反。之誥》也。仇餉，言與餉者爲仇也。朱子曰：「《書》所謂『葛伯仇餉』，若非孟子之言，人孰知其曲折如此哉？」附《蒙引》：要，攔截也。食，便飯也。黍、稻預爲飯者，未熟者也，食指熟者。

爲其殺是童子而征之，四海之內皆曰：『非富天下也，爲匹夫匹婦復讎也。』爲，去聲。

非富天下，言湯之心，非以天下爲富而欲得之也。附顧麟士曰：「匹夫匹婦，或曰即童子之父母。似穿鑿，實可味。」

『湯始征，自葛載』，十一征而無敵於天下。東面而征，西夷怨；南面而征，北狄怨，曰：『奚爲後我？』民之望之，若大旱之望雨也。歸市者弗止，芸者不變，誅其君，弔其民，如時雨降。民大悅。《書》曰：『徯我后，后來其無罰。』

載，亦始也。十一征，所征十一國也。《通考》趙氏悳曰：「所征十一國，按《詩·商頌》：『韋顧既伐，昆吾夏桀。』韋，豕韋也。顧，國也。昆吾，氏也。三國黨於桀惡，湯先伐韋、顧，克之；昆吾、夏桀則同時誅也。據此則曰葛、曰韋、曰顧、曰昆吾、曰夏桀。又《尚書》云：『遂伐三朡。』凡六伐，餘無可考。」餘已見形甸反。前篇。新安陳氏曰：「此湯行王政，而王之事也。」

『有攸不爲臣，東征，綏厥士女，匪厥玄黄，紹我周王見休，惟臣附于大邑周。』其君子實玄黄于匪以迎其君子，其小人簞食壺漿以迎其小人，救民於水火之中，取其殘而已矣。食，音嗣。

按《周書·武成》篇載武王之言，孟子約其文如此。然其辭特與今《書》文不類，今姑依此文解之。有所不爲臣，謂助紂爲惡，而不爲周臣者。匪，與篚同。玄黄，幣也。紹，繼也，猶言事也。言其士女以匪盛音成。玄黄之幣，迎武王而事之也。商人而曰我周王，猶《商書》所謂我后也。休，美也。言武王能順天休命，而事之者皆見休也。臣附，歸服也。孟子又釋其意，言商人聞周師之來，各以其類相迎者，以武王能救民於水火之中，取其殘民者誅之，而不爲暴虐耳。君子，謂在位之人。小人，謂細民也。附《淺説》：其士女皆篚厥玄黄以迎武王之師，且曰吾紹事我周王，庶得蒙其恩澤而見休也。於是皆臣附于大邑周焉。○《蒙引》：大注：「紹，繼也，猶言事也。」紹何以爲事？蓋向日事商，則繼事周矣。○顧麟士曰：「孟子引《書》，亦只順口取大意，或兼已説夾和言之，不必全憶本文，觀此類可見。」○不爲臣，如奄與五十國之類，皆害及士女者。○趙注曰：「攸，所也。」

《太誓》曰：『我武惟揚，侵于之疆，則取于殘，殺伐用張，于湯有光。』

《太誓》，《周書》也。今《書》文亦小異。言武王威武奮揚，侵彼紂之疆界，取其殘賊，而殺伐之功因以張大，比於湯之伐桀又有光焉，引此以證上文取其殘之義。新安陳氏曰：「此武王行王政，而王之事也。」

不行王政云爾，苟行王政，四海之内皆舉首而望之，欲以爲君。齊、楚雖大，何畏焉？」

宋實不能行王政，後果爲齊所滅，王偃走死。○尹氏曰：「爲國者能自治而得民心，則天下皆將歸往之，恨其征伐之不早也。尚何强國之足畏哉？苟不自治，而以彊弱之勢言之，是可畏而已矣。」慶源輔氏曰：「尹氏説盡後世爲國而不自彊，但以彊大爲畏者之病，誠能反是道而求之於己，則知仁者之果無敵，而帝王之道是誠在我而已。」○問趙氏注「脩德無小，暴慢無彊」。晁補之曰：「脩德無小，能脩德則小可大。暴慢無彊，遇脩德則彊必弱。」

○孟子謂戴不勝曰：「子欲子之王之善與？我明告子，有楚大夫於此，欲其子之齊語也，則使齊人傅諸？使楚人傅諸？」曰：「使齊人傅之。」曰：「一齊人傅之，衆楚人咻之，雖日撻而求其齊也，不可得矣；引而置之莊嶽之間數年，雖日撻而求其楚，亦不可得矣。與，平聲。咻，音休。

戴不勝，宋臣也。齊語，齊人語也。傅，教也。咻，讙也。齊，齊語也。莊嶽，齊街里名也。楚，楚語也。此先設譬以曉之也。

子謂薛居州，善士也，使之居於王所。在於王所者，長幼卑尊，皆薛居州也，王誰與爲不善？在王所者，長幼卑尊，皆非薛居州也，王誰與爲善？一薛居州，獨如宋王何？」

居州，亦宋臣。言小人衆而君子獨，無以成正君之功。南軒張氏曰：「衆君子之閒置一小人，猶足以蔽主而敗類。一君子而遇衆小人，且不能安其身，如正君何？格君之任有孟子，而戴不勝不能知也，尚何望焉？」○慶源輔氏曰：「古之大臣欲正其君者，豈待取辨於一人而已哉？必也兼收並蓄，旁求廣取，使忠賢之士畢集於朝，在君之左右前後者，無非正人端士，然後可以薫陶漸染以變化其氣質，成就其德性，是豈獨欲趨事赴功而已哉？」○雲峰胡氏曰：「此篇言宋事者三章，正好通看。前章謂宋不行王政，後章不能什一去關市之征，見得實不能行王政。此章言小人衆而君子獨，見宋之所以不能行王政也。」附《蒙引》：味「謂」字及「使之」字，疑居州是不勝所引拔也。○味孟子此意，蓋不勝是得宋柄且有心於國者，故孟子告以此。欲其旁招群彥，使忠賢畢集，庶其成正君之功，非徒責其薦居州無益也。

○公孫丑問曰：「不見諸侯何義？」孟子曰：「古者不爲臣不見。

不爲臣，謂未仕於其國者也，此不見諸侯之義也。附《蒙引》：古者不爲臣不見，此句正答不見諸侯之義。然雖不爲臣，苟君求見之切，則亦可以見矣。如孔子之於陽貨，亦何嘗絶之而不見？但自有其節，不至淪於汙賤，必俟其禮之至而後往見之也。此是數節相承之意，不可泥總注而界然分爲三意，全不相屬也。

段干木踰垣而辟之，泄柳閉門而不內，是皆已甚。迫，斯可以見矣。辟，去聲。內，與納同。

段干木，魏文侯時人。泄柳，魯繆音目。公時人。文侯、繆公欲見此二人，而二人不肯見之，蓋未爲臣也。已甚，過甚也。迫，謂求見之切也。慶源輔氏曰：「士固當守義而不往見國君。如二君屈己求見，意已誠切，聖賢處此必將出見。今拒絶之如此，則過甚而非義矣。」附顧麟士曰：「《通義》仁山金氏曰：『《戰國策》有段干綸。段干，越人，則段干姓也。』」

陽貨欲見孔子而惡無禮，大夫有賜於士，不得受於其家，則往拜其門。陽貨矙孔子之亡也，而饋孔子蒸豚；孔子亦矙其亡也，而往拜之。當是時，陽貨先，豈得不見？欲見之見，音現。惡，去聲。矙，音勘。

此又引孔子之事，以明可見之節也。欲見孔子，欲召孔子來見己也。惡無禮，畏人以己爲無禮也。受於其家，對使去聲。人拜受於家也。其門，大夫之門也。矙，窺也。陽貨於魯爲大夫，孔子爲士，故以此物及其不在而饋之，欲其來拜而見之也。先，謂先來加禮也。慶源輔氏曰：「陽貨欲見孔子而惡無禮，雖小人，秉彝不可殄。貨既先來加禮於己，則己烏得而不答之？然貨之意則非誠矣，故施與萬物者，豈有差忒哉？」○新安陳氏曰：「往答其禮，禮也。不欲見其人，義也。」附《存疑》：孔子瞷亡往拜，實未嘗見。曰「陽貨先，豈得不見」者，雖然不見，其名則欲見之也。此處不重瞷亡意，只重在往見上。」○《蒙引》：《注》曰：「陽貨於魯爲大夫，孔子爲士。」貨本陪臣而執國命，僭以大夫自處耳。然能先施，則孔子亦往見之，乃士禮也。奈何亦以大夫處貨耶？曰：恐是見惡人辟咎之義。

曾子曰：『脅肩諂笑，病于夏畦。』子路曰：『未同而言，觀其色赧赧然，非由之所知也。』由是觀之，則君子之所養可知已矣。」

脅，虚業反。赧，奴簡反。

脅肩，竦音悚。體。諂笑，强上聲，下同。笑。皆小人側媚之態也。病，勞也。夏畦，夏月治畦之人也。言爲此者，其勞過於夏畦之人也。未同而言，與人未合而强與之言也。赧赧，慙而面赤之貌。由，子路名。言非己所知，甚惡去聲。之之辭也。孟子言由此二言觀之，則二子之所養可知，必不肯不俟其禮之至，而輒往見之也。南軒張氏曰：「若不當往見而往見，是苟賤以求合。與脅肩諂笑未同而言者，何以異？」○慶源輔氏曰：「曾子重厚篤實，故視小人側媚之態，如病于夏畦之人而深憐之。子路剛勇果決，故以未同而言赧赧其色者，爲非己所知而深惡之。二子所守如此，雖各因其資質，然亦是學力所就也。」○此章言聖人禮義之中正，過之者傷於迫切而不洪，不及者淪於污音烏。賤而可恥。汪氏廷直曰：「君子所養，貴乎中而已，太剛則至於絶物，太柔則至於喪己。干木、泄柳，太剛者也；曾、路所譏，太柔者也。孔子於貨之饋而往拜，則與太剛者異矣；拜之必瞷其亡，則與太柔者異矣。所以無可無不可，而爲聖之時也。孟子前言二子之所行，以明其過；後述曾、路之所言，以明其不及；中舉孔子事，以明聖人之用中。然則孟子之不見諸侯，守其分義之中而已。」○慶源輔氏曰：「孔子之事，禮義之中正也，差以毫釐，則失之矣。干木、泄柳則過乎禮義之中正矣，故傷於迫切而不洪。曾子、子路之所言，則不及乎禮義之中正者，故淪於污賤而可恥。此君子之行己，所以戰戰兢兢而唯恐有過不及之失也。然與其污賤之可恥，寧失於迫切而不洪，段干、泄柳猶爲狷者也。」○雙峰饒氏曰：「觀陽貨事，則不特諸侯不可見。觀曾子、子路之言，則不特不可往見，雖平交之人，亦不可强與之言，蓋物不可以苟合。」○雲峰胡氏曰：「士尚志，傷於迫切者，量雖未洪，猶不失爲志之高。淪於污賤者，其志甚卑，無足道矣。」

○戴盈之曰：「什一，去關市之征，今兹未能。請輕之，以待來年，然後已，何如？」去，上聲。

盈之，亦宋大夫也。什一，井田之法也。關市之征，商賈音古。之税也。已，止也。

孟子曰：「今有人日攘其鄰之雞者，或告之曰：『是非君子之道。』曰：『請損之，月攘一雞，以待來年，然後已。』」攘，如羊反。

攘，物自來而取之也。損，減也。附《存疑》：孟子但欲辨駁人，必先設事爲喻，然後及正意。

如知其非義，斯速已矣，何待來年。」

知義理之不可而不能速改，與月攘一雞何以異哉？南軒張氏曰：「君子之遠不義也，如惡惡臭。其不敢邇也，如探湯；其不敢須臾寧也，如坐塗炭。而其徙義也，如飢渴之於飲食。蓋見之之明，而決之之勇，以爲不如是，則不足以自拔而自新也。士之持身，於改過遷善之際而爲盈之之説，則將終身汩没於過失之中；人臣之謀國，於革弊復古之事而爲盈之之説，則終陷於因循苟且之域。故自脩身至於治國，知、仁、勇之三德，缺一不可也。知以知之，仁以行之，勇以決之，可不務哉？」○慶源輔氏曰：「天下事只有義利兩端，纔出義，便以利言也，焉有兩存之理？若知義理之不可而猶有吝惜之意，不肯速改，則亦終歸於悠悠，必不能自拔而自新矣。」○新安陳氏曰：「請輕之，如減日攘爲月攘，不知其非義，不智也；知其非義而不速改，不勇也。不智之罪小，不勇之罪大。」《通旨》朱氏公遷曰：「語年饑用不足章、什一去關市之征章，及言賦稅，皆因其過而以中道矯之也。」**附**《存疑》：「如知其非義，斯速已矣，何待來年？」只就正意説，不必帶攘雞。《注》：「知義理之不可而不能速改，與月攘一雞何以異。」解在言外。○已，止也。與上文「然後已」相應。

○公都子曰：「外人皆稱夫子好辯，敢問何也？」孟子曰：「予豈好辯哉？予不得已也。天下之生久矣，一治一亂。好，去聲，下同。治，去聲。

生，謂生民也。一治一亂，氣化盛衰，人事得失，反覆相尋，理之常也。徽菴程氏曰：「氣化在天者，有盛有衰，盛焉而治，衰焉而亂也。事理在人者，有得有失，得焉而治，失焉而亂也。治不生於治而生於亂，亂不生於亂而生於治，如環無端，此理之常，固無足怪。所貴乎聖賢之生斯世，亦惟以理御氣，庶幾反失而得，反衰而盛，反亂而歸於治焉耳。」○雲峰胡氏曰：「古今一治一亂，只是氣化人事反覆相尋於無窮。或氣化有盛衰，而人事之得失於是乎生；或人事有得失，而氣化之盛衰於是乎轉，反覆相尋，皆理之常也。」○新安陳氏曰：「學者當深察孟子所以不得已之心，下文詳之，章末又申言此二句以結之。豈惟孟子，凡聖賢出而任三才，扶三綱，皆不得而已也。一治一亂，乃此章綱領，下文節節照應之。」**附**《蒙引》：治亂所因，有自氣化之盛衰者，有自人事之得失者，亦有二者俱有者。○朱子作《李忠定公奏議後序》云：「天之愛人，可謂甚矣！惟其感於人事之變而迫於氣數屈伸消息之不齊，是以天下不能常治常安而或至於亂。」所謂感於人事之變者，自人事得失言也；所謂迫於氣數屈伸消息之不齊者，自氣化盛衰言也。

當堯之時，水逆行，氾濫於中國。蛇龍居之，民無所定。下者爲巢，上者爲營窟。《書》曰：『洚水警余。』洚水者，洪水也。洚，音降。又胡貢、胡工二反。

水逆行，下流壅塞，故水倒流而旁溢也。下，下地。上，高地也。營窟，穴處上聲。

也。《書》，《虞書·大禹謨》也。洚水，洚胡貢反。洞無涯之水也。警，戒也。此一亂也。慶源輔氏曰：「此一亂，純由乎氣化也。」○雲峰胡氏曰：「自開闢至於堯之時，不知幾治亂，斷自堯起有徵也。洚水繫乎氣化，而曰警余，未嘗不反而求諸人事也，所以此一亂即轉而爲一治也。」附《存疑》：洪水汜濫，便蛇龍居之，蓋水，蛇龍之所都也。○《蒙引》：下地卑濕，故架木爲巢以居。上者爲營窟，以其地高燥，故可穴居。○顧麟士曰：「『洚水警余』句，見《大禹謨》，則云『警余』者，舜耳。此爲反證，言彼所云『洚水』者，正指此時之洪水也。故堯舉舜，而使禹治之云云。洪水爲主，洚水證之，不要倒看了。」○借此出一「警」字，以起下「使禹治」。

使禹治之，禹掘地而注之海，驅蛇龍而放之菹。水由地中行，江、淮、河、漢是也。險阻既遠，鳥獸之害人者消，然後人得平土而居之。菹，側魚反。

掘地，掘去上聲。壅塞也。菹，澤生草者也。地中，兩涯之閒也。險阻，謂水之汜濫也。遠，去也。消，除也。此一治也。慶源輔氏曰：「此一治，氣化人事相參者也。夫人與鳥獸，亦相爲多寡，蓋同稟於氣故也。繁氣盛則正氣衰，正氣多則繁氣少，聖人於其閒有造化之用，亦時焉而已。」○新安陳氏曰：「洪水乃治世之一亂，禹反其亂而治之，此禹之不得已於有爲者也。」附《存疑》：下者爲巢，上者爲營窟，人不得平土而居也。人得平土而居，則不復爲巢窟矣。

堯、舜既没，聖人之道衰。暴君代作，壞宮室以爲汙池，民無所安息；棄田以爲園囿，使民不得衣食。邪説暴行又作，園囿、汙池、沛澤多而禽獸至。及紂之身，天下又大亂。壞，音怪。行，去聲，下同。沛，蒲内反。

暴君，謂夏太康、孔甲、履癸、商武乙之類也。宮室，民居也。沛，草木之所生也。澤，水所鍾也。自堯舜没至此，治亂非一，及紂而又一大亂也。慶源輔氏曰：「此一亂，氣化人事相符者也。自堯舜没，其間夏太康至商武乙等暴君不一，難以類數，至紂而大敗極亂，而無以復加矣，故直推至紂時言之。想見夏桀之時，亦未必有飛廉等惡人與夫虎豹犀象之害也。」○雙峰饒氏曰：「暴行，即上面壞宫室、棄田宅也。暴行通上下而言，必有邪説糊塗了箇理義，然後暴行始作。」附《蒙引》：由堯舜至於湯，亦五百有餘年，而湯實伐夏救民，是亦反一亂而爲一治者。孟子何故略之？曰：據湯盛德，實不在武王下，然桀之亂不如紂之甚，而湯靖難之功亦止一舉而大事定，悉數之不過什一征耳。此於禹之治洪水，武王、周公之誅紂、伐奄、驅飛廉、滅國者五十、驅虎豹犀象，其勞實數倍也，故略之舉其甚者言。蓋亦偶然，無意於抑之也。○「邪説暴行又作」，上文云云，全指在上人爲亂首者。此句通上下而言。暴行，不止謂上文云云也。如此説，又字方有歸着，不然，又字無安頓了。○唐高宗欲廢立后，許敬宗倡爲田舍翁多收十斛麥之説以贊之，然後廢立始成。王安石將行新法以罔民利，必假《周禮》以文之。❶自古及今，大抵皆有暴行，必有邪説以文之。

周公相武王，誅紂伐奄，三年討其君，驅飛廉於海隅而戮之。滅國者五十，驅虎、豹、犀、象而遠之。天下大悦。《書》曰：『丕顯哉，文王謨！丕承哉，武王烈！佑啓我後人，咸以正無缺。』相，去聲。奄，平聲。

奄，東方之國，助紂爲虐者也。鄒晉昭曰：「『奄』，《字書》作『⿰奄阝』。古通用。衣檢、衣廉二反。《説文》：『衣檢反。注：周公所誅奄國。』」飛廉，紂幸臣也。五十國，皆紂黨虐民者也。《書》，《周書·君牙》之篇。丕，大也。顯，明也。謨，謀也。承，繼也。烈，光也。佑，助也。啓，開也。缺，壞也。此一治也。慶源輔氏曰：「此一治，又氣化人事相參者也。舉《書》言文王、武王謀謨之大，功業之光，所以佑助開迪夫後人者，莫非正大之道，周全盡美而無一毫缺壞之失也，蓋正可爲也。無缺爲難，無缺謂禮樂刑政四達而不悖，三千三百之儀與至誠無倚之道並立而不偏，

❶「以」上，原衍一「○」，今據哈佛本删。

凡所以正德、利用、厚生之具無一之不備，防僞禁邪正慝之法無一之或隳，夫然後可以爲無缺。至春秋時，則道墜於地，而無復有存者矣。」○趙氏曰：「按奄國在淮夷之北，飛廉善走，以材力事紂，周武王伐紂并殺之。」○新安陳氏曰：「商末大亂，武王、周公反其亂而治之，此武王周公之不得已於有爲者也。」附《存疑》：三年討其君，是承伐奄説。○《淺説》：周公相武王，不特爲民除害，以得天下之悦而已。想其民害掃除，天下一統，必有大制作以致天下之大治也。《書》曰：丕顯哉！文王創業之謨。丕承哉！武王制治之烈。文顯於前，武承於後，所以佑啓我後人者，無一事不出於正大，亦無一事不致其周密也。然則周公輔相之功亦大矣，當時太平之盛，何如哉！

世衰道微，邪説暴行有作，臣弒其君者有之，子弒其父者有之。有作之有，讀爲又，古字通用。

此周室東遷之後，又一亂也。慶源輔氏曰：「此一亂，又氣化人事相符者也。前乎此者，雖曰世亂，然但禽獸繁殖，有以戕民之生，而猶未至賊人之性。至此以後，則遂至傷壞人倫，將使人盡爲禽獸之歸，其禍又慘矣。此一亂，又甚於前日，是亦氣化人事之使然也。」

孔子懼，作《春秋》。《春秋》，天子之事也。是故孔子曰：『知我者其惟《春秋》乎！罪我者其惟《春秋》乎！』

胡氏曰：胡氏名安國，字康侯，建安人。「仲尼作《春秋》以寓王法。厚典、庸禮、命德、討罪，其大要皆天子之事也。新安倪氏曰：「《書·皐陶謨》篇云：『天敘有典，勑我五典五惇哉。天秩有禮，自我五禮有庸哉。同寅協恭，和衷哉。天命有德，五服五章哉。天討有罪，五刑五用哉。政事懋哉懋哉。』《書》言天子治天下之事，孔子作《春秋》，其大旨正以明此治天下之事而爲後世法也。」○惇典之惇，《集註》避宋光宗諱，而以厚字代之。知孔子者，謂此書之作，遏人欲於橫流，存天理於既滅，爲後世慮，至深遠也。罪孔子者，以謂無其位而託二百四十二年南面之權，使亂

臣賊子禁其欲而不得肆，則戚矣。《通考》吴氏程曰：「以慮後世而知聖人者，君子也，故幸其存天理、遏人欲以託南面；而罪聖人者，小人也，故戚其不得肆欲。」《通旨》朱氏公遷曰：「此以事功言，孔子繼往聖，開來學，則其功賢於堯舜；撥亂世而反諸正，則其功著於《春秋》。宰我舉其統體言。孟子即其一事言。」附《蒙引》：要看「是故」二字。下兩句都要粘着「天子之事」一句説。○《存疑》：「是故」字要説有着落。惟《春秋》爲天子之事，所以知之者以是，罪之者亦以是。知之者，以其功也。罪之者，以其僭也。知之者，君子也。罪之者，小人也。　**愚謂孔子作《春秋》以討亂賊，則致治之法垂於萬世，是亦一治也。」**問：「孔子作《春秋》，特載之空言，亂賊何緣使懼？恐未足以爲一治。」朱子曰：「非説當時便一治。只是存得箇治法，使道理光明燦爛，有能舉而行之，爲治不難。當時史書掌於史官，想人不得見，孔子取而筆削之，而其義大明。孔子亦何嘗有意用某字使人知勸，用某字使人知懼，用某字有甚微詞奥義，使人曉不得，足以褒貶榮辱人來？不過如今之史書，直書其事，善惡瞭然在目，觀者知所勸懲，故亂臣賊子有所懼而不敢犯耳。」○慶源輔氏曰：「此一治，又純乎人事者也。雖氣化不應，而不使孔子得位以撥亂而反之正，然討亂賊，垂治法，其功又大於舜、禹矣。」○潛室陳氏曰：「此謂聖人以王法繩諸侯，所褒所貶，皆是奉行王法。此聖人大用，非孟子不能知，胡氏發明備矣。」○雲峰胡氏曰：「《集註》前言禹與周公之功，曰『此一治也』，此當時之治也。此言孔子《春秋》之功，曰『此亦一治也』，萬世之治也。」○新安陳氏曰：「孔子雖不能興治道於當時，而能垂治法於後世。蓋在當時倫紀亂矣，孔子欲反其亂而治之，此孔子之不得已於有言者也。」《通旨》朱氏公遷曰：「思無邪，王者之迹熄而《詩》亡。及此節，總論一經之旨。孔子之論《詩》，是欲人知其要。孟子之論《春秋》，是欲人知其義。王者迹熄一章，是明孔子作《春秋》之法。世衰道微一節，是明孔子作《春秋》之本意。」○又如孟子「《春秋》無義戰」之云，亦總論一經之旨，是又專主征伐而言者也。附《蒙引》：朱子説一治，只云「致治之法垂於萬世」，而不及亂賊懼。《語録》又云：「非説當時便一治，只是存得箇治法，使道理光明燦爛，有能舉而行之，爲治不難。」此正與《集註》一般，當如何分豁？曰：《集註》及《語録》與孟子自言「孔子作《春秋》而亂臣賊子懼」，俱一般。何也？亂臣賊子，豈謂當時亂臣賊子耶？是自有《春秋》之後底亂臣賊子懼也。豈非致治之法垂於後世也耶？蓋是誅其既死者，以警其將來者。

聖王不作，諸侯放恣，處士横議，楊朱、墨翟之言盈天下。天下之言，不歸楊，則歸墨。楊氏爲我，是無君也；墨氏兼愛，是無父也。無父無君，是禽獸也。公明儀曰：『庖有肥肉，廐有肥馬，民有飢色，野有餓莩，此率獸而食人也。』楊、墨之道不息，孔子之道不著，是邪説誣民，充塞仁義也。仁義充塞，則率獸食人，人將相食。横，爲，皆去聲。莩，皮表反。

楊朱但知愛身，而不復扶又反。知有致身之義，故無君；墨子愛無差楚宜反。等，而視其至親無異衆人，故無父。無父無君，則人道滅絶，是亦禽獸而已。公明儀之言，義見形甸反。首篇。充塞仁義，謂邪説徧滿，妨於仁義也。雲峰胡氏曰：「不中則曰横議，不正則曰邪説。」孟子引儀之言，以明楊、墨道行，則人皆無父無君，以陷於禽獸，而大亂將起，是亦率獸食人而人又相食也。此又一亂也。朱子曰：「楊、墨只是差些子，其末流遂至於無父無君。蓋楊氏見世人營營於名利，埋没其身而不自知，故獨潔其身以自高，如荷蕢、接輿之徒是也。然使人皆如此潔身而自高，則天下事教誰理會？此便是無君也。墨氏見世間人自私自利，不能及人，故欲兼天下之人而盡愛之。然不知有一患難，在君親則當先救之，在他人則後救之，若不分先後，則是待君親猶他人也，此便是無父。此二者之所以爲禽獸也。」○楊朱乃老子弟子，其學專於爲己。列子云，伯成子高拔一毛而利天下不爲。其言曰一毛安能利天下，使人人不拔一毛，不利天下，則天下自治矣。○問：「墨氏兼愛，何遽至於無父？」曰：「人也只孝得一箇父母，那愛得許多？能養其父母無缺，則已難矣。想得他之所以養父母者，粗衣糲食必不能堪。蓋他既欲兼愛，則愛父母必疏，其孝不周至，非無父而何哉？墨子尚儉惡樂，所以説里號朝歌，墨子回車，想得是箇澹泊枯槁底人，其事父母也可想見。」○問：「率獸食人，亦深探其弊而極言之，非真有此事。」曰：「不然。即他之道，便能如此。楊氏自是箇退步愛身、不理會事底人，墨氏兼愛，又弄得没合殺，使天下倀倀然必至於大亂而後已，非率獸食人而何？如東晉之清談，此便是楊氏之學，即老莊之道。少閒百事廢弛，遂啓夷狄亂華，其禍豈不慘於洪水猛獸之害？又如梁武帝事佛，至於社稷丘墟，亦其驗也。」○慶源輔氏曰：「此一亂，又氣化人事相符者也。聖人之道，非不愛身也，然有致身事君之義，有殺身成仁之時，故不至於無君。非不愛物也，然親親而仁民，仁民而愛物，有自然之序，故不至於無父。無君無父，則人道滅絶，又將視弑父與君而冥然不覺矣，是則人而反與禽獸無異也。故引公明儀之説，以言楊、墨道行則人皆無父無君，安於戕賊以陷於禽獸，而大亂將起，是亦與公明儀所謂『率獸食人，人將相食』者類矣。楊、墨之道不息，則邪説誣民；孔子之道不著，則充塞仁義也。此四句，只是説天理人欲不並立而已。所謂邪説徧滿妨於仁義者，是解『邪説誣民、充塞仁義』兩句也。以『徧滿』字解『充』字，以『妨』字解『塞』字，但不曾解『誣民』兩字耳。其實謂邪説誣罔天下之人，其勢至於充盛窒塞人心固有之仁義，使不能發也。夫仁義具於人心，而爲邪説所誣而充塞之，使不能達於外，況能擴充之以全其量乎？」○西山真氏曰：「楊朱自一身之外，截然不恤，故其迹似乎義。墨翟於親疏之閒，無乎不愛，故其迹似乎仁。殊不知天下之理，本一而分則殊，故君子親親而仁民，仁民而愛物，心無不溥而其施有序。心無不溥，則非爲我矣；其施有序，則非兼愛矣。楊朱專於爲我，則昧乎理之一；墨翟一於兼愛，則昧乎分之殊。若是而曰仁義，乃所以賊乎仁義也。」○雙峰饒氏曰：「墨氏無父之教，便充塞了仁；楊氏無君之教，便充塞了義。有仁義則天下治，無仁義則天下亂。今仁義既充塞，則亂將起，而率獸食人，人又將相食矣。」《通旨》朱氏公遷曰：「聖賢闢之以義。孟子之時，楊、墨二家，最爲害道。其次則有兵家、農家、縱横家及貨殖之徒，各專一業，以聾瞽天下。大抵惑人心者，莫如兼愛、爲我；快君心者，莫如强兵、富國，而皆足以重斯世之禍也，故深闢之。」附《達説》：自孔子既没，聖王不作，上而諸侯放恣，下而處士横議，楊朱、墨翟，乃橫議之尤者也。其言滿天下，天下之言仁義者，不歸於楊，則歸於墨，是橫議之惑人如此。彼楊氏但知愛身，而不復知有致身之義，是無君也。墨氏愛無差等，而視其至親無異於路人，是無父也。夫人之所以爲人者，以其有此君臣、父子之大倫也，今楊、墨無父無君，則人道滅絶，是亦禽獸而已。夫楊、墨禽獸之教如此，正所謂橫議也。而其爲害當何如耶？昔公明儀嘗曰：「庖有肥肉，廄有肥馬，民有飢色，野有餓莩，此率獸而食人也。」今楊、墨爲我、兼愛之道不息，則孔子仁義之道不著，是邪說誣民而仁義遂爲充塞也。仁義充塞，則人皆無父無君以陷於禽獸，而大亂將起，是亦率獸食人，而人又將相食也。○顧麟士曰：「此條照《達說》，在獸也分上，只斷楊墨是禽獸。下即言禽獸之害，大能食人也。公明儀幾句，起下不承上。人將相食，流毒轉轉，遂使無父無君之害，戕賊無窮，世道大壞矣。後『率獸』獸字，即是禽獸也。獸字實指楊、墨，不是空說。」○《存疑》：無父無君，是指目前說，不是流弊。率獸食人，人將相食，方是流弊。○率獸食人，人將相食，小注以東晉清談、梁武事佛來說，最好，方見得是實事。○《蒙引》：孟子極其流弊言之，若是楊朱、墨翟，吾知

其學術雖誤，然其本身必不至弒父與君而食人矣。

吾爲此懼，閑先聖之道，距楊、墨，放淫辭，邪說者不得作。作於其心，害於其事；作於其事，害於其政。聖人復起，不易吾言矣。爲，去聲。復，扶又反。

閑，衛也。放，驅而遠去聲。之也。作，起也。事，所行。政，大體也。西山真氏曰：「事者，政之目；政者，事之綱。」○雙峰饒氏曰：「無父無君，乃楊、墨之見於行事者。少焉充塞仁義，而至於率獸食人，是害於其政了。」孟子雖不得志於時，然楊、墨之害，自是滅息，而君臣父子之道，賴以不墜。是亦一治也。此乃孟子所以不得已而有言也。○慶源輔氏曰：「此一治，又純乎人事也。雖氣化不應，孟子亦不得志於時，然因其言而異端滅息，吾道至今得以不墜，此孟氏之功所以不在禹下而亞於孔子也。」○雲峰胡氏曰：「前云此一治也，周公之功與禹同。此云是亦一治也，孟子之功與夫子同。」

附《淺說》：吾爲此懼，思欲閑先聖仁義之道，於是距

楊、墨，放淫辭，使邪説者不得作起於世以惑人。蓋此邪説，若作於其心而心爲所蔽，以陷於一偏，則害於其事。既害於其事，則害於其政。○《存疑》：距楊、墨，放浮辭，歸於使邪説者不得作。蓋邪説即楊、墨之説，淫辭即其説之浩瀚放蕩也。○《蒙引》：「邪説者不得作」、「作於其心」，二「作」字不同。雖皆訓爲「起」，然「不得作」，謂不得復起於世以惑人也。「作於其心」，心惑於兼愛爲我之説也。○害於事、害於政，二處先後不必深爲之説。若自有深義，朱子當先爲之解矣。大抵害於其政者，亦能害於其事；害於其事者，亦能害於其政。程子曰：「楊、墨之害，甚於申、韓；佛氏之害，甚於楊、墨。此就當時之異端言。蓋楊氏爲去聲，下同。我疑於義，墨氏兼愛疑於仁，申、韓則淺陋易去聲。見。《史記》：申不害，故鄭之賤臣。學本於黄老而主刑名，著書二篇，號曰《申子》。○韓非者，韓之諸公子也。喜刑名法術之學，而其歸本於黄老。善著書，與李斯俱事荀卿，斯自以爲不如非。故孟子止闢楊、墨，爲其惑世之甚也。佛氏之言近理，又非楊、墨之比，所以爲害尤甚。」問：「墨氏兼愛疑於仁，此易見。楊氏爲我，何以疑於義？」朱子曰：「楊朱看來不似義，他全是老子之學，只是箇逍遥物外，僅足其身，不屑世務之人。只是他自愛其身，界限齊整，不相侵越，微似義耳。然終不似也。」又曰：「楊、墨只是硬恁地做，佛氏最有精微動得人處。」○雙峰饒氏曰：「前言『生於其心，害於其政；發於其政，害於其事』，此言『作於其心，害於其事；作於其事，害於其政』，亦各有意。前言畢竟政是大體，事是小節。今既生於其心，則必害於大體；既害於大體，則少焉於那小節都壞了。」《通考》仁山金氏曰：「佛氏寂滅類楊，而禪定立脱之説過之。❶慈悲普施類墨，而平等無生之説過之。蓋兼無父無君之教，而資率獸食人之禍者，所以其害爲尤甚。」○楊氏奂曰：「晉、魏出，臣道壞，佛老興，子道絶。」又曰：「異端蟠結於中國而不解者，以名士大夫主之也。故唐則蕭瑀、王縉、白居易、裴休、梁肅也，宋則王安石、蘇軾、黄庭堅、張商英也，故上而君相，下而閭里，信之

❶「之」，原作「了」，今據《論孟集註考證》改。

而不疑。」○愚按：二程子闢佛老之説凡五十餘條，而其要則曰：「佛有髮而僧復毁形，佛有妻子舍之而僧絶其類。」其二則曰：「釋氏謂既明此理，而又執持是理，故爲障。此錯看了理字也。天下只有一箇理，既明此理，夫何復障？若以理爲障，則是己與理爲二。」又曰：「釋氏有出家出世之説。家本不可出，却爲他不父其父，不母其母，自逃去，固可也。至於世，則怎生出得？既道出世，除是不戴皇天，不履后土始得。然又渴飲而飢食，戴天而履地。」又問華嚴第一真空絶相觀，第二事理無碍觀，第三事事無碍觀，譬如鏡燈之類，包含萬象，無有窮盡，此理如何？曰：「只是釋氏要周遮一言以蔽之，曰萬理歸於一理也。凡此足以見似是而非，與夫大亂真者矣。」因并附焉。《通旨》朱氏公遷曰：「禹、周公、孔子，以事功言。」

昔者禹抑洪水而天下平，周公兼夷狄驅猛獸而百姓寧，孔子成《春秋》而亂臣賊子懼。

抑，止也。兼，并平聲。之也，總結上文也。西山真氏曰：「三聖事雖不同，而其救天下之患，立生民之極，則一也。」附《存疑》：前既歷敘三聖之事，以己繼之，至「昔者禹抑洪水」兩條，又是總舉上文之意。○《蒙引》：按：誅紂伐奄，滅國五十，不曾説有夷狄。或曰，但暴行邪説、無父無君者，是皆夷狄也，如《春秋》中夏而行夷道，則從而夷之。且與下條「周公所膺」意脗合。雖似有理，然孟子若設此字樣，便巧也，聖賢無巧。此夷狄蓋在所伐五十國之内也，曰「兼夷狄」，則約奄、飛廉亦舉之矣。如曰「東面而征西夷怨，南面而征北狄怨」，言夷狄，則近者可知也。

《詩》云：『戎狄是膺，荆舒是懲，則莫我敢承。』無父無君，是周公所膺也。

説見形甸反。下解、見，音同。上篇。承，當也。雙峰饒氏曰：「孟子所以引戎狄荆舒者，以楊、墨乃夷狄之教也。」附《蒙引》：無父無君，是周公所膺也。此段直是要起下段，以楊、墨正是無父無君，在所膺者也。不連上意。

我亦欲正人心，息邪説，距詖行，放淫辭，以承三聖者；豈好辯哉？予不得已也。

行、好，皆去聲。

詖、淫，解見前篇。辭者，説之詳也。承，繼也。三聖，禹、周公、孔子也。蓋邪説横流，壞音怪。人心術，甚於洪水猛獸之災，慘於夷狄篡弑之禍，故孟子深懼而力救之。再言豈好辯哉，予不得已也，所以深致意焉。然非知道之君子，孰能真知其所以不得已之故哉？朱子曰：「當時如縱横刑名之徒，孟子都不管他，蓋他只害得箇麄底。若楊、墨，則害了人心，須著與之辯也。然孟子於當時，只在私下恁地説，所謂楊、墨之徒，也未怕他。到後世却因其言，而知聖人之道爲是，知異端之學爲非，乃是孟子有功於後世耳。」○問：「孟子欲息邪距詖，而必以正人心爲先，何也？」曰：「此探本之言也。以聖道不明，人心不正，而邪説得以乘間入之也。」曰：「然則亦明聖道以正人心而已，何必爲此紛紛，而涉好辯之嫌乎？」曰：「邪説既入，則人心益以不正，聖道益以不明矣，此又其末之不可不理者也。故孟子道性善，稱堯、舜，必使天下曉然知仁義之所在者，此所以正人心而爲息邪距詖之本也。排爲我，斥兼愛，必使天下曉然知邪詖之不可由者，此所以息邪距詖而爲正人心之用也。蓋其體用不偏，首尾相應，如此然後足以撥亂世而反之正，此所以雖得其本而不免於多言也。然豈其心之所好哉？亦畏天命，悲人窮，不得已而然耳。昔湯伐桀，曰『予畏上帝，不敢不正』，武王伐紂，曰『予弗順天，厥罪惟鈞』，夫豈好戰哉？孟子之心，亦若此而已矣。豈得以好辯之小嫌，而遂輟不言哉！」○慶源輔氏曰：「重言『豈好辯哉？予不得已也』，此又深致其意者，欲人之察其心而知邪説之真可畏也。」○問：「邪説詖行如何分？」雙峰饒氏曰：「説既邪辟，其行必偏詖，其辭愈見淫蕩。詖行、淫辭，自邪説上來。放者，放廢距絶。」○雲峰胡氏曰：「洪水猛獸之災由氣化，夷狄篡弑之禍由人事，邪説爲人心之害，則有甚於此者矣。人之本心，未嘗不正，爲邪説所害，易淪胥於不正。故孟子之辯，拳拳欲正人心；其仕也，亦必先於正君心。」○新安陳氏曰：「洪水猛獸，夷狄篡弑，皆災禍之害人身者，惟在於一時。若邪説，乃災禍之壞人心者，且流於無窮而爲害尤甚慘，此孟子所以不得已而深排力救之也。」《通考》雙峰饒氏曰：「前言天下之生久矣，一治一亂爲綱領，下面又言治了又亂，亂了又治，再三如此反覆説了，則又到此以三段總結前面。前以『予不得已』一句起頭，後以『予不得已』一句結合，既而又繳上『不得已』去。」《通旨》朱氏公遷曰：「此孟子以闢異端自任。」附《蒙引》：「正人心，息邪説，距詖行，放淫辭」四句亦有序。蓋人心不正，所以邪説得閒而入；邪説既入，行亦隨而詖矣；詖行既行，於是互相倡和，又有一段淫辭成一篇説話文字，故云云。○孟子知言，先淫辭後邪説，此則先邪説後淫辭者，何也？曰：説短而辭長，故淫辭居後。

能言距楊、墨者，聖人之徒也。」

言苟有能爲此距楊、墨之説者，則其所趨正矣，雖未必知道，是亦聖人之徒也。孟子既答公都子之問，而意有未盡，故復扶又反。言此。蓋邪説害正，人人得而攻之，不必聖賢；如《春秋》之法，亂臣賊子，人人得而誅之，不必士師也。慶源輔氏曰：「此義自朱子發之。若朱子，則真可謂以道自任者。故言此以詔天下，使天下人人存此心，則異端之説，將無所容，而聖人之道，不復有蔽蝕之者矣。豈小補哉！」○孟子意謂自今以後，不待有知道者真能息滅楊墨之害，然後可以繼聖人之事，但能爲説以距，則是亦聖人之徒矣。此可見自任之重而望人之切也。○西山真氏曰：「所以勉天下學者皆以闢異端扶王道爲心，庶幾生人之類不淪胥於禽獸也。」聖人救世立法之意，其切如此。若以此意推之，則不能攻討，而又倡爲不必攻討之説者，其爲邪詖之徒，亂賊之黨可知矣。朱子曰：「出邪則入正，出正則入邪，二者之間，蓋不容髮。雖未知道，而能言距楊、墨者，已是心術向正之人，所以以聖人之徒許之，與《春秋》討賊之意同。」○纔説道要距楊、墨，便是聖人之徒。如人逐賊，有人見之，若説道賊當捉當誅，這便是主人邊人；若説道賊也可恕，這便喚做賊之黨。○不討亂賊而謂人勿討者，凶逆之黨也。不距楊、墨而謂人勿距者，禽獸之徒也。聖賢立法之嚴，至於如此，可不畏哉！」○新安陳氏曰：「如解攻乎異端爲攻擊，閑先聖之道爲閑習，皆是不必攻討之説。」附《蒙引》：大注聖人救世立法之意，其切如此。此聖人，或專指孔子《春秋》之法，謂孟子特祖其法耳；又或兼指孟子闢邪説之法，故下句以攻討並言也。恐前説爲長。

○尹氏曰：「學者於是非之原，毫釐有差，則害流於生民，禍及於後世，故孟子辯邪説如是之嚴，自以爲承三聖之功也。當是時，方且以好辯目之，是以常人之心而度待洛反。聖賢之心也。」程子曰：「大抵儒者潛心正道，不容有差，其始甚微，其終則不可救。如師也過，商也不及，於聖人中道，師只是過於厚些，商只是不及些，然而厚則漸至於兼愛，不及則便至於爲我，其過不及同出於儒者，其末遂至楊、墨。至如楊、墨亦未至於無父無君，孟子推之，便至於此，蓋其差必至於是也。」○朱子曰：「此段最好看。見諸聖賢遭時之變，各行其道，是這般時節；其所以正救之者，是這般樣子。這見得聖賢是甚麽樣大力量？恰是天地有缺齾處，得聖賢出來補教周全；過得稍久，又不免有缺，又得聖賢出來補。這見聖賢是甚力量！直有闔闢乾坤之功。」○新安陳氏曰：「聖賢反世之亂而治之，達而在上，則見於有爲，而治功見於當時，窮而在下，則不免於有言，而治法垂於後世。孔子曰：『予欲無言。』終不能無言也，作《春秋》以爲後法，猶未至於辯者。孔子之時，異端未熾，而孔子之聖，言教易孚故也。至孟子則時益降，異端益熾，而孟子之亞聖，又不及孔子。公孫丑、萬章之徒，聞言猶未達，況於外人？則其闢楊、墨，烏得而不言？言烏得而不辯？蓋有大不得已焉者。既以不得已於辯者，自致其力，尤以能言距楊、墨，望凡爲吾徒者之同致其力焉。非朱子深知孟子之心，孰能發其精微之藴如此哉！此章於古今世道，聖賢事業，關涉甚大，宜精察深思之。」○東陽許氏曰：「《集註》：『氣化盛衰，人事得失，反覆相尋。』竊謂氣化盛，人事得，則天下治；氣化衰，人事失，則天下亂，是固然矣。然孟子此章答好辯之問，而孟子之辯專爲闢楊、墨而發，則易亂爲治，全賴人事以補天道之不足，反氣化之衰而至於盛也。觀堯、禹之治水，則以人事而回氣化；武王、周公誅紂伐奄，孔子作《春秋》，則以人事而救衰失。所以孟子亦於衰失之時，闢楊、墨以回氣化，正人事也。此正聖賢作用，參天地贊化育之功。讀此章，當如此會《集註》之意。」

○匡章曰：「陳仲子豈不誠廉士哉？居於陵，三日不食，耳無聞，目無見也。井上有李，螬食實者過半矣，匍匐往將食之，三咽，然後耳有聞，目有見。」於，音烏。下於陵同。螬，音曹。咽，音宴。

匡章、陳仲子，皆齊人。廉有分辯，不苟取也。於陵，地名。螬，蠐音齊。螬蟲也。匍匐，言無力不能行也。咽，吞也。附《蒙引》：仲子本是世家之子，乃甘於窮約如此，匡章所以取其廉。

孟子曰：「於齊國之士，吾必以仲子爲巨擘焉。雖然，仲子惡能廉？充仲子之操，則蚓而後可者也。擘，薄厄反。惡，平聲。蚓，音引。

巨擘，大指也。言齊人中有仲子，如衆小指中有大指也。充，推而滿之也。操，去聲。所守也。蚓，丘蚓也。言仲子未得爲廉也，必若滿其所守之志，則惟丘蚓之無求於世，然後可以爲廉耳。慶源輔氏曰：「齊俗奢侈放縱，當戰國時，士之傷廉者必多有之，此匡章所以推仲子之廉，而孟子亦以爲齊人之巨擘也。」附《存疑》：「仲子惡能廉」，非謂其不廉也，如仲子之所欲廉，非人之所能，雖仲子亦莫之能也，仲子既不能，亦不得爲廉矣。

夫蚓，上食槁壤，下飲黃泉。仲子所居之室，伯夷之所築與？抑亦盜跖之所築與？所食之粟，伯夷之所樹與？抑亦盜跖之所樹與？是未可知也。」夫，音扶。與，平聲。

槁壤，乾音干。土也。黃泉，濁水也。抑，發語辭也。言蚓無求於人而自足，而仲子未免居室食粟，若所從來或有非義，則是未能如蚓之廉也。附《蒙引》：大注「仲子未免居室食粟」一句，貼在本文「下飲黃泉」二句內。○「伯夷之所築」二句，言未知其果合義與否，若合義，便是伯夷所築，不義便是盜跖所築，不要泥伯夷、盜跖字。○以仲子之廉，孟子何至疑其所居或盜跖之所築，所食或爲盜跖之食與？曰：明其所居所食之不能義於其兄之室、兄之食也。但含意不露，下文方盡發此意。

曰：「是何傷哉？彼身織屨，妻辟纑，以易之也。」辟，音壁。纑，音盧。

辟，績也。纑，練麻也。

曰：「仲子，齊之世家也。兄戴，蓋祿萬鍾。以兄之祿爲不義之祿而不食也，以兄之室爲不義之室而不居也，辟兄離母，處於於陵。他日歸，則有饋其兄生鵝者，己頻顣曰：『惡用是鶃鶃者爲哉？』他日，其母殺是鵝也，與之食之。其兄自外至，曰：『是鶃鶃之肉也。』出而哇之。蓋，音閤。辟，音避。頻，與顰同。顣，與蹙同，子六反。惡，平聲。鶃，魚乙反。哇，音蛙。

世家，世卿之家。兄名戴，食采音菜。於蓋，其入萬鍾也。歸，自於陵歸也。己，仲子也。鶃鶃，鵝聲也。頻顣而言，以其兄受饋爲不義也。哇，吐之也。附《淺説》：是何傷於義哉？彼身織屨、妻辟纑以易之也。曰是亦不義也，何以言之？「仲子，齊之世家也」云云「出而哇之」，夫母之食、兄之室，本無不義也，而仲子乃以爲不義而不食不居，其操守如此。至於妻所易之粟，安得爲義於母之食？於陵所居之室，安得爲義於兄之室？既不能義於母之食、兄之室，則亦不義之類耳。於此既不食不居，於彼亦宜不食不居也。仲子「以母則不食」云云。○《蒙引》：「仲子，齊之世家也。兄戴，蓋祿萬鍾」，孟子此數語，非爲仲子敘世家也，固有意在，所以明其兄之祿爲可食，兄之室爲可居也。○「是鶃鶃之肉也」，是其兄譏之之言。

以母則不食，以妻則食之；以兄之室則弗居，以於陵則居之。是尚爲能充其類也乎？若仲子者，蚓而後充其操者也。」

言仲子以母之食、兄之室，爲不義而不食不居，其操平聲。守如此。至於妻所易之粟，於陵所居之室，既未必伯夷之所爲，則亦不義之類耳。今仲子於此則不食不居，於彼則食之居之，豈爲能充滿其操守之類者乎？必其無求自足，如丘蚓然，乃爲能滿其志而得爲廉耳，然豈人之所可爲哉？附《蒙引》：「若仲子者，蚓而後充其操者也」，即是上文「充仲子之操，則蚓而後可者」之意。○顧麟士曰：「欲充其操，亦惟并不居於陵而食妻之食然後可，然斷斷不能矣。」○范氏曰：「天之所生，地之所養，惟人爲大。《記·祭義》：有人則可參天地而爲三才，無人則天地亦不能以自立矣。人之所以爲大者，以其有人倫也。仲子避兄離母，無親戚君臣上下，是無人倫也。豈有無人倫而可以爲廉哉？」朱子曰：「温公謂：口非之而身享之，一時之小嫌，狷者之不爲。一身之小節，至於父子兄弟，乃人之大倫，天地之大義，一日去之，則禽獸夷狄，雖復謹小嫌守小節，亦將安所施哉？此孟子絶仲子之本意。余隱之云：『仲子之兄非不友，孰使之避？仲子之母非不慈，孰使之離？』愚謂政使不慈不友，亦無逃去之理，觀舜之爲法於天下者，則知之矣。」○問：「温公謂以其兄不以道事君而得禄，不以道取於人而成室，故以爲不義，仲子誠非中行，亦狷者有所不爲也。」曰：「仲子，齊世家，則禄、室非其兄不義而得之矣。設果以不義得之，而非有悖逆作亂之大故，則母子兄弟之間，豈可以是遂滅天性之恩哉？飾小行以妨大倫，是乃欺世亂俗之尤，先王所誅而不以赦者也。所謂狷者，則亦言行之間小過乎中而已，豈出於倫理之外若是其甚哉？」○南軒張氏曰：「仲子徒欲潔身以爲清，不知廢大倫之爲惡。原仲子本心，亦豈不知母子之性重於妻，兄之居愈於於陵乎？惟其私見所局，亂其倫類，至此極也。衆人惑於其迹，以爲清若高介而取之，非矣。世之貪冒爲惡者多矣，孟子於仲子獨闢之深者，世之爲惡者，其失易見，而仲子之徒，其過難知也。惟其難知，故可以惑世俗而禍仁義，反復闢之，蓋有以也夫。」○慶源輔氏曰：「以仲子之孤介自守，足以高於一世之俗矣。而孟子所以力闢之者，蓋世衰道微，學者大抵因其資質之偏而固執一説，力行以取名，初不顧義理之如何，如告子、許行、陳仲子之徒，皆是也。況如匡章者，既稱仲子爲廉而傾向之矣，此固以道自任者之所憂也，孟子烏得不排之哉？」又曰：「仲子之所守，不必驗之他人，只自其身而推之，則已有不能自滿其志者。故孟子直以爲蚓而後能充其操斥之，則仲子之行，是豈人之所能爲哉？聖賢之道，充之則至於與天地同功；仲子之道，充之則至於與丘蚓同操。是豈人理也哉？」○雙峰饒氏曰：「不要問所從來，只當思量我當食兄之禄與居兄之室否。若問所從來，則室與粟豈必伯夷所築所樹？如諸侯之取人猶禦，然既交以道，接以禮，則孔子受之矣。」○或曰：「匡章亦黜妻屏子者，故喜仲子孤介之行。」新安陳氏曰：「不然。匡章以父爲重，故視妻子爲輕。仲子反視母兄爲輕，而於妻則反食。孟子矜匡章而非仲子，有以也。此章當參看《盡心上》篇『仲子不義，與之齊國而不受』。下文云：『以其小者，信其大者，奚可哉？』斷盡其人。」《通考》東陽許氏曰：「此章經注三『廉』字當辨。『廉，有分辨，不苟取也』。此廉之正義。『豈不誠廉士哉』，此『廉』字，陳仲子不中禮之廉也。『仲子惡能廉』及注『仲子未得爲廉』、『豈有無人倫而可以爲廉哉』，此三『廉』字，是廉之正。『然後可以爲廉耳』、『未能如蚓之廉』、『滿其志而得爲廉耳』，此三『廉』字，是仲子之廉字。」**附**《存疑》：夫廉者，有分辨之謂。辭受取予，有義存焉，辨其孰爲義而受，孰爲非義而不受，此有分辨，乃謂之廉也。故以孔子之大聖，受食於列國；孟子之大賢，受食於齊、梁，皆不爲貪，有義存焉故也。仲子以兄之禄與室，出於君之待士者，皆以爲不義而不之受，是不知聖賢之義。專以不受者爲潔，乃刻意行怪者之所爲，過中失正之甚。不惟於聖賢之道有所未合，充其類，於人情理勢實不可行。不惟人所不能，雖仲子亦自有不能者。故孟子推類而言之，使其理屈詞窮，反己深思而得，所謂義者自有在也。○孟子闢陳仲子，皆是閑聖道，闢邪説，正人心處，與距楊、墨，闢許行同意。○《淺説》：孟子此章之意，只據匡章稱述仲子之苦節，而辨其不得爲廉耳。其辟兄離母，「人莫大焉無親戚君臣上下」者，猶未暇深非之也。蓋廉者，有分辨，不苟取耳。仲子以齊之世家，無故而三日不食，欲何爲耶？縱不辟兄離母而爲此，亦豈聖賢之所謂廉哉？使其固窮，不受非義而困於飢寒，斯可矣。東漢徐孺子，非其力不食，誰得而非之？

孟子集註大全卷之六終

孟子集註大全卷之七 三魚堂讀本

離婁章句上

凡二十八章《通考》勿軒熊氏曰：「專言仁政，凡八章。四章論爲學，即大學之要，指凡脩身、接物、齊家、事親之事，與夫治國、事君之道，皆在焉。」○黄氏震曰：「一章言爲政必因先王之道，而先王之道，仁政也。二章言爲君盡君道，爲臣盡臣道，而在仁與不仁也。三章言三代之得天下、失天下，而其得失在仁不仁之分也。四章言天下之本在身。五章言德教之行先巨室。六章言諸侯恥受命於大國，惟好仁則無敵於天下。七章言不仁者，樂其所以亡。八章言桀紂敺民歸於仁君。九章歎自棄、自暴者之可哀也。孟子此篇反覆救世之説，無一不歸於仁。十章言親親、長長而天下平，發明仁之足以救世，至此而徑易明白極矣。繼此言誠身之道，言誠、思誠之道，皆受業子思之言也。又繼此言二老來歸，則欲諸侯之師文王。言冉求聚斂，則痛當世率土地而食人肉。餘言事親、善親之事，一一明白熟誦而已。」

孟子曰：「離婁之明，公輸子之巧，不以規矩，不能成方員。師曠之聰，不以六律，不能正五音。堯舜之道，不以仁政，不能平治天下。

離婁，古之明目者。公輸子，名班，魯之巧人也。規，所以爲員之器也。所運以爲圓之筳也。矩，所以爲方之器也。今曲尺也。師曠，字子野。晉之樂師，知音者也。六律，截竹爲筩，音同。陰陽各六，以節五音之上下。黄鐘、大音泰。簇、千疾反。姑洗、先上聲。蕤儒追反。賓、夷則、無射，音亦。爲陽。大呂、夾鐘、仲呂、林鐘、南呂、應鐘，

爲陰也。《前漢・律曆志》云：「十二律，黄帝之所作也。黄帝使伶倫自大夏之西、昆侖之陰，〔大夏，西戎之國。昆侖，山名也。〕取竹之解谷，生其竅厚均者，斷兩節間而吹之，以爲黄鐘之宫。制十二筩，以聽鳳之鳴，其雄鳴爲六，雌鳴亦六，比黄鐘之宫而皆可以生之，〔比，合也。〕是謂律本。律十有二，陽六爲律，陰六爲吕。律以統氣類物：一曰黄鐘，二曰太簇，三曰姑洗，❶四曰蕤賓，五曰夷則，六曰亡射。吕以旅陽宣氣：一曰林鐘，二曰南吕，三曰應鐘，四曰大吕，五曰夾鐘，六曰仲吕，〔中，讀曰仲。〕有三統之義焉。」○趙氏曰：「只言六律者，陽統陰也。」《通考》趙氏惪曰：「律，法也，言陽氣與陰氣爲法。吕，助也，言陰氣助陽宣氣。總言之，陰陽皆稱律，故謂之十二律。黄鐘者，陽氣踵黄泉而出也。鐘者，種也。律有形有色，五色莫盛於黄，故陽氣鐘於黄泉，孳萌萬物，爲六氣元也，位於子十一月。大簇者：大，太也；簇，湊也，言萬物隨於陽氣太簇而生也，位於寅正月。姑，故也；洗，鮮也。萬物去故就新，改柯易葉，莫不鮮明也，位於辰三月。蕤賓者，言陰氣幼小故蕤萎，陽不用之，故曰賓，位於午五月。夷，傷也；則，法也，言萬物始傷，被刑法也，位於申七月。射，終也。言萬物隨陽而終，當復隨陰而起，無有終已，位戌九月。吕，助也。謂陽氣方生，陰氣助其宣物，位丑十二月。夾者，孚甲。言萬物孚甲，種類分出也，又當陰陽相夾則，位卯二月。仲吕，言萬物盡旅而西行，又謂陽氣盛長，陰助成功也，位巳四月。林，茂也，盛也。六月物皆茂盛，積於林野。又林，衆也，萬物成就，種類衆盛也，位於未。南，任也。謂時物皆秀，有懷妊之象。八月初，物皆含秀懷吐之象。陰任陽功，助陽成功也，位於酉。應，和也。謂歲功皆應和，陽功收而聚之也。又陽氣應不用事，陰雜陽氣閉塞，萬物作種也，位亥十月。」**五音，宫、商、角、徵、**展里反。**羽也。**《通考》程氏復心曰：「人心亦有高下，聖人制五聲以括之。又制十二律以制五聲，五聲中又各有高下。每聲又分十二等，所謂『律和聲』也。樂律自黄鐘至仲吕，皆屬陽；自蕤賓至應鐘，皆屬陰，此是一箇大陰陽。黄鐘爲陽，大吕爲陰；太簇爲陽，夾鐘爲陰，每一陽間一陰，又是一箇小陰陽。五音始於宫，宫數八十

❶「姑洗」，原誤乙，今據《漢書・律曆志》乙正。

一，商數七十二，角數六十四，徵數五十四，羽數四十八，以數之多少爲尊卑，故曰『宮、商、角、徵、羽』。」○吴氏徵曰：「五聲，最濁者爲宮，稍濁者爲商，微濁、微清者爲角，稍清者爲徵，最清者爲羽。十二管，長者聲濁，短者聲清，宮、商、角、徵、羽之高下無定準，必以律管長短定之。每律之管，各有商、徵、羽而不相亂，則長短之度不可有分釐之差，然後其聲匀調。歌聲匀調，施之八音皆然，而無相奪倫矣。」

范氏曰：「此言治天下不可無法度，仁政者，治天下之法度也。」

雙峰饒氏曰：「規矩、六律，當初皆是聖人做起，雖離婁、公輸、師曠亦不可無之，況庸匠、庸工乎。不以仁政，雖聖人也，不能平治天下，況後世乎。」附《蒙引》：人皆有不忍人之心，非獨古者聖君賢相有是心，雖戰國之君臣，亦有是心焉。但古之聖君賢相，則能以不忍人之心，行不忍人之政，如此章所謂「既竭心思焉，繼之以不忍人之政，而仁覆天下矣」。若當時君臣，則雖有是心，而蔽於物欲，狃於功利，而不能師先王以行仁政，此治亂之所以分也。○蓋自開闢以來，所歷聖君賢相多矣，其所以爲生民計者悉矣，凡皆仁民之實政也。後之人亦不用有所作爲矣，但時有增損而已，所謂「文武之政，布在方策」，其人存則其政舉，其政舉則其治功成矣，夫何爲哉。不然，事不師古，徒弊精神而無益於天下之治矣，此孟子此章之意也。○《存疑》：此章言治天下不可無法度，自首節至「爲政不因先王之道，可謂智乎」，當作兩段看。自「離婁之明」至「先王之法而過未之有」，是一段。自「聖人既竭目力」至「可謂智乎」，是一段。首段言舍法無以成治，二段言法所由立而治所當因也。○凡治皆有箇法度，規矩、六律、仁政，便是制器、審音、爲治之法度，人所必由，決無空手而能獨成之理。故雖堯、舜、離婁、公輸、師曠之聰明巧聖，亦有所不能，此見法度爲治不可無也。「聖人既竭目力」一節，定承此言。古之聖人創立法度，正是爲凡事無箇法度不得，所以既竭耳目心思之力，又制爲法度，以繼續之，由是凡事可成。後之作事者，皆因其成法去做，而利遂及乎天下後世，所以説「不可勝用」，「仁覆天下」，此見法度之所由立也。○《蒙引》：六律、六吕之法，每三分而損益，隔八位以相生。如不以八十一數之黄鍾，不能正夫音之宮。不以五十四數之林鍾，不能正夫音之徵。是宮也，徵也，必以黄鍾、林鍾之律而後正。不以七十二數之太簇，不能正夫音之商。不以四十八數之南吕，不能正夫音之羽。不以六十四數之姑洗，不能正夫音之角。是商也、羽也、角也，必以太簇、南吕、姑洗之律而後正焉。由一鈞以往，旋相爲宫，而莫不皆然，然後五音始可得而正焉。○此「道」字，指仁心。○《存疑》：道是虚字。此章上曰「仁政」，下曰「先王之道」，《滕文公》篇前曰「性善」，後曰「夫道一而已矣」，這兩「道」字皆是虚字，與此一般。○趙注曰：「離婁，古之明目者，蓋以爲黄帝之時人也。黄帝亡其玄珠，使離朱索之。離朱，即離婁也，能視於百步之外，見秋毫之末。公輸子，名班，魯之巧人也，或以爲魯昭公之子。」○顧麟士曰：「按《通義》，金仁山曰『按婁朱，古聲雙疊，如邾謂之朱婁，故離朱謂之離婁』，然亦不可解。金又曰『公輸班，《禮記》作般』，春秋末人。」○《律曆志》：「取竹之解谷生，其竅厚者。」注：「解，脱也。谷，竹溝也，取竹之脱無溝節於中者也。生，治也。」雖亦未明，頗爲聞所未聞，《周禮》賈疏亦載此注。然又曰：「一説解谷，崑崙之北谷名也。」但或又作嶰谷，則必訛矣。《蒙引》：即古人審音不可無法度，明帝王治世不可無法度。

今有仁心仁聞而民不被其澤，不可法於後世者，不行先王之道也。聞，去聲。

仁心，愛人之心也。仁聞者，有愛人之聲聞於人也。先王之道，仁政是也。范氏曰：「齊宣王不忍一牛之死，以羊易之，可謂有仁心。梁武帝終日一食蔬素，宗廟以麪爲犧牲，斷都玩反。死刑必爲去聲。之涕泣，天下知其慈仁，可謂有仁聞。《通鑑》：「梁武帝天監十六年四月，詔以宗廟用牲牢有累冥道，宜皆以麪爲之。於是朝野諠譁，以爲宗廟去牲，乃是不復血食。帝竟不從，八座乃議以大脯代一元大武。十月，詔以宗廟猶用脯脩，更議代之，於是以大餠代大脯，其餘盡用蔬果。」○自天監中用釋氏法，長齋斷魚肉，日止一食，惟菜羹糲飯而已。〔糲，米之不精者，郎葛、洛蓋、力制三反。〕身衣〔去聲。〕布衣，木綿帛帳，後宫貴妃以下，衣不曳地。○每斷重罪，終日不懌，或謀反事覺，亦泣而宥之。由是王侯益横，上深知其弊，而溺於慈愛，不能禁也。○注：「大脯，牛脩、鹿脯也。」

《記·曲禮下》「凡祭宗廟之禮，其牛曰一元大武」，「脯曰尹祭」，注：「元，頭。武，迹。尹，正也。」**然而宣王之時，齊國不治；**去聲。**武帝之末，江南大亂。其故何哉，有仁心仁聞而不行先王之道故也。**」問：「孟子告齊宣王曰『是心足以王矣』，則仁心者，固王政之本也。今曰『有仁心仁聞而不行先王之道』，則是所謂仁心者，初不足恃；而所謂先王之道者，又在此心之外也。」朱子曰：「『是心足以王』者，言有是心而能擴充之，以行先王之道，如其篇末所論『制民之産』云者，則可以王爾，非謂專充此心而直可以王也。先王之道，固亦由是而推之以爲法耳。但其盡心知性，而無私意小智之累，故其爲法也，盡天理合人心，雖聖人復起，有不能易者。後之人君，當因吾心而廣之，以盡夫法制之善，而充吾心之固有者，非謂心外有法，而俟於他求也。後人雖有是心，而不能無私意小智之累，苟不循是而之焉，則雖有仁心仁聞，而未免於徇利妄作之失。譬之蔑棄規矩，而欲以手制方員，其器之不至於苦窳者幾希矣。」○慶源輔氏曰：「齊宣王、梁武帝不能行先王之道則同，若論其所以不能行之故則異。宣王不學無術，奪於功利，而不能行先王之道者也。武帝則惑於異端，避罪要福，而不能行先王之道者也。宣王有仁心而不能保，武帝有仁聞而非其真。」○雲峰胡氏曰：「上文云『堯舜之道』，下文云『行先王之道』，道一而已。有仁心，則此道藴於中，是爲美意；有仁政，則能行此道於外，是爲良法。」附《存疑》：「今有仁心仁聞」一節，是即當時不行仁政不能爲治，以証「不以仁政不能平治天下」之意。「故曰徒善不足以爲政」兩句，是承上文而結其意。「遵先王之法而過者未之有」，是承「徒善不足以爲政」意，而言不徒善則足以爲政也。○「法於後世者」，澤既被於當時，其良法美意又足以垂訓於來世也。有王者起，必來取法，正是如此。○《蒙引》：兼言仁聞者，有其實，必有其名；有諸中，必形諸外。故或兼言仁聞，或只言仁心，一理也。○當時諸侯若能行先王之政，只用《孟子》首篇「不違農時」一條，則民之養生喪死無憾矣。只用「五畝之宅」一條，則「老者衣帛食肉，黎民不飢不寒，然而不王者，未之有也」。孟子所謂先王之道，正謂此也。

故曰，徒善不足以爲政，徒法不能以自行。

徒，猶空也。有其心，無其政，是謂徒善。有其政，無其心，是謂徒法。程子嘗言：「爲政須要有綱紀、文章、謹權、審量、去聲。讀法、平價，皆不可闕。」而又曰：「必有《關雎》、《麟趾》之意，然後可以行《周官》之法度。」新安陳氏曰：「引程子前一說，以證徒善，謂不可無法。又引後一說，以證徒法，謂不徒在於法。」正謂此也。朱子曰：「所謂文章者，便是文飾那謹權、審量、讀法、平價之類耳。」○須是自閨門衽席之微，積累到薰蒸洋溢，天下無一不被其化，然後可以行《周官》之法度，不然則爲王莽矣。《通考》楊氏奐曰：「後世莫不有志於三代之治而卒不能至者，謂之時世之異不可也，學之不至也。三代之前，君必學而後王，臣必學而後仕，雖匹夫匹婦之賤，靡不學也。後之世，君學而臣不學者有之矣，臣學而君不學者亦有之矣。且農有農之師，工有工之師，以一家一國至於奄有天下之大，不資於學，雖抱堯、舜、孔、顏之質，有能不爲物之汩没者，幾希矣。」又曰：「法制立，可與語政；德禮脩，可與語教；仁聖備，可與語化。化之不至，有教焉。教之不至，有政焉。政之不立，區區盡心力於簿書、獄訟、期會之間者，俗吏也。以俗吏之所爲，而欲與三代擬隆，非所聞也。」附《存疑》：「徒善不足以爲政」兩句，或是古語，引之重在上一句。

《詩》云：『不愆不忘，率由舊章。』遵先王之法而過者，未之有也。

《詩》，《大雅・假《詩傳》讀作嘉。樂音洛。》之篇。愆，過也。率，循也。章，典法也。所行不過差、不遺忘者，以其循用舊典故也。慶源輔氏曰：「過差，謂用意過當處。遺忘，謂照顧不及處。遵用舊典，則有所循，故不過差；有所據，故不遺忘。」附《存疑》：先王之法，咸正當，故遵之而不過差；咸具備，故遵之而不遺忘。「遵先王之法而過」，此「過」字與上「過」字不同，不能平治天下乃過也。○《蒙引》：一說：過差，是有心者；遺忘，是無心者。愚謂既謂之過差，便不以有心之罪目之。

聖人既竭目力焉，繼之以規矩準繩，以爲方

員平直，不可勝用也；既竭耳力焉，繼之以六律，正五音，不可勝用也；既竭心思焉，繼之以不忍人之政，而仁覆天下矣。勝，平聲。《通考》張氏師曾曰：「『聖人既竭目力焉，繼之以規矩準繩』，『既竭耳力焉，繼之以六律』，皆當句絕。覆，敷救反。」準，所以爲平。繩，所以爲直。覆，敷救反。被去聲。也。此言古之聖人，既竭耳目心思之力，然猶以爲未足以偏天下，及後世，故制爲法度以繼續之，則其用不窮，而仁之所被者廣矣。慶源輔氏曰：「規矩、準繩，爲方員平直之法度也。六律，正五音之法度也。不忍人之政，仁天下之法度也。不爲之法度，則聖人之耳目心思，止於聖人之身而已，不能偏天下與後世也。故聖人制爲法度，以繼續之，使天下之爲方員平直、正五音、仁天下者，皆取法焉，所謂不可勝用，而仁覆天下也。本止言覆天下，今及後世者，舉大可以該遠也。能覆天下，必能及後世矣。百工之事皆聖人作，故規矩、律音與不忍人之政，作一統說。耳目言力、心言思者，耳目之視聽以力，而心之官則思也。」○雙峰饒氏曰：「惟天下不能常有聖人，所以要繼之以不忍人之政。『繼』字最有意味，不然仁政雖自聖人而始，亦自聖人而止矣。」《通考》東陽許氏曰：「兩言規矩、六律，前此說用法，後正言立法。」附《蒙引》：聖人既竭目力、耳力，不可與公輸等相干，此皆以制器立法之聖人言。公輸、離婁所用之規矩，師曠所用之六律，皆出自聖人，非離婁、公輸、師曠能制規矩、六律也，然重在心思、仁政。○大注「故制爲法度以繼續之，則其用不窮，而仁之所被者廣矣」，此「法度」字，該規矩、準繩、六律、不忍人之政。「其用不窮」，貼二「不可勝用」。仁之所被者廣，專貼「仁覆天下」。○《存疑》：《蒙引》或問：「聖人本身若竭心思而不用仁政，果亦能安天下否？」曰：「分明說堯舜之道，不以仁政，不能平治天下了。先儒謂聖人若只竭心思而不繼之以仁政，則仁自聖人而始，亦自聖人而止者，誤矣，此說是也。又謂聖人若只竭心思而不繼以仁政，則所及者無幾。如古之良醫，有不用診脈，不用古方，亦能起人之疾。如我太祖，不用《大明律》斷罪，亦自當。此說不是，即先儒臆說也。只竭心思而無仁政，決無惠可及民，何說無幾。良醫不用古方，能起人疾，其所用者，即妙方也。不由律斷罪，此天資甚高，暗與律合，其所斷者，亦即律也。」〇《淺説》：政行於一世，而一世之天下被其澤；政行於萬世，而萬世之天下被其澤。

故曰，爲高必因丘陵，爲下必因川澤，爲政不因先王之道，可謂智乎？

丘陵本高，川澤本下，爲高下者因之，則用力少而成功多矣。鄒氏曰：「自章首至此，論以仁心仁聞行先王之道。」附《蒙引》：自章首至此，論以仁心仁聞行先王之道，君臣俱在内，不可專指人君説。下面方分言君臣，當各任其責。

是以惟仁者宜在高位，不仁而在高位，是播其惡於衆也。

仁者，有仁心仁聞而能擴而充之，以行先王之道者也。貫前第二節意。播惡於衆，謂貽患於下也。附《存疑》：不仁者，不以仁心仁聞行先王之道也，就是無道揆。

上無道揆也，下無法守也，朝不信道，工不信度，君子犯義，小人犯刑，國之所存者幸也。朝，音潮。

此言不仁而在高位之禍也。道，義理也。揆，度度，音鐸，下「度量」之「度」，音同。也。法，制度也。道揆，謂以義理度量事物，而制其宜。法守，謂以法度自守。工，官也。度，即法也。君子、小人，以位而言也。由上無道揆，故下無法守。無道揆，則朝不信道，而君子犯義；無法守，則工不信度，而小人犯刑。有此六者，其國必亡，其不亡者，僥倖而已。朱子曰：「上無道揆，則下無法守。雖有奉法守一官者，亦將不能用而去之矣。『信道』、『信度』，『信』如『憑信』之『信』。此理只要人信得及，自然依那箇行，不敢踰越。惟其不信，所以妄作。如胥吏分明知得條法，只是冒法以爲姦，便是不信度也。」附《存疑》：有道之君在上，則下而百官，各奉職守法。若爲君者不以道自處，則臣下亦放縱而不以法度自守矣。凡物必用之而後信，若不用，則玩視而不信。故無道揆，則道雖人所本有，然以不用而不信；無法守，則法雖朝廷所立，然以不守而不信。朝既不信道，則在上君子，視道義爲泛常，肆意妄行，干名犯義而無顧忌，故曰君子犯義。工既不信度，則在下小人，亦視法度爲泛常，作奸作慝，而干犯刑憲，故曰小人犯刑。是皆相因之勢有必然者，而其本則在於上之不仁也。○《蒙引》：「上無道揆」，以法制而言；「下無法守」，以守法而言。下無法守，非果無法也，只是法爲上所奪，而不得行其法也。如某人當問某罪，法司擬了罪進奏，而朝旨饒了。某人法得輕罪，法司定了，而朝旨加重之。○「上無道揆」，上之一身無道揆也。「朝不信道」，則舉朝綱皆不正矣。寖説得廣，由是凡有位之人，無不犯義矣。「下無法守」，在下之人，因「上無道揆」，而不知所遵守也。「工不信度」，則凡各衙門，事體俱無定準矣。漸説下來，由是至於細民，亦莫不犯刑矣。○下文「上無禮，下無學」，又與此「上」、「下」字不同。「上無禮」，是謂君臣；「下無學」，只是細民。○六者最重，在「上無道揆」，正是不仁在高位。至於「下無法守」，則播惡於衆，而喪亡無日矣。○犯刑者，不必謂有人刑之，只是於刑有犯耳。當此之時，已不信度矣，安得一一刑之。但不依度行，便是犯法了。○《存疑》：法者，道之用，非有二也。禮義以治君子，故上之朝與君子，不言法而言道、義；刑法以治小人，故下之工與小人，不言道而言法、度、刑。○上指君，下指臣。朝雖所指在君，亦兼在朝之臣。工指内外百官，即臣也。君子指君與臣，小人指民。君子雖在上無道揆邊，却兼無法守邊下與工。

故曰：城郭不完，兵甲不多，非國之災也。田野不辟，貨財不聚，非國之害也。上無禮，下無學，賊民興，喪無日矣。辟，與闢同。喪，去聲。

上不知禮，則無以教民；下不知學，則易去聲。與爲亂。新安陳氏曰：「小人學道則易使，若不學則不識道理，易於犯分而爲亂矣。」鄒氏曰：「自『是以惟仁者』至此，所以責其君。」朱子曰：「惟上無教，下無學，所以不好之人並起。居高位者，執進退黜陟之權，盡做出不好事來，則國之喪亡無日矣。其要只在於仁者宜在高位，所謂一正君而國定。」○南軒張氏曰：「三綱五常，人類所賴以生，而國之所以爲國也。上失其禮，下廢其學，則綱常日以淪棄，國將何恃以立，民將何恃以生乎。然使禮廢於上，而學猶傳於下，則庶幾斯道未泯，而猶覬其可行也。上既無禮，下復無學，則邪説暴行並作，而國隨喪矣。」附《存疑》：「上無禮，下無學」，要歸只在「上無道揆」，「下無法守」內。道，即理也。禮，即理之有節文者也。下無學，其無法守可知。上不知禮，則無以教民，故下無學。下無學，則易與爲亂，故賊民興。言不好之民並起，如黄巾、紅巾之徒是也。

《詩》曰：『天之方蹶，無然泄泄。』蹶，居衛反。泄，弋制反。

《詩》，《大雅·板》之篇。蹶，顛覆之意。泄泄，怠緩悦從之貌。言天欲顛覆周室，群臣無得泄泄然，不急救正之。

泄泄，猶沓沓也。沓，徒合反。

沓沓，即泄泄之意，蓋孟子時人語如此。

事君無義，進退無禮，言則非先王之道者，猶沓沓也。

非，詆毁也。詆，典禮反。附《存疑》：「責難」、「陳善」，事君之義也。事君無義，言不責難陳善。陳力就列，不能者止，進退之禮也。進不能陳力就列，而又不能止，是進退無禮也。「言則非先王之道」，詆毁先王之道，謂不可行也。○顧麟士曰：「虚齋曰：『此節務要以下文來反証。』以下文反証本文，則下文理亦動矣，『故曰』字，方有力也。」

故曰：責難於君謂之恭，陳善閉邪謂之敬，吾君不能謂之賊。」

范氏曰：「人臣以難事責於君，使其君爲堯舜之君者，尊君之大也。開陳善道，以禁閉君之邪心，唯恐其君或陷於有過之地者，敬君之至也。」朱子曰：「恭與敬，大概也一般，只是恭意思較闊大，敬意思較細密。責難之恭，是先立箇大志，以帝王之道爲必可行。陳善閉邪，即是做那責難底工夫。」○問：「所謂陳善閉邪者，奈何？」曰：「君有邪心，所當閉也。然不知所以閉之之道，而逆閉之，則動有矯拂之患，其言不可得而入矣。故必爲之開陳善道，使之曉然，知善道之所在，則所謂邪者，亦不難乎閉之矣。孟子與時君論事多類此，其自謂敬王，豈虛語哉。」○雙峰饒氏曰：「恭有對敬言者，有即是敬者，如《中庸》『篤恭』、《書》『允恭』之類，恭即是敬也。」

謂其君不能行善道而不以告者，賊害其君之甚也。

問：「人臣固當望君以堯舜，若度其君不足與爲善而不之告，或謂君爲中才，可以致小康而不足以致大治，或導之以功利而不輔之以仁義，此皆是賊其君否？」朱子曰：「然。人臣之道，但當以極等之事望其君。責以十分，只做得二三分，若只責以二三分，少間做不得一分矣。若論才質之優劣，志趣之高下，固有不同。然吾所以導之者，則不可問其才智之高下、優劣，但當以堯舜之道望他。豈可謂吾君不能，而遂不以此望之哉。」附《存疑》：「責難」是大綱事，「陳善閉邪」是裏面工夫。人臣以堯舜之道望其君，若非隨事陳納開道，豈能有濟，故陳善閉邪是責難工夫。○《淺説》：人臣以難事責於君，必欲使其君以仁心行仁政，而得爲堯舜之君也。是以高遠望其君，而不以庸常待其君，得不謂之恭其君乎。開陳善道，言如何而爲仁心，如何而爲仁政，使其君曉然知善道之所在，而有以閉其邪心，是以誠實事其君，而不以容貌事其君，得不謂之敬其君乎。○《蒙引》：賊字是活字。

鄒氏曰：「自《詩》云『天之方蹶』至此，所以責其臣。」○鄒氏曰：「此章言爲治者，當有仁心仁聞以行先王之政，而君臣又當各任其責也。」

南軒張氏曰：「此章之意，欲人君推是心以行仁政，而其終則欲人臣知禮義而法先王。蓋言不可以不學也，人臣知學而後人主聞大道，人主聞大道而後王政可行焉，此孟子之意也。」○慶源輔氏曰：「爲治者，固當以仁心仁聞而行先王之道。然非君臣同心，各任其責，則亦安能有成哉。」○雲峰胡氏曰：「君當盡君之責，而莫先於仁；臣當盡臣之責，而莫先於敬。」

○孟子曰：「規矩，方員之至也；聖人，人倫之至也。

至，極也。人倫，説見形甸反。前篇。規矩

盡所以爲方員之理，猶聖人盡所以爲人之道。附《蒙引》：「規矩盡所以爲方員之理」，而凡爲方員者，必於是取則焉。「聖人盡所以爲人之道」，而凡欲盡人道者，必於是取則焉。取則之意，於下節方露出。○《存疑》：「聖人，人倫之至」，是起下文「欲爲君盡君道」意。

欲爲君盡君道，欲爲臣盡臣道，二者皆法堯舜而已矣。不以舜之所以事堯事君，不敬其君者也；不以堯之所以治民治民，賊其民者也。

法堯舜以盡君臣之道，猶用規矩以盡方員之極，此孟子所以道性善而稱堯舜也。

朱子曰：「規矩是方員之極，聖人是人倫之極。蓋規矩便盡得方員，聖人便盡得人倫。故物之方員者有未盡處，以規矩爲之便見；於人倫有未盡處，以聖人觀之便見。惟聖人都盡，無一毫之不盡，故爲人倫之至。」○堯所以治民，舜所以事君，觀二典大概可見，是事事做得盡。○人之生也，均有是性，故均有是倫；均有是倫，故均有是道。然惟聖人能盡其性，故爲人倫之至，而所由莫不盡其道焉。此堯舜之爲君臣，所以各盡其道而爲萬世之法。猶規矩之盡夫方員，而天下之爲方員者，莫不出乎此也。○南軒張氏曰：「堯舜盡君臣之道，非有所增益也，無所虧焉耳。後之人以堯舜爲不可及，是自誣其性者也。『不以舜所以事堯事君』，蓋不以厥后爲可聖，是誣其君；『不以堯所以治民治民』，蓋不以斯民爲有恒性，是誣其民也。」○雙峰饒氏曰：「人倫，不説父子、夫婦、長幼、朋友，而獨舉堯舜君臣做人倫樣子者，其意在當時人君。」○新安陳氏曰：「君臣之倫，於人倫爲尤大，所以宗主綱維彼四倫者也。孟子以堯舜盡君臣之倫，責望世之爲君臣者取法之正，以人性皆善，而皆可以爲堯舜故也。」附《蒙引》：「欲爲君盡君道，欲爲臣盡臣道」，是二句，不是四句。欲爲君而盡君道者，必法堯。欲爲臣盡臣道者，必法舜。不宜説要爲君者須盡君道，爲臣者須盡臣道，爲君、爲臣豈都是隨人要底。「欲」字，帶連著「盡」字讀，方是。○封德彝所謂「三代以還，人漸澆訛，故秦任法律，漢雜伯道，蓋欲化而不能，豈能而不欲也」，非賊民而何。○或曰：「使爲君法堯，爲臣法舜，而未能至於堯舜，是亦慢君賊民否？」曰：「此是説立志當如此。如伊尹亦不能使太甲之爲湯，周公亦不能使成王之爲文、武，况其他乎。但伊、周其實是以舜之所以事堯事君者，至於君之不能盡如堯，則非在我者，我但當自盡耳。朱子嘗曰『人臣但當以極等之事望其君，責以十分，只做二三分，只責以二三分，少間做不得一分矣』，自責亦然。愚謂此《大學》教人，所以必欲其『止於至善』也。」

孔子曰：『道二，仁與不仁而已矣。』

法堯舜，則盡君臣之道而仁矣；不法堯舜，則慢君賊民而不仁矣。二端之外，更無他道。解「而已矣」三字。出乎此，則入乎彼矣，可不謹哉。問：「不仁何以亦曰道？」朱子曰：「譬如説有大路，有小路，何疑之有。」○慶源輔氏曰：「仁與不仁，只是一箇天理與人欲而已。纔出天理，便入人欲，豈復更有他道哉。此古之聖賢，所以兢兢業業，而不敢不謹也。」附《蒙引》：「法堯舜，則盡君臣之道而仁矣」云云，此是孟子意，不是孔子意。孔子是汎説，今欲説此句書，亦宜依本文，先從孔子泛説，然後以孟子之意綴之。

暴其民甚，則身弑國亡，不甚則身危國削，名之曰幽厲。雖孝子慈孫，百世不能改也。

幽，暗；厲，虐，皆惡謚也。苟得其實，則雖有孝子慈孫愛其祖考之甚者，亦不得廢公義而改之。言不仁之禍必至於此，可懼之甚也。南軒張氏曰：「如堯舜之爲，是由仁之道者也。如幽厲之爲，是由不仁之道者也。人君可不審擇其所由哉。」○慶源輔氏曰：「不仁有淺深，而其禍有大小。以幽厲視桀紂，則幽厲雖未至於身弑國亡，然死蒙惡謚，遺臭後來，孝子慈孫欲改不可。不仁之禍馴至如此，豈不可懼之甚哉。」○雙峰饒氏曰：「改，是要改其惡謚。古人謚法最公，後世亡國之君皆得美謚，公義廢矣。」附《存疑》：上「仁」、「不仁」並言，「暴其民甚」以下，又專就不仁者言。上是舉理欲之防以曉人，下是著從欲之戒以警人。○《蒙引》：「名之曰幽厲」，獨言幽厲而不言桀紂者，桀紂非謚也。謚法，周公始立。然雖無謚法，而惡名在天地間，又何減於惡謚。○輔氏曰「以幽厲視桀紂」云云，按：幽厲還是暴其民甚者，如何説未至於身弑國亡。下章言「失天下以不仁」，則幽厲俱在失天下之列明矣。○《存疑》：「名之曰幽厲」，通管「身弑國亡」，「身危國削」。

《詩》云『殷鑒不遠，在夏后之世』，此之謂也。」

《詩》，《大雅·蕩》之篇。言商紂之所當鑒者，近在夏桀之世，而孟子引之，又欲後人以幽厲爲鑒也。新安程氏曰：「此章欲人法堯舜而仁，戒人如幽厲之不仁，遏人欲擴天理也。」附顧麟士曰：「按《詩》朱注，《蕩》爲厲王作也。『殷鑒在夏』，蓋爲文王歎紂之辭，然周鑒之在殷，亦可知矣。則云『殷鑒』，實謂周鑒也，正欲厲王鑒紂耳。不然，汎引一詩而云，又欲後人以幽厲爲鑒，便無謂。」

○孟子曰：「三代之得天下也以仁，其失天下也以不仁。

三代，謂夏、商、周也。禹、湯、文、武以仁得之，桀、紂、幽、厲以不仁失之。附顧麟士曰：「此章雖概論多人，然觀第二節，還對當時之諸侯言。」

國之所以廢興存亡者亦然。

國，謂諸侯之國。興存以仁，廢亡以不仁。附《蒙引》：興，盛也，不止於存。廢，衰也，未至於亡。○《存疑》：「國之所以廢興存亡亦然」，雖止言國，大夫、士庶人都該了。古人文字只説大概，不似後世計較排比。《蒙引》謂「天子一條，是又自天子推到庶人處」，竊疑未然。

天子不仁，不保四海。諸侯不仁，不保社稷。卿大夫不仁，不保宗廟。士庶人不仁，不保四體。

言必死亡。新安陳氏曰：「『不保四海』以下，皆不免於死亡，非特不保四體者爲然。」附《存疑》：上兼仁、不仁説，「天子不仁」條，則專就不仁説者，言不仁之必死亡以致戒。亦猶上章「道二，仁與不仁」，以後只言不仁也。

今惡死亡而樂不仁，是猶惡醉而强酒。」惡，去聲。樂，音洛。强，上聲。

此承上章之意，而推言之也。慶源輔氏曰：

「上章第言『道二，仁與不仁』與桀、紂、幽、厲之事而已，此章又因其意而推及於諸侯、卿大夫、士庶人不仁之禍，皆必至之理也。」○西山真氏曰：「此章明白峻厲，自天子至庶人，皆當佩服。然所謂不仁者非他，縱人欲以滅天理而已。人欲縱而天理滅，禍至於此，可不畏哉。」○雙峰饒氏曰：「社稷、宗廟以祭言，四海以土言，四體以身言。」○新安陳氏曰：「此承上章不仁則身弑國亡而推言之，即前篇惡辱而居不仁之意。又曰戒人不仁，是亦遏人欲存天理也。」

○孟子曰：「愛人不親反其仁，治人不治反其智，禮人不答反其敬。「治人」之「治」，平聲。「不治」之「治」，去聲。

我愛人而人不親我，則反求諸己，恐我之仁未至也。智、敬放上聲。此。附顧麟士曰：「按《紹聞編》云：『此章亦承上章，蓋爲當時有國者而言，觀下天下歸之之語可見。』」《存疑》：立紀綱，行政事，以整理臣民，使人就吾條理，治人也。若夫治人而人不治，必是智識未到。凡紀綱、政事所以治人者，猶有未合天理、當人心處也，故必反其智。○《蒙引》：愛人、治人、禮人，此三端似亦說得盡了。愛人，其所親者也；禮人，其所敬者也；治人，其所統涖者也，身之所接只有此三類耳。然此以所接之人言，則盡矣；若以事物言，則未盡也，故下文又曰「行有不得，皆反求諸己」。凡一事一物，處之有不得所願處，皆宜自反，豈但處人而已哉。

行有不得者，皆反求諸己，其身正而天下歸之。

不得，謂不得其所欲，如不親、不治、不答是也。反求諸己，謂反其仁、反其智、反其敬也。如此則自治益詳，而身無不正矣。「詳」字，貼「皆」字，不止上文三自反而已。天下歸之，極言其效也。南軒張氏曰：「反身，則天理明；不能，則人欲肆。」○慶源輔氏曰：「自治詳，則身無不正。身無不正，則天下無不歸。雖極言其效，是亦必然之理也。」○新安陳氏曰：「是亦遏人欲，擴天理也。」附《蒙引》：「天下」字，說得廣，不但一方、一國之人，我親、我治、我答而已，天下則盡乎人也。

《詩》云：『永言配命，自求多福。』」

解見形甸反。前篇。○亦承上章而言。慶源輔氏曰：「爲治本乎自反，多福本乎自求。」○雙峰饒氏曰：「上面三句包括未盡，所以下面又説皆當反諸己，添箇『皆』字。凡有行不得所欲者，必自反諸身，則我之身無不正，天下亦歸之矣。『皆』字説得闊，不特説上面三者而已。『永言配命』，是常常思量要合理。永，是無間斷之意。此章補前章意，前章説大綱，此章説得密。」○新安陳氏曰：「承上章『得天下以仁』而言，因言仁而及智與禮，仁包智、禮也。」附《蒙引》：此「命」字，以理言。○輔氏曰「爲治本乎自反，多福本乎自求」，亦太扭捏。蓋能自反而天下歸之，此便是「永言配命」而「自求多福」也。引《詩》以詠贊之耳。

○孟子曰：「人有恒言，皆曰『天下國家』。天下之本在國，國之本在家，家之本在身。」

恒，胡登反。

恒，常也。雖常言之，而未必知其言之有序也。故推言之，而又以家本於身也。

「本於身」，乃恒言之所未及。此亦承上章而推言之，《大學》所謂「自天子至於庶人，壹是皆以脩身爲本」，爲去聲。是故也。慶源輔氏曰：「人之常言，雖曰有序，而但及其外。君子之論，則必究其本，而無有或遺。得其本，則末可舉矣。以是而質於《大學》之言，則曾子、子思、孟子相傳之學，不可誣矣。」○雙峰饒氏曰：「國，王畿之内，天子所治。天下，四方諸侯之國。天下取則於國，國取則於家，家取則於身。」○新安陳氏曰：「此章承上章『身正而天下歸』之意，孟子祖《大學》而言之。曾子以《大學》傳子思，子思以傳孟子，可見矣。」附《蒙引》：「天下之本在國，國之本在家」，此是恒言中自有之次序，但常人只知其言，而不知其序。孟子乃推而言之，以見其道之有序。如是天下之本在國，故言天下而即繼以國也。國之本在家，故言國必繼以家也。然則「天下國家」云者，豈偶然而已哉。而家之本又在身，此又常言之所未及也，重在此末句。○「家之本在身」，下要人身正則家齊。然不但家以之齊，國亦以之而治，天下以之而平，方得孟子之意，故《集註》曰「《大學》所謂自天子以至於庶人，壹是皆以脩身爲本」。〇注兩箇「推言之」，不同。前一箇「推言」，只謂「天下之本在國」二句。後一箇「推言」，則通指此章，連「家之本在身也」。

〇孟子曰：「爲政不難，不得罪於巨室。巨室之所慕，一國慕之；一國之所慕，天下慕之。故沛然德教溢乎四海。」

巨室，世臣大家也。得罪，謂身不正而取怨怒也。雙峰饒氏曰：「《集註》世臣、大家是兩項。世臣，非一代之臣。大家，是貴宦之家。」〇潛室陳氏曰：「得罪，謂非理致怨。所謂不得罪者，謂合正理而不致怨於人，非曲法以奉之也。」麥丘邑人祝齊桓公曰：「願主君無得罪於群臣百姓。」意蓋如此。劉向《新序·雜事》篇：「桓公田至於麥丘，見麥丘邑人，問：『年幾何？』對曰：『八十有三矣。』公曰：『美哉，壽乎！子其以子壽祝寡人。』麥丘邑人曰：❶『祝主君，使主君甚壽，金玉是賤，人爲寶。』公曰：『善哉，至德不孤，善言必再，吾子復之。』曰：『祝主君，使主君無羞學，無惡下問，賢者在傍，諫者得人。』

公曰：『善哉，至德不孤，善言必三，吾子復之。』曰：『祝主君，使主君無得罪於群臣、百姓。』公佛然作色曰：『吾聞之，子得罪於父，臣得罪於君，未聞君得罪於臣也。』麥丘邑人拜而起，曰：『子得罪於父，可以因姑姊妹、叔父而解之，父能赦之。臣得罪於君，可以因便嬖左右而謝之，君能赦之。昔桀得罪於湯，紂得罪於武王，此則君之得罪於臣者也。莫爲謝，至今得罪。』公曰：『善。』扶而載之，自御以歸，禮之於朝，封之以麥丘，而斷政焉。」慕，向也，心悦誠服之謂也。沛然，盛大流行之貌。溢，充滿也。蓋巨室之心，難以力服，而國人素所取信。今既悦服，則國人皆服，而吾德教之所施，可以無遠而不至矣。此亦承上章而言。承上章「家之本在身」。蓋君子不患人心之不服，而患吾身之不脩。吾身既脩，則人心之難服者先服，而無一人之不服矣。附《蒙

❶「曰」，原無，今據《四部叢刊》本《新序·雜事》補。

引》：「爲政不難」，蓋當時諸侯皆以德教之不能廣被爲患，而不知其本之不脩故也。故孟子云欲德教之徧及於天下，自不難也。其本在正其身，以不得罪於世臣、大家，則舉國慕之，天下亦慕之，而德教自然無遠弗届矣，爲政果何難哉。尋常讀者，皆不知「爲政不難」一句從何而發，蓋下文自相應也。○《淺説》：全章在「爲政不難」一句截，下面「不得罪於巨室」直到「溢乎四海」，正言其所以不難處。或要於「不得罪於巨室」處截，則所以不難處已説盡了，到章末便無收繳矣。大意言人君爲政不難也，何則？人君惟正身以服其所難服者，則人無不服矣。是爲政只在於正身也，何難之有。○《存疑》：「沛然德教溢乎四海」，只是點出「巨室之所慕」四句。○林氏曰：「戰國之世，諸侯失德，巨室擅權，如晉六卿，魯三桓等。爲患甚矣。然或者不脩其本，而遽欲勝之，則未必能勝，而適以取禍。故孟子推本而言，惟務脩德以服其心。彼既悦服，則吾之德教無所留礙，牛代反。可以及乎天下矣。裴度所謂韓洪本名弘，在宋避諱，以洪字代之。輿疾討賊，承宗斂手削地，非朝音潮。廷之力能制其死命，特以處上聲。置得宜，能服其心故爾，正此類也。❶《唐書・皇甫鎛傳》〔鎛，❷音博。爲司農卿，判度支，改户部侍郎。〕：「憲宗方伐蔡，急於用度，鎛裒會嚴亟以辦濟師。❸帝悦，進兼御史大夫。蔡平之明年，遂拜同中書門下平章事，猶領度支。鎛以吏道進，既由聚斂剋剥爲宰相，至雖市道皆嗤之。崔群、裴度以聞，帝怒不聽。度乃表罷政事，極語鎛奸邪苛刻，天下怨之，將食其肉。且言天下安否繫朝廷，朝廷輕重在輔相。今承宗斂手削地，韓弘輿疾討賊，非力能制之，顧朝廷處置能服其心也。若相鎛，則四方解矣。請授以浙西觀察使，其辭切至，上不聽。」○王承宗，邊鎮王士真之子，拒命以常山叛。朝廷厭兵，布衣栢耆杖策詣淮西行營，謁裴度，且言「願得

❶「正」，原作「政」，今據《四書大全》改。

❷「鎛」，原作「鏄」，今據《新唐書》改。下同。

❸「裒」，原作「衰」，今據哈佛本改。

天子一節，馳入鎮，可掉舌下之」。度爲言，乃以左拾遺往，既至，以大誼動承宗，泣下。乃與獻德棣二州，以二子入質，上從之。○韓弘，滑州人。憲宗方用兵淮西，拜淮西諸軍行營都統使，扞兩河，而令李光顔、烏重胤擊賊。弘不親屯，遣子公武領兵三千屬光顔、吴元濟。既平，以功加，兼侍中，封許國公。入朝再拜司徒、中書令，以足疾，命中人掖拜，固願留京師，帝從之。○慶源輔氏曰：「此承上章『家之本在身』而言也。君人者，不正其身，所爲乖戾，則致人怨怒，其勢必自世臣大家始。故麥丘邑人之言，亦先及群臣，而後及百姓也。」《通考》程氏復心曰：「林氏謂『不脩其本』，亦指身言，未必能勝，適以取禍，如魯昭公事是也。吾之德教，無所留礙。凡君施教令於下甚易，苟其德不足以服人，則近而公卿大夫必疑議，遠而群黎百姓必怨謗，則爲留礙。四海，極其遠而言之。裴度之言，亦非謂以係戀之私恩，養其家也。行大公至正之道，可殺則殺，可生則生，殺之而彼自不怨，利之而彼自不庸，可也。夫然後沛然德教，溢乎四海。」附《蒙引》：「處置得宜」，大抵泛指朝廷事體，及將相得人，不必就承宗削地、韓弘輿疾事實上討。

○孟子曰：「天下有道，小德役大德，小賢役大賢。天下無道，小役大，弱役强。斯二者，天也。順天者存，逆天者亡。

有道之世，人皆脩德，而位必稱去聲。其德之大小。天下無道，人不脩德，則但以力相役而已。新安陳氏曰：「小德、小賢者，居下位；大德、大賢者，居大位。位與德相稱，是上之人處之各當，故小德、小賢見役於大德、大賢。有道之世，惟德是視也。若力之小、弱，見役於力之强、大，無道之世，惟力是視耳。」《通考》勿齋陳氏曰：「萬善之足，全體具焉，是曰大德；全體之分，片善存焉，是曰小德。」

天者，理勢之當然也。問：「『天下無道，小役大，弱役强』，亦曰天，何也？」朱子曰：「到那時，不得不然，亦是理當如此。」○慶源輔氏曰：「天下有道，則以德爲大、小；無道，則以力爲强、弱，二者皆理勢之所當然也。順其理勢則存，逆其理勢則亡，必然之理也。」○雙峰饒氏曰：「小德、大德，小賢、大賢，以理言。小、大，强、弱，以勢言。蓋天下有理、有氣，就事上説，氣便是勢，纔到勢之當然處，便非人之所能爲，即是天了。」❶又曰：「賢兼才、德，以政事言也。雖曰時勢如此，然有大德者，便能回天，便勝這勢。如文王自小至大，由百里而三分有二，不爲紂所殺，此可以見德足以勝時勢處。」○雲峰胡氏曰：「《集註》嘗以天爲理之自然，此以天爲理勢之當然者，彼則純以天理言，此則兼以人事言也。」附《蒙引》：孟子意只重在「小役大」上，爲當時言也。故繼以齊景公女吳，而及師文王之説。○其小德者，即小賢也。其大德者，即大賢也。德字兼才。饒氏謂「賢兼才德」，未必然也。朱子注，只是德字。○《淺説》：此章勉當時諸侯脩德以自强。意謂天下有道，人皆脩德，而位必稱其德之大、小。德之大者，則居一人之位；而德之小者，則分立於侯國，而小德見役於大德。賢之大者，則居天子之位；而賢之小者，則分理乎庶邦，而小賢見役於大賢。天下無道，人不脩德，則但以力相役。均是侯國也，而力之小者，見役於力之大者。同此爵位也，而力之弱者，見役於力之强者。

齊景公曰：『既不能令，又不受命，是絕物也。』涕出而女於吳。女，去聲。

引此以言「小役大，弱役强」之事也。令，出令以使人也。受命，聽命於人也。物，猶人也。女，以女如字。❷與人也。吳，蠻夷之國也。景公羞與爲昏而畏其强，故涕泣而以女與之。慶源輔氏曰：「既不能强於自治以昌其國，而出令以使人，又不能因時勢之宜，屈己自下，以聽人之命，是與物睽絕也。絕物，則絕於天矣。景公之言，宜若可取。然景公之齊，即桓公霸諸侯之齊，雖時勢下衰，苟振起作新之獨不在我乎，而顧爲是巽言横涕。孟子姑取其説，以證『小役大，弱役强』之事，其萎薾自棄之罪，未暇議也。」○汪氏曰：「當有道而順天，爲有義；當無道而順天，爲有命。絕物，即是逆天。齊景，畏天者也。畏天猶保，保其國。」附顧麟士曰：「按《藝苑巵言》，孟子所稱『齊景公涕出而女於吳』，按所嫁，乃闔廬長子，名終纍，俱早亡。又齊女日

❶「了」，原作「子」，今據哈佛本改。
❷「字」，原作正文，今據《四書大全》改。

夜思其家，哭，因名其門曰齊門。」

今也小國師大國而恥受命焉，是猶弟子而恥受命於先師也。

言小國不脩德以自强，其般音盤。樂音洛。怠敖，去聲。皆若效大國之所爲者，而獨恥受其教命，不可得也。附《蒙引》：先師，不是已亡之稱。後世所謂釋奠於先師、先聖者，則皆是已亡者之稱。所謂先生、先輩之先，故得親受其命。

如恥之，莫若師文王。師文王，大國五年，小國七年，必爲政於天下矣。

此因其愧恥之心，而勉以脩德也。文王之政，布在方策，舉而行之，所謂師文王也。五年、七年，以其所乘之勢不同爲差。楚宜反。○慶源輔氏曰：「『所乘之勢』，指國之大小而言也。」蓋天下雖無道，然脩德之至，則道自我行，而大國反爲吾役矣。新安陳氏曰：「不師大國而師文王，大國所乘之勢稍易，小國所乘之勢稍難。五、七年之餘，人心奮，氣勢回，而小可大，弱可强，大國反爲吾役矣。」程子曰：「五年、七年，聖人度待洛反。其時則可矣。然凡此類，學者皆當思其作爲如何，乃有益耳。」慶源輔氏曰：「程子之言，所以啓發學者至矣。惟聖人能知時，故曰『聖人度其時可矣』。學者燭理既明，而經歷之久，思慮之深，則自然見得。」附《存疑》：引齊景公，順天事也。「今也小國師大國」節，是逆天事也。「如恥之」節，承上言既不能順天，必當有以回天耳。○趙注曰：「文王時難，故百年乃洽。今之時易，文王由百里起，今大國乃踰千里，過之十倍有餘，故五年足以爲政。」

《詩》云：『商之孫子，其麗不億。上帝既命，侯於周服。侯服於周，天命靡常。殷士膚敏，祼將於京。』❶孔子曰：『仁不可爲衆

❶「祼」，原作「裸」，今據《四部叢刊》本《毛詩》、《四書大全》改。下同。

也。夫國君好仁，天下無敵。』裸，音灌。夫，音扶。好，去聲。

《詩》，《大雅・文王》之篇。孟子引此詩及孔子之言，以言文王之事。麗，數也。十萬曰億。侯，維也。助語辭。商士，商孫子之臣也。膚，大也。敏，達也。裸，宗廟之祭，以鬱紆勿反。鬯丑亮反。之酒灌地而降神也。新安倪氏曰：「《周禮》有秬鬯、有鬱鬯。以秬米爲酒，名秬鬯。將祭，則築鬱金香草煮之，以和鬯酒，名鬱鬯，灌乃用之，取其芬香旁達以降神。鬯者，以其條鬯也。」將，助也。言商之孫子衆多，其數不但十萬而已。上帝既命周以天下，則凡此商之孫子，皆臣服於周矣。所以然者，以天命不常，歸於有德故也。是以商士之膚大而敏達者，皆執裸獻之禮，助王祭事於周之京師也。西山真氏曰：「以商之孫子而爲周之諸侯，以商之美士而奔走周廟之祭，天命何常之有哉。成湯惟其仁也，故天命歸於商。紂惟其不仁，故天命轉而歸周。」孔子因讀此詩，而言有仁者則雖有十萬之衆，不能當之。故國君好仁，則必無敵於天下也。不可爲衆，猶所謂難爲兄、難爲弟云爾。《世說・德行》篇：「後漢陳元方，〔名紀。〕子長文。〔名群。〕有英才，與季方〔名諶，元方之弟也。〕子孝先〔名忠。〕各論父功德，争之不能決，諮於太丘。〔名寔，嘗除太丘長，乃長文、孝先之祖父也。〕太丘曰：『元方難其兄，季方難其弟。』」〇朱子曰：「兄賢，難做他弟；弟賢，難做他兄。仁者無敵，難做衆去抵當他。」附《蒙引》：「商之孫子」至「天命靡常」，此言商之孫子，皆爲周之諸侯也。「殷士膚敏，裸將於京」，此兩句言商孫子之臣，亦皆爲周之臣，而助祭於周京也。本注下「是以」二字，蓋承「天命靡常」言，不必言商孫子臣周，故殷士亦周臣也。〇或曰：「武王克商，乃有天下。今此詩及孟子之言，皆歸於文王，何也？」曰：「周有天下，雖武王之功所成，實文王之德所致也。」〇《詩傳》：「諸侯之大夫入天子之國，曰某士。」膚，《詩傳》解作美也。此謂之大，蓋言才行之不凡，亦美也。○《存疑》：「國君好仁，天下無敵」，依《蒙引》作孔子之言。○「仁不可爲衆」，是孔子釋《詩》之言，乃承「其麗不億」句説。「國君好仁，天下無敵」，又放開説，蓋因文王而泛言其理也。

今也欲無敵於天下而不以仁，是猶執熱而不以濯也。《詩》云：『誰能執熱，逝不以濯。』」

耻受命於大國，是欲無敵於天下也。乃師大國而不師文王，是不以仁也。《詩》，《大雅·桑柔》之篇。逝，語辭也。言誰能執持熱物，而不以水自濯其手乎。○此章言不能自强，則聽天所命；脩德行仁，則天命在我。慶源輔氏曰：「不能自强，則聽命於天，而爲强大所役。使脩德行仁如文王，則與天爲一，而小可大，弱可强，昔之强大者，反爲役於我矣，豈非天命之在我乎。」○新安陳氏曰：「勢之强弱，亦天所命。不能自强，則聽命於天，而爲强大所役，如齊景是也。脩德行仁，則道德足以勝勢力，而天命在我，師文王而爲政於天下者是也。」附《語類》：「『不能自强，則聽天所命；脩德行仁，則天命在我。』今之爲國者，論爲治則曰：不消做十分底事，只隨風俗做便得；不必須欲如堯舜三代，只恁地做天下也治。❶爲非者則曰：做人也，不須做到孔孟十分事，且做得一二分也得。盡是這樣苟且見識，所謂聽天所命者也。」○《蒙引》：自君身而言，則曰脩德；自其及人而言，則曰行仁。其實孟子所謂脩德，即是行仁也。

○孟子曰：「不仁者可與言哉？安其危而利其菑，樂其所以亡者。不仁而可與言，則何亡國敗家之有？菑，與災同。樂，音洛。

安其危、利其菑者，不知其爲危菑，而反以爲安利也。所以亡者，謂荒暴淫虐所以致亡之道也。不仁之人，私欲固蔽，失其本心，故其顛倒錯亂至於如此，所以不可告以忠言，而卒至於敗亡也。西山真氏

❶「地」，原作「他」，今據《朱子語類》改。

曰：「自古危亂之世未嘗無忠言，祖伊常諫紂矣，召穆公常諫厲王矣，而二君不聽者。蓋其心既不仁，故顛倒迷繆，以危爲安，以菑爲利，以取亡之道爲可樂也。夫人君孰不欲安存而惡危亡，而其反背若此者，私欲蔽障，而失其本心故爾。」○雙峰饒氏曰：「要在看『樂其所以亡』一句，他只愛那淫荒暴虐，所以取亡底事，故雖危自以爲安，雖菑自以爲利。孟子此章，説得利害大段甚分明。」附《存疑》：「安其危利其災，樂其所以亡」，正是説不可與言處，遂承言不仁惟不可與言，所以至於敗亡也。使不仁而可與言，則必去危而即安，去菑而趨利，去亡而圖存也，何至敗國亡家之有。菑深於危，亡深於菑。危，險道也，將近菑也。菑，患害也，猶未亡也。○《蒙引》：此是三件。饒氏曰「要在看『樂其所以亡』一句」，大段未是。朱子未嘗特解此句。○菑，害也，非指水旱兵革之類，但所爲之可致禍者即是。

有孺子歌曰：『滄浪之水清兮，可以濯我纓；滄浪之水濁兮，可以濯我足。』浪，音郎。

滄浪，水名。纓，冠系也。新安倪氏曰：「漢水東爲滄浪之水，見《禹貢》，後魏酈道元云『武當縣北四十里，有洲曰滄浪洲，水曰滄浪水』是也。」附《禮書》曰：「二組屬於笄，順頤而下結之謂之纓，纓之垂者謂之緌。《詩·南山》曰『冠緌雙止』是也。」

孔子曰：『小子聽之。清斯濯纓，濁斯濯足矣，自取之也。』

言水之清濁，有以自取之也。聖人聲入心通，無非至理，此類可見。慶源輔氏曰：「夫不仁之人，則雖忠言至論，無自而入；聖人之仁，則雖常言俗語，聲入心通，是亦莫非自取之也。」○新安陳氏曰：「此孔子所以爲耳順也。」附《存疑》：由不仁不可與言觀之，可見敗亡皆其自取也。故引孺子之歌、孔子之言，而以「夫人必自侮，然後人侮之」三句終焉，又引太甲以明之。「此之謂」，言即「人必自侮，然後人侮之」三句之謂也。○《蒙引》：「自取之也」下數段，俱是此一意。然「自取之也」句外，便含有「如恥之，莫若爲仁，反求諸己而已矣」之意。死亡固是自取，大則以王，亦由自致也。

夫人必自侮，然後人侮之；家必自毁，而後人毁之；國必自伐，而後人伐之。夫，音扶。

所謂自取之者。雙峰饒氏曰：「自侮，是不自重，適所以召人之侮。」附《蒙引》：此以下，孟子之言也。○「家必自毁」，毁，謂破敗，非詆訾也。太甲曰：『天作孽，猶可違；自作孽，不可活。』此之謂也。」

解見形甸反。前篇。○此章言心存則有以審夫音扶。得失之幾，平聲。不存則無以辨於存亡之著。禍福之來，皆其自取。慶源輔氏曰：「人心存，則仁；人心不存，則不仁。得失之幾，至微也；存亡之實，至著也。安利樂，得失之幾也；亡國敗家，存亡之實也。禍福之來，皆其自取，即所謂禍福無不自己求之者。此亦承上章而言，仁與不仁，所取之不同也。」○新安陳氏曰：「仁者，心存則明哲，得失之幾微，即能審察之。審侮毁伐之幾，於自取之之初是也。不仁者，心不存則昏蔽，存亡之已著，亦不能辨。安其危，利其菑，樂所以亡是也。心存者，存天理。戒心不存者，遏人欲也。」

○孟子曰：「桀紂之失天下也，失其民也。失其民者，失其心也。得天下有道，得其民斯得天下矣。得其民有道，得其心斯得民矣。得其心有道，所欲與之聚之，所惡勿施爾也。」惡，去聲。

民之所欲，皆爲去聲。致之，如聚斂力驗反。然。民之所惡，則勿施於民。鼂音潮。錯倉故反。所謂「人情莫不欲壽，三王生之而不傷；人情莫不欲富，三王厚之而不困；人情莫不欲安，三王扶之而不危；人情莫不欲逸，三王節其力而不盡」，此漢文帝時，鼂錯《對賢良策》語。此類之謂也。南軒張氏曰：「所欲與聚，非惟壽富安逸之遂其志，用舍從違無不合其公願，而後爲得也。」○西山真氏曰：「此章之要在『所欲與聚，所惡勿施』二言。」附《存疑》：「得其民斯得天下」者，有人此有土也。「得其心斯得民」者，民引領而望之，然後其歸也如水之就下，沛然莫能禦也。

民之歸仁也，猶水之就下，獸之走壙也。走，音奏。

壙，廣野也。言民之所以歸乎此，以其所欲之在乎此也。新安陳氏曰：「所欲與聚，所惡勿施，即所以仁民也，故民歸之。」

故爲淵敺魚者，獺也。爲叢敺爵者，鸇也。爲湯武敺民者，桀與紂也。爲，去聲。敺，與驅同。獺，音闥。爵，與雀同。鸇，諸延反。

淵，深水也。獺，食魚者也。叢，茂林也。鸇，食雀者也。言民之所以去此，以其所欲在彼，而所畏在此也。新安陳氏曰：「彼謂湯武，此謂桀紂，如魚雀之可全生者在淵叢，而得免死於獺鸇也。」附《存疑》：「故爲淵敺魚」一節，是承上言民所欲在仁，則所惡在不仁，而不仁者，適爲之敺耳。「故爲淵敺魚者，獺也。爲叢敺爵者，鸇也。爲湯武敺民者，桀與紂也」，「故」字分明是承上面意思說。《蒙引》亦言二節只是一項事，蓋「撫我則后，虐我則仇」，離乎彼，則合乎此也。故下文繼之曰「今天下之君有好仁者，則諸侯皆爲之敺矣。雖欲無王，不可得已」，豈不是一項事。○《蒙引》：此以上皆泛論，至下文方說入時事。

今天下之君有好仁者，則諸侯皆爲之敺矣。雖欲無王，不可得已。好、爲、王，皆去聲。

南軒張氏曰：「非利人之爲己敺也，特言其理之必然耳。循夫天理，無利天下之心，而天下歸之，此三王所以王也。假是道而亦以得天下者，漢唐是也。故秦爲漢敺，隋爲唐敺。季世之君，肆於民上，施施然自以爲安，而不知其爲人敺，哀哉。」○新安陳氏曰：「好仁之君出，不仁者皆爲敺民以歸之。」附《存疑》：「今天下之君」一節，分明是承上兩節意思說，謂民之所欲在仁，而不仁者適爲之敺如此。然則當今民遭暴虐，無所逃避之時，苟有好仁者作，民必逃彼而從此，是諸侯皆爲之驅矣。

今之欲王者，猶七年之病，求三年之艾也。苟爲不畜，終身不得。苟不志於仁，終身憂辱，以陷於死亡。王，去聲。

艾，草名，所以灸者，乾音干。久益善。夫

音扶。病已深，而欲求乾久之艾，固難卒倉没反。辦。然自今畜勑六反。之，則猶或可及。不然，則病日益深，死日益迫，而艾終不可得矣。王氏曰：「艾以久爲善，不畜不足以活人之死；仁以久而熟，不積不足以拯國之危。」○雲峰胡氏曰：「三年之艾，不能畜之平日，而自今畜之，猶可也。是故爲仁者，平日既無積久之功，今日不可無必爲之志。」

《詩》云『其何能淑，載胥及溺』，此之謂也。」

《詩》，《大雅·桑柔》之篇。淑，善也。載，則也。助語。胥，相也。言今之所爲，其何能善，則相引以陷於亂亡而已。慶源輔氏曰：「至此，則雖聖人，亦末如之何矣。詳味引《詩》之言，則令人惕然警省，有不容自已者矣。」○新安陳氏曰：「此章綱領，在一『仁』字。仁民之要，在所欲與聚，所惡勿施。能如是，則可以謂之好仁，而不仁者皆將敺民以歸之，其王天下也孰禦。」附《存疑》：引《詩》又是説志仁者之無人，自「今天下之君」至末，凡三條皆是拳拳致意於當時之意。一條，言仁之可爲也。二條，言爲仁之晚，而猶可爲也。三條，歎人之莫肯爲仁也。意思恍惚如《論語》「我未見好仁者」一章，皆是反覆歎人莫肯用力於仁也。

○孟子曰：「自暴者，不可與有言也；自棄者，不可與有爲也。言非禮義，謂之自暴也。吾身不能居仁由義，謂之自棄也。

暴，猶害也。非，猶毁也。自害其身者，不知禮義之爲美，而非毁之。雖與之言，必不見信也。自棄其身者，猶知仁義之爲美，但溺於怠惰，自謂必不能行。與之有爲，必不能勉也。程子曰：「人苟以善自治，則無不可移者。雖昏愚之至，皆可漸子廉反。磨而進也。惟自暴者，拒之以不信。自棄者，絶之以不爲。雖聖人與居，不能化而入也。此所謂下愚之不移也。」朱子曰：「自暴者，所言必非詆禮義，説没這道理，是之謂暴戾。我雖言，而彼必不肯聽，是不足與言也。自棄者，意氣卑弱，志趣凡陋，知有道理，甘心自絶，以爲不能。我雖言仁義之美，彼自割斷了不肯做，是不足與有爲也。自暴者，剛惡之所爲。自棄者，柔惡之所爲。」○「言非禮義」，以禮義爲非，而拒之以不信。自暴，自賊害也。吾身不能居仁由義，自謂不能而絶之以不爲。自棄，自棄絶也。附《存疑》：自棄者，亦可説不可與言。自暴者，亦可説不可與有爲。不然者，各自其切者言，亦互見也。與言且不可，況有爲乎。不可與有爲，不可與言可知矣。○《蒙引》：自暴、自棄，兼氣習言。○自暴，言禮義；自棄，言仁義，何與？曰：「禮義字面淺，仁義字面深且全。自暴者，與言禮義亦不入。自棄者，猶稍信禮義，但於居仁由義，則無必爲之志，而自諉曰不能耳。然均之爲下愚之歸也。」○《存疑》：仁是體，義是用，禮義只在義字内。

仁，人之安宅也；義，人之正路也。

仁、宅，已見形甸反。前篇。義者，宜也，乃天理之當行，無人欲之邪曲，故曰正路。

曠安宅而弗居，舍正路而不由，哀哉！」舍，上聲。

曠，空也。由，行也。○此章言道本固有，而人自絶之，是可哀也。此聖賢之深戒，學者所當猛省悉井反。也。朱子曰：「曠其安宅，則必放僻邪侈，而安其所不可安之居矣。舍其正路，則必行險僥倖，而由其所不可由之塗矣。安宅、正路，人皆有之，而自暴自棄以至於此，是可哀也。」○南軒張氏曰：「仁言安宅者，謂其安而可處也。義言正路者，謂其正而可遵也。是二者，性之所有也，曠之舍之，以自絶其天性，不亦可哀乎。」○雙峰饒氏曰：「前面説自暴、自棄兩等人，後面説不居、不由，又只指自棄者言之，何也？蓋非毁禮義之人，已不可教誨矣。那不能爲底，只是爲之不勇耳。尚知得可居可由，猶爲可教，所以孟子只説此一項，自歎息那自棄之人，有安宅而不居，有正路而不由，是可哀也。」○新安陳氏曰：「『哀哉』二字，當令人發深省。夫自暴者，非詆天理，既不可與言，故絶望之。自棄者，猶知天理之爲美，特甘於不能，故以本有者開示之，復哀憫以警聳之，猶致望之之意焉。此學者所以不可不猛省也。」附《蒙引》：「曠安宅而弗居」云云，兼自暴、自棄，不可依饒氏説。

○孟子曰：「道在爾而求諸遠，事在易而求諸難。人人親其親，長其長，而天下平。」邇、爾，古字通用。易，去聲。長，上聲。親、長，在人爲甚爾；親之、長之，在人爲甚易，而道初不外是也。舍上聲。此而他求，則遠且難，而反失之。但人人各親其親，各長其長，則天下自平矣。南軒張氏曰：「使人各親其親，各長其長，其本在人君親其親，長其長，以倡率之而已。親親，仁也；長長，義也。仁義本之躬，而達之天下，豈非道之爾者乎。天下所以平者，實係乎此，豈非事之易者乎。味此數語，堯舜三王之治，可得而推矣。」○雲峰胡氏曰：「此道字，是天理之自然；此事字，是人爲之當然。」附《蒙引》：此章論道術也。蓋當時處士橫議，所謂人挾一椎鑿，❶家築一宮牆。墨氏之徒則曰：但使人人視親疎爲一體，則天下平矣。楊氏之徒則曰：但使人人惟求己之非是，而不較人之得失，則天下平矣。孫吳之徒則曰：行吾之志，自足以平天下。申商之徒則曰：行吾之法，自足以平天下。故孟子以爲此皆亂天下者也，惡能治天下。○《存疑》：注「親長在人爲甚爾」至「反失之」數句，解在「人人親其親，長其長」内。本文「道在爾而求諸遠」兩句且虚説，言道理本在爾也，而人反求諸遠；事務本甚易也，而人反求諸難，何必求諸遠且難哉。彼親、長是道，在人爲甚邇也；親之、長之是事，在人爲甚易也。使天下人人皆不求諸遠且難，只親其親，長其長，而求諸近且易焉，則天下就平，無復餘事矣，何必求諸遠且難哉。○曰「親其親，長其長，而天下平」，見道只在於親、長，親、長之外無餘道，而道之在邇也。使親親長長而天下未能平，則親、長之外尚有道，親親長長未足以盡道，而道不爲邇矣。此孟子立言之意也。《蒙引》謂「『親其親，長其長，而天下平』，所謂天下可運於掌」，又謂「孟子所以欲使之人親親長長者，其底蘊便是五畝之宅，百畝之田，謹庠序之教」一段，與張南軒「在人君者，親親長長以身率之」，似非此章之旨，學者詳之。○顧麟士曰：「此章初意，亦欲主《大全》説，而玩注即似《存疑》爲平和，無所添設，故從之。」○《大全》主倡率，而

❶「椎鑿」，原作「推鑿」，今據哈佛本改。

《達説》因之，《蒙引》又本之於教養，大約俱對人君説，一解也。《存疑》則不主倡率教養，而但平平説，《淺説》、《紹聞編》因之，又一解也。蓋諸家立説亦每有異同，如禪之支派，在觀者平心以釋之耳。○看大文，則只是一虛一實、一反一正之理也。

○孟子曰：「居下位而不獲於上，民不可得而治也。獲於上有道，不信於友，弗獲於上矣。信於友有道，事親弗悦，弗信於友矣。悦親有道，反身不誠，不悦於親矣。誠身有道，不明乎善，不誠其身矣。

獲於上，得其上之信任也。誠，實也。反身不誠，反求諸身，而其所以爲善之心有不實也。不明乎善，不能即事窮理，無以真知善之所在也。朱子曰：「反身而誠，見其本具是理，而今不曾虧欠了他底。」○問：「反諸身不誠。」曰：「反諸身，是反求於心。不誠，是不曾實有此心。如事親以孝，須是實有這孝之心。若外面假爲孝之事，裏面却無孝之心，便是不誠矣。」○獲上、信友等，皆以有道言。蓋有不由其道以求之者矣，若諛悦苟容以求獲乎上，便佞詭隨以求信乎友，阿意曲從以求悦乎親，冥行助長以求誠其身，皆是也。所謂誠身，能實踐其所明之善，而有諸身之謂。○慶源輔氏曰：「人孰無爲善之心，然隱微之際，有一毫自欺之意，則其心便不實矣。人孰不知善之可爲，然不能即夫事以窮其理，而推極吾之知識，則所知者或未必真矣。」游氏曰：「欲誠其意，先致其知。不明乎善，不誠其身矣。新安倪氏曰：「引《大學》以證此章，致知即所以明善也。但誠意則以自脩之始言，誠身則以自脩之成言。誠意、正心、脩身，皆該於誠身二字中矣。」學至於誠身，則安往而不致其極哉。以內則順乎親，以外則信乎友，以上則可以得君，以下則可以得民矣。」慶源輔氏曰：「游氏之説，始則《大學》之次序，終則《中庸》之極功也。」

是故誠者，天之道也。思誠者，人之道也。

誠者，理之在我者皆實而無僞，天道之本然也。思誠者，欲此理之在我者皆實而

無僞，人道之當然也。問：「思誠莫須明善否？」朱子曰：「明善自是明善，思誠自是思誠。明善，是格物致知。思誠，是毋自欺，謹獨。明善固所以思誠，而思誠上面又更有工夫在。誠者，都是實理了。思誠者，恐有不實處，便思去實他。『誠者，天之道』，天無不實，寒便是寒，暑便是暑，更不待使他恁地。聖人，仁便真箇是仁，義便真箇是義，更無不實處。常人說仁時，恐猶有不仁處，說義時恐猶有不義處，便須著思有以實之始得。」○慶源輔氏曰：「『維天之命，於穆不已』，至誠之理，天道之本然也。審思明辨，自强不息，思誠之事，人道之當然也。」《通考》勿齋程氏曰：「元亨利貞，自然之理，是曰天道。人倫日用，當然之則，是曰人道。」附《存疑》：「誠者，天之道」，此天道，自在人者言。天之道本無不實，理之在人者無不實，是亦天之道也。「思誠者，人之道」，是「君子誠之爲貴」意。二句總是言理本實，而人之當實也。○《蒙引》：「誠者，天之道」，不要說在天之元亨利貞。觀注云「誠者，理之在我者皆實而無僞」，可見已在我了。○思誠，畢竟只是誠之，故彼此《集註》皆用欲字。但著箇思字，也須得思字分曉。此思字亦著於迹，不是懸空思之而已。「我欲仁，斯仁至」與「欲仁而得仁」，其欲字，俱有實事工夫。○此「思誠」二字內，亦有明善工夫。明善，其本也。思誠，爲脩身之本。明善，又爲思誠之本。小注之說有理。蓋思誠與脩身不是兩時，亦不是兩段。明善與思誠，亦不是兩段、兩時工夫。思誠，即是誠之。此猶云「孝弟，爲仁之本」，孝弟本是仁之一事，然孝弟則其本也。

至誠而不動者，未之有也。不誠，未有能動者也。」

至，極也。楊氏曰：「動便是驗處，若獲乎上、信乎友、悅於親之類是也。」慶源輔氏曰：「有感必有應，驗便是應處。極其誠，則合內外，平物我。感與應，皆非自外也，此其所以無有不動也。」○雙峰饒氏曰：「人要爲君取信，必須朋友稱譽薦進。然朋友所以稱譽，必能脩身、齊家方有可稱者。若是不悅於親，則何可稱之。有能悅親，必出於誠心乃可，這是推原誠身效驗如此。若說誠身工夫，則無閒於事親、取友、事君、治民之際。誠到至處，自能動物，則以之事親而親悅，以之取友而友信，以之事君而君用，以之治民而民從，初無先後之分矣。」附《蒙引》：此至誠，是自思誠而至於誠者也，即《中庸》誠則形，至能動變化者一理也。所動，即親、友、君、民也。○《存疑》：「至誠而不動者，未之有」二句，是言思誠之效，以終首節之意。

○此章述《中庸》孔子之言，見思誠爲脩身之本，而明善又爲思誠之本。雲峰胡氏曰：「此所謂思誠，即《中庸》所謂『誠之』，其工夫皆兼知行而言。思誠者，脩身之本，是脩身以知行爲先。明善又爲思誠之本，是知行之中又當以知爲先也。」乃子思所聞於曾子，而孟子所受乎子思者，覺軒蔡氏曰：「子思以『誠之』言人之道，而孟子易之以『思誠』。子思言形、著、動、變，而孟子止於動者。以思出於心，於學者用功尤爲有力，而動者正指上文獲上、信友、悦親而言也。」亦與《大學》相表裏，學者宜潛心焉。《大學章句》曰：「其第五章，乃明善之要。第八章，乃誠身之本。」○慶源輔氏曰：「明善者，《大學》之本；誠身者，《中庸》之要。於此可見《中庸》、《大學》之相爲表裏，曾子、子思、孟子之相爲授受者，益不可誣矣。」附《蒙引》：所謂「思誠爲脩身之本」者，特以不曰脩身，而必曰誠身者，以思誠爲脩身之本，故如此立言也。

○孟子曰：「伯夷辟紂，居北海之濱，聞文王作，興曰：『盍歸乎來！吾聞西伯善養老者。』太公辟紂，居東海之濱，聞文王作，興曰：『盍歸乎來，吾聞西伯善養老者。』辟，去聲。作、興，皆起也。言文王起而爲方伯。盍，何不也。西伯，即文王也，紂命爲西方諸侯之長，上聲。得專征伐，故稱西伯。太公，姜姓，呂氏，名尚。《史記·齊世家》：「太公望呂尚者，東海人，其先祖嘗爲四嶽，佐禹平水土，甚有功。虞夏之際，封於呂，或封於申，姓姜氏。夏商之時，申、呂或封支庶子孫，或爲庶人。尚，其後苗裔也，本姓姜氏，從其封姓，故曰呂尚。西伯出獵，遇於渭之陽，曰『自吾先君太公望子久矣』，故號之曰太公望。」文王發政，必先鰥寡孤獨，庶人之老，皆無凍餒，故伯夷、太公來就其養，非求仕也。慶源輔氏曰：「恐人見太公後來佐武王伐商，遂以其來也，爲有求仕之意，故明辨之。太公之初歸周，無是意也。觀孟子以太公與伯夷並言，亦自可見。」附《存疑》：此章是説文王善養老，以致大老之歸，而得天下之歸，以諷當時，故曰「諸侯有行文王之政者，七年之内，必爲政於天下」。蓋行文王之政，必得大老如伯夷、太公者先歸，而天下無不歸矣，豈不爲政於天下。天下皆歸，則天命在我，政自我行，令自我出，故爲政於天下。○《蒙引》：作、興，皆起也，并合兩字解之，猶曰「殆、蓋，皆發詞」者。非可以此，就把二字連讀也。○「文王發政，必先鰥寡孤獨，庶人之老，皆無凍餒」，庶人之老，謂「五十者衣帛，七十者食肉」之類，與鰥寡孤獨不同。○顧麟士曰：「『盍來』，只言其來也，似併不謂出獵載歸時。不然，孤竹公獨不發龍羆之夢，爲敗興矣。」

二老者，天下之大老也，而歸之，是天下之父歸之也。天下之父歸之，其子焉往。焉，於虔反。

二老，伯夷、太公也。大老，言非常人之老者。天下之父，言齒、德皆尊，如衆父然。既得其心，則天下之心不能外矣。南軒張氏曰：「張良歸漢，項氏以亡；孔明在蜀，炎綱幾振，亦庶幾爲當時之老者，其所繫輕重固如此。」○慶源輔氏曰：「『衆父』二字，出《老子》，《集註》借用之，其義則謂衆人之父爾。」○雙峰饒氏曰：「既有齒，又有德，故謂之大老。若常人，則是年老而已。」附《蒙引》：「齒、德皆尊」之意，不但可解「衆父」之義，所謂「天下之大老」者，亦是以其齒、德皆尊之故，一理也。今人但見朱子用在下句，便謂與上文義不同，泥矣。○以二老有以係天下之望，而爲天下向背之所憑也。○「二老者，天下之大老」一條，是言文王之所以爲政於天下處。

蕭何所謂養民致賢以圖天下者，其意暗與此合。《通鑑》：漢高帝元年二月：「項羽立沛公，〔即高祖。〕爲漢王，王巴蜀，〔漢中。〕都南鄭，而分關中。王秦降將章邯等三人，以距漢路。漢王怒，欲攻項羽，周勃、灌嬰、樊噲皆勸之。蕭何諫曰：『雖王漢中之惡，不猶愈於死乎，能詘〔與屈同。〕於一人之下，而信〔伸同。〕於萬乘之上者，湯武是也。臣願大王王漢中，養其民以致賢人，收用巴蜀，還定三秦，天下可圖也。』」但其意則有公私之辨，學者又不可不察也。

慶源輔氏曰：「蕭何之説，是欲爲此以圖天下，有爲而爲，所謂私也。文王之爲此，則初無所爲也，行吾義而已，所謂公也。二老之歸，乃其自然之應爾。」

諸侯有行文王之政者，七年之内，必爲政於天下矣。

七年，以小國而言也。大國，五年在其中矣。

○孟子曰：「求也爲季氏宰，無能改於其德，而賦粟倍他日。孔子曰：『求非我徒也，小子鳴鼓而攻之可也。』

求，孔子弟子冉求。季氏，魯卿。宰，家臣。賦，猶取也，取民之粟倍於他日也。小子，弟子也。鳴鼓而攻之，聲其罪而責之也。附《蒙引》：冉求所坐，便是「辟草萊，任土地者」一科矣。

由此觀之，君不行仁政而富之，皆棄於孔子者也。況於爲之强戰。争地以戰，殺人盈野；争城以戰，殺人盈城。此所謂率土地而食人肉，罪不容於死。爲，去聲。

林氏曰：「富其君者，奪民之財耳，而夫子猶惡去聲。之。況爲去聲。土地之故而殺人，使其肝腦塗地，則是率土地而食人之肉。其罪之大，雖至於死猶不足以容之也。」范氏曰：「天地大德曰生，聖人所以守位曰仁。孔子曰：『斷一木，殺一獸，不以其時，非孝也。』草木鳥獸，殺之不以時，則逆天地之理，猶爲不孝，況於人命，可不重哉。」○和靖尹氏曰：「湯武之征，以正伐不正，救民於塗炭也。戰國之戰，以亂益亂，殘人民耳。而求富之，爲之强戰，是何異於助桀而富桀也。」○慶源輔氏曰：「率，猶循也，由也。率土地而食人肉，謂以土地之故殺人，而使之肝腦塗地，則是由土地而食人之肉也。其罪之大，雖至於死猶不足以容之，言罪大而刑小，如所謂死有餘辜也。」附《蒙引》：「率土地而食人肉」，「率」字與「率獸」之「率」同，小注循由之説，非也。

故善戰者服上刑，連諸侯者次之，辟草萊、任土地者次之。」辟，與闢同。

善戰，如孫臏、音牝。齊威王臣。吴起、衛人，爲魏文侯將。之徒。連結諸侯，如蘇秦、洛陽人。張儀衛人。之類。辟，開墾口本反。❶也。任土地，謂分土授民，使任耕稼之責，如李悝枯回反。❷盡地力，商鞅以兩反。開阡陌之類也。《前漢·食貨志》：「戰國時，李悝爲魏文侯，作盡地力之教。以爲地方百里，提封九萬頃，除山澤邑居，參分去一，爲田六百萬畮。治田勤謹，則畮益三升。〔服虔曰：「與之三升也。」〕臣瓚曰：「當言三斗，謂治田勤，則畮加三斗也。」〕不勤則損，亦如之。地方百里之增減，輒爲粟八百萬石矣。」又曰：「糴甚貴傷民，〔謂士工商也。〕甚賤傷農。民傷則離散，農傷則國貧。故甚貴與甚賤，其傷一也。善爲國者，使民無傷，而農益勸。今一夫挾五口，治田百畮。歲收，畮一石半，爲粟百五十石。除十一之稅十五石，餘百三十五石。食人月一石半，五人終歲爲粟九十石，餘有四十五石。石三十爲錢千三百五十，除社閭嘗新春秋之祠，用錢三百，餘千五十。衣人率用錢三百，五人終歲用千五百，不足四百五十。不幸疾病死喪之費，及上賦斂，又未與此。此農夫所以常困，有不勸耕之心，而令糴至於甚貴者也。善平糴者，必謹觀歲上、中、下熟。大熟，則上糴三而舍一。中熟，則糴二。下熟，則糴一。使民適足賈平而止。小饑，則發小熟之所藏。中饑，則發中熟之所藏。上饑，則發上熟之所藏。雖遇饑饉水旱，糴不貴，而民不散。」○《通鑑》：「周顯王十九年，〔秦孝公十三年也。〕秦商鞅令民父子兄弟，同室內息者爲禁。并諸小鄉，聚集爲一縣。縣置令丞，廢井田，開阡陌，〔路南北曰阡，東西曰陌。〕平斗斛、權衡、丈尺。」○問：「如李悝盡地力，不過亦教民而已。孟子何以謂任土地者，亦次於刑？」朱子曰：「只爲他是欲富國，不是欲爲民，但强占地開墾將去，欲爲己物耳，皆爲君聚斂之徒也。」○阡陌，便是井田。一横一直，如遂上有涂，這便是陌。洫上有路，這便是阡。自阡陌之外，有地則只閑在那裏。先王所以如此者，乃是要正經界，恐人相侵占。今商鞅却破開了，遇可做田處，便做田，更不要整齊。這開字，非開創之開，乃開闢之開。蔡澤傳曰「破壞井田，決裂阡陌」，觀此可見。○南軒張氏曰：「自當

❶「本」，原作「狼」，今據《四書大全》改。
❷「枯回」，原作「口臣」，今據《四書大全》改。

時言之，孰不以爲大功，而先王以爲大戮。治世之所
誅，而時君之所賞。孟子之言及此，蓋正誼明道，以遏
人欲之横流也。」○慶源輔氏曰：「戰國之時，人君之所
求，與士之所以自任者，不過有此三等。故孟子因列之
而言其罪，以遏其流。雖是救時之言，然士而以此三者
得名，則世德之衰可知矣。」○《通考》朱子《開阡陌辨》
曰：「阡陌者，舊説以爲田閒之道。蓋因田之疆畔，制
其廣狹，與其横縱，以通人物之往來，即《周禮》遂上之
徑，溝上之畛，洫上之涂，澮上之道也。蓋陌之言百也，
遂洫縱，而徑涂亦縱，則遂閒百畝，洫閒百夫，而徑涂爲
陌。阡之爲言千也，溝澮横，而畛道亦横，則溝閒千夫，
而畛道爲阡矣。阡陌之名，由此而得。至於萬夫有川，
而川上之路周其外，其與匠人井田之制，遂、溝、洫、澮
亦皆四周，則阡陌之名，疑亦因其縱横而命之。然遂廣
一尺，澮二尋，則丈有六尺。徑容牛馬，畛容大車，涂容
乘車。一軌道，二軌路，三軌則幾二丈矣。❶此其水陸
古地，不得爲田者頗多，先王非虛棄之，所以正經界，止
侵争。時蓄洩，備水旱，爲永久之計，有不得不然者。
商君以急刻之心，行苟且之政，盡開阡陌，悉除禁限，聽
民兼并買賣，以盡人力。墾開棄地，悉爲田疇，而不使
有尺寸之遺，以盡地利。蓋一時之害雖除，而千古聖賢
傳後精微之意，於此盡矣。」又曰：「所謂開者，乃破壞
剗削之意，而非開置建立之名。所謂阡陌，乃三代井田
之舊，而非秦之所置矣。」○董氏彝曰：「天子適諸侯，
曰巡狩。入其疆，土地闢，田野治，則有慶，慶以地。善
戰者，服上刑。辟草萊、任土地者，次之。孟子論人臣
功罪，不泥其迹，原其心。蓋治地而主於利民，則守國
之功可以論；治地而主於利國，則殃民之罪不可逃。」
附《存疑》：此章重「率土地而食人肉」。上故以善戰爲
上刑。連結諸侯，是游説諸侯，使相結約，如蘇秦説六
國合從以擯秦之類是也。連結諸侯，使相攻伐，亦同歸
於戰。但不身親戰伐之事，故較之善戰爲次。辟草萊，
任土地，是專主於富國。上則虧壞先王之良法美意，下
則浚民之膏血，如秦之商鞅，論其罪更大。然比之目下
使人肝腦塗地者，未免有閒，故亦次於上刑。○冉求聚
斂，雖爲聖門之罪人，然與商鞅之徒尚差。商鞅之罪，
以今觀之，尤浮於善戰，蓋萬世無窮之禍也。此章之
言，特孟子一時之論耳。○《蒙引》：「今文廟十哲，惟

❶「則」，原誤重，今據《晦菴先生朱文公文集》删。

冉求未稱。依孟子所論，以次於上刑，何乃與閔、路並列，而享萬世之祀。又子夏、子張輩，當時嘗欲以事孔子者事有若。至於曾子雖曰『有若不足以當』，要之子游輩，亦非胸中全無皂白者，有子亦必優於子游輩故也。而今陞顔子在四配，乃進子張，抑有若，又不去冉子，要皆未能帖服萬世士人之心也。」虚齋此説，實萬世之公論，實前人所未發，故特表出之。

○孟子曰：「存乎人者，莫良於眸子，眸子不能掩其惡。胸中正，則眸子瞭焉；胸中不正，則眸子眊焉。眸，音牟。瞭，音了。眊，音耄。

良，善也。眸子，目瞳子也。瞭，明也。眊者，蒙蒙，目不明之貌。蓋人與物接之時，其神在目。故胸中正，則神精而明；不正，則神散而昏。慶源輔氏曰：「心正，則安裕完固，故其神之見於目者，精聚而明白。心不正，則驚惕掩覆，故神之見於目者，渙散而昏暗。此其所謂不能掩者也。」○自體察之可見。神若不在，則目雖見物，猶無見也，都不能有所識別矣。附《蒙引》：言最好是眸子，眸子最好觀人也，主觀人言。「存乎人者」，謂耳目口鼻，手足動静，皆是存乎人者，但莫良於眸子耳。○《存疑》：眸子不能掩其惡，正是其良處。「胸中正，則眸子瞭焉；胸中不正，則眸子眊焉。」正不能掩其惡也，下遂承言眸子不能掩其惡。如觀人者，若聽其言，又觀其眸子，則人之善惡不能匿矣。

聽其言也，觀其眸子，人焉廋哉。」焉，於虔反。廋，音搜。

廋，匿也。言亦心之所發，故并此以觀，則人之邪正不可匿矣。然言猶可以僞爲，眸子則有不容僞者。南軒張氏曰：「聽其言，而又參之以眸子，則無所遁矣。此言與孔子『人焉廋哉』之言同，而爲説則異。夫子之言，爲旋觀其人説。孟子之言，一見而欲識其大綱也。若夫睟面盎背，施於四體，四體不言而喻者，則望而知其爲德，人有不待考察者矣。學者讀此，非獨可得觀人之法，又當知撿身之要。私心邪氣，其可頃刻而有邪。一萌諸中，而昭昭然不可掩矣，可不懼哉。」○西山真氏曰：「目者，精神之所發；而言者，心術之所形。故審其言之邪正，驗其目之明昧，而人之賢否，不可掩焉。此觀人之一法也。」○勿軒熊氏曰：「孔子之觀人，是觀乎其内，孟子是觀乎其外。二章互看，君子小人之情狀，不可逃矣。」○新安陳氏曰：「趙氏注『目爲神候，精之所在。存而察之，善惡不隱』，蓋以『在』、『察』解『存乎人』之『存』字。然以《易·繫辭》『存乎其人』、『存乎德行』之類觀之，只輕輕説過，不必訓爲察也。」附《蒙引》：不知言，無以知人也，古人已發之矣。但眸子之足以觀人，前此未有發之者，而孟子獨得此法，以鑑人物，故言之以曉人云云。○夫言之足以知人也，固矣。而眸子尤足以知人，故既聽其言，而又并眸子觀之，則人焉廋哉，此章意重在眸子。

○孟子曰：「恭者，不侮人。儉者，不奪人。侮奪人之君，惟恐不順焉，惡得爲恭儉。恭儉，豈可以聲音笑貌爲哉。」惡，平聲。

惟恐不順，言恐人之不順己。聲音笑貌，僞爲於外也。雙峰饒氏曰：「孟子就侮人、奪人上説，見得非泛言，恭儉亦是爲國君言之。當時國君，必有名爲恭儉者，但無故而加兵於他人之國，便是侮人；無故而取人之土，便是奪人。安得謂之恭儉？」○雲峰胡氏曰：「孟子嘗言賢君必恭儉禮下，取於民有制。蓋惟恭者，必禮下而不侮人。儉者，必取民有制而不奪人。不侮者，恭之驗。不奪者，儉之驗。否則，惟恐人不順己，驕侈之欲耳。《書》曰：『恭儉惟德，無載爾僞。』不侮、不奪者，恭儉之實事，不以聲音笑貌爲者，恭儉之實德。有是實德，則有是實事，無恭儉之實德，則聲音笑貌載爾僞耳。天理人欲之分，誠實虚僞之判也，其亦擴天理而遏人欲與。」附《蒙引》：「惟恐不順焉」，言惟恐少拂吾意也，明其無紀極也。○當時之君，有致飾於儀容度數之間，自以爲恭儉，而無恭儉之實德也。蓋在其本國也，則不能以禮接下，不能取民以制，是爲侮奪人矣，安得爲恭儉。其於鄰國也，則無故而加之以兵，無故而侵其土地，是亦爲侮奪人矣，安得爲恭儉。故孟子正其實而言之曰云云。○《淺説》：有恭儉之實德者，必有恭儉之實事。恭者，必禮下而不侮人。儉者，必取民有制而不奪人。若侮人之君，惟恐人之不順其侮，名雖爲恭，烏得爲恭。奪人之君，惟恐人不順其奪，名雖爲儉，烏得爲儉。然則恭儉貴於有其實，而豈可以聲音笑貌爲哉。僞爲於外，欲以取恭儉之美名，而其實事已昭昭於人之耳目，而不可掩。雖欲欺人，其可得乎。

○淳于髡曰：「男女授受不親，禮與？」孟子曰：「禮也。」曰：「嫂溺則援之以手乎？」曰：「嫂溺不援，是豺狼也。男女授受不親，禮也。嫂溺，援之以手者，權也。」與，平聲。援，音爰。

淳于，姓。髡，名。齊之辯士。授，與也。受，取也。古禮男女不親授受，以遠去聲。別必列反。也。禮之經也。○《禮記·內則》：「男不言內，女不言外。非祭非喪，不相授器。其相授，則女授以篚。其無篚，則皆坐奠之，而後取之。」援，救之也。權，稱去聲。錘直垂反。也。稱平聲。物輕重，而往來以取中者也。此釋「權」字之義。權而得中，是乃禮也。朱子曰：「事有緩急，理有大小，此等處皆須以權稱之。」○北溪陳氏曰：「權字，乃就稱錘上取義。稱錘之爲物，能權輕重以取平，故名曰權。權，變也。在衡有星兩之不齊，權便移來移去，隨物以取平，亦猶人之用權度，揆度事物以取其中相似。」又曰：「知中然後能權，由權然後得中。中者，理所當然，而無過不及者也。權者，所以度事理而取其當然，使無過不及者也。」○慶源輔氏曰：「若是經禮，更何須權。惟是那經禮有行不得處，故須用權以取中。權而得中，是乃禮也。若權而不得中，則陷乎漢儒權變、權術之域矣，豈可謂之權乎。」○新安陳氏曰：「此乃禮之權，而不背乎經者也。」附《蒙引》：髡此問，與上篇陳代彭更之意同。髡欲諷孟子用權，特先以禮發其端。○「禮」與「權」二字，淳于髡亦知有此二字，但此二字有正道邪説之分。蓋權與經雖有辨，其實權不離經，權所以濟經也，故曰「權而得中，是乃禮也」。只是於事之常者，用常禮。事之變者，用變禮。權，只是禮之變者，非有背乎禮，乃委曲以成乎禮也，故曰權非體道者不能也。淳于髡見孟子直己守道，不肯少屈身以伸道，以爲知有禮，不知有權，則是以權爲禮外物也。即此便是邪説，與古人所謂權者，差毫釐而謬千里矣，此一字最難認。○禮是常行之道，權是處變時所當行之道。○「遠別」二字，是連綿字，非遠乎別也，猶云辨別也。或云遠嫌別疑也，亦通。○權，稱錘也。用其意，不徇其字也，故繼之曰「稱物輕重，而往來以取中」也。以此見所謂「顧謂常目在之也」、「温，謂燖温之温。謂故學之矣，復時習之也」、「揆，度也，言度之，而其道無不同也」，此類俱要以意逆志。○顧麟士曰：「既曰『不相受器』，又曰『其相授』，明頂喪祭。」

曰：「今天下溺矣，夫子之不援，何也？」

言今天下大亂，民遭陷溺，亦當從權以援之，不可守先王之正道也。

曰：「天下溺，援之以道。嫂溺，援之以手。子欲手援天下乎？」

言天下溺，惟道可以捄與救同。之，非若嫂溺可手援也。今子欲援天下，乃欲使我枉道求合，則先失其所以援之之具矣。是欲使我以手援天下乎？○此章言直己守道，所以濟時。枉道徇人，徒爲失己。朱子曰：「古人所以捄世，以有道也。既自放倒矣，天下豈一手可援哉。」○南軒張氏曰：「不授受，固禮之經。嫂溺，則遭變矣。援以手者，遭變而處之之道，當然也。不援則失道，而陷於禽獸。然則其權也，豈非所以爲不失其經也與。髡因言孟子在今日，似當少貶其道，用權以救世。孟子謂天下之溺，當援以道，若道先枉，則將何以援之。孟子之不少貶以求濟，是乃援溺之本天下之大經也。」《通旨》朱氏公遷曰：「專以處變之權言之，此於常道不可行之時，然後用權以通之。如湯武之放伐，伊尹之放廢，周公之誅管叔，大舜之不告而娶，是皆權之大者，異乎經而不離乎經也，不可常者也。淳于髡欲論出處，乃以嫂溺援手而爲喻，是豈切當之論乎。」附《存疑》：孟子所謂權，在道之內。髡所認權，在道之外。事處其變，常道不可行，於是因而通之，而初不失乎道，是謂在道之內。事處其變，常道不可行，遂越常道以濟事功，是謂在道之外。○使孟子而從權以援天下，如淳于髡之所云，則是戰國之士，權謀術數之所爲。援天下之具先失矣，何足以援天下。

○公孫丑曰：「君子之不教子，何也？」

不親教也。

孟子曰：「勢不行也。教者必以正。以正不行，繼之以怒。繼之以怒，則反夷矣。夫子教我以正，夫子未出於正也，則是父子相夷也。父子相夷，則惡矣。

夷，傷也。教子者，本爲去聲。愛其子也。繼之以怒，則反傷其子矣。父既傷其子，子之心又責其父曰「夫子教我以正道，而夫子之身未必自行正道」，則是子又傷其父也。附《蒙引》：少讀此章，每疑孟子全以情論，而不根據天理。既而熟讀數遍，只爲「勢不行也」一「勢」字而解，何則？父之教子，理也。而其不親教者，勢也。理無不可，而勢則或者不行故也。非謂但處父子，皆不可親教也。父賢而子又賢，何須必易而教。○「夫子教我以正，夫子未出於正也」，此亦爲常人之爲父子者言。若聖賢自無此事，然聖賢實多不親教。蓋非慮其謂「夫子未出於正也」，亦恐未免有正不行處。

古者易子而教之。

易子而教，所以全父子之恩，而亦不失其爲教。朱子曰：「易子而教，考之孔子亦然。若孔子自教其子，則鯉所未學，必有以知之，又奚問焉。陳亢稱君子遠其子，亦可見也。」附《蒙引》：其爲此律，正爲父未必皆賢父，子未必皆孝子也。蓋亦以危心處之，若父子責善，則危道矣。危心者，正所以求免於危道。危道者，其初心不知有危。○朱子亦嘗送其子往婺源從學。

父子之間不責善。責善則離，離則不祥莫大焉。」

責善，朋友之道也。龜山楊氏曰：「父子之間雖不責善，豈不欲其爲善。然必親教之，其勢必至於責善。」○南軒張氏曰：「養恩於父子之際，而以責善望之師，仁之篤而義之行也。」○新安陳氏曰：「父子主恩，朋友責善，當主恩而行責善，則傷恩而易至於離矣。」附《存疑》：「父子之間不責善」一條，意思與上文一般，是引成語爾。○王氏曰：「父有争去聲，下同。子，何也？所謂争者，非責善也，當不義則争之而已矣。父之於子也如何？曰：當不義，則亦戒之而已矣。」慶源輔氏曰：「王氏最得孟子之正意。責善，謂責之使必爲善也。責之使必爲善，則便有使之損其所能，去其所劣之意，故必至於相傷。至其所爲，或背理而害義，則豈可坐視而不管。故在子則當争，在父則亦當戒勉之也。」○雙峰饒氏曰：「王荆公所謂『争』，則下氣怡聲，和悦以争之。所謂『戒』，亦訓敕之而已。」○新安陳氏曰：「父之於子，正身率之，以責善望師友固也。然遇不賢之子，不得已亦當自教戒之。若懼傷恩而全不教戒，及其不肖，徒諉曰『其子之賢不肖皆天也』，此所謂慈而敗子矣。孟子之言，經也。此所云，權也。權以濟經，非反乎經也。」

○孟子曰：「事孰爲大，事親爲大。守孰爲大，守身爲大。不失其身，而能事其親者，吾聞之矣。失其身，而能事其親者，吾未之聞也。

守身，持守其身，使不陷於不義也。一失其身，則虧體辱親，雖日用三牲之養，去聲。亦不足以爲孝矣。新安陳氏曰：「初言事君、事長，皆事也，事親爲事之大；守國、守官，皆守也，守身爲守之大。二者分開平説，繼言不失身，則能事親，二貫爲一。分重輕説，不失其身，即是守身，能守身，方能事親。此與前章，説親在於誠身，同意。」**附**《蒙引》：「虧體辱親」，自是兩意。如云「身體髮膚，受之父母，不敢毁傷。父母全而生之，子全而歸之」，此不虧其體之謂也。如云「將爲善，思貽父母令名，必果。將爲不善，思貽父母羞辱，必不果」，此不辱其親之謂也。

孰不爲事？事親，事之本也；孰不爲守？守身，守之本也。

事親孝，則忠可移於君，順可移於長。上聲。○新安陳氏曰：「此事親所以爲事之本。」身正，則家齊、國治去聲。而天下平。新安陳氏曰：「此守身所以爲守之本。」○「事之本」、「守之本」，❶照應章首四句。分二者平説，惟其爲本，所以見其爲大。**附**《蒙引》：「孰不爲事」、「事之本也」，此二「事」字，與凡所謂「事物」之「事」稍不同，乃「服事」之「事」也。

曾子養曾皙，必有酒肉。將徹，必請所與。

❶「守」，原作「事」，今據哈佛本改。

問有餘，必曰『有』。曾晳死，曾元養曾子，必有酒肉。將徹，不請所與。問有餘，曰『亡矣』。將以復進也，此所謂養口體者也。若曾子，則可謂養志也。養，去聲。復，扶又反。

此承上文事親言之。曾晳，名點，曾子父也。曾元，曾子子也。曾子養其父，每食必有酒肉。食畢，將徹去，必請於父曰「此餘者與誰」。或父問此物尚有餘否，必曰「有」，恐親意更欲與人也。曾元不請所與，雖有言無，其意將以復進於親，不欲其與人也，此但能養父母之口體而已。曾子則能承順父母之志，而不忍傷之也。南軒張氏曰：「守身，所以事親也。身失其道，將何以事親。反復言之，欲人以守身爲事，親之本也。若曾子者，可謂能盡守身事親之道者矣。故舉其養志之事，以爲人子之法。」○慶源輔氏曰：「養父母之口體者，其事淺；承順父母之心志者，其思深。夫子之於父，異體同氣，至親至密。故事之者，當先意承事，必能聽於無聲，視於無形，然後爲至。若必待其言而後從，固已不可，況於先立其意，以拂其親之欲，唯口體是養，而不恤其心志之虧乎。」○雙峰饒氏曰：「曾子養志，是承順他好底意思。曾晳不私其口體之奉，常有及物之心，這便是好底意思，曾子便能承順他。蓋緣曾子意思，亦是如此。曾元便不然矣。孟子舉『必有酒肉』，以爲養親之法。凡有好底意思，皆要承順而推廣之。若是不好底意思，則不當承順。要諭之使合於道，方謂之孝。孟子舉曾子、曾元，作兩箇例頭。是事親者，須是養志。若養口體，末也。」○新安陳氏曰：「此章前以守身爲事親之本，所以論其理。及後實之以事，則惟舉曾子之事親，而守身不及焉。雖曾子之戰兢臨履，得正而斃，尤善守身，而辭未之及。《集註》於此一節，只曰『此承上文事親言之』。然觀曾子養志如此，惟恐一毫咈其親之志。欲子之不失其身，尤父之志之大者。一飲食間，尚體承親志如此，則立身行己間，所謂『身也者，親之枝也』，行父母之遺體，敢不敬乎。其能謹守此身，以承親志，不言可知矣。南軒謂『曾子能盡守身事親之道，故舉其養志之事』者，最爲得之云。」○《蒙引》：「曾子養曾晳」一條，其旨歸在事親。「若曾子者可也」，不必粘着守身説。蓋事親本於能守身，此意上段發之已盡矣，不復用贅矣。故下言「事親，事之本也」，「守身，守之本也」，再不用以「守身」與「事親」交言之。此段特舉曾子之養志，以示人子事親之法。蓋養志，實事親之大綱要也。○《存疑》：既明事親守身之大，又除守身不道，而言曾子之養親，以示事親之則也。過文當云：事親爲事之大，如此事親之道何如，觀之曾子可見矣。○看來此章大旨，只重在事親上，其言守身，特爲事親之本爾。故既以事親與守身平説，復歸本於守身，又舉曾子以爲事親之則，是皆爲事親而發也。○《蒙引》：「必請所與」，見在盤殽之餘也。「問有餘，必曰有」，又所餘在竈厨未出者也。○《存疑》：養志，要不專在於飲食。凡繼志述事之類，皆是。舉飲食，以示例爾。

事親若曾子者，可也。」

言當如曾子之養志，不可如曾元但養口體。程子曰：「子之身所能爲者，皆所當爲，無過分去聲。之事也。故事親若曾子，可謂至矣，而孟子止曰『可也』，豈以曾子之孝爲有餘哉。」程子曰：「孟子云『事親若曾子，可也』，吾以爲事君若周公可也。蓋子之事父，臣之事君，聞有自知其不足者矣，未嘗聞其以爲有餘也。周公之功固大矣，然臣子之分所當爲也，安得獨用天子之禮乎。」又曰：「子之事父，其孝雖過於曾子，畢竟是以父母之身做出來，豈是分外事。若曾子者，僅可以免責耳。臣之於君，猶子之於父也，假如功業大於周公，亦是以君之人民勢位做出來，而謂人臣所不能爲，可乎？」○慶源輔氏曰：「孟子只平説去，曰『事親若曾子，可也』，至程子方看得『可也』二字有深意。以此知讀書，不可不熟讀玩味。」○新安陳氏曰：「此章前言守身爲事親之本，後言養志爲養親之大。」附《淺説》：「可也」，許之辭。程子説「可也」，意在言外。

○孟子曰：「人不足與適也，政不足閒也。惟大人爲能格君心之非。君仁莫不仁，君義莫不義，君正莫不正，一正君而國定矣。」

適，音謫。閒，去聲。

趙氏曰：「適，過也。閒，非也。格，正

也。」徐氏名度，字孝節，睢陽人。曰：「格者，物之所取正也。《書》曰：『格其非心。』」朱子曰：「格，如合格之格，謂使之歸於正。」○蔡氏曰：「非心，非僻之心也。」愚謂「閒」字上，亦當有「與」字。言人君用人之非，不足過讁。與讁同。行政之失，不足非閒。惟有大人之德，則能格君心之不正以歸於正，而國無不治去聲，下同。矣。新安陳氏曰：「仁本義用，正包仁義言之，仁義所以正也，《集註》所以不提仁義。」大人者，大德之人，正己而物正者也。朱子曰：「大人格君心之非，此是精神意氣，自有感格處。然亦須有箇開導底道理，不但默默而已。伊川解『遇主於巷』云『至誠以感動之，盡力以扶持之。明理義以致其知，杜蔽惑以誠其意』，正此意也。」《通旨》❶朱氏公遷曰：「『大人者，不失其赤子之心』，『大人者』止『惟義所在』，『非禮之禮』止『大人弗爲』，『惟大人，爲能格君心之非』，『有大人者，正己而物正者也』，此『大人』，皆以德言，爲聖人之稱。『格君心之非』，『正己而物正』者，主爲人臣者而言。其餘，則兼通上下而言。」附《存疑》：人所以不足與適，政所以不足與閒，以本原都在心上。本原不正，末流能正得幾多。故不若姑置末流，只就本原上理會。「格君心之非」，正在本原上理會，而非有大人之德，亦莫之能也。故曰「惟大人，爲能格君心之非」。大人格君心之非，正己而物正者也。「莫不仁」，「莫不義」，指用人行政說。用人、行政，何處見得是仁義。仁者，無私心者也。義者，事理之宜也。正，只是仁義。「一正君而國定」，又是再開一步說。「一正君」，包上「君正莫不正」意。國定，則其效也。○《淺說》：君心既仁，則用人行政，皆無私而莫不仁。君心既義，則用人行政，皆合宜而無不義。「君仁莫不仁」，「君義莫不義」，是「君正莫不正」也。大人一正君而國自定矣，何必屑屑於用人行政之閒，而費却心力也哉。

○程子曰：「天下之治亂，繫乎人君之仁與不仁耳。心之非，即害於政，不待乎發之於外也。昔者孟子三見齊王而不言

❶「旨」，原作「渭」，今據本書文例改。

事，門人疑之。孟子曰：『我先攻其邪心，《荀子・大略篇》：「孟子三見齊王，而不言事。門人曰：『曷爲三過齊王而不言事？』孟子曰：『我先攻其邪心。』」心既正，而後天下之事可從而理也。』夫音扶。政事之失，用人之非，知去聲。者能更平聲，下同。之，直者能諫之。然非心存焉，則事事而更之，後復扶又反，下同。有其事，將不勝平聲，下同。其更矣。人人而去去聲，下同。之，後復用其人，將不勝其去矣。是以輔相去聲。之職，必在乎格君心之非，然後無所不正。而欲格君心之非者，非有大人之德，則亦莫之能也。」朱子曰：「孔子不能格定、哀，孟子不能格齊宣，要之有此理在我，而在人者不可必。」○南軒張氏曰：「後世道學不明，論治者，不過及於人才政事而已。孰知其本在於君心，又孰知格君之本，乃在於吾身乎。」○慶源輔氏曰：「《集註》解得格字義分曉。所謂大人者，道全德備，譽望足以弭其邪心，容色足以消其逸志，非但取辨於頰舌之間、諫争之際而已也。然無大人之德與學，而有言責者，則又不可以是藉口。」○雙峰饒氏曰：「大人，是伊周之徒，他人當不得。」

○孟子曰：「有不虞之譽，有求全之毁。」

虞，度徒洛反。也。吕氏曰：「行去聲。不足以致譽，而偶得譽，是謂不虞之譽。求免於毁，而反致毁，是謂求全之毁。言毁譽之言，未必皆實。脩己者，不可以是遽爲憂喜。觀人者，不可以是輕爲進退。」慶源輔氏曰：「《集註》既得孟子本意，又續以此二言，於人己兩有所益。」○雙峰饒氏曰：「我去譽他人之譽，平聲。得此譽於他人，去聲。譽本是美人之好處，但對毁字説，則二者皆有不得其真之意。」○雲峰胡氏曰：「毁譽已自是非真。況脩己而遽以是爲憂喜，必至於失己；觀人而輕以是爲進退，必至於失人。」附《存疑》：孟子説此兩句，是欲人於毁譽上斟酌，不可一概信之也。注以脩己、觀人者發之，意已足矣。輔氏説不是。

◯孟子曰：「人之易其言也，無責耳矣。」易，去聲。

人之所以輕易其言者，以其未遭失言之責故耳。蓋常人之情，無所懲於前，則無所警於後。非以爲君子之學，必俟有責而後不敢易其言也。然此豈亦有爲去聲。而言之與？音余。◯慶源輔氏曰：「謹言語，自是君子之庸行，何待於有責而後然。」

◯孟子曰：「人之患，在好爲人師。」好，去聲。

王勉曰：「學問有餘，人資於己，不得已而應之可也。若好爲人師，則自足而不復扶又反。有進矣，此人之大患也。」新安陳氏曰：「『不得已』者，不自知其有餘，無意於爲人師，而人自師之。『好』云者，自見其有餘，有意於爲人師，而人未必心悅誠服以師之。」◯雲峰胡氏曰：「通上章兩『人』字，爲泛然之衆人而言也，與《大學》『正心』、『脩身』兩章之『人』字不異。」《通旨》朱氏公遷曰：「爲好爲人師者言之，《論語》不言爲師之道，孟子自是儆戒學者之辭。蓋師莫病止於記問，學莫病易於自足。自足者，且不足爲學，況可爲人師乎。」附《蒙引》：夫學問者，終身之事也。雖至聖人之域，亦不可有自足之心。◯《存疑》：此古今之通患也。然孟子之所患，己之患也。今之爲詭異之學者，一見其師，未得其所以言，便號召生徒高坐妄談，其患不但在己而已。

◯樂正子從於子敖之齊。

子敖，音遨。王驩字。

樂正子見孟子。孟子曰：「子亦來見我乎？」曰：「先生何爲出此言也？」曰：「子來幾日矣？」曰：「昔者。」曰：「昔者，則我出此言也，不亦宜乎？」曰：「舍館未定。」曰：「子聞之也，舍館定，然後求見長者乎？」長，上聲。

昔者，前日也。館，客舍也。王驩，孟子所不與言者，則其人可知矣。樂正子乃從之行，其失身之罪大矣。又不早見長者，則其罪又有甚者焉。故孟子姑以此責之。新安陳氏曰：「從小人爲失身，一罪也。不早見長者，又一罪也。孟子且以後一罪責之。」附《蒙引》：當時孟子本怪其以餔啜，而從子敖之齊，然姑且以不早見長者而責之。及樂正子受責曰「克有罪」，然後孟子乃正其罪而責之。不然，彼既不能受責，而我直責其餔啜，則徒速其離心，而或以吾言達之子敖，益多吾之敵，聚吾之怨耳。可見聖賢自有術。○《存疑》：樂正子曰「昔者」，意其來未久也。孟子曰「昔者，則我出此言也，不亦宜乎」，謂其來已久也。

曰：「克有罪。」

陳氏曰：「樂正子固不能無罪矣，然其勇於受責如此，非好去聲。善而篤信之，其能若是乎。世有强辨飾非，聞諫愈甚者，又樂正子之罪人也。」新安陳氏曰：「樂正子，善人也，信人也，所以能好善而篤信之。爲好善篤信，所以勇於服義，自以爲罪，不可尚也。」附《蒙引》：其勇於受責，固可取，然猶未悟其從於子敖之非也，所以有待於下章之言。

○孟子謂樂正子曰：「子之從於子敖來，徒餔啜也。我不意子學古之道，而以餔啜也。」餔，博孤反。啜，昌悅反。

徒，但也。餔，食也。啜，飲也。言其不擇所從，但求食耳，此乃正其罪而切責之。朱子曰：「王驩，齊幸臣。蓋欲自託於孟子以取重，使滕王以爲介，孟子未嘗與言。吊公行，子又不與言，絶之深矣。樂正子不察，輕身從之，意特藉其資糧輿馬，以見孟子而已，故以餔啜罪之。若孟子所以去齊，其詳雖不可考，疑驩以是積憾而遂去也。」○南軒張氏曰：「克既館於子敖，則未免制於子敖，故舍館定，始得見其師。觀此二章，則知君子之處己不可以不嚴，而所與不可不謹也。」○雙峰饒氏曰：「此二章只一件事。樂正子方來，孟子不欲便責之，後卻正其罪，所以分作兩章。樂正子初意，只欲來齊見孟子，依王驩來，省糧食之費，視爲無要緊事。殊不知一失身從之，便是因失其親，將來王驩或薦引之，則那時去就愈難處，孟子所以切責之。」○趙氏曰：「樂正子能勇於受責，然後孟子正其罪而切責之，所謂可與言，而後與之言者也。」

○孟子曰：「不孝有三，無後爲大。

趙氏曰：「於禮有不孝者三事：謂阿意曲從，陷親不義，一也；家貧親老，不爲禄仕，二也；不娶無子，絶先祖祀，三也。三者之中，無後爲大。慶源輔氏曰：「此必見於古傳記，趙氏時其書尚存，故引之，今則不復存矣。『阿意曲從，陷親不義』者，懦也。『家貧親老，不爲禄仕』者，惰也。『不娶無子，絶先祖祀』，則因循苟且，亂常咈理，不仁之甚也。故於三者之中，最爲不孝之大者。」○雙峰饒氏曰：「此三者，不是尋常不孝底事。奉順，孝也，但阿意曲從，陷親於不義，則不可。非其道不仕，孝也，家貧親老而不禄仕，則不可。告而後娶，孝也，但告則不得娶，以至無子絶祀，則不可。趙氏以意度説自好，所以朱子不破其説。」附《蒙引》：「於禮有不孝者三事」，皆是正路上差了脚步者，與世俗所謂不孝者五不同。此章之言，義之精者也。蓋不違其親，孝也，「阿意曲從，陷親不義」，則不孝矣。自重難進，敬身爲大，孝也，「家貧親老，不爲禄仕」，則不孝矣。或不得乎親，或家貧之甚而不急於娶，孝也，然「不娶無子，絶先祖祀」，則不孝矣。○按饒氏作「趙氏意度之説」，似亦太説殺了，不如輔氏從容。且不娶無子，坐定告則不得娶者，亦太説殺。

舜不告而娶，爲無後也，君子以爲猶告也。」

「爲無」之「無」，去聲。

舜告焉則不得娶，而終於無後矣。告者，禮也。不告者，權也。新安陳氏曰：「告者，禮之正也，經也；不告者，禮之變也，權也。」猶告，言與告同也。蓋權而得中，則不離去聲。於正矣。○范氏曰：「天下之道，有正有權。正者，萬世之常；權者，一時之用。常道人皆可守，權非體道者不能用也。」新安陳氏曰：「體道，謂全體此道於身，與道爲一者也。」蓋權出於不得已者也。若父非瞽瞍，子非大舜，而欲不告而娶，則天下之罪人也。程子曰：「舜不告而娶，堯得以命瞽瞍使舜娶。舜雖不告，堯告之也，以君召之而已。」○朱子曰：「以事理度之，意其未及告而受堯之命耳，其後固不容不告而遂娶以歸也。」○新安倪氏曰：「人之大倫，君親爲重。湯放桀，武王伐紂，而孟子謂『聞誅一夫，未聞弑君』，此處君臣之變，而不失其正者也。舜不告而娶，而孟子謂『君子以爲猶告』，此處父子之變，而不失其正者也。然惟聖人體道之至，乃能權而得中，若未能然而欲引以藉口，則誠得罪於天下萬世矣。故《集註》於前章曰『惟在下者有湯武之仁，在上者有桀紂之暴，則可。不然，是未免於簒弑之罪也』，於此章曰『若父非瞽瞍，子非大舜，而欲不告而娶，則天下之罪人也』，皆所以補《孟子》未足之意，嚴萬世之大戒，而扶植君臣父子之綱。《集註》之有功於世教也，大矣。」附《蒙引》：「君子以爲猶告也」，此句務要究其實。蓋告而娶，孝也。不告而娶，以無絶其先祖祀，亦同歸於孝也，故曰「君子以爲猶告」，故曰「權不離正」。○此章「不告而娶」云云，只可論理，要非實事。蓋戰國時人多好事，處士常妄言，如曰「孔子主癰疽侍人」，曰「百里奚自鬻於秦」，曰「伊尹割烹要湯」，曰「舜不告而娶」，此類蓋甚多也。孟子大概亦隨所聞，而以義理及己意評斷之，不及一一覆其妄耳。又如焚廩浚井、二嫂治棲之言，尤爲乖妄不足信，孟子亦只據理斷將去，俱不暇覈其言之妄。至於瞽瞍殺人之問，亦只告以竊負而逃之理，要之亦未必當於事實也。按《尚書》舜既克諧以孝，瞽瞍允若，然後四岳舉之，堯乃妻之，則當無不告而娶之事。縱使瞽瞍未底豫，然以人情言，彼頑嚚之人，一聞帝顯用其子，而以帝女爲之婦，彼亦無不沾彼福澤之理，庸有不皤然懽喜者乎，而又何至畜怒藏怨，不樂其娶帝女而欲禁之哉。孟子之言，要之但可立萬世人子之順耳。

○孟子曰：「仁之實，事親是也；義之實，從兄是也。

仁主於愛，而愛莫切於事親；義主於敬，而敬莫先於從兄。故仁義之道，其用至廣，而其實不越於事親從兄之閒。蓋良心之發，最爲切近而精實者，有子以孝弟爲爲仁之本，其意亦猶此也。朱子曰：「實字，有對名而言者，謂名實之實；有對理而言者，謂事實之實；有對華而言者，謂華實之實。今這實字，正是華實之實。仁之實，本只是事親，推廣之，愛人利物，無非是仁；義之實，本只是從兄，推廣之，弟長忠君，無非是義。事親從兄，便是仁義之實，推廣出去者，乃是仁義之華采。」○實對華而言，凡仁義之見於日用者，惟此爲根本精實之所在。必先立乎此，而後其光華枝葉，有以發見於事業之閒焉。且如愛親、仁民、愛物，無非仁也。但是愛親，乃是切近而真實者，乃是仁最先發處，義之實亦然。○覺軒蔡氏曰：「有子以孝弟爲仁之本，孟子乃以事親屬之仁、從兄屬之義，若不同矣。朱子乃以爲其意亦猶此，何耶？蓋有子言仁，專言之仁也。孟子言仁義，偏言之仁也。事親，主乎愛而已，義則愛之宜者也，合而言之，推其事親者以從兄，此孝弟所以爲爲仁之本。分而言之，則事親而孝，從兄而弟，所以爲仁義之實也。」○西山真氏曰：「仁義之道大矣，而其切實處只在事親從兄。蓋二者人之良知、良能，天性之真於焉發見。欲爲仁義者，惟先體認踐行於此而充廣之，則其道生生而不窮。否則悠悠然，泛泛然，非可據之實地矣。」○勿軒熊氏曰：「此實字之訓，當如果核之實。」○新安陳氏曰：「洙泗言仁，孟氏始每言仁義。言仁，渾淪言之，言其理一者也，故總言孝弟以明親親，見親親爲仁民愛物之本也。言仁義，分別言之，言理一中之分殊者也。故以事親爲仁之實，從兄爲義之實也。《集註》謂有子之意，亦猶此者，蓋以本立於孝弟，而仁道自此而生，與仁義之實盡於事親、從兄，而仁義之道，其華采亦皆自此而生，此意有相似者耳。」附《淺説》：天下之道，惟仁與義而已。故仁之爲道，其用至廣，凡所當愛者，無不愛也。然是愛心之發，最爲切近而精實者，惟在於事親。能事親，則仁民愛物，特從此而推廣之耳，是事親爲仁之實也。義之道，其用亦至廣，凡所當敬者，無不敬也。然是敬心之發，最爲切近而精實者，惟在於從兄。能從兄，則敬長尊賢特從此而推廣之耳，是從兄爲義之實也。可見天下之道，皆原於孝弟矣。○《蒙引》：仁義之道，其用至廣，而其實不越乎事親從兄之閒。往常俱以「用」字對「實」字看，不知事親從兄，本亦用也。但用中之實者，則在事親從兄。○「切近精實」四個字，要得明白，「爲仁之本」「本」字便該有此意。今人作破題，以行仁之始破「本」字，是但得其「切近」處，不得其「精實」字意也。然「實」不可以「精實」字當「本」字，故曰「意亦猶此」。○「仁之實」，如「穀實」、「果實」之「實」，有生道焉，故曰「天下之道皆原於此」，又曰「有子以孝弟爲爲仁之本，其義亦猶此也」。

智之實，知斯二者弗去是也；禮之實，節文

斯二者是也；樂之實，樂斯二者，樂則生矣。生則惡可已也，惡可已，則不知足之蹈之，手之舞之。」「樂斯」、「樂則」之「樂」，音洛。惡，平聲。

斯二者，指事親從兄而言。知而弗去，則見之明，而守之固矣。節文，謂品節文章。樂則生矣，謂和順從七容反。容，無所勉强，上聲。事親從兄之意，油然自生，如草木之有生意也。既有生意，則其暢茂條達，自有不可遏者，所謂惡可已也。其又盛則至於手舞足蹈，而不自知矣。新安陳氏曰：「手舞足蹈，天理之真樂，形見於動容之閒，而不自知者也。」《通考》朱氏公遷曰：「此章及『人之所不學而能者』章，言孝弟皆以天性言。自良心所發而言，則仁義之道，莫先乎事親、從兄也。自人心所同而言，則仁義之道，在於親親、敬長也。又按此章言仁義之實，爲道之根本，而智、禮、樂在其中。故悉言之，使人於斯二者，知所勉也。一章言親親、敬長之心，出於同然，而即所以爲仁義之道。故極言之，使人信之而不疑也。」○此章言事親、從兄，良心真切，天下之道，皆原於此。然必知之明而守之固，然後節之密而樂之深也。朱子曰：「此一段緊要在五個『實』字上。如仁是親親、仁民、愛物，義是長長、貴貴、尊賢。然在家時未便到仁民愛物，未事君時未到貴貴，未從師友時未到尊賢，且須先從事親從兄上做將去，這個便是仁義之實。仁民愛物，貴貴尊賢，便是仁義之英華。若理會得這個，便知得其他。那分明見得，而守定不移，便是智之實。行得恰好，便是禮之實。由中而出，無所勉强，便是樂之實。大凡一段中，必有緊要處，這一段便是這個『實』字要緊。」○問「樂則生矣，生則惡可已也」。曰：「如今恁地勉强安排，如何得樂。到得常常做得熟，自然浹洽通快，周流不息，油然而生，不能自已。只是要到樂處，實是難在若只恁地把捉安排，纔忘記又斷了，這如何得樂，如何得生。」○節者，等級也。文是裝裹得好，如升降揖遜之類也。○蔡氏曰：「既曰『知斯二者』，又曰『弗去』者，《易》曰『貞固足以幹事』，貞、固二字，朱子云『知正之所在，而固守之，所謂知而弗去是也』。體仁、嘉會、利物皆一意，而貞固獨有二字意。貞則知之貞，固則守之固。蓋萬物之成始而成終，所以爲貞也。惻隱、羞惡、辭遜，皆是一面道理，而是非獨有兩面，則智之爲二可知矣。又推之凡屬北方者，皆有二。如五行，水土俱旺於子。五臟，心、肝、脾、肺皆一，而腎獨二。四方，青龍、朱雀、白虎皆一，而玄武獨二。造化之妙，莫不皆然，此貞之所以成終而作始，智之所以知之而又弗去也。但孟子此章只以仁義爲本，而又以事親、從兄爲行仁義之本。蓋事親、從兄，乃良心之發，最爲切近而精實者也。智則吾心虛靈知覺之妙，經緯乎其中者也。終之以禮樂，又所以節之樂之，使良心之發，油然生生而不能自已者也。若智之知而弗去，與禮之節文，猶是守之也。到得樂則生，而不知手舞足蹈，則化之矣，此學問之極功也。」○慶源輔氏曰：「知既明，則自然弗去，如人知水火之不可蹈，則自然不蹈也。人既知親之當愛，兄之當敬，孰肯舍其親而不愛，舍其兄而不敬者。其有不愛不敬者，蓋其智爲物昏，而知之不明非智矣。事親自有事親之節文，從兄亦然，粗言之，如溫清定省、徐行後長之類，各有品節文理，便是禮之實。不知手舞足蹈，此聖人之作樂，所以必有舞也。樂之之意，至於充盛之極，則不假言說，心意自然形見，血脉自然流溢，手舞足蹈皆自然而然，不待心使之然，故不自知也。」○「和順從容，不待勉强，事親從兄之意，油然而生，如草木之有生意」，是樂之實。○草木既有生意，則日長月茂，無一息之停，孰能遏而止之哉。事親從兄之意，油然自生，則亦如草木之有生意，自然日日暢滿茂盛，條理通達，自無一息之停，又烏得而遏之哉。○事親、從兄，是良心之真切。仁與義，是斯道之統會。若便恁地說過，亦只是說話，須是以人體之方可。所謂「必知之明而守之固，然後節之密而樂之深」者，此正如魚之飲水，冷暖自知，非言語之能盡也。○雙峰饒氏曰：「實如果實，包得許多生意在其中。萌芽枝葉，皆由此生。初焉五者，只在事親從兄兩件內，如兩個果實。然少焉知得這個，節文這個，樂這個，到生而惡可已，皆此實內萌芽發甲，到枝葉蕃茂處。此章與《論語》『本立而道生』相似，前面事親從兄是爲仁之本，後面智、禮、樂是道生，但有子說得偏，孟子說得全。」○節是限節，文是文章，如及階是節，❶揖是文。親親之殺，尊賢之等，此節文也。就親

❶「階」，原作「人」，今據哈佛本改。

親中而言，則又有親疏，迤邐到仁民愛物上，亦是節文。纔到節文處，功用便廣了。「天理之節文」，作静字看；「節文斯二者」，作動字看。此章説得皆活，亦當活看。○禮樂，合精粗本末而言。到樂處，則道理自然生。○此章不言信者，實則信在其中。○此章有經緯，仁義是經，禮、樂、智是緯。○莆田黄氏曰：「前四個『是也』字，都是説用工處，到樂處，便不説『是也』字了，這處最要看所以樂、所以生者如何。『生』字與『實』字相應，實是個生生種子，這種子只在人腔殼子裏驗之。吾身『事親從兄』，是從源頭發見處説。『知弗去』，是就體認操存處説。『節文』，是就纖悉微密處説。『樂』，是就成熟結果處説。『生惡可已』，如碩果不食，善端萌蘖，更無歇時。足蹈手舞，只是形容枝幹暢茂，花萼敷榮，可玩可悦處。」○張氏彭老曰：「孟子所謂『實』，即有子所謂『本』。『本立而道生』與『樂則生矣』，此兩『生』字最可觀。譬之果木有根本而後生，枝葉有核實而後生，萌芽生則惡可已也。果木之生惡可已，則不知其枝之繁，葉之茂也。人心天理之生惡可已，則不知其足之蹈、手之舞也。」○雲峰胡氏曰：「前兩『實』字，是就人本心上説。下三『實』字，是就工夫上説。」○新安陳氏曰：「味『必』字與『然後』字，《集註》實歸重於知而弗去之智。智配貞，貞者，正而固也。果能於事親從兄，知之既明，守之又固，然後節之密，樂之深，始可言耳。『密』，與『文理密察』之『密』同。禮之節文，不厭其密。樂至於生，生惡可已，舞蹈而不自知，斯可以謂之深矣。」《通考》徐氏溍生曰：「《集註》中訓『仁』曰『心之德，愛之理』，訓『義』曰『心之制，事之宜』也，訓『禮』曰『天理之節文，人事之儀則』，而智獨無訓。智者，四端之一耳，仁、義、禮，既有以釋之，豈於智而獨無所訓哉？蓋嘗以明足以燭理言，又以達於事理言，亦以見之明、守之固言，此皆所以訓乎智也。」附《淺説》：然無智、禮、樂，又何以全是孝弟哉。故智之實，則在於孝弟之道知之明而不差其正路，守之固而不失其初心是也。禮之實，則在於孝弟之道節其過而歸之大中，文其不及而底於至善是也。樂之實，則從容乎孝弟之天，無事乎勉强之力，而至於樂也。樂則生意油然，不待擴之而自充也。生則日新月盛，雖欲遏之有不能也。由是熟而愈熟，盛而又盛，心與道而相忘，身與道而俱化。足之蹈之，一孝弟之形見，有不知其誰之所爲也；手之舞之，一孝弟之動盪，有不知其誰之所使也，其樂之之深也，又何如哉。盡孝弟而至於是，則道之大本以立，而其用寧有窮乎。○《蒙引》：節文只是中，無過不及，俗云恰好處。○言智而後及禮，必知之明而守之固了，然後方可從上面加節文仔細工夫。○此守之固，是言其行之有終。自知之至守之，事親從兄始終之事備矣。節文，乃是就上面加華采，又較深一節。至於樂，則愈深矣。此三段，以淺深言之。○樂者，謂其事親從兄，無所勉强而安之也。由是事親從兄之意，油然自生，如草木之有生意，蓋進進不已，所得愈深也。生則惡可已也，樂而又深，其味無窮也。至於手舞足蹈之至矣，見得不是樂之便住。○「惡可已」，即生生不已也。○尋常説進德之事，只道樂處便了，此節却有許多節目也，❶亦是樂中之節，非樂之後又有許多節目也。尋常單言「樂」字，亦皆樂則生矣。○《存疑》：手舞足蹈，不必説如作樂者之舞蹈，只脚輕手快便是，此《蒙引》説，可謂得其旨矣。❷○這「樂」與「仰不愧，俯不怍」之樂不同。這樂尚在工夫上，那樂是效驗。這樂上尚有「生烏可已」許多事，故曰尚在工夫上。若「仰不愧、俯不怍」之樂，又在手舞足蹈之後，故曰是效驗。○和順從容，無所勉强，即是樂。○此章五個「實」字，文勢雖是一般，意思却有二樣。仁義之實，是以其發見之親切者爲實也。智、禮、樂之實，又是從此而得意思，與上不同。仁義之實，是個本領。智、禮、樂之實，却是爲此底工夫。故總注曰：「天下之理皆原於此，然必知之明而守之固，然後節之密而樂之深也。」○《蒙引》：此章言事親從兄，良心真切，天下之道皆原於此。此四句，全是貼「仁義之實」二句，不可以爲該「智之實」以下。朱子分作兩段，故小注以爲此章之言，一經一緯也。○《存疑》：生是自然發生，如草木生枝長葉一般。在孝弟，則是心中只管去愛親敬長。一念孝弟意思，真個勃勃然發生出來，如草木生枝長葉一般，都不待費力要他如此，所以謂之「生惡可已」。只是就此充長去，不可遏也，要不大相遠。必「樂則生」者，凡事若出於勉强，未到樂處，則苦其難而自阻者多矣，安有喜前勇進之理。一到樂爲處，則不見其難，但見其易；不見其惡，但見其美，只管愛做，生意勃勃矣。○《蒙引》：「仁之實」章，孟子所見

❶「目也」，原作「者」，今據《四書蒙引》改。

❷「旨」，原作「生」，今據哈佛本改。

道理自周遍。❶非謂天下道理都不出乎事親從兄，只謂天下道理都原在於事親從兄而已。下文智、禮、樂亦然，故一一下個「實」字，有生道焉。○「仁」、「義」二字，孟子是以此該盡天下之道，如云「亦有仁義而已矣」。又云「仁人之安宅」云云，又言「親親，仁也；敬長，義也」，又曰「充塞仁義」，每只言仁義，是並舉體用而言，以該天下之道也。此章言「仁義之實」，亦是一大頭腦，所謂「天下之道皆原於此」者也。其下條智、禮、樂云云，則皆所以全乎孝、弟二者而已，非以智、禮、樂之實，來對仁、義之實而並言之，要有主客。故朱子亦分爲兩段解，總注亦然。○孟子看得「孝」、「弟」二字道理最大，此章之言即是「人人親其親、長其長，而天下平」之理。故其所抱負王道，只欲五畝而使老者無寒，百畝而使老者無飢，鷄豚狗彘之畜而使老者得食肉，謹庠序之教而使老者無負戴也。又曰「親親，仁也；敬長，義也。無他，達之天下也」，此皆是定見處。

○孟子曰：「天下大悦而將歸己。視天下悦而歸己，猶草芥也，惟舜爲然。不得乎親，不可以爲人；不順乎親，不可以爲子。

言舜視天下之歸己，如草芥，而惟欲得其親而順之也。得者，曲爲承順，以得其心之悦而已。順，則有以諭之於道，心與之一，而未始有違，尤人所難也。爲人，蓋泛言之。爲子，則愈密矣。朱子曰：「人字只大綱説，子字却説得重。固有人承順顔色，看父母做事不問是非，一向不逆其志，這是得親之心，然猶是淺事。惟順乎親，則親之心皆順乎理，必如此而後可以爲子，此所以爲尤難也。」○雙峰饒氏曰：「順親者，父母所爲合乎道，子所爲亦合乎道，彼此無違逆之謂，非順從之順也。」問：「如何可以諭之於道？」曰：「所謂『先意承志，諭父母於道』，父母之意未發，我便做道理承順其志，而諭之於道。爲人子不特得父母之心，又能諭父母於道，方謂之孝。」附《存疑》：此章首一節，只是後章「人悦之，好色富貴無足以解憂，惟順於父母可以解憂」意。○《蒙引》：必「諭之於道」了，方得「心與之一，而未始有違」。順字，正訓是不違。諭之於道，都是順前

❶「所」，原作「可」，今據哈佛本改。

面工夫。○顧麟士曰：「按《紹聞編》曰：『不得乎親，不可以爲人；不順乎親，不可以爲子，此舜負罪引慝之心也。舜之心如此，所以能盡事親之道云云。』」

舜盡事親之道，而瞽瞍底豫。瞽瞍底豫，而天下化。瞽瞍底豫，而天下之爲父子者定，此之謂大孝。

瞽瞍，舜父名。底，致也。豫，悦樂音洛。也。瞽瞍至頑，嘗欲殺舜，至是而底豫焉，《書》所謂「不格姦，亦允若」是也。《書·舜典》：「瞽子，父頑、母嚚、象傲，克諧以孝，烝烝乂，不格奸。」〔言舜乃瞽瞍之子，不幸遭父頑母嚚，及其異母弟名象者亦驕傲，而能和以孝，使之進進以善自治，而不至於大爲奸惡也。〕○《大禹謨》祗載「見瞽瞍，夔夔齊慄，瞽瞍亦允若」。〔言舜敬其子之職事，以見瞽瞍夔夔然，莊敬戰慄。雖瞽瞍愚頑，亦且信而順之也。〕蓋舜至此，而有以順乎親矣。是以天下之爲子者，知天下無不可事之親，顧吾所以事之者，未若舜耳。於是莫不勉而爲孝，至於其親亦底豫焉，則天下之爲父者亦莫不慈，所謂化也。子孝父慈，各止其所而無不安其位之意，所謂定也。新安陳氏曰：「化以心言，定以分言。」爲法於天下，可傳於後世，非止一身一家之孝而已，此所以爲大孝也。南軒張氏曰：「事親之道，人人具於性中，他人不能盡，而舜能盡之，亦非有所加益於其間也。盡事親之道而瞽瞍底豫，惟天下之至誠，有以感通故耳。」又曰：「舜爲法於天下，豈特天下之爲父子者定，可傳於後世，萬世之爲人父子者，亦莫不定矣。嗟夫！爲人子者，苟以大舜爲不可跂及，而不取法於舜，是自誣其天性也。欲取法於舜如之何，亦曰反身而誠而已矣。」○雙峰饒氏曰：「聖人遇此人倫之變，却能回變爲常，返逆爲順，所以可爲法於天下，而傳萬世也。」附《存疑》：「舜盡事親之道，而瞽瞍底豫」，上是子孝，下是父慈也。「天下化」裏，兼有子孝父慈。天下定，只就天下化上看出。○《淺説》：子化於孝，則子止其所，而天下之爲子者定；父化爲慈，則父止其所，而天下之爲父者定。○《蒙引》：底，致也。言舜盡事親之道，於是瞽瞍雖頑，亦有以致其悦樂也。一説致，至也，如「底於有成」，「乃言底可績」之「底」。但如此説，則朱子何不曰至也。○李氏曰：名侗，字愿中，延平人。「舜之所以能使瞽瞍底豫者，盡事親之道，共音恭。爲子職，不見父母之非而已。昔羅仲素語此云：『只爲去聲。天下無不是底父母。』了翁聞而善之，曰：『唯如此而後天下之爲父子者定，彼臣弑其君、子弑其父者，常始於見其有不是處耳。』」仲素，名從彦，豫章人，後居延平。了翁，姓陳，名瓘，字瑩中，延平人。○慶源輔氏曰：「孝子之心，與親爲一，凡親之過，皆己之過，舜之所以負罪引慝者此也。故孝子自不見父母有不是處，羅氏之語約而盡質，而當萬世不可易。凡父母有不是，皆己之不是也。己既是，父母豈有不是者哉。陳氏則又推其極而言之，亦事理之實也。」○西山真氏曰：「舜所值者，至難事之親也。然積誠感動，不以父母爲不是，而自引以爲己之慝，惟見自己之不是而已。世縱有難事之親，豈得有如瞽瞍者。故瞽瞍底豫，而天下之爲人子者，皆知無不可孝之親，惟患爲子者，未盡事親之道耳，孰有不勉於爲孝者哉。是故罪己而不非其親者，仁人孝子之心也。怨親而不反諸己者，亂臣賊子之志也。後之或遇難事之親者❶，其必以舜爲法。」附《蒙引》：問：「若不見父母之非，如何必諭之以道而後已？」曰：「初間父母志未歸於道時，❷却是人子不是，非父母不是也。女若能盡事親之道，則有以引之於道矣，何至有違處。」

孟子集註大全卷之七終

❶「遇」，原缺，今據哈佛本補。

❷「道」，原作「得」，今據哈佛本改。

孟子集註大全卷之八 三魚堂讀本

離婁章句下

凡三十三章《通考》勿軒熊氏曰：「内九章，言聖賢道統傳授，凡講學、脩身、齊家、治國之道，亦具焉。」○勉齋黄氏曰：「此篇多平居講貫之言，而『欲其自得』一章，工夫次第爲尤詳。十九章，言舜由仁義。二十章，言禹、湯、文、武、周公。二十一章，言孔子作《春秋》。二十二章，自謂未得爲孔子之徒，而私淑諸人，並歷舉列聖相傳之事而企焉自任，與承三聖意相近，特每更端而言之耳。當通爲一章，而誦味之也。餘皆敘孟子之言行以繼之。末章乞墦之喻，警士大夫求富貴，掩其苟求之迹，而返敢以富貴驕人者，最爲切至。」

孟子曰：「舜生於諸馮，遷於負夏，卒於鳴條，東夷之人也。

諸馮、負夏、鳴條，皆地名，在東方夷服之地。問：「舜卒於鳴條，則湯與桀戰之地也。而《竹書》有『南巡不反』，《禮記》有『葬於蒼梧』之説，何耶？」朱子曰：「孟子之言，必有所據，二書駁雜，恐難盡信。然無他考驗，闕之可也。」○趙氏曰：「諸馮，在冀州之分。負夏，春秋時衛地。鳴條，在安邑之西。」附《蒙引》：「在東方夷服之地」，「夷服」二字，按周九服：侯、甸、男、采、衛、蠻、夷、鎮、荒也。趙氏曰：「諸馮，在冀州之分。負夏，春秋時衛地。鳴條，在安邑之西。」今按冀，正北方也。衛，東北方也。安邑已近西，鳴條又安邑之西，如何云在東方夷服之地？曰：冀雖正北，曰「在冀州之分」，則諸馮諒在冀州分内之東矣。衛已在北之東，鳴條亦然。蓋堯舜時，天下無許多大，至夏商周時始漸拓而大，故以爲夷服。然謂之夷服，則實在諸侯九服之内，非如今所謂四夷之夷。且九服夷在荒之内，故曰「荒服之外，不治也」。在荒服内者，固皆先王所治，不可謂舜、文皆夷狄人也。文王生於岐周舊邦，豈舜當時以夷狄地封后稷耶。公劉始遷於邠，安肯遷入夷狄耶。四岳舉舜曰「有鰥在下，曰虞舜」，堯乃「降二女於潙汭」，舜乃夷狄，四岳安得聞其詳而薦之耶，堯又安肯以女妻夷狄人耶。若不審此，中國帝王所自立，豈容胡人入主中國哉。況諸馮、負夏、鳴條、岐周、畢郢，古今皆屬中國，但以其際西而極東，故云爾。顧麟士曰：「《通義》仁山金氏曰：『東夷、西夷，俗言東邊、西邊。』」

文王生於岐周，卒於畢郢，西夷之人也。

岐周，岐山下，周舊邑，近畎夷。畢郢，近豐鎬，胡老反。○新安陳氏曰：「畢在鎬東，非楚都之郢。」今有文王墓。

地之相去也，千有餘里；世之相後也，千有餘歲。得志行乎中國，若合符節。

得志行乎中國，謂舜爲天子，文王爲方伯，得行其道於天下也。符節，以玉爲之，篆刻文字而中分之，彼此各藏其半，有故，則左右相合以爲信也。若合符節，言其同也。《周禮》：「六節：守邦者，用玉節。守都鄙者，用角節。凡邦國之使節，山國用虎節，土國用人節，澤國用龍節，皆金也。門關用符節，貨賄用璽節，道路用旌節。」○朱子曰：「古人所爲，恰與我相合，只此便是至善。前乎千百世之已往，後乎千百世之未來，只是此箇道理。」○古人符節，多以玉爲之，如牙璋以起軍旅。又有竹符，又有英蕩、符蕩、小節、竹使者，謂之蕩節也。漢有銅虎符、竹使符，銅虎以起兵，竹使郡守用之。凡符節，右留君所，左以與其人，有故，則君以其右合其左，以爲信也。《曲禮》曰：『獻粟者執右契。』右者，取物之券，如徵兵、取物、徵召，皆以右取之也。」《通考》趙氏悳曰：「舜至文王，一千二百歲。」附《蒙引》：此章所言「得志行乎中國者」，似皆指道之用言。○問：「符節，一物乎，分爲二物乎？」曰：「一物也。」「何以証？」曰：「注曰『符節，以玉爲之』云云，可見是一物，兼《周禮》所謂玉節、角節、虎節、人節、龍節、璽節、旌節。《周禮》惟門關用符節，此符節則以竹爲之。」○「得志行乎中國」，吳仲珠謂「中國二字，對東夷、西夷說」，非也。《集註》只訓作「天下」。且東西夷，已說見前。○《存疑》：「得志行乎中國」，就舜、文說。「先聖、後聖，其揆一」，又是因舜、文概説古今聖人，或謂「專説舜、文」固不是，或謂「除舜、文説古今聖人」亦不是。○不是「得志行乎中國」同，是其「行乎中國」者同也。古今異時，彼此殊勢，舜、文所行之事，安得盡同。然隨事各當其理，這便是同也。《蒙引》「文王之發政施仁，必先鰥寡孤獨，即舜之不虐無告，不廢困窮」一條，未免以事迹論，不必用。如用之，則有不同者，説不得矣。

先聖、後聖，其揆一也。」

揆，度音鐸，下同。也。其揆一者，言度之而其道無不同也。○范氏曰：「言聖人之生，雖有先後遠近之不同，然其道則一也。」南軒張氏曰：「聖人純乎天理，舜、文父子君臣之際，蓋不同矣。其揆一者，所契合者，天之理也。舜與文王，易地則皆然。」○慶源輔氏曰：「孟子未嘗説著道字。然曰『行乎中國』，行便是道。曰『其揆一』，揆亦是道。」○雲峰胡氏曰：「舜於君臣處其常，而於父子處其變；文王於父子處其常，而於君臣處其變，其事不一也，而最可見其道之一。」○新安陳氏曰：「先、後，以時言。遠、近，以地言。道之同，以此心此理言。」《通考》朱氏公遷曰：「此以道統言，《論語》末篇之首章，《孟子》末篇之末章，皆是此意。但彼則主乎道統而言，故歷述其相傳之緒。此則主乎聖人而言，故舉其相去之最遠者以爲例，見其無不同也。」附《蒙引》：所謂「先聖、後聖，其揆一」者，皆是無意相合，而自然相脗合。○「其揆一」者，注云「揆，度也。其揆一者，言度之而其道無不同也」，此是解出所取「揆」字之義如此，其實只是與言其一揆一轍，同歸一致者一意。切不可謂上文言其道之同，此是言度其道之同。○「揆，度也。」度不是料度，乃是比度也。若作料度説，則差毫釐，而謬千里矣。○《淺説》：蓋道至於中，則不容有二致；人至於聖，則不容有兩心。

○子產聽鄭國之政，以其乘輿濟人於溱洧。

乘，去聲。溱，音臻。洧，榮美反。

子產，鄭大夫公孫僑音喬。也。溱、洧，二水名也。子產見人有徒涉此水者，以其所乘平聲。之車載而渡之。附《存疑》：曰「聽鄭國之政」，則可以無所不爲也。乃以乘輿濟人於溱洧，據事直書，而貶之意自見矣，此書法也。

孟子曰：「惠而不知爲政。

惠，謂私恩小利。政，則有公平正大之體，綱紀法度之施焉。問：「以《左傳》考之，子產非不知爲政者，孟子姑以其乘輿濟人一事議之。然夫子亦目以惠人，豈子產所爲，終以惠勝歟？」朱子曰：「東坡云『有及人之小利，無經世之遠圖』，亦說得好。『都鄙有章』等，只是行惠人底規模。」○慶源輔氏曰：「惟其恩之出於私，故其利之及者小。」又曰：「體以理言，本也；施以事言，用也。」附《存疑》：「惠而不知爲政」句，是一章大旨，下皆明此意。「歲十一月徒杠成，十二月輿梁成」條，雖是先王之政，却是就橋梁一事説。「君子平其政」，則無所不該，橋梁一事亦在其內。○《蒙引》：「惠」字便是譏了，不到「不知爲政」處方是譏，故注云「惠謂私恩小利」。○或謂「惠以心言」，亦非也。注明云「私恩小利」，是以事言。若謂子產「有不忍人之心，而不能行不忍人之政」，則固是。○「公平正大之體」，公，則平矣。公平，則正矣。正，斯大矣。○大者，爲綱總乎衆紀。小者爲紀，隸乎大綱。綱紀，即法度之凡也。凡，皆法也。度，特其一，舉一該其餘。

歲十一月徒杠成，十二月輿梁成，民未病涉也。杠，音江。

杠，方橋也。徒杠，可通徒行者。梁，亦橋也。輿梁，可通車輿者。周十一月，夏九月也。周十二月，夏十月也。《夏令》曰：「十月成梁。」《夏令》曰：「九月除道，十月成梁，營室之中，土功其始。」《通考》趙氏悳曰：「《夏令》，夏后氏之令，周所因也。」蓋農功已畢，可用民力，又時將寒沍，音互。水有橋梁，則民不患於徒涉，亦王政之一事也。朱子曰：「先王之政，細大具舉，而無事不合民心。順天理，故其公平正大之體，紀綱法度之施，雖纖悉之間，亦無遺憾如此。」○雙峰饒氏曰：「『民未病涉』，要就『未』字上看。『十月徒杠』，已自成了，所以民未至於病涉。若徒杠到寒時方做，則民已病於涉。」附《蒙引》：梁，亦橋也，凡橋皆可謂之梁。惟杠則獨是方橋，此其可通車輿，故曰輿梁，此橋之大者。先成徒杠，後成輿梁，小者力省而易成，大者力數倍故遲耳，非必急於徒行而緩於車行者。○「《夏令》曰『十月成梁』」，引此以証周十二月，爲夏十月也。然則周十一月，非夏九月而何？此一句，可証本文二句，不曰作梁，而曰成梁，要其成功言也。○《存疑》：「民未病涉」，言不用乘輿去濟人。「行辟人可也」，言不必乘輿去濟人。「焉得人人而濟之」，「每人而悦之，日亦不足」，言乘輿不能盡濟人。意有三段。

君子平其政，行辟人可也，焉得人人而濟之。辟，與闢同。虔，於焉反。

辟，辟除也。如《周禮》「閽音昏。人爲去聲。之辟」之「辟」。《周禮・天官》：「閽人掌王宮之中門之禁，凡外内命夫命婦出入，則爲之闢。」閽人，主晨昏啓閉。闢，闢開左右行者。言能平其政，則出行之際，辟除行人，使之避己，亦不爲過。況國中之水當涉者衆，豈能悉以乘輿濟之哉。朱子曰：「辟，除之。辟乃趙氏本説，與上下文意正相發明，蓋與舍車濟人正相反也。」○君子能行先王之政，使細大之務無不畢舉，則惠之所及，亦已廣矣。是其出入之際，雖辟除人，使之避己，亦上下之分固所宜然。何必曲意行私，使人知己出，然後爲惠。又況人民之衆，亦安得人人而濟之哉。」附《蒙引》：注「國中之水當涉者衆」，「國中之水」，謂不止溱、洧也。愚謂縱然只是溱、洧，亦不能人人而濟之。朱子必廣言者蓋如此，則愚一意亦在其中矣。○「每人而悦之」，亦不專指濟涉一事。惟「行辟人可也」，徒以出行言之，却是承子産因出行而以乘輿濟人説。

故爲政者，每人而悦之，日亦不足矣。」

言每人皆欲致私恩以悦其意，則人多日少，亦不足於用矣。諸葛武侯嘗言「治世以大德，不以小惠」，《蜀志》：「諸葛亮之相蜀也，有言公惜赦者，答曰：『治世以大德，不以小惠。』」得孟子之意矣。問：「孔子以子産之惠，爲君子之道，而子以私恩小利言之，何也？」朱子曰：「孔子之言，通乎巨細，故不害其爲君子之道，此承上文『乘輿濟人』一事而言，則私恩小利而已。子産之事，可謂有不忍人之心矣。然先王則以不忍人之心，行不忍人之政，是以其體正大而均平，其法精密而詳盡，而其利澤之及人，如天地之於萬物，莫不各足其分，而莫知其功之所自。苟有是心而無是政，則不過能以煦濡姑息，苟取悦於目前，其耳目之所不及，不免有所遺矣。況天下國家之大，又安得人人而濟之。昔諸葛武侯嘗言『治世以大德，不以小惠』，而其治蜀也，官府、次舍、橋梁、道路莫不繕理，而民不告勞，是亦庶幾乎先王之政矣。」曰：「子産相鄭，能使都鄙有章，上下有服，田有封洫，廬井有伍，則亦非不知爲政者。橋梁之脩，尤非難事，乃獨有闕於此耶？」曰：「聞之師曰『子産之才之學，於先王之政雖有所未盡，然其於橋梁之脩蓋有餘力，而其惠之及人，亦有大於乘輿之濟者矣。意者此時偶有故而未就，又不忍乎冬涉之艱而爲是爾。然慕其小惠以悦於人，人亦悦而稱之。孟子慮夫後之爲政者，或又悦而效之，則其流必將有廢公道以市私恩，違正理而干虚譽者，故極語而深譏之，以警其微，亦拔本塞源之意也。』」○南軒張氏曰：「先王之治，爲之井田，爲之封建，與天下公共，使俱得其平。下至於鰥寡廢疾，皆得所養，而微至於次舍、橋梁、芻秣之事，亦皆有經制，此豈先王强爲之哉。因事而制法，其法皆循乎天理，而天下之人無不被其澤。後世欲人人而悦，而日亦不足，公義私恩之相去蓋如此。」○慶源輔氏曰：「此正説子産之用心錯處。夫子産固賢，但以不知聖人之學，是以有時内交要譽之私，萌而不可揜。孟子明辨之，所以立教也。」**附**《存疑》：「乘輿濟人」之説，當以《黄氏日抄》爲定論，曰「子産，君子人也，未必慕私惠以悦於人。其濟處，亦未必有深淵、須橋梁之地。其時亦未必冬寒，而相國之乘輿，又豈有常出於外，借以濟人之理。或者子産乘輿已濟，而民有涉水者，因就以其乘輿濟之，小民感悦，世傳以爲美談。孟子因而廣之言，此不過一時之惠」云云，此説可據。

○孟子告齊宣王曰：「君之視臣如手足，則臣視君如腹心；君之視臣如犬馬，則臣視君如國人；君之視臣如土芥，則臣視君如寇讎。」

孔氏曰：「宣王之遇臣下，恩禮衰薄，至於昔者所進，今日不知其亡，則其於群臣，可謂藐莫角反。然無敬矣，故孟子告之以此。手足腹心，相待一體，恩義之至也。如犬馬，則輕賤之，然猶有豢音患。養之恩焉。國人，猶言路人，言無怨無德也。土芥，則踐踏之而已矣，斬艾音乂。之而已矣，其賤惡去聲。之，又甚矣。寇讎之報，不亦宜乎。」慶源輔氏曰：「此說特爲宣王發，所謂有爲之言也。然臣之報君，視君之所施，常加厚一等。」○潛室陳氏曰：「孟子此語，是說大都報應如此。若忠臣孝子，不當以此自處，當知天下無不是底君父。」

王曰：「禮，爲舊君有服，何如斯可爲服矣？」爲，去聲，下「爲之」同。

《儀禮》曰：「以道去君而未絶者，服齊音咨。衰音催。三月。」《儀禮·喪服》篇傳曰：「大夫爲舊君，何以服齊衰三月也？大夫去君，歸其宗廟，故服齊衰三月，言與民同也。何大夫之謂乎？言其以道去君，而猶未絶也。」注謂：「三諫不從，待放於郊。未絶者，言爵禄尚有列於朝，出入有詔於國。」凡畿内之民，服齊衰三月。又《子夏傳》云：「臣爲君，方喪三年。」王疑孟子之言太甚，故以此禮爲問。雙峰饒氏曰：「舊君其恩已絶，尚且爲其君有服，不應見在之君，而待之如此，《集註》所以云『王疑孟子之言太甚』。」附顧麟士曰：「按《檀弓》載：『繆公問子思：爲舊君反服，古與？』子思所答與此略同，則爲舊君服者，必是反其國爲之。雖其說不見《儀禮》，猶爲可以義起也。」

曰：「諫行言聽，膏澤下於民。有故而去，則君使人導之出疆，又先於其所往。去三年不反，然後收其田里。此之謂三有禮焉。如此，則爲之服矣。

導之出疆，防剽匹妙反。掠音略。也。先於其所往，稱道其賢，欲其收用之也。三年而後，收其田禄里居，前此，猶望其歸也。朱子曰：「有故而去，非大義所繫，不必深爲之說。臣之去國，其故非一端，但昔者諫行言聽，而今也有故而去，而君又加禮焉，則不得不爲之服矣。樂毅之去燕近之。」○慶源輔氏曰：「導之出疆，所以盡防衛之道於在我之境；先於其所往，所以爲其禄仕之地於所往之國。去三年不反，然後收其田里，所以示拳拳屬望之恩義也。」○雙峰饒氏曰：「諫是閉邪，言是陳善。」○問：「諫行言聽，如何又有故而去？」曰：「如夫子在其國，道非不行，只因受女樂便去。諫行言聽，是平日如此，亦有偶然議論不合而去。」附《蒙引》：膏是膏油，澤是水澤，二者皆滋潤乎物，此二字是借字。賢者之事君，諫行言聽，則自有膏澤在民矣。○以道去君，猶言以禮致仕之類。若夫諫不行，言不聽，搏執之，又極所往，去之日遂收其田里，則道安在乎。愚謂范蠡之去越近之。○田所賦之禄，入也；里所居之第，宅也，故曰「田禄里居」。○「此之謂三有禮焉」：導之出疆，一也；先於其所往，二也；三年然後收其田里，三也。不連「諫行言聽」説，自是去後「三有禮」，然「如此」云云，通結「諫行言聽」以下，不只帶「三有禮」也。

今也爲臣，諫則不行，言則不聽，膏澤不下於民。有故而去，則君搏執之，又極之於其所往。去之日，遂收其田里，此之謂寇讎，寇讎何服之有？」

極，窮也。窮之於其所往之國，如晉錮音固。欒盈也。《左傳》襄公二十一年：「欒桓子〔名黶。〕娶於范宣子，生懷子。〔名盈。〕范鞅以其亡也，怨欒氏，〔先是十四年，欒黶强逐范鞅，使奔秦。〕故與欒盈爲公族大夫而不相能。桓子卒，欒祁與其老州賓通，〔欒祁，桓子之妻，范宣子之女也。老，家臣之長。〕懷子患之。祁懼其討也，愬諸宣子曰：『盈將爲亂，范鞅爲之徵。〔証其有此。〕宣子使城著，〔晉邑名。〕而遂逐之。秋，欒盈出奔楚，冬會於商任，錮欒氏也。〔禁錮之，使諸侯不得受。〕」○二十二年秋，盈自楚適齊，晏平仲言於齊侯曰：「商任之會，受命於晉，今納欒氏，將安用之？」冬會於沙隨，復錮欒氏也。〔晉知欒盈在齊，故復錮也。〕」○潘興嗣豫章人。曰：「孟子告齊王之言，猶孔子對定公之意也，而其言有迹，不若孔子之渾上聲。然也。蓋聖賢之别必列反。如此。」新安陳氏曰：「《論語集註》釋夫子對定公之語，末一説謂『君使臣以禮，則臣事君以忠』，此章與之意似。然聖言含蓄不露，此則英氣發露甚矣。孟子亦是述《記·檀弓》篇『子思答魯繆公問禮，爲舊君反服』之意。」楊氏曰：「君臣以義合者也。故孟子爲去聲。齊王深言報施詩智反。之道，使知爲君者，不可不以禮遇其臣耳。若君子之自處，上聲，下同。則豈處其薄乎。孟子曰『王庶幾改之，予日望之』，君子之言蓋如此。」問：「君臣之意，天倫中却與父子一般，然愛君之心不如愛父，何也？」朱子曰：「離畔也，只是庶民，君子不如此。」因舉「臣罪當誅兮，天王聖明」曰：「退之此語如『何道是好』，文王豈不知紂之無道，却如此說。蓋臣子無説君父不是底道理，只得説如此。此是去不得處，便見得君臣之義。」○南軒張氏曰：「孟子此言，非獨齊宣王所當聞。爲人君者，苟知此義，念夫感應施報之可畏，而崇高之勢不可恃，反己端本之不可一日忘，待臣下以禮，養臣下以恩，保臣下以忠信，則上下交通而至治可成矣。若夫在爲人臣者之分，君雖待我者有未至，而我所以事君者不可以不自盡。玩味孟子三宿出晝之心，則庶幾其得之矣。」○西山真氏曰：「孔孟之言，可以見聖賢氣象之分。雖然孟子爲齊王言則然，而所以自處則不然。千里見王，不遇故去，而三宿出晝，未嘗有悻悻之心，猶幸王一悟而追己也，曷嘗以寇讎視其君哉。」附《蒙引》：潘興嗣，考之先儒姓氏無之，不知何時人。記得《宋文鑑》多有潘興嗣文章，則必宋人也。

○孟子曰：「無罪而殺士，則大夫可以去；無罪而戮民，則士可以徙。」

言君子當見幾平聲。而作，禍已迫，則不能去矣。南軒張氏曰：「非特士大夫當知見幾而作之意，抑將使有國者聞之，悚然不可以失士大夫之心也。使大夫士懷去徙之心，則國之危亡無日矣。《衛・北風》上爲威虐，下相携而去之，携手同行，又携手同車，則非徒賤者去，貴者亦去矣。未幾，衛有狄禍，可不畏哉。」○慶源輔氏曰：「可以者，在時宜爲可也。失此幾，則有欲去而不能者矣。此明夷之初，所以不食而行。遯之初，所以有尾厲之戒。而孔子往趙，所以及河而復也。然此特言其常理耳，時與位之不同，則所以處之者亦異。若執此一説以爲臣，則凡苟免自私之徒，得以藉口矣。」附《蒙引》：或錯認《集註》及輔氏注，以本文「可」字爲「可得」之可，惟虛心讀之，見得只是言當見幾而作之意。此「可以」字，正如「夫子可以行矣」，及「子未可以去乎」之類。「可以」字，語脉則含有及此時不去，則後有欲去而不能之意。

○孟子曰：「君仁莫不仁，君義莫不義。」

張氏曰：「此章重平聲。出。然上篇主言人臣當以正君爲急，此章直戒人君，義亦小異耳。」慶源輔氏曰：「上篇言人臣當以正君爲急，此章言人君當以正己爲先，亦《大學》『其幾如此』之説也。」❶附《蒙引》：上章主言人臣當以正君爲急，承格君心之非而言，則君仁、君義主心言可矣。此章直戒人君，只言君身，而心亦在其中。且此「莫不」二字，上無所承，而必拘拘於行政用人，則與「直戒人君，義亦小異」之旨不貫矣。既云「直戒人君」，又云「義亦小異」，「亦」之一字，言不止於直戒人君，與上篇不同，其義亦須小異。○此章重出，與《論語》重出而逸其半不同。重出而逸其半，所重出者只是一意。此章重出，却是無上事而直出二句。難用上章行政用人，填入「莫不」字内。○顧麟士曰：「此章《注疏》、《通義》、《淺説》、《達説》，俱主上下感應説。《存疑》仍照上章用人行政説。《蒙引》又騎牆言之。今亦未有定也。然輔注『其幾如此』之云，則亦自主感應耳。」

○孟子曰：「非禮之禮，非義之義，大人弗爲。」

察理不精，故有二者之蔽。大人則隨事而順理，因時而處上聲。宜，豈爲是哉。程子曰：「恭本是禮，過恭，是非禮之禮也。以物與人爲義，過與，是非義之義也。」○張子曰：「非禮之禮，非義之義，但非時中者，皆是也。時中之宜甚大，須精義入神，始得觀其會通，行其典禮，此方是真義理也。行其典禮，而不達會通，則有非時中者矣。」○潛室陳氏曰：「程門以爲如婦人之仁，宦寺之忠。晦翁以爲凡禮義不可泥陳迹，如可行於昔，而不可行於今；可行於人，而不可行於己；與夫辭之爲禮，亦有不辭之爲禮；受之爲義，亦有不受之爲義；行之人則爲禮，行之我則非禮，惟義亦然。大人者，義理周徧融通，故不爲非禮義之禮義。」又曰：「大人則道全識周，貫萬變而不膠於其

❶「幾」，《四書大全》同《大學》作「機」。

迹，故無此蔽。學未到大人，變通處則必膠於陳迹。」○雙峰饒氏曰：「此章緊要在『大人弗爲』上，大人對小人言，『大人者，言不必信，行不必果，❶惟義所在』，『言必信，行必果，硜硜然小人哉』，正是相對說。」○雲峰胡氏曰：「非禮之禮，非義之義，皆似是而非。大人者，隨事順理而不爲非禮之禮，因時處宜而不爲非義之義，蓋不惑於其似，而深得夫時中之道者也。」附《蒙引》：此全是認理不精之過，此君子所以貴乎精義也。○此章之意，惟張子與晦翁二說，與大注意正合。大注云「大人則隨事而順理，因時而處宜」，此正與「時中」及「不泥陳迹」之說脗合無間。若程子所謂「恭本是禮，過恭，則非禮之禮；以物與人爲義，過與，則非義之義」，又云「如婦人之仁，宦寺之忠」，此說雖亦不可以爲非，但律以《集註》「隨事順理、因時制宜」之說，似未切當。且《集註》意，亦自無所不該。○雲峰謂夫「隨事順理而不爲非禮之禮，因時制宜而不爲非義之義」，非也，如此則禮只在事上用，義只在時上用。蓋朱子下此二句，是要兼時與事，非是分貼禮與義也。

○孟子曰：「中也養不中，才也養不才，故人樂有賢父兄也。如中也棄不中，才也棄不才，則賢不肖之相去，其間不能以寸。」樂，音洛。

無過不及之謂中，足以有爲之謂才。養，謂涵育薰陶，俟其自化也。賢，謂中而才者也。慶源輔氏曰：「中以德言，才以才言。德本於性，才本於氣，賢則兼有才德者也。」《通考》東陽許氏曰：「中以德言，才以能言。有德，以其能成物也；有能，以其能事也。❷涵育，寬以容之之意；薰陶，善以道之之意。」樂有賢父兄者，樂其終能成己也。爲父兄者，若以子弟之不賢，遂遽絶之而不能教，則吾亦過中而不才矣。其相去之間，能幾何哉。南軒張氏曰：「父兄之於子弟，教之之道，莫如養之。養之云者，如天地涵育萬物，其雨露之所濡，風雷之所振，和氣之薰陶，寧有間斷

❶「行」，原作「言」，今據哈佛本改。
❷「事」上，《讀孟子叢説》有「成」字。

乎哉，故物以生遂焉。父兄養子弟之道，亦當如是也。寬裕以容之，義理以漸之，忠信以成之，開其明以袪其惑，引之以其方，而使之自喻。夫豈歲月之功哉？彼雖不中不才，涵育之久，豈無有萌焉。如其有萌，養道益可施矣。」○慶源輔氏曰：「《集註》『涵育』，以天地之生物言；『薰陶』，以工冶之成物言。此循其理，而彼自成其形焉，無心也。蓋父子兄弟之閒，皆難於責善，正其在我者，使之自化而已。」○新安陳氏曰：「父兄遇子弟之賢，其爲教也易；不幸遇子弟之不賢，其爲教也難，所以貴乎養之也。舜命契曰『敬敷五教在寬』，寬即養之謂也。若急迫以求之，見其未化，遽以爲不可教而舍之，是棄之也。父兄而棄子弟，則我之賢爲過，子弟之不肖爲不及，過猶不及，均之爲失中耳，相去能幾何哉。」附《蒙引》：「俟其自化」意重。「中也養不中，才也養不才」，正爲子弟資質遲鈍，志氣昏惰不前，父兄多有不能耐煩忍待之意。故「養」字要看得與「棄」字相反對，始得。

○孟子曰：「人有不爲也，而後可以有爲。」

程子曰：「有不爲，知所擇也。惟能有不爲，是以可以有爲。無所不爲者，安能有所爲耶。」朱子曰：「橫渠先生云『不爲不仁，則可以爲仁；不爲不義，則可以爲義。』」○雙峰饒氏曰：「凡人既不肯爲惡，則必勇於爲善。上面是有守，下面是有爲。先有守，而後有爲。」附《存疑》：此是言人必窮有定守，而後達有實用。若平居廉隅不立，苟且自將，向後當事，亦只模棱苟且，與時浮沉耳，安望其能有爲耶。如伊尹必非其道，非其義，祿之以天下弗顧，繫馬千駟弗視，一介不以取與諸人，然後能相湯伐夏以救民。若司馬相如失節臨卭，深虧細行，後來得時遇主，雖有功業，亦只是奉使西南夷，著《封禪書》以愁人主之侈心而已。故《易》曰「利貞」、「利有攸往」。

○孟子曰：「言人之不善，當如後患何？」

此亦有爲去聲。而言。問：「所謂後患者，謂得罪於其人耶，抑恐其亦言己之不善耶？」朱子曰：「是皆有之。然斯言必有爲而發，今不可知其所指矣。」○新安陳氏曰：「隱惡，忠厚之道，亦遠害之道也。大舜『隱惡而揚善』，夫子言『誰毀誰譽』，下文但言如有所譽而不言毀，可見矣。若當官而行有奸慝，當言，又不可顧後患而緘默也。」《通考》程氏復心曰：「君子語默，惟其時與義而已。義所當言，是是非非不苟默也，豈計後患哉。『如』字，訓奈。」

○孟子曰：「仲尼不爲已甚者。」

已，猶太也。楊氏曰：「言聖人所爲，本分去聲。之外不加毫末，非孟子真知孔子，不能以是稱之。」朱子曰：「所謂本分者，事理之至當，非苟然而已也。學者且深察之，一有小差，則流而入於鄉原之亂德矣。」○南軒張氏曰：「孟子於泄柳、段干木謂爲已甚，而舉孔子待陽貨事以爲之準，此不爲已甚之證也。夫子非不欲爲已甚，自不至已甚也，何也？聖人範圍天地而不過者，泛應曲當，不過其則，其『不爲已甚者』，聖人固天則之所存也。世徒見夫子答陽貨、見南子等爲『不爲已甚』，獨不思靈公問陳則遂行，季桓子受女樂則不脱冕而行，爲魯司寇七日而誅少正卯，聞陳恒弑君則沐浴而請討，此謂之已甚可乎？不深求聖人之權度，徒竊語之近似，以文其奸，此賊仁義之甚者也。」《通考》程氏復心曰：「本分，謂須滿本然之分，若事到這裏極了，再過些子便是已甚。」○朱氏公遷曰：「此章以德行言聖人，孟子言『仲尼不爲已甚』，孔子自言『君子依乎中庸』，二説互相發也。」附《蒙引》：本分最難盡，到盡處又求加焉，則非所以爲聖人。自古聖人皆不爲已甚，何獨稱仲尼。孟子學孔子者，故稱其家法，以其所處地位同也。○聖人之所爲天理之當然，中而已矣。中之所在，加之錙珠則太過，故曰「本分之外，不加毫末」。所謂本分者，正以理之所當然言。理所當然處，便是箇本分。孟子此句説得最盡，不必依南軒只用答陽貨，見南子，不脱冕而行，及沐浴請討等類説，聖人之不爲已甚者，不止此。但凡所謂依乎中庸處，皆是如孝弟恭儉等事。聖人爲之，固不容有一毫之不及，但到他限便止，不求奇取異，所謂無以甚異於人而致其知者。如割股、廬墓、敝車、羸馬之類，❶皆聖人所不爲。○《存疑》、《蒙引》説最好，南軒亦是，但未盡。

○孟子曰：「大人者，言不必信，❷行不必果，惟義所在。」行，去聲。

❶「羸」，原作「嬴」，今據文義改。

❷「言」，原作「意」，今據《四書集註》、《四書大全》改。

必，猶期也。大人言行，不先期於信果，但義之所在，則必從之，卒亦未嘗不信果也。○尹氏曰：「主於義，則信果在其中矣。主於信果，則未必合義。」王勉曰：「若不合於義，而不信不果，則妄人爾。」

龜山楊氏曰：「夫子謂『言必信，行必果，硜硜然小人哉』，故孟子言此以發明孔子之意。」○南軒張氏曰：「君子不必夫信果，獨精吾義焉耳。義精則言莫非義，而無不信之言；行莫非義，而無不果之行矣。」○慶源輔氏曰：「尹氏最得此章之指，而《集註》又述其意而著明之。以必爲期，尤更有功，不然，則無忌憚者或得以藉口。王氏則又有『不合於義，而必信必果則爲妄人』之說，尤盡其弊。」○雙峰饒氏曰：「大人者，篤實而有光輝以上底人，與道爲一，不著安排，隨時施宜，言行何嘗有心於信果耶。」○雲峰胡氏曰：「信、果，自是爲士者當然之事。惟至於大人，則言行惟義之在，雖不先期於信、果，而自然無不信、果也。」附《蒙引》：合當信果處，便是義。大人言行主於義，不主於信、果，蓋主於信、果，則有所泥而不必合於義矣。雖然，大人於言之合義者，無不信；行之合義者，無不果。此則不可不知。○「惟義所在」者，無意於信、果。然既得於義，而不信、不果自不害其爲信、果矣。苟不合義，亦何足爲信、果。○此正是「無適、無莫，義之與比」之義，亦與「非禮之禮，大人弗爲」者相發明。蓋大人以事處事，而不以我處事。言行先期於信、果，便是有我矣。○《存疑》：天下之事無常形，而理無定在。事有前日當如彼，今日又當如此者，各有時宜，所謂義也。惟義所在，是當如彼則如彼，當如此則如此，與時轉移，不復拘其故也。必信、必果，是前日言之不復食其言，前日行之不復易其行，拘其故迹，不復問夫時義之如何也。不知事既變遷，義已不在，今日之事尚欲拘前日之故，言行之在昔固不失矣，如時義何？是猶刻舟之求劍，舟既遷移，劍已不在，尚欲就刻處求之，劍安可得哉。惟不按舟以求劍，只就失處以求劍，則劍可得矣。知所求者在於劍，而不在於舟，則知所重者在義，而不在於信、果矣。○《蒙引》：胡氏謂「信、果自是爲士者當然之事」，然則士惟知信、果，而不必合於義乎，此說於義未精。

○孟子曰：「大人者，不失其赤子之心

者也。」

大人之心，通達萬變，赤子之心，則純一無僞而已。然大人之所以爲大人，正以其不爲物誘，而有以全其純一無僞之本然。是以擴而充之，則無所不知，無所不能，而極其大也。朱子曰：「大人無所不知，無所不能。赤子無所知，無所能。此二句正相拗，如何？蓋無所不知，無所不能，却是不失其無所知、無所能底做出。赤子之心，純一無僞，而大人之心亦純一無僞。但赤子是無知無能底純一無僞，大人是有知有能底純一無僞。」○大人事事理會得，只是無許多巧僞曲折，便是赤子之心。○問：「赤子之心莫是發而未遠乎中，不可作未發時看否？」曰：「赤子之心，也有未發時，也有已發時。今欲將赤子之心專作已發看，也不得赤子之心。方其未發時，與老稚賢愚同，但其已發時，未有私欲，故未遠乎中耳。」○赤子之心，固無巧僞，但於理義未能知覺，渾然赤子之心而已。大人則有知覺擴充之功，而無巧僞安排之鑿，故曰「不失赤子之心」。著箇「不失」字，便是不同處。○赤子無所知，無所能。大人者，是不失其無所知、無所能之心。若失了此心，使些子機關，計些子利害，使成箇小底人了。大人心下，没許多事。○雙峰饒氏曰：「赤子如飢要乳，便是欲。但飢便啼、喜便笑，皆是真情，全無巧僞。大人只是守此純一無僞之心，而充廣之，所謂『蒙以養正，聖功也』。」○新安陳氏曰：「常人累於私欲，而失其赤子之心。大人不誘於私欲，而擴充其本然之心。孟子言此，亦是欲人遏人欲、擴天理也。」附《存疑》：語意是說「大人者，由不失其赤子之心」，不是說「大人者，只是不失其赤子之心」。曰「由」，則尚有許多事，此只是箇事由耳。曰「只是」，則更無許多事，只是如此而已。有此分別。蓋大人尚有許多事，不但如赤子而已也。○赤子之心，純一無僞；大人之心，亦純一無僞。但赤子之純一無僞，只是孩提之童知愛其親，飢便啼，喜便笑，如斯而已。大人之純一無僞，與赤子雖迥然不同，却是自赤子之純一無僞者充之。若失了赤子之心，亦無由以至於大人矣，故曰「大人者，不失其赤子之心」者也。此即《中庸》「其次致曲，曲能有誠」道理。○顧麟士曰：「按《達説》大人、赤子，只作一人看，則曰『其赤子之心』者，即是大人赤子時之心也。」

○孟子曰：「養生者不足以當大事，惟送死可以當大事。」養，去聲。

事生固當愛敬，然亦人道之常耳。至於送死，則人道之大變。孝子之事親，舍上聲。是無以用其力矣。故尤以爲大事，而必誠必信，不使少有後日之悔也。《記・檀弓上》：「子思曰：『喪三日而殯，凡附於身者，必誠必信，勿之有悔焉耳矣。三月而葬，凡附於棺者，必誠必信，勿之有悔焉耳矣。』」○王德脩云：「親聞和靖説『唯送死可以當大事』，曰：『親之生也，好惡取舍，得以言焉；及其死也，好惡取舍，不能言矣。當是時，親之心即子之心，子之心即親之心，故曰惟送死可以當大事。』」朱子曰：「亦説得好。」○雙峰饒氏曰：「養生今日不及，明日猶可補。惟送死有不到，爲終身之恨，他日欲爲，不可得矣。」○新安陳氏曰：「生事死葬，皆當以禮，其不可輕忽，均也。孟子此言，非謂養生爲輕，但以常變、從容、急遽校之，則送死比養生爲尤重大耳。趙岐注云『致養未足以爲大事，送終如禮，則爲能奉大事也』，按此則以『爲』字訓『當』字，非擔當之當。」附《蒙引》：「養生不足以當大事」，蓋以人情言，則暇豫而有措；以事勢言，則雖失而可贖。「惟送死可以當大事」者，以人情言，則倉皇而顛沛；以事勢言，則其悔不可追。

○孟子曰：「君子深造之以道，欲其自得之也。自得之，則居之安。居之安，則資之深。資之深，則取之左右逢其原，故君子欲其自得之也。」造，七到反。

造，詣也。深造之者，進而不已之意。道，則其進爲之方也。資，猶藉也。朱子曰：「資字，恰似資給、資助一般。」左右，身之兩旁，言至近而非一處也。逢，猶值也。原，本也，水之來處也。言君子務於深造而必以其道者，欲其有所持循，以俟夫音扶。默識心通，自然而得之於己也。自得於己，則所以處上聲。之者安固而不搖；處之安固，則所藉者深遠而無盡；所藉者深，則日用之間取之至近，無所往而不值其所資之本也。○程子曰：「學不言而自得者，乃自得也。有安排布置者，皆非自得也。」新安陳氏曰：「有安排布置，便是勉强，而非自然之得。」然必潛心積慮，優游厭飫於其閒，說深造。然後可以有得。若急迫求之，則是私己而已，終不足以得之也。朱子曰：「學者須敬守此心，不可急迫。當栽培深厚，涵泳其閒，然後可以自得。」○朱子曰：「深造者，當知非淺迫所可致。若欲淺迫求之，便是强探力取。深造只是既下工夫，又下工夫，待其真積力久，則自得之矣。」○道是進爲之方，此是趙岐之說。蓋循此進進不已，便是深造之，猶言以這方法去深造之也。以道是工夫，深造之是做工夫，如博學、審問、慎思、明辨、篤行之次序，即是造道之方法。若人爲學依次序，便是以道；不依次序，便是不以道。能以道而爲之不已，造之愈深，則自然而得之。既自得之而爲我有，則居之安。居之安，則資之深。「資之深」一句，又要人看，蓋是自家既自得之，則所以資藉之者深，取之無窮，用之不竭，只管取，只管有，滚滚地出來。自家資他，他又資給自家，如掘地在下，藉上面源頭來注滿。若源頭深，則源源來不竭，若淺，則易竭矣。「取之左右逢其原」，蓋這件事也撞著這本來底道理，那件事也撞著這本來底道理，事事物物皆撞著這道理。如「資之深」，那源頭水只是一路來。到得「左右逢原」，四方八面都來。然這箇只在自得上，纔自得，則下面節次自如此。○問學是理而得之於身，不可以强探力取也。必深造之以道，然後有以默識心通而自然得之。蓋造道之不深者，用力於皮膚之外，而責效於旦暮之閒。不以其道者，從事於虛無之中，而妄意於言意之表，是皆不足以致。夫默識心通而自得之，必也多致其力而不急其功，必務其方而不躐其等，則雖不期於必得，而自然得之，將有不可禦者矣。未得之，固無可居之地。得而不出於自然，則雖有所居而不安。惟自得之，則理之在我者，吾皆得以居之。如人有室廬之安，動作起居種種便適，自眷戀而不去也。○資助既深，看是甚事來，無不湊著這道理，不待自家將道理去應他。且如爲人君，便有那仁從那邊來；爲人臣，便有那敬從那邊來；子之孝，有那孝從那邊來；父之慈，有那慈從那邊來。只是那道理原頭處，自家靠著他，左右前後都見是這道理。○問：「程子之說如何？」曰：「必須以道，方可潛心積慮，優游厭飫。若不以道，則潛心積慮，優游厭飫，做甚底。」○慶源輔氏曰：「自得，如子貢悟性、天之不可聞，曾子『唯』、『吾道一貫』之語，此何待於言語而後見，正張子所謂『德性之知，不萌於聞見』者也，豈容更有安排布置哉。蓋其平日潛心積慮，優而游之，厭而飫之，一身在義理之中。及其真積力久，理與心融，物與性合，然後可以有得。若有一毫急迫之意，便是私己，與道便自閒斷，更如何得到自得田地。」○潛室陳氏曰：「君子深造之以道，謂以法度而深造之。優而游之，使自得之；饜而飫之，使自趨之，欲其自得之也。『自得』以下，皆爲學之效驗耳。『左右逢原』意最好，學至於自得，則理只在左右之近，觸處見本源。此豈我帶來道理，亦只事事物物元有道理，森然已具，吾人自得之餘，取之而逢見之耳。」○雙峰饒氏曰：「這箇道字，便是致知力行之方。『之』字，是指所得而言。下面居之、資之、取之，皆是指所得言也。」○徽庵程氏曰：「君子之學，以自得爲貴，然有自得之工夫，有自得之效驗。『深造之以道』，自得之工夫也；『居之安，資之深，取之左右逢其原』，自得之效驗也。有是工夫，必有是效驗。效驗有所未至，必工夫有所未盡也。」○雲峰胡氏曰：「非有所造者，不能有所得。非造之深者，不能自得。然不以其道，則無深造之方法，未易到自得之地步。『深造之以道』，是未得之先下工夫。『居安』至『逢原』，是自得之後見功效，大要在『勿忘、勿助』。《集註》謂『有所持循』是『勿忘』，『以俟夫默識心通』，是『勿助』。所謂『潛心積慮』是『勿忘』，『優游厭飫』是『勿助』。」○新安陳氏曰：「『自得之』有二説。朱子謂『自然而得之』所附程子説證己説之出於程子也。一説謂『自得之於己』，如南軒云『不自得則無以有諸己，自得而後爲己物也。以其德性之知非他人所能與，故曰自得』，此近乎莊生所謂『自得其得，而非得人之得』之意，終有弊，不如『自然得之』之説，有從容優游之味。」《通考》程氏復心曰：「此纂集程子三説合而爲一，非親到自得之境者，安能言此以覺人也。」附《淺説》：義理有無窮之趣，爲學有一定之方。故君子之於學也，今日格一物，明日格一物，必有事焉而不急其功；今日行一善，明日行一善，必力進焉而不躐其等。深造以道如此，正欲其有所持循，無所迫逐。真積力久之餘，一旦豁然而貫通，向見其萬者，今則會而爲一也。力到功深之後，一旦超然而領悟，向見其異者，今則合而爲同也，其可謂自得矣。夫理以强探力取而得者，則心與理不相浹洽，居之未必安也。惟其自然而得之，則心與理熟，萬變不可得而揺，理與心一，外物不可得而奪，居之不亦安乎。居之不安者，則此理或有時而出入，未可資之以爲用也。惟其居之安，則心源静深，足以用之而不窮；理本牢固，足以取之而不竭，其資之也不亦深乎。資之不足者，則中有不足，隨所往未必皆有所值也。惟其資之深，則何所不有，將見事感於外，理應於内。事當如此，則有此理以應之；事當如彼，則有彼理以應之。或左或右，隨其所在，無不值其所資之本也。學惟至於自得，則其妙有如此。故君子之學，必深造以道，而欲其自得也。○《存疑》：深造而不以道，則用功雖勞，而不得其要領，全無捉模處，亦徒勞而已，固無由自得。以道而不深造，則工夫鹵莽，雖能得其要領，然工夫未到，亦無徑悟速化之理，欲其自得亦未能也。○《蒙引》：論自得者，可把牝雞抱卵出雛爲譬。或問朱子曰：「少時見雞將出卵，視之，其時已至，自然迸裂而出，全不待彼着力。有時見其難，稍以手助之，其子出來便不長進。學而進於自得者，其理正如此。蓋至於自得之時，自然熟矣。所以養氣不可助長，如文中子、陸象山，皆未免有助長之病，不但告子也。惟聖人能無積累之漸，陸氏便欲以聖人自居，宜其不得斯文之正印也。」○《存疑》：天下事都不由人强成得，功力到得，自然成矣。譬之種穀，天時、地利、人力三者既齊，又要時候到，方成熟。若天時、地利、人力三者缺一，時候又未到，焉得成熟。不但爲學，教人、爲治皆然，故曰「真積力久則入」。老子曰「天之道浸」，杜預曰「優而游之，使自求之；厭而飫之，使自趨之。如江河之浸，膏澤之潤，涣焉冰釋，怡然理順，然後爲有得」，朱子曰「至於用力之久，而一旦豁然貫通」，皆是此道理。○「資之深」，言所藉者深遠無窮盡也。所藉爲何，藉之以應物也。所藉者深，言道理在胸中，充足有餘，足以備吾應物之用，足以爲吾資藉。取之不窮，用之不竭，其所藉者深遠無窮盡也。○「資之深」，看來只當根「自得」説，不必根「居之安」説。「居之安」，只是過路耳。蓋道理既自得，則生生不窮，源頭滚滚，隨他甚樣事物來，吾心之理皆有以應之，真個足爲吾資藉，真個所藉者深遠無盡。○原不外乎所資，道理在胸中，足爲我資藉應用，這便是原。及我要應用，這道理便在這裏，便是逢其原。蓋原是那本來底物，逢其原，是撞着那本來底物。○「左右」注云「身之兩旁，至近而非一處」，是解字義。其實取之左右，非取之身之左右，取之心也。心中那有左右，要之左右是不一之辭，猶《詩》言「左之右之，君子宜之。右之左之，君子有之」一般。緣這道理在胸中，萬事萬物之理，一一皆備，日用間，在人所取。若取他這一件，這一件便原有道理在撞着。取他那一件，那一件便有個道理在撞着。左左右右，東西南北，四方八面，隨吾所取，無不有個本原底道理在撞着，這便是「取之左右逢其原」。注「至近而非一處」，即是此理，非真有個左右，若身之兩旁也。○「至近而非一處」有兩意，要看得有着落。「至近」，言不待取之深遠也，只在目前耳。「非一處」，言不但一事有個道理也，事事皆有個道理。合二意而一貫之，只是事事皆有個道理，又不待遠求。緣這道理都融會在心，隨取隨足。譬如地下有泉，隨他甚處掘便得，不待鑿深然後得也。○《蒙引》：朱子曰：「財貨一般，或搶於人，或假於外，終非己物，居之可得而安乎。」○「資之深」，是未接物之時，取之左右逢其原，則正當應接之時，而所居所資者，今皆隨取隨有，供其所支，綽有餘地矣。○「故君子欲其自得之也」，此一句要繳「深造之以道」。○居安、資深、左右逢原，非可謂自得之功效也。蓋自得便是功效，更無自得之效。○《存疑》：居安、資深、左右逢原，相因而至，無次序，自得後便有。此小注說有節次，恐未是。○此章當兼知行說，人多作知一邊說，非是。○《蒙引》：《孟子》說一貫有二，與《論語》二處脗合。此章即曾子所聞之一貫也，下章即子貢所聞之一貫也。蓋此章兼知行，下章獨主知。何謂此章即曾子所聞之一貫也，蓋深造以道，則隨事精察力行，而真積力久也。「自得之」至「左右逢其原」，即是「一本萬殊之妙，而泛應曲當」者也。下章「博學而詳說之」，亦「多學而識」之功也。由多學而識，而至於聞一貫之傳，是亦「反說約」矣。○未能自得以前，則深造之以道，下學之事，求之之功也。既自得以後，則居安、資深、左右逢其原，上達之事，得之之驗也。學必至於自得，然後爲學之成也。○雲峰胡氏曰：「『深造』章，大要在『勿忘、勿助』，無復改評矣。但分『有所持循』謂『勿忘』，『默識心通』謂『勿助』，恐未當。大抵『深造』是勿忘，『以道』則有『勿助』在矣。」

○孟子曰：「博學而詳說之，將以反說

約也。」

言所以博學於文，而詳說其理者，非欲以誇多而鬪靡也。欲其融會貫通，有以反而說到至約之地耳。蓋承上章之意而言，學非欲其徒博，而亦不可以徑約也。

程子曰：「博與約，正相對。聖人教人只此兩字，博是博學多識、多聞多見之謂，約只是使人知要也。」○問：「世間博學之人非不博，却又不知箇約處者，何故？」朱子曰：「它合下博，得來便不是了，如何會約。他竟不窮究這道理是如何，都見不透徹，只是搜求隱僻之事，鈎摘奇異之說以爲博，如此豈能得約。今世博學之士，大率類此。」○約自博中來，通貫處便是約，不是通貫了，又去裏面尋討箇約。某嘗不喜揚子雲言「多聞則守之以約」，多聞了，又要一箇約去守他。○程子說「格物」云「但積累多後，自脫然有貫通處」，「積累多」便是博，「脫然有貫通處」便是約。○慶源輔氏曰：「《集註》所謂文，謂《詩》、《書》六藝之文；理，謂《詩》、《書》六藝所載許多道理也。承上章言，「博學詳說」則是「深造」之意，「反說約」則是「自得」之事。但上章以行言，此章以知言。知與行，蓋互相發也。○潛室陳氏曰：「不博，則約無所施。學到約後，許多博處方有受用。」○雙峰饒氏曰：「『誇多』說『博學』，『鬪靡』說『詳說』。所以博學者，非徒誇其多；所以詳說者，非徒鬪其靡。欲人融而會之，貫而通之而已。這物事未曾融時，一箇是一箇，纔融了，便會爲一。約是要約如『思無邪』、『毋不敬』之類。」○新安陳氏曰：「輔氏謂『上章以行言』，竊謂亦兼知與行言之耳。此章孟子所謂『博學』，與孔子所謂『博學於文』同；所謂『反說約』與孔子所謂『約之以禮』不同。蓋『約禮』，以行言；『反說約』，以知言也。」○東陽許氏曰：「『博學詳說』，以知言。『約』則會其極，而於行上見。」《通旨》朱氏公遷曰：「《語》『由也！女聞六言六蔽』，『博學而篤志』，『仕而優則學』及此章，皆以知言。仕與學對，則仕屬乎行。六蔽與六言相對，則六言屬乎行。『博學詳說』承『深造以道』而言，則『深造之』者重在行也。『仁在其中』，雖未及乎行，而『篤志』二字，亦篤行之漸也。此聖賢之言所以無弊也。」附《蒙引》：大注云「欲其融會貫通，有以反而說到至約之地耳」，分明是一貫之說。此章要把「博」字、「詳」字對「約」字看，人都說重在「反說約」上，愚謂「博學而詳説之」更重。上章亦然，「自得」固重，「深造以道」尤重。蓋「自得」全要「深造以道」，「反説約」全要「博學而詳説之」。所以上章末句「故君子欲其自得之也」，愚謂要繳着「深造以道」才是。如云「故君子欲其自得之也」，夫既「欲其自得之也」，則豈可不「深造之以道」哉。○《存疑》：天下之理，自一而散之萬，雖萬亦本於一。自其萬而觀之，但見殊途百慮，萬變不同。自其一而觀之，則萬物之理，即一物之理，無不同也。故學必到能説約處，方是到家。○學到能説約時，六經只是一理。非但六經，《學》、《庸》、《論》、《孟》只是此理。非但四子，子、史、百家之不背於道者，皆此理也。○《蒙引》：學與説不同：學就習誦而言，説就講明而言。○《論語》「博文」内，自有「説約」在。○《存疑》：説，其實是口説，須知是中心見得，方口裏説得。○「反説約」，依《蒙引》「『思無邪』、『無不敬』」之説，只是知要，不是洞然一貫之意。

○孟子曰：「以善服人者，未有能服人者也；以善養人，然後能服天下。天下不心服而王者，未之有也。」王，去聲。

服人者，欲以取勝於人。養人者，欲其同歸於善。蓋心之公私小異，而人之嚮背音佩。頓殊，新安陳氏曰：「一則不能服人，人者對己而言。一則自然能服天下，天下則盡乎人矣，非向背頓殊乎。」學者於此不可以不審也。朱子曰：『以善服人』者，惟恐人之進於善，如張華對武帝，恐吳人更立令主，則江南不可取之類是也。❶『以善養人』者，惟恐人不入於善，如湯於葛遺之牛羊，又使人往爲之耕是也。」○南軒張氏曰：「先王樂與人爲善，欲天下舉在吾化育之中，如春風被物，物蒙其養，無不應者。未嘗有意於服人，而天下之心悦誠服，有不期而然者，蓋以善道與人共之耳。若霸者之所爲，其善者不過欲以善服人，齊桓會首止而定王世子，晉文盟踐土率諸侯以朝王是也。學者深見二者霄壤之殊，則王霸之分了然矣。」○慶源輔氏曰：「『以力服人』、『以德服人』，以事言也，其不同易見。『以善服人』、『以善養人』，以心言也，其不同則難見也。孟子之言，至此愈密矣。『以

❶「類」，原作「人」，今據哈佛本改。

善服人』者，以善爲己私也；『以善養人』者，以善與天下公也。」○雲峰胡氏曰：「『以德服人』，蓋對上文『以力服人』而言，謂王者之服人，異乎霸者之服人。如子禽疑夫子得聞國政，有以求之，而子貢答以『夫子之求之，異乎人之求之耳』。」○新安陳氏曰：「按《孟子》二章，皆以王霸對言。前章公私之分，在『力』字與『德』字。『以力服人』者，挾力以行私，而反乎公者也。曰『德』，則其理純乎公矣。此章公私之分，在『服』字與『養』字。『以善服人』者，認善以爲己私，而害乎公者也。曰『養』，則其心純乎公矣。」○東陽許氏曰：「『以善養人』，謂有善於身而教化撫字，使民同歸於善也。」

附《蒙引》：此章蓋爲當時國君而言，曰「服人」、曰「養人」，此「人」字亦指其平等人言，非必指百姓，故許氏「教人撫字」之説不敢從，只看成湯之於葛伯可見。○《存疑》：「服人」、「養人」及「未有能服人」之「人」，俱指平等言。其曰「然後能服天下」，又説得大了，不止平等人矣。○顧麟士曰：「『服人』、『養人』『人』字，《蒙引》、《存疑》俱斷作平等有國之人，是。繇此觀之，則『以力服人』、『以德服人』之『人』字亦然。但彼處易見，此處難見耳。」○《存疑》：「以善服人」，是幸人之不善，欲以己之善去勝人，使人屈服於我。其爲善，亦只是欲以是去勝人，不是見得善是我之所當爲，非出於誠心，正伯者之所爲。「以善養人」，是憫人之不善，欲公其善於人，使人皆歸於善，全無勝人之心。其爲善，則實見得是我之所當爲，初非欲去服人而後爲此，正王者之所爲。○「以善服人」，亦服得人。如齊桓、晉文，當時諸侯亦皆服他，但未出於中心之誠然，故曰「未有能服人者也」。○問：「『以善服人』與『以德服人』似無甚異，一則曰『未有能服人』，一則曰『中心悦而誠服』，何以異？」曰：「以『服人』與『養人』者較之，則見得『服人』者是有心，與『養人』者不同。『以德』與『以力』者較之，則見得『以德』者是不以力與以力者不同，其異處在此也。」

○孟子曰：「言無實不祥。不祥之實，蔽賢者當之。」

或曰：「天下之言無有實不祥者，惟蔽賢爲不祥之實。」南軒張氏曰：「蔽賢出於媢疾之私，方其欲蔽賢也，私意横起，不祥之氣固已充溢於中矣。天生斯賢以爲人也，蔽賢之人妨賢病國，不祥孰甚焉。」❶或曰：「言而無實者不祥，故蔽賢爲不祥之實。」二説不同，未知孰是，疑有闕文焉。新安陳氏曰：「前説二『實』字歸一意，然皆無深意味，不如闕之。」附《達説》：欲人君知所遠也。○《存疑》：《蒙引》有曰：「蔽賢固不祥矣，弒父與君不尤爲不祥乎，而惟謂蔽賢爲不祥之實，何也？」愚謂弒父與君雖不祥，其惡顯然，人皆知之，其害只一時。蔽賢之言，隱而難知，人君不悟而入之，害及天下國家以至無窮，此孟子所以特以不祥歸之也。○依前説兩「實」字皆同，依後説則兩「實」字不同，所以《集註》先前説。

○徐子曰：「仲尼亟稱於水，曰：『水哉，水哉！』何取於水也？」亟，去吏反。

亟，數音朔。也。水哉水哉，歎美之辭。徐子，即徐辟。

孟子曰：「原泉混混，不舍晝夜，盈科而後進，放乎四海，有本者如是，是之取爾。舍、放，皆上聲。舍，一讀如字，見《論語》「子在川上」章。

原泉，有原之水也。混混，湧出之貌。不舍晝夜，言常出不竭也。盈，滿也。科，坎也。言其進以漸也。放，至也。言水有原本，不已不舍晝夜。而漸進盈科後進。以至於海；如人有實行，去聲。則亦不已而漸進以至於極也。新安陳氏曰：「水惟其有原本，所以不已而漸進，以至歸宿於海，有本者如是。孟子自以此句承接上意，有本者指『原泉』，『如是』指『混混』至『放乎四海』。『是之取爾』，答徐子『何取於水也』之問，謂孔子所以亟稱於水者，此意之是取爾。本文只是説水，『如人有實行』以下，因結語『故聲聞過情，君子恥之』二句，推出孟子借水以箴規徐子之意，而與下一節《集註》『如人無實行而暴得虛譽，不能長久也』相對言之。」附《蒙引》：原泉固是有本者，然且放輕讀，漫説出此意。至「有本者如是」，方好叮嚀着實説。至下文「苟爲無本」，便是承此有本者説去。○孔子言水「不舍

❶「孰」，原作「熟」，今據哈佛本改。

晝夜」，明道體之不已。孟子言水之「不舍晝夜」，喻人爲之不已。孔子之言發天理之本然，孟子之言指人事之當然。孔子言天理之本然，而人事之當然者自見於言外，孟子爲徐子言，未及於語上也。

苟爲無本，七八月之閒雨集，溝澮皆盈，其涸也可立而待也。故聲聞過情，君子恥之。」澮，古外反。涸，下各反。聞，去聲。

集，聚也。澮，田閒水道也。涸，乾音干。也。如人無實行，而暴得虛譽，不能長久也。新安陳氏曰：「水無原本，人無實行之譬也。溝澮皆盈，❶而涸可立待，與上文『混混，盈科而進』以至『放乎四海』者相反。暴得虛譽，而不能長久之譬也。」聲聞，名譽也。情，實也。恥者，恥其無實而將不繼也。新安陳氏曰：「《集註》所謂『有實行』、『無實行』，全從此『情實』之『情』字上發揮出來。」

附《存疑》：曰「君子恥之」，則非仲尼之所取矣。林氏曰：「徐子之爲人，必有躐等干譽之病，故孟子以是答之。」○鄒氏曰：「孔子之稱水，其旨微矣。孟子獨取此者，自徐子之所急者言之也。孔子嘗以聞達告子張矣，達者有本之謂也，聞則無本之謂也。然則學者其可以不務本乎？」朱子曰：「所謂『聲聞過情』，這箇大段務外，更就中閒言之，如爲善無真實懇惻之意，爲學而勉强苟且徇人，皆是不實，就此反躬思量方得。」○慶源輔氏曰：「此章指意都結在後兩句上，故《集註》只以虛名、實行爲言，而引林氏、鄒氏之說以明之。蓋孟子之意，專欲救徐子躐等干譽之病耳。孔子之稱水，固不專在此也。然由是觀之，雖一物具一理，亦隨人所取如何爾，理固無盡也。」又曰：「『達者有本』，謂質直好義；『聞者無本』，謂色取仁而行違。」○汪氏曰：「水之可觀，其源有本，其流不息。進有漸則以盈科爲量，行有至則以四海爲歸。」○雙峰饒氏曰：「《論語》二『不舍晝夜』，所指不同。夫子說道體，孟子說有本。所謂『微旨』，川上之歎是也。孟子只就徐子身上說，取切其病而易曉。」

❶「溝」，原作「滿」，今據《四書大全》改。

○孟子曰：「人之所以異於禽獸者幾希，庶民去之，君子存之。

幾希，少也。庶，衆也。人物之生，同得天地之理以爲性，同得天地之氣以爲形。其不同者，獨人於其閒得形氣之正，而能有以全其性，爲少異耳。雖曰少異，然人物之所以分，實在於此。衆人不知此而去之，則名雖爲人，而實無以異於禽獸。君子知此而存之，是以戰兢惕他歷反。厲，而卒能有以全其所受之正也。朱子曰：「人物之所同者，理也；所不同者，心也。人心虛靈，無所不明，禽獸便昏了，只有一兩路子明，如父子相愛、雌雄有別之類。人之虛靈，肯推得去，禽獸便更推不去。人若以私欲蔽了這箇虛靈，便是禽獸。人與禽獸只爭這些子，所以謂幾希。」○飢食渴飲之類，是人與禽獸同者；有親有義之倫，此乃與禽獸異者。存是存所以異於禽獸之道理，今人自謂能存，只是存其與禽獸同者耳。○西山真氏曰：「人與物相去亦遠矣，而孟子以爲幾希者，蓋人物均有一心，然人能存而物不能存，所不同者惟此而已。人類之中有凡民者，亦有是心而不能存，無異於禽獸矣。惟君子能存之，所以異於物也。」○新安陳氏曰：「《集註》『知』之一字，示人以存之之關。『戰兢惕厲』四字，授人以存之之法。」附《蒙引》：「人之所以異於禽獸者幾希」，言其小異也。今欲究其所以小異處，必先言其無異，然後就其中別其異，乃見其小異也。故曰「人物之生，同得天地之理以爲性，同得天地之氣以爲形」，此其無異者也。然雖同得天地之氣以爲形，而人乃獨得其形氣之正，而有以全其性，是無異中之一異也。如此解，庶得所謂「幾希」者之來歷分明。但雖得其來歷分明，而孟子所謂「幾希」之本旨，則不盡然者，故隨足之曰「雖曰小異，然人物之所以分，實在於此」，則知孟子所謂「幾希」者，其旨甚重，而非輕之曰「幾希」也。○究人之所以異於禽獸者，全在心上不同。心之不同，虛靈知覺也。心之虛靈知覺所以不同者，形氣之正也。朱子「形氣之正」，固該得心，但讀者或不察耳。○所謂論萬物之一原，則理同而氣異，氣異則所賦之理亦有閒矣。同得天地之氣，又在知覺運動之蠢然者説。〇《語類》：「賀孫問：『幾希二字，不是説善惡之閒，乃是指這些好底説，故下云庶民去之，君子存之。』曰：『人之所以異於物者，只争這些子。』」〇《蒙引》：「人之所以異於禽獸者幾希」，正言其不可不存也。〇注「衆人不知此而去之」，謂不知其所以異於禽獸者在此幾希閒也。〇注「君子知此而存之」，是以「戰兢惕厲」云云，正是存之之功。不是存之了方戰兢惕厲，蓋此四字正承上文。過下文「卒能有以全其所受之正」處，方見「是以」二字着落。

舜明於庶物，察於人倫，由仁義行，非行仁義也。」

物，事物也。明，則有以識其理也。人倫，説見形甸反。前篇。察，則有以盡其理之詳也。物理固非度外，而人倫尤切於身，故其知之有詳略之異。在舜則皆生而知之也。由仁義行，非行仁義，則仁義已根於心，而所行皆從此出。非以仁義爲美而後勉强上聲。行之，所謂安而行之也。此則聖人之事，不待存之而無不存矣。張子曰：「明庶物，察人倫，皆窮理也。既知明理，但知順理而行，而未嘗有以爲仁義。仁義之名，但人名其行耳。如天春夏秋冬，何嘗有此名，亦人名之耳。」〇朱子曰：「明物、察倫、由仁義行三句，以學言之，則有序，猶格物、致知而後意誠、心正也。自聖人言之，則生知安行，不可以先後言也。」〇惟舜便由仁義行，他人須窮理，知其爲仁爲義，從而行之。且如「仁者安仁，智者利仁」，既未能安仁，亦須是利仁。利仁豈是不好底，知仁之爲利而行之，不然則以人欲爲利矣。〇南軒張氏曰：「行仁義，猶與爲二物。由仁義行，則如目視、耳聽、手持、足履，身與理一而非二也。若舜，可謂全其所以爲人者，而無虧欠矣，未至於舜，猶爲未盡也。人皆可以爲堯舜，其本在乎存之而已。」〇西山真氏曰：「存之者，猶待於用力。舜則身即理，理即身，渾然無閒，而不待於用力矣。」〇雙峰饒氏曰：「孟子舉舜做箇存底樣子，孟子言必稱堯舜，直是要人學之。」〇尹氏曰：「存之者，君子也。存者，聖人也。君子所存，存天理也。由仁義行，存者能之。」雲峰胡氏曰：「庶民不能存，無以自異於禽獸。君子知此而存之，所以自異於庶民。存之者，君子。存者，聖人，此又聖人所以異於君子也。」○新安陳氏曰：「人所以異於禽獸而皆可爲堯舜，以得形氣之正而能全其性耳。仁義，此性中天理之大者也。人倫之中，仁義行焉，仁於父子，義於君臣是也。君子存之而後存，舜大聖人，不待存之而自存。何以見其不待存之，以其知生知、其行安行見之也。君子必待存之，故不能生知，必學知焉；不能安行，必勉行焉。孟子所謂『行仁義』，正是存之之君子事也，而知未之言，所以《集註》補之曰『衆人不知此而去之，君子知此而存之』，不知與知意了然矣。知之而後能存，存之而後能行。知以覺於心言，存以存於心言，行以行於身言。由『仁義行』，存者能之，即尹氏此言。推之則行仁義，豈非存之者能之歟。」

附《蒙引》：「舜明於庶物」一段，是明其能全夫所謂「幾希」，所謂「踐形」也。○物，事物也。在一身，則有視聽言動之則；在一家，則有閨門内外之職；其在鄉，則田里之耕桑、公上之賦役，皆事也；其在官，則或錢穀甲兵，或刑名度數，皆事也。○《達説》：幾希之理，散於萬殊，則爲庶物人倫也。舜則明於庶物之理，而不假於思索；察於人倫之道，而無待於研究，此不思而得，「生知」也。幾希之理，統於一心則爲仁義也。舜則仁義已根於心，而所行皆從此出，非以仁義爲美，而後勉强行之，此「不勉而中」、「安行」也。○《存疑》：問：「聖人無所不至，舜於人倫則察之，至庶物則但曰明而已，然則有所未至乎？」曰：「聖人之知，雖無所不至。聖人之存心，則有詳略。曰明曰察，以其存心言也。」○人倫庶物之理，在心則曰仁義。仁者，心之德。人倫庶物之理，得之於心，仁也。義者，心之制，事之宜。人倫庶物之理，各有所宜，義也。○《蒙引》：大注云「仁義已根於心，而所行皆從此出」，猶所謂以德行仁語意。由「仁義行」，仁義以在心者言，由此而行出來也。○仁義之理，根之於心，而行於庶物人倫之閒，所謂心雖主乎一身，而其體之虛靈，足以管乎天下之理。理雖散於萬事，而其用之微妙，實不外乎吾人之一心。則知所謂「幾希」者，即是仁義；而所謂庶物、人倫者，亦非仁義外物也。

○孟子曰：「禹惡旨酒而好善言。惡、好，皆去聲。

《戰國策》曰：「儀狄作酒，禹飲而甘之，曰『後世必有以酒亡其國者』，遂疏平聲。儀狄而絶旨酒。」《書》曰：「禹拜昌言。」慶源輔氏曰：「『惡旨酒』，則物欲不行；『好善言』，則天理昭著。」附《蒙引》：「惡旨酒」，則凡人情所欲者，皆不能動矣；「好善言」，則凡天理之正者，皆其所嗜矣。此雖二事，所該甚廣，在善讀者意會。不然，是爲數其事而稱之矣。○此禹之憂勤惕厲處，即存其所以異於禽獸也。○《存疑》：三王各舉兩事，而自相爲偶。「惡旨酒」與「好善言」對，一好一惡也。「執中」與「立賢無方」對，一立政，一用人也。「視民如傷」與「望道未見」對，一治人，一脩己也。「不泄邇」與「不忘遠」對，尤明白。○顧麟士曰：「『儀狄作酒』，《呂氏春秋》注又作『狄儀作酒』，不知孰誤。」

湯執中，立賢無方。

執，謂守而不失。中者，無過不及之名。方，猶類也。立賢無方，惟賢則立之於位，不問其類也。朱子曰：「這『執中』與『子莫執中』不同。湯只是事事恰好，無過不及而已。」○慶源輔氏曰：「『執中』，則處義精審。『立賢無方』，則用人無閒。」○雙峰饒氏曰：「未應事以前，未發之中，如何執得。須是事到面前，方始量度，何處是過，何處是不及，方可執而用之，是就事物上執。擇善固執，也是就事物上擇而執之。若先執定這中，待事物來，便是執一，是『子莫執中』了。」附《蒙引》：事事惟執其所謂中者，而不失焉，不敢過也，不敢不及也。必欲其恰好而後已，其憂勤惕厲之心何如也。○「立賢無方」，蓋念天位之惟艱，欲與天下之賢共理之故也。惴惴然惟恐失天下賢人之心也，所謂「帝臣不蔽，簡在帝心」，憂勤惕厲又何如。○二句關涉亦甚廣大。

文王視民如傷，望道而未之見。而，讀爲如，古字通用。

民已安矣，而視之猶若有傷。道已至矣，而望之猶若未見。聖人之愛民深，而求道切如此。不自滿足，終日乾乾之心也。問：「以而爲如，亦有據乎？」朱子曰：「《詩》云『垂帶而厲』，鄭箋而亦如也，此以而爲如也。《春秋》『星隕如雨』，左氏曰『與雨偕也』，此以如爲而也，則其混讀而互用之久矣。」○《易》乾卦九三爻辭云：「君子終日乾乾。」蔡氏曰：「乾乾，行事不息也。」○「不顯亦臨，無射亦保」，是文王望道如未見之事。又曰「望道而未之見」，此句與上文「視民如傷」爲對，孟子之意曰「文王保民之至，而視之猶如傷。體道之極，而望之猶未見，其純而不已如是。」附《蒙引》：此二句，憂勤惕厲意自明。○「耕者九一」至「必先斯四者」，是文王視民如傷處。

武王不泄邇，不忘遠。

泄，狎也。邇者人所易去聲，下同。狎而不泄，遠者人所易忘而不忘，德之盛，仁之至也。朱子曰：「『泄邇』、『忘遠』，此通人與事而言。『泄』字，兼有親狎忽略之意。」○慶源輔氏曰：「於人所易狎而不泄，則敬心常存於人；所易忘而不忘，則誠心不息。」○雙峰饒氏曰：「『德之盛』，言『不泄邇』；『仁之至』，言不忘遠。」附《語類》：「聖心如潮水上來，灣坳浦漵，一時皆到，無有遠邇。」○《蒙引》：「邇者人所易狎而不泄」，何也？敬之常存也。「遠者，人所易忘而不忘」，何也？慮之周詳也。此亦可見其憂勤惕厲之意。○以「德之盛」言「不泄邇」，蓋以其敬之常存，即德之所存也。若以此言仁，則不切矣。又以「仁之至」言「不忘遠」，蓋以其不棄置遠者於度外也，此見是仁之至。饒之分貼當從。且上條「愛民深而求道切」，亦須分貼。○《存疑》：以人言，若侍御僕從之在左右者，邇也；賢人之在側陋，及親賢之藩屏於外者，遠也。以事言，如日用閒起居飲食，隨身而在，邇也；如民生休戚，國家利害或在千里之外，耳目所不及見，或在數十年之後，事機之未露者，遠也。

周公思兼三王，以施四事，其有不合者，仰而思之，夜以繼日。幸而得之，坐以待旦。」

三王，禹也、湯也、文武也。四事，上四條之事也。時異勢殊，故其事或有所不合，思而得之，則其理初不異矣。坐以待旦，急於行也。朱子曰：「所舉四事，此必周公曾如此說。」○讀此一篇，使人心惕然而常存也。○南軒張氏曰：「不合者，思而未得也。未得之，思之惟恐不得；既得之，行之惟恐不及也。凡井田、封建、取士、建官、禮樂，刑政，雖起於上世，而莫備於周，是皆周公心思之所經緯，本諸三王而達之者也。周公之心，此章發明至矣。」〇潛室陳氏曰：「斟酌三王之事而損益之，猶孔子之集大成。」〇雙峰饒氏曰：「施此四者之事，事或有不可行，却當思其理。事雖不同，理却不相遠。故《集註》云『其事或有不合』，又來照上面一箇『事』字。」附《蒙引》：此一節看來，只是時中。〇「周公思兼三王」，不可依小注謂是孔子集大成意。如此則三王各居其一節，周公獨會其全體。高了周公，固無害；卑了三王，奈何？要當思其時如何耳。〇《存疑》：本文「其有不合」，與注「其事」之「其」字，是指周公，非指三王。蓋周公之所行事，與三王有不能合者。《蒙引》謂其指三王，不是。注「時異勢殊」，或謂是「君臣殊勢」，不是。〇《蒙引》：依饒氏兩「事」字要同，「其有不合」者，正指四事。如「禹惡旨酒」，是時去上古朴略之風猶近而絕之。至周公時，人文已盛，祭祀賓客，安得絕酒，故周人之詩云「我有旨酒」者，無慮數十，是惡旨酒有不合者矣。在禹時所謂善言，在周公有行不得者矣。在湯時所謂中，在周公時又不爲中矣。湯之立賢無方，周人大抵親賢並用，亦其時勢有不得不然者。時乎當勞也，如佚道使民；❶時乎當威也，以生道殺民，亦不得拘於文王之視民如傷。其事果善矣，自信而不疑；理果當也，決行而無滯，亦不必拘於望道而未之見耳。邇者固不宜泄，亦有可親者；遠者固不宜忘，亦有可略者。〇周公於上四事，則須兼而行之，其所不合者，則勤於思而急於行，此皆可以見其有憂勤惕厲之心也。不可專重下段，而於兼行處或略之。

〇此承上章言舜，因歷敘群聖以繼之，而各舉其一事，以見形甸反。其憂勤惕厲之意。蓋天理之所以常存，而人心之所以不死也。雲峰胡氏曰：「朱子嘗曰『讀此章，使人心惕然而常存』，蓋聖人之所以爲聖人者，只是憂勤惕厲，須臾毫忽不敢自逸。理無定在，惟勤則常存；心本活物，惟勤則不死。常人不能憂勤惕厲，故人欲肆而天理亡，身雖有而心已死，豈不大可哀哉。輔氏以爲『周公皇皇汲汲不已之誠如此，學

❶ 「如」，據《盡心上》「以佚道使民」章及下文，疑當作「以」。

者苟能深體而默識之，則聖人之心與理昭昭常存不死，而在吾心目之閒矣』，說常存不死四事意，與《集註》異。」程子曰：「孟子所稱，各因其一事而言，非謂武王不能執中立賢，湯却泄邇忘遠也。人謂各舉其盛，亦非也，聖人亦無不盛。慶源輔氏曰：「《集註》恐人執孟子之言，而疑聖人於道互有得失，故發明如此。聖人造道之極，凡有所爲，無不各極其至，豈容更以盛不盛言哉。」附《蒙引》：必是孟子以前見於紀載者，禹嘗以「惡旨酒，好善言」稱，湯嘗以「執中」及「立賢無方」稱，文王以「視民如傷，望道未見」稱，武王以「不泄邇，不忘遠」稱，故孟子於此舉之，而非各舉其盛也。○心之所以長活者，以其天理之存也；心之所以死者，以其天理之不存也。天理所以常活吾心者，苟得其養，無物不長；苟失其養，無物不消，正此之謂。

○孟子曰：「王者之迹熄而《詩》亡，《詩》亡然後《春秋》作。

王者之迹熄，謂平王東遷，而政教號令不及於天下也。《詩》亡，謂《黍離》降爲國風而雅亡也。《詩》亡，《黍離》注：「申侯與犬戎攻宗周，❶殺幽王於戲，晉文侯、鄭武公迎太子宜臼於申而立之，是爲平王。以亂故，徙居東都王城，於是王室之尊與諸侯無異。其詩不能復雅，故貶之，謂之王國之變風。」○新安陳氏曰：「平王以後，詩不入於大小雅而儕爲十五國風，其事遂始載於《春秋》而《詩》終乎此矣。」《春秋》，魯史記之名，孔子因而筆削之，始於魯隱公之元年，實平王之四十九年也。問：「《黍離》降爲國風，恐是夫子刪詩時降之。」朱子曰：「亦是他當時自如此，要識此詩便如《周南》、《召南》，當初在豐鎬之時，其詩爲二南。後來在洛邑之時，其詩爲《黍離》，只是自二南進而爲二雅，自二雅退而爲王風。二南之於二雅，便如登山。到得《黍離》時節，便是下坡了。」○緊要在「王者之迹熄」一句上。蓋王者之政存，則禮樂征伐自天子出，故《雅》之詩自作於上，以教天下；王迹滅熄，則禮樂征伐不自天子

❶「攻」，原作「政」，今據朱熹《詩集傳》改。

出，故雅不復作於上，而詩降爲《國風》。是以孔子作《春秋》，定天下之邪正，爲百王之大法也。○潛室陳氏曰：「《雅》詩多是王者朝會燕饗樂章，或是公卿大臣規諫獻納之所作。東遷以後，朝廷既無制作，公卿又無獻納，故《雅》詩遂亡，獨有民俗歌謠，其體制聲節與列國之風同，故止可謂之《王風》，非聖人能降之也。」附《蒙引》：二雅之詩，既是朝廷禮樂征伐命德討罪之舉，及君君、臣臣、親親、賢賢之事。雖雅之變者，亦皆是刺其非以追於正，掉其流而反其源，其意度終與《黍離》之氣象，蕭然凄然、無復起廢興衰之望者不同，此正所謂《詩》亡也。使《春秋》不作，則王法掃地盡矣，孔子是以不容已也。○「《詩》亡」，謂《雅》詩亡也。不然，邶、鄘諸詩，春秋時多，何謂之亡。○顧麟士曰：「《詩經類考》許氏曰：『西都數百年而無風也。蓋有雅以道天下之故，則無事於采風。雅既亡，則取民閒之詩以紀政俗。蓋雅必出於朝廷，風則下之歌咏，古有定制。』」

晉之《乘》，楚之《檮杌》，魯之《春秋》，一也。

乘，去聲。檮，音逃。杌，音兀。

乘，義未詳。趙氏以爲興於田賦乘馬之事。或曰：「取記載當時行事而名之也。」檮杌，惡獸名，古者因以爲凶人之號，取記惡垂戒之義也。《春秋》者，記事者必表年以首事。年有四時，故錯舉以爲所記之名也。新安陳氏曰：「『必表年』以下，出晉杜預所作《左傳序》文。錯，雜也，雜舉春、秋二時，以該四時也。」古者列國皆有史官，掌記時事，此三者皆其所記册書之名也。慶源輔氏曰：「古人以善爲常，多不記載，以惡爲反常，故特記之。如《堯典》之末，只載朱挑共鯀而已。以楚史記之名觀之，則楚雖蠻夷，猶有古人遺意。後世之人，負大罪惡於身，而初不知愧恥，及一有小善，則沾沾自喜，以爲莫己若者，亦可哀已。」附《蒙引》：「晉之《乘》」一條，言其與列國之史同。「其事則齊桓晉文」一條，言其與列國之史異。蓋未經聖筆之前，同爲列國記事之書也；已經聖筆之後，遂爲王者經世之典也。○本文正義是以檮杌爲凶人，非以爲惡獸。

其事則齊桓、晉文，其文則史。孔子曰：

『其義則丘竊取之矣。』」

春秋之時，五霸迭興，而桓、文爲盛。史，史官也。竊取者，謙辭也。《公羊傳》去聲。作「其辭則丘有罪焉爾」，意亦如此。蓋言斷丁亂反。之在己，所謂「筆則筆，削則削，游、夏不能贊一辭者也」。《公羊傳》昭公十二年：「《春秋》之信史也。其序則齊桓、晉文，其會則主會者爲之也，其辭則丘有罪焉爾。」○《史記・孔子世家》：「孔子在位聽訟，文辭有可與人共者，弗獨有也。至於爲《春秋》，筆則筆，削則削，子夏之徒不能贊一辭。」尹氏曰：「言孔子作《春秋》，亦以史之文載當時之事也，而其義則定天下之邪正，爲百王之大法。」南軒張氏曰：「《春秋》未經聖筆，則固魯之史耳。自其義，聖人有取焉，則史外傳心之要典，所以存天理、遏人欲，撥亂反正，示王者之法於將來者也。」○蔡氏曰：「『其義』蒙上文『王者』而言，蓋王者之義也。孔子有德無位，故自以爲竊取王者之義，而定二百四十二年之邪正，所謂爲百王不易之大法者也。」○慶源輔氏曰：「夫子之作《春秋》，不過以史之文，載當時之事而已，而其竊取之義，則在於定天下之邪正，爲百王之大法也。夫《春秋》之善善惡惡，撥亂世而反之正。上明四代之禮樂，下示百王之法程，聖人之用備見此書，而夫子之言則又謙抑如此，略無自居其功之意。此孟子所以因而述之，以繼群聖之後也。」○雙峰饒氏曰：「『其文則史』，元是魯史之《春秋》。『其義則某竊取之』，方是孔子之《春秋》。以匹夫行天子賞罰，故曰『竊取』，自咎自謙之辭。」○王氏曰：「史不止於晉、楚，五霸不止於桓、文。孟子唯及此者，晉、楚爲列國之大者，桓、文爲五霸之盛者也。」《通考》趙氏悳曰：「齊桓公，姓姜，名小白，周僖王元年始霸。秦穆公姓嬴，名任好，襄王八年始霸。宋襄公，姓子，名兹父，襄王十年始霸。晉文公，姓姬，名重耳，襄王十七年始霸。楚莊王，姓羋，名旅，定王元年始霸。號稱五霸，自管仲始。」附《存疑》：三「其」字，皆指《春秋》。文，即記事之文；義，即其文之義。蔡氏曰「『義』蒙上文，是王者之義」，不是。○《淺説》：夫《春秋》所記之事，固多言乎齊桓、晉文。其閒之文，固皆出於當時史官。而其大義所在，有德者必褒，有罪者必貶，所以嚴名分而正綱常者，乃吾夫子假魯史之舊文，加筆削之新法，以裁定之，而他人不能與也，故孔子嘗自謙曰「其義則丘嘗竊取之矣」。此《春秋》所以爲史外傳心之要典，非特如國史之主於記事者也。○「其文則史」二句意輕，只是起下文耳。○五伯獨舉桓、文，猶四時獨舉春秋也。但彼是錯舉，此其盛者。○孔子曰「其義則丘竊取之矣」，是王者之迹雖熄，而王者之法猶賴以存。○大注「竊取者，謙詞也」，不必依蔡氏謂「夫子有德無位，故自以爲竊取」。若《公羊傳》作「其辭則丘有罪焉」，却是此意，所謂「罪我者，其惟《春秋》乎」。然大注下文云「意亦如此」，則又以爲同者，何也？蓋言斷之在己意，同也。若竊取，是有德無位意，則本分之辭，非謙辭也。○或曰：「朱子論《春秋》，孔子只是據事直書，是非有意立某字、含某意。及至作《綱目》，却又全是以一字藏褒貶，何也？」曰：「如子弒父則爲弒，無罪而殺其臣則爲殺，有罪則爲誅，如此之類，正是據事直書也。若全無此義，則夫子又何用筆削魯史爲。蓋正緣魯史舊文不足以爲褒貶勸戒，故取而脩之耳。必如愚此說，然後二說不相反，而且自相發明也。」

○此又承上章歷敘群聖，因以孔子之事繼之，而孔子之事莫大於《春秋》，故特言之。雙峰饒氏曰：「此亦承上章『思兼三王以施四事』而言，周公所行皆王者之事，來到孔子時，王者之迹滅熄，故孔子出來作《春秋》。」○新安陳氏曰：「『好辯』章，述群聖事而繼以孔子作《春秋》，此章亦以作《春秋》繼群聖事，不及《易》、《詩》、《書》、《禮》、《樂》者，孔子之事莫大於作《春秋》。五經，夫子之教；《春秋》，夫子之政也。」○東陽許氏曰：以三國之史同言，而曰「一也」。蓋謂魯之《春秋》，其所紀載非周之典禮，善惡不明，不過記五霸之事，與晉、楚之史同爾。至於孔子之《春秋》，則假其事以明義，而非盡舊史之文，故曰「其義則丘竊取之矣」。如此看，方見得中間一節不閑。

○孟子曰：「君子之澤五世而斬，小人之澤五世而斬。

澤，猶言流風餘韻也。父子相繼爲一世，三十年亦爲一世。斬，絶也。大約君子、小人之澤，五世而絶也。楊氏曰：「四世而緦，音思。服之窮也；五世袒音怛。免，音問。殺所介反。同姓也；六世親屬竭矣。」《記》疏云：「上自高祖，下至己兄弟，同承高祖之後，爲族兄弟，爲親兄弟期，一從兄弟大功，再從兄弟小功，三從兄弟緦麻，共四世而緦服盡也。五世則袒免而無正服，減殺同姓。六世則不復袒免，惟同姓而已，故親屬竭。」袒，身去飾也。袒免者，肉袒而著免。免，狀如冠，而廣一寸。冠至尊，不可居肉袒之體，故爲免以代之。又《檀弓》「免焉」注：「以布廣一寸，從頂上而前交於額上，又卻向後繞於髻。」❶《禮》朋友在他邦，無主人，乃袒免。若朋友在家，則弔服加麻。加麻者，素弁上加緦之環絰，然則袒免亦朋友之服也。○新安陳氏曰：「此《禮記·大傳》全文。共高祖者爲三從兄弟，相爲服緦麻，服制至此窮也。共高祖之父者爲五世，已無服，但不忍遽絶之，故不襲、不冠，爲之袒裼免冠，以變其吉。同姓之恩，至此而減殺也。共高祖之祖者爲六世，則親盡矣。窮而殺，殺而竭，不變吉可也。引此以證五世而斬。」《通考》襲氏高禮曰：❷「『袒免』：袒，謂不服布而常服；免，謂布幘帽之狀。」服窮則遺澤寖微，故五世而斬。」南軒張氏曰：「五世，大概約度如此。自今觀之，孔子之澤，其所浸灌，萬世不斷也。」○慶源輔氏曰：「『流風』，以風喻之也；『餘韻』，以聲喻之也。父子五世，經歷百五十年，則君子、小人之餘澤，皆當絶也。五世則親盡服窮，其澤亦當斬絶矣。蓋『親』也、『服』也、『澤』也，實相因也。」附《蒙引》：問：「『澤，猶言流風餘韻也』，畢竟是甚麽？」曰：「以德業之遺於後者言，只以孔子之餘澤來照看，孔子之澤是甚麽，餘可類推。」○問：「孔子之澤，雖萬世不斬，何爲概以五世？」曰：「孟子此語，主『去聖人之世，若此其未遠』上説，故概以『五世而斬』之義，見於孔子猶在五世之内也。」○大注引楊氏曰「四世，而緦服之窮也；五世袒免，殺同姓也；六世親屬竭矣」，此非是正解。五世而斬之義，乃是以服制亦至五世而絶，以証君子、小人之澤，五世而斬也。○君子、小人，蓋以位言，無上下之别，皆五世而斬也。孔子則在君子之數，故《史記》

❶ 「髻」，原作「髺」，今據《四部叢刊》本《禮記》及《四書大全》改。

❷ 按引文出龔端禮《五服圖解》。

以孔子入世家，嘗曰「以吾從大夫之後」。○「父子相繼爲一世，三十年亦爲一世」，此蓋以父子相繼者言。然三十年亦爲一世者，大約世數人到三十年便有子。

予未得爲孔子徒也，予私淑諸人也。」

私，猶竊也。淑，善也。李氏以爲方言，是也。慶源輔氏曰：「孟子又言『私淑艾』，而他無所見，故疑是方言。」人，謂子思之徒也。自孔子卒，至孟子游梁時，方百四十餘年，而孟子已老。然則孟子之生，去孔子未百年也。故孟子言予雖未得親受業於孔子之門，然聖人之澤尚存，猶有能傳其學者，故我得聞孔子之道於人，而私竊以善其身，蓋推尊孔子而自謙之辭也。張子曰：「孟子蓋謂孔子猶在五世之內，雖不親爲弟子，其餘澤在人，我得私取之以爲善。」○雙峰饒氏曰：「私淑艾者，私竊其善於人以自治。私淑諸人者，我私取之以善其身。今人或把作教者說，謂以此私淑他人，非矣。道者，天下所公共。師下私字不得，只弟子私竊取之，以自善自治耳。」○新安陳氏曰：「『私竊以善其身』解『諸人』字不順，不若云『私竊其善於人』，文意方順。」附《存疑》：「私淑諸人」，言把孔子之道私竊以善其身於在人處，注嫌其句倔且長難讀，故轉用之曰「得聞孔子之道於人，而私竊以善其身」。○《蒙引》：「人，謂子思之徒也」，徒，一說徒類也，一說徒弟也。《論語》「非吾徒也」，是徒類。「是魯孔丘之徒與」，是徒弟。按孟子受業於子思之門人，則是徒弟。○此又承上三章，歷叙舜禹，至於周孔，而以是終之。其辭雖謙，然其所以自任之重，亦有不得而辭者矣。新安陳氏曰：「韓子謂『堯以是傳之舜，舜以是傳之禹，至孔子傳之孟軻』，不待退之而後有此言，孟子已自言之矣。此四章相承是也，然猶分爲四章。『答好辯』章，明言以己承三聖。至七篇之末章，列序群聖道統之相傳，而明言由孔子至於今，百有餘歲，其自任之重，尤彰彰焉。孟子一身，道統攸繫，蓋如是夫。」《通旨》朱氏公遷曰：「此見孟子以道統自任，『無有乎爾』之云，亦是此類。雖爲自謙之辭，實則自任之意也。」

○孟子曰：「可以取，可以無取，取傷廉；可以與，可以無與，與傷惠；可以死，可以無死，死傷勇。」

先言可以者，略見而自許之辭也；後言可以無者，深察而自疑之辭也。過取固害於廉，然過與亦反害其惠，過死亦反害其勇，蓋過猶不及之意也。雙峰饒氏曰：「『傷廉』與『傷惠』、『傷勇』是兩般意思。朱子所以上下箇『固』字，下面下兩箇『反』字。過取固傷廉。與本是惠，與之過，則反害其惠；死本是勇，死之過則反害其勇。」○新安陳氏曰：「『傷廉』者，失之不及；傷惠、傷勇者，失之太過。」《通考》東陽許氏曰：「『傷廉』是順辭，易；『傷惠』、『傷勇』是反辭，難。先體認惠、勇之本義，然後見過之者爲傷。」林氏曰：「公西華受五秉之粟，是傷廉也；冉子與之，是傷惠也；子路之死於衛，是傷勇也。」問：「『可以取，可以無取』？」程子曰：「如朋友之饋，是可取也。然自己可足，是不可取也，纔取便傷廉矣。」曰：「『與傷惠』，何害？」曰：「是有害於惠也。可以與，然却可以不與，若與之時，財或不贍，却於合當與者無可與之，此所以傷惠。」○朱子曰：「此段正與孔子曰『再斯可矣』相似。凡事初看尚未定，再察則已審矣，便用決斷始得。」○問：「取者，貪之屬；不取者，廉之屬。猶與之爲惠，不與之爲嗇；死之爲勇，不死之爲怯也。今以過取者爲廉、惠，則宜以不與爲傷惠，不死爲傷勇矣，而反以與爲傷惠，死爲傷勇，何哉？」曰：「過取之傷廉，過於此而侵奪於彼者也。過與之傷惠，過死之傷勇，過於此而反病乎此者也。蓋奪乎彼者，其失爲易見，而病乎此者，其失爲難知。故孟子舉傷廉以例二者，是亦過猶不及之意耳。」○問：「可以取，取之傷廉，不難於擇矣。若可與、不可與，可死、不可死之閒，不幸擇之不精者，與其吝嗇，寧過與；與其苟生，寧就死。在學者，則當平日極其窮理之功，庶於取舍死生之際，不難於精擇也。」曰：「此意極好，但孟子之意，却是恐人過子而輕死也。」○南軒張氏曰：「取與死生之義，有灼然易判者，有在可否之閒者。在可否之閒，非義精者莫能擇也。蓋其幾閒不容髮，一或有偏，則失之矣。是以君子貴存養於平時，而復研幾於審處也。」○王氏曰：「六『可以』

字，疑辭。三『傷』字，決斷。」〇新安陳氏曰：「此章三節，乍看似乎説審察之『傷廉』，所以警中人以下之不及者，『傷惠』、『傷勇』，所以警賢人之過之者也。」附《淺説》：天下之理中而已矣。失之不及，固有害也。失之太過，獨無害乎？夫不苟取之謂廉。彼其禮物之餽，初見若可取矣，猶未審也，及再思之，其實不當取焉。既不當取，則執而勿取可也，乃不能自斷而竟取之，是謂苟取而有害於廉矣。以物與人之謂惠。彼其將有所與，初見若可與矣，猶未審也，及再思之，其實不當與焉。既不當與，則執而勿與可也，乃不能自決而竟與之，雖曰惠而非惠之正也，則亦反害其惠矣。不愛其死之謂勇。彼其變故之來，初見若可死矣，猶未審也，及再思之，其實不當死焉。既不當死，則執而勿死可也，乃不勝其忿而竟死之，雖曰勇而非勇之正也，則亦反害其勇矣。夫過取固傷廉也，至於過與猶爲惠，過死猶爲勇，今曰「傷惠」、「傷勇」而與「傷廉」者等焉。可見天下之事，惟中爲貴，而失之過者，猶失之不及也，何貴於過矣。大抵貪則傷廉，吝則傷惠，怯則傷勇。是過於此而侵奪於彼者，其失爲易見。若過於廉而傷廉，過於惠而傷惠，過於勇而傷勇，是過於此而反病乎此者，其失爲難知。易見者不必辨，而難知者人或慕名好高以爲之，安得不辨其失，而示人以中庸之路哉，此孟子之意也。然在學者之自處，中固爲上，儻擇之不精而有所失，則寧失之太過，毋失之不及。失之太過，節義猶存；失之不及，名教掃地矣。〇《蒙引》：此章是爲賢者過之者發語，辭雖平實，重在下兩段。志一則動氣，氣一則動志亦然。

〇逢蒙學射於羿，盡羿之道，思天下惟羿爲愈己，於是殺羿。孟子曰：「是亦羿有罪焉。」公明儀曰：「宜若無罪焉。」曰：「薄乎云爾，惡得無罪？逢，薄江反。惡，平聲。

羿，有窮后羿也。逢蒙，羿之家衆也。羿善射，篡初患反。夏自立，後爲家衆所殺。《左傳》襄公四年：「羿將歸自田，家衆殺而烹之，以食其子。子不忍食，死於窮。」愈，猶勝也。薄，言其罪差楚宜反。薄耳。附《達説》：孟子曰：「逢蒙殺羿，固逢蒙之罪，而羿亦不爲無罪也。」昔公明儀嘗曰：「羿爲逢蒙所殺，罪在逢蒙，羿宜若無罪焉。」夫公明儀所謂「宜若」者，正謂羿罪特差薄，故言如此耳，羿焉得爲無罪。○「是亦羿有罪」，包有自取意，但未可用出。下引公明儀極有味，不是引他説無罪，正要説辨他有罪。公明儀，魯賢人也。「宜若」二字極斟酌。「曰薄乎」二句，皆是發公明儀「宜若」二字，不然「曰」字、「云爾」字説不去矣。況孟子累引公明儀之言，皆是取他，此乃引其短處而辨之乎？○《蒙引》：「薄乎云爾」，比逢蒙爲薄也。羿之罪，見下文。

鄭人使子濯孺子侵衛，衛使庾公之斯追之。子濯孺子曰：『今日我疾作，不可以執弓，吾死矣夫。』問其僕曰：『追我者誰也？』其僕曰：『庾公之斯也。』曰：『吾生矣。』其僕曰：『庾公之斯，衛之善射者也，夫子曰「吾生」，何謂也？』曰：『庾公之斯學射於尹公之他，尹公之他學射於我。夫尹公之他，端人也，其取友必端矣。』庾公之斯至，曰：『夫子何爲不執弓？』曰：『今日我疾作，不可以執弓。』曰：『小人學射於尹公之他，尹公之他學射於夫子。我不忍以夫子之道反害夫子。雖然，今日之事，君事也，我不敢廢。』抽矢扣輪，去其金，發乘矢而後反。」他，徒何反。「矣夫」、「夫尹」之「夫」，並音扶。去，上聲。乘，去聲。

之，語助也。僕，御也。釋二人名中「之」字。尹公他，亦衛人也。端，正也。孺子以尹公正人，知其取友必正，故度音鐸。庾公必不害己。小人，庾公自稱也。金，鏃作木反。也。扣輪出鏃，令平聲。不害人，乃以射也。乘矢，四矢也。孟子言使羿如子濯孺子，得尹公他而教之，則必無逢蒙之禍。然夷羿篡弒之賊，蒙乃逆儔。庾斯雖全私恩，亦廢公義。其事皆無足論者，孟子蓋特以取友而言耳。《左傳》襄公十四年：「尹公他學射於庾公差，庾公差學射於公孫丁。孫文子使二子追衛獻公，公孫丁御公。庾公差曰：『射爲背師，不射爲戮，射爲禮乎？』射兩鉤而還。尹公他曰：『子爲師，我則遠矣。』乃反之，公孫丁授公轡而射之，貫臂。」○程子曰：「孺子事，孟子只取其不背師耳。若國之安危在此一舉，則殺之可也；舍之而無害於國，權輕重可也，何用虛發四矢哉？」○南軒張氏曰：「使蒙爲夏廷之臣，羿簒夏氏，凡爲臣子得而誅之，蒙以義討賊，雖嘗學射，亦何罪之有。蒙以私意忌而殺之，是則爲殺其師耳。以此而觀輕重之權衡，可得而推矣。」○雲峰胡氏曰：「此章雖特以取友而言，然使世之背其師者讀之，亦當有泚。」○東陽許氏曰：「此章專爲交友發，羿不能取友而殺身，孺子能擇交而免禍。」附《蒙引》：謂之「侵」者，將以攻人也，而乃承云「衛使庾公之斯追之」，何也？蓋是子濯侵衛，見勢未利而遂遁，故衛追之。或謂迎擊者，非也。觀下文發乘矢而後反，則子濯果遁矣。○乘矢，古人一乘用四馬，故謂四矢爲乘。○小注引《左傳》公孫丁、庾公差事，與此事不同。但其意類有足相發者，故引之。○此所幸孺子是退軍，故庾公斯得全私恩而亦不大害於公事。不然，庾公亦不得全私恩，縱得全私恩而得罪於國，亦不容誅矣。程子之言已有斟酌。

○孟子曰：「西子蒙不潔，則人皆掩鼻而過之。

西子，美婦人。蒙，猶冒也。不潔，汙穢之物也。掩鼻，惡去聲。其臭也。

雖有惡人，齊戒沐浴，則可以祀上帝。」齊，側皆反。

惡人，醜貌者也。○尹氏曰：「此章戒人之喪去聲。善，而勉人以自新也。」南軒張氏曰：「齊桓一執陳轅濤塗，而《春秋》書曰『齊人』，蓋夷狄之也，其近於蒙不潔者歟。秦穆一有悔過之言，則進《秦誓》於《書》，以其有遷善之意也，其近於惡人齊沐者歟。一自污而喪其美，一自新而洗其惡，勸戒彰矣。」○慶源輔氏曰：「西子之質本美，而蒙以不潔，則自喪其美，而反致人之惡，言此所以戒人喪其本有之善。惡人之質本醜，而能齊戒沐浴，至誠自潔，則可以事上帝，言此所以勉人以改過自新。深玩尹氏之言，令人惕然而懼，聳然而作。」○新安陳氏曰：「此章似《詩》六義中之比。」附《蒙引》：此是設言，非實事也。其辭以貌言，其意以行言。

○孟子曰：「天下之言性也，則故而已矣，故者以利爲本。

性者，人物所得以生之理也。故者，其已然之跡，若所謂天下之故者也。《易・繫辭》：「《易》無思也，無爲也，寂然不動，感而遂通天下之故。」利，猶順也，語其自然之勢也。言事物之理，雖若無形而難知。然其發見形甸反。之已然，則必有迹而易去聲。見。如字。故天下之言性者，但言其故而理自明，猶所謂善言天者必有驗於人也。《荀子・性惡篇》云：「善言天者，必有徵於人。」○董仲舒曰：「善言天者，必有徵於人。天道無形而難知，人事有迹而易見。」然其所謂故者，又必本其自然之勢。如人之善，水之下，非有所矯揉人久反。造作而然者也。若人之爲惡，水之在山，則非自然之故矣。朱子曰：「性自是箇難言底物事，惟惻隱、善惡之類，却是已發見者，乃可得而言，此即性之故也。只看這箇便見得性，故《集註》下箇『跡』字。若四端則無不順利，若殘忍之非仁，無恥之非義，不遜之非禮，昏惑之非智，即故之不利者也。」○「利」是不假人爲而自然者，如水之就下，是其性本就下，只是順他。若激之在山，是不順其性，而以人爲之也。惟「智」者是知此理不假人爲，順之而已。○南軒張氏曰：「『故者』，本然之理也。無是理而强爲之曰『鑿』，鑿則失其性，所以惡夫智也。蓋以私智爲智，而非所謂智也。」○慶源輔氏曰：「性即理也，雖無形而難知，然不能不感發而形見於外，既已形見，則必有跡而易見。如人性之仁雖難知，然見孺子入井，則發見而爲怵惕惻隱之跡，則仁之性自見也。」○潛室陳氏曰：「善惡皆已然之跡，但順者爲本，則善者其初也，惡者非其初也。水無有不下者，水之本也。若夫搏之使過顙，激之使在山，豈其本也哉。」○雙峰饒氏曰：「就故説性，亦要就迹之順者言之，如水之下便順，就逆者言不得。孟子説性，就自然上説，如惻隱、羞惡等，但看自然發見底便是利。言性便當言故，言故便當言利，如水搏之、激之，便不是自然了。」附《淺説》：孟子見當時之人，好用智術以處事，非惟不足以成天下之事，而適足以敗天下之事；非惟不足以靖天下之事，而適足以擾天下之事。其原在於不識性也，故發此論。○《蒙引》：大注首曰「性者，人物所得以生之理也」，繼曰「言事物之理雖若無形而難知」，一言人物，一言事物，何也？曰：言人物，則事在其中矣。事只是人物底事，不是人上事，便是物上事。其「事物」之「物」，又兼人與物而言。「人物」，是解「性」字之義當如此；後言「事物」，是本章之旨當如此說，看「所惡於智者」一條便見。○「不可以言性」一節，遂爲智者之事。蓋首一節是論理之自然，下二節方是言人能順其自然之理，乃爲智也。若言謂性以故、利爲本，亦是智，則下文是就處事上説智，而此章智分言、行矣，俱是牽捏。○《存疑》：性是無形影底物，如何説得。是故聖賢説性，都是自發見處説，即其故也。《詩》曰「民之秉彝，好是懿德」，孟子曰「乃若其情，則可以爲善」，皆是以其故言。○「故者，以利爲本」，利，順也，對害、逆説。蓋言性固必驗之故，言故又必本之順，若其故之逆，亦不足以言性矣。如人之善，水之下，是皆其順者，此可以觀性矣。若人之爲惡，水之在山，則逆其性而非順矣，何足以觀性哉。○此節雖先説「故」，後説「利」，却歸重在利上，總是利之故也。○《蒙引》：「故者以利爲本」，此是發明其所謂故者之本旨。

所惡於智者，爲其鑿也。如智者若禹之行水也，則無惡於智矣。禹之行水也，行其所無事也。如智者亦行其所無事，則智亦大矣。惡、爲，皆去聲。

天下之理本皆利順，小智之人務爲穿鑿，所以失之。禹之行水，則因其自然之勢而導之，未嘗以私智穿鑿而有所事，是以水得其潤下去聲。之性而不爲害也。朱子曰：「鑿於智者，非所謂以利爲本也。」○慶源輔氏曰：「人物所得之理，本皆順理，無待於矯揉造作於其閒。却緣世人不明吾性之智，而以私意爲智，於是每事務爲穿鑿，而失其順利之理。」○雲峰胡氏曰：「孟子本欲言智，而必先言性者，智五性之一也，言智而先言性，猶言水而先言水之原也。『鑿』字與『利』字相反，利者天理之自然，鑿者人爲之使然。言性而必本諸天理之自然者，所以言智而深惡夫人爲之使然者也。」○新安陳氏曰：「所惡於智者，小智也；無惡於智者，大智也。人性必善，水性必下，孟子素以水譬人性，故仍以禹行水譬之。禹之行水，順其自然之勢而導之，使水不失其本然趨下之性而已。智者順事物自然之理，以無事處事，使物各付物，斯爲大智而非小智矣。此一節，以治水申言『利』字之意。」附《存疑》：「所惡於智者，爲其鑿」，是承「故者以利爲本」說來，言務穿鑿而不順利也。「禹之行水也，行其所無事」至「則智亦大矣」，是解「如智者若禹之行水」兩句。如智者亦行其所無事，則智亦大智，大則無惡矣。○曰「所惡於智者，爲其鑿」，又曰「如智者若禹之行水，則無惡於智」，見得禹之行水不鑿也。下曰「禹之行水也，行其所無事」，正是言其不鑿。○《蒙引》：此節似言「利」，然利即故之利也；下節似言「故」，然故即其利者也。決不可依新安之說，强分「故」與「利」。○「所惡於智者」，與下文兩箇「如智者」，皆指當時之所謂智者言，畢竟是小智也。故曰「則無惡於智矣」，又曰「則智亦大矣」，可知是指當時之小智者。○《存疑》：「言禹之行水」，是舉聖人之智以示法，非譬喻也。蓋行水是天下一大事，禹之行水是古今一大智，故舉以爲行智者則例。

天之高也，星辰之遠也，苟求其故，千歲之日至，可坐而致也。」

天雖高，星辰雖遠，然求其已然之迹，則其運有常。雖千歲之久，其日至之度，可坐而得。新安陳氏曰：「此又以天度申言『故』字之意。首一節『故』，自言本然之理；此一『故』字，言本然之度也。天高星遠，若因其本然之故而求之，則雖久年，日南至之時刻，亦可以坐而推致以得之矣。」況於事物之近，若因其故而求之，豈有不得其理者，而何以穿鑿爲哉。必言日至者，造曆者以上古十一月甲子朔夜半冬至爲曆元也。《新唐書·曆志》：「治曆之本，必推上元，日月如合璧，五星如連珠。夜半朔旦冬至，自此七曜散行不復，餘分普盡，總會如初。」○《五代史·司天考》：「夫天人之際，遠哉微矣，而使一藝之士，布算積分，上求數千萬歲之前，必得甲子朔日夜半冬至，而日月五星皆會於子，謂之上元，以爲曆始。蓋自漢而後，其說始詳見於世，其源所自，止於如此，是果堯舜三代之法歟，皆不可得而考矣。然自是曆家之術，雖世多不同，而未始不本於此。」○新安陳氏曰：「夜半，即甲子時。歲、月、日、時皆甲子，爲曆元。蓋以建寅月爲歲首算之，則是癸亥歲；十一月以建子月，爲一歲之最初算之，則甲子歲之氣候已始於此矣，故云歲亦甲子也。」《通考》趙氏惪曰：「以建子爲正，故以夜半爲朔，其至與朔同日，故云夜半朔旦冬至。若建寅爲正者，則以平旦爲朔。」○仁山金氏曰：「周天三百六十五度四分度之一，日日行一度，則周歲三百六十五日零三時也。五日一候，三候一氣，二十四氣爲一歲，則爲日三百六十。以天有五度四分度之一，則日有五日三時，故三候十五日爲一氣，率餘七分，積三十二分而增一日，此自可以計千歲之日至。氣本起於度，故曰『日至之度』，然日至之度亦有歲差，故氣與度古今不同。如堯冬至日在虛，周冬至日在牽牛，宋冬至日在斗初，此歲差也。既有歲差，則冬至之度似不可定推。然言天者，以前所差之故，而推後所差之度，則千歲之日至，可坐而致也。致，謂算得來也。求其故者，謂推千歲以前之日至也。『千歲之日至，可坐而致之』，謂推已後之日至也。」○程子曰：「曆家之法，大抵主於日。日一事正，則其他皆可推。洛下閎作《曆言》，數百年後當差一日，其差理必然。何承天以其差，遂立歲差法。其法以所差分數，攤在所曆之年，看一歲差著幾分，其差後亦不定。獨邵堯夫立差法冠絶古今，却於日月交感之際，以陰陽虧盈求之，遂不差。大抵陰常虧，陽常盈，故只於這裏差了。」○朱子曰：「堯時昏旦星中於午，《月令》差於未，漢晉以來又差，今比堯舜時似差及四分之一。古時冬至日在牽牛，今却在斗。」又云：「古之曆書亦必有一定之法，而今亡矣。三代而下，造曆者紛紛，莫有定議，愈精愈密而愈多差，由不得古人一定之法也。曆家要當先論太虛，以見三百六十五度四分度之一。一一定位，然後論天行，以見天度加損虚度之歲分。歲分既定，然後七政乃可齊耳。」○按《十一經問對》：「『千歲之日至』，謂冬至之日也。辫麥之日至，謂夏至之日也。至，極也。夏至者，日之長至此極矣；冬至者，日之短至此極矣。非至到之至，乃至極之至。故夏至一陰生，而日漸短；冬至一陽生，而日漸長。」《通旨》朱氏公遷曰：「此言性，自理言，通言事物之理，而人心之理在其中也，非專論性也。」**附**《存疑》：「天之高，星辰之遠」，是舉至難以明至易也。言「天之高，星辰之遠」，其日至之度，至難得也，苟即其故求之，無有不得。而況事物之近，苟即其故求之，豈有不得其故者哉。此所謂故，即順利之故也，故注曰「何以穿鑿爲哉」。總是申言第二節意。○《蒙引》：「苟求其故」，求天與星辰之故也。○「千歲之日至」，依朱子説，只是既往者。○《存疑》：蓋治曆者，必先就今日逆推到起初源頭處，然後從源頭處歷歷推其未來者，始不差。○《淺説》：千歲，亦大概言其久耳。上古日至，豈止千歲耶。歲月日時皆甲子，亦時有，但要上古者，方爲曆元耳。○《蒙引》：致，推致也。新安陳氏曰：「可坐而推致以得之。」「可坐而致之」，朱子注明解爲「可坐而得」，已不再推求矣。而仁山金氏則曰「致，謂算得來也」，不知何説。○程子曰：「此章專爲去聲。智而發。」愚謂事物之理，莫非自然。順而循之，則爲大智。若用小智而鑿以自私，則害於性而反爲不智。程子之言，可謂深得此章之旨矣。朱子曰：「此章其初只是性上泛説起，不是專説性。但是天下之説性者，只説得故而已。如荀言性惡，揚言善惡混，但皆説得下面一截，皆不知所以謂之故者如何，不能『以利爲本』而然也。荀卿只是横説如此，到底没這道理不得，只就《性惡篇》謂『塗之人皆可以爲禹』，即此自可見故字。若不將已然之迹言之天，下文『苟求其故』之言，如何可推。曆家自今日推算而上，極於太古開闢之時，更無差錯，只爲有此已然之迹，可以推測耳。天與星辰間或行度少有差錯，久久自復其常。『以利爲本』，亦猶天與星辰循常度而行，苟不如此，皆鑿之謂也。」○歐陽氏曰：「天下之大智，無所自爲，而常因天下之理。小智不知循理，而常任一己之私。」《通考》東陽許氏曰：「性是人物所得以生之理，本自難明，求其發見之故，則亦不難明也。然故則以利順者爲本。求己之故，則惻隱之發，見性之仁；羞惡之發，見性之義。求人之故，見父慈子孝，君仁臣忠。求物之故，則鳶飛魚躍，山峙淵流，皆是也，是皆所謂利也。如天與星辰之故，亦只是利而已。能知此性，而利以行之，則爲智之大。『禹之行水』，不是比喻，言禹順水之性爲智之大，以例人循性皆當以利也。智者應物，若行其所無事，則智亦如禹之大矣。『智亦』之『亦』，是亦大禹也。下文又以高遠者，証故之易見，却不是功用。」附《存疑》：通章大意，是論理本自然，而智者當順其自然也，故程子謂「專爲智而發」。首節言理本自然，二節言人當順其自然，末節言順自然之不難也。

○公行子有子之喪，右師往弔，入門，有進而與右師言者，有就右師之位而與右師言者。

公行子，齊大夫。右師，王驩也。雙峰饒氏曰：「行字當音杭。《詩》云『殊異乎公行』，是主班行之官，以官爲氏。」附《蒙引》：「有進而與右師言者」，非已進也，進右師也。○「有進而與右師言者，有就右師之位而與右師言者」，此自其甚者言，則夫不用歷位踰階而與言者何限也。孟子舉禮以自明，亦自其犯禮之甚者言也，見其不得明於衆也。然使孟子與驩同位同階，則與言不與言固未可知。○《存疑》：「進而與右師言」，乃「陳司敗揖巫馬期而進」之「進」。

孟子不與右師言，右師不悦，曰：「諸君子皆與驩言，孟子獨不與驩言，是簡驩也。」

簡，略也。附《蒙引》：「孟子不與右師言」，是未就位。及已就位，始終皆不與之言也，故右師啣之。

孟子聞之曰：「禮，朝廷不歷位而相與言，不踰階而相揖也。我欲行禮，子敖以我爲簡，不亦異乎？」朝，音潮。

是時齊卿大夫以君命弔，各有位次。若《周禮》凡有爵者之喪禮，則職喪涖音利。其禁令，序其事，故云朝廷也。《周禮·春官·宗伯》：「職喪，掌諸侯及卿、大夫、士凡有爵者之喪，以國之喪禮涖其禁令，序其事。」言諸侯者，謂畿内王子母弟稱諸侯者。歷，更平聲。涉也。位，他人之位也。右師未就位而進與之言，則右師歷己之位矣。右師已就位而就與之言，則己歷右師之位矣。孟子、右師之位又不同階，孟子不敢失此禮，故不與右師言也。朱子曰：「孟子鄙王驩而不與言，固是。然朝禮既然，則當時雖不鄙之，亦不得與之言矣。鄙王驩於出弔處，已見此章意，則以朝廷之禮爲重，時事不同，理各有當。」○聖賢之言，無所苟也，豈爲愧衆人爲已甚，而姑以是答之哉。正所以明朝廷之禮，而警衆人之失也。○問：「陳司敗譏孔子有黨，孔子受之不辭；右師以孟子簡己，孟子辨之甚力。」「聖賢地位固不同也，使孟子聞右師言，曰『禮也』足矣，無已而曰『朝廷不歷位而相與言，不踰階而相揖』，則已微見圭角矣。又必盡其辭，所以鋒芒發露，而不及孔子之渾然也。」○南軒張氏曰：「衆與之言，以其嬖於君而諂之也。右師以孟子爲簡己者，以孟子時所尊敬，欲假其辭色以爲榮也。君子之遠小人，不惡而嚴，豈有他哉，亦曰『禮而已矣』。」

附《存疑》：位與階不同，位是本身站立位次，階是朝官敘列班行。階有許多人，位只己一人，故有同階而異位者。如六部尚書，故是一班，與侍郎不同，此階同也。然吏部尚書又在户部尚書之上，户部又在禮部之上，此位異也。○《蒙引》：大注「是時齊卿大夫以君命往弔」，朱子何據而言？曰：「只據本文朝廷字而言，不然，在公行子之家行禮，安得言朝廷。」○「孟子、右師之位又不同階」，朱子又何據而言？曰：「孟子於齊，處賓師之位一定，階在右師之上，及其出弔於滕也，還是孟子爲正，王驩爲輔，則知其階在右師之上無疑矣。」○「不踰階而相揖也」，兼言揖者，與言者必與揖也，揖而後言者也。此兩句亦禮之成文也。不亦異乎，異，怪也，不可謂異於禮也。○《淺説》：禮、簡正相反，以失禮爲簡，無足怪也。而子敖以行禮爲簡，不亦異乎？○顧麟士曰：「曰『聞之』，則不悦非面語矣。」○孫疏：「古者天子之卿，尊者謂之太師，卑者謂之少師。諸侯之卿，尊者謂之左師，卑者謂之右師。」

○孟子曰：「君子所以異於人者，以其存心也。君子以仁存心，以禮存心。

以仁禮存心，言以是存於心而不忘也。

問：「我本有此仁禮，只要常存而不忘否？」朱子曰：「非也。言君子所以異於小人者，以其存心不同耳。君子則以仁以禮而存之於心，小人則以不仁不禮而存之於心。這箇『存心』，與『存其心，養其性』不同，只是處心與人不同耳。」○慶源輔氏曰：「以仁存心而不忘，如造次、顛沛必於是也；以禮存心而不忘，如視聽言動，必以禮也。」○雙峰饒氏曰：「『以是存於心』，添『於』字便可見。孟子意是只把仁禮來存於我心，此心常存仁禮上，無頃刻或離。君子異於人，以其能以仁禮存於心，他人便不能。我之心安頓在仁上，即是居天下之廣居；安頓在禮上，即是立天下之正位。」附《淺説》：「以仁禮存心」，意該三「自反」，不是既存於心，到愛敬方説「仁禮之施」也。「施」字是對「驗」字説，不是對「存」字説。存心不苟，正是以仁禮存心也。○《蒙引》：此仁禮看來都是愛敬之心，言仁亦偏言者也。輔氏云「以仁存心而不忘，如造次顛沛必於是也；以禮存心而不忘，如視聽言動必以禮也」，此説不用。○《存疑》：「君子以仁存心，以禮存心」二句，是總腦下文三「自反」，正是説仁禮存心處。觀後注「存心不苟」一句，可見。○「以仁禮存心」，言以是存於心而不忘也。此句要重看，是「造次必於是，顛沛必於是」意，所謂「君子有終身之憂」是也。○「以仁禮存心」，兼内外言。下文曰「仁者愛人，有禮者敬人」，是就其發於外者言。《蒙引》曰「以仁禮存心，主在内。非仁無爲，非禮無行，兼内外」，非是。○顧麟士曰：「首節『以禮存心』，『禮』字即應炤『敬人』意説，輔氏『視聽言動』云云，不是。」

仁者愛人，有禮者敬人。

此仁禮之施。慶源輔氏曰：「由乎内以施外也。」附顧麟士曰：「『仁者愛人』二節，汎論其常。」○《存疑》：「仁者愛人」至「敬人者，人恒敬之」，愚意四句一氣緊緊説下，是欲起下文三「自反」意，且未重。○「仁者愛人」以下，是承「君子以仁存心，以禮存心」説，言君子以仁禮存心者何如，仁者則愛人云云。

愛人者，人恒愛之；敬人者，人恒敬之。恒，胡登反。

此仁禮之驗。新安陳氏曰：「我感而人應，可驗我之得人；不應，可驗我之失。『驗』字已含下文『必不仁』、『必無禮』之意矣。」

有人於此，其待我以横逆，則君子必自反也，我必不仁也，必無禮也，此物奚宜至哉。横，去聲，下同。

横逆，謂强暴不順理也。物，事也。慶源輔氏曰：「强暴，横也。不順理，逆也。」○雙峰饒氏曰：「《集註》云『强暴，不順理』，順理，是順箇文理。横是横來，逆是倒來，皆是不順箇文理。」○新安陳氏曰：「横逆者，愛敬之反。」

其自反而仁矣，自反而有禮矣，其横逆由是

也，君子必自反也，我必不忠。由，與猶同，下倣此。

忠者，盡己之謂。我必不忠，恐所以愛敬人者，有所不盡其心也。慶源輔氏曰：「理無窮盡，人有作輟，一息不存，一物不體，便是不盡其心。」○新安陳氏曰：「忠非出於仁禮之外，仁禮無一毫之不盡其心，即忠也。」附《蒙引》：「我必不忠」，忠蓋誠也。

自反而忠矣，其横逆由是也，君子曰：『此亦妄人也已矣。如此則與禽獸奚擇哉，於禽獸又何難焉。』難，去聲。

奚擇，何異也。又何難焉，言不足與之校也。校，音教。○南軒張氏曰：「雖非素患難，然自反之功，則無窮也。學者未勉乎此，遇横逆之來則曰吾仁矣，有禮矣，且忠矣，遂斷彼以爲妄人，而不復勉反身之道，是則自陷於妄而已矣。」附《淺説》：既曰「妄人」，則與禽獸何異哉。我見同類之人而陷於禽獸，爲之哀痛且不暇，又何必以其横逆之來，而留難於心耶。○《蒙引》：「又何難焉」，言不爲之横於胸中也，置之不較也。此正所謂「無一朝之患」，與「君子不患」者。大注云「言不與之校也」，亦是此意，不要説是不必難也。

是故君子有終身之憂，無一朝之患也，乃若所憂則有之。舜人也，我亦人也。舜爲法於天下，可傳於後世，我由未免爲鄉人也，是則可憂也。憂之如何，如舜而已矣，若夫君子所患則亡矣。非仁無爲也，非禮無行也，如有一朝之患，則君子不患矣。」夫，音扶。

鄉人，鄉里之常人也。君子存心不苟，趙氏曰：「《集註》『不苟』二字不可淺看，心一不仁而不自覺，不自强，便是苟且也。」○新安陳氏曰：「『存心』，照應前『存心』，『不苟』，即『忠』也，四字收拾約而盡。」故無後憂。朱子曰：「古聖人多矣，獨言舜爲法於天下，何也？法者，人倫而已。他聖人因其常而處之不失，未足見人道之盡。爲舜極其變而不失其常，是以人道之盡，於此固可見焉，故特舉舜而言之。然其所謂法舜，亦循乎天則而已。」○問：「楊氏謂孟子三『自反』，不若顔子之『不校』，信乎？」曰：「自反，所以自脩，學者事也。不校，不見可校，成德事也。淺深之分，信如楊氏之説矣。然自反之説，謹嚴精切，正學者所當用力。若自反未至，而遽以不校爲高，恐其無脩省之功，而陷於苟且頽墮之域矣。」○新安陳氏曰：「前曰『以仁存心、以禮存心』，末曰『非仁無爲、非禮無行』，『存』謂存之於心，『爲』與『行』謂行之於身，表裏一矣。存之於心者有素，而行之於身者益盡，豈惟無一朝之患者本於此，所以懷終身之憂而欲如舜者，亦不過勉於此而已，何也？舜所以爲舜，亦不外此仁、禮也。特舜則安而行之，欲如舜者，則在乎勉而行之耳。」附《存疑》：「君子有終身之憂，無一朝之患」二句，是概括上文五節之意。「憂之如何，如舜而已矣」，總在三「自反」之内。蓋其所以自反而仁、禮，自反而忠，只是欲求到舜地位也。辭雖未及，意則已該。「非仁無爲，非禮無行」，只是「自反而仁，自反而禮，自反而忠」，非有外也。○《淺説》：「君子有終身之憂，無一朝之患也」，乃若終身之憂，則有之，何也？以爲舜人也，我亦人也。舜盡仁禮而爲法於天下，可傳於後世；我之仁禮未盡，猶未免爲鄉里之常人也，是則可憂也。憂之如何，憂不得如舜而已矣，故曰「君子有終身之憂也」。若夫「一朝之患」，在君子則無矣，何也？蓋其以仁存心而非仁無爲也，以禮存心而非禮無行也，宜乎得人之愛敬，而無一朝之患也。設若横逆率然來加，而有一朝之患，在君子亦知自反而已，置之妄人而已。處之泰然，略不少動其心，而爲之戚戚也，故曰「君子無一朝之患也」。○「無一朝之患」，「患」字以憂患言。「有一朝之患」，「患」字以禍患言。二「患」字不同。○《蒙引》：「終身」二字，要得分明。以仁禮存諸心，則無一息之或忘矣。或待我以横逆，既自反其仁、禮矣，猶未也，又自反而忠。可見此心嘗存，念念不忘，時時炤管，惟恐一毫之不自盡處，豈非終身之憂而何。○「無一朝之患也」，「一朝」，卒然之意，言其近小也。憂有終身，患無一朝，此「一朝」正對「終身」而言。「終身之憂」，在我者也，故君子必自盡；「一朝之患」，不在我者也，故君子不患焉。○「君子有終身之憂」，當求諸己也；「無一朝之患」，不求諸人也。○《存疑》：注「君子存心不苟」，是解「君子有終身之憂」。「故無後憂」，是解「無一朝之患」。○《蒙引》：「舜爲法於天下，可傳於後世」，不過自盡其仁禮與忠耳。如「愼徽五典，五典克從。納於百揆，百揆時敘。賓於四門，四門穆穆」，此皆所謂仁禮之驗者。至於瞽瞍至頑也，而允若於祇載之後；象至傲也，而烝乂於不格姦之時。始也不勝其橫逆，終也卒至其感化，此尤見其自反之功，而真足以爲人倫之至者也。○憂由内出，患自外至。

○禹、稷當平世，三過其門而不入，孔子賢之。

事見形甸反。前篇。問：「過門不入，若家有父母，豈可不入？」朱子曰：「固是，然事亦須量箇緩急。若只是泛泛底水，未便傾國覆都，過家見父母亦不妨。若洪水之患甚急，有傾國覆都、君父危急之灾也，只得奔君父之急，雖不過家見父母，亦不妨也。」○雙峰饒氏曰：「禹三過其門，稷是帶説。」○新安陳氏曰：「賢其用世而憂民之憂。」

顔子當亂世，居於陋巷，一簞食，一瓢飲。人不堪其憂，顔子不改其樂，孔子賢之。食，音嗣。樂，音洛。

新安陳氏曰：「賢其避世而樂己之樂。」附《存疑》：二「孔子賢之」，是記事者因孟子「禹、稷、顔回同道」之言，先置此，亦猶「惠而不知爲政」，先置「子産聽鄭國之政」二句一般。

孟子曰：「禹、稷、顔回同道。

聖賢之道，進則救民，退則脩己，其心一而已矣。慶源輔氏曰：「道，則以其所行言之也；心，則以其所存言之也。救民者，脩己之驗；脩己者，救民之本。有是心，則有是道；有是本，則有是驗。」附《存疑》：此章大意謂禹、稷、顔回，一則進而救民，一則退而脩己，其事不同矣，然其實禹、稷、顔回同道，何也？道者，事理之當然也。禹任治水之職，思天下有溺者，由己不能盡職而溺之；稷任教稼穡之職，思天下有飢者，由己不能盡職而飢之，是以過門不入，如是其急也。若顔子，則不任其職，故得從容獨樂於陋巷之中也。可見禹、稷之救民，是其道當救民；顔子之脩己，是其道當脩己。使禹、稷、顔子易地而處，則皆能爲之，所以爲同道也。○曰「聖賢之道，進則救民，退則脩己」，此便見同道處。蓋進而救民，是聖賢之道；退而脩己，亦聖賢之道也，「其心一而已矣」。又在先一步，故總注曰：「聖賢心無不同，事則所遭或異，然處之各當理，是乃所以爲同也。」「禹、稷、顔回同道」之旨，當如此看。愚此説與《蒙引》異，《蒙引》就把心當道説，學者詳之。○此章「同道」，本就事上説。《集註》屢提心來解者，心，道之所從出也。聖賢之心同，皆中無私主，故能隨所寓而盡其道。

與猶同。

禹思天下有溺者，由己溺之也；稷思天下有飢者，由己飢之也，是以如是其急也。由，

禹、稷身任其職，故以爲己責，而救之急也。附《蒙引》：惟身任其責如此，是以如是其急也。要説得「是以」二字分明，莫把上文就説出急於救民之意。

禹、稷、顔子，易地則皆然。

聖賢之心，無所偏倚，大本之中。隨感而應，各盡其道。時中之中。故使禹、稷居顔子之地，則亦能樂顔子之樂；使顔子居禹、稷之任，新安陳氏曰：「禹、稷有官守，故曰『任』；顔子居陋巷，故曰『地』。」亦能憂禹、稷之憂也。慶源輔氏曰：「聖賢之心，其本然之體，無所偏，無所倚，此其所謂中者，天下之大本也。然不能不感於物，故隨感而應。有可喜之事，感則喜心便應；有可怒之事，感則怒心便應。如進則便須救民，退則便須脩己，皆吾大本中自然之理，無或過、無或不及，各盡其道，此其所謂『和者，天下之達道也』。如是故使禹、稷居顔子之地，亦能樂顔子之樂；使顔子居禹、稷之任，亦能憂禹、稷之憂，同一大本，同一達道故也。」附《蒙引》：意已盡於此，下文只是譬喻。

今有同室之人鬭者，救之，雖被髮纓冠而救之，可也。

不暇束髮而結纓往救，新安陳氏曰：「遇沐不暇束髮，冒冠於所被髮上，結纓而往救。」言急也，以喻禹、稷。附《存疑》：「今有同室之人鬭」至「可也」，後當繳云「禹、稷之救民，何以異於是」，末節後當繳云「顔子之脩己，何以異於是」。

鄉鄰有鬭者，被髮纓冠而往救之，則惑也，雖閉户可也。」

喻顔子也。○此章言聖賢心無不同，事

則所遭或異，然處去聲。之各當其理，是乃所以爲同也。尹氏曰：「當其可之謂時，前聖後聖，其心一也，故所遇皆盡善。」程子曰：「君子而時中。若『三過其門而不入』，在禹、稷之時爲中，如『居陋巷』則非中矣。『居陋巷』，在顏子之時爲中，如『三過其門而不入』則非中矣。」○南軒張氏曰：「顏子未見其施爲，遽比之禹、稷，不已過乎？殊不知禹、稷之事功，何所自。德者，本也；事功，末也，本末一致也。故程子曰：『有顏子之德，則有禹、稷之事功。』事功在聖賢，惟其時而已。若墨之兼愛、楊之爲我，皆不知天理之時中，而妄意以守一偏，故如此。蓋墨氏終身纓冠以來救天下之鬬，楊氏則坐視同室之鬬而不顧者。其賊道豈不甚哉，是則人欲而已矣。」○慶源輔氏曰：「《集註》章旨所謂『聖賢之心無不同』，一本也；『事則所遭或異』，萬殊也。然處之各當其理，是乃所以爲同者，所謂萬殊一本，吾道一以貫之也。」又曰：「事雖萬殊，心一以貫，則凡所以語默云爲，達道也，皆時中也。」附《存疑》：夫道者，事物當然之理。天下事無常形，而理無定在。在此事，則爲此事之理；在彼事，則爲彼事之理，安在其爲同然？此事之理，此理也；彼事之理，此理也，隨事而有不同，然其爲理則一也。譬之甘、辛、苦、鹹不同，其爲味一也；青、黄、赤、白不同，其爲色則一也。故禹、稷、顏回，救民、脩己不同，而同於道；曾子、子思，遠害、死難不同，而同於道；微子、箕子、比干，生死不同，而同於仁；齊、薛、宋之餽金，辭受不同，而同於是。豈惟是哉，古先聖王因時而治，立法創制不能盡同，然其爲道則一而已。故忠、質、文所尚不同，而同於禮；《咸》、《英》、《韶》、《濩》之樂不同，而同於和；唐虞三代之禪受、征伐不同，而同於義。以至三代而下，伯王迭興，其治雖不能純乎古，然皆隨時足以爲治，其道亦未嘗不同也。學者了此，斯可與論「禹、稷、顏回同道」之旨矣。

○公都子曰：「匡章，通國皆稱不孝焉。夫子與之遊，又從而禮貌之，敢問何也？」

匡章，齊人。通國，盡一國之人也。禮貌，敬之也。附《存疑》：此章五段。二節言匡章無五不孝。三節言不得父之故。四節言其亦有罪。五節言其雖有罪，却能自責罰。據此皆未見有可絕之狀，但見其有可哀之情。然則孟子與之遊，又從而禮貌之，未爲過也。○《蒙引》：曰匡章，又曰章子者，蓋匡是姓，章子是字。章子猶仲子之類，謂之匡章，猶云顔淵耳，皆去了「子」字。

孟子曰：「世俗所謂不孝者五：惰其四肢，不顧父母之養，一不孝也；博弈好飲酒，不顧父母之養，二不孝也；好貨財，私妻子，不顧父母之養，三不孝也；從耳目之欲，以爲父母戮，四不孝也；好勇鬭很，以危父母，五不孝也。章子有一於是乎？好、養、從，皆去聲。很，胡懇反。

戮，羞辱也。很，忿戾也。新安陳氏曰：「五不孝之序，從輕漸説至重。」附《蒙引》：「從耳目之欲」，謂放蕩於禮法之外也，則其身爲下流不肖，而辱及其親矣。

夫章子，子父責善而不相遇也。

遇，合也。相責以善，而不相合，故爲父所逐也。雙峰饒氏曰：「章子得罪於父，與其他得罪不同。章子但不合責善於父，故出妻屏子，以示不安之意。先説『子父責善』，是言子責父之善。下説『父子』，是泛言。」附顧麟士曰：「《國策》章子之母得罪其父，其父殺之而埋馬棧之下。此事諸家不載，惟《通義》金仁山説頗及之，然亦不知即是此章子否。《集註》但云『齊人』，則本趙岐也。」

責善，朋友之道也。父子責善，賊恩之大者。

賊，害也。朋友當相責以善，父子行之，則害天性之恩也。《孝經》云：「父子之道，天性也。」

夫章子，豈不欲有夫妻子母之屬哉？爲得罪於父，不得近。出妻屏子，終身不養焉。其設心以爲不若是，是則罪之大者，是則章子已矣。」「夫章」之「夫」，音扶。爲，去聲。屏，必并反，又必正反。養，去聲。

言章子非不欲身有夫妻之配，子有子母之屬，新安陳氏曰：「此『屬』字，即『天屬』、『家屬』之

『屬』。本文總夫妻、子母而言，《集註》分説，故以『配』字對『屬』字。」但爲身不得近於父，故不敢受妻子之養，以自責罰。其心以爲不如此，則其罪益大也。附《蒙引》：使章所犯非責善，便可責了。使章既以責善得罪於父，而又不知自責，亦可絶了。惟此兩節未至可絶之地，所以孟子矜之。○「子有子母之屬」，此「子」謂匡章之子，此「母」即匡章之妻。「其設心以爲不若是，是則罪之大者」云云，蓋章子亦自知其有罪也。但在章子之自責則如此，在他人則猶當矜其志而略其罪也。○《存疑》：「是則章子已矣」，是指上文意，言此乃章子之所爲也。已矣，無他之辭。

○此章之旨，於衆所惡去聲。而必察焉，可以見聖賢至公至仁之心矣。慶源輔氏曰：「至公則無私蔽於己，至仁則不忍苛責於人。」○新安陳氏曰：「不徇衆見，至公也；不輕與絶，至仁也。」楊氏曰：「章子之行，去聲。孟子非取之也，特哀其志而不與之絶耳。」朱子曰：「孟子之於匡章，蓋憐之耳，非取其孝也。據章所爲，因責善於父而不相遇，遂爲父所逐。雖是父不是，己是，然便至如此，出妻屏子，終身不養，則豈得爲孝？故孟子言『父子責善，賊恩之大者』，此便是責之以不孝也。但其不孝之罪，未至於可絶之地爾。然當時人則遂以爲不孝而絶之，故孟子舉世俗之不孝者五以曉之，若如此五者，則誠在所絶爾。後世因孟子不絶之，則又欲盡雪章之不孝而以爲孝，此皆不公不正，倚於一偏。必若孟子所處，然後可以見聖賢至公至仁之心矣。」○南軒張氏曰：「章本心亦欲父之爲善耳，乃或過於辭色，致父之怒，後又不敢安於妻子之養，以深自咎責，則章亦可哀者。若章得罪而不知懼，則是終以忿戾之氣行乎其閒，而可罪矣。」○雙峰饒氏曰：「章資質自好，但無學力，雖知愛父而不知愛父之道，既得見孟子，必教他回父之意，未必止於此。章子通國稱其不孝，仲子通國稱其廉。孟子於此二人，所謂衆惡之必察焉，衆好之必察焉。」○新安陳氏曰：「父子閒所以不責善，而惟朋友當責善者，蓋朋友以義合，責善而不從，則交可絶；父子以天合，責善而不相遇，則賊恩而將至於離故也。然責善既不可，則從父之令乎？曰：聖賢自有成規，『幾諫』之章，《內則》與幾諫相表裏之言，皆是也。舜事瞽瞍，能致底豫，特患不能如舜耳。若章之出妻屏子，非徒自咎責於己，亦將以感動於父，子不安而父安焉，其執拗亦可想矣。章既失之初，使能如舜之事親，豈不能回之於後，惜無以考其終何如也。」

○曾子居武城，有越寇。或曰：「寇至，盍去諸？」曰：「無寓人於我室，毁傷其薪木。」寇退，則曰：「脩我牆屋，我將反。」寇退，曾子反。左右曰：「待先生如此其忠且敬也。寇至則先去以爲民望，寇退則反，殆於不可。」沈猶行曰：「是非汝所知也。昔沈猶有負芻之禍，從先生者七十人，未有與焉。」與，去聲。

武城，魯邑名。盍，何不也。左右，曾子之門人也。忠敬，言武城之大夫事曾子忠誠恭敬也。爲民望，言使民望而效之。沈猶行，弟子姓名也。言曾子嘗舍於沈猶氏，時有負芻者作亂，來攻沈猶氏，曾子率其弟子去之，不與其難。去聲。言師賓不與臣同。附《蒙引》：曰「無寓人於我室」，此語其守舍之人也。寇退則曰「脩我牆屋」，亦即語其守舍之人也。「左右」云云，此門人私議之詞，非對曾子言也，故曾子無言。沈猶行，亦門人也，乃以其所見解之云。○昔沈猶有負芻之禍，不必説沈猶行。或偶同姓，亦未可知也。

子思居於衛，有齊寇。或曰：「寇至，盍去諸？」子思曰：「如伋去，君誰與守？」

言所以不去之意如此。子思時仕於衛。

孟子曰：「曾子、子思同道。曾子，師也，父兄也；子思，臣也，微也。曾子、子思，易地則皆然。」

微，猶賤也。尹氏曰：「或遠去聲。害，或死難，去聲。○慶源輔氏曰：「子思雖無死難之事，然寇至不去，有死難之理。」其事不同者，所處上聲。之地不同也。君子之心不繫於利害，惟其是而已，是者，理之當然也。故易地則皆能爲之。」○孔氏曰：「古之聖賢，言行去聲。不同，事業亦異，而其道未始不同也。學者知此，因其所遇而應之。若權衡之稱去聲。物，低昂屢變，而不害其爲同也。」南軒張氏曰：「君子不避難，亦不預於難，惟當夫理而已。於不當避而避焉，固私也。於不當預而預，乃勇於就難，是亦私而已矣。夫『曾子，師也，父兄也』，師之尊與父兄之義同。以師道居，則寇至而去之，寇退而反，無預其難，在師之義當然也。『子思，臣也，微也』，委質以服君之事，有難而可逃之乎？與君同守而不去，則爲臣之義當然也。從容乎理之所當然，曾子、子思何殊哉，故曰『易地則皆然』。以天理之時中，一而已。」附《淺説》：此章當與「禹、稷、顔回」章並看。○《蒙引》：「子思，臣也，微也」，「臣」字對「師」字言；「微」字對「父兄」字言。

○儲子曰：「王使人瞯夫子，果有異於人乎？」孟子曰：「何以異於人哉？堯舜與人同耳。」瞯，古莧反。

儲子，齊人也。瞯，竊視也。聖人亦人耳，豈有異於人哉？新安陳氏曰：「孟子因『有以異於人乎』之問，而答之曰『我何以異於人哉，雖堯舜亦與人同耳』。《集註》謂『聖人亦人耳，豈有異於人哉』，乃是釋『堯舜與人同耳』一句，與孟子元文『何以異於人哉』所指不同矣。堯舜所以與人同者，非但形體之同，其性善本與人不異。惟聖人能盡其性，常人每汩其性，於是常人與聖人始懸絶耳。『堯舜與人同』之説，與『人皆可以爲堯舜』之説，實相表裏，但其意包涵而未盡。使儲子再問難，孟子必傾倒盡發之矣。」附《蒙引》：「瞯，竊視也」，是令人窺其燕居獨處之時，動静語默之閒，果與常人不類乎。若其容貌，則王必已見之矣。○「孟子曰」云云者，亦因以進儲子及齊王於堯舜之途也，然且引而不發。○但曰「堯舜與人同耳」，便是堯舜無有與人異者矣。此中意便是同此性而能盡其性，同此形而能踐其形者，但尚引而不發，發出則味反薄矣。

○齊人有一妻一妾而處室者，其良人出，則

必饜酒肉而後反。其妻問所與飲食者，則盡富貴也。其妻告其妾曰：「良人出，則必饜酒肉而後反。問其與飲食者，盡富貴也，而未嘗有顯者來，吾將瞷良人之所之也。」蚤起，施從良人之所之，徧國中無與立談者。卒之東郭墦閒之祭者，乞其餘，不足，又顧而之他，此其爲饜足之道也。其妻歸，告其妾曰：「良人者，所仰望而終身也，今若此。」與其妾訕其良人，而相泣於中庭，而良人未之知也，施施從外來，驕其妻妾。施，音迤，又音異。墦，音燔。施，如字。

章首當有「孟子曰」字，闕文也。《通考》吴氏程曰：「因儲子有『瞷夫子』之語，逐發『瞷良人』一段。❶言小人陰爲陽揜，則可瞷君子言行如一，何瞷之有。恐是一章，非闕文也。」良人，夫也。饜，飽也。顯者，富貴人也。施，邪施而行，不使良人知也。墦，塚也。顧，望也。訕，怨詈力智反。也。施施，喜悦自得之貌。

由君子觀之，則人之所以求富貴利達者，其妻妾不羞也而不相泣者，幾希矣。」

孟子言自君子而觀，今之求富貴者，皆若此人耳。使其妻妾見之，不羞而泣者少矣，言可羞之甚也。○趙氏曰：「言今之求富貴者，皆以枉曲之道，昏夜乞哀以求之，而以驕人於白日，與斯人何以異哉？」南軒張氏曰：「意孟子在齊，適見此事，以爲與世之求富貴者無異，故載之。驕妻妾者，徒知以得爲貴，而不知所以得之者可賤也。妻妾知其可賤，而已不知，爲欲所蔽故耳。」○勉齋黄氏曰：「此章形容苟賤之態，殊可賤惡。然流俗滔滔，務爲卑諂，無所不至。摇尾乞憐，自少至老，無一念不在是。未得則愁憂窮蹙，志氣薾然，自視不勝其小；既苟得，則志得意滿，驕親戚，傲閭里，哆然自視不勝其大，可賤甚於乞墦而莫之

❶「逐」，據文義疑當作「遂」。

覺也。學者深明義利之辨，充吾羞惡之心，而養吾剛大之氣，然後知孟子此言，誠末俗之箴砭也。」附《蒙引》：或是孟子口頭故事，亦不可知。

孟子集註大全卷之八終

孟子集註大全卷之九 三魚堂讀本

萬章章句上

凡九章《通考》勿軒熊氏曰：「前四章，言舜盡事親之道。次二章，言唐虞三代禪繼之道。後三章，言聖賢出處。」

萬章問曰：「舜往于田，號泣于旻天，何爲其號泣也？」孟子曰：「怨慕也。」號，平聲。

舜往于田，耕歷山時也。仁覆敷救反。閔下，謂之旻天。號泣于旻天，呼天而泣也。事見形甸反。《虞書·大禹謨》篇。《書》曰：「帝初于歷山，往于田，日號泣于旻天于父母。」附《蒙引》：「仁覆閔下，謂之旻天」，此不知何所本。詳考之。覆，覆幬也；閔，憫恤也，謂仁以覆閔乎下也。此以天之情言。○旻，閔也。于大而求其閔下者，必自覆幬上言之，此解義之法也。○《爾雅》曰：「春爲蒼天，夏爲昊天，秋爲旻天，冬爲上天。」於春言色，於夏言氣，於秋言情，於冬言位，相備也。《書·舜典》傳亦曰「仁覆閔下，謂之旻天」，亦無小注。怨慕，怨己之不得其親而思慕也。慶源輔氏曰：「父慈子孝，理之常也，何有於怨慕？唯遭事之變，故深思其所以不得於親之故，而自怨咎其在我者，有何罪戾而致然。又思慕於親，無頃刻忘，必欲得親之歡心而後已。此所謂怨慕也。」○新安陳氏曰：「『怨慕』二字，真得舜之心，亦包盡一章之意。怨非怨親，怨己之不得乎親也。慕則念念不忘，而思其親也。『惟順於父母可以解憂』以上，言怨也；『人少則慕父母』以下，言慕也。」附《蒙引》：新安謂「『父母惟順』以上，言怨也；『人少則慕父母』以下，言慕也」，此說恐未盡然。謂「人少則慕父母」一條，是言慕而無怨意，固是。但「惟順於父母可以解憂」以上，如何只說是怨而無慕？蓋怨只是怨己之不得其親，則自不容不慕親矣。若「五十而慕」，則不必言此時猶有怨在也。○《存疑》：思慕，是思慕乎親，必欲得之，不是思慕欲得親，此有分辨，不可錯看了。○「怨」、「慕」兩字相因，以己有罪不能得乎親自怨，則一心思慕乎親。思慕乎親者，必欲得之也。方未得乎親之時，則「怨」、「慕」兩字俱當用。及既得乎親之時，只當用「慕」字。故孟子之告萬章，始則曰「怨慕」，終只曰「慕」。

萬章曰：「父母愛之，喜而不忘；父母惡之，勞而不怨。然則舜怨乎？」曰：「長息問於公明高曰：『舜往于田，則吾既得聞命矣。號泣于旻天，于父母，則吾不知也。』公明高曰：『是非爾所知也。』夫公明高以孝子之心，爲不若是恝，我竭力耕田，共爲子職而已矣。父母之不我愛，於我何哉？惡，去聲。夫，音扶。恝，苦八反。共，平聲。

長息，公明高弟子。公明高，曾子弟子。于父母，亦《書》辭，言呼父母而泣也。恝，無愁之貌。新安陳氏曰：「孟子推明公明高之意，以爲孝子之心，既不得乎親，必不若是之恝然無愁也。」於我何哉，自責不知己有何罪耳，非怨父母也。楊氏曰：「非孟子深知舜之心，不能爲此言。蓋舜惟恐不順於父母，未嘗自以爲孝也。若自以爲孝，則非孝矣。」附《存疑》：孟子曰「怨慕」，萬章不知爲怨己不得其親而思慕，謂是怨親，故有「父母惡之，勞而不怨，然則舜怨乎」之問，及孟子言「孝子之心」云云「於我何哉」，則見其爲怨己之不得其親而思慕，而非怨其親矣。《蒙引》：夫公明高以「孝子之心爲不若是恝，我竭力耕田，共爲子職而已矣」，作一氣讀下，此與下句正是一正一反説。口説當云：夫公明高以孝子之心既不得乎親，則必不能若是其恝然不介懷，以爲我但知竭力耕田以供子職而已矣。孝子之心，正以爲父母之不我愛，於我果何罪以致之，此其所以怨慕耳。○《淺説》：怨在己，則慕在親矣。若怨親，則又何慕耶。○顧麟士曰：「舜往于田，則吾既得聞命矣。大抵似言爲躬耕以養親，此事易解。」

帝使其子九男二女，百官牛羊倉廩備，以事

舜於畎畝之中。天下之士多就之者，帝將胥天下而遷之焉。爲不順於父母，如窮人無所歸。爲，去聲。

帝，堯也。《史記》云：「二女妻去聲。之，以觀其内；九男事之，以觀其外。」觀其治外。○《史記·五帝紀》：「舜年二十以孝聞。三十而帝堯問可用者，四岳咸薦虞舜，曰可。於是堯乃以二女妻舜，以觀其内；使九男與處，以觀其外。舜居嬀汭，内行彌謹，堯二女不敢以貴驕事舜親戚，甚有婦道。堯九男皆益篤。」○朱子曰：「二女，娥皇、女英也。蓋夫婦之閒，隱微之際，正始之道，所繫尤重。故觀人者，於此爲尤切。」○雙峰饒氏曰：「觀者，衆人之所共見。以天子二女來，處頑嚚傲之閒，看他如何處置。二女和，則是處置得是。九男皆帝子，亦難處，若處之得其道，亦自安。百官只是百司，如後世典籤涓人之類。」《通考》趙氏悳曰：「九男，獨丹朱以胤嗣聞，其餘八庶無事，故不見於《堯典》。」附顧麟士曰：「按《呂氏春秋》云：『堯有子十人，不與其子而授舜；舜有子九人，不與其子而授禹。』是丹朱不在所使之中也，然不足辨。二女事之，則《尸子》云：『妻以娥，媵以皇。』」○語意亦重。「事之」，蓋張其説以起「如窮人無歸」耳。若曰「觀之」，便無氣力。趙岐注只云：「堯使九男事舜以爲師，以二女妻舜。」又言：「一年所居成聚，《廣雅》云：「聚，居也。」音慈喻反。《漢書音義》云：「小於鄉曰聚。」二年成邑，三年成都。」《通考》趙氏悳曰：「聚，爲村落。《周禮》郊野法云：『九夫爲井，四井爲邑，四邑爲丘，四丘爲甸，四甸爲縣，四縣爲鄙。』」是天下之士就之也。胥，相視也。遷之，移以與之也。如窮人之無所歸，言其怨慕迫切之甚也。雲峰胡氏曰：「『如窮人無所歸』六字，譬喻最形容得舜之情不得以自達，身不得以自安，心不得以自釋，其爲怨慕迫切之甚可知。」附《蒙引》：「帝使其子九男二女，百官牛羊倉廩備，以事舜於畎畝之中」，一也。「天下之士多就之者」，二也。「帝將胥天下而遷之焉」，三也。此三段作一類看，正下文所謂「人悦之」、「好色」、「富貴」者。所謂「富貴」，即「帝將胥天下而遷之」。「人悅」，即所謂「天下之士多就者」。「妻帝之二女」，便是「二女事之」。至於百官、九男、倉廩，則又在所略。蓋古聖賢說話，正不必拘拘於如此之湊合，然大意則是如此。此條正承上文言舜之怨慕有如此也，下條則又推其心以解之。○「胥，相視也」，謂與之共視乎天下，而遂移以與之也。胥，正訓相，視字是足他意。即此數句想之，乃知舜之怨慕，正在耕歷之時，及方登庸之初，故不告而娶。若五十時，則親已底豫久矣。

天下之士悅之，人之所欲也，而不足以解憂。好色，人之所欲，妻帝之二女，而不足以解憂。富，人之所欲，富有天下，而不足以解憂。貴，人之所欲，貴爲天子，而不足以解憂。人悅之、好色、富貴，無足以解憂者，惟順於父母，可以解憂。好、妻，皆如字。

孟子推舜之心如此，以解上文之意。極天下之欲，不足以解憂，而惟順於父母可以解憂。孟子真知舜之心哉！慶源輔氏曰：「上文是說舜之實事，此又孟子推述舜之心，以解上文之意。言舜之心，事實有如此者耳。舉天下之所欲，不足以解憂者，所性不存焉故也；惟順於父母可以解憂者，性之不可離，而亦不可以不盡也。」附《蒙引》：「帝使其子」至「如窮人無所歸」，是以其迹言。「天下之士悅之」條，則以其心言也。「帝使其子九男」云云「遷之焉」，而舜乃「爲不順於父母，如窮人無所歸」者，何也？誠以舜之心，以此數者皆不足以解憂，而惟順於父母可以解憂也。故孟子推舜之心如此，以解上文之意。○《存疑》：此見聖人不以天下之大，易其天性之愛。「竊負而逃，遵海濱而處，終身欣然樂而忘天下」，亦是此意思。

人少，則慕父母；知好色，則慕少艾；有妻子，則慕妻子；仕則慕君，不得於君則熱中。大孝終身慕父母。五十而慕者，予於大舜見之矣。」少、好，皆去聲。

言常人之情，因物有遷，釋「人少」至「熱中」。

惟聖人爲能不失其本心也。釋「終身慕父母」。艾，美好也。《楚詞》、《戰國策》所謂幼艾，義與此同。《楚辭・九歌・大司命》篇：「慫長劍兮擁幼艾，蓀獨宜兮爲民正。」〔慫，息拱反。〕○《戰國策》「趙孝成王」篇：「公子魏牟過趙，趙王迎之，顧反至坐前有尺帛，且令工人以爲冠，工見客來也，因避。趙王曰：『願聞所以爲天下。』魏牟曰：『王能重王之國若此尺帛，則國大治矣。』趙王不悦，曰：『寡人豈敢輕國若此。』魏牟曰：『請爲王説之。王有此尺帛，何不令前郎中以爲冠。』王曰：『郎中不知爲冠。』魏牟曰：『爲冠而敗之，奚虧於王之國，而王必待工而後乃使之。今爲天下之工，或非也，社稷爲虚器，先王不血食，而王不以予工，乃與幼艾。』」不得，失意也。熱中，躁急心熱也。言五十者，舜攝政時年五十也。五十而慕，則其終身慕可知矣。○此章言舜不以得衆人之所欲爲己樂，音洛。而以不順乎親之心爲己憂，非聖人之盡性，其孰能之。慶源輔氏曰：「心纔有一毫物欲之累，而於其親有一毫之不順，則於吾固有之性，便有不盡處。能盡其性，則能不失其本心，而爲人倫之至也。」○西山真氏曰：「五十始衰，聖人純孝之心，則不以老而衰。惟充極其天性之至孝，而無一毫之不盡，所以能如此。」○雙峰饒氏曰：「如孝便十分孝，弟便十分弟，忠便十分忠，皆是盡性。」○新安陳氏曰：「常人變於私情，所以汨其性。聖人無私情之累，所以盡其性。孟子言此，是以遏人欲、擴天理也。」附《存疑》：「人少則慕父母」一條，是因上文説舜不以得衆人所欲爲己樂，而以不順乎親爲己憂，而贊其異於衆人也。○顧麟士曰：「《集註》『五十而慕，則其終身慕可知矣』，蓋言此後已無可移之。」○《蒙引》：「五十而慕」，非怨慕也。蓋瞽瞍未底豫之前，舜之慕乃所謂「父母惡之，勞而不怨」也。既底豫之後，舜之慕乃所謂「父母愛之，喜而不忘」也。

○萬章問曰：「《詩》云：『娶妻如之何？必告父母。』信斯言也，宜莫如舜。舜之不告而娶，何也？」孟子曰：「告則不得娶。男女居室，人之大倫也。如告，則廢人之大倫，以懟父母，是以不告也。」懟，直類反。

《詩》，《齊國風·南山》之篇也。信，誠也，誠如此詩之言也。懟，讎怨也。舜父頑母嚚，音銀。常欲害舜，告則不聽其娶，是廢人之大倫，以讎怨於父母也。東陽許氏曰：「『懟父母』，言人之常情也。爲廢大倫，則雖子亦不免有讐怨父母之心。舜固非懟父母者，然告則必廢大倫，故不告也。此聖人善處變事處。」附《蒙引》：「以懟父母」，本爲見懟於父母也。許氏誤認以爲既廢大倫，則雖子未免有些怨父母之心。信如其言，則與所謂「爲不順於父母，如窮人無所歸」者，一何悖哉。○《存疑》：「誠如此詩之言」，謂此詩之言若誠是也。「宜莫如舜」，謂能盡道，宜莫如舜也。○告而後娶，則父母不之聽，是廢人之大倫，又生一場憎怪，是徒見怨於其父母也。○《蒙引》：一則曰「舜不告而娶，爲無後也」，一則曰「如告，則廢人之大倫，以懟父母，是以不告」，一爲繼嗣，一爲男女大倫。二説亦不同，豈以不廢大倫，正以爲繼嗣耶。

萬章曰：「舜之不告而娶，則吾既得聞命矣。帝之妻舜而不告，何也？」曰：「帝亦知告焉則不得妻也。」妻，去聲。

以女爲人妻如字。曰妻。去聲，下同。程子曰：「堯妻舜而不告者，以君治之而已，如今之官府治民之私者亦多。」慶源輔氏曰：「謂以君命治之，不容瞽瞍之不聽也。官府治民之私，或有理法當然，而牽於私不肯然者，則官司以法治之，必使之然也。」仁山金氏曰：「《集註》引『程子曰』，是補孟子未備之意。」○吴氏程曰：「『帝亦』至『妻也』，作一句。焉，乃助語羨字。」附《蒙引》：言帝若告其父母，則舜之父母必不喜其娶，而有違言矣。父母之違言一出，則舜便不敢就，而帝亦難於强之矣。○程子謂「以官治之」，是兼謂舜與瞽瞍，非專指瞽瞍也。

萬章曰：「父母使舜完廩，捐階，瞽瞍焚廩。使浚井，出，從而揜之。象曰：『謨蓋都君咸我績。牛羊父母，倉廩父母，干戈朕，琴朕，弤朕，二嫂使治朕棲。』象往入舜宮，舜在牀琴。象曰：『鬱陶思君爾。』忸怩。舜曰：『惟茲臣庶，汝其于予治。』不識舜不知象之將殺己與？」曰：「奚而不知也？象憂亦憂，象喜亦喜。」張，都禮反。忸，女六反。怩，音尼。與，平聲。

完，治也。補全之。捐，去上聲。也。階，梯也。揜，蓋也。按《史記》曰：「使舜上時掌反。塗廩，瞽瞍從下縱火焚廩，舜乃以兩笠自捍音汗。而下去，得不死。後又使舜穿井，舜穿井爲匿空音孔。旁出，匿空，隱匿之孔穴也。《通考》吴氏程曰：「捐，當音緣。浚，當音峻。井句。出句。空，音孔，竅也。」舜既入深，瞽瞍與象共下土實井，舜從匿空旁出去。」即其事也。象，舜異母弟也。謨，謀也。蓋，蓋井也。舜所居三年成都，故謂之都君。咸，皆也。績，功也。舜既入井，象不知舜已出，欲以殺舜爲己功也。干，盾樹尹反。也。戈，戟也。《周禮》：「掌五兵、五楯。」鄭云：「五楯，干櫓之屬。」《禮圖》云：「今之三鋒戟也。內長四寸半，胡長六寸，以其與戈相類，故云戈戟也。」琴，舜所彈五弦琴也。弤，琱丁卯反。弓也。《通鑑外紀》云：「舜彈五弦之琴，歌南風之詩。」琱弓，漆赤弓，《尚書》彤弓是也。象欲以舜之牛羊、倉廩與父母，而自取此物也。二嫂，堯二女也。棲，牀也，象欲使爲己妻也。象往舜宮，欲分取所有，見舜生在牀彈琴，蓋既出即潛歸其宮也。鬱陶，思之甚而氣不得伸也。象言己思君之甚，故來見爾。忸怩，慙色也。臣庶，謂其百官也。象素憎舜，不至其宮，故舜見其來而喜，使之治其臣庶也。孟子言舜非不知其將殺己，但見其憂則憂，見其喜則喜，兄弟之情，自有所不能已耳。萬章所言，其有無不可知，然舜之心，則孟子有以知之矣，他亦不足辯也。程子曰：「象憂亦憂，象喜亦喜，人情天理，於是爲至。」程子曰：「萬章言舜完廩、浚井之説，恐未必有此事，論其理而已。堯在上，而使百官事舜於畎畝之中，豈容象得以殺兄，而使二嫂治其棲乎。學《孟子》者，以意逆志可也。」○南軒張氏曰：「象之憂，疾舜而謀害之也。舜亦憂者，憂己何以使象至此也。象之喜者，彼云思君而以喜來，舜固不逆其詐，亦從而爲之喜也。憂也亦憂，喜也亦喜，是其心與之爲一，親之愛之，不知其他，此仁人之於弟，天理人情之至也。象憂，而舜漠然不以爲憂；象喜，而舜疑之不以爲喜，則在我之誠先不篤矣，豈聖人之心也哉。」○慶源輔氏曰：「象日以殺舜爲事，肆人欲以絶兄弟之情者也。象憂亦憂，象喜亦喜，順天理以見兄弟之情者也。象之人欲雖熾，舜之天理常存，卒之象不格姦，而源源以來，則舜之天理化其人欲而消之矣。」○西山真氏曰：「象欲殺舜，其迹甚明，舜豈不知。然見其憂則憂，見其喜則喜，略無一毫芥蒂於其中。後世骨肉之間，小有疑隙，則嫌猜萬端，惟恐發之不早，除之不亟。至此然後知聖人之心，與天同量也。世儒疑堯在上，二女嬪虞，象無敢殺舜之理。不知孟子但論舜之心，使其有是，處之不過如此，豈必真有是哉。」○雙峰饒氏曰：「完廩、浚井事儻無，則不告而娶亦焉知其非無，孟子於此不辯。下章咸丘蒙之問，孟子却責之，蓋下章是説舜身上事。舜爲天子，不受堯與瞽瞍之朝，此決然之理。此章説象與瞽瞍之事，容或有之，是以不辯。大凡看書且看大意，如前章重在『爲不順於父母，如窮人無所歸』兩句，此章重在『象憂亦憂，象喜亦喜』兩句。」**附**《存疑》：「惟茲臣庶，汝其于予治」，❶亦是見其來而喜之，因使爲看視爾，非以治理之責寄之也。《蒙引》：「象憂亦憂」句，是伴「象喜亦喜」説，重在下句。觀本注言「舜見其來而喜」一句，亦可見。

曰：「然則舜僞喜者與？」曰：「否。昔者有饋生魚於鄭子産，子産使校人畜之池。校人烹之，反命曰：『始舍之圉圉焉，少則洋洋焉，攸然而逝。』子産曰：『得其所哉！得其所哉！』校人出，曰：『孰謂子産智？予既烹而食之，曰：得其所哉，得其所哉。

❶「其」，原作「甚」，今據經文及《四書存疑》改。

故君子可欺以其方，難罔以非其道。彼以愛兄之道來，故誠信而喜之，奚僞焉？』」與，平聲。校，音效，又音教。畜，許六反。

校人，主池沼小吏也。圉圉，困而未紓音舒。之貌。洋洋，則稍縱矣。攸然而逝者，自得而遠去也。方，亦道也。罔，蒙蔽也。欺以其方，謂誑古況反。之以理之所有。罔以非其道，謂昧之以理之所無。象以愛兄之道來，所謂欺之以其方也。舜本不知其僞，故實喜之，何僞之有。○此章又言舜遭人倫之變，而不失天理之常也。新安陳氏曰：「不失天理之常，則終可以回人倫之變矣。不格姦，底豫之餘，人倫豈終變也哉。」○東陽許氏曰：「魚入水，有悠然而逝之理，弟有思兄鬱陶之理，故子産與舜皆信之。舜之愛弟自天性，況象又以愛兄之道來感之乎。」附《蒙引》：孟子雖告萬章以「象憂亦憂，象喜亦喜」，然萬章猶未達此二句，是言其兄弟之情自有不能已者，猶謂只是作意爲之耳。○「故誠信而喜之」，不要將「信」字帶「誠」字，「信」字與「喜」字相連，謂真實信之、喜之也。本注只謂「故實喜之」者，惟實信之，故實喜之，不信則不喜。單言「喜」，自該得「信」也。○「故君子可欺以其方」，泛說，而子産事在其中。

○萬章問曰：「象日以殺舜爲事，立爲天子，則放之，何也？」孟子曰：「封之也，或曰放焉。」

放，猶置也。置之於此，使不得去也。萬章疑舜何不誅之，孟子言舜實封之，而或者誤以爲放也。

萬章曰：「舜流共工于幽州，放驩兜于崇山，殺三苗于三危，殛鯀于羽山，四罪而天下咸服，誅不仁也。象至不仁，封之有庳。有庳之人奚罪焉？仁人固如是乎？在他人則誅之，在弟則封之。」曰：「仁人之於弟也，不藏怒焉，不宿怨焉，親愛之而已矣。

親之欲其貴也，愛之欲其富也。封之有庳，富貴之也。身爲天子，弟爲匹夫，可謂親愛之乎？」庳，音鼻。

流，徙也。共音恭。工，官名。驩兜，人名。二人比毗至反。周，相與爲黨。三苗，國名，負固不服。殺，殺其君也。殛，誅也。鯀，禹父名，方命圮部鄙反。族，治水無功，新安倪氏曰：「『方命圮族』，見《書·堯典》篇。方命者，逆上命而不行也。圮，敗；族，類。言與衆不和，傷人害物也。」皆不仁之人也。幽州、崇山、三危、羽山、有庳，皆地名也。趙氏曰：「幽州，北裔之地，舜分冀北爲幽州。崇山，南裔之山，在今澧州慈利縣。三危，西裔之地，《禹貢》在雍州，或以爲燉煌，未詳。羽山，東裔之山，在今海州朐山縣。」或曰：「今道州鼻亭，即有庳之地也。」未知是否。《漢書》顔師古注云：「有庳，在零陵，今鼻亭是也。」萬章疑舜不當封象，使彼有庳之民無罪而遭象之虐，非仁人之心也。藏怒，謂藏匿其怒。宿怨，謂留蓄其怨。雙峰饒氏曰：「仁人之於弟，雖有怒亦不藏之，雖有怨亦不留之，少間便釋然。親之，欲其親近於我，貴之是也；愛之，欲其得遂所欲，富之是也。」附《蒙引》：殺三苗、殛鯀，與《書》不同，《書》「竄三苗」。殛，此解曰「誅也」。《書傳》曰：「殛，則拘囚困苦之。」〇「殺三苗于三危」，究其實當依《書》作「竄三苗」。竄之于此，實置之于死地也。蓋三苗卒死于此，故孟子云「殺三苗」，一致也。鯀之殛，初只是貶逐而禁錮之，此曰「殛，誅也」，其致一也。〇《楚詞·天問》第十四條注曰：「舜之四罪，皆未嘗殺也。」程子《遺書》云：「殛死，猶言貶死耳。」以此證之，則鯀之殛，三苗之殺，其疑可斷矣。〇堯之時，四凶之惡未著，堯不得探其惡而誅之。舜之時，四凶之惡已著，舜不得以堯不誅而舜亦不誅之。其或誅、或不誅，皆天理也。〇「四罪而天下咸服」，罪，活字，猶云四誅也。服，《書傳》曰：「服其用刑之當罪也」，即下文「誅不仁」也。〇「不藏怒焉，不宿怨焉」，不可謂雖有怒而不藏其怒，雖有怨而不宿其怨。仁人之於弟也，雖可怒而不怒，雖可怨而不怨，直是無怨、無怒也。然其謂之「不藏」、「不宿」者，亦因萬章之問，立爲天子則放之，與所謂封之者，皆是後來事。此「不藏」、「不宿」二字，所繇來也。○顧麟士曰：「萬章問『在他人則誅之，在弟則封之』，猶云在他人之不仁則誅之，在弟之不仁則封之也，意亦頗重流毒有庳處。但此節方言兄弟至情不容不封，自不暇爲不暴有庳作辨，必俟下再問而後解之。然解不暴有庳處，仍是説親愛其弟處，則筆底曲折，直如化工，亦有不期而然之妙矣。」○《蒙引》：「仁者固如是乎」一句，帶下不帶上，所謂「在他人則誅之，在弟則封之」，是謂如是者也。然事實亦只在上文。○《淺説》：「在他人則誅之」，以除民之害；「在弟則封之」，以貽民之害。刑賞不公，安得爲仁。○《存疑》：「親之欲其貴，愛之欲其富」，若曰親之欲其富，愛之欲其貴，亦可。

「敢問或曰放者，何謂也？」曰：「象不得有爲於其國，天子使吏治其國，而納其貢稅焉，故謂之放。豈得暴彼民哉？雖然，欲常常而見之，故源源而來。『不及貢，以政接于有庳』，此之謂也。」

孟子言象雖封爲有庳之君，然不得治其國，天子使吏代之治，而納其所收之貢稅於象。有似於放，故或者以爲放也。蓋象至不仁，處上聲。之如此，則既不失吾親愛之心，而彼亦不得虐有庳之民也。源源，若水之相繼也。來，謂來朝音潮，下同。覲也。不及貢，以政接于有庳，謂不待及諸侯朝貢之期，而以政事接見有庳之君。蓋古書之辭，新安陳氏曰：「以『此之謂也』四字觀之，知其爲古書之辭。」而孟子引以證源源而來之意，見形甸反。其親愛之無已如此也。○吴氏曰：「言聖人不以公義廢私恩，亦不以私恩害公義。舜之於象，仁之至，義之盡也。」朱子曰：「『封之有庳，富貴之』，是不以公義廢私恩，所以爲仁之至；『使吏治其國，納貢賦』而不得肆暴，是不以私恩害公義，所以爲義之盡。後世如漢文之於淮南，景帝之於梁王，始則縱之太過，不得謂之仁，後又窘治之甚，不得謂之義，皆兩失之。」○南軒張氏曰：「舜之處象，可謂盡矣。象雖不道，而吾之弟也。仁人之於弟，親愛之而已矣。或曰：『周公之於管、蔡，如之何？』蓋管、蔡挾武庚以叛，憂在廟社，孽在臣民，周公爲國弭亂也。象之欲殺舜，其事在舜之身耳，固不同也。舜與周公，易地則皆然，蓋其存心爲天理人情之至，則一也。」《通旨》朱氏公遷曰：「篇首及此章，皆以順處其變者言之。不得乎親而怨慕者，孝之至；弟至不仁而誠信喜之者，友之至，此其不失乎常者也。『封之有庳而富貴之』，常道之中雖有權，而均之不失天理之常也。吾友操公琬之言曰：『大舜之於象也，誠信喜之，則聖人自然之天，所以盡其愛之之心也。封之有庳，則聖人處事之法，所以全其愛之之道也。』舜之處象者如此，而周公之處管、蔡者不同，其說則先儒之論備矣。」附《存疑》：「雖然」又是一轉語，「不及貢以政接于有庳」，不及貢以政相連下。凡諸侯朝貢於天子，皆有政事朝於京師，則述其所受之職。朝於方岳，則有正時月、同律度量衡許多事。「不及貢以政接于有庳」，言不待及諸侯朝貢之期，以政事接見有庳之君，常得無事頻見也。《蒙引》謂「舜見諸侯，則釋其政事而見之，蓋是朝貢之期也。今舜見象之頻，不待釋其政事以見之」，此說似欠通。舜豈終日忙冗，待諸侯來朝，則釋其政事見之，至象則理政事中見之耶。且諸侯入朝，正是有政事也，何以爲釋其政事。○《達說》：舜之使吏治其國，雖是欲使象不得暴其民，而其意猶有在也。蓋舜愛弟之心無已，欲常常而見之，故使吏治其國，使象無政事之拘，得以源源而來也。向使煩其弟以政事，則彼不得以源源而來，而吾不得以常常而見矣。故古書曰「不及貢以政接于有庳」，蓋天子當諸侯朝貢之日，則以政事接見諸侯。今不及諸侯朝貢之期，無時而不見也。不以政事接見有庳之君，無事而亦見也，此正源源而來之謂也，何其親愛之無已耶。

○咸丘蒙問曰：「語云：『盛德之士，君不得而臣，父不得而子。』舜南面而立，堯帥諸侯北面而朝之，瞽瞍亦北面而朝之。舜見瞽瞍，其容有蹙。孔子曰：『於斯時也，天下殆哉，岌岌乎！』不識此語誠然乎哉？」孟子曰：「否，此非君子之言，齊東野人之語也。堯老而舜攝也。《堯典》曰：『二十有八載，放勳乃徂落，百姓如喪考妣，三年，四海遏密八音。』孔子曰：『天無二日，民無二王。』舜既爲天子矣，又帥天下諸侯以爲堯三年喪，是二天子矣。」（朝，音潮。岌，魚及反。○喪，如字。）咸丘蒙，孟子弟子也。語者，古語也。蹙，顰蹙不自安也。岌岌，不安貌也。言人倫乖亂，天下將危也。齊東，齊國之東鄙也。孟子言堯但老不治事，而舜攝天子之事耳。堯在時，舜未嘗即天子位，堯何由北面而朝乎？又引《書》及孔子之言以明之。《堯典》，《虞書》篇名。今此文乃見（形甸反。）於《舜典》，蓋古書二篇，或合爲一耳。言舜攝位二十八年而堯死也。徂，升也。落，降也。人死則魂升而魄降，故古者謂死爲徂落。遏，止也。密，静也。八音，金、石、絲、竹、匏、（蒲交反。）土、革、木，（新安倪氏曰：「金，鐘也。石，磬也。絲，琴、瑟也。竹，簫、篪也。匏，笙、竽也。土，塤也。革，鼓也。木，柷、敔也。」）樂器之音也。

南軒張氏曰：「堯老而命舜攝天子之事，是則堯猶爲君，而舜則臣也。堯崩，舜率天下之臣民以爲堯三年喪，是猶以堯之事行於天下也。至於堯三年之喪畢，舜避堯之子，而天下獄訟謳歌歸之，不容舍焉，而後舜始踐天子位。此堯、舜相繼之際，書傳所載莫詳焉，而不獨見於《孟子》之書也。」○雙峰饒氏曰：「百姓是畿内百姓，如『平章百姓』，皆指畿内而言。古者天子崩，畿内百姓爲之斬衰期年之服。諸侯薨，國内百姓爲之斬衰，皆期年也。周制，百姓期年。今也百姓爲之三年，至於四海雖無服，亦遏密八音不作樂。」附《蒙引》：「自『語云盛德之士』至『天下殆哉，岌岌乎』，皆咸丘蒙所引。語，所謂齊東野人之語也。『盛德之士，君不得而臣，父不得而子』，此三句又是齊東野人所舉者。」○「獨言舜見瞽瞍，其容有蹙，則爲此語者，意以父子天性，尤所不能安也，故略堯。天下殆哉，兼君臣、父子。」○「首句『語云』，與末句『此語』之語正同。『盛德之士』三句，是古語。但齊人錯認做別說耳。至若二『語』字終同也。」〇『齊東野人之語也』，此一句只是斥其非君子之言耳，不必以爲實然也。」〇顧麟士曰：「《詩經類考》：『孔氏曰：堯年十六，以唐侯升爲天子。《人物考》曰：年一百十七歲云。』」〇《淺說》：「據孔子之言，以斷《堯典》所載之事，可見堯崩之後，舜始即天子之位也。若堯未崩之時，舜既爲天子矣，今又率天下諸侯以爲堯三年喪，是又以天子待堯，是二天子矣。天下豈有二天子乎？然則堯在時，舜未嘗即位也，明矣。既未即位，又何爲臣堯之理乎？既無臣堯之理，則其無臣父之理亦可見矣。蒙未喻，故又問。」〇顧麟士曰：「孫奭疏曰：『蒙問諺語有云，盛德之士，君不得而臣之，父不得而子之，今舜嚮南面而立云云，然未知此諺語實如是乎。』解只平易如此，亦覺與末節『是爲父不得而子也』相應。《蒙引》乃云：『雖士盛德，必不可屈君爲臣，屈父爲子。』多方辨析，而《淺說》、《達說》俱靡然從之。此則談家笑柄，貽誤後人者耳。」

咸丘蒙曰：「舜之不臣堯，則吾既得聞命矣。《詩》云『普天之下，莫非王土；率土之濱，莫非王臣』，而舜既爲天子矣，敢問瞽瞍之非臣，如何？」曰：「是詩也，非是之謂也。勞於王事，而不得養父母也，曰『此莫非王事，我獨賢勞也』。故說《詩》者，不以文害辭，不以辭害志，以意逆志，是爲得之。如以辭而已矣，《雲漢》之詩曰『周餘黎民，靡有孑遺』，信斯言也，是周無遺民也。」

不臣堯，不以堯爲臣，使北面而朝也。《詩》，《小雅·北山》之篇也。普，徧也。率，循也。此詩今《毛氏序》云「役使不均，己勞於王事，而不得養去聲。其父母焉」，其詩下文亦云「大夫不均，我從事獨賢」，乃作詩者自言天下皆王臣，何爲獨使我以賢才而勞苦乎，非謂天子可臣其父也。文，字也。辭，語也。逆，迎也。孑，獨立之貌。遺，脫也。言說《詩》之法，不可以一字而害一句之義，不可以一句而害設辭之志，當以己意迎取作者之志，乃可得之。若但以其辭而已，則如《雲漢》所言，是周之民真無遺種上聲。矣。惟以意逆之，則知作詩者之志在於憂旱，而非真無遺民也。朱子曰：「逆，是前去追逆之意。將自家意思去前，而等候詩人之志來，如等人來相似。今日等不來，明日又等，須等得來方得。今人却是硬捉他來，便不是逆志。所謂逆者，其至否遲速，不敢自必，而聽於彼也。大抵讀書須虛心平氣，優游玩味，徐觀聖賢立言本意所向如何，然後隨其遠近、淺深、輕重、緩急而爲之説，庶乎可以得之。若便以吾先入之説，横於胷次，而驅牽聖賢之言以從己意，設使義理可通，已涉私穿鑿，而不免於郢書燕説之誚。況又義理窒礙，實有所不可行乎。」○慶源輔氏曰：「『以文害辭』，是泥一字之文，而害一句之辭也。『以辭害義』，是泥一句之辭，而害詩人設辭之意也。意是己意，志是詩人之志，以我之意，迎取詩人之志，然後可以得之。」附《蒙引》：言「莫非王臣」，便是了，必先「莫非王土」者，見居吾土者，便是吾屬也。○「不以文害辭」數句，不但是説《詩》之法，凡讀書之法皆然也。

孝子之至，莫大乎尊親；尊親之至，莫大乎以天下養。爲天子父，尊之至也；以天下養，養之至也。《詩》曰『永言孝思，❶孝思維則』，此之謂也。養，去聲。

言瞽瞍既爲天子之父，則當享天下之養，此舜之所以爲尊親養親之至也，豈有使之北面而朝之理乎？《詩》，《大雅·下武》之篇。言人能長言孝思而不忘，則可以爲天下法則也。慶源輔氏曰：「上章言讀《詩》之法，以破咸丘蒙之惑。此又言尊親養親之至，以見舜無使父朝己之理。夫舜既爲天子，則瞽瞍實爲天子之父，備享四海九州之奉，而舜爲尊親養親之至矣。故引《下武》詩以詠歎之，以謂如舜者，然後可謂能長言孝思，而爲天下法則者矣。豈有使其父北面而朝之理

❶「永」，原作「未」，今據《四書大全》改。

乎？」○雙峰饒氏曰：「尊親、養親，雖是二事，然尊與養相須。養之至，乃所以尊之也。」附《淺説》：且子亦知夫舜之爲至孝者乎？夫孝子之於親也，心雖無窮而分則有限，故有至焉，有未至焉。彼身處貧賤之地，雖能竭力以事其親，亦可謂孝子，未可謂孝之至也。孝子之至，莫大乎尊崇其親焉。彼身爲諸侯大夫，顯其親爲諸侯大夫之父，而養之以一國一家之禄，亦可謂尊親，未可謂尊親之至也。尊親之至，莫大乎以天下養焉。觀夫舜受堯禪，貴爲天子。尊其父爲天子之父，尊之至也；養其父以天下之禄，養之至也，此舜之所以爲至孝，而可爲法於天下也。《詩》曰人能長念孝思而不忘，則可以爲天下之法則，其即舜尊親養親之至之謂也。○《存疑》：上曰「孝子之至，莫大乎尊親；尊親之至，莫大乎以天下養」，則直歸在養親上。下曰「爲天子父，尊之至；以天下養，養之至」，又分開説。蓋尊親、養親二事相須，未有尊而不養者。尊而養，然後爲尊之至。至論其實，又尊是尊，養是養。故要其極，歸重於養親，亦可究其極，分尊、養爲二亦可。

《書》曰：『祇載見瞽瞍，夔夔齊栗，瞽瞍亦允若。』是爲父不得而子也。」見，音現。齊，側皆反。

《書》，《大禹謨》篇也。祇，敬也。載，事也。夔夔齊栗，敬謹恐懼之貌。允，信也。若，順也。言舜敬事瞽瞍，往而見之，蔡氏曰：「敬其子之職事也。」敬謹如此，瞽瞍亦信而順之也。孟子引此而言瞽瞍不能以不善及其子，而反見化於其子，則是所謂父不得而子者，而非如咸丘蒙之説也。

南軒張氏曰：「古之君，有受教於臣以成德者，如太甲之於伊尹，成王之於周公，謂之君不得而臣亦可也。蓋在子知盡事父之道，在臣知盡事君之道而已。自他人與後世觀之，則見其有不得而臣，不得而子者焉，故云爾也。」○雲峰胡氏曰：「如咸丘蒙之説，則所謂『父不得而子』者，以位言也。殊不知古語云盛德之士，本自專以德言，『祇載見瞽瞍，夔夔齊栗』，此舜之盛德處，瞽瞍亦允若，則反見化於其子盛德之中，而不得以不善及其子也。」附《蒙引》：「祇載見瞽瞍」一條，又特證咸丘蒙所述「父不得而子」之非，亦以見無臣父之理。「祇載」句，「見瞽瞍夔夔齊栗」句，「瞽瞍亦允若」，通連二句。

○萬章曰：「堯以天下與舜，有諸？」孟子曰：「否。天子不能以天下與人。」

天下者，天下之天下，非一人之私有故也。附《蒙引》：章問「堯以天下與舜有諸」，曰「否。天子不能以天下與人」，所答非所問意也。所問只是下章不傳子之意耳，孟子不直答以其事之有無，但言其無此理。

「然則舜有天下也，孰與之？」曰：「天與之。」

萬章問，而孟子答也。

「天與之者，諄諄然命之乎？」諄，之淳反。

萬章問也。諄諄，詳語之貌。

曰：「否。天不言，以行與事示之而已矣。」行，去聲，下同。

行如字。之於身謂之行，措諸天下謂之事。言但因舜之行事，而示以與之之意耳。

曰：「以行與事示之者如之何？」曰：「天子能薦人於天，不能使天與之天下；諸侯能薦人於天子，不能使天子與之諸侯；大夫能薦人於諸侯，不能使諸侯與之大夫。昔者堯薦舜於天而天受之，暴之於民而民受之，故曰『天不言，以行與事示之而已矣』。」暴，步卜反，下同。

暴，顯也。言下能薦人於上，不能令力呈反。上必用之。舜爲天人所受，是因舜之行與事，而示之以與之之意也。慶源輔氏曰：「下薦人於上，公心也。若有必上用之之心，則私意矣。孟子此言，不特説得三聖授受明白，而於人臣薦賢之道，大公至正之心亦盡。彼竊位蔽賢者，固不足責，而進一善、達一能，上必君之用，下市己之恩者，皆非也。上只言天，此又并民而言者，天民一理，天實以民爲視聽也。舜相堯二十八載，固天也。至於朝覲、訟獄、謳歌則人耳，而亦曰天者，以天統人，以人證天，天與人一也。」附《蒙引》：「堯薦舜於天而天受之」，其中有行、有事；「暴之於民而民受之」，其中亦有行、有事。如使之主祭，其誠敬之心屬行，其所以處夫祭祀之品物度數則屬事。如使之主事，其所以爲之主宰本根之地者屬行，若夫紀綱文章、謹權審量之類則屬事也。○《淺説》：昔者堯薦舜於天，舜之行事合乎天而天受之；暴舜於民，舜之行事合於民而民受之。

曰：「敢問薦之於天而天受之，暴之於民而民受之，如何？」曰：「使之主祭而百神享之，是天受之；使之主事而事治，百姓安之，是民受之也。天與之，人與之，故曰『天子不能以天下與人』。治，去聲。附《存疑》：「使之主祭而百神享之」，即《書》「類于上帝，禋于六宗，望于山川，徧于群神」之事也。「使之主事而事治，百姓安之」，「慎徽五典，五典克從，納于百揆，百揆時敘，賓于四門，四門穆穆」之類是也。○《語類》：「問『百神享之』。曰：『只陰陽和，風雨時，便是百神享之。』又曰：『如祈晴得晴、祈雨得雨之類。』」

舜相堯二十有八載，非人之所能爲也，天也。堯崩，三年之喪畢，舜避堯之子於南河之南。天下諸侯朝覲者，不之堯之子而之舜；訟獄者，不之堯之子而之舜；謳歌者，不謳歌堯之子而謳歌舜，故曰『天也』。夫然後之中國，踐天子位焉。而居堯之宮，逼堯之子，是篡也，非天與也。相，去聲。朝，音潮。夫，音扶。

南河，在冀州之南，新安倪氏曰：「冀州，爲帝都。河在其南，故謂之南河。」其南即豫州也。訟獄，謂獄不決而訟之也。附《蒙引》：承上文云，不特主祭而百神享，主事而事治，爲足以見其爲天之所與。自其攝政之久，與其迫於朝覲、訟獄、謳歌之歸者觀之，亦足以見爲天之所與也。○「謳歌舜」，非至舜面前謳歌也，只是朝野間詠歌舜之德耳。○長聲爲歌，短聲爲謳。○「故曰天也」，此「天」字，非是應上文「非人之所能爲也，天也」，乃是應「舜有天下也，孰與之，曰：天與之」。

《泰誓》曰：『天視自我民視，天聽自我民聽。』此之謂也。」

自，從也。天無形，其視聽皆從於民之視聽。民之歸舜如此，則天與之可知矣。南軒張氏曰：「聖人之動，無非天也，其相授受之際，豈有我之所得爲哉。故曰：『天子不能以天下與人。』天子而以天下與人，則是私意之所爲，亂之道也。堯之於舜，選於天下而薦之天耳。而舜之卒有天下者，天實爲之，堯豈能加毫末於此哉。舜之相堯，歷年如是之久，其薦於天，暴於民者，如是其著，此乃天也。堯崩，舜率天下而服堯之喪。堯喪既除，舜避堯之子於南河之南，未敢以己爲天子，而聽天所命也。朝覲、訟獄、謳歌者，皆相率而歸，有不容舍焉。夫然後歸而踐位，而從容於天人之際蓋如此，然則舜亦豈能加毫末於此哉。玩此章，則聖人所謂『先天而天不違，後天而奉天時』者，殆可得而究矣。」○新安陳氏曰：「太，《書》作泰。《皋陶謨》曰『天聰明自我民聰明』，《泰誓》之言蓋本於此。天既無民之形體，故其視聽皆從於民。民之所歸，即天之所命也。」《通旨》朱氏公遷曰：「此章『天』字，以主宰言。凡自天意而言者，皆以主宰言。孔子重言『天厭之』及『天生德』、『天未喪斯文』，孟子言『天位』、『天職』、『天禄』、『天未欲平治天下』，及引《詩》、《書》所言『天作孽』、『畏天之威』皆是此類。此與『命』，以福祚言者相貫。」附《蒙引》：「此之謂也」，謂《泰誓》此言，即吾所謂舜爲人所歸，即爲天所與之意也。○《淺説》：大抵此章言天，有自鬼神言者，有自氣數言者，有自民心言者，略有不同。要亦見舜有天下，非堯所與，其意亦同歸也。然歸重則在民心上，故末引《泰誓》之言以結之，以見得天下者民心而已。○顧麟士曰：「當時以傳子爲德衰，傳賢爲盛事，子噲、子之之事所繇來也。孟子直斷爲無此理，而兩處皆歸之於天。至究所以『天與之』者，則又以人歸爲之本。此等議論，杜奸雄竊窺之心，堅仁賢策厲之志，皆關千古，不但評説往事爲有判決矣。」

○萬章問曰：「人有言『至於禹而德衰，不傳於賢而傳於子』，有諸？」孟子曰：「否，不然也。天與賢，則與賢；天與子，則與子。昔者舜薦禹於天，十有七年，舜崩。三年之喪畢，禹避舜之子於陽城。天下之民從之，若堯崩之後，不從堯之子而從舜也。禹薦益於天，七年，禹崩。三年之喪畢，益避禹之子於箕山之陰。朝覲訟獄者不之益而之啓，曰：『吾君之子也。』謳歌者不謳歌益而謳歌啓，曰：『吾君之子也。』朝，音潮。

陽城，箕山之陰，皆嵩山下深谷中可藏處。啓，禹之子也。楊氏曰：「此語孟子必有所受，然不可考矣。但云天與賢則與賢，天與子則與子，可以見堯、舜、禹之心，皆無一毫私意也。」南軒張氏曰：「堯、舜傳之賢，禹傳之子，而後世遂有至禹而德衰之論，此以私意觀聖人也。禹薦益於天，與堯之薦舜，舜之薦禹，其心一也。益避禹之子，與舜之在南河，禹之在陽城，其心一也。天而與益，則朝覲、訟獄、謳歌者皆歸之益，踐天子位矣，禹亦豈得而不與之哉。而天則與子也，禹亦豈得而與之哉。使天而與丹朱，與舜之子，則舜、禹固得遂其終避之意，猶益得遂其終避之志者也。故曰：其心一也。」附《存疑》：「天與賢，則與賢；天與子，則與子」，見三聖之與賢、與子皆出於天，非堯、舜傳賢而禹獨傳子也。下文乃詳言之。「昔者舜薦禹於天」至「吾君之子也」，是説禹與堯、舜皆欲與賢。但堯、舜與賢而民從，禹與賢而民不從，以見禹未嘗欲與子也。不言堯薦舜於天者，已見在前爾。

丹朱之不肖，舜之子亦不肖。舜之相堯，禹之相舜也，歷年多，施澤於民久。啓賢，能敬承繼禹之道。益之相禹也，歷年少，施澤於民未久。舜、禹、益相去久遠，其子之賢不肖，皆天也，非人之所能爲也。莫之爲而爲者，天也；莫之致而至者，命也。「之相」之「相」，去聲。「相去」之「相」，如字。

堯、舜之子皆不肖，而舜、禹之爲相久，此堯、舜之子所以不有天下而舜、禹有天下也。禹之子賢而益相不久，此啓所以有天下而益不有天下也。然此皆非人力所爲而自爲，非人力所致而自至者。蓋以

理言之謂之天，自人言之謂之命，其實則一而已。朱子曰：「天如君命，如命令。君命人去做職事，其俸祿有厚薄，歲月有遠近，無非是命。命有兩樣，得之不得曰有命，自是一樣；『天命之謂性』，又自是一樣。雖是兩樣，却只是一箇命。天之命人，有命之以厚薄脩短，有命之以清濁偏正，無非是命。且如舜、禹、益相去久遠，是命之在外者；其子之賢、不肖，是命之在內者。聖人窮理盡性以至於命，便能贊化育。堯之子不肖，他便不傳與子，而傳與舜。本是箇不好底意思，却被他一轉轉得好。」○南軒張氏曰：「『莫之爲而爲者，天也；莫之致而至者，命也』，孟子發明天人之際深矣。雖然，人君爲不善而天命去之，則是有所爲而致也，獨不可言天與命歟。孟子蓋嘗論之矣，曰『盡其道而死者，正命也；桎梏死者，非正命也』。蓋如堯、舜、禹、益之事，天理之全而命之，正也。若夫爲不善以及於亂亡，則是自絶乎天以遏其命，不得謂之得其正矣。」○慶源輔氏曰：「天，則天理之本體；命，則天理之命於人者。」○北溪陳氏曰：「天與命，只一理，就其中則微有分別。爲以做事言，做事是人，對此而反之，非人所爲，便是天。至以吉凶禍福地頭言，有因而致，是人力，對此而反之，非力所致，便是命。天以全體言，命以其中妙用言。其曰『以理言之謂之天』，是專就天之正義言，却包命在其中；其曰『自人言之謂之命』，命是天命，因人形之而後見，故吉凶禍福自天來，到於人然後爲命。乃是於天理中截斷命爲一邊，而言其指歸一爾。若只就天一邊說，吉凶禍福未有人受來，如何見得是命。」《通旨》朱氏公遷曰：「此章『命』字，與『莫非命也』、『非正命也』、『行法以俟命』、『居易以俟命』、『不知命』之『命』，皆以氣言，兼言氣之長短厚薄不齊者。」附《存疑》：「丹朱之不肖」一條，是說民從舜、禹而不從益之故。而推其出於天，以明「天與賢則與賢，天與子則與子」之意也。言堯、舜之子皆不肖，而舜、禹之爲相久，此民所以不從堯、舜之子而從舜、禹也；禹子賢而益相不久，此民所以不從益而從禹之子也，皆天也，非人之所能爲。這「天」字，與上文「舜相堯二十有八載，非人之所能爲也，天也」「天」字同。○「致」與「爲」亦有分別。「爲」在先，「致」在後，爲之即所以致之也。如爲善便致福，爲惡便致禍，豈不是爲在致先。○《蒙引》：「舜、禹、益相去久遠」，兼「歷年少」二意，如「其子之賢不肖」例，謂歷年久遠之相去也。○大注「以理言之謂之天，自人言之謂之命」，此「理」字對人言，非對氣數言也。其實此箇「天」字，正以氣數言也，非人之所能爲者皆是。

匹夫而有天下者，德必若舜、禹，而又有天子薦之者，故仲尼不有天下。

孟子因禹、益之事，歷舉此下兩條以推明之。言仲尼之德，雖無愧於舜、禹，而無天子薦之者，故不有天下。附《蒙引》：注云「孟子因禹、益之事，歷舉此下兩條以推明之」，其「伊尹相湯以王於天下」，及「周公之不有天下」二段，又不過申明「繼世以有天下」一條，故只云兩條。○《淺説》：不特禹、益之事爲出於天也，彼「匹夫而有天下」云云，是仲尼之不有天下者，天也。「繼世以有天下」云云，是伊尹、周公之不有天下者，亦天也。

繼世以有天下，天之所廢，必若桀、紂者也。故益、伊尹、周公不有天下。

繼世而有天下者，其先世皆有大功德於民，故必有大惡如桀、紂，則天乃廢之。如啓及太甲、成王雖不及益、伊尹、周公之賢聖，但能嗣守先業，則天亦不廢之。故益、伊尹、周公，雖有舜、禹之德，而亦不有天下。附《存疑》：「匹夫而有天下」，於禹、益之事無所發明，「繼世以有天下」，乃有發明。

伊尹相湯以王於天下。湯崩，太丁未立，外丙二年，仲壬四年。太甲顛覆湯之典刑，伊尹放之於桐。三年，太甲悔過，自怨自艾，於桐處仁遷義。三年，以聽伊尹之訓己也，復歸于亳。相、王，皆去聲。艾，音乂。

此承上文言伊尹不有天下之事。趙氏曰：「太丁，湯之太子，未立而死。外丙立二年，仲壬立四年，皆太丁弟也。太甲，太丁子也。」程子曰：「古人謂歲爲年。湯崩時，外丙方二歲，仲壬方四歲，惟太甲差初宜反。長，上聲。故立之也。」二說未知孰是。顛覆，壞音怪。亂也。典刑，常法也。桐，湯墓所在。艾，治也，《説文》云「芟師銜反。草也」，蓋斬絶自新之意。亳，商所都也。附《蒙引》：「外丙二年，仲壬四年」，大注雖云「未知孰是」，然必以趙注居程子之先者，蓋太丁未立不言死，則外丙、仲壬不言死，亦可矣。然太丁未立而死，既有子，亦不應別立外丙、仲壬。蓋是時既有世嫡之義，則父死子繼，嫡孫當立，不應別立也。趙氏本生於程子之前，然程子之説出於趙氏之後，蓋以折衷之也。「惟太甲差長」之説，或未盡。○顧麟士曰：外丙、仲壬，《語類》仍作兩存説。而後一則云「二年、四年，不曾不立」，❶意亦偏主趙岐，宜其説之居前也。諸家如《竹書》、《史記》、《書》蔡傳、《帝王世紀》、《通略》，固皆如趙説，而孔安國、司馬公《稽古録》、《世史類編》、薛仲常《人物考》則如程説，與《蒙引》同。《大紀》論曰：「經所傳者，義也；史所載者，事也。事有可疑，棄事而取義可也；義有可疑，假事以證義可也。」則以敬宗立嫡之理裁之，斷從虛齋似亦可耳。然朱子又曰「年代自共和以後方可紀，湯時自無繇可推，此類且當闕之，不必深考」，尤是。○《蒙引》：「伊尹放之於桐」者，蓋藉天子諒陰，百官聽于冢宰之義也，非顯然放之也。若顯然放之，他日難於復矣。雖復，君臣之間，亦難爲顔，伊尹初心豈計不及此乎。當時必未忍絶望之，尚看他三年之内如何。「自怨自艾」句絶，「於桐」連下讀。○《淺説》：三年之間，惟伊尹之訓是聽也，故伊尹復迎之而歸于亳。

周公之不有天下，猶益之於夏，伊尹之於殷也。

此復扶又反。言周公所以不有天下之意。

朱子曰：「仲尼不有天下，益、伊、周不有天下，豈益、伊、周、孔皆有有天下之願，而以無天子薦之，與天意未有所廢，而不得乎。直論其理如此耳。」○問：「舜、禹避位之説，或者疑之。以爲舜、禹之爲相，攝行天子之事久矣，至此而復往避之。有如天下歸之而朱、均不順，則將從天下而廢其君之子耶，抑將奉其君之子而違天下之心耶，是皆事之至逆，而由避有以致之也。至益

❶「曾」，原作「會」，今據《朱子語類》改。

不度天命而受位矣，避之而天下不從，然後不敢爲，匹夫猶且恥之，而謂益爲之乎，是其說也奈何？」聞之師曰：「聖人未嘗有取天下之心也。三年喪畢，去而避之，禮之常，事之宜耳。其避去也，其心惟恐天下之不吾釋也。舜、禹蓋迫於天命、人心而不獲已者，若益則求仁而得仁耳。論者狃於利害權謀之習，而妄意聖賢之心。蓋以曹操不肯釋兵之心，而爲舜、禹、益謀，宜其以爲不當去位而避朱、均；以曹丕屢表陳遜之心，而爲舜、禹、益謀，宜其幸舜、禹之得之，而以益之不得爲可恥也。」附《蒙引》：此大概言太甲、成王之能嗣先業耳，「施澤於民未久」之意却無也。

孔子曰：『唐虞禪，夏后、殷、周繼，其義一也。』」禪，音擅。

禪，授也。《通考》湯氏登曰：「堯、舜授禪之禪，本音去聲。魏晉以來始有禪學，借音平聲。傳禪字宜如字，不必點發作去聲。其禪静字，却當點發作平聲，則文順理順。」或禪或繼，皆天命也，聖人豈有私意於其間哉。附《蒙引》：「其義一也」，亦有兩說。「皆天命也」，只以天命爲義。一說皆奉天命也，又以奉天命爲義，大抵加「奉」字爲長。義者，事之宜也，自有事實在。大注雖有「皆天命」之自然，而其下更有「聖人豈有私意於其間哉」一句，「無私意於其間」，便是奉天命矣。○尹氏曰：「孔子曰『唐虞禪，夏后、殷、周繼，其義一也』，孟子曰『天與賢則與賢，天與子則與子』，知前聖之心者，無如孔子，繼孔子者，孟子而已矣。」南軒張氏曰：「一者，何也？亦曰奉天命而已矣。」附《蒙引》：上章與此章言天，所以不同者，蓋上章言舜之得天下，就人心之歸上說天命，順也。此章言益之所以不有天下，難說以人心不歸益，故天不與益，是以只就禹之有賢子，兼益之施澤於民未久上說，便見得是天之所爲，而非禹之得私於其子也。

○萬章問曰：「人有言『伊尹以割烹要湯』，有諸？」要，平聲，下同。

要，求也。按《史記》：「伊尹欲行道以致君而無由，乃爲有莘氏之媵以證反。臣，負鼎俎以滋味說音稅。湯，致於王道。」蓋戰國時有爲此說者。慶源輔氏曰：「戰國之時，人不知有義理之學，汲汲然志於功名事業，以求其富貴利達。雖枉己辱身，有所不顧，故設爲此等議論。上以誣聖賢，下以便一己之私耳。」○新安陳氏曰：「湯妃，有莘氏女也，所以有隨嫁從臣。負鼎俎，蓋庖人之類。」

孟子曰：「否，不然。伊尹耕於有莘之野，而樂堯、舜之道焉。非其義也，非其道也，祿之以天下，弗顧也；繫馬千駟，弗視也。非其義也，非其道也，一介不以與人，一介不以取諸人。樂，音洛。

莘，國名。趙氏曰：「今同州郃陽縣。」樂堯、舜之道者，誦其詩，讀其書，而欣慕愛樂之也。新安陳氏曰：「詩如康衢之謠、舜皐之歌之類，書如二典、三謨是也。必如此解，此句方實。」駟，四匹也。介，與草芥之芥同。言其辭受取與，無大無細，一以道義而不苟也。龜山楊氏曰：「一介之與萬鍾，若論利則有多寡，若論義，其理一也。伊尹惟能一介知所取與，故能祿之以天下弗顧，繫馬千駟弗視。自後世觀之，則一介不以與人爲太吝，一介不以取諸人爲太潔。然君子之取與，適於其義而已。與之嗇，取之微，雖若不足道矣。然苟害於義，又何多寡之間乎。」○問：「道、義一物，非其義，則非其道矣。一介不妄取與，則大者可知矣。既曰非義，又曰非道，既曰一介，又曰天下、千駟，何也？」朱子曰：「道、義，兼舉體用而言也。一介、千駟，極其多少而言也。蓋人之氣質不同，器識有異，或務大而忽小，或拘小而遺大，故必兼舉而極言之，然後足以見其德之全耳。」○雙峰饒氏曰：「孟子說義必說道，如『配義與道』，皆是先義。亘古窮今，只一箇道，義是隨時處事之權，要兩下看，既揆以義，又揆以道方可。處事有合一時之宜，及揆以古道，則有不合處。道是體，義是用。義以事言，道以理言。以事言則得其宜，以理言則得其正，然後爲盡善，故兩言之。」附《存疑》：「伊尹耕於有莘之野」一條，即其窮居之所守，以見其無割烹之事也。「祿之以天下」四句，要只是「樂堯、舜之道」內事。道，即理也。在物爲理，處物爲義。道是體，義是用。前篇「配義與道」、《易大傳》「和順于道德而理於義」，亦是如此。○人固有務其大而忽其小者，故知及仁守矣，而或莅之不莊，要未爲德之全也。

湯使人以幣聘之，囂囂然曰：『我何以湯之聘幣爲哉？我豈若處畎畝之中，由是以樂堯、舜之道哉？』囂，五高反，又户驕反。

囂囂，無欲自得之貌。慶源輔氏曰：「伊尹以堯、舜之道自樂，故常無欲而自得。涵泳其言，則舉天下之物果何足以累其心哉？」附《存疑》：自「湯使人以幣聘之」至「況辱己正天下」，是舉伊尹從湯之始末，以闢其無割烹要湯之事也。○志在天下，聖人民胞物與之本心。囂囂自得，則抱道自重，謹於出處，不苟於從人之意。○《蒙引》：「囂囂然曰」云云者，以觀湯意之虔否耳。若論伊尹、堯、舜君民之心，則自畎畝中，誦詩、讀書以樂其道時，便已炯然於懷矣。

湯三使往聘之，既而幡然改曰：『與我處畎畝之中，由是以樂堯、舜之道，吾豈若使是君爲堯、舜之君哉？吾豈若使是民爲堯、舜之民哉？吾豈若於吾身親見之哉？

幡然，變動之貌。於吾身親見之，言於我之身親見其道之行，不徒誦説向慕之而已也。朱子曰：「或謂飢食渴飲，耕田鑿井，便是樂堯、舜之道，此皆不實。『豈若吾身親見之哉』，這箇便是真堯、舜，却不是泛説底。道是堯、舜之道，如論『文武之道，未墜於地』，此亦真箇指文武之道。而或者便説日用間皆是文武之道，殊不知聖賢之言自實。」附《存疑》：「三使往聘」，則尊德樂道之誠可見矣，此所以幡然改也。○「與我處畎畝之中」一條，是伊尹欲從湯之言。「天之生此民」一條，是伊尹自言所以欲從湯之意。「思天下之民」一條，是即上二條之言而推其意，而以「自任天下之重」一句總結之。蓋自「與我處畎畝之中」至「若己推而納之溝中」，皆是自任以天下之重也。「就湯而説以伐夏救民」，使天下之民匹夫匹婦被堯舜之澤也，正以行其覺民之志也。「使是君爲堯舜之君」，「民爲堯舜之民」也，凡此皆欲正天下也。枉己者，未有能正人者也。若割烹要湯，又甚於枉己矣，況正天下乎，決無是理也。無割烹要湯之意，至是方説出。然即上三條以天下自任處觀之，其意亦自可見矣，何也？志在堯舜君民者，決不割烹要湯；割烹要湯，決不以堯舜君民爲念也。○「吾豈若於吾身親見之」，頂上二句說。使君爲堯舜之君，民爲堯舜之民，便是吾身親見其道之行也。○顧麟士曰：「前節『豈若』，内重外輕之別；後節『豈若』，空言實事之別。」

天之生此民也，使先知覺後知，使先覺覺後覺也。予，天民之先覺者也；予將以斯道覺斯民也，非予覺之而誰也？』

此亦伊尹之言也。知，謂識其事之所當然。覺，謂悟其理之所以然。覺後知後覺，如呼去聲。寐者而使之寤也。言天使者，天理當然，若使之也。程子曰：「予天民之先覺，謂我乃天生此民中，盡得民道而先覺者也。既爲先覺之民，豈可不覺其未覺者。及彼之覺，亦非分我所有以予通作與。之也，皆彼自有此理，我但能覺之而已。」朱子曰：「程子云知是知此事，覺是覺此理。如事親當孝，事兄當弟事也。其所以當孝，所以當弟，理也。今人知得此事，講解得這道理，皆是知之之事。及至自悟，則又自有箇見解處。」○中央兩箇「覺」字，皆訓喚醒，是我喚醒他。○慶源輔氏曰：「知淺而覺深，知有界限，覺無偏全。程子曰：『譬之人睡，他人未覺而我先覺，故搖撼其未覺者，亦使之覺。及其已覺也，元無欠少，而亦未嘗有增加，適一般耳。』此說說得『覺』字極爲全備。既爲先覺之民，豈可不覺其未覺者，此解『非予覺之而誰也』一句。蓋大學之道，既明明德，則必須新民，到此地位，自然住不得。正使不得時與位，亦須著如孔孟著書立言以覺萬世始得。此皆是不容已者。」附《存疑》：注曰「悟其理之所以然」，即上達必由心悟也。《論語》「民不可使知」之「知」字，又是此「覺」字，用各不同。❶○《淺說》：性善雖無不同，而知覺則有先後。○《蒙引》：「予將以斯道覺斯民」，或兼堯舜君民說，看來亦不必如此湊合。如下文「思天下之民匹夫匹婦」云云，何嘗要兼說君在。

❶「各」，原作「覺」，今據哈佛本改。

思天下之民匹夫匹婦，有不被堯舜之澤者，若己推而内之溝中。其自任以天下之重如此，故就湯而説之以伐夏救民。推，吐回反。内，音納。説，音稅。《書》曰：「昔先正保衡作我先王，曰：『予弗克俾厥后爲堯舜，其心愧恥，若撻于市。』一夫不獲，則曰『時予之辜』。」孟子之言，蓋取諸此。是時夏桀無道，暴虐其民，故欲使湯伐夏以救之。徐氏曰：「伊尹樂堯舜之道。堯舜揖遜，而伊尹説湯以伐夏者，時之不同，義則一也。」附《淺説》：即伊尹此言觀之，蓋其設心正以天下之民，皆吾同胞之民也；天下之事，皆吾分内之事也。我爲上天所厚，生民所望，當使天下之民，皆遂生復性，而各得其所也。

吾未聞枉己而正人者也，況辱己以正天下者乎？聖人之行不同也，或遠或近，或去或不去，歸潔其身而已矣。行，去聲。

辱己甚於枉己，正天下難於正人。若伊尹以割烹要湯，辱己甚矣，何以正天下乎？慶源輔氏曰：「辱己實由於枉己，不可以爲未甚而已可枉也。正天下，實自正人始，未有不能正人而能正天下者也。」遠，謂隱遁與遯同。也。近，謂仕近君也。言聖人之行雖不必同，然其要如字。歸，在潔其身而已。伊尹豈肯以割烹要湯哉？慶源輔氏曰：「或遠而去，或近而不去，所遭之時不同，而在潔其身則同。潔身，不使其身汙辱於不義也。身爲萬事之本，使尹以割烹要湯，則汙其身甚矣。本既不正，事無可爲，而謂尹爲之乎？」附《存疑》：遠、近，以未仕而方仕者言。去、不去，以既仕而去就者言。「或遠或近」，潔身固也。「或去或不去」，❶道有可就，初非徇利而汙己也。故曰：「歸潔其身而已矣。」

吾聞其以堯舜之道要湯，未聞以割烹也。

❶「去」，原作「近」，今據哈佛本改。

林氏曰：「以堯舜之道要湯者，非實以是要之也，道在此而湯之聘自來耳。猶子貢言夫子之求之，異乎人之求之也。」愚謂此語亦猶前章所論父不得而子之意。新安陳氏曰：「承其要湯之語而正之，謂伊尹所以要湯在堯舜之道，而非割烹也。其實伊尹未嘗要求於湯，如『夫子之求之』與『父不得而子』語脉相似，故《集註》引以爲證。」附《淺説》：其歸在「潔其身而已矣」，伊尹豈肯以割烹要湯哉。然則尹果何以致湯之知也？吾聞其樂堯舜之道於有莘之野，名譽著聞，而湯之聘自來耳。是其以堯舜之道要湯也，未聞以割烹也。○《蒙引》：即上文所謂「伊尹耕於有莘之野，而樂堯舜之道」，致「湯三使往聘之」也。

《伊訓》曰：『天誅造攻自牧宮，朕載自亳。』」

《伊訓》，《商書》篇名。孟子引以證伐夏救民之事也。今《書》牧宮作鳴條。牧宮，桀宮也。造、載，皆始也。伊尹言始攻桀無道，由我始其事於亳也。南軒張氏曰：「桀爲不道，伊尹則相湯始於亳而往征之。然則其伐夏也，奉天討有罪而已。」○慶源輔氏曰：「此伊尹所自言於此，可見其任重之意，則其不肯枉道自汙以要君必矣。事苟理明義正，聖賢初無所揜覆也。」附《達説》：夫伊尹固無割烹要湯之事矣，然果何以見伐夏救民之事乎？觀諸《伊訓》有曰：湯奉天誅，始攻桀于牧宮；繇我相湯，始其事于亳都也。觀伊尹之言，理明義正如此，曾謂辱己要君者，而能爲此乎？割烹之説，何其敢於誣聖人也。

○萬章問曰：「或謂孔子於衛主癰疽，於齊主侍人瘠環，有諸乎？」孟子曰：「否，不然也。好事者爲之也。癰，於容反。❶疽，七余反。好，去聲。

主，謂舍於其家，以之爲主人也。癰疽，瘍音羊。醫也。新安倪氏曰：「《周禮·天官》有瘍醫。瘍，瘡癰也。」侍人，奄與閹同，音掩。人也。

❶「容」，原作「魚」，今據《四書集註》、《四書大全》改。

瘠，姓；環，名。皆時君所近狎之人也。好事，謂喜造言生事之人也。於衛主顔讎由。彌子之妻與子路之妻，兄弟也。彌子謂子路曰：『孔子主我，衛卿可得也。』子路以告。孔子曰：『有命。』孔子進以禮，退以義，得之不得曰『有命』。而主癰疽與侍人瘠環，是無義無命也。讎，如字，又音犨。顔讎由，衛之賢大夫也，《史記》作顔濁鄒。彌子，衛靈公幸臣彌子瑕也。徐氏曰：「禮主於辭遜，故進以禮；義主於斷丁亂反。制，故退以義。難進而易去聲。退者也，在我者有禮義而已，得之不得則有命存焉。」朱子曰：「三揖而進，一辭而退。進以禮，揖讓辭遜；退以義，剛決果斷。」○聖人以義處命，本不待斷以命也。所以曰「有命」，對彌子瑕言之也。○南軒張氏曰：「聖人非擇禮義而爲進退，聖人之進退，無非禮義。禮義之所在，固命之所在也，此所謂義命之合一者也。」○新安陳氏曰：「上言禮義，下只言義者，進以禮，亦義所當進，義可以該禮也。」《通旨》朱氏公遷曰：「此章『命』字與『得之有命』、『其如命何』、『賜不受命』之『命』，皆以氣言，專言氣之厚薄不齊者。『賜不受命』，則專自貧富而言。餘三條，則通自窮通得喪而言，大同小異也。」附《蒙引》：蓋孔子主於顔讎由，彌子之諷子路，欲其改主也。○得之而進也，進必以禮，吾盡其在我者也，何也？其得也有命存焉，吾何急於進哉。不得而退也，退必以義，亦在我者也，何也？有命存焉，吾何難於退哉。○若主癰疽，則是當退以義而不以義退，是無義也。命之不得而不受命焉，是無命也。此處只消用「義」字，非是言義以該禮也，新安陳氏二説俱牽强。

孔子不悦於魯衛，遭宋桓司馬將要而殺之，微服而過宋。是時孔子當阨，主司城貞子，爲陳侯周臣。要，平聲。

不悦，不樂音洛。居其國也。桓司馬，宋大夫向式亮反。魋也。司城貞子，亦宋大夫之賢者也。雙峰饒氏曰：「司馬、司城，皆是宋之官，他國則無。宋是王者後，故倣天子禮，有司馬、司城。」○新安倪氏曰：「宋以武公諱，改司空爲司城。」附《存疑》：小注謂「宋王者後，官制倣於天子，故有司馬、司城」，竊恐未然。孔子爲魯司寇，司空，然則魯之官制亦倣天子耶。

陳侯，名周。按《史記》：「孔子爲魯司寇，齊人饋女樂以閒去聲。之，孔子遂行。適衛月餘，去衛適宋。司馬魋欲殺孔子，孔子去至陳，主司城貞子。」新安陳氏曰：「以文勢觀，似是臨去宋時，主於司城貞子，適陳爲陳侯周臣。」孟子言孔子雖當阨難，去聲。然猶擇所主，況在齊、衛無事之時，豈有主癰疽侍人之事乎？慶源輔氏曰：「以孔子進禮退義曰『有命』觀之，則必無主癰疽侍人之理；以當阨主司城貞子觀之，則必無主癰疽侍人之事。」附《存疑》：司城貞子，注既云「宋大夫」，下却云「至陳主於司城貞子」，似又以貞子爲陳人，何也？邵二泉《簡端録》云：「貞子時爲陳侯周臣也。臣云者，明其非癰疽侍人之倫也。或謂臣，孔子爲之。考之《論語》，孔子無與陳侯語者，他國未嘗臣而獨臣陳也哉。」愚按二泉此説有理。新安陳氏謂「以文勢觀，似是臨去宋時，主於司城貞子，適陳爲陳侯臣」，則與《史記》不合。《蒙引》謂一説《史記》以司城貞子爲陳人，正爲《集註》不可通而爲此説耳。今當斷從二泉之説，則自不待致疑於《史記》，而《集註》之説可通矣。○顧麟士曰：「趙注陳侯周，陳懷公子也，爲楚所滅，故無謚，但曰陳侯周。今按《史記》世家，陳懷公之子名越者，是爲湣公。又按湣公，《年表》六年「孔子來」，是則陳侯周即湣公。○貞子之行，不可得而詳。繇其謚而推之，則亦爲守正之臣也。

吾聞觀近臣，以其所爲主；觀遠臣，以其所主。若孔子主癰疽與侍人瘠環，何以爲孔子？」

近臣，在朝音潮。之臣。遠臣，遠方來仕者。君子小人，各從其類，故觀其所爲主，與其所主者，而其人可知。吕氏曰：「辭受有義，得不得有命，皆理之所必然。有命、有義，是有可得可受之理，故舜可受堯之天下；無命、無義，是無可得可受之理，故孔子不主彌子以受衛卿。二者義命有自合之理，無從而閒焉。有義、有命，雖有可受之義，而無可得之命，安得而受之，是謂義合於命，故益避啓而不受禹之天下；有命無義，雖有可得之命，而無可受之義，亦安得而受之，是謂命合於義，故中國授室，養弟子以萬鍾，而孟子辭之也。」〇南軒張氏曰：「此泛言觀人之法，豈獨爲人臣者所當知，爲人君者尤當明。此義則遠近交見，而不蔽於耳目之私矣。」〇新安陳氏曰：「呂氏所謂『無命、無義』，與《孟子》本文『是無義無命也』不同。進退以禮義而得之，有命也，於聖賢未嘗加益，惟合於禮義而已，命之得，非所計也；進退以禮義而不得，亦命也，於聖賢未嘗或損，無慊於禮義矣，不得奚傷哉，安於命而已，故曰『得之不得曰有命』。若有苟得之心，而欲因時君近狎之人以進，則是進退不以禮義，而不知有命矣，故曰『是無義無命也』。」附《蒙引》：此一章，孟子亦折萬章之疑。凡三節。第一節，即孔子之不主彌子而安於義命，見其無主癰疽之理。第二節，即孔子之當阨難時，猶擇所主，而見其在齊衛無事之時，決無主癰疽之理。第三節，承上言君子、小人各從其類。既是孔子，必不主癰疽；既主癰疽，便不足爲孔子，所以盡上二節之意也。

〇萬章問曰：「或曰：『百里奚自鬻於秦養牲者，五羊之皮，食牛，以要秦穆公。』信乎？」孟子曰：「否，不然。好事者爲之也。食，音嗣。好，去聲，下同。

百里奚，虞之賢臣。人言其自賣於秦養牲者之家，得五羊之皮而爲去聲。之食牛，因以干秦穆公也。」附《蒙引》：「以要秦穆公」，謂以五羊之皮去使用以入秦穆公也。

百里奚，虞人也。晉人以垂棘之璧與屈產之乘，假道於虞以伐虢。宮之奇諫，百里奚不諫。屈，求勿反。乘，去聲。

虞、虢，皆國名。垂棘之璧，垂棘之地所出之璧也。屈產之乘，屈地所生之良馬也。乘，四匹也。晉欲伐虢，道經於虞，故以此物借道，其實欲并去聲。取虞。宮之奇，亦虞之賢臣。諫虞公令力呈反。勿許，虞公不用，遂爲晉所滅。百里奚知其不可諫，故不諫而去之秦。《左傳》僖公二年：「晉荀息請屈産之乘與垂棘之璧，假道於虞以伐虢。公曰：『是吾寶也。』對曰：『若得道於虞，猶外府也。』乃使荀息假道於虞。虞公許之，自請先伐虢，宫之奇諫不聽，遂起師。夏，晉里克、荀息帥虞師伐虢，滅夏陽。〔虢邑。〕五年，晉侯復假道於虞以伐虢。宫之奇諫曰：『虢，虞之表也。虢亡，虞必從之。晉不可啓，寇不可翫，〔習也。〕一之爲甚，其可再乎？諺所謂輔車相依，〔輔，頰輔。車，牙車也。〕脣亡齒寒者，其虞虢之謂也。』弗聽，宫之奇以其族行。十二月，晉滅虢，館於虞，遂襲虞，滅之，執虞公。」○趙氏曰：「虞在漢河東郡大陽縣，虢在漢河南郡滎陽縣。」附《存疑》：「百里奚，虞人也」一條，是先説百里奚之出處，然後即其事而斷之。

知虞公之不可諫而去，之秦，年已七十矣，曾不知以食牛干秦穆公之爲汙也，可謂智乎？不可諫而不諫，可謂不智乎？知虞公之將亡而先去之，不可謂不智也。時舉於秦，知穆公之可與有行也而相之，可謂不智乎？相秦而顯其君於天下，可傳於後世，不賢而能之乎？自鬻以成其君，鄉黨自好者不爲，而謂賢者爲之乎？」相，去聲。

自好，自愛其身之人也。孟子言百里奚之智如此，必知食牛以干主之爲汙。其賢又如此，必不肯自鬻以成其君也。新安陳氏曰：「成其君，成就其君之霸業也。」附《蒙引》：自「知虞公之不可諫而去，之秦」至「知穆公之可與有行也而相之，可謂不智乎」，凡四段，當以首一段爲主，下三段皆以推明乎此意。若曰：知虞公之不可諫而去，之秦，年已七十，曾不知以食牛干秦穆公之爲汙也，可謂智乎；然而不可諫而不諫，智也；知虞公之將亡而先去之，智也；知穆公之可與有行而相之，智也。以百里奚之智如此，必知食牛以干主爲汙矣，故曰重在首一段。○「相秦而顯其君於天下」至「而謂賢者爲之乎」，凡兩段，則重在下段。言奚相秦，能顯其君於當時，而傳於後世，則決是賢矣。既是賢者，又豈肯自鬻以成其君哉。故注云云「其賢又如此，必不肯自鬻以成其君也」。○《淺説》：大抵智以所知言，賢以所爲言。百里奚，智也，必知自鬻之爲非；百里奚，賢者也，必不肯爲自鬻之事。因有以推無，即此以明彼，此孟子所以爲知言也，此孟子所以善辯也。○顧麟士曰：「按《詩》『羔羊之皮，素絲五紽』，説者謂大夫之節儉。蓋以千金之裘，非一狐之腋例之，羊裘取輕煖，亦須擇小者，用多羊之皮爲之。今素絲之紃英于中者，止五紽，則知爲五羊皮質理粗重，故曰節儉也。五羖大夫之稱，必以此。《史記》與自鬻之言，盡妄耳。」然此事當孟子時，已無所據。孟子直以事理反覆推之，而知其必不然耳。○范氏曰：「古之聖賢未遇之時，鄙賤之事，不恥爲之。如百里奚爲去聲。人養牛，無足怪也。惟是人君不致敬盡禮，則不可得而見，豈有先自汙辱以要其君哉？莊周曰：『百里奚爵祿不入於心，故飯扶晚反。牛而牛肥，使穆公忘其賤而與之政。』亦可謂知百里奚矣。《莊子·田子方》篇：「百里奚爵祿不入於心，故飯牛而牛肥，「飯，猶食之也。」使秦穆公忘其賤而與之政也。有虞氏死生不入於心，故足以動人。」附《蒙引》：文公秉心塞淵而騋牝三千，文王視民如傷而麀鹿攸伏，百里奚爵祿不入於心，故飯牛而牛肥，其理一也。伊尹、百里奚之事，皆聖賢出處上聲。之大節，故孟子不得不辯。」尹氏曰：「當時好事者之論，大率類此。蓋以其不正之心度待洛反。聖賢也。」范氏曰：「虞之將亡，宮之奇諫，百里奚不諫，二人皆是也。宮之奇不忍虞之亡，諫而不聽，然後以其族行，君臣之義盡。百里奚事虞公，年七十矣而無所遇，知其不可諫，不諫而先去之，去就之理明。奇爲忠臣，奚爲智士，故曰皆是也。按《秦本紀》：『晉虜虞君與百里奚，奚亡秦走宛，楚鄙人執之。穆公聞其賢，以五羖羊皮贖之，號五羖大夫。』《商鞅傳》：『趙良曰：五羖大夫，荆之鄙人也。聞穆公賢，願見，行而無資，自鬻於秦，被褐飯牛。穆公舉之牛口之下，加之百姓之上。』《史記》所傳自相矛盾，蓋得之好事者。」○南軒張氏曰：「奚於虞，在不必諫之地。又知其不可諫，諫必不聽，故引而去之，所以爲智。使在當諫之地而不諫，是不忠之臣也，可謂智乎？」○蔡氏曰：「戰國之時，人不知道，惟知以功利爲急，甚者敢誣聖賢欲借以行其私。如伊尹割烹要湯，孔子主癰疽侍人，百里奚自鬻，雖萬章之徒亦不知其爲非，而猶不免於疑問。習俗移人之心如此，孟子安得不歷數而明辯之哉。」《通考》東陽許氏曰：「後語六反、四智、二賢，皆反覆明奚之事。第一總言去虞入秦之智。第二、第三詳言去虞之智。第四詳言入秦之智。第五以事實言其賢，爲下節張本。第六專以上文之賢，證自鬻之言之妄。前後皆是彷彿言之，惟第五節爲要。然不智則不能明去就之幾，不賢則不足以見其智之正，故反覆言之。讀之則見其文之妙，而不知其意之精密如此。」附《蒙引》：此篇言舜之孝親，以及舜禹之有天下、伊尹相湯、孔子之進退，而終於百里奚之自鬻，皆發明聖賢之心迹，以釋世俗之疑議。至若瞽瞍亦允若，就指爲舜之父不得而子，以堯舜君民之抱負，就指爲伊尹之要湯，皆即世俗之說而精其義。以堯之授舜爲天，以禹之相益爲薦於天，皆推義理之極而高其說。此則孟子因機誘說之辭也。○孟子之論未必皆如聖人之正當，但其闢邪扶正之功甚大矣。且如今日異端何足道哉？孟子當時異端如老氏則亦知天知地也，莊子則能簸弄造化者也。如楊氏則灼然是能一介不以取與者也，但欠仁一端耳；如墨氏則灼然是見得民吾同胞，物吾與者也，但欠義之一邊耳。而孟子乃剖析疑似之際，而深闢痛拒之，使聖人大中至正之道昭然如日月之行天而不容揜，此其大有功於斯文也。

孟子集註大全卷之九終

孟子集註大全卷之十 三魚堂讀本

萬章章句下

凡九章《通考》勿軒熊氏曰：「內六章，因上篇言聖賢出處，多及進退辭受之義。內一章，言封建、井田。二章，言取友之道。」

孟子曰：「伯夷，目不視惡色，耳不聽惡聲。非其君不事，非其民不使。治則進，亂則退。橫政之所出，橫民之所止，不忍居也。思與鄉人處，如以朝衣朝冠坐於塗炭也。當紂之時，居北海之濱，以待天下之清也。故聞伯夷之風者，頑夫廉，懦夫有立志。治，去聲，下同。橫，去聲。朝，音潮。

橫，謂不循法度。頑者，無知覺。廉者，有分辨。懦，柔弱也。餘並見前篇。見，形甸反，下文「餘見」並同。附《蒙引》：「聲」、「色」說得廣，不止女色與淫聲。如奢麗侈靡之物，亦惡色。又如云「惡聲至，必反之」，豈必皆指淫樂。此二句，自其己身動爲處言也。自此以下，一節密一節。○「非其君不事」二句，以己對人言。「治則進」二句，以處時言，重下句。「橫政之所出」三句，以所在言。「思與鄉人處」二句，❶又言非特橫政、橫民所在不忍居，至於鄉人亦不忍居也。○「當紂之時，居北海之濱，以待天下之清也」，此二句又總證上文之意。當紂之時，正所謂濁世也。目所接者，大抵皆是惡色；耳所接者，大抵皆是惡聲。君非其君，民非其民，有亂而無治。觀於其朝，大抵皆橫政之所出也；觀於其野，皆橫民之所止也。紂帥天下以暴，天下之能免於爲鄉人者能幾耶。故獨退居北海之濱，以待天下之清也。或以此又另作兩句說，則與「亂則退」及「不忍居」意重復，而文理俱不順矣。

❶「鄉」，原作「卿」，今據《四書蒙引》改。

〇《存疑》：「無知覺」，則無分辨矣。「頑夫廉」，頑之變也。

伊尹曰：『何事非君，何使非民。』治亦進，亂亦進。曰：『天之生斯民也，使先知覺後知，使先覺覺後覺。予，天民之先覺者也，予將以此道覺此民也。』思天下之民，匹夫匹婦有不與被堯舜之澤者，若己推而納之溝中，其自任以天下之重也。與，音預。

「何事非君」，言所事即君。「何使非民」，言所使即民。無不可事之君，無不可使之民也。餘見前篇。附《蒙引》：「何事非君，何使非民」，述其言也。「治亦進，亂亦進」，承其言而狀其行也。曰「天之生斯民」以下，皆是言其「自任以天下之重」，此其所以「治亦進，亂亦進」者也。

柳下惠，不羞汙君，不辭小官。進不隱賢，必以其道。遺佚而不怨，阨窮而不憫。與鄉人處，由由然不忍去也。『爾爲爾，我爲我，雖袒裼裸裎於我側，爾焉能浼我哉？』故聞柳下惠之風者，鄙夫寬，薄夫敦。

鄙，狹陋也。敦，厚也。餘見前篇。問：「夷、惠勝伊尹得些？」朱子曰：「伊尹體用較全，夷、惠高似伊尹，伊尹大如夷、惠。」〇新安陳氏曰：「凡言聞其風者，皆道不行於當時，而其流風餘韻足以聳動後世者也。伊尹道行於當時，有功業可見，不待以風言。夷、惠道不行於當時，無功業可見，而其制行之高，足使後世想聞其餘風而興起，所以以風言。夷則風之清，惠則風之和也。或曰：『孔子道亦不行於當時，而不以風言，何也？』曰：『孔子如太極元氣之運，風不足以言之也。司馬遷謂講業齊、魯之都，觀夫子遺風，亦以風言。特於齊魯之地觀之，則所指者有界限，而所觀者亦然，故亦以風言耳。』」附《存疑》：「進不隱賢，必以其道」相足説，猶云不枉道而必以道云爾。〇《蒙引》：夫人幼而學之，壯而欲行之，姑舍所學以徇人，便是隱賢，便是枉道也。〇按上篇「爾爲爾」上，有「故曰」字，是柳下惠自言也。

孔子之去齊，接淅而行。去魯，曰：『遲遲

吾行也。』去父母國之道也。可以速而速，可以久而久，可以處而處，可以仕而仕，孔子也。」淅，先歷反。

接，猶承也。淅，漬疾智反。米水也。漬米將炊，而欲去之速，故以手承水取米而行，不及炊也。舉此一端，以見形甸反。其久、速、仕、止，各當其可也。《記》曰：「當其可之謂時。」或曰：「孔子去魯，不稅與脱同。冕而行，豈得爲遲？」楊氏曰：「孔子欲去之意久矣，不欲苟去，故遲遲其行也。膰肉不至，則得以微罪行矣，故不稅冕而行，非速也。」附《蒙引》：「遲遲吾行也」，蓋因子路趨行，曰「夫子可以行矣」，故夫子言此以曉之，非必在路上遲遲也。「遲遲其行」，正待微罪而後行也。○「去父母國之道也」，孟子解辭，與去他國之道也，相對爲類。注「舉此一端，以見其仕、止、久、速各當其可」，一端，兼去齊、去魯。或泥注專指去齊，大謬。○《存疑》：孔子「可以速而速」，去之速也；「可以久而久」，去之遲也；「可以處而處」，去而處也；「可以仕而仕」，不去也。「處」、「仕」，是一去、一不去，久、速都在去上。

孟子曰：「伯夷，聖之清者也；伊尹，聖之任者也；柳下惠，聖之和者也；孔子，聖之時者也。

張子曰：「無所雜者，清之極；無所異者，和之極。勉而清，非聖人之清；勉而和，非聖人之和。所謂聖者，不勉不思而至焉者也。」孔氏曰：「任者，以天下爲己責也。」愚謂孔子仕、止、久、速，各當其可，蓋兼三子之所以聖者而時出之，非如三子之可以一德名也。或疑伊尹出處，上聲。合乎孔子，而不得爲聖之時，何也？程子曰：「終是任底意思去聲。在。」朱子曰：「夷、惠氣質有偏，比之夫子，終有不中節處。所以《易》中說『中正』，伊川謂中重於正，正不必中也。言中則正已在其中，蓋無中則做正不出來，而單言正則未必能中也。夷、惠諸子，其正與夫子同，而夫子之中，則非諸子所及也。」〇清、任、和，都是有病痛底聖人。問：「伊尹似無病痛？」曰：「五就湯，五就桀，孔子必不肯恁地，只爲他任得太過。所謂任，只就他『治亦進，亂亦進』處看，其自任以天下之重如此。雖云祿之天下，繫馬千駟，弗顧弗受，然終是任處多。如柳下惠，不以三公易其介，固其介，然終是和處多。」問：「三子之德，各偏於一，亦盡其一德之中否？」曰：「三子之德，但各至於一偏之極，既云偏，則不得謂之中矣。如伯夷雖有善其辭命，而至者不受也，此便是偏處。若善其辭命，而吾受之亦何妨，只觀孔子便不然。」問：「既云一偏，何以謂之聖？」曰：「聖只是做到極處，自然安行，不待勉强，故謂之聖，非中之謂也。」〇三聖是知之不至。三子不惟清不能和，和不能清，但於清處、和處亦皆過。如射者皆中，而不中鵠。問：「既是如此，何以爲聖人之清、和？」曰：「却是天理中流出，無駁雜。雖是過當，直是無纖毫查滓。孔子集大成，無所不該，非特兼三子所長而已。但與三子比並說時，是兼其所長。」曰：「三子是資禀如此否？」曰：「然。」〇問：「如伯夷之清而不念舊惡，柳下惠之和而不以三公易其介，此其所以爲聖之清、聖之和也，但其流弊則有隘與不恭之失？」曰：「這也是諸先生恐傷觸二子，所以說流弊。今以聖人觀二子，則二子多有欠闕處。才有欠闕處便有弊，所以孟子直說他隘與不恭，不曾說其末流如此。」〇問：「伊川云『伊尹終有任底意思在』，❶謂他有擔當作爲底意思，只這些意思便非夫子氣象否？」曰：「然。然此處極難看，且放那裏，久之，看道理熟，自見，强說不得。若謂伊尹有這些意思在，爲非聖人之至，則孔孟皇皇汲汲，去齊、去魯，之梁、之魏，非無意者，其所以異伊尹者何也？」〇問：「夫子若處伊尹之地，也如他任，如何？」曰：「夫子自是不同，不如此著意。」〇南軒張氏曰：「孔子之速也，遲也，皆道之所在也。曰『可以速而速，可以久而久』，此《公孫丑》篇易一則字，尤見從容不迫，與時偕行之意。『聖之時』云者，非聖人之趍時。聖人之動，固無不時也。」〇慶源輔氏曰：「伊尹惟其任底意思在，❷故未能與天爲一，而不得爲聖之時。若孔

❶「尹」，原作「川」，今據哈佛本改。
❷「惟」，原作「推」，今據哈佛本改。

子，則雖視天下無不可爲之時，在己無不可行之道，然却無伊尹這些意思。曰『如有用我者，期月而已可也』，『如有用我者，吾其爲東周乎』，多少含蓄意思。此其所以與天爲一，而謂之『聖之時』也。」○東陽許氏曰：「此章『聖』字，言夷、惠、伊尹處，是以地言，與『大而化之』之聖不同。只是清、任、和到極處，故謂之聖。孔子則是『大而化之』之聖，其行之時中，則清、任、和時而出之，亦無不到極處。」

孔子之謂集大成。集大成也者，金聲而玉振之也。金聲也者，始條理也；玉振之也者，終條理也。始條理者，智之事也；終條理者，聖之事也。

此言孔子集三聖之事，而爲一大聖之事。猶作樂者，集衆音之小成，而爲一大成也。成者，樂之一終，《書》所謂「簫韶九成」是也。《書・益稷》篇注：「簫，古文作箾。簫韶，蓋舜樂之總名也。九成者，猶《周禮》所謂『九變』也。」金，鐘屬。聲，宣也，如聲罪致討之聲。玉，磬也。振，收也，如振河海而不洩私列反。之振。始，始之也。終，終之也。條理，猶言脉絡，指衆音而言也。智者，知之所及。聖者，德之所就也。蓋樂有八音，金、石、絲、竹、匏、土、革、木。若獨奏一音，則其一音自爲始終，而爲一小成。猶三子之所知偏於一，而其所就亦偏於一也。八音之中，金石爲重，故特爲衆音之綱紀。又金始震而玉終詘渠勿反。然也，《記・聘義》：「昔者，君子比德於玉焉。温潤而澤，仁也；縝密以栗，知也；廉而不劌，〔音貴，傷也。〕義也；垂之如墜，〔直位反。〕禮也；扣之，其聲清越以長，其中詘然，樂也。〔越，猶陽也。詘然，絶止之貌。〕朱子曰：「金聲有洪殺，始震終細；玉聲則始終如一，扣之其聲詘然而止。」故並奏八音，則於其未作，而先擊鎛鐘以宣其聲；鎛，伯各反，鐘名。俟其既闋，苦穴反。而後擊特磬以收其韻。新安陳氏曰：「特，專也。單擊磬曰特磬。」宣以始之，收以終之。二者之閒，脉絡通貫，無所不備，則合衆小成而爲一大成，猶孔子之知無不盡而德無不全也。金聲玉振，始終條理，疑古《樂經》之言。故兒研兮反。寬云：「唯天子建中和之極，兼總條貫，金聲而玉振之。」新安倪氏曰：「前漢兒寬與武帝論封禪儀而有是言，必非其自言。又不純舉孟子之言，且簡約精密，故疑其爲古樂書之言也。」亦此意也。程子曰：「『金聲而玉振之』，此孟子爲學者言終始之義也。始於致知，智之事也；行所知而至其極，聖之事也，《易》曰『知至至之、知終終之』是也。」○問：「始終條理？」朱子曰：「如今樂之始作，先撞鐘，是金聲之也；樂終擊磬，是玉振之也。始終如此，而中閒乃大合樂，六律、五聲、八音，一齊莫不備舉。孟子以此譬孔子，如伯夷聖之清、伊尹聖之任、柳下惠聖之和，都如樂器有一件相似。是金聲底，從頭到尾只是金聲；是玉聲底，從頭到尾只是玉聲。」○始條理是知，終條理是行。問：「智之事、聖之事，工夫全在智字上。三子所以各極於一偏，緣他合下少致知工夫，看得道理有偏，故其終之成，亦只至一偏之極。孔子合下知得至，到看得道理周偏精切，無所不盡，故其德之成亦兼該畢備，而無一德一行之或闕。」曰：「然。」○金聲或洪或殺，清濁萬殊；玉聲清越和平，首尾如一。故樂之作也，八音克諧，雖若無所先後，然奏之以金，節之以玉，其序亦有不可紊者焉。蓋其奏之也，所以極其變也；其節之也，所以成其章也。變者雖殊，而所以成者未嘗不一；成者雖一，而所歷之變，洪纖清濁，亦無所不具於至一之中。聖人之知，精粗大小，無所不同；聖人之德，精粗大小，無所不備，其始卒相成蓋如此。此金聲而玉振之，所以譬夫孔子之集大成，而非三子之所得與也。然即其全而論其偏，則纖而不能洪，清而不能濁者，是其金聲之不備也。不能備乎金聲而遽以玉振之，雖其所以振之者未嘗有異，然其所振一全一闕，則其玉之爲聲亦有所不能同矣。○奏之以金，節之以玉。奏之所以極其變，節之所以成其章也。○南軒張氏曰：「條理云者，有倫緒而不紊之謂。始條理者，析衆理於毫釐也；終條理者，備衆理於一貫也。」○致知，智之事；行其所知而極其至，聖之事也。據此一節，乃是言學者之事，所以學於聖人者，故因上文金聲玉振而言，言學之序如此。蓋聖人則聖智合一，無始卒之異。學者則必知所先後，然後有以入德也。故孟子於此一節，特分而言之，明聖人之智，學者所當先務。必明盡衆理，咸極其至，然後力行以造夫聖人之所以聖者，始終各有條而不可亂也。智之事、聖之事，猶言學智、聖之功夫，非便以爲智、聖也。○勉齋黄氏曰：「孔子之異於三子者，知之至而行之盡。三子之不及孔子者，知有所蔽於始，而行有闕於終也。此孔子所以獨得其全，而三子僅得其偏也。」《通考》東陽許氏曰：「此一節以樂比孔子知之至、行之極。條理，即八音以金而聲之，所以始其衆樂；以玉而振之，所以終其衆樂。聲振始終，皆是動用字。惟其知之至，故能始萬物；惟其行之極，故能終萬事，是爲聖、智兩全。」**附**《語類》：「始終條理，本是一件事。但是上一截爲始，下一截爲終。」○《蒙引》：條理，猶云脉絡，在始終之中者也。蓋樂音不止是金與玉，獨奏一音，則其一音自爲終始，此以小成者言。此始終，與本文「始條理」、「終條理」之「始」、「終」不同，本文主大成言也。本文全主大成，《集註》乃説一段者，蓋不如是無以顯大成之全，且大成亦不過是集衆小成而已。此解經之法也。○小成之始終，只在其一音之内；大成之始終，則通八音而言，始於金而終於石也。如三子之所知、所行，則在其一清、一和、一任之内。如孔子之所知、所行，則兼乎三子之清、和、任也。其説《集註》已明備，《大全》所引朱子之説與此絶不同，蓋前日未定之説也。○智者，知之所及，謂知之所到處也。聖者，德之所就，謂行之結果成就也。智與聖，是知行之已成名目。知與行，却是用工名目。○《存疑》：欲並奏八音，必先擊鎛鐘引起他，然後衆音隨之而起，是以一鐘而引起衆音，故曰「始條理」。衆音既作，臨了擊一聲特磬，衆音由是而俱止，是以一磬而收煞衆音，故曰「終條理」。先明諸心知所往，然後力行以求至，是知所以引起這行，猶作樂擊鐘以引起衆音也，故以始條理爲智之事。聖以地言，造其極之名也。力行所知而造其極，這便是結果成就地位，猶作樂臨了擊磬以收煞衆音也，故以終條理爲聖之事。○《蒙引》：「金聲而玉振之」，玉指磬，磬是石，然其石甚細且有異聲，❶亦玉類也，故謂

❶「聲」，原作「磬」，今據《四書蒙引》改。

之玉。〇特爲衆音之綱紀，不必分大綱小紀，當以首末論。〇宣其聲，收其韻，聲與韻不同。韻者，聲之餘。〇按《兒寬傳》司馬相如有遺書，請武帝封禪。上奇其書，以問寬。寬對云：「此帝王之盛節也。然享薦之儀，不著於經，惟聖王所由制定，當非群臣之所能及，使群臣得人自盡，終莫能成。惟天子建中和之極，兼總條貫，金聲而玉振之，以順承天慶，垂萬世之基。」上然之，乃自制儀，采儒術以文焉。按寬此言，只是避難獻媚之辭。堯舜之智尚稽於衆而不自用，今見於二典、三謨者詳矣，寬安得爲此言乎。其曰「天子建中和之極」云云，寬意亦非專主樂也。其詞出於古者，則專主樂，朱子所謂「疑古樂經之言」是也。其當時引用之意，大概主薦享之儀言，而樂亦在其中矣。若細求古語專主樂之意，則所謂「建中和之極」者，內必根於心氣之和，而有以爲五聲、六律之主；外必正其聲氣之元，而有以致其盡善、盡美之道。此皆自天子之一身言之，然後兼總樂中之衆條理，而始之以金，終之以玉也。

智，譬則巧也；聖，譬則力也。由射於百步之外也，其至，爾力也；其中，非爾力也。

中，去聲。

此復扶又反。以射之巧、力，發明聖、智二字之義。見孔子巧、力俱全，而聖、智兼備，三子則力有餘而巧不足，是以一節雖至於聖，而智不足以及乎時中也。張子曰：「夷、惠智不明於至善，故偏入於清、和，然而卒能成性，故雖聖而不智。孔子智既明於至善，故集大成，如清、和、時、任皆有之，無不曲當也。故聖且智，金聲而玉振也。」〇龜山楊氏曰：「伯夷、伊尹、柳下惠於清、任、和處，已至聖人，但其他處未必皆中。其至，與孔子同；而其中，與孔子異，只爲不能無偏故也。若隘與不恭，其所偏歟。」〇問：「以智比聖，智固未可以言聖，然孟子以智譬巧，以聖譬力，力既不及於巧，則是聖必由於智也明矣。而尹和靖乃曰：『始條理者，猶可以用智；終條理，則智不容於其閒矣。』則是以聖、智淺深而言，與孟子之意似相戾。惟伊川引《易》『知至至之，知終終之』，其意若曰：夫子所以能集三子而大成者，由其始焉知之之深也，蓋知之至，行之必至；三子之智，始焉知之未盡，故其後行之雖各極其至，終未免各失於一偏，非終條理者未到，以其始條理者已差之矣。不知伊川之意是如此否？」朱子曰：「甚好。」○問：「孟子既以智爲始，聖爲終。則智者，致知之事；聖者，極至之名。其終復曰『智，巧』、『聖，力』，是智反妙於聖矣。南軒以爲論學則智、聖有始終之序，語道則聖之極，是智之極者也。此説似可以破前所疑否？」曰：「智，是見得徹之名；聖，是行得到之號，有先後而無淺深也。聖而不智，如水母之無蝦，亦將何所到乎。」○以緩急論，則智居先；若把輕重論，則聖爲重。○問：「『其至，爾力；其中，非爾力』，還是三子只有力，無智否？」曰：「不是無智。知處偏，故至處亦偏。如孔子，則箭箭中紅心；三子，則每人各中一邊。緣他當初見得偏，故至處亦偏。」曰：「如此，則三子不可謂之聖？」曰：「不可謂之聖之大成，畢竟那清是聖之清，和是聖之和，雖使聖人清、和，亦不過如此。顔子則巧處工夫已至，點點皆可中，但只是力不至耳。使顔子力至，便與孔子一般。」○金玉備，巧力全者，孔子也。若顔子之博文而約以禮，竭才而不能及，則金聲已備，而玉有未振；巧足以中，而力有未完者歟。故以所至論之，則顔子不若三子之成；以所期言之，則三子不若顔子之大。以學之序而論之，則三子皆失其所當先，故行愈力而見愈偏。而顔子循序以進，則其所進未可量也，惜不及見其成耳。然就三子而論之，則伊尹之學又密於夷、惠矣。○東陽許氏曰：「此一節，以射比四聖人，能挽彊弓射遠地，此力也。能中其的，乃巧也。必先知的之所在，又知中之之法，然後因力之所至而中之，謂知之明，然後行之從容中道。三子力量雖到，而知有未至，故不及孔子。」

○此章言三子之行，去聲。各極其一偏；孔子之道，兼全於衆理。所以偏者，由其蔽於始，是以缺於終；所以全者，由其知之至，是以行之盡。三子猶春、夏、秋、冬之各一其時，孔子則太和元氣之流行於四時也。雲峰胡氏曰：「此章之旨，《集註》『偏』、『全』二字盡之。譬之樂，則一音自爲始終者偏，而八音相爲始終者全；譬之射，則力而不巧者偏，力而又巧者全。孟子始則皆謂之聖，各以其所行言；末則先智而後聖，統以其知與行言。惟知之偏，故行之所至者，各極其偏；惟知之全，則行不以其全，而自極於全。」《通考》朱氏公遷曰：「此以德行造極言聖人。孔子之聖，以全體言；三子之聖，以一節言。孟子之贊孔子，自其知、行兼備而言，故合智、聖而爲聖；子貢之贊孔子，自其體用兼備而言，故合智、仁而爲聖。」附《存疑》：細看二條。「孔子之謂集大成」條，是説孔子之兼全衆理。「智，譬則巧」一條，是推孔子之所以兼全衆理處，注自明白。○《淺説》：即樂以喻聖、智之全，即射以喻聖、智之所以全。二節雖俱兼聖、智，但上節聖、智平説，下節重在智字上。○顧麟士曰：「『智譬』二句，直當云孔子之智，譬則射者之巧也；孔子之聖，譬則射者之力也，不必含糊。」○「由射」之「由」，與「猶」通。○所以極推孔子如此者，亦是「所願則學」之意也。○《蒙引》：此一條，亦主孔子言。蓋此聖、智，即上文之聖、智。若以上文聖、智亦兼三子，則三子安得有始終條理。特一音自爲始終，與本文始終自不同也。故斷通主孔子説，而三子之不得爲全者，自見於言外。況三子乃力有餘而巧不足者，孟子分明云「其中，非爾力也」，三子安得兼有智耶。故注云「是以一節雖至於聖，而智不足以及乎時中也」，又總注云「三子之行，各極其一偏」，獨以行言，見其知有未及也。

○北宮錡問曰：「周室班爵禄也，如之何？」錡，魚綺反。

北宮，姓；錡，名，衛人。班，列也。

孟子曰：「其詳不可得聞也。諸侯惡其害己也，而皆去其籍。然而軻也，嘗聞其略也。惡，去聲。去，上聲。

當時諸侯兼并僭竊，故惡周制妨害己之所爲也。慶源輔氏曰：「兼并，則其國日大；僭竊，則其禄日侈。」附《蒙引》：方遜志《周禮考次自録序》云：「周室既衰，聖人之經皆見棄於諸侯。而周獨爲諸侯之所制，故《周禮》未歷秦人而先亡。吏將侮法而爲奸，必藏其法俾民不得見。使家有其法，而人通其意，吏安得而侮之。」

天子一位，公一位，侯一位，伯一位，子、男同一位，凡五等也。君一位，卿一位，大夫一位，上士一位，中士一位，下士一位，凡六等。

此班爵之制也。五等通於天下，六等施

於國中。慶源輔氏曰：「位以爵定。」《通考》趙氏悳曰：「疏：『父天母地而爲之子者，天子也。爵位盛大，以無爲爲德者，公也。斥堠於外，以君人爲德者，侯也。足以長人者，伯也。其德足以養人者，子也。男，任也；任，安也，而其德足以安人者，男也。出命足以正衆者，君也。知進退而其道上達者，卿也。知足以帥人者，大夫也。才足以事人者，士也。』」附《存疑》：「五等通於天下」，專自爲君者言，上自天子，下至子、男，附庸，皆是爲君者。「六等通於國中」，合君臣而言，自天子之國，下至附庸，皆有君、卿、大夫、上、中、下士也。○《蒙引》：「君一位，卿一位」至「凡六等」，注云「六等施於國中」，蓋兼王朝與侯國言，觀「天子之卿受地視侯」一段可見。不必以無公爲泥，蓋公在五等之列矣。○「天子一位」之「位」，猶言級也。「子、男同一位」，猶郎中、員外皆五品，但有正、從。○或問：「方伯在侯列乎，在公列乎？」曰：「在公列，入爲三公，出爲方伯。三公率諸侯於內，方伯率諸侯於外者也。況春秋齊侯、晉侯常位在諸公之上，則方伯不應在侯列明矣。」

天子之制，地方千里，公、侯皆方百里，伯七十里，子、男五十里，凡四等。不能五十里，不達於天子，附於諸侯，曰附庸。

此以下，班祿之制也。不能，猶不足也。小國之地不足五十里者，不能自達於天子，因大國以姓名通，謂之附庸，若《春秋》郳儀父音甫。之類是也。《春秋》隱公元年：「三月，公及郳儀父盟于蔑。」○慶源輔氏曰：「田以祿分。」《通考》詹氏道傳曰：「附庸凡四等。字者，方三十里。名者，方二十里。人、氏者，方十五里。氏不若人，人不若名，名不若字。」○趙氏悳曰：「郳，曹姓，子爵，顓帝之後。郳，附庸之國，未得列於諸侯，故書字以別之。中國附庸例書字，夷狄附庸例書名。」附《蒙引》：自「天子之制」至「附庸」，班祿之制通於天下者也。自「天子之卿」以下四段，施於國中者也。又可見上文「六等施於國中」，爲兼王朝言矣。蓋班祿既兼王朝，班爵不容不兼王朝也。○「地方千里」，言其地方有千里也。「方」字帶下，猶云正也，非謂地方也。觀下「公、侯皆方百里」，文意自見。○《詩·閟宮》曰：「土田附庸。」傳云：「附庸，猶屬城也。」《正韻》：「庸，城也。」

天子之卿受地視侯，大夫受地視伯，元士受地視子、男。

視，比也。徐氏曰：「王畿之内，亦制都鄙受地也。」元士，上士也。趙氏曰：「食采邑於畿内，禄之多少，以外諸侯爲差。不言中下士，視附庸也。」**附**《存疑》：天子之卿以下，所受之地皆在王畿千里之内，此班禄自王朝之臣言。

大國地方百里，君十卿禄，卿禄四大夫，大夫倍上士，上士倍中士，中士倍下士，下士與庶人在官者同禄，禄足以代其耕也。

十，十倍之也。四，四倍之也。倍，加一倍也。徐氏曰：「大國君田三萬二千畝，其入可食音嗣，下「可食」並同。二千八百八十人。卿田三千二百畝，可食二百八十八人。大夫田八百畝，可食七十二人。上士田四百畝，可食三十六人。中士田二百畝，可食十八人。下士與庶人在官者田百畝，可食九人至五人。庶人在官，府史胥徒也。《周禮・天官・冢宰》：「太宰，卿一人。小宰，中大夫一人。府六人，史十有二人，胥十有二人，徒百有二十人。」府，治藏。史，掌書。胥、徒，民服徭役者。《通考》詹氏道傳曰：「大國地方百里者，開方法爲方十里者百，爲田當九百萬畝。按班固地方一里爲井，井十爲通，通十爲成，成十爲終，終十爲同。開方法計之，蓋地方一里爲井，爲田九百畝。井十爲通，通計積一十里，爲田九千畝。通十爲成，方十里，積百里，爲田九萬畝。成十爲終，方三十一里大半里，積千里也，爲田九十萬畝。終十爲同，方百里，積萬里，爲田九十億畝，即九百萬畝，是所謂提封萬井也。封者，井之界。提者，總提封内之大數也。萬井之中，除山林、陵麓、溝洫、城郭、宫室、塗邑，三分去一，計三千三百三十三井井之三之一外，❶除三百萬畝，實有田六千六百六十六井井之三之二。每井九百畝，計六百萬畝整。除公田

❶「井井」，原不重，今據《四書纂箋》及下文例補。

每井百畝，計六十六萬六千六百六十六畝，此是助法。公田内每井再除二十畝爲八家廬舍，該除一十三萬三千三百三十四畝外，公私通收五百八十六萬六千六百六十六畝畝之三之二，私田收五百三十三萬三千三百三十三畝，公田收五十三萬三千三百三十三畝畝之三之一。君禄賦田三萬二千畝。大國三卿，每卿各賦三千二百畝，計九千六百畝。大國大夫五人，各賦八百畝，計四千畝。上士九人，各賦田四百畝，共計三千六百畝。中士九人，各賦二百畝，共計一千八百畝。下士九人，各賦田一百畝，共計九百畝。已上通賦五萬一千九百畝，尚餘四十八萬一千四百三十三畝畝之三之一，以供國家調度、喪祭、賓客等費，餘則以備凶荒不測之用，所以國無九年之蓄曰不足，無六年之蓄曰急，無三年之蓄曰國非其國矣。」愚按：君以下所食之禄，皆助法之公田，藉農夫之力以耕而收其租。士之無田，與庶人在官者，則但受禄於官，如田之入而已。朱子曰：「府史胥徒，以《周禮》考之，人數極多，安得許多閑禄給之。嘗疑《周禮》一書，方是起草，未曾得行。蘇子由《古史》疑府史胥徒太多，當時却多兼官，其實府史胥徒無許多。」○古者制國，土地亦廣，非如孟子百里之説。禹會塗山，執玉帛者萬國。後來更相吞噬，到周初只有千八百國，是不及五分之一矣，想得併得來儘大。周封新國，若只用百里之地介在其閒，豈不爲大國所吞。亦緣是誅紂伐奄滅國者五十，得許多土地，方封得許多人。附《淺説》：「禄足以代其耕」，兼下士與庶人在官者言，末一節只以庶人在官者言，❶而不及下士者，想下士之禄無五等，只等上農夫耳。○徐氏説尹、❷卿、大夫、士，田許多畝，可食許多人者，只是據《孟子》下文「一夫百畝，上農夫食九人」起數耳。○《蒙引》：此所謂田，皆指助法之公田而言，除起外八區。○顧麟士曰：「孫疏云：『三十里之遂，二十里之郊，九里之城，三里之宫，是大國之制如此也。自二十里之遂，九里之郊，三里之城，一里之宫，是次國之制如此也。自九里之遂，三里之郊，一里之城，以城爲宫，是小國之制如此也。』」○大國、次國，皆三卿；小國，二卿，本見《王制》。而《蒙引》

❶「人」下，原爲墨丁，今删。
❷「尹」，據朱註及文義當作「君」。

又云「大國、次國、小國，皆三卿」，《讀禮疑圖》又云「大國則立三卿，次國止二卿，小國止一卿」，未知孰是。○按《周禮注疏》凡府、史，皆其官長所自辟除。言辟召，除其課役而使之，非王臣也。胥、徒，民給徭役者。宰夫八職：五曰府，掌官契以治藏；六曰史，掌官書以贊治；七曰胥，掌官敘以治敘；八曰徒，掌官令以徵令。○《讀禮疑圖》云：「今按下士一位，在班爵内一等。而中士之禄倍下士，則下士謂已仕之臣有田者也。朱子謂『士之無田，與庶人在官者，但受禄於官，如田之入』，此非指下士也。蓋宿衛公宫之諸公族，與夫國學所養之賢，樂師所教之瞽，其次則有府史胥徒。府如今斗庫，史如今吏書，胥如今承發，徒如今承差。其下如門閣之直，皆於公署中應役者也。其外則有居肆之百工，而餼廩焉者，皆爲在官之庶人也。謂之『庶人在官』，則事有煩簡，人有衆寡，所重在養，禄宜有差，不比下士之田定以百畝也。」甚精。《周禮》賈疏又云：「按《王制》，下士視上農夫，食九人，禄足以代耕，則府食八人，史食七人，胥食六人，徒食五人。」恐大段俱爲臆度之辭，亦不足據耳。

次國地方七十里，君十卿禄，卿禄三大夫，大夫倍上士，上士倍中士，中士倍下士，下士與庶人在官者同禄，禄足以代其耕也。

三，謂三倍之也。徐氏曰：「次國君田二萬四千畝，可食二千一百六十人。卿田二千四百畝，可食二百十六人。」《通考》詹氏道傳曰：「其『次國地方七十里』者，以開方計之，爲方十里者四十有九，爲方一里者四千九百，爲田四百四十一萬畝。三分去一，計爲井一千六百三十三井井之三之一，爲田計一百四十七萬畝外，實有爲井三千二百六十六井井之三之二，爲田計二百九十四萬畝。除公田每井百畝，計三萬六千六百六十六畝畝之三之二。公田内每井再除二十畝爲八家廬舍，該除六萬五千三百三十三畝畝之三之一。公私通田，計二百八十七萬四千六百六十六畝畝之三之二。私田，收二百六十一萬三千三百三十三畝畝之三之一。公田，收二十六萬一千三百三十三畝畝之三之二。君禄賦田二萬四千畝。卿田三大夫禄者，大夫之田人八百畝，三人夫禄則計二千四百畝。大夫倍上士者，上士田四百畝，倍之則八百畝。上士倍中士者，中士田人二百畝，倍之則爲四百畝。中士倍下士，則下士田人百畝，倍之則二百畝。下士與庶人同禄，則其田百畝，《王制》所謂『諸侯之下士視農夫，❶禄足以代其耕』者也。《王制》云：『次國三卿，下大夫五人，上士二十七人。』古注：『士之數，國皆二十七人，各三分之，上九、中九、下九也。』次國三卿，卿二千四百畝，三卿計七千二百畝。下大夫五人，人八百畝，五人計四千畝。上士田人四百畝，上士九人，則計田三千六百畝。中士九人，賦田二百畝，共計一千八百畝。下士九人，人賦田百畝，九人計九百畝。已上自君田以下，總賦田四萬一千五百畝，尚餘二十一萬九千八百三十三畝畝之三之一。」

小國地方五十里，君十卿禄，卿禄二大夫，大夫倍上士，上士倍中士，中士倍下士，下士與庶人在官者同禄，禄足以代其耕也。

二，即倍也。徐氏曰：「小國君田一萬六千畝，可食千四百四十人。卿田一千六百畝，可食百四十四人。」朱子曰：「君十卿禄者，猶今之俸禄。蓋君所自得爲私用者，至於貢賦賓客，朝覲祭享，交聘往來，又別有財儲爲公用。如今太守既有料錢，至於貢賦公用，又自有錢也。」○趙氏曰：「由卿而上，三等之國異；由大夫而下，三等之國同者。蓋卿而上，其禄寖厚，苟不爲之殺，則地之所出，不足以供；大夫而下，其禄寖薄，苟爲之殺，則臣之所養，不能自給也。」《通考》詹氏道傳曰：「小國地方五十里，開方計之，爲十里者二十有五，方一里者二千五百，爲田二百二十五萬畝。三分去一，計爲井八百三十三井井之三之一，爲田七十五萬畝。實有爲井一千六百六十二井井之三之二，爲田一百五十萬畝。除公田每井百畝，計一十六萬六千六百六十六畝畝之三之二。公田內每井再除二十畝爲八家廬舍，該除三萬三千三百三十三畝畝之三之一。公私通實收一百四十六萬六千六百六十六畝畝之三之二，私田收一百三十三萬三千三百三十三畝畝之三之一，公田收一十三萬三千三百三十三畝畝之三之一。君禄賦田一萬六千畝。卿禄倍大夫者，大夫人賦田八百畝，倍之則爲一千六百畝。大夫倍上士者，上士人賦田四百畝，倍之則爲八百畝。上士倍中士者，中士人賦田二百畝，倍之則爲四百畝。中士

❶「農」上，《禮記註疏》有「上」字。

倍下士者，下士田人賦一百畝，倍之則爲二百畝。下士與庶人在官者同祿，則人賦一百畝也。《王制》云『小國二卿，下大夫五人，上士二十七人』，各三分之，上九、中九、下九也。小國二卿，每卿田一千六百畝，二卿則賦田三千二百畝。下大夫五人，人賦田八百畝，五人則賦田四千畝。上士九人，人賦田四百畝，九人則計田三千六百畝。中士九人，人賦田二百畝，九人則賦田一千八百畝。下士九人，人賦田百畝，九人則計九百畝。已上自君祿以下，總賦田二萬九千五百畝，尚餘一十萬三千八百三十三畝畝之三之一也。」

耕者之所獲，一夫百畝。百畝之糞，上農夫食九人，上次食八人，中食七人，中次食六人，下食五人。庶人在官者，其祿以是爲差。」食，音嗣。

獲，得也。一夫一婦，佃田百畝。加之以糞，糞多而力勤者爲上農，其所收可供九人。其次用力不齊，故有此五等。庶人在官者，其受祿不同，亦有此五等也。附

《蒙引》：上、中、下農，田皆百畝，而有上、中、下食之差等者，全在百畝之糞上。糞多而力勤者爲上農，糞多便是力勤也，非糞多自糞多，力勤自力勤。觀下文云「其次用力不齊，故有此五等」，而不及於糞可見。如此方與本文契合，糞即是人力所爲者。○佃，治田也。○《存疑》：農之五等，以力之勤惰而分；官祿五等，以事之煩簡而分。○愚按：此章之說，與《周禮》、《王制》不同，蓋不可考，闕之可也。《周禮·地官·司徒》：「凡建邦國，以土圭土其地。❶〔猶言度其地而制其域。〕諸公之地封疆方五百里，其食者半。諸侯之地封疆方四百里，其食者參之一。諸伯之地封疆方三百里，其食者參之一。諸了之地封疆方二百里，其食者四之一。諸男之地封疆方百里，其食者四之一。」○《記·王制》：「王者之制祿爵，公、侯、伯、子、男，凡五等。諸侯之上大夫、卿下大夫、上士、中士、下士，凡五等。天子之田方千里，公侯田方百里，伯七十里，子男五十里。不能五十里者，不達於天子，附於

❶ 下「土」字，原作「上」，今據《周禮》及《四書大全》改。

諸侯，曰附庸。天子之三公之田視公侯，天子之卿視伯，天子之大夫視子男，天子之元士視附庸。制農田百畝，百畝之分：上農夫食九人，其次食八人，其次食七人，其次食六人，下農夫食五人。庶人在官者，其禄以是爲差也。諸侯之下士視上農夫禄，足以代其耕也。中士倍下士，上士倍中士，下大夫倍上士。卿四大夫禄，君十卿禄；次國之卿三大夫禄，君十卿禄；小國之卿倍大夫禄，君十卿禄。」《通考》趙氏惪曰：「《周禮・大司徒》云『諸公之地方五百里，諸侯方四百里』，而《孟子》言『公侯皆方百里』；《周禮》言『諸伯地方三百里，子二百里，男百里』，而《孟子》言『伯七十里，子男五十里』。如《小司徒》云『上地家七人』，而《孟子》言『上地農夫食九人，上次食八人』；《周禮》言『中地家六人』，而《孟子》言『中食七人，中次食六人』，此不與《周禮》同也。《王制》言『公、侯、伯、子、男，凡五等』，而《孟子》以『天子一位，公一位，侯一位，伯一位，子、男同一位』，爲五等；《王制》言『諸侯之上大夫卿、下大夫、上士、中士、下士，凡五等』，而《孟子》則自君一位，至下士一位，凡六等。《王制》主於分田制禄，而《孟子》主於制地分禄。《王制》言『天子之三公田視公侯，天子之卿視伯，大夫視子男，元士視附庸』，而《孟子》則言『天子之卿受地視侯，元士受地視子、男』，不與《王制》同也。」程子曰：「孟子之時，去先王未遠，載籍未經秦火，然而班爵禄之制已不聞其詳。今之禮書，皆掇拾於煨烏回反。燼徐刃反。之餘，而多出於漢儒一時之傳音附。會，奈何欲盡信而句爲之解乎？然則其事固不可一一追復矣。」問：「《孟子》與《周禮》不同？」朱子曰：「此也難考。畢竟《周禮》底是，《周禮》是全書，經聖人手，必不會差。孟子時，典籍已散亡，想見没理會。是以諸儒之説紛然，而卒不能得其正也。」○慶源輔氏曰：「程子之説，足以救陋儒泥古之失。但據其所傳而姑存之，使千百世之後一遇大聖，則必能因其大體而詳其節目，推其既往以爲一時之制。而先代聖王之法，庶乎其可復見矣。」○新安倪氏曰：「《周禮》一書，劉歆以爲河間獻王得之李氏女子。劉歆以前，世無傳習之者。朱子謂『《周禮》底是』，南軒嘗謂『當以孟子爲正，朱子恐非定説』。以《周書・武成》『分土惟三』

證之，《周禮》之説恐不可信。若《王制》，則漢文帝使博士諸生刺六經中而作，將以興王者之制度，成於漢儒之手，宜其有與他書不合者。又按朱子謂『嘗疑《周禮》一書，方是起草，未曾得行』，蔡九峰亦曰『《周禮》首末未備，周公未成之書也』，竊意此説爲是。然則《冬官》之闕，蓋其所未嘗筆者歟。」《通考》朱氏公遷曰：「孟子以貢、助、徹告滕文公，以班爵禄答北宫錡，亦皆制度之損益不常者，可言其略，而不可言其詳也。然北宫錡但欲聞其制而已，故特誦其所聞如此；文公則欲見諸施行，故即其所聞而復以意推廣之。蓋其答北宫錡者，即夫子文獻不足之歎也；其所以告文公君臣者，即夫子告顔淵以爲邦之道也。聖賢所言之意，有相類者若此。」

○萬章問曰：「敢問友。」孟子曰：「不挾長，不挾貴，不挾兄弟而友。友也者，友其德也，不可以有挾也。

挾者，兼有而恃之之稱。慶源輔氏曰：「兼夫有與恃二者之意，方謂之挾。但有之而不恃，則未謂之挾也。」○新安陳氏曰：「有挾則取友之意不誠，賢者必不與之友矣。三者之中，挾貴尤常情所易犯。下文四節，皆不挾貴者，但有小大之差耳。」《通考》朱氏公遷曰：「此自交友而言之。不可有挾者，交友之誠；主乎敬信者，交友之本；車馬不拜者，交友之義。不可則止，所以全其交也；死於我殯，所以盡其交也，此則友道之變也。」附《蒙引》：特舉「不挾貴」一節，總是無所挾也。

孟獻子，百乘之家也。有友五人焉：樂正裘、牧仲，其三人，則予忘之矣。獻子之與此五人者，友也，無獻子之家者也。此五人者亦有獻子之家，則不與之友矣。乘，去聲，下同。

孟獻子，魯之賢大夫仲孫蔑莫結反。也。張子曰：「獻子忘其勢，五人者忘人之勢。不資其勢而利其有，然後能忘人之勢。若五人者有獻子之家，則反爲獻子之所賤矣。」慶源輔氏曰：「獻子忘其勢，不挾貴也；五人忘人之勢，無獻子之家也。孟子歷舉四人事，首於獻子事詳之，又以見上之友下，固不可有所挾下；

爲上所友，亦不可有所利。一有利之之意，則爲人所賤，失其可貴之實，而不足友矣。」附《蒙引》：此條不必以獻子之忘勢，與五人忘人之勢相對說，當主獻子不挾貴說。蓋獻子所重五人者，在於忘人之勢，此正所謂友其德也，則獻子之不挾其勢彰彰矣。○《存疑》：所以無獻子之家者，衹見在我者有可貴，在人之勢不能動我之胸中也。故曰：「樂其道，忘人之勢。」○無獻子之家者，視獻子之家如無有也，猶云目中無人意。有獻子之家者，把獻子之家來當事，而慕羨之也。○「無獻子之家」以下，是說出獻子所以與友之意，所謂友其德也。

非惟百乘之家爲然也，雖小國之君亦有之。費惠公曰：『吾於子思，則師之矣；吾於顔般，則友之矣；王順、長息則事我者也。』費，音秘。般，音班。

惠公，費邑之君也。師，所尊也。友，所敬也。事我者，所使也。附《存疑》：或師、或友，言無所挾也。「王順、長息」句是帶說，蓋引費惠公成語耳。

非惟小國之君爲然也，雖大國之君亦有之。晉平公之於亥唐也，入云則入，坐云則坐，食云則食。雖疏食菜羹，未嘗不飽，蓋不敢不飽也。然終於此而已矣。弗與共天位也，弗與治天職也，弗與食天禄也，士之尊賢者也，非王公之尊賢也。「疏食」之「食」，音嗣。「平公」、「王公」下，諸本多無「之」字，疑闕文也。

亥唐，晉賢人也。平公造七到反。之，唐言入，公乃入。言坐，乃坐。言食，乃食也。疏食，糲音厲，又音賴，又即葛反。飯也。不敢不飽，敬賢者之命也。○范氏曰：「位曰天位，職曰天職，禄曰天禄。言天所以待賢人，使治天民，非人君所得專者也。」慶源輔氏曰：「平公之於亥唐，則知所敬矣。然不能與之共天位，治天職，食天禄，則是不能推廣是心以體天而治民，以及於國也。」○西山真氏曰：「天位，所以處賢者；天職，所以任賢者；天禄，所以養賢者，三者皆天所以待賢人，使治天民者也。而晉平公之於亥唐，特虛尊之而已，未嘗處之以位，命之以職，食之以禄也。此豈王公尊賢之道哉？」附《蒙引》：「入云則入」注「唐言入，公乃入」，不直進入也，猶不命之坐不敢坐之意，其不挾爲何如。○《淺説》：「弗與共天位也，弗與治天職也，弗與食天禄也」，乃「士之尊賢」也，「非王公之尊賢也」。然即平公能如是，亦可見平公所友在德，而無所挾也。非惟大國之君能如此，雖天子之貴亦有能如此者，彼舜云云。

舜尚見帝，帝館甥于貳室，亦饗舜，迭爲賓主，是天子而友匹夫也。

尚，上也。舜上而見於帝堯也。館，舍也。禮，妻父曰外舅。謂我舅者，吾謂之甥。見《爾雅》。堯以女妻去聲。舜，故謂之甥。貳室，副宫也。堯舍舜於副宫，而就饗其食。附《蒙引》：「舜尚見帝」節，不可以爲此正是承上文言「王公之尊賢」處。蓋堯之於舜，固能與共天位，治天職，食天禄。然孟子此節本意，只在無所挾上，故曰「是天子而友匹夫也」。上文所以著箇「非王公之尊賢」者，蓋不如此貶之，則平公之於亥唐，其尊賢爲極矣，又孰知其爲有所未至者耶。○「迭爲賓主」，「舜尚見帝」、「帝館甥於貳室」，則舜爲賓而堯爲主；「亦饗舜」，則堯爲賓而舜爲主，故迭爲賓主也。○天子友匹夫是爲何？友其德也。要見此意，故未暇及共天位，治天職處。○「亦饗舜」，謂饗於舜也。故注云「堯舍舜於副宫，而就饗其食」。若曰就饗以食，則亦堯爲主矣。蓋此食是舜所設者。○以天子友匹夫，迭爲賓主，恐亦不是對坐，舜見帝亦恐是以臣禮來見。一説堯蓋以賓禮遇之也，故得館之貳室，而就饗其食。

用下敬上，謂之貴貴；用上敬下，謂之尊賢。貴貴、尊賢，其義一也。」

貴貴、尊賢，皆事之宜者。然當時但知貴貴，而不知尊賢，故孟子曰「其義一也」。○此言朋友人倫之一，所以輔仁，故以天子友匹夫而不爲詘，曲勿反。以匹夫友天子而不爲僭。此堯舜所以爲人倫之至，而孟子言必稱之也。雲峰胡氏曰：「《中庸》『五達道』，於君臣、父子、夫婦、長幼不言交，獨曰朋友之交。《集註》云『天子友匹夫而不爲詘，匹夫友天子而不爲僭』，此《易》之所謂『上下交而其志同也』，即《中庸》所謂『朋友之交』也。朋友居人倫之一，而足以輔仁，則又有裨於人倫者也。孟子言性善，必稱堯舜。既稱其盡君臣之倫，又稱其盡父子、兄弟之倫，此則又稱其盡朋友之倫。朋友，人倫之一，非如堯之友舜，不足以爲朋友人倫之至。」附《淺説》：「貴貴」泛説，「尊賢」正指友德言。○《蒙引》：通章是「用上敬下」，止是尊賢。其言「用下敬上」而貴貴者，主意在「其義一也」。○「用上敬下」，不必謂用上之禮以敬下也，只謂以上敬下也，「用」訓「以」處多如此。○總注。

○萬章問曰：「敢問交際何心也？」孟子曰：「恭也。」

際，接也。交際，謂人以禮儀幣帛相交接也。問：「如此者何心也？」新安陳氏曰：「所以表見其恭也。」附《蒙引》：此章之言，萬章始終以爲當却，孟子始終以爲可受。蓋仲尼不爲已甚之學，而其義之精，則在於「夫謂非其有而取之者，盜也，充類至義之盡也」一條。○觀此章之言，見孟子所學之中，正其曰「願學孔子」，良不誣也。不受萬鍾，夫豈苟哉。○《達説》：「恭也」，指心言，與「何心也」相應。注「禮儀幣帛」勿分，只是幣帛之交而爲禮儀之寓也。孟子打頭説箇「恭」字，便見當受矣。

曰：「卻之卻之爲不恭，何哉？」曰：「尊者賜之，曰『其所取之者，義乎，不義乎』，而後受之，以是爲不恭，故弗卻也。」

卻，不受而還之也。再言之，未詳。衍文也。萬章疑交際之閒，有所卻者，人便以爲不恭，何哉？孟子言尊者之賜，而心竊計其所以得此物者，未知合義與否，必其合義，然後可受，不然則卻之矣，所以卻之爲不恭也。新安陳氏曰：「若計其物之初得，合義與否，而酌其辭受。受其合義者，則卻之者，必以爲不合義也。有此心非恭矣。」附《存疑》：「而後受之」下含箇卻意，故曰「以是爲不恭」。聖賢言語多有如此者，注「不然則却之」，正補其意。

曰：「請無以辭卻之，以心卻之，曰『其取諸民之不義也』，而以他辭無受，不可乎？」曰：「其交也以道，其接也以禮，斯孔子受之矣。」

萬章以爲彼既得之不義，則其餽不可受。但無以言辭閒去聲，一本作問。而卻之，直以心度待洛反。其不義，而託於他辭以卻之，如此可否邪？交以道，如餽贐、聞戒、周其飢餓之類。接以禮，謂辭命恭敬之節。孔子受之，如受陽貨烝豚之類也。慶源輔氏曰：「『他辭卻之』，視貪利者固優，然亦失之過。由此而甚之，必至於爲於陵仲子而後已。孔子受之者，得中道也。」附《存疑》：交接只一般。道是大綱，禮是節目。道如「義以爲質」之「義」，禮如「禮以行之」之「禮」。亦有合道而不合禮者，此道與禮之分也。○《達説》：其交也以道，非出於無名；其接也以禮，不失之苟簡。上節言不當卻，此節言不必卻。○《蒙引》：《集註》「但無以言辭閒而卻之」，《大全》注「閒，去聲」，則「閒」字爲推開之意，猶拒也。○「曰請無以辭卻之，以心却之」，見得上文所謂「卻之」者，是直以其不義而卻之，非宛轉之辭以卻之也。

萬章曰：「今有禦人於國門之外者，其交也以道，其餽也以禮，斯可受禦與？」曰：「不可。《康誥》曰『殺越人于貨，閔不畏死，凡民罔不譈』，是不待教而誅者也。殷受夏，周受殷，所不辭也。於今爲烈，如之何其受之？」與，平聲。譈，《書》作憝，徒對反。

禦，止也。止人而殺之，且奪其貨也。國門之外，無人之處也。萬章以爲苟不問其物之所從來，而但觀其交接之禮，則設有禦人者，用其禦得之貨以禮餽我，則可受之乎？《康誥》，《周書》篇名。越，顛越也。今《書》閔作暋，無「凡民」二字。譈，怨也。言殺人而顛越之，因取其貨，閔然不知畏死，凡民無不怨之。孟子言此乃不待教戒，而當即誅者也。如何而可受之乎？《通考》吴氏程曰：「古人斷獄必有教戒之詞，此言欲殺之速，猶所謂不以聽也。」「商受」至「爲烈」十四字，語意不倫。李氏以爲此必有斷簡或闕文者近之，而愚意其直爲衍字耳。然不可考，姑闕之可也。問：「『殷受夏，周受殷，所不辭也。於今爲烈』，趙氏謂三代相傳以此法，不須辭問也。『於今爲烈』，烈，明法如之何受其餽也。或者謂若義在可受，則三代受人之天下而不辭。今禦人者，乃爲暴烈不義如此，如何而可受其餽乎。烈，如《詩序》所謂『厲王之烈』者，暴虐之意云爾。或又以爲『烈，光也，三代相受光烈至今也』。是三説者，擇一而從之可也，何至闕而不爲之説乎？」朱子曰：「本字十四字，自與上下文不相屬。如趙氏之説，則『辭受』二字，與上下文亦不相似。或者二説，亦覺費力，不若闕之之愈也。」○慶源輔氏曰：「孟子既以開曉之如此，萬章猶不能反其意之偏，以昧孟子之言，而復爲此問，此正所謂詖辭，蓋陷於卻之之意而不覺也。故孟子又引《康誥》之説以曉之。」《通考》仁山金氏曰：「舊説亦自可通。蓋殺人而奪其貨，人所共惡，於法皆不待教而誅者也。此法殷受之夏，周受之殷，不待辭説。今尚明烈，則禦奪之貨如之何其可受乎。」附《達説》：「不可」，是不可受。引《康誥》只是明「不可」二字。「殺人而顛越之」，是既殺了，將尸去擲而棄置之。○《蒙引》：「閔然」，頑然也。

曰：「今之諸侯取之於民也，猶禦也。苟善其禮際矣，斯君子受之，敢問何説也？」曰：「子以爲有王者作，將比今之諸侯而誅之乎？其教之不改而後誅之乎？夫謂非其有而取之者盜也，充類至義之盡也。孔子之仕於魯也，魯人獵較，孔子亦獵較。獵較猶可，而況受其賜乎？」比，去聲。夫，音扶。較，音角。

比，連也。言今諸侯之取於民，固多不義，然有王者起，必不連合而盡誅之。必教之不改而後誅之，則其與禦人之盜，不待教而誅者不同矣。夫音扶。禦人於國門之外，與非其有而取之，二者固皆不義之類。然必禦人，乃爲真盜。其謂非有而取爲盜者，乃推其類，至於義之至精至密之處而極言之耳，非便以爲真盜也。然則今之諸侯，雖曰取非其有，而豈可遽以同於禦人之盜也哉？又引孔子之事，以明世俗所尚，猶或可從，況受其賜，何爲不可乎？獵較未詳。趙氏以爲田獵相較，奪禽獸以祭。孔子不違，所以小同於俗也。張氏以爲獵而較音教。所獲之多少也。二説未知孰是。慶源輔氏曰：「『其教之不改而後誅之乎』，於此可見孟子待人之恕。『夫謂非其有而取之者盜也，充類至義之盡也』，於此又可見孟子析理之精。夫執其充類盡義之説而欲一概以繩人，幾何而不流於於陵仲子之爲哉。」附《達説》：「子以爲有王者作」三句，言其於法有可容，是就法度上辨其非真盜。「夫謂非其有」二句，言其於理未甚害，是就義理上辨其非真盜。此二段平看，總是辨其「猶禦」之非，應上取民猶禦意。「孔子之仕」以下，是明其可受賜，應上「君子受之」意。○《蒙引》：「獵較」依趙氏注則較在方獵之時，依張氏則較在既獵之後。趙氏較，音角，角逐也。張氏較，音教，比較也。○《達説》：「獵較」注雖云「未詳」，引趙注在先，當從之。

曰：「然則孔子之仕也，非事道與？」曰：「事道也。」「事道奚獵較也？」曰：「孔子先簿正祭器，不以四方之食供簿正。」曰：「奚不去也？」曰：「爲之兆也。兆足以行矣，而不行，而後去，是以未嘗有所終三年淹也。與，平聲。

此因孔子事而反覆辯論也。事道者，以行道爲事也。事道奚獵較也，萬章問也。先簿正祭器，未詳。徐氏曰：「先以簿書正其祭器，使有定數，而不以四方難繼之物實之。夫音扶。器有常數，實有常品，則其本正矣。彼獵較者，將久而自廢矣。」未知是否也。兆，猶卜之兆，蓋事之端也。孔子所以不去者，亦欲小試行道之端，以示於人，使知吾道之果可行也。若其端既可行，而人不能遂行之，然後不得已而必去之。蓋其去雖不輕，而亦未嘗不決，是以未嘗終三年留於一國也。慶源輔氏曰：「以孔子所謂『吾豈匏瓜也哉，焉能繫而不食』之説，與夫『著之空言，不如載之行事』之説而觀之，則是乃聖人之心也。又曰『魯人獵較，孔子亦獵較』，於以見聖人同物之仁。『簿正祭器，不以四方之食供簿正』，於以見聖人處事之智。『未嘗有所終三年之淹』，於以見聖人制行之勇。」附《存疑》：「魯人獵較」，舊俗也。「孔子亦獵較」，依舊俗爲之而不變也。萬章之意，以事道者便當以道變易其俗，今孔子亦獵較，是不以道易天下也，故曰「事道奚獵較」。孟子謂孔子之不變其俗，先正其本也。「先簿正祭器」，則祭器有常數。「不以四方之食供簿正」，則祭物有常品。器有常數，物有常品，則不消遠取物以供祭。彼獵較者，將久而自廢，此聖人陰移默奪之功，其不變俗之中，自有變之者在。若急於目前除奸革弊，此淺陋者之所爲，何足以知聖人之作用哉。○萬章有「奚不去」之疑，意以君子所至，便當以道易天下，扶衰救弊，撥亂反正。今不能救習俗之弊，姑從之而陰爲之圖，是道不可行，於義不當留也。孟子言孔子所以不去者，欲小試行道之端以示於人，使人知聖道之果可行爾。聖人之用於魯，凡其所行，使鬻雞豚者不飾賈，男女行者別於途，三月而魯大治，皆其試行道之端，以示於人者也。○「爲之兆」，在「先簿正祭器」外，蓋聖人欲試行道之端以示人。於獵較一事，且姑置之，而陰爲之圖。先簿正祭器，正是陰爲之圖，更有試行道之端在，若前所云是也。此聖人作用之妙處。不然人方未知聖道之果可行，吾輒舉其小者整頓之。人心未孚而已駭，小弊未能革，而身已不見用矣，而謂聖人爲之乎？○《蒙引》：獵較而不先簿正祭器，亦安得以四方之食供簿正耶？且獵較亦制於地之有限，何有四方之食耶？曰：「一國有一國之四方，一邑有一邑之四方，不可泥也。」○孔子之同俗者，皆不得已同俗也，非其本心也。故萬章曰：奚爲不去，而必爲此不得已之事乎。

孔子有見行可之仕，有際可之仕，有公養之仕。於季桓子，見行可之仕也；於衛靈公，際可之仕也；於衛孝公，公養之仕也。」

見行可，見其道之可行也。際可，接遇以禮也。公養，國君養賢之禮也。季桓子，魯卿季孫斯也。問：「孔子仕於定公，而言於季桓子，何也？」朱子曰：「當時季氏執國柄，定公亦自做主不起，孔子相魯，皆由桓子。及桓子受女樂，孔子便行矣。」問：「墮三都，季氏何以不怨？」曰：「季氏是時，自不奈那陪臣何，故假孔子之力以去之。桓子臨死，謂康子曰：『使仲尼之去，而魯終不治者，由我故也。』孔子是時也，失了機會，不曾做得成。」○慶源輔氏曰：「見行可，庶乎道之行也；際可，適其禮之宜也；公養，受其養之義也。」衛靈公，衛侯元也。孝公，《春秋》、《史記》皆無之，疑出公輒也。慶源輔氏曰：「或是字誤，或是當時人呼出公爲孝公，皆不可考。」因孔子仕魯，而言其仕有此三者。故於魯則兆足以行矣，而不行然後去。而於衛之事，則又受其交際問餽而不卻之一驗也。新安陳氏曰：「以此釋際可、公養之仕，與章首本意有照應、有收拾。」《通考》朱氏公遷曰：「禹、稷、顔子，❶過門不入，顔子居陋巷，以時位之顯晦言。曾子之與子思居武城、居衛，孟子之規蚳鼃，以地位之尊卑言。孔子去齊、去魯，以勢分之親疎言。行可、際可、公養之仕，以遇合之淺深言。此見聖賢處物之義。」○尹氏曰：「不聞孟子之義，則自好去聲。者爲於音烏。陵仲子而已。聖賢辭受進退，惟義所在。」愚按：此章文義多不可曉，不必强上聲。爲之説。附顧麟士曰：「行道，夫子之本心也。不得已而際可、公養，亦順而弗拒，引人以向道，猶『爲之兆』之心也。若徒曰禮際公養而已，豈夫子周旋於衛之心哉。見《紹聞編》。」○此章本論辭受之義，總注引尹氏兼進退者，因仕魯兩節已説

❶「顔子」，據文義當衍。

開也。其實亦是因言獵較以證不爲已甚，而偶遞及之，不必如《達説》判作兩對，但亦不可强牽作一項。因論一事而又及一事，雖今人文字語言亦有然者，不必拘也。

○孟子曰：「仕非爲貧也，而有時乎爲貧；娶妻非爲養也，而有時乎爲養。爲養，並去聲，下同。

仕本爲去聲，下同。行道，而亦有家貧親老，或道與時違，而但爲禄仕者。如娶妻本爲繼嗣，而亦有爲不能親操倉刀反。井臼，而欲資其餽養者。新安陳氏曰：「下二句，不過譬上二句，所以下文不復言此。」附《蒙引》：此章蓋爲當時有爲貧而苟禄者發，不知高官厚禄，非爲貧之具也。既是爲貧，便自有爲貧者所宜做，得官豈可苟哉。○《存疑》：首節言爲貧而仕，中三節言其所宜居，末節則明其意也。抱關擊柝，只是上辭尊居卑意。説孔子，是舉其人以實之也。○「仕非爲貧也，而有時乎爲貧」，見爲貧非其常也。

爲貧者，辭尊居卑，辭富居貧。

貧富，謂禄之厚薄。蓋仕不爲道，已非出處上聲。之正，故其所居但當如此。

辭尊居卑，辭富居貧，惡乎宜乎？抱關擊柝。惡，平聲。柝，音託。

柝，夜行所擊木也。蓋爲貧者，雖不主於行道，而亦不可以苟禄。新安陳氏曰：「卑官雖無行道之責，薄禄亦無苟受之理。」故惟抱關擊柝之吏，位卑禄薄，其職易稱，二字並去聲，下同。爲所宜居也。李氏曰：「道不行矣，爲貧而仕者，此其律令也。若不能然，則是貪位慕禄而已矣。南軒張氏曰：「既曰爲貧則不當處尊與富，若處尊與富，是名爲爲貧，而其實竊位也。處尊富，則當任行道之責。」附《蒙引》：此要見其職易稱之意。下文「會計當而已矣」，「牛羊茁壯長而已矣」，「而已矣」字，正見其職之易稱也。○抱關、擊柝，只是一事。古人爲關以禦暴，而關之守莫重於夜柝。

孔子嘗爲委吏矣，曰：『會計當而已矣。』嘗爲乘田矣，曰：『牛羊茁壯長而已矣。』委，烏僞反。會，工外反。當，都浪反。乘，去聲。茁，阻刮反。長，上聲。

此孔子之爲貧而仕者也。委吏，主委積子賜反。之吏也。乘田，主苑囿芻牧之吏也。委吏、乘田，注見《論語序説》。茁，肥貌。言以孔子大聖，而嘗爲賤官不以爲辱者，所謂爲貧而仕，官卑禄薄，而職易稱也。朱子曰：「程先生説孔子爲乘田，則爲乘田；爲司寇，則爲司寇，無不可者。孟子則必得賓師之位，方能行道。此便是他能大而不能小處。惟是聖人，則大小、方圓，無所不可也。」附《蒙引》：「茁壯長而已矣」，言牛羊肥壯而長且益也。長，蓋謂生息滋繁也。○顧麟士曰：「《年譜》：仕魯爲委吏，二十歲；爲乘田吏，二十一歲。」

位卑而言高，罪也。立乎人之本朝，音潮。而道不行，恥也。」

以出位爲罪，則無行道之責；以廢道爲恥，則非竊禄之官，此爲貧者之所以必辭尊富，而寧處上聲。貧賤也。○尹氏曰：「言爲貧者不可以居尊，居尊者必欲以行道。」問：「『位卑而言高，罪也』，以君臣之分言之，固是如此。然時可以言而言，亦豈得謂之出位？」朱子曰：「前世固有草茅韋布之士獻言者，然皆有所因，皆有次第。未有無故忽然犯分而言者，縱言之，亦不見聽，徒取辱爾。若是明君，自無壅蔽之患，有言亦見聽。不然，豈可不循分，而徒取失言之辱哉。如《史記》説商鞅、范雎之事，彼雖小人，然言皆有序，不肯妄發。賈誼固有才，文章亦雄偉，只是言語急迫，失進言之序，看有甚事，都一齊説了，宜絳、灌之徒不説，而文帝謙讓未遑也。《易》曰『艮其輔，言有序，悔亡』，聖人之意可見矣。」○位卑者，人責不加焉，言高則罪矣。故可以姑守其職，此爲貧而仕之法也。若夫立人之本朝，則當以行道爲任。道不行而竊其位，君子之所恥也。○新安陳氏曰：「此章始爲爲貧而仕者言，終爲位高禄厚者言。居卑貧者，雖其職易稱，尚必求稱其職。如孔子之爲委吏、乘田，必求會計之當、牛羊之茁是也，豈有位高禄厚，而不求行道以稱其職者。今人於位卑言高，則凛然懼其爲罪，而不敢犯；於立朝道不行，則冥然不以爲恥，而冒犯之。罪自外至，或以得罪，猶可言也；恥自内出，當恥而不知恥，不可言矣。」附《蒙引》：「立乎人之本朝，而道不行，恥也」，亦正爲爲貧而仕者發。或者不察，見《集註》云「以廢道爲恥，則非竊禄之官」，遂認與上文作對仗者，非也。此言其位卑而無事乎言高，若使立乎人之本朝，則有行道之責矣，惡可以貧賤自諉耶。○「此爲貧者之所以必辭尊富而寧處貧賤也」，「所以」二字重。○此一章要見得「稱職」字意出。○趙注曰：「位卑不得高言豫朝事，❶故但稱職而已。立本朝，大道當行不行，爲己之恥，是以君子禄仕者，不處大位。」○顧麟士曰：「首節云『仕非爲貧』，則是爲道矣，故以不行爲恥。又云『有時爲貧』，則是不爲道矣，故以居卑爲宜，到底只是明此意。」○《通義》鄱陽朱氏曰：「此章專言爲貧而仕之義。」

○萬章曰：「士之不託諸侯，何也？」孟子曰：「不敢也。諸侯失國，而後託於諸侯，禮也。士之託於諸侯，非禮也。」託，寄也，謂不仕而食其禄也。古者諸侯出奔他國，食其廩餼，許既反。謂之寄公。《記·郊特牲》：「諸侯不臣寓公，故古者寓公不繼世。」寓，寄也。○《喪大記》：「君之喪，未小斂，❷爲寄公、國賓出。」士無爵土，不得比諸侯，不仕而食禄，則非禮也。慶源輔氏曰：「諸侯之視諸侯，雖其爵有五等之殊，然其實則皆國君也。且本有爵土，不幸出奔，而來適我國，則其國君以廩餼之，是乃禮之所宜也。故可受，而謂之寄公。若士之於諸侯，則有尊卑貴賤之不同，又本無爵土，豈可自比於諸侯，故必仕而後當賦以禄。」附《蒙引》：士而託於諸侯，則爲無常職而賜於上矣。○《存疑》：託，寄也，寄託於人，非定居

❶「卑」，原作「果」，今據《孟子註疏》改。
❷「未」，原作「大」，據《禮記·喪大記》改。

也，非仕其國也。仕便有定居，有常職，非寄託。〇顧麟士曰：「《紹聞編》曰：『萬章所謂託於諸侯，蓋以爲士雖不得行其道，而託禄於諸侯以自養，宜若可也。此與爲貧而仕不同。爲貧而仕者，所謂抱關擊柝者，皆有常職以食於上者也。此託於諸侯者，是無常職而賜於上者。』」

萬章曰：「君餽之粟，則受之乎？」曰：「受之。」「受之何義也？」曰：「君之於氓也，固周之。」

周，救也。視其空去聲。乏，則周卹與恤同。之，無常數，君待民之禮也。

曰：「周之則受，賜之則不受，何也？」曰：「不敢也。」曰：「敢問其不敢何也？」曰：「抱關擊柝者，皆有常職以食於上。無常職而賜於上者，以爲不恭也。」

賜，謂予通作與。之禄，有常數，君所以待臣之禮也。新安陳氏曰：「未仕爲民，既仕乃爲臣。方爲民，可以受無常數之周救；未爲臣，不敢受有常數之俸禄，士之自處當然也。」附《蒙引》：「無常職而賜於上」，則爲士而託於諸侯矣。

曰：「君餽之，則受之，不識可常繼乎？」曰：「繆公之於子思也，亟問，亟餽鼎肉。子思不悦。於卒也，摽使者出諸大門之外，北面稽首再拜而不受。曰：『今而後知君之犬馬畜伋。』蓋自是臺無餽也。悦賢不能舉，又不能養也，可謂悦賢乎？」亟，去聲，下同。摽，音杓。使，去聲。

亟，數音朔。也。鼎肉，熟肉也。卒，末也。摽，麾也。數以君命來餽，當拜受之，非養賢之禮，故不悦。而於其末後復扶又反，下同。來餽時，麾使者出拜而辭之。犬馬畜許六反。伋，言不以人禮待己也。臺，賤官，主使令平聲，下同。者。《左傳》昭公七年：「王臣公，公臣大夫，大夫臣士，士臣皂，皂臣輿，輿臣隸，隸臣僚，僚臣僕，僕臣臺，人有十等也。」蓋繆公愧悟，自此不復令臺來致餽也。舉，用也。能養者未必能用，況又不能養乎？新安陳氏曰：「士之自處，固如上文所言。然君待士，則有養賢之禮焉。繆公餽子思，使一一拜受，餽之適以勞之，非禮也。」《通考》朱氏公遷曰：「此章見聖賢交際之道。於衛見子思盡人臣之道，於魯見子思居賓師之道。大抵子思爲人方正而嚴毅，上可以見曾子之傳，下可以見孟子之所傳。」附《達説》：「亟問」，問其安否。○顧麟士曰：「『於卒』『卒』字，亦自『臺無餽也』句倒看出。若子思不麾，餽固未已耳。《通義》吴氏程曰：『不悦句，於卒也讀。』」○《蒙引》：鼎肉，熟肉也。鼎非訓熟肉，經鼎則熟矣，故云。○「悦賢」字虚。○雖知亟拜之勞而不復，然不知繼粟、繼肉而遂絶不餽，均之爲失養賢之道矣。○《存疑》：能養、能舉，悦賢之道也。若不能舉，能養猶可也。既不能舉，又不能養，可謂悦賢乎。

曰：「敢問國君欲養君子，如何斯可謂養矣？」曰：「以君命將之，再拜稽首而受。其後廩人繼粟，庖人繼肉，不以君命將之。子思以爲鼎肉，使己僕僕爾亟拜也，非養君子之道也。

初以君命來餽，則當拜受。其後有司各以其職繼續所無，不以君命來餽，不使賢者有亟拜之勞也。僕僕，煩猥烏悔反。貌。附《蒙引》：「廩人繼粟，庖人繼肉」，或問：「如此則有常數矣。」曰：「非也。雖云繼肉，終喚作餽，不喚作常禄。」

堯之於舜也，使其子九男事之，二女女焉，百官牛羊倉廩備，以養舜於畎畝之中，後舉而加諸上位。故曰：王公之尊賢者也。」女下字，去聲。

能養能舉，悦賢之至也。唯堯舜爲能盡之，而後世之所當法也。慶源輔氏曰：「堯之於舜，則尊賢之極，養賢之至，用賢之周也。」附《存疑》：帝使其子至畎畝之中，則廩人繼粟，庖人繼肉者，又不足言矣。後舉而加諸上位，又能舉矣。能養能舉，悦賢之道盡矣，故曰「王公之尊賢也」。○《蒙引》：「後舉而加諸上位」，謂上相之位也，非天子之位。上位，猶言高位。

○萬章曰：「敢問不見諸侯，何義也？」孟子曰：「在國曰市井之臣，在野曰草莽之臣，皆謂庶人。庶人不傳質爲臣，不敢見於諸侯，禮也。」質，與贄同。

傳，通也。質者，士執雉，庶人執鶩，音木，見《檀弓》。相見以自通者也。國内莫非君臣，但未仕者與執贄在位之臣不同，故不敢見也。新安陳氏曰：「市井、草莽之臣，與《詩》『率土莫非王臣』同，未仕之臣也。『傳質爲臣』，乃已仕之臣也。」附《蒙引》：「皆謂庶人」，庶人，即士也。以位而言曰庶人，故往役，義也；以德而言曰士，故往見，不義也。此「士」字，與下文「士以旂」、「以士之招招庶人」「士」字不同。蓋此「士」字，是未仕者。彼二「士」字，是已仕有位者，乃上、中、下士之士也。故朱注云：「士，謂已仕者。」○《淺説》：庶人，亦君之臣也，但未通質爲臣，與已仕而在位者不同。故臣可召，而士不可召。是士之不見諸侯者，乃以德自重而其志不可屈，以道自居而其身不可辱，蓋禮之所在也。

萬章曰：「庶人，召之役，則往役。君欲見之，召之，則不往見之，何也？」曰：「往役，義也；往見，不義也。

往役者，庶人之職；不往見者，士之禮。

慶源輔氏曰：「庶人，則當服君之賤事。爲士，則知學問，崇禮義。不惟士之自處當如此，而人君亦以此望之也。」附《存疑》：上曰庶人不往見諸侯，乃守己之禮，下當曰往見非禮爲是，乃曰往見不義者，何也？不守禮而往見，便是不義也。失禮，故不義，不義緣無禮而生也。下文俱是明往見不義之意。○《淺説》：「萬章曰庶人召之」云云，何也？孟子曰士，即庶人也，但曰庶人，則爲君所屬。其往役者，安其分也，義之當然也。但曰士，則當爲君所敬。其往見者，辱其身也，非義之當然也。○顧麟士曰：「按《紹聞編》：『上文「庶人不傳質爲臣，不敢見於諸侯，禮也」，此一句已答盡了。因萬章再問云云，答曰「往役，義也；往見，不義也」，剖析得斬然分明。禮、義二字，是一章骨子。章末「夫義，路也。禮，門也」，正應前。』」

且君之欲見之也，何爲也哉？」曰：「爲其多聞也，爲其賢也。」曰：「爲其多聞也，則天子不召師，而况諸侯乎？爲其賢也，則吾未聞欲見賢而召之也。繆公亟見於子思，曰：『古千乘之國以友士，何如？』子思不悦，曰：『古之人有言：曰事之云乎，豈曰友之云乎？』子思之不悦也，豈不曰：『以位，則子，君也；我，臣也。何敢與君友也？以德，則子事我者也，奚可以與我友？』千乘之君求與之友，而不可得也，而况可召與？ 爲，並去聲。亟、乘，皆去聲。「召與」之「與」，平聲。

孟子引子思之言而釋之，以明不可召之意。 朱子曰：「賢與多聞細分，固當有別，亦不必深致意。」○南軒張氏曰：「在我，則當守庶人之分；在君，則當隆事師之禮。」附《蒙引》：「且君之欲見之也，何爲也哉」至「則吾未聞欲見賢而召之也」，所以明上文「往見不義」之意。又自此以下五節，皆所以申明此一節意也。蓋此一意，孟子一生所固執，而當時上下所共疑者，故孟子因萬章之問而反覆詳言之。○「爲其多聞也」，以所知言；「爲其賢也」，以所行言。下文「以德，則子事我者也」，德又兼多聞與賢言。○《存疑》：以師屬多聞，賢只言召，亦互見爾。○《蒙引》：「事之云乎，豈曰友之云乎」，孟子引子思之言直是峻厲，概是就自己地位上説，故其言如此。若他士，則不必皆泥此。堯之於舜也，亦只是友，豈必拘於師之哉。他日所謂「學焉而後臣之」者，亦此意。○趙注曰：「且君何爲欲見而召之，萬章曰君以是欲見之也，孟子曰安有召師、召賢之禮而可往見。」

齊景公田，招虞人以旌，不至，將殺之。志士不忘在溝壑，勇士不忘喪其元。孔子奚取焉？取非其招不往也。」 喪，息浪反。

説見形甸反。前篇。

曰：「敢問招虞人何以？」曰：「以皮冠。庶人以旃，士以旂，大夫以旌。

皮冠，田獵之冠也。事見形甸反。《春秋傳》。去聲。○《左傳》僖公二十年：「十二月，齊侯田于沛。〔澤名。〕招虞人以弓，不進。公使執之，辭曰：『昔我先君之田也，旃以招大夫，弓以招士，皮冠以招虞人。臣不見皮冠，故不敢進。』乃舍之。」然則皮冠者，虞人之所有事也，故以是招之。庶人，未仕之臣。通帛曰旃。新安倪氏曰：「通帛，謂周大赤，從周正色，無飾。」士，謂已仕者。交龍爲旂，新安倪氏曰：「畫二龍於其上。」析羽而注於旂干之首曰旌。新安倪氏曰：「通帛爲旃，交龍爲旂，析羽爲旌，見《周禮·司常》。」附《蒙引》：依《左傳》則所謂招庶人以旃、士以旂、大夫以旌者，皆是田獵時招。但《傳》云「弓以招士」，此云「士以旂」，不同耳。○《存疑》：「招虞人以皮冠」，以其所有事者招之也。「庶人以旃」，旃，質素無文，猶庶人之未有文采也。「士以旂」，交龍曰旂，龍能變化，猶士之能變化也。「大夫以旌」，旌有文采，士至大夫，則變化而成文矣。古人之招，各有意義。○趙注曰：「皮冠，弁也。」

以大夫之招招虞人，虞人死不敢往。以士之招招庶人，庶人豈敢往哉？況乎以不賢人之招招賢人乎？

欲見而召之，是不賢人之招也。以士之招招庶人，則不敢往；以不賢人之招招賢人，則不可往矣。附《蒙引》：「以大夫之招招虞人，虞人死不敢往」，即謂齊景公招虞人以旌而不至也。以此推之，則以士之招招庶人，庶人亦不敢往矣。此與上文一義，皆是不敢往者。「況乎以不賢人之招招賢人乎」，則不可往者也。○自「繆公亟見於子思」至「而況可召與」，是即子思之言而見士之不可往見諸侯也。自「景公田」至「況乎以不賢人之招招賢人乎」，即虞人之事而見士之不可往見諸侯也。○《存疑》：「況乎以不賢人之招招賢人乎」，此句下就當繳云「其不可往也決矣」。

欲見賢人而不以其道，猶欲其入而閉之門也。夫義，路也。禮，門也。惟君子能由是路，出入是門也。《詩》云：『周道如底，其直如矢；君子所履，小人所視。』」夫，音扶。底，《詩》作砥，之履反。《詩》，《小雅·大東》之篇。底，與砥同，礪音厲。石也，言其平也。矢，言其直也。視，視以爲法也。引此以證上文能由是路之義。慶源輔氏曰：「以周道爲君子所履，證義路爲賢者所由。」附《蒙引》：近則就而見之，遠則以幣聘之，此則欲見賢人而以其道者也。舍此而召之，則非其道，即是欲其入而閉之門。○「夫義，路也。禮，門也」，自君子而言，不必以見賢上言。○「周道如底」，決然當依「義，路也」意解。就道理説，方可起「君子所履，小人所視」。縱然《詩經》本意不如此，孟子引之，斷章取義，亦當依義路説。故《集註》曰「引此以證上文能由是路之義」，可無疑也。○《存疑》：義與禮何分别。此理爲人所宜行，是義；行之而有節文，無過不及，是禮。以義爲質，禮以行之來參看，頗覺明白。

萬章曰：「孔子，君命召，不俟駕而行。然則孔子非與？」曰：「孔子當仕有官職，而以其官召之也。」與，平聲。

孔子方仕而任職，君以其官名召之，故不俟駕而行。慶源輔氏曰：「以敬君之命而不敢慢也。」徐氏曰：「孔子、孟子，易地則皆然。」

○此章言不見諸侯之義，最爲詳悉，更合陳代、公孫丑所問者而觀之，其説乃盡。問：「此章綱領只在義路、禮門？」朱子曰：「固是不出此二者。然所謂義、禮裏面，殺有節目。如云『往役，義也。往見，不義也』，『周之則受，賜之則不受』之類，都是義之節目。如云『廩人繼粟，庖人繼肉，不以君命將之』之類，都是禮之節目。又如『齊餽金而不受，於宋薛餽而受』，此等辭受都是箇義。君子於細微曲折，一一都要合義，所以《易》中説『精義入神，以致用也』。義至於精，則應事接物之閒，無一非義。不問大事、小事，千變萬化，吾之所以應他，如利刀快劍迎刃而解，件件剖作兩片去。孟子平日受用，便是得這箇氣力。今觀其所言所行，無不是這箇物事。」○慶源輔氏曰：「觀答陳代章，知不枉道從人之義。觀答公孫丑章，又知不爲臣不見之禮。觀此章，又知賢者有不可召之義。蓋君子之出處進退，一惟禮與義而已，初無適莫也。」

○孟子謂萬章曰：「一鄉之善士，斯友一鄉之善士；一國之善士，斯友一國之善士；天下之善士，斯友天下之善士。

言己之善蓋於一鄉，然後能盡友一鄉之善士。推而至於一國、天下皆然，隨其高下以爲廣狹也。新安陳氏曰：「廣狹有異勢，而善無異理，雖千萬人，同此心此理也。惟善蓋一鄉，始能友一鄉之善士，不然則吾所取之友，必有所偏，或有所遺，不能盡得而友之矣。一國之善士，即一鄉之善士中，其善不止蓋一鄉，而足以蓋一國者也，推而至於天下皆如此。友也者，友其善也。善之所在，聲應氣來，自有天然不容不合者，而非可以勉强合也。」附《存疑》：一鄉之善士，是己之善蓋於一鄉也，斯友一鄉之善士。若云所友亦是善蓋一鄉者，則注隨其廣狹説不去，當是凡士之在一鄉者，皆爲所友。○顧麟士曰：「按《紹聞編》：『一鄉之善士』，上『善士』，以本身地位言；下『善士』，以一鄉同類言，要看得活。非謂必善蓋一鄉後，方可取友，亦言若無蓋一鄉之識見器量，則無以盡友其人爾。」○《淺説》：「有進善之資，方能好人之善；有容善之地，方能取人之善。」

以友天下之善士爲未足，又尚論古之人。頌其詩，讀其書，不知其人，可乎？是以論其世也。是尚友也。」

尚，上同。言進而上也。頌，誦通。論其世，論其當世行事之迹也。言既觀其言，則不可以不知其爲人之實，是以又考其行去聲。也。夫音扶。能友天下之善士，其所友衆矣，猶以爲未足，又進而取於古人。是能進其取友之道，而非止爲一世之士矣。南軒張氏曰：「自『友一鄉之善士』至於『上論古之人』，每進而愈上也。所見者愈大，則所取愈廣矣。」○雙峰饒氏曰：「進善無窮已，故其取善也亦無窮已。取善無窮已，則其進善也亦無窮已。取善之地，所以愈廣者，因其善之進進而不已也。取善之心，果曷有窮已乎？之人也，推其所至，殆將生乎千百世之下，而可以繼往者於千百世之上；立乎千百世之上，而可以俟來者於千百世之下，奚止爲一世之士而已哉。」○雲峰胡氏曰：「人性之善，古今所同。孟子論性，必論其故；論尚友，必論其世，皆已然之迹也。論性而不論其已然之迹，性之理易涉於空虚。論古而不論其已然之迹，古之人易涉於遼邈。」附《蒙引》：「又尚論古之人」一句，兼下文「誦其詩，讀其書」。「誦其詩，讀其書」，觀其言也。「論其世」者，考其行也。尚論古之人如何？古之人言見於詩者，則誦而詠之；古之人言載於書者，則讀而求之。然徒觀其言，而不知其爲人之實可乎？是以又論其當世行事之迹如何，庶知其爲人之實，而不徒徇其言也。如此則是能盡其取友之道，而非止爲一世之士矣。蓋上文言「天下之善士，斯友天下之善士」，尚只是一世之士。○今按朱子所解之意，是先言必一鄉之善士，乃能盡友夫一鄉之善士，推之一國、天下皆然。然則其能進友古之善士，而不止友一世之善士者，亦當是不世之善士矣。倘非不世之善士，安能不止友一世之善士哉，如此則文意方相照應。不然，上段是善已蓋一鄉，然後是盡友一鄉之士；下段是已能盡友古人，然後得爲不世之善士，語意不相符合。姑記所疑以質高明。○按朱子所解，則孟子此章之言，概似主成德者言。○詩指賦詠而言，書指文辭而言，如《禹謨》、《伊訓》之類是書，皆以爲言也。○《存疑》：首節只是隨高下以爲廣狹意，不作循序漸進説。然循序漸進之意，則見於言外。「尚論古之人」一節，則是進意。《蒙引》曰：「是以其所造之極而更推一步説，非必云此人自其友一鄉之士，而進至此也。」

○齊宣王問卿。孟子曰：「王何卿之問也？」王曰：「卿不同乎？」曰：「不同。有貴戚之卿，有異姓之卿。」王曰：「請問貴戚之卿。」曰：「君有大過則諫，反覆之而不聽，則易位。」

大過，謂足以亡其國者。易位，易君之位，更立親戚之賢者。新安陳氏曰：「古人所謂親戚，並指天屬之親。」蓋與君有親親之恩，無可去之義。以宗廟爲重，不忍坐視其亡，故不得已而至於此也。附《蒙引》：孟子當時爲卿於齊，齊王此問蓋亦有爲而發。其後孟子言異姓之卿，曰「君有過則諫，反覆之而不聽則去」，亦實理也，而亦於王有規焉。○孟子曰貴戚之卿，「君有大過則諫」。而朱子曰「貴戚之卿，小過非不諫也」，所以補孟子之意。按紂始爲象箸，箕子歎曰「爲象箸必至玉盃」，於是諫紂。夫爲象箸一事，豈便足以亡國耶。箕子以紂親戚，亦不肯放過而必諫，則朱子之説信矣。《易》曰「履霜堅冰至」，若必待大過而後諫，恐無及也。

王勃然變乎色。

勃然，變色貌。

曰：「王勿異也。王問臣，臣不敢不以正對。」

孟子言也。

王色定，然後請問異姓之卿。曰：「君有過則諫，反覆之而不聽，則去。」

君臣義合，不合則去。○此章言大臣之義，親疏不同，守經行權，各有其分。去聲。○新安陳氏曰：「親者可以行權，疏者惟當守經。」貴戚之卿，小過非不諫也，但必大過而不聽，乃可易位。異姓之卿，大過非不諫也，雖小過而不聽，已可去矣。然三仁貴戚，不能行之於紂；而霍光異姓，乃能行之於昌邑。此又委任權力之不同，不可以執一論也。《前漢·霍光傳》：「昌邑王賀，〔武帝之孫，昌邑哀王之子也。〕即位行淫亂。光憂懣，〔音滿，又音悶。〕獨以問所親故吏大司農田延年。延年曰：『將軍爲國柱石，審此人不可，何不建白太后，更選賢而立之？』光曰：『今欲如是，於古嘗有不？』延年曰：『伊尹相殷，廢太甲，以安宗廟，世稱其忠。將軍若能行此，亦漢之伊尹也。』光乃引延年給事中，陰與車騎將軍張安世圖計。光與群臣俱見白太后，具陳昌邑王不可以承宗廟狀。皇太后乃車幸未央承明殿，召昌邑。王伏前聽詔，光與群臣連名奏王，尚書令讀畢，光令王起拜受詔，乃即持其手，解脱其璽組，扶王下殿，送至昌邑邸。」○朱子曰：「孟子所謂易位者，言其理當如是耳。世或疑此言有以起篡奪之禍者，則孟子豈不嘗曰『有伊尹之志則可，無伊尹之志則篡也』。若三仁之事，則比干、箕子固有所不及爲，若微子之去，亦或其勢之不便也。然觀其引身而去，以全先王之祀，則其計慮亦豈苟然者哉。若其力之可爲，則伊尹、霍光固以異姓之卿而行之矣，況有骨肉之親者乎。」○南軒張氏曰：「貴戚之卿與異姓之卿有親疏之異，故不得而同論也。貴戚之卿，任宗社之責，故得更擇其宗族之賢以易之。然非謂貴戚之卿，諫君反覆而不從，便可以易位。蓋極其理而言之，有可以易位之道也。」○慶源輔氏曰：「《集註》守經行權，尤足以補孟子之說。蓋行權者，非至於甚不得已，則不可爲。守經者，則日用常行，而須臾不可離者也。」○西山真氏曰：「愚按貴戚易位之說，非後世所得行。君有大過，惟當反覆極言，如屈平、劉向之爲爾。同姓之卿，雖無可去之義，若其君有大惡而不可諫，易位之事又不得行，宗社將危，豈容坐待。則微子去之，亦有明義存焉。其惡雖未如紂，然非可事之君，義不當食其祿，則魯之叔肸可以爲法。《春秋》宣十有七年：『公弟叔肸卒。』《穀梁傳》曰：『叔肸，賢之也。其賢之，何也？宣弒而非之也。非之則胡爲不去也？曰：兄弟也，何去而之？與之財，則曰：我足矣。織屨而食，終身不食宣公之食。』《春秋》貴之。因時制義，初無定法也。又孟子『反覆』二字，最宜深體。前世人臣固有見君之過失，姑一言以塞責者，曰：『吾亦嘗諫之云耳。諫而不從，非吾責也。』此其用心既欲苟全爵位，又欲厭塞公言，張華之所以見屈於張林，而不能自免也。必反覆而諫，諫而不從，則去，此人臣之正法。孟子之言，胡可易哉。」附《蒙引》：「三仁貴戚，不能行之于紂」，蓋三仁固非阿衡之比，且紂才智過人，威權自攬，此三仁之所以難爲權也。然使以湯武或孔子處比干、箕子之位，必不終於囚死，當廢紂而立微子矣。聖人無死地，邵康節之言精矣。○霍光雖異姓，然其權已在貴戚之卿之右。況當時貴戚諸侯王皆不得預朝權，光安得以異姓之卿自諉乎。

孟子集註大全卷之十終

孟子集註大全卷之十一 三魚堂讀本❶

告子章句上

凡二十章勿軒熊氏曰：「首章至六章，言性。七章至十九章，言心。末章，言學。」

告子曰：「性，猶杞柳也。義，猶桮棬也。以人性爲仁義，猶以杞柳爲桮棬。」桮，音杯。棬，丘圓反。

性者，人生所稟之天理也。杞柳，柜居旅反。柳。桮棬，屈木所爲，若卮匜音移。之屬。朱子曰：「桮棬，似今棬杉台子。杞柳，恐是今做合箱底柳，北人以此爲箭，謂之柳箭，即蒲箭也。」告子言人性本無仁義，必待矯揉人九反。而後成，如荀子性惡之説也。《荀子·性惡篇》：「人之性惡，其善者僞也。」○朱子曰：「告子只是認氣爲性，見得性有不善，須拗他方善。」○新安陳氏曰：「義，猶桮棬也，義上脱一仁字。」○魯齋王氏曰：「朱子釋性字，指性之全體而言，不是解告子所言之性。」附《蒙引》：「矯揉」：矯者，矯曲而使之直；揉者，揉直而使之曲。○「以人性爲仁義，猶以杞柳爲桮棬」，病在「爲」字上。○邪説、暴行二者，相依以行，凡有暴行，必有邪説。當時既有性惡之論，則世道可知矣。故臣弑其君，子弑其父，殺人盈城，殺人盈野，皆恬然不以爲怪，可見學術之關繫世道不細也。

孟子曰：「子能順杞柳之性而以爲桮棬乎，將戕賊杞柳而後以爲桮棬也？如將戕賊杞柳而以爲桮棬，則亦將戕賊人以爲仁義與？率天下之人而禍仁義者，必子之言夫。」戕，音牆。與，平聲。夫，音扶。

❶「之」，原無，今據全書體例補。

言如此，則天下之人皆以仁義爲害性而不肯爲，是因子之言而爲仁義之禍也。

朱子曰：「杞柳必矯揉而後爲桮棬，性非矯揉而爲仁義。孟子辯告子數處，皆是辯倒著告子便休，不曾説盡道理。」○南軒張氏曰：「人之爲仁義，乃其性之本然。自親親而推之，至於仁不可勝用，自長長而推之，至於義不可勝用，皆順其所素有而非外之也。若違乎仁義，則爲失其性矣。而告子乃以人性爲仁義，則是性别爲一物，以人爲矯揉而爲仁義，其失豈不甚乎？」○慶源輔氏曰：「不言戕賊人之性，而言戕賊人者，人之所以爲人者，性也。」○西山真氏曰：「告子之説，蓋謂人性本無仁義，必用力而强爲，若杞柳本非桮棬，必矯揉而後就也，何其昧於理耶。夫仁義，即性也。告子乃曰『以人性爲仁義』，如此則性自性，仁義自仁義也，其可乎？夫以杞柳爲桮棬，必斬伐之，屈折之，乃克有成。若人之爲仁義，乃性之所固有。孩提皆知愛親，即所謂仁，及長皆知敬兄，即所謂義，何勉强矯揉之有？使告子之言行，世之人必曰『仁義乃戕賊人之物』，將畏憚而不肯爲，是率天下而害仁義，其禍將不可勝計，此孟子所以不可不辯也。」○雙峰饒氏曰：「性者，人所禀之天理，天理即是仁義。順此性行之，無非自然，元無矯揉。《集註》解性字，是朱子指性之本體而言，不是解告子所言之性。『禍仁義』，與楊墨充塞仁義相似。」附《淺説》：子能順杞柳之性而以爲桮棬乎？必將戕賊杞柳而後以爲桮棬也。○《蒙引》：性者，有生之心也。是心也，天地之心也。天地以生物爲心，而所生之物因各得夫天地生物之心以爲心，此所以爲性善也，即所謂「仁，人心也」。○孟子之論性善，其辯甚力。蓋此一字差，則天下之事皆廢矣。堯舜之精一執中，亦只是性善上事。成湯云「惟皇上帝，降衷于下民，若有恒性」，即「天命之謂性也」。性善之説，有自來矣。此性既是善，然後君師之道可舉，以賞善而罰惡，抑邪而扶正，而天下之事可從而理矣。若説性惡，或性善惡混，則世間凡不仁不義、無父無君之事，何所不可爲哉？此孟子所以諄諄於此，正所謂「爲天地立心，爲生民立命」也。

○告子曰：「性猶湍水也，決諸東方則東流，決諸西方則西流。人性之無分於善不善也，猶水之無分於東西也。」湍，他端反。

湍，波流瀠音螢。回之貌也。告子因前説而小變之，慶源輔氏曰：「告子本以氣爲性，此説亦然，故曰因前説。但前説以性爲惡，必矯揉而後可爲善，而此説則以性爲本無善惡，但可以爲善，可以爲惡耳，此其爲小變也。」近於楊子善惡混之説。《楊子・脩身篇》：「人之性也善惡混，脩其善，則爲善人，脩其惡，則爲惡人。氣也者，所適善惡之馬歟？」○朱子曰：「告子以善惡皆性之所無而生於習，楊子以善惡皆性之所有而成於脩，亦有小異，故曰近。」《通考》仁山金氏曰：「近於楊子，《集註》謂『近於楊子之説』，蓋告子之説又虚於楊子也。」附《蒙引》：告子之言，以性無定體，可善亦可惡。孟子之言，以性有定體，有善而無惡。其曰「人無有不善」，此章之要指也。

孟子曰：「水信無分於東西，無分於上下乎？人性之善也，猶水之就下也。人無有不善，水無有不下。

言水誠不分東西矣，然豈不分上下乎？性即天理，未有不善者也。朱子曰：「觀水之流而必下，則水之性可知；觀性之發而必善，則性之韞善亦可知矣。」附《蒙引》：「人無有不善，水無有不下」，人皆以爲又是一重意，非也。上文所謂「人性之善也，猶水之就下也」者，正以其「人無有不善，水無有不下」耳。「水無有不下」者，自然之性也。決之東西而東西者，人爲有以導之也。孟子所答，去了湍字。○朱子小注曰「觀水之流而必下，則水之性可知；觀性之發而必善，則性之本善亦可知矣」，於孟子本意，又添一種，蓋泥「就下」字面而得。然孟子本文，上句只云「人性之善」，未嘗言人性之發善也，蓋不必泥。○「人無有不善」，據本然之性言，所謂順之而無不善。順字，因下文反字意照出，此句且莫用順字。

今夫水，搏而躍之，可使過顙，激而行之，可使在山。是豈水之性哉？其勢則然也。人之可使爲不善，其性亦猶是也。」夫，音扶。搏，補各反。

搏，擊也。躍，跳也。顙，額也。水之過額、在山，皆不就下也。然其本性未嘗不就下，但爲搏擊所使而逆其性耳。謝氏曰：

「如水之就下，搏擊之非不可上，但非水之性。」○此章言性本善，故順之而無不善。本無惡，故反之而後爲惡。新安陳氏曰：「『反之』，猶云逆之，與張子所謂『善反之』不同，彼乃復之之謂。」非本無定體，而可以無所不爲也。南軒張氏曰：「伊川先生云：『荀子之言性，杞柳之論也；楊子之言性，湍水之論也。』蓋荀子謂人之性也，以仁義爲僞，而楊子則謂人之性善惡混，脩其善則爲善人，脩其惡則爲惡人故也。告子不識大本，故始譬性爲杞柳，謂以人性爲仁義。今復譬性爲湍水，謂無分於善不善。夫無分於善不善，則性果爲何物耶？論真實之理，而委諸茫昧之地，其所害大矣。善乎孟子之言曰『人無有不善，水無有不下』，可謂深切著明矣。」○西山真氏曰：「水之性，未嘗不就下。雖搏擊之，可暫違其本性，而終不能使不復其本性。人之爲不善者，固有之矣。所以然者，往往爲物欲所誘，利害所移，而非其本然之性也。故雖甚愚無知之人，詈之以惡逆，斥之以盜賊，鮮不變色者。至於見赤子之入井，則莫不怵惕而救之。朱子章旨，數言盡之矣。」○新安倪氏曰：「先師謂『當看《集註》本性之本字』，雲峰謂『須看《集註》定體二字』。水之定體，無有不下；性之定體，無有不善。可使過顙、在山，爲不善，三使字皆非定體。竊謂本性者，本然之性。定體，即此性本然之定體也。若有使之者，則出於人力之所爲，而非此性本然之定體矣。貫三先生之説而一之，於本字、定體字皆能著眼，則朱子釋孟子之深意可見矣。」○東陽許氏曰：「告子謂性本無善惡，但可以爲善，可以爲惡，在所引者如何爾，故以水無分東西爲喻。孟子亦就其水以喻之，謂性之必善，譬猶水之必下。告子所謂決之者，人爲之也，非其自然之性也。若人欲拂水之性，甚至可使逆行，況東西乎？人之爲善，順其本性也；水之就下，順其本性也。」附《蒙引》：既曰「人無有不善」，而又曰「今夫水」云云者，以天下自有惡者一脚，須着如此解破。○《存疑》：「『其性亦猶是也』，言『人之可使爲不善』，蓋其性爲人所逆，亦猶水爲搏激所使而過顙在山也。」

○告子曰：「生之謂性。」

生，指人物之所以知覺運動者而言。朱子曰：「生之謂性，只是就氣上説得。蓋謂人也有許多知覺運動，物也有許多知覺運動，人物只一般。却不知人所以異於物者，以其得正氣，故全得許多道理，如物則氣昏而理亦昏了。」○生之謂氣，生之理之謂性。○問：「氣出於天否？」曰：「性與氣皆出於天，性只是理，氣則已屬於形象。性之善固人所同，氣便有不齊處。」○物也有這性，只是稟得來偏了，這性便也隨氣轉了。○慶源輔氏曰：「人物之生，則有知覺，能運動。死則無知覺，不能運動也。」○雙峰饒氏曰：「生，活也。其所以能知覺運動，爲是個活底物事。有生之初，稟得天地之生氣，所以有這活底在裏面。告子是見得這氣，不曾見得這理。蓋精神魂魄之所以能知覺運動者，屬乎氣；其所得於天以爲仁義禮智之性者，則屬乎理。告子認氣爲性，故云生之謂性。」問：「知覺運動何分？」曰：「總言之，都是精神；分言之，則知覺屬心，運動屬身。」**告子論性，前後四章語雖不同，然其大指不外乎此，**問：「子以告子論性數章，皆本乎『生之謂性』之一言，何也？」朱子曰：「告子不知性之爲理，乃即人之身而指其能知覺運動者以當之，所謂生者是也。始而見其但能知覺運動，非教不成，故有杞柳之譬。既屈於孟子之言，而病其説之偏於惡也。又爲湍水之喻，以見其但能知覺運動，而非有善惡之分。又以孟子未喻己之意也，遂於此章極其立論之本意而索言之。至於孟子折之，則其説又窮，而終不悟其非也。其以食色爲言，蓋猶生之云爾，而公都子之所引，又湍水之餘論也。以是考之，凡告子之論性，不外乎『生』之一字明矣。」「然則告子固指氣質而言歟？」曰：「告子所謂性，固不離乎氣質，然未嘗知其爲氣質，而亦不知其有清濁賢否之分也。」**與近世佛氏所謂「作用是性」者略相似。**朱子曰：「禪家説如何是佛，曰『見性成佛』，如何是性，曰『作用是性』。蓋謂目之視、耳之聽、手之執捉、足之運奔皆性也，只説得箇形而下者。且如手能執捉，若執刃胡亂殺人，亦可爲性乎？」《通考》仁山金氏曰：「佛氏之説，比告子又精神，然佛氏妙處在此，差亦在此。蓋指視聽言動之氣爲性，而不知所以視聽言動之理爲性也。指人心爲性，而不知道心爲性也。雖其主於收攝，作弄精神，而顛倒錯繆，終不可以入堯舜精一執中之道。」附《蒙引》：生，指人物之所以知覺運動而言，依大文講可，且未露出人物字以起下文。○《存疑》：生，不是人物之知覺運動，乃人物所以知覺運動也。

孟子曰：「生之謂性也，猶白之謂白與？」曰：「然。」「白羽之白也，猶白雪之白；白雪之白，猶白玉之白與？」曰：「然。」與，平聲，下同。

白之謂白，猶言凡物之白者，同謂之白，更無差初加、楚宜二切。別必列反。也。「白羽」以下，新安陳氏曰：「白羽至輕之白與白雪不堅之白、白玉堅潤之白，質本不同。」孟子再問，而告子曰「然」，則是謂凡有生者，同是一性矣。附《蒙引》：告子謂生之謂性，是混人物在其中，而不及省夫人物之不同處。孟子一聞其説，便覺人物自是不同，如此説不得，胸中便自有「犬之性猶牛之性，牛之性猶人之性」一段説話了。故先難之曰「生之謂性也云云白與」，是依他立説之本旨爲辭，故告子爲然。繼之曰「白羽之白云云白與」，告子於此若以爲不然，則不得謂「生之謂性」矣。若以爲然，則犬之性、牛之性猶人之性矣。故朱子於「猶白之謂白與」一條，便注云「則是凡有生者，同是一性矣」，即下文云云也。講本文不可於此處就依注貼，須要起得下文。○白羽之白、白雪之白、白玉之白以質言，與犬之性、牛之性、人之性不必同，而趙氏悳以爲「羽性輕、雪性消、玉性堅」者，泥矣。新安陳氏之説自明白。

然則犬之性猶牛之性，牛之性猶人之性與？」

孟子又言，若果如此，則犬牛與人皆有知覺，皆能運動，其性皆無以異矣。於是告子自知其説之非，而不能對也。朱子曰：「犬、牛、人之形氣既具，而有知覺、能運動者，生也。有生雖同，然形氣既異，則其生而有得乎天之理亦異。蓋在人則得其全而無有不善，在物則有所蔽而不得其全，是乃所謂性也。今告子曰『生之謂性』，如『白之謂白』，而凡白無異白焉，❶則是指形氣之生者以爲性，而謂人物之所得於天者亦無不同矣。故孟子以此詰之，而告子理屈詞窮，不能復對也。」○勉齋黄氏曰：「告子既不知性與氣之分，而直以氣爲性，又不知氣或不齊，性因

❶「凡白」下，《晦菴集》有「之白」二字。

有異，而遂指凡有生者以爲同。是以孟子以此語之，而進退無所據也。」《通考》趙氏悳曰：「羽性輕，雪性消，玉性堅，雖俱白而性不同。」孫奭疏：「犬之性，金畜也，故其性守；牛之性，土畜也，故其性順。」附《蒙引》：「然則犬之性猶牛之性，牛之性猶人之性與」，此所謂性，是孟子之所謂性耶，告子之所謂性耶？曰：是雖承告子之言，其實反告子之意，蓋歸於孟子之所謂性也。只看與字可知，明其不然也，謂犬、牛與人之性不同也。既不同，則是孟子之所謂性無疑矣。○「犬之性猶牛之性」，此語只是牽過一步，以起下句。觀大注一則曰「犬牛與人」，二則曰「仁義禮智之稟，豈物之所得而全哉」，皆不暇區別犬牛之不同處可見，然其實萬物之性各自散殊，此又在所當知。○愚按：性者，人之所得於天之理也；生者，人之所得於天之氣也。性，形而上者也；氣，形而下者也。朱子曰：「形而上者，一理渾然，無有不善；形而下者，則紛紜雜揉，善惡有所分矣。」○新安陳氏曰：「《易大傳》曰：『形而上者謂之道，形而下者謂之器。』上字，上聲讀。有形以上，便是無形之理，性即理也；有形以下，便是有形之器，氣有形者也。」人物之生，莫不有是性，亦莫不有是氣。然以氣言之，則知覺運動，人與物若不異也；以理言之，則仁義禮智之稟，豈物之所得而全哉？此人之性所以無不善，而爲萬物之靈也。雲峰胡氏曰：「《大學》、《中庸》首章《或問》皆以爲人物之生理同而氣異，而此則以爲氣同而理異，何也？朱子嘗曰：『論萬物之一原，則理同而氣異；觀萬物之異體，則氣猶相近而理絶不同。氣之異者，粹駁之不齊；理之異者，偏全之或異也。』嘗因是而推之，蓋自大本大原上説，大化流行賦予萬物，何嘗分人與物？此理之同也。但人得其氣之正且通者，物得氣之偏且塞者，此氣之異也。人物既得此氣以生，則人能知覺運動，物亦能知覺運動，此又其氣之同也。然人得其氣之全，故於理亦全，物得其氣之偏，故於理亦偏，則人與物又不能不異矣。理同而氣異，是從人物有生之初説；氣同而理異，是從人物有生之後説。朱子之説精矣。」告子不知性之爲理，而以所謂氣者當之，是以杞柳湍水之喻，食色無善無不善之説，縱將容反。橫繆靡幼反。戾，紛紜舛尺兗反。錯，而此章之誤乃其本根。所以然者，蓋徒知知覺運動之蠢然者，人與物同，而不知仁義禮智之粹然者，人與物異也。孟子以是折之，其義精矣。朱子曰：「氣相近，如知寒暖、識飢飽、好生惡死、趨利避害，人與物都一般；理不同，如蜂蟻之君臣，只是他義上有一點明，虎狼之父子，只是仁上有一點明，其他更推不去。」○論人與物性之異，固由氣稟之不同，但究其所以然者，却是因其氣稟之不同，而所賦之理固亦有異。所以孟子分別犬之性、牛之性、人之性有不同者，而未嘗言犬之氣、牛之氣、人之氣不同也。○此章乃告子迷繆之本根，孟子開示之要切。蓋知覺運動者，形氣之所爲；仁義禮智者，天命之所賦。學者於此，正當審其偏正全闕，而求知所以自貴於物。不可以有生之同，反自陷於禽獸，而不自知己性之大全也。○勉齋黃氏曰：「夫性者，人物所得乎天之理也，仁義禮智之屬是也；生者，人物所得乎天之氣也，有知覺而能運動者是也。性者，萬物之一原，有生之類各得於天，固無少異；但所稟之氣，則或值其清濁美惡之不齊，故理之所賦，不能無開塞偏正之異，此人物之所以分也。然以氣而言，則所稟雖殊，而其所以爲知覺運動者反無甚異；以理而言，則其本雖同，而人之有是四端，所以爲至靈至貴者，非庶物之可擬矣。告子之學，不足以知此，但見其蠢然之生即以爲性，而又謂凡得此者無有不同，則是不惟不知性，亦不知氣。不惟觀於外者，亂於人獸之別，而其反於身者，亦昧於天理、人欲之幾矣。」○雙峰饒氏曰：「人説孟子論性不論氣，若以此言觀之，未嘗不論氣也。」**附**《蒙引》：按朱子曰：「性，形而上者也；氣，形而下者也。人物之生，莫不有是性，亦莫不有是氣。」如此等語，理、氣二者對舉並言，全似兩物，然究竟其實，如曰「性，形而上者也」，所以必帶形言者，厥有旨哉。其先言「莫不有是性」，而後言「莫不有是氣」者，蓋尊理也。亦如《易大傳》先言「形而上者謂之道」，然後言「形而下者謂之器」也。雖先言道，然究其實則曰「一陰一陽之謂道」，道不外乎陰陽也。

○告子曰：「食色，性也。仁，內也，非外

也；義，外也，非内也。」

告子以人之知覺運動者爲性，故言人之甘食悦色者即其性。故仁愛之心生於内，而事物之宜由乎外，學者但當用力於仁，而不必求合於義也。朱子曰：「告子先云『仁義猶桮棬』，其意本皆以仁義爲外，皆不出於本性。既得孟子説，方略認仁爲在内，亦不以仁爲性之所有，但比義差在内耳。」○告子以生於愛者爲仁，故曰内；以其制是非者爲義，故曰外。○南軒張氏曰：「食色固出於性，然莫不有則焉。告子舉物而遺其則，其説行，天理不行而人欲莫遏矣。」○慶源輔氏曰：「人之甘食者，知其食之美而甘之也；悦色者，知其色之美而悦之也。知即知覺也，甘與悦即運動也。」○雙峰饒氏曰：「告子雖知以仁爲内，而不知愛是情，仁是性。愛未便是仁，愛之理是仁。今便指愛爲仁，已是不識性了。如義則是心之制、事之宜，事之宜者雖在彼，而其所以裁制而得其宜者全自在我。若非我有箇義，如何處得物？告子認以爲外，可謂全無見識矣。觀告子前面數章之意，則謂性中仁義都無，到這裏又却有仁而無義，皆是遁辭。」○雲峰胡氏曰：「告子所謂『仁内義外』者，皆自食色説來。以食色爲性，言性既粗，故言仁義亦粗。甘食悦色，是自家心裏愛那食色。愛便屬仁，便是仁愛之心生於内。至若食色却有可愛者、有不可愛者，則是事物之宜由乎外。」○附《蒙引》：《語類》亦以食色入仁義説，看大注一「故」字，但不可局限如此説。如下文所謂「吾弟則愛之」，「長楚人之長」，都説得仁内義外意，須活看。雲峰之説亦是，但欠活。食色，特知覺運動之兩端。○仁者，心之德，愛之理。而告子只以心之愛爲仁，德字、理字都無了，此正是以生爲性一類。義者，心之制，事之宜。而告子只以事之宜爲義，心之制都無了。蓋事物之宜雖若在外，而事物之所以得其宜，則不在外也。○《存疑》：義外之説固非，其所謂仁，亦其粗者，未必是。

孟子曰：「何以謂仁内義外也？」曰：「彼長而我長之，非有長於我也。猶彼白而我白之，從其白於外也。故謂之外也。」長，上聲，下同。

我長之，我以彼爲長也；我白之，我以彼

爲白也。朱子曰：「告子不知辨别那利害處，正是本然之性。所以道彼長而我長之，蓋謂我無長彼之心，由彼長故不得不長之，所以指義爲外也。」附《存疑》：告子因孟子仁内義外之辯，見得敬長義也。又以長來立言，謂因彼之長而我方去長之，原非有長之之心在我也。猶彼白而我方去白之，從其白於外，非有白之之心於我也。告子只是就長上認義，却不就長之上認，故以爲在外。

曰：「異於白馬之白也，無以異於白人之白也。不識長馬之長也，無以異於長人之長與？且謂長者義乎，長之者義乎？」與，平聲，下同。

張氏曰：「上『異於』二字疑衍。」李氏曰：「或有闕文焉。」愚按：白馬、白人，所謂「彼白而我白之」也。長馬、長人，所謂「彼長而我長之」也。白馬、白人不異，而長馬、長人不同，是乃所謂義也。義不在彼之長，而在我長之之心，則義之非外明矣。朱子曰：「白馬、白人，我道這是白馬、這是白人，言之則一。若長馬、長人則不同，長馬則是口頭道箇老大底馬，若長人則是敬之之心發於中，從而敬之，所以謂義内也。」○慶源輔氏曰：「人孰以長人之心長馬乎？其所以然者，乃吾心之義有不同耳，義蓋隨事之宜而裁之也。」《通考》仁山金氏曰：「按：告子以『彼白而我白之』，喻『彼長而我長之』。孟子謂此二字不同，不可引此以爲喻，故曰異。又因謂於白馬之白、白人之白，同可謂之白，若長馬之長與長人之長，豈可同以爲長乎？是詆其以白喻長之爲異也。然後正問之曰『長者義乎，長之者義乎』，則長之之心須在内也。王文憲曰：『只此一句分曉。』」附《蒙引》：「白馬之白，無以異於白人」至「長之者義乎」，言汝以白比長，終是比不得。更有一説，汝以長者爲義乎，長之者爲義乎？據本文，當有兩節意。○告子以白喻長，孟子承而荅之，以爲白無不同，長則有不同，即其不同處，便是心之制，乃所謂義也，義不在内乎。且汝所謂「彼長而我長之」，以爲義在外，不知汝是以長者爲義乎，以長之者爲義乎？如以長者爲義，則義可爲在外；若以長之者爲義，則義非外矣。○《語類》：「如著白衣服底人，我道這人是著白。」○顧麟士曰：「『且謂長者』二句，惟《存疑》兼長人、長馬言；《蒙引》、《淺説》、《達説》，俱專就長人言。」

曰：「吾弟則愛之，秦人之弟則不愛也，是以我爲悦者也，故謂之内。長楚人之長，亦長吾之長，是以長爲悦者也，故謂之外也。」

言愛主於我，故仁在内；敬主於長，故義在外。附《存疑》：「吾弟則愛之」條，是再申義外之説，必帶仁内説，是欲因以闡義之在外耳。○告子總在長上認，而遺長之一邊。○《蒙引》：「吾弟則愛之，秦人之弟則不愛」，言强不得我之愛也；「長楚人之長，亦長吾之長」，言没不得人之長也。

曰：「耆秦人之炙，無以異於耆吾炙。夫物則亦有然者也，然則耆炙亦有外與？」耆，與嗜同。夫，音扶。

言長之、耆之，皆出於心也。林氏曰：「告子以食色爲性，故因其所明者而通之。」南軒張氏曰：「長則同，而待吾之長與待楚人之長固有閒矣。其分之殊，即所謂義也。觀其義外之説，固爲不知義矣。不知義，則其所謂仁内者，亦烏知仁之所以爲仁哉？」○慶源輔氏曰：「炙在外，而耆之者在我；長在外，而長之者在我，初無異也。告子所明者食色，故取譬於耆炙，因其所明，通其所蔽，亦納約自牖之意也。」《通考》仁山金氏曰：「孟子正當曰長楚人之長，果亦猶長吾之長乎？❶是必有差等矣。且謂以長爲悦，則是長長則慊於吾心也，則悦豈在外歟？今乃以耆秦人之炙，對長楚人之長，是蓋因其食色之好，非有秦楚之分，以指其非外也。其實上文『長之者義乎』，已盡之矣。」○東陽許氏曰：「孟子就其白字、長字，明其白不可譬長，而長、馬不可同，則所謂義内者，可不言而喻。告子猶不悟，重以内外爲言。於是借耆炙以爲喻，謂美味雖在炙，而耆之者乃自内出，對上『長楚人之長』説，物則指炙而言，謂豈獨於人爲然，物亦有如此者。以耆之之心比長之之心，則可見義之在内無疑矣。」附《蒙引》：長楚人之長，亦長吾之長，人固有然者；嗜秦人之炙，亦嗜吾炙，物亦有然者。炙固在外矣，然而嗜炙亦有外歟？炙在外，而嗜之則在内；長在外，而長

❶「果」，原作「裹」，今據金履祥《孟子集註考證》改。

之則在內，義不在外明矣。〇《存疑》：就長楚人之長與長吾之長，亦自有差等，此可見義之在內處。但孟子姑即其所明者而通之，且不及此。〇《蒙引》：究竟彼白而我白之，亦可見義之在內。但告子不察，孟子亦未暇與辯，此以就白上說，意頗晦爾。〇義者，事之宜，以處得其宜者言，非全據事言也。若全據事言，則義外矣。故朱子於「義，人路也」下云「義者，行事之宜」，加一行字，尤見謹慎。〇自篇首至此四章，告子之辯屢屈而屢變其說以求勝，卒不聞其能自反而有所疑也。此正其所謂「不得於言，勿求於心」者，所以卒於鹵音魯。莽莫補、莫厚、母黨三反。而不得其正也。雲峰胡氏曰：「夫子嘗曰『義以方外』，夫義所以裁制其在外者，而非在外也。告子義外之說，孟子所以深闢之。」

〇孟季子問公都子曰：「何以謂義內也？」

孟季子，疑孟仲子之弟也。蓋聞孟子之言而未達，故私論之。

曰：「行吾敬，故謂之內也。」

所敬之人雖在外，然知其當敬而行吾心之敬以敬之，則不在外也。附《蒙引》：此即上章「義不在彼之長，而在我長之之心」之意。蓋當時「彼長而我長之」之說，公都子與季子皆熟聞之，故公都子亦即就敬長一端以發孟子之意。

「鄉人長於伯兄一歲，則誰敬？」曰：「敬兄。」「酌則誰先？」曰：「先酌鄉人。」「所敬在此，所長在彼，果在外，非由內也。」長，上聲。

伯，長也。酌，酌酒也。此皆季子問，公都子答，而季子又言如此，則敬長之心，果不由中出也。《通考》慶源輔氏曰：「季子因公都子之言，而復疑敬雖在內而長在外，故以伯兄、鄉人爲問，而曰『所敬在此，所長在彼』，則敬長之心果不由中出也。」附《淺說》：「『鄉人長於伯兄一歲則誰敬？』曰：『敬兄。』」蓋敬以親疎爲厚薄，況鄉人長於吾兄又不多乎？「曰：『酌則誰先？』曰：『先酌鄉人。』」蓋酌以年齒爲先後，況鄉人又爲外賓乎？〇《蒙引》：「所敬在此」，庸敬也；「所長在彼」，亦斯須之敬也。不可太泥敬與長之别。故大注曰「敬長之心」云云。○此處公都子就可答之所敬在此，所長在彼，因時制宜，不在我乎，而義内之説明矣。公都雖得孟子之大旨，而未深得孟子之精意，不能如孟子之雄辯，故不能答。

公都子不能答，以告孟子。孟子曰：「敬叔父乎？敬弟乎？彼將曰：『敬叔父。』曰：『弟爲尸，則誰敬？』彼將曰：『敬弟。』子曰：『惡在其敬叔父也？』彼將曰：『在位故也。』子亦曰：『在位故也。庸敬在兄，斯須之敬在鄉人。』」惡，平聲。

尸，祭祀所主以象神。雖子弟爲之，然敬之當如祖考也。在位，弟在尸位，鄉人在賓客之位也。庸，常也。斯須，暫時也。言因時制宜，皆由中出也。趙氏曰：「『因時制宜』，所謂義也。況叔父之當敬，此理之常。若弟在尸位，則祭時暫當裁以視如祖考之義而敬弟；鄉人在賓位，則宴時暫當裁以尊賓之義而敬鄉人，此皆暫時之敬耳。或常或暫，因時而義制其宜，皆本然吾心爾。故曰：『由中出也。』」附《存疑》：「所敬在此，所長在彼」，以鄉人在位故也。此處就可説「庸敬在兄，斯須之敬在鄉人」，但公都子不能。孟子「弟爲尸」之難，正欲得他「在位」一句而因以解之。在他人必於此就説了，孟子不然，又設事之相似者引起他而因以解之。此是他義理爛熟，多設事證，亦欲其理之愈明耳。○「庸敬在兄」二句，是解「所敬在此」二句。言「所敬在此」者，常時之敬在兄也；所長在彼者，暫時之敬在鄉人也。

季子聞之，曰：「敬叔父則敬，敬弟則敬，果在外，非由内也。」公都子曰：「冬日則飲湯，夏日則飲水，然則飲食亦在外也。」

此亦上章耆炙之意。雲峰胡氏曰：「《集註》以爲此亦耆炙之義者。炙在外，而耆之在乎心；水與湯在外，而斟酌其可飲、不可飲在乎心。然則事物之宜在乎外，而所以斟酌事物之宜則在乎心也。」○范氏曰：「二章問答，大指略同，皆反覆譬喻以曉當世。使明仁義之在内，則知人之性善，而皆可以爲堯舜矣。」慶源輔氏曰：「若以義爲外，則便於性之本體偏枯了，安能知人性之本善？既不知人性之本善，則豈能知人皆可以爲堯舜哉？」○潛室陳氏曰：「禮敬之義在外，如叔父、如弟、如鄉人，皆指外而言，故告子以義爲外。然敬之所施雖在外，而所以行吾敬處却在内。如當敬叔父時則敬叔父，當敬弟時則敬弟，當敬鄉人則敬鄉人，所以權其事宜而爲之差别者，則此理之權度，未嘗不在吾心。故公都子以此折之，其辭簡而理勝，所謂不迫切而意已獨至也。」○新安陳氏曰：「《集註》於此又提挈綱領以示人，仁義性也，堯舜性與人同，但能盡其性耳。人惟性善，故皆可以爲堯舜也。」《通考》朱氏公遷曰：「此即事理之中，主乎行敬而言之。以仁義禮智並言之，則敬屬禮；以仁義自相對而言之，則愛屬仁，而行吾敬者屬乎義也。又敬之發見屬乎禮，敬所當敬屬乎義。」附《蒙引》：同一「敬叔父則敬，敬弟則敬」也，但季子所認則叔父與弟字重，孟子、公都子之説則敬字重，敬出於吾也。季子之説，是謂吾之敬由叔父與弟而生也；孟子之説，是謂吾之敬施之與叔父與弟也。如天平稱物，一是按下此一頭而彼勢輕，一是按下彼一頭而此勢重，畢竟有個定理所在。○大注「此亦上章嗜炙之意」，皆因其所明而通之。但上章是承食色言，此章無所承，但亦季子之所明者也。○《存疑》：要知季子總是就長上認，而遺長之一節爾。

○公都子曰：「告子曰：『性無善無不善也。』

此亦「生之謂性」、「食色性也」之意。新安陳氏曰：「只認能知覺運動、甘食悦色者即爲性，而任意爲之，無所謂善惡。」近世蘇氏、胡氏之説蓋如此。新安陳氏曰：「蘇東坡論性，謂：『自堯舜以來至孔子，不得已而曰中、曰一，未嘗分善惡言也。自孟子道性善，而一與中支矣。』胡文定公論性，謂：『性不可以善言，纔説善時，便與惡對，非本然之性矣。孟子道性善，只是贊歎之辭，説好個性，如佛言善哉善哉。』五峰論性云：『凡人之生，粹然天地之心，道義全具，無適無莫，不可以善惡辨，不可以是非分。』」

或曰：『性可以爲善，可以爲不善。是故文武興，則民好善；幽厲興，則民好暴。』好，去聲。

此即湍水之説也。新安陳氏曰：「謂性可善可惡，惟上所導。如湍水可東可西，惟人所決也。」

或曰：『有性善，有性不善。是故以堯爲君而有象，以瞽瞍爲父而有舜，以紂爲兄之子且以爲君而有微子啓、王子比干。』

韓子性有三品之説蓋如此。韓子《原性》篇：「性也者，與生俱生也；情也者，接於物而生也。性之品有三，而其所以爲性者五；情之品有三，而其所以爲情者七，何也？曰：性之品有上中下三。上焉者，善焉而已矣；中焉者，可導而上下也；下焉者，惡焉而已矣。」○朱子曰：「韓子三品之説，只説得氣，不曾説得性。」○此章三者雖同説氣質之性，然兩「或曰」之説猶知分辨善惡，惟「無善無不善」之説最無狀。❶他就此無善無惡之名渾無分別，雖爲善爲惡總無妨也，與今世不擇善惡、顛倒是非而稱爲本性者，何以異哉？○陳氏曰：「韓子謂人之所以爲性者五，曰：仁、義、禮、智、信。此語似看得性字端的，但分爲三品又差了。三品只説得氣稟，然氣稟不齊或相什百千萬，豈但三品而已哉？」《通考》徐氏溍生曰：「『性猶杞柳也』，謂人性本無仁義，必待矯揉而後成，是即荀子性惡之説，故曰『如』。『性猶湍水也』，告子以善惡皆性之所無而生於習，楊子以善惡混皆性之所有而成於脩，故曰『近』。『生之謂性』，指人物之所以知學運動者而言，❷有似乎佛氏作用是性之説。然釋氏之言，又遮周無畔崖，故曰『略相似』者，言大體相類也。胡氏之言云『凡人之性不可以善惡辨，不可以是非分』，蘇氏論性『自堯舜至孔子不得已而命之，且寄之曰中，❸未嘗分善惡言』，是亦告子『性無善無不善也』，故曰『蓋如此』。」按此文，則微子、比干皆紂之叔父，而《書》微子爲商王元子，疑此或有誤字。附《蒙引》：「性無善無不善」，謂全不可以善惡名也。「性可以爲善，可以爲不善」，謂性無善惡，習而後有善惡也。「有性善，有性不善」，謂有等從來是善，有等從來是惡。三説俱以明不可專謂性善，以碍孟子之説也。

---

❶「狀」，原作「然」，今據哈佛本改。
❷「學」，疑當作「覺」。
❸「且」，據《朱子語類》當作「曰一」，屬上讀。

今曰『性善』，然則彼皆非與？」孟子曰：「乃若其情，則可以爲善矣，乃所謂善也。與，平聲。

乃若，發語辭。慶源輔氏曰：「先儒皆訓若爲順，言順其本然之情，則無不善。恐不必如此説。蓋情自善，不待順之而善也。且此『乃若』，正與下文『若夫』字相對，故斷以爲『發語辭』。」情者，性之動也。人之情，本但可以爲善而不可以爲惡，則性之本善可知矣。朱子曰：「性不可説，情却可説，所以告子問性，孟子却答他情。蓋謂情可爲善，則性無有不善，所謂四端者，皆情也。仁是性，惻隱是情也。惻隱是仁發出來的端芽，如一箇穀種相似，穀之生是性，發爲萌芽是情也。所謂性，只是那仁、義、禮、智四者而已。」○北溪陳氏曰：「在心裏未發動底爲性，事物觸著便發動出來底是情。這動底只是就性中發出來，不是別物。情之中節，是從本性發來便是善；其不中節，是感物欲而動，不從本性發來，便有不善。」○慶源輔氏曰：「情只是性之動，因其情之善而可以知其性之本善。若程子謂『天下之理，原其所自，無有不善。喜怒哀樂未發，何嘗不善；發而中節，亦何往而不善』，此則又因其性之善，而知其情之無不善也。」○新安陳氏曰：「性渾然全體在中，未發無形象可見，動而爲情方可見耳。仁、義、禮、智之性，動而爲惻隱、羞惡、辭遜、是非之情，所謂本但可爲善而不可爲惡者也。因其情之善而可知其性之本善，蓋遡其流而知其源也。如水之初流出尚清，則可知其未流之先清也必矣。此『乃若其情』至『乃所謂善也』，已包下文『惻隱之心』至『我固有之也』之意，下文乃盡發此意耳。」附《蒙引》：「則可以爲善矣」，此「善」字説情；「乃所謂善也」，説性。○此「以爲」字，只如「謂之」相似，與《中庸》「不可以爲道」之「以爲」字同。蓋情是無意發出者，不可謂情去爲善也。《集註》云「本但可以爲善而不可以爲惡」，「以爲」字俱當如此認。○性既是善，則「無善無不善」之説非矣。性「本但可以爲善」，則所謂「可以爲善可以爲不善」之説非矣。人性既皆善，則所謂「有性善有性不善」之説非矣。○《存疑》：孟子言性而言情，所謂「天下之言性也，則故而已」者也。謂性蘊於中而難知，情發於外而可見，乃若人之情本初可以爲善，而不可以爲惡。情者，性之動也，情善則性善可知矣，所以謂性善也。

情本可爲善，若夫人之爲不善則非情矣，爲何？或者歸咎夫才，謂人情本可以爲善，今不能者，是他才弱發不出也。不知人有是性，則有是才，豈有才弱發不出之理？乃是汨於物欲而喪其才爾，故曰「非才之罪也」。

若夫爲不善，非才之罪也。夫，音扶。

才，猶材質，人之能也。人有是性，則有是才，性既善，則才亦善。人之爲不善，乃物欲陷溺而然，非其才之罪也。問：「才是以其能解作用底說，材質是合形體說否？」朱子曰：「是兼形體說，如說才料相似。」○問才與材字之別。曰：「才字是就義理上說，材字是就用上說。如『人見其濯濯也，以爲未嘗有材』，用木旁才字，便是指適用底說。『非天之降才爾殊』，便是就義理上說。」○情是這心裏動出有箇路脈曲折，隨物恁地去。才是能主張運動做事底，這事有人做得，有不會做得，這處可見其才。○性如水，情如水之流。情既發，則有善有不善，在人如何耳。才則可爲善者也，彼其性既善，則其才亦可以爲善。今乃至於爲不善，是非才如此，乃自家使得才如此，故曰非才之罪。○問：「性之所以無不善，以其出於天也。才之所以有善不善，以其出於氣也。要之性出於天，才亦出於天，何故便至如此？」曰：「性是形而上者，氣是形而下者。形而上者全是天理，❶形而下者只是那查滓，至於形又是查滓至濁者也。」○問：「孟子言情與才皆善，如何？」曰：「情本自善，其發也未有染汙，何嘗不善？才只是資質，亦無不善，譬物之未染，只是白也。」又曰：「性之本體理而已，情則性之動而有爲，才則性之具而能爲者也。性無形象聲臭之可形容也，故以二者言之。誠知二者之本善，則性之善必矣。」○西山真氏曰：「善者性也，而能爲善者才也。性以體言，才以用言。才本可以爲善而不可以爲惡，今乃至於爲不善者，是豈才之罪也哉？陷溺使然也。」○雙峰饒氏曰：「孟子是指那好底才說，如仁之能愛其親，義之能敬其兄，所謂良能是也。」附《蒙引》：「才猶材質，人之能也」，朱子曰：「是兼形體說，如說材料相似。」所以兼形體說者，謂目之能明、耳之能聰、心之能思、手容能重、足容能恭之類，豈不是兼形體說，豈不是如說材料，又豈不是人之能也？○《存疑》：「乃若其情，則可以

❶「形」，原作「刑」，今據哈佛本改。

爲善，乃所謂善」，解「性無善無不善」，「性可以爲善可以爲不善」，「有性善有性不善」之説已明矣。又曰「若夫爲不善，非才之罪」，是恐人以不善歸之才。夫才，性之能也。才若不善，是性無能也，亦未免爲性之累，故又爲他如此説。○才與性情如何分。性是心之理，情是性之動，才是性之能動，才不外乎性情。今人乍見孺子將入於井，皆有怵惕惻隱之心，情也。其能如此，才也。性，情，人與堯舜之所同，然堯舜之仁至於覆天下，齊宣之仁僅能及一牛，此則才有强弱也。譬之酒性也，飲之醉人，情也；其能弊人，才也。然有飲一盞就能醉人，有飲三五盞不能醉人者，此酒有厚薄，乃才也。才與性情如此看，益明白矣。《蒙引》謂見孺子入井而怵惕惻隱是情，趨赴而救之是才之善，却把情才分作兩項了。

惻隱之心，人皆有之；羞惡之心，人皆有之；恭敬之心，人皆有之；是非之心，人皆有之。惻隱之心，仁也；羞惡之心，義也；恭敬之心，禮也；是非之心，智也。仁義禮智，非由外鑠我也，我固有之也，弗思耳矣。故曰：『求則得之，舍則失之。』或相倍蓰而無算者，不能盡其才者也。鑠，式灼反。惡，去聲。舍，上聲。蓰，音師。

恭者，敬之發於外者也；敬者，恭之主於中者也。北溪陳氏曰：「恭就貌上説，敬就心上説。」《通旨》朱氏公遷曰：「前章言『辭讓之心，禮之端也』，此章言『恭敬之心，禮也』，蓋恭敬切於心，辭讓切於事，合而言之，辭讓又在恭敬之中矣。」鑠，以火銷金之名，自外以至内也。算，數也。言四者之心，人所固有，但人自不思而求之耳，所以善惡相去之遠，由不思不求，而不能擴充以盡其才也。朱子曰：「惻隱、羞惡，心也；能惻隱、羞惡，發揮之至於仁義不可勝用者，才也。」○問「不能盡其才」。曰：「才是能去恁地做底。性本好，發於情也只是好，到得動用去做，❶也只是好。不能盡其才，是發得略好，便自阻隔了，不順他道理做去。若

❶「到得」，原作「得到」，今據《四書大全》乙。

盡惻隱之才，則必當至於博施濟衆；盡羞惡之才，則必當至於一介不取予，禄之天下弗顧，千駟弗視。這個本來自合恁地滔滔做去，止緣人爲私意阻隔，多是有些發動後便遏折了。天便似天子，命便似將告勑付與人，性便似人所受職事，情便似親臨這職事，才便似去動作行做許多事。」○人皆有許多才，聖人却做許多事，我不能做得些事出，故謂「相倍蓰而無算者，不能盡其才者也」。一性之中萬善完備，發用出來，事事做得，便是盡其才。○其未發也，性雖寂然不動而其中自有條理，自有間架，不是儱侗都無一物，所以外邊纔感，中間便應。如赤子入井之事感，則仁之理便應，而惻隱之心於是乎形。於過廟朝之事感，則禮之理便應，而恭敬之心於是乎形。蓋由其中間衆理渾具，各各分明，故外邊所遇，隨感而應。所以四端之發，各有面貌之不同，是以孟子析而爲四，以示學者，使知渾然全體之中而粲然有條若此。○慶源輔氏曰：「仁義禮智，性也；惻隱至是非，性之動而爲情也，皆謂之心，心統性情者也。四者之心根於本性，非如火之銷金，自外至内，但人自不思不求耳。」○西山真氏曰：「物有求而弗得者，在外故也。惟求其在我者，何不得之有？思而求之，則得之而全其本善；不思不求，則失之而流於惡。善惡相去之遠，由一倍、五倍而極於無算者，皆不思不求，不能擴充以盡其才故也。本然之才，初無限量，極天下之善，無不可爲。今乃如此，是有才而不能盡其才耳。曰『思』、曰『求』而又曰『盡』，皆孟子喫緊教人處。」前篇言是四者爲仁義禮智之端，而此不言端者，彼欲其擴而充之，此直因用以著其本體，故言有不同耳。雲峰胡氏曰：「前篇於四者言端，欲人充廣；此不言端而直因用以著其本體，欲人體認。前以辭讓爲禮之端，辭讓發乎外者言，此曰恭敬，則兼以外與内而言，故不必言端。」附《達説》：然果何以見情善而才亦善邪？彼惻隱之心，心之善者也，人皆有之；羞惡之心，心之善者也，人皆有之；恭敬之心，心之善者也，人皆有之；是非之心，心之善者也，人皆有之。故曰：「乃若其情，則可以爲善矣。」使人無是惻隱、善惡、恭敬、是非，又安可以言情之善乎？即是惻隱之心，可以驗其性之有仁也；即是羞惡之心，可以驗其性之有義也，曰「仁」、曰「義」，豈有不善乎？即是恭敬之心，可以驗其性之有禮也；即是是非之心，可以驗其性之有智也，曰「禮」、曰「智」，又豈有不善乎？故曰：「乃所謂善也。」使性非仁義禮智，又安可以言性之善乎？然此仁義禮智，非由外鑠我也，蓋繼善成性，❶我固有之也，但人放逸怠惰，自不思而求之耳。故曰：「求則得之，舍則失之。」惟其舍之而失，故卒歸於惡，而與善相去之遠，或至倍蓰而無算者，由不思不求，不能因善端之發而擴充之，以造其極而盡其才者也。若本然之才，初無限量，極天下之善，無不可爲者。故曰：「若夫爲不善，非才之罪也。」○《蒙引》：「惻隱之心，人皆有之」至「是非之心，智也」，此即上文「乃若其情，則可以爲善矣，乃所謂善也」，然人多未得其精意。蓋曰「惻隱」、曰「羞惡」、曰「恭敬」、曰「是非」，此皆是好字，故曰「乃若其情，則可謂善矣」。若曰殘忍、頑鈍、驕慢、昏昧，則皆是不好字，是情不善矣。其曰「仁也」、「義也」、「禮也」、「智也」，亦一一是至好字，故曰「乃所謂性善也」。此段只用咀嚼此數個字面，而孟子之意彰彰矣。○畢竟「思」、「求」亦才也，不能盡其才者，不思不求而擴充其善端也。但不可謂不能盡其思、求之才，當改云思求便是用其才處。○《存疑》：「弗思爾矣」，「思」字帶個「求」字；「求則得之」，「求」字帶箇「思」字。此云然者，省文也。《集註》得此意，故曰「人自不思而求之」。○上文「非才之罪」，解「物欲陷溺」，弗思弗求裏，何處見得物欲陷溺？但曰弗思弗求，便是陷溺於物欲而失之者，若未失，不消言思求。看來説「弗思」上，當補陷溺於物欲意。

《詩》曰：『天生蒸民，有物有則。民之秉彝，❷好是懿德。』孔子曰：『爲此詩者，其知道乎？故有物必有則，民之秉彝也，故好是懿德。』」好，去聲。

《詩》，《大雅·蒸民》之篇。蒸，《詩》作烝，❸衆也。物，事也。則，法也。夷，《詩》作彝，常也。懿，美也。有物必有法，如有耳目，則有聰明之德，有父子，則有慈孝之心，是民所秉執之常性也。故

❶「善」，原作「性」，今據哈佛本改。
❷「彝」，《四書大全》作「夷」。下一「彝」字同。
❸「蒸」、「烝」，原倒，今據《四書大全》改。

人之情，無不好此懿德者。新安陳氏曰：「於『好』字上見得是情，《集註》此『情』字，與上文『乃若其情』相應。」以此觀之，則人性之善可見，而公都子所問之三說，皆不辯而自明矣。蔡氏曰：「惻隱等，正是指性之初發動處，以明未發動之理。又舉《蒸民》詩者，當然之則，無物不體，而此理之妙，實根於人性之本然。性，人之生各秉具有常之性，所以應事接物，皆好彼美德而不容已也。所謂懿德，❶即所謂物之則也。其曰『好是』者，即指上文『秉彝』而言。天命之所賦者謂之則，人生之所秉者謂之彝，存於心而有所得者謂之德，實一而已。孔子又加一『必』字於『有則』之上，加一『故』字於『好是』之上，其旨愈明矣。孟子舉此者，蓋謂『秉彝』、『懿德』即是常性。心上所好者德，即是情之發動者不外乎性。就性初發動爲情處，指出以示人，方見得性之本無不善也。」附《達說》：然此非我之私言也，蓋嘗徵諸《詩》與孔子之言矣。《詩》曰：「天生蒸民，有物有則。民之秉彝，好是懿德。」夫物之與則，幾已判於精粗。秉彝、好德，心已分於寂感。而《詩》顧合而言之者，是必有深義於其間矣。孔子讀其詞而因契其旨也，乃贊之曰：性情之道，未易知也，爲此詩者，其知性情之道乎。蓋天之生斯民也，與之氣以成形而有物焉，則必與之理以成性而有則焉，未有物具而則不具者矣。此固受中於天地，分之所以一定而不移。繼善於陰陽，命之所以常存而不息，乃民生所秉之彝也。惟其有是秉彝也，故理義之悦，自由中以達乎外，好爵之縻，要隨在以露其真。蓋達諸天下而同有，則亦達諸天下而同好也；通乎古今而皆具，則亦通乎古今而皆悦也，寧復有不好是懿德者乎。爲此詩者，信乎其知道也。○《蒙引》：引《詩》四句，故「好是懿德」一句最重。此句正是其情之可以爲善處，緣此就見得人性之善也，即上文之意。○孟子他日又曰「心之所同然者，理也、義也」，理、義，即懿德。人心所同然，即所謂人之情無不好是懿德者。或專以爲好他人有德者，泥矣。○程子曰：「性即理也，理則堯舜至於塗人一也。才禀於氣，氣有清濁，禀其清者爲賢，禀其濁者爲愚。學而

❶「懿」，原作「一」，今據哈佛本改。

知之，則氣無清濁，皆可至於善而復性之本，『湯武身之』是也。孔子所言『下愚不移』者，則自暴自棄之人也。」朱子曰：「理精一故純，氣粗故雜。」○理如寶珠，氣如水。有是理而後有是氣，有是氣則必有是理。但氣禀之清者爲聖賢，如珠落在清水中，禀氣之濁者爲愚暗，如珠落在濁水中。

又曰：「論性不論氣不備，論氣不論性不明，二之則不是。」朱子曰：「『論性不論氣』，則無以見其生質之異；『論氣不論性』，則無以見義理之同。孟子之言性善者，前聖所未發也，而此言者，又孟子所未發也。」○本然之性，只是至善。然不以氣質論之，則莫知其有昏明、開塞、剛柔、强弱，故有所不備。徒論氣質之性而不自本原言之，則雖知有昏明、開塞、剛柔、强弱之不同，而不知至善之原未嘗有異，故有所不明。須是兩邊都説，理方明備。○北溪陳氏曰：「只論大本而不及氣禀，則所論有欠缺未備。若只論氣禀而不及大本，便只説得粗底，道理全然不明。千萬世而下學者，只得按他，更不可改易。」○潛室陳氏曰：「○孟子性善，從源頭上説。及論情、論才，只是説善，不論氣質清濁、厚薄，是不備也。諸子紛紛之説，各自把氣質分別便作天性看了，其不明之失，爲害滋甚。孔門『性相近，習相遠』，却就氣質之性上論清濁。至説上智、下愚，乃論得氣清之十分厚者爲上智，氣濁之十分薄者爲下愚，其間相近者乃是中人。清濁有四六之間，總起是三等氣質。此説乃是與孟子之説互相發明，要知孔子是説氣質之性，孟子是説源頭本然之性，諸子只是把氣質便作本然之性看錯了。」○新安陳氏曰：「須是論性兼論氣，不判而二之方是。」

張子曰：「形而後有氣質之性，善反之，則天地之性存焉。故氣質之性，君子有弗性者焉。」朱子曰：「論天地之性，則專指理而言。論氣質之性，則以理與氣雜而言之。天地之性，則太極本然之妙，萬殊之一本也。氣質之性，則二氣交運而生，一本而萬殊也。氣質之性，即此理墮在氣質之中耳，非別有一性也。」○性只是理，然無那氣質，則此理没安頓處。但得氣之清明，則不蔽錮此理，順發出來。蔽錮少者，發出來天理勝。蔽錮多者，則私欲勝。便見得本原之性無有不善，只被氣質有昏濁，則隔了。學以反之，則天地之性存矣。故説性須兼氣質言之方備。○氣質之說，起於張程，極有功於聖門，有補於後學。言之使人深有感，如退之說性三品也是，但不曾分明說是氣質之性耳。孟子說性善，但說得本原處，却不曾說得氣質之性，所以亦費分疏。使張程之說早出，則諸子說性惡與善惡混等，自不用爭論。故張程之說立，則諸子之說泯矣。○孟子雖不言氣質之性，然於告子「生之謂性」之辯，亦既微發其端矣。但告子辭窮，無復問辯，故亦不得而盡其辭焉。至程子出，始復推明太極陰陽五行之說，以明人物之生，其性則同。而氣質之所從來，其變化錯綜，有如此之不齊者。至程子始明性之爲理，而與張子皆有氣質之說。○氣質之性，便只是這箇天地之性，却從那裏過。好底性如水，氣質之性如放些醬與鹽，便是一般滋味。○又曰：「天地之所以生物者，理也。其生物者，氣與質也。人物得是氣質以成形，而其理之在是者，則謂之性也。」○勉齋黄氏曰：「學者知理之無不善，則當加存養之功。知氣質之有善、有不善，則當施矯揉之力。」○北溪陳氏曰：「氣質之性，是以氣禀言之；天地之性，是以大本言之。其實天地之性，亦不離乎氣質之中，只是就那氣質之中分別出天地之性，❶不與相雜而言耳。」○雙峰饒氏曰：「人未生以前，不唤做性，既生以後，方唤做性。纔唤做性，便滚在氣質中，所以有善、有不善，此氣質之性也。然性之本然，惟有善而已，就氣質中指那本然者說，是則天地之性也。若不分做兩箇性說，則性之與氣鶻突無分曉。若不合做一箇性說，認做兩件物事去了，故程子曰『二之則不是』。問：『善反之，則天地之性存焉。不知未反以前，此性亦存否？』曰：『不曾反時，則性亦未嘗無。且如一鄙吝人，見殘疾也知憐憫。一强梁人，見好人也知恭遜。畢竟有箇性在內，不知不覺忽然發見出來。但人有氣質、物欲之累，則此性不能常存，須於善反上做工夫，方存得性之本體。』問：『反之之工夫如何？』曰：『涵養體認，克治充廣，皆是反之之道。譬如水被泥沙混了，若加澄治，則本然之清仍在。孟子說夜氣，便是要使人涵養。說四端及擴充，便是要體驗充廣。獨有克治一邊，却不曾說。』」○新安陳氏曰：「『論性不論氣』，是說孟子，其論甚正而明，但不曾說破氣質，不周備耳。『論氣不論性』，是說荀、楊，則全舛繆而說理不明，其害大矣。孟子性善之說，正而

❶「天地」，原作「氣質」，今據《北溪字義》改。

未備，得程子『性即理也』之說，足以助其甚正者。又得張程氣質之說，足以補其未備者。朱子會萃提掇，盡發其秘而無餘蘊，其繼往開來之功大矣哉。」〇又曰：「文勢如君子弗謂性也，君子既善變化其氣質之性，而復其天地之性矣。故氣質之性，君子弗以爲性也。」愚按：程子此說才字，與《孟子》本文小異。蓋孟子專指其發於性者言之，故以爲才無不善。程子兼指其稟於氣者言之，則人之才固有昏明、强弱之不同矣，張子所謂氣質之性是也。二說雖殊，各有所當，去聲。然以事理考之，程子爲密。蓋氣質所稟，雖有不善，而不害性之本善；性雖本善，而不可以無省悉井反。察矯揉人九反。之功。省察屬知，矯揉屬行。學者所當深玩也。問：「孟子、程子論『才』字同異？」朱子曰：「才只一般，能爲之謂才。才之初亦無不善，緣他氣質有善惡，故其才亦有善惡。孟子自其同者言之，故以爲出於性。程子則自其異者言之，故以爲稟於氣。大抵孟子多是專以性言，故以爲性善才亦無不善，到周、程、張子方說到氣上，要之須是兼二者言之方備。」〇《集註》中以「程子爲密」，即見得孟子所說未免少有疎處。今但以程子爲主，而推其說以陰補孟子之不足，則於理無遺矣。〇雲峰胡氏曰：「程子就氣質上說，則情或有不善，不可無省察之功，才或有不善，不可無矯揉之功。《集註》此『矯揉』二字，與此篇首章所謂『矯揉』不同。」〇首章是告子之說，以本然之性必待矯揉而後可以爲善。此則先儒之說，以氣質之性必加矯揉而後可變其不善，此則正相反也。《通旨》朱氏公遷曰：「孟子論性，專以理言。告子之徒論性，專以氣言。然於告子『生之謂性』則折之，『性猶杞柳』則責之，皆引而未發之辭也。湍水之說，則略加辯明，發其端矣，猶未盡其蘊也。及公都子連引三說以質其疑，然後宛言之，而向之所以語告子者，其旨益明。蓋告子不求諸心，故孟子之言略。公都子篤信孟子，故孟子之言詳也。『食色』一章，亦皆折之之語，但其意則專辯義外之非，故與此四章不同。」附《存疑》：孟子說才本善，其不善由於物欲，程子說才善不善皆由於氣，二說不同。自今觀之，才之善本於理也，才之善不善由於氣也。理雖善，不能不害於氣。氣雖有不善，理之善者未嘗亡。孟子言才，自理言也；程子言才，自氣言也。自理言之，才固本善，特害於物欲。然人固有生來便不善者，孟子未之及也。自氣言之，人之才雖有昏明、强弱之不同，然其理之本善者未嘗不在，於孟子之言固未礙也。此程子所以爲密，而孟子爲疎也與。○《蒙引》：程子曰「性即理也」，指心中之理也，故爲性。不然，何處不是。○「人之才固有昏明、强弱之不同」，昏明以知言，强弱以行言。

○孟子曰：「富歲子弟多賴，凶歲子弟多暴，非天之降才爾殊也，其所以陷溺其心者然也。

富歲，豐年也。賴，藉慈夜反。也。豐年衣食饒足，故有所賴藉而爲善。凶年衣食不足，故有以陷溺其心而爲暴。問：「程子謂『語其才，則有下愚之不移』，與孟子之意不同。」朱子曰：「孟子只見得性善，便把才都做善，不知有氣禀之不同，程子説得較密。」○新安陳氏曰：「『天之降才』與《書》所謂『上帝降衷』文意略似，言非天賦以有爲之才如此殊異也，乃阻飢而陷溺其良心，賊其爲善之才而然耳。」附《蒙引》：此章正爲性善而發。蓋孟子言性善，雖公都子之徒不能無疑，則後世之信其説者寡矣。故孟子於此反覆譬喻而極言之，以曉當世之人也。其首節言同是子弟也，何富歲多賴，而凶歲遂變而多暴哉。其爲衣食不足之故，而陷溺其心，灼灼無疑，則安得以咎其本性哉。此論蓋已切至矣，乃又以麰麥一物而推及凡物之同類者，舉相似以明人類之無不相似者。此下則自人類之相似者言之，謂人之耳、目、口、鼻之類無一不同者，乃獨其良心而有不同者乎。其説益詳，其意益切，無非欲使世人曉然無疑於性善之説，而相率以入於堯舜之道也。以下數章，皆同此意。○「多賴」、「多暴」，「多」字有斟酌。富歲人家子弟，未必盡能爲善。凶歲人家子弟，未必盡至爲惡。○「賴」字最有意思，有所賴藉，自不甘致其身於惡地。此二句重在下一句，故下文云「非天之降才爾殊也」云云。○《存疑》：言富歲子弟多賴而爲善，不是天付以如是之才也，凶歲子弟多爲暴，不是天不付以是才也，故曰「非天之降才爾殊」。凶年衣食不足，則迫於飢寒，禮義不暇顧，非僻之心生，義理之心由是而喪矣，故曰「陷溺其心」。心既陷溺，於是爲暴，所謂「苟無恒心，放僻邪侈無不爲」者是也，故曰「陷溺其心者然也」。然是指爲暴陷溺其心之心，即是下面同然理義之心。人心同然乎理義，子弟多暴，則不然乎理義矣，蓋由其心之陷溺也。故下文詳言人心同然理義，以明此意。○才與心如何分，性是心之理，才是性之能。心盛貯心性才，心溺則性失，不能發之才矣。是心溺則才喪而爲暴，非天降才之殊而爲暴也。

今夫麰麥播種而耰之，其地同，樹之時又同，浡然而生，至於日至之時皆熟矣。雖有不同，則地有肥磽、雨露之養、人事之不齊也。夫，音扶。麰，音牟。耰，音憂。磽，苦交反。

麰，大麥也。耰，覆敷救反。種上聲。也。《韻會》徐氏曰：「布種後，以耨摩田，使土之開處復合，曰覆種。」日至之時，謂當成熟之期也。磽，瘠音夕。薄也。新安陳氏曰：「種麥三者多同，雖其間有多寡之不同者，則以地有肥瘠之分，雨露有有無之異，人事有勤惰之不齊故耳。以譬降才同，而養其心與陷溺其心有不同也。」附《蒙引》：麰麥，猶言麋鹿、鴻鴈。麋，鹿之大者。鴻，鴈之大者。一説麰麥只是一物。○《存疑》：「雖有不同」，言所獲多寡之異也。「則地有肥磽」三句，是譬陷溺其心意。此下就當貼云「在麰麥，豈有不同哉」。

故凡同類者，舉相似也，何獨至於人而疑之，聖人與我同類者。

聖人亦人耳，其性之善無不同也。新安陳氏曰：「凡同類，謂凡物之同類者。人性善無不同，此提掇綱領處。」附《存疑》：「何獨至於人而疑之」二句，承上文相似言。何獨至於人而疑其不相似，聖人與我同類者，皆相似也。以此觀之，則降才之同可見。彼多暴之異於多賴者，非以陷溺其心而然耶。○故「凡同類」，須放開説，不止麰麥。「聖人與我同類」，這裏就含其才相似意。○《蒙引》：同類與相似不同，同類以麰麥言，舉相似如下文云云至皆熟矣。○「聖人與我同類者」，分明是説性善之同，不雜氣質言，若氣質安得盡同。

故龍子曰：『不知足而爲屨，我知其不爲蕢也。』屨之相似，天下之足同也。蕢，音匱。

蕢，草器也。不知人足之大小而爲之屨，雖未必適中，然必似足形不至成蕢也。附《存疑》：龍子之言，只是引起下文，於義無取，觀總結只云口、耳、目可見。○《蒙引》：「屨之相似，天下之足同也」，此二句，孟子承龍子之言而釋之者，❶而自此以下三條，皆孟子之言也，至「故曰」又非引古語。或以此下三條皆龍子之言，似太迂矣。○蕢，草器也，即今之草包而小者，泉州人謂之裹積。

口之於味，有同耆者也。易牙先得我口之所耆者也。如使口之於味也，其性與人殊，若犬馬之與我不同類也，則天下何耆皆從易牙之於味也。至於味天下期於易牙，是天下之口相似也。耆，與嗜同，下同。

易牙，古之知味者。言易牙所調之味，則天下皆以爲美也。新安陳氏曰：「易牙，齊桓公臣，能辨淄、澠二水味。此先得我口之所耆，已爲下文『先得我心之所同然』者張本矣。」附顧麟士曰：「『如使口之於味也』，《達説》云『如使易牙之口之於味也』，則下『其性』『其』字、『與我』『我』字較有著落。」

惟耳亦然，至於聲，天下期於師曠，是天下之耳相似也。

師曠，能審音者也。言師曠所和之音，則天下皆以爲美也。

惟目亦然，至於子都，天下莫不知其姣也。不知子都之姣者，無目者也。姣，古卯反。

子都，古之美人也。姣，好也。附《蒙引》：子都，古之美人也，不知何代人。《詩》曰「不見子都，乃見姣童」，則子都春秋時人名矣。

故曰：口之於味也，有同耆焉。耳之於聲也，有同聽焉。目之於色也，有同美焉。至於心，獨無所同然乎，心之所同然者何也。謂理也、義也，聖人先得我心之所同然耳，故理義之悦我心，猶芻豢之悦我口。」

❶「釋」，原作「什」，今據哈佛本改。

然，猶可也。朱子曰：「然，是然否之然。人心同以爲然者，義理也。」草食曰芻，牛羊是也。穀食曰豢，音患。犬豕是也。程子曰：「在物爲理，處上聲。物爲義，體用之謂也。孟子言人心無不悦理義者，但聖人則先知先覺乎此耳，非有以異於人也。」程子又曰：「『理義之悦我心，猶芻豢之悦我口』，此語親切有味。須實體察得理義之悦心，真猶芻豢之悦口，始得。」朱子曰：「理是此物上便有此理，義是於此物上自家處置合如此便是義。楊雄言『義以宜之』，韓愈言『行而宜之之謂義』，若以義爲宜，則義有在外意思。須如程子言『處物爲義』是則處物者在心，而非外也。非『處物爲義』一句，則後人恐未免有義外之見。蓋物之宜雖在外，而所以處之，使得其宜者，則在内也。」○理義，人心之同然。如人之爲事，自家處之當於義，人莫不以爲然，無有道不好者。又如人皆知君父之當事，我能盡忠盡孝，天下莫不以爲當然，此心之所同也。如今處一件事，苟當於理，則此心必安，人亦以爲當然。如此，則其心悦乎，不悦乎，悦於心必矣。」雲峰胡氏曰：「芻豢，人之所同耆也，耆之斯悦之矣。理義，人之所同然也，然之斯悦之矣。」○新安陳氏曰：「此章大意，以人心理義之同，而見人性之皆善也。衆人與聖人同此至善之性，所以同此理義之心。本同而末莫之同者，陷溺其心故也。能以理義養其心，而不至陷溺其心，則心得所養於理義，得無味之味，如悦芻豢有味之味。❶其於希聖之學，自將勉勉循循，而欲罷不能矣。始與聖人同者，其終何患與聖人不同哉。」《通旨》朱氏公遷曰：「此因論性善，而以理義之心言之。」附《蒙引》：「在物爲理」，見成者也；「處物爲義」，所裁制者也，故曰「體用之謂也」。此與道義亦小異。前章解云：「義者，人心之裁制。道者，天理之自然。」小注：「道是舉體統而言，義是就此一事而言。」如君仁臣敬之類，義也。其所以仁敬，則道也。所以仁敬者，出於天理之自然也。理義之悦我心，如他人所處合理，吾固悦之，如自己所處合理，吾心亦自快愜，是皆可見理義之悦我心也。○《語類》：「問：

❶「如」，原作「知」，今據哈佛本改。

『理義之悦我心，猶芻豢之悦我口。顔子欲罷不能，便是此意否？』曰：『顔子固是如此，然孟子所説，正是爲衆人説，當就人心同處看。我恁地，它人也恁地，只就粗淺處看自分曉，却有受用。若必討個顔子來證，如此只是顔子會恁地，多少年來更無人會恁地，看得細了，却無受用。』」○《蒙引》：「故理義之悦我心」二句，可見人心之同然乎義理之實也，此聖凡所同也。○《存疑》：志士、仁人，殺身成仁，舍生取義，不是理義悦心，真猶芻豢悦口，恁能做得此事。今於理義，未能如芻豢悦口，皆由物欲陷溺其心爾。學者若未見得此滋味，尚是欲心，未可與適道也。○《淺説》：然即悦也，理義之悦我心，即人心之悦理義也。文法頓挫耳，猶韓文用「衣食於奔走」句法。

○孟子曰：「牛山之木嘗美矣，以其郊於大國也，斧斤伐之，可以爲美乎。是其日夜之所息，雨露之所潤，非無萌蘖之生焉，牛羊又從而牧之，是以若彼濯濯也。人見其濯濯也，以爲未嘗有材焉，此豈山之性也哉。

蘖，五割反。

牛山，齊之東南山也。邑外謂之郊。言牛山之木，前此固嘗美矣，今爲大國之郊，伐之者衆，故失其美耳。息，生長上聲，下同。也。雙峰饒氏曰：「息，本訓止。息，纔息便生，故息又訓生。」日夜之所息，謂氣化流行未嘗間去聲。斷，徒玩反。故日夜之間，凡物皆有所生長也。萌，芽也。蘖，芽之旁出者也。濯濯，光潔之貌。材，材木也。言山木雖伐，猶有萌蘖，而牛羊又從而害之，是以至於光潔而無草木也。新安陳氏曰：「山以生物爲性，猶曰天地以生物爲心，謂爲無材，豈山之本性哉。此全是引起以譬喻下一節。」

雖存乎人者，豈無仁義之心哉。其所以放其良心者，亦猶斧斤之於木也，旦旦而伐之，可以爲美乎。其日夜之所息，平旦之氣，其好惡與人相近也者幾希，則其旦晝之所爲，有梏亡之矣。梏之反覆，是其夜氣不足以存，夜氣不足以存，則其違禽獸不遠矣。人見其禽獸也，而以爲未嘗有才焉者，是豈人之情也哉。好、惡，並去聲。梏，工毒反。

良心者，本然之善心，即所謂仁義之心也。平旦之氣，謂未與物接之時，清明之氣也。好惡與人相近，言得人心之所同然也。幾希，不多也。梏，械下戒反。也。朱子曰：「梏，如被禁械在那裏，不容走作。亡，如將自家物失去了。」反覆，展轉也。朱子曰：「反覆，非顛倒之謂，蓋有互换更迭之意。」言人之良心雖已放失，新安陳氏曰：「物欲者，伐良心之斧斤也。」然其日夜之閒，猶必有所生長。故平旦未與物接，其氣清明之際，良心猶必有發見形甸反，下同。者。但其發見至微，而旦晝所爲之不善，又已隨而梏亡之。如山木既伐，猶有萌蘗，而牛羊又牧之也。朱子曰：「平旦之氣，只是夜閒息得許多時節，不與事物接，纔醒來便有得這些清明之氣，此心自恁地虛静。少閒纔與物接，依舊又汩没了。」晝之所爲，既有以害其夜之所息。夜之所息，又不能勝其晝之所爲。是以展轉相害，至於夜氣之生日以寖音浸。薄，而不足以存其仁義之良心。則平旦之氣，亦不能清，而所好惡遂與人遠矣。程子曰：「夜氣之所存者，良知也，良能也。苟擴而充之，化旦晝之所梏，爲夜氣之所存，然後有以至於聖人也。」○朱子曰：「日夜之所息底，是良心。平旦之氣，自是氣。夜氣如雨露之潤，良心如萌蘗之生。人之良心，雖有梏亡，而彼未嘗不生也。」○此段首尾只爲良心設，夜氣不足以存。蓋以夜氣至清，足以存此良心，平旦之氣亦清，亦足以存此良心。故其好惡與人相近，但此心存得不多時也。梏亡之人，謂梏亡其夜氣，非也，謂梏亡其良心也。○夜氣不足以存，皆是旦晝所爲壞了。所謂好惡與人相近，今只要去這好惡上理會，日用閒於這上見得分曉，有得力處，夜氣方與你存。夜氣上却未有工夫，只是去旦晝理會，這裏有工夫。日閒添得一分道理，夜氣便添得一分。日間只管進，夜閒只管添，這氣便盛。○氣，日裏也生，夜閒也生，只是日閒生底，爲物欲梏亡，隨手又耗散了。夜閒生底則聚在那裏，不曾耗散，所以養得那良心。譬如一井水，終日攪動，便渾了。至夜稍静，便有清水出。所謂夜氣不足以存者，如攪動得太甚，則雖有止息時，此水亦不能清矣。○人心每日梏於事物，斲喪戕賊，所餘無幾，唯夜氣静，庶可以少存耳。至夜氣之静，而猶不足以存，則天理都喪，去禽獸不遠矣。前輩皆無明説，某因將孟子反覆熟讀，方看得出。後看程子説夜氣之所存者，良知、良能也，與臆見合。以此知觀書須熟讀深思，道理自見。○氣與理本相依。旦晝之所爲，不害其理，則夜氣之所養益厚。夜之所息，既有助於理，則旦晝之所爲益無不當矣。日閒梏亡者寡，則夜氣自然清明虛静，至平旦亦然，至旦晝應事接物時亦莫不然。○夜氣是母，所息者是子。蓋所息者本自微了，旦晝只管梏之。今日梏一分，明日梏一分，所謂梏之反覆而所息者泯，夜氣亦不足以存。若能存，便是息得仁義之良心。仁義之心，人所固有，但放而不知求，則天之所以與我者，始有所汩没矣。是雖如此，然其日夜之所息，至於平旦，其氣清明，不爲利慾所昏，則本心好惡猶有與人相近處。至其旦晝之所爲，又有以梏亡之，梏之反覆，則雖有這些夜氣，亦不足以存養其良心。反覆，只是循環，夜氣不足以存，則雖有人之形，其實與禽獸不遠。故下文復云「苟得其養，無物不長；苟失其養，無物不消」，良心之消長，只在得其養與失其養爾。牛山之木嘗美矣，是喻人仁義之心。郊於大國，斧斤伐之，猶人之放其良心。日夜之所息，雨露之所潤，非無萌糵之生，便是平旦之氣，其好惡與人相近處。旦晝之梏亡，則又所謂牛羊又從而牧之，雖芽糵之萌，亦且戕賊無餘矣。○此章以仁義之良心爲主，其存其亡，皆以心言之。下文引孔子之言，以明心之不可不操，則意益明矣。但「日夜所息」以下，只以好惡相近爲良心之萌糵，不復更著心字。故説者謂氣有存亡，而欲致養於氣，誤矣。○趙氏曰：「仁義，性也。」而《集註》以心言者，統乎性也。良心，即仁義之心，即所謂性也。」○雲峰胡氏曰：「此章以山木喻人心，分爲兩段，每段皆當分六節看。第一節，是説牛山之木本來自美，喻人仁義之良心本來未嘗無。第二節，以斧斤之伐，喻良心之放。第三節，萌糵之生，喻好惡與人相近者幾希。言既伐之後，其發至微，此心之存甚不多，如萌糵之生甚不多也。第四節，謂萌蘖之生，本自不多，而牛羊又牧之。喻夜氣之所存者，本自不多，而旦晝所爲之不善，又梏之也。第五節，謂向也猶有萌蘖之生，今則濯濯無復存矣。喻良心向也猶有與人相近者，今則去禽獸不遠矣。但木與良心，皆有日夜之所息，而惟於人曰夜氣者，木之萌蘖，一絶於牛羊既牧之後，無復存者。人之良心，夜之所息者，已絶於日之所爲，而夜無所爲，則其氣猶足以存。所謂存者，謂夜氣猶足以存其本然之良心也。至於梏之反覆，則雖有夜氣，亦不足以存矣。第六節，謂人但見其濯濯，而不見其初也，未嘗不美。喻人但見其近於禽獸，而不見其存乎人者，未嘗無仁義之良心也。材字與才字不同，朱子以爲才字是就義理上説，材字是就用上説。」○新安陳氏曰：「前言好惡與人近，今遂去禽獸不遠，則與人遠矣。人見其如此，而以爲未嘗有能爲之才者，此豈人性發而爲情之本然者哉。此所謂才與情，與前章『乃若其情』、『天之降才』意同，皆發於性者也。」附《存疑》：「雖存乎人者，豈無仁義之良心」，文勢直趕到「可以爲美乎」止。「雖」字與下文相叫應，言雖在人皆有良心，然人自放之耳。《蒙引》把「雖」字添個「然」字，截屬上文山木，恐未是。○耳、目、口、鼻之欲，皆所以放其良心也。旦晝所爲之不善，亦只是這個。○《蒙引》：旦旦，指日間言，與旦晝旦字同，與旦氣旦字異。○旦、晝終有別。旦，早間。晝，通日言。○平旦之氣，雖是未與物接之時，然心已有覺了，故好惡與人相近。如鏡既出匣，其中便有影象矣。○夜氣所存，即夜之所息者。夜氣不足以存，則旦氣遂不能清，而所謂幾希者亦滅矣，是人見其禽獸也。○初閒，則日夜有所息，及梏之反覆，則惟有夜之所息矣。梏之反覆，專指旦晝言，言其梏而又梏，日復日也。○《存疑》：「晝之所爲，既有以害其夜之所息」，即是「旦晝之所爲，有梏亡之矣」。「夜之所息，又不能勝其晝之所爲」，只是足上意。這四句不是解「梏之反覆」。梏之反覆，展轉也，只是梏之又梏，今日梏之，明日梏之，日日梏之。○良心定於賦予之初，如何生得。物欲外刼，而心爲之喪。物欲既退，此心寧静，而義理復明，便似復生也。○好惡，情也，與人相近，情之發得其正也。○氣亦定於稟賦之初，如何生得。夜來物退心净，而氣復清，便似復生也。○夜氣如何存良心。氣載乎理，理寓於氣，理氣二者，原不相雜。凝聚成形，則人生焉。人之生也，五臟六腑皆受於五行，獨心受氣於火而居中，故爲虛靈之物。人一身之氣，其精英皆聚於此，而理就在氣中，故謂之良心。氣之精英，心也。有義理，故曰良心。先儒謂心含理氣，是也。心之寂感，皆氣也，故曰「人心妙不測，出入乘氣機」。此心不擾於物欲，則其氣清明而理因之昭著，是氣足以存良心也。此心擾於物欲，則其氣昏亂而理因之汩没，是氣不足以存良心也。○心者，氣之會也。氣一而已，曰夜氣者，日閒心擾於物，氣爲之昏，到夜來心静而氣復清，故謂之夜氣。夜來氣清，到得平旦，未與物接，這一段清氣猶在，故稱曰旦氣，非有二也。

故苟得其養，無物不長。苟失其養，無物不消。長，上聲。

山木、人心，其理一也。朱子曰：「此段緊要在『苟得其養』四句，存是箇保養護衛底意。『苟得其養，無物不長。苟失其養，無物不消』，見得雖梏亡之餘，有以養之，則仁義之心即存。緣是此心本不是外面取來，乃是與生俱生。下文説存養之要，舉孔子之言『操則存，舍則亡』，見此良心，其存亡只在眇忽之閒。纔操便在這裏，纔舍便失去。若能知得常操之而勿放，則良心常存，夜之所息益有所養。夜之所養愈深，則旦晝之所爲，無非良心之發見矣。」○慶源輔氏曰：「此總結上二段意。」○新安陳氏曰：「斧斤伐，牛羊牧，山木之失養而消也。放其良心，所爲梏亡，人心之失養而消也。所以養其心者，不外乎下文之操存而已。此結上二段，以起下文所引孔子語之意。」附《蒙引》：「山木、人心，其理一也」，辭俱平説。山木、人心，意則重在人心。本文是如此，《集註》亦是如此。辭所以必兼平説者，以「無物」二字明也。

孔子曰：『操則存，舍則亡，出入無時，莫知其鄉』，惟心之謂與。」舍，音捨。與，平聲。

孔子言心，操之則在此，捨之則失去，其出入無定時，亦無定處如此。北溪陳氏曰：「忽然出，忽然入，無有定時。忽在此，忽在彼，亦無定處。操之便存在此，捨之便亡失了。」孟子引之，以明心之神明不測，得失之易，去聲。而保守之難。雲峰胡氏曰：「得之易者，謂操則存。失之易者，謂舍則亡。保守之難者，謂出入無時，莫知其鄉。」不可頃刻失其養，學者當無時而不用其力，使神清氣定，常如平旦之時，則此心常存，無適而非仁義矣。新安陳氏曰：「此《集註》推廣孟子言外意，繳足上文，收結一章之意。」

程子曰：「心豈有出入，亦以操舍而言耳。操之道，敬以直內而已。」朱子曰：「心豈有出入，出只指外而言，入只指內而言。只是要人操而存之耳，非是如物之散失而後收之也。」○心是箇活物，須是操守，不要放舍。亡不是無，只是走作，逐物去了。又見得心不操則舍，不出則入，無閑處可以安頓。「惟心之謂與」，直指而總結之。○孟子大意，只在「操則存，舍則亡」兩句上。心一放時，便是斧斤之伐、牛羊之牧。一收斂在此，便是日夜之息、雨露之潤。他是要人於旦晝時，不爲事物所汩。人心能操則常存，豈特夜半、平旦。○問：「范淳夫女讀《孟子》曰『孟子誤矣，心豈有出入』，伊川聞之，曰『此女雖不識《孟子》，却識心』。伊川此語，是許之，是不許之？」曰：「此女必天資高，見此心常湛然安定，無出入。然衆人不能皆如此，若通衆人論之，心却是走作底物。孟子所引夫子之言，是通衆人論耳。」○問：「不能操而存之，則其出而逐物於外，與其偶存於內者，皆荒忽無常，莫知定處。然所謂入者，亦非此心既出，而復自外入也。」亦曰：「逐物之心暫息，則此心未嘗不在內耳。學者於此，苟能操而存之，則此心不放而常爲主於內矣。」○孔子此四句，只是狀人之心，是箇難把捉底物事，而人之不可不操。出、入便是上而操存舍亡，入則是在這裏，出則是亡失了。此大約汎言人心如此，非指已放者而言，亦不必要於此論心之本體也。○心體固本靜，然亦不能不動。其用固本善，然亦能流而入於不善。夫其動而流於不善者，固不可謂心體之本然，然亦不可不謂之心也，但其誘於物而然耳。故先聖只說「操則存」，存則靜，而其動也無不善矣。「舍則亡」，於是乎有動而流於不善者。「出入無時，莫知其鄉」，出者亡也，入者存也，本無一定之時，亦無一定之處，特係於人之操舍如何耳。只此四句，說得心之體用、始終、真妄、邪正，無所不備。○新安陳氏曰：「敬以直內，本文未有此意。乃程子揭要義，以補孟子之意也。」附《蒙引》：「操則存」云云，文勢上虛下實，正如「求則得之，舍則失之，是求有益於得也，求在我者也」。○心之所用，只在禮法之內，則爲入，是能爲此身酬酢萬變之主也。若逸於禮法之外，則爲出矣。○《語類》：「問『操則存』。曰：『心不是死物，須把做活物看，不爾則是釋氏入定坐禪。操存者，只是於應事接物之時，事事中理，便是存。若處事不是當，便是心不在。若只管兀然守在這裏，驀忽有事至於吾前，操底便散了，却是舍則亡也。』問：『於未應接之時如何？』曰：『未應接之時，只是戒謹恐懼而已。』又問：『若戒謹恐懼，便是把持。』曰：『也須是持，但不是硬捉在這裏。只要提教他醒，便是操，不是塊然自守。』」○某嘗謂這心若未正時，雖欲强教他正，也卒乍未能得他正。若既正後，雖欲邪，也卒乍邪未得。雖曰「操則存，舍則亡」也，不得恁地快，自是他勢恁地。○接先生它語，❶只操便存，只求便是不放。○觸物而放去，是出。在此安坐，不知不覺被他放去，也是出。故學先求放心。○《存疑》：「出入無時，莫知其鄉」，只就「操則存，舍則亡」上見得。存，入也。亡，出也。只繫於操舍，無有定時，故曰「出入無時」。入則在內，出則在外。只繫於操舍，無有定處，故曰「莫知其鄉」。○《蒙引》：「神明不測」，兼得失言。○惟其得失之易，故保守之難也。非謂「出入無時，莫知其鄉」二句，專謂保守難；「操則存，舍則亡」二句，專謂得失易。○「敬以直內」，兼動静言。可見《大學》正心，兼動静，故上云「學者當無時而不用其力」。○愚聞之師延平李先生。曰：「人，理義之心未嘗無，唯持守之即在爾。若於旦晝之間，不至梏亡，則夜氣愈清。夜氣清，則平旦未與物接之時，湛然虛明氣象，自可見矣。」潛室陳氏曰：「此段境界，乃指示喪失良心者，欲其認取此時體段，從此養去也。」孟子發此夜氣之說，於學者極有力，宜熟玩而深省悉井反。之也。雙峰饒氏曰：「此章緊要，在三個『存』字。首說『存乎人者』，是說此心本來存。次說『夜氣不足以存』，是說衆人不能存此心。終說『操則存』，是教人用力以存此心。」○雲峰胡氏曰：「《集註》論浩氣，賜以爲『擴前聖所未發，學者所當潛心而玩索』。此論夜氣，則以爲『於學者極有力，宜熟玩而深省』。蓋此兩『氣』字，前此未發，而孟子

❶「接」，《朱子語類》作「按」。

發之。浩氣，謂是氣之體段，人皆得之於天地以生者。夜氣，則從浩氣中説，夜閒又清明如此，非有二氣也。浩氣是統説，夜氣則爲人之放其良心者説。聖人志氣常清明，無放心，故無夜氣。若學者尤宜深省，不但當玩索而已。」○東陽許氏曰：「『浩然』章論養氣，而以心爲主。此章論養心，而以氣爲驗。曰『志者，氣之帥』，故謂以心爲主。曰『平旦，好惡與人相近』，故謂以氣爲驗。集義固爲養氣之方，所以知夫義而集之者，乃心也。養心固戒其梏亡，驗其所息而可致力者，則氣也。彼欲養而無暴，以充吾仁義之氣。此欲因氣之息，以養吾仁義之心。兩章之持志、操心之意，未嘗不同，而氣則有在身、在天之異，然未始不相爲用也。」

○孟子曰：「無或乎王之不智也。或，與惑同，疑怪也。王，疑指齊王。附《蒙引》：「無惑乎王之不智也」，據見在言。「爲是其智弗若與，曰非然也」，言非其本然不智也。

雖有天下易生之物也，一日暴之，十日寒之，未有能生者也。吾見亦罕矣，吾退而寒之者至矣，吾如有萌焉何哉。易，去聲。暴，步卜反。見，音現。

暴，温之也。我見王之時少，猶一日暴之也。我退則諂諛雜進之日多，是十日寒之也。雖有萌櫱之生，我亦安能如之何哉。西山真氏曰：「人主之心，養之以義理則明，蔽之以物欲則昏。猶草木然，煖之以陽則生，寒之以陰則悴。孟子於齊王，引以當道。王秉彝之心，其端倪亦有時而萌動矣。而進見之時少，理義浸灌之益微，退而蔽之以私欲者何可勝。既雖有如萌芽之發，旋復摧折，雖孟子其如之何哉。」○勿軒熊氏曰：「此見孟子格心之學，須就有萌上著力。善端之發，正須正人賢士輔翼而開廣之。」

今夫弈之爲數，小數也。不專心致志，則不得也。弈秋，通國之善弈者也。使弈秋誨二人弈，其一人專心致志，惟弈秋之爲聽。一人雖聽之，一心以爲有鴻鵠將至，思援弓繳而射之，雖與之俱學，弗若之矣。爲是其智弗若與？曰：非然也。」夫，音扶。繳，音灼。

射，食亦反。「爲是」之「爲」，去聲。「若與」之「與」，平聲。弈，圍棊也。數，技也。致，極也。弈秋，善弈者，名秋也。繳，以繩繫矢而射也。雙峰饒氏曰：「心以所主者言，志以所向者言。專心是心之所主，專在此。致志是極其心之所向，直到那田地。」○新安陳氏曰：「此章前一譬，謂交倖者，不肯常用其力。後一譬，謂自倖者，不肯專用其力。意孟子之於齊王，既進見時少，無以勝衆邪之交蔽。而齊王之於孟子，又聽信不專，有以分其心於多岐。故設兩譬以言之，前言王之不智，後言智不若。固群邪寒之者之罪，亦自鴻鵠其心之罪也。」附《存疑》：二條雖前就生物上譬，後就教奕上譬，然只是一意。不可依新安謂「前是交倖者，不得常用其力；後是自倖者，不肯專用其力」。「見王之時少」「退而諂諛雜進之日多」，齊王方聽孟子之言，而復入於諂諛雜進之倫，便是一心以爲有鴻鵠將至，思援弓繳而射之者，其智何由生哉。故曰「無惑乎王之不智者」，此也。○《蒙引》：只由齊王之於孟子，聽信不專，而有所以分其心於多岐。故孟子之於齊王，進見時少，而無以勝衆邪之交蔽也。使其能一意於孟子，而惟其言之爲聽，豈容孟子之進見時少耶，一日三接可也，語至夜分亦可也。○使，是設使，非實事也。○本然爲是其智弗若與，曰非然也，是承上文「一心以爲有鴻鵠將至」者說來。上段不智，直就王說，此段語末，乃見王之所以不智處。○程子爲講官，言於上曰：「人主一日之閒，接賢士大夫之時多，親宦官宮妾之時少，則可以涵養氣質，而薰陶德性。」時不能用，識者恨之。范氏曰：「人君之心，惟在所養。君子養之以善則智，小人養之以惡則愚。然賢人易去聲，下同。疎，小人易親，是以寡不能勝衆，正不能勝邪。自古國家治去聲。日常少，而亂日常多，蓋以此也。」南軒張氏曰：「物固有生之理，然不養而害，則雖易生之物亦不能以長，是則物未有不待養而能生者也。『一日暴之，十日寒之』，則養之也微，而害之者深矣，則其生理焉得而遂哉。是以古之明君，懼一暴十寒之爲害也，則博求賢才，寘諸左右，朝夕與處而遠佞人，所以養德也。豈獨人君爲然，一暴十寒之病，爲士者其可一日而獨不念乎。然其要則在乎專心致志而已，專心致志，學之大方，居敬之道也。」〇慶源輔氏曰：「後世作事無本，知求治而不知正君，知改過而不知養德。若程子、范氏之説，是乃所謂正君養德之道，必如是然後君德成而治有本，庶幾三代可復。不然，雖欲言治，亦苟而已。」〇雲峰胡氏曰：「此章首末言智，《集註》不及之，獨紀范氏之言。君子養之以善則智，小人養之以惡則愚。然則人主之智與不智，在乎所養之正與不正耳。」附《蒙引》：氣質與德性不同。氣質，剛柔緩急之氣，涵養之，使其中和不偏。德性，謂仁義禮智之性，薰陶之，使與聖賢同歸也。〇《告子》一篇，全是發明性善之言，就如「王之不智」一章，亦是此意。如云「爲是其智弗若與？曰非然也」，便是「非天之降才爾殊也」。〇顧麟士曰：「《紹聞編》云：『此章與上章意脈相接。一日暴之，十日寒之，即山木之意。吾如有萌焉何哉，即萌蘖之生也，爲齊王斧斤之伐，牛羊之牧者，更多聲色貨利誘之於内，諂諛雜進惑之於外。』」

〇孟子曰：「魚，我所欲也。熊掌，亦我所欲也。二者不可得兼，舍魚而取熊掌者也。生亦我所欲也，義亦我所欲也，二者不可得兼，舍生而取義者也。舍，上聲。

魚與熊掌皆美味，而熊掌尤美也。《通考》趙氏悳曰：「熊掌以喻義，魚以喻生。《春秋》宰夫胹熊蹯不熟，晉靈公怒而殺之。注：蹯，熊掌，其肉難熟。以其熊蹯之味又有美於魚，而義又勝於生也。」附《蒙引》：此章亦見得人性皆善，其不善者，乃陷溺其心而然也。

生亦我所欲，所欲有甚於生者，故不爲苟得也。死亦我所惡，所惡有甚於死者，故患有所不辟也。惡、辟，皆去聲，下同。

釋所以舍生取義之意。得，得生也。欲生惡死者，雖衆人利害之常情，而欲惡有甚於生死者，乃秉彝義理之良心。是以欲生而不爲苟得，惡死而有所不避也。朱子曰：「義在於生，則舍死而取生。義在於死，則舍生而取死。」〇問：「生，人心；義，道心乎？」曰：「欲生惡死，人心也。惟義所在，道心也。權輕重，却又是義。」○慶源輔氏曰：「利害之常情，私欲也。秉彝之良心，天理也。孟子只就欲、惡二者中，分别出天理、人欲，最明切。」○新安陳氏曰：「人遇死生之大變，欲全生則害義，欲合義則不得生，與其不義而生，不若合義而死。是義之可欲，有甚於生之可欲，故不爲苟得以偷生。不義之可惡，有甚於死之可惡，故甘死而不肯避死也。」附《蒙引》：「所欲有甚於生者」，即是義。「所惡有甚於死者」，即是不義。大注云「欲生惡死者，雖衆人利害之常情」，此衆人，雖聖人亦在其中。又曰「欲惡有甚於生死者，乃秉彝義理之良心」，此亦通衆人而言，故不以賢者及君子等對上文衆人字也。下文衆人字，則對賢字説矣。

如使人之所欲，莫甚於生，則凡可以得生者，何不用也。使人之所惡，莫甚於死者，則凡可以避患者，何不爲也。

設使人無秉彝之良心，而但有利害之私情，則凡可以偷生免死者，皆將不顧禮義而爲之矣。慶源輔氏曰：「偷，謂偷竊。免，謂苟免。此兩字説盡私情之意象。惟其不然，則知秉彝之良心，乃吾所固有，而利害之私情，乃因物而旋生出耳。」《通考》東陽許氏曰：「此節反言失其良心，而不能取義焉。」

由是則生而有不用也，由是則可以辟患而有不爲也。

由其必有秉彝之良心，是以其能舍生取義如此。慶源輔氏曰：「『由是』之『是』，蓋指秉彝之良心而言也。」

是故所欲有甚於生者，所惡有甚於死者，非獨賢者有是心也。人皆有之，賢者能勿喪耳。喪，去聲。

羞惡之心，人皆有之。但衆人汩音骨。於利欲而忘之，惟賢者能存之而不喪耳。慶源輔氏曰：「羞惡之心，即所謂秉彝之良心也。秉彝之良心，是指其全體而言。羞惡之心，則又於全體之中指其所謂義者言之也。」《通考》東陽許氏曰：「五節上三句，當急讀作一串，是繳第二節兩句，説賢者能保此好義之良心。」附《存疑》：「是故所欲有甚於生者」以上，雖有四節，亦不過只是一意，反覆説人有羞惡之心耳。故遂以一語結斷，曰「人皆有之，賢者能勿喪耳」。○顧麟士曰：「『賢者能勿喪耳』，與上文『聖人先得我心之所同然耳』，語意一般。俱是要見其同處，不是要見其異處。」

一簞食，一豆羹，得之則生，弗得則死。嘑爾而與之，行道之人弗受。蹴爾而與之，乞人不屑也。食，音嗣。嘑，呼故反。蹴，子六反。

豆，木器也。嘑，咄當没反。啐七内反。之貌。行道之人，路中凡人也。蹴，踐踏也。乞人，丐乞之人也。不屑，不以爲潔也。言雖欲食之急，而猶惡無禮，有寧死而不食者。是其羞惡之本心，欲惡有甚於生死者，人皆有之也。慶源輔氏曰：「路人與乞丐，人至微賤者也。簞食、豆羹，生死所繫，利害之至急切者也。於此而猶惡無禮，寧舍之而不食，則羞惡之本心，所惡有甚於生死者，可見人無有無是心者也。言羞惡而併及夫欲者，羞惡則固爲惡矣，及反之而不羞惡焉者，則是所欲也。」附《存疑》：「一簞食、一豆羹」條，又是即義心之激發處以明之，與言「人皆有不忍之心」，明以「孺子入井」之事一般。○《蒙引》：「蹴爾」，尤重於「嘑爾」，故乞人亦不受。

萬鍾則不辨禮義而受之，萬鍾於我何加焉，爲宫室之美、妻妾之奉、所識窮乏者得我與。爲，去聲。與，平聲。

萬鍾於我何加，言於我身無所增益也。新安陳氏曰：「萬鍾，對簞豆而言。彼物之微也，尚惡無禮非義不可食而不受。此物之富者，乃不辨禮義而受之，吾身受用不假萬鍾之富，是萬鍾於吾身其實何所加益哉。」所識窮乏者得我，謂所知識之窮乏者感我之惠也。上言人皆有羞惡之心，此言衆人所以喪之由此三者。新安陳氏曰：「人之喪其良心，固不止於成宫室、供妻妾、濟知識三者。姑舉三者，他可類推。」蓋理義之心雖曰固有，而物欲之蔽亦人所易去聲。昏也。或曰：「『萬鍾於我何加焉』，他日或爲利害所昏，當反思其初，則不爲所動矣。」朱子曰：「此是克之之方，然所以克之者，須是有本領後，臨時方知克去得。不然臨時比並，又却只是擇利處去耳。」附《淺説》：「一簞」云云「不屑也」，「是其羞惡之本心，欲惡有甚於生死者，人皆有之也」。然理義之心，雖人所固有，而物欲之蔽，亦人所易昏。故萬鍾之禄，則不辨其合於禮義而受之。且萬鍾之受，非死生所係，於吾身初無增益也，何所爲而受之。蓋爲宮室之美、妻妾之奉、所識窮乏者得我，此三者必資萬鍾而後有也，故不辨禮義而受之。○《存疑》：「萬鍾則不辨禮義而受之，萬鍾於我何加」，此是炤上條「一簞食、一豆羹」意説。簞食、豆羹，生死所係，是於我有益者，而猶惡無禮。萬鍾之得失，非若簞食豆羹之關於生死，是於我身無益者，乃不辨禮義而受之，所以可怪也。○「萬鍾則不辨禮義而受」，炤「行道不受」、「乞人不屑」説。「於我何加」，炤「得之則生，弗得則死」説。「爲宮室之美」三句，是説喪其良心由此三者。既曰「於我何加焉」，却乃爲此三者，可見無謂，故下文有「是亦不可已」之論。

鄉爲身死而不受，今爲宮室之美爲之；鄉爲身死而不受，今爲妻妾之奉爲之；鄉爲身死而不受，今爲所識窮乏者得我而爲之，是亦不可以已乎。此之謂失其本心。」鄉、爲，並去聲。「爲之」之「爲」，並如字。

言三者，身外之物，其得失比生死爲甚輕。鄉爲身死猶不肯受嘑蹴之食，今乃爲此三者而受無禮義之萬鍾，是豈不可以止乎。本心，謂羞惡之心。東陽許氏曰：「三『鄉爲身』，北山先生作一讀。言鄉爲辱身失義之故，尚不受呼蹴之食，以救身之死。今乃爲身外之物、施惠於人，而受失義之禄乎，可謂無良心矣。」附《存疑》：三「鄉爲身死而不受」，是舉上兩條來秤稱。言關於生死者猶不肯失其本心，無關於生死者乃喪其本心，此大不可也。是亦不可以已乎，言生死所繫，是不可已者，三者無關於生死，是可已者。不可已者既已之，可已者獨不可已乎。説到此處，真激發人。○此章言羞惡之心，人所固有，或能決死生於危迫之際，而不免計豐約於宴安之時，是以君子不可頃刻而不省悉井反。察於斯焉。朱子曰：「此章孟子所論宮室之美、妻妾之奉、窮乏得我三者，或物欲之尤，人所易溺，或意之私，人所不能免者。自非燭理素明，涵養素定，而臨事有省察之功，未有不以此而易彼也。」○慶源輔氏曰：「羞惡之心，雖人之所固有，但危迫之際，私欲未肆，三者之念，都未萌芽，故天理之發，其不可遏有如此者。至於宴安之時，私欲紛紜，展轉不已，以至計較豐約，都忘義理之心，乃其勢之使然也。人能於此而省察焉，則知所以存天理而遏人欲矣。」○新安陳氏曰：「此章前一截，反覆發明舍生取義，是說人當託孤寄命之大節時事。中間食羹不受，是說一飲食之小節時事。然其能決一死以全義，則無分於大小也。不食非禮之食，蓋是指此以證人皆有羞惡之心，以實上文人能舍生取義之意。《集註》謂『或能決死生於危迫之際』，亦併前一截舍生取義處論之。古之君子，當舍生取義時，非徒感慨殺身，實能從容就義，如張巡死於睢陽之類。所謂危迫，乃事勢之危迫，非謂舍生就死者之蒼黃失措也。不受非禮之食而死，如齊餓者不受嗟來之食之類，古來真有此等人。然謂其『能決死生於危迫之際』，而又謂有『不免計豐約於宴安之時』者，蓋危迫之際物欲不萌，義理之心感發有不可遏，故往往能決死生。若宴安之時，物欲易行，私意何極，義理之心多至迷溺，故或不免至於計較豐約，亦勢使然也。人能於此省察之，則知所以遏人欲而擴天理矣。又『是亦不可以已乎』，最喚醒人。人之不能爲君子，多是不得已而爲之，今此三者豈不可以已，而乃冒爲之乎。『此之謂失其本心』，尤斷制得明白。『失其本心』，與前所謂『賢者能勿喪耳』，正相反。賢者惟克去私欲，故能勿喪其良心。衆人惟汩於私欲，故至於失其本心也。」《通旨》朱氏公遷曰：「此章凡八節，前五節以死生之大節言，後三節以口體之小節言，即事理之中主乎羞惡之心而言之也。」○東陽許氏曰：「然下三節，亦是蒙前第一節生義言之。」附《蒙引》：「牛山之木」章，是存養之功。「魚我所欲」章，是取舍之分。○顧麟士曰：「按《紹聞編》曰：『《論語》以富貴、貧賤判取舍之大分，此章以生死判取舍之大分，兩處俱以人之所欲、人之所惡中，分別出天理、人欲，最明切。」○《淺說》：此章言人皆有理義之良心，而不能不蔽於物欲，分作二截看。總注「或能決死生於危迫之際」一句，只是足「羞惡之心，人所固有」一句意也。

○孟子曰：「仁，人心也。義，人路也。仁者，心之德，程子所謂心如穀種，上聲。仁則其生之性是也。朱子曰：「生之性，便是愛之理。」○勉齋黃氏曰：「心是穀種，心之德是穀種中生之性也。生之性便是理，謂其具此生理而未生也。若陽氣發動，生出萌芽後，乃是情。須認得生字，不涉那喜怒哀樂去。」○潛室陳氏曰：「人心是物，穀種亦是物，只是物之有生理者爾。然便指心爲仁則不可，但人心中具此生理。便以穀種爲仁亦不可，但穀種中亦含此生理。❶穀不過是穀實結成，而穀之所以纔播種而便萌蘖者，蓋以其有生之性。心不過是血氣做成，而心之所以有運動惻怛處，亦以具有生之性。人心之與穀種，惟其有生之性，故謂之仁，而仁則非梏於二者之形也。孟子只恐人懸空去討仁，故即人心而言。程子又恐人以人心爲仁，故即穀種而言。」○新安陳氏曰：「《遺書》云心譬如穀種，生之性便是仁，陽氣發處乃情也。」然但謂之仁，則人不知其切於己，故反而名之曰人心，則可見其爲此身酬酢音昨。萬變之主，而不可須臾失矣。此「失」字，即是下文「放」字。○朱子曰：「仁，無形迹底物事。孟子恐人理會不得，便説道只人心便是，却不是把仁來形容人心，乃是把人心來指示人以仁也。心是通貫始終之物，仁是心體本來之妙。汩於物欲，則雖有是心，而失其本然之妙。惟用功親切者，爲能復之。孟子之言固是渾然，然人未嘗無是心，而或至於不仁，只是失其本心之妙而然耳。則仁字、心字，亦須略有分別。」○西山真氏曰：「仁者，心之德也。而孟子直以爲人心者，蓋有此心即有此仁，心而不仁，即非人矣。孔門言仁多矣，皆指其功用處而言。此則徑舉全體，使人知心即仁，仁即心，而不可以二視之也。」○雲峰胡氏曰：「《中庸》言『仁者，人也』，此人字，指人之身而言。此則直指人之心而言。言身，則人有此身，便自具此生理，比之他處言仁，已甚親切。此言心，則又見生之理具於人之身，而心如穀種，又具此生理而未生者也，視《中庸》又親切矣。」義者，行事之宜，謂之人路，則可以見其爲出入往來必由之道，而不

❶「含」，原作「舍」，今據《四書大全》改。

可須臾舍上聲。矣。朱子曰：「『仁，人心』，是就心上言。『義，人路』，是就事上言。」○潛室陳氏曰：「或問：『孟子謂道，若大路然。又曰義，人路也。道爲義體，義爲道用，均謂之路，何耶？』曰：『道以路言，謂事事物物各有當行之路。義亦言路者，謂處事處物各就他當行路上行，故皆以路言。然道若大路，則取其明白易知。義爲人路，則取其往來必由。不知道之猶路，無目者也；不知義之猶路，無足者也，此孟子言意別處。』」○雲峰胡氏曰：「路在外，出入往來必由乎我。事之宜在外，而所以行事而酌其宜者在乎心。於此見得仁字自包得義字，故下文求放心，但言仁而不及義也。」附《語類》：「問：『仁，人心；義，人路。路是設譬喻，仁却是直指人心否？』曰：『路字非譬喻，恐人難曉，故謂此爲人之路，在所必行爾。』」○《存疑》：仁者，心之德，則仁是心所具之理，比心又出一步，不是心也。曰「人心」者，反而名之也。反名者，以心所具之理，反而歸之心也。自其所具者，歸於具之者，故曰「反」。所以反而名之人心者，欲人知其切於己也。夫心之切於己，人皆知之，仁切於己，人未知也。名仁曰「人心」，欲人知仁即心，切於己也。然仁與心却是二物，名仁爲人心，不幾於無別與。仁雖人心所具之理，實心之所以爲心也。以心所具之理言，則仁自仁，心自心，二者固有分矣。以心之所以爲心而言，則心即仁，仁即心，而實未嘗有所分也。故謂仁爲心之理可，謂仁爲人心亦可。

舍其路而弗由，放其心而不知求，哀哉。舍，上聲。

「哀哉」二字，最宜詳味，令平聲。人惕然有深省悉井反。處。雲峰胡氏曰：「兩『其』字，即是上文兩『人』字。蓋曰『人心』、『人路』，則禽獸無是心，亦無是路矣。人舍其爲人之路而不由，放其爲人之心而不知求，則不可謂之人矣。不可謂之人，則謂之何哉，此孟子所以深哀之。」○新安陳氏曰：「上文先仁而後義，由體而及用；此先路而後心，由用而歸之體也。」《通旨》朱氏公遷曰：「此儆戒學者之辭。言不及義，好行小慧，是不能矯輕也。飽食終日，無所用心，是不能儆惰也。言不及義，則近於自暴。而不肯居仁由義，無所用心，則甘於自棄，而不能求其放心。夫子兩言『難矣哉』，孟子兩言『哀哉』，蓋深歎人之不可以不學也，而其言可以互相發明如此。」附《存疑》：「放其心而不知求」，即上章所謂「放其良心者」耳，猶斧斤之於木，旦晝之所爲，又從而梏亡之也。凶歲之陷溺其心也，宫室之美、妻妾之奉、所識窮乏得我之失其本心也。一心以爲有鴻鵠將至，亦放其心也。

人有雞犬，放則知求之，有放心而不知求。

程子曰：「心至重，雞犬至輕。雞犬放則知求之，心放則不知求。豈愛其至輕，而忘其至重哉，弗思而已矣。」朱子曰：「雞犬放，有未必可求者，惟是心纔求，則便在，未有求而不可得者。知其爲放而求之，則不放矣。」○存得此心，便是仁，若此心放了，又更理會甚仁。今人之心，静時昏，動時擾亂，便是放了。放心不獨是走作唤做放，纔昏睡去了，便是放。愚謂上兼言仁義，而此下專論求放心者，能求放心，則不違於仁而義在其中矣。慶源輔氏曰：「能求其心，則心存。心存，則無適而非天理之流行，而應事接物之際，必能合時措之宜。故曰『義在其中』，蓋有體必有用也。」附顧麟士曰：「《紹聞編》曰：『程子曰心至重，雞犬至輕云云，此意實起下四章之意，下四章，俱以心與外物，及小體分輕重而言。』」

學問之道無他，求其放心而已矣。」

學問之事，固非一端，然其道則在於求其放心而已。蓋能如是則志氣清明，義理昭著，而可以上達。不然則昏昧放逸，新安陳氏曰：「静時昏昧，動時放逸。」雖曰從事於學，而終不能有所發明矣。朱子曰：「學問亦多端矣，而孟子直以爲無他。蓋身如一屋子，心如一家主。有此家主，然後能洒掃門户，整頓事務。若無主，則此屋不過一荒屋耳，實何用焉。且如《中庸》言學問思辨四者甚切，然使放心不收，則何者爲學問思辨哉。收斂此心，不容一物，乃是用工。須就心上做得主定，方驗得聖賢之言，有歸著，自然有契。」○求放心也，不是在外面求得個放心來，只是求時便在。如我欲仁，斯仁至矣，只是欲仁，便是仁了。○求放心，非以一心求一心，只求底便是已收之心。雖放去千萬里之遠，只一收便在此，他本無去來也。○求放心，當於未放之前看如何，已放之後看如何，復得了又看是如何。作三節看後，自然習熟此心，不至於放。○孟子謂學問求放心，又謂有是四端，知皆擴而充之，說得最好。人之一心，在外者要收入來，在內者又要推出去。❶《孟子》一部書，皆是此意。○蔡氏曰：「或者但見孟子有『無他』、『而已矣』之語，便立爲不必讀書窮理，只要存本心之說，所以卒流於異學，此指陸象山。《集註》謂『學問之事，固非一端，然其道則在於求放心而已』，正所以發明孟子之本意，以示異學之失，學者切宜玩味。」《通考》勿齋程氏曰：「警覺、操存、反其昏妄，曰求放心，自能尋向上去者，下學也。然而上處者，上達也。下學而上達，必求放心爲本。」○朱子曰：「所謂存，所謂放，只是喚醒自己，學者工夫只在喚醒上。放縱只爲昏昧，喚醒則自不昏昧，不昏昧，則自不放縱矣。」**故程子曰：「聖賢千言萬語，只是欲人將已放之心，約之使反復入身來，自能尋向上去，下學而上達也。」**朱子曰：「『所謂反復入身來』，不是將已縱出底，依舊收拾轉來。如七日來復，不是已往之陽，重新將來復生。蓋舊底已自過去了，這裏自然生出來，只是知求，則心便在，便是反復入身來。」○上有學問二字，不只是求放心便休。看「自能尋向上去，下學而上達」二句，這是存得此心方可做去，必不是塊然空守得這心便了。○徽庵程氏曰：「尋向上去者，下學也；能向上去者，上達也。」○雲峰胡氏曰：「『約之使反復入身來』，是此心不可爲流蕩忘反之心。『自能尋向上去，下學而上達』，蓋必由下學而後上達，則此心又不可爲虛空無用之心也。」**此乃孟子開示切要之言，程子又發明之，曲盡其指，學者宜服膺而勿失也。**南軒張氏曰：「學問之道，以求放心爲主，然心豈遠人哉。知其放而求之，則在是矣。所謂放者，其幾間不容息，故君子造次克念，戰兢自持，所以收其放而存之也。存之久，則天理寖明，是心之體將周流而無所蔽矣。以堯舜禹相授受之際，獨曰『人心惟危，道心惟微』，心豈有二乎哉。放之則人心之危，無有極也。知其放而求之，則道心之微，豈外是哉。故貴於精一之而已。」○雙峰饒氏曰：「上文說『仁，人心也』，是把心做義理之心，不應下文心字，又別是一意。若把

❶「內」，原作「外」，今據哈佛本改。

求放心做收攝精神，不令昏放，則只説從知覺上去，恐與『仁，人心也』不相接了。曩嘗以此質之勉齋，勉齋云此章首言『仁，人心』，是言仁乃人之心。次言『放其心，而不知求』。末言『學問之道無他，求其放心而已矣』。言學問之道，非止一端。如講習討論，玩索涵養，持守踐行，擴充克治，皆是。其所以如此者，非有他也，不過求吾所失之仁而已，此乃學問之道也。三個心字，脈絡聯貫，皆是指仁而言。今讀者不以仁言心，非矣。」○新安陳氏曰：「仁者，人之本心也。不仁之人，失其本心，放其心故也。本心存，則爲仁，放則非仁。非仁則不能居仁以立其體，必不能由義以達其用矣。求放心，即所以求仁也。學問者，求仁之方。求仁者，學問之本。此章歸宿在求放心上，是歸宿在求仁上也。本章有四心字，皆是指仁而言，文理血脈甚貫，讀之可見。又按放心，人欲也。求放心，遏人欲而存天理也。」《通旨》朱氏公遷曰：「牛山之木章心字，與此章心字，皆因論爲學功夫，而以理義之心言之。一章言理義之心，人所固有，而衆人梏之，學者當有以養之也。一章言理義之心，人所當存，而衆人放之，學者當有以求之也。操存是存養，求放心是省察。」又曰：「學問二字，蓋兼知行而言之，然此章則以求放心爲本。若《大學》三綱領之中，則以明明德爲本。《論語》首章言學，《集註》又發其蘊，而以明善復初爲之本。但求放心，是先立其本，學必由此而後進也。明德、明善復其初，是務此以爲本。學必至此，而後成也。」附《語類》：「『學問之道無他，求其放心而已』，不是學問之道，只有求放心一事。乃是學問之道，皆所以求放心。如聖賢一言一語，都是道理。」○《存疑》：「學問之道無他，求其放心而已矣」，言學問之道，只是要求放心也。「仁，人心也」，求放心，即求仁也。學問不必他求，只就孟子之言求之可見。「操則存」，「先立乎其大者，其小者不能奪」，「養心莫善於寡欲，其爲人也寡欲，雖有不存者寡」，求放心之説也。盡心知性而知天，存心養性以事天，求放心之説也。「我知言，我善養吾浩然之氣」，亦求放心之説也。○此章所謂求放心，即是求仁，看首句「仁，人心也」可見。又看前自「富歲子弟多賴」，後至「公都子問」及此數章，連就治心上説，可見此章所重之意。○朱子小注「放心不收，則何者爲學問思辨。收斂此心，方驗得聖賢之言有歸著」，此説不是。黃勉齋、陳新安之説甚好，當詳玩。○《蒙引》：或疑朱子曰「蓋能如是，則志氣清明」

云云，似有先求放心之意，非也。蓋學問以求放心爲要，下學也。義理昭著，則説向上達。求放心，則是下學之事，非謂求放心而後可學問也，則先求放心之説非矣。○此學問兼知行，與《中庸》道問學同。

○孟子曰：「今有無名之指，屈而不信，非疾痛害事也。如有能信之者，則不遠秦楚之路，爲指之不若人也。信，與伸同。爲，去聲。

無名指，手之第四指也。附《蒙引》：指有五：一巨指、二食指、三將指、四無名、五小指。蓋巨，大也。食指者，人之所食，以此指爲力也。將指者，《左傳》「闔廬傷將指」，言其將領諸指也。○「不遠秦楚之路」，孟子，魯人也，在齊亦最久，自齊魯而視秦楚，則爲遠耳。非謂自秦至楚，自楚至秦也。

指不若人，則知惡之。心不若人，則不知惡。此之謂不知類也。」惡，去聲。

不知類，言其不知輕重之等也。南軒張氏曰：「人與聖人同類，以心之同耳，不同者，陷溺之故也。心不若人而知惡之，必求所以免於惡，蓋有須臾不遑寧處者矣。」○新安陳氏曰：「此承上章，以雞犬與心分輕重而言，下三章亦以類相方而加切焉。」附《蒙引》：對桐梓言之，則曰身，自身言之，則有心、指之分。隨所在分輕重，使人知所重也。下三章，只是此一意重出。

○孟子曰：「拱把之桐梓，人苟欲生之，皆知所以養之者。至於身，而不知所以養之者，豈愛身不若桐梓哉？弗思甚也。」

拱，兩手所圍也。把，一手所握也。桐梓，二木名。南軒張氏曰：「愛其身，必思所以養之。古之人，理義以養其心，以至動作起居、聲音笑貌之閒，莫不有養之之法。所以尊德性、道問學，以成其身也。於桐梓知所養，則自拱把至合抱，可以馴致。於身知所養，則自士而爲賢、爲聖，亦循循可進矣。弗思，則待其身曾一草木之不若，滔滔皆是也。」○新安陳氏曰：「苟一思之，則思吾之一身，三綱五常繫焉，四端萬善備焉，必思所以養之。養之之道，養心以養其內，謹動容之類以養其外。使吾身爲仁義禮智根心、見面、盎背之身，非徒養其口體血氣之身而已也。此章身字，內包心，外包動容周旋而言。」附《蒙引》：身以心爲主，與上下章意同。觀下章言「人之於身也，兼所愛」，而曰「無以小害大」可見。但此對桐梓言，故只曰「至於身，而不知所以養之」，所以養之者，治其心而已。

○孟子曰：「人之於身也，兼所愛。兼所愛，則兼所養也。無尺寸之膚不愛焉，則無尺寸之膚不養也。所以考其善不善者，豈有他哉，於己取之而已矣。

人於一身，固當兼養。新安陳氏曰：「無所不愛曰兼愛，無所不養曰兼養。『無尺寸之膚』至『不養也』，申兼愛、兼養意。」然欲考其所養之善否者，惟在反之於身，以審其輕重而已矣。趙氏曰：「人之於身，無所不愛，則固當無所不養。然體有貴賤、大小，養其貴且大者則善，養其賤且小者則不善。此豈待他人言之而後知哉，則亦反之於身而審其輕重於心焉，則自知矣。」○新安陳氏曰：「輕重，即下文所謂貴賤、大小是也。」

體有貴賤，有小大。無以小害大，無以賤害貴。養其小者爲小人，養其大者爲大人。

賤而小者，口腹也。貴而大者，心志也。附《存疑》：「體有貴賤」一條，正是上面「於己取之」意。養其小，是以小害大，賤害貴也；養其大，是不以小害大，賤害貴也。舍梧檟，是賤害貴之喻；失肩背，是小害大之喻。飲食之人則人賤之，都是上面意。上面小人、賤場師、狼疾人之喻，皆是賤之也。飲食之人，便是以賤害貴，小害大者。○《淺説》：「養其小者」，是重其所輕，而所養者不善矣。「養其大者」，是重其所重，而所養者善矣。人其可不致審於斯乎。○《蒙引》：「賤而小者」，耳目、手足之類皆是。朱子專以口腹爲小體者，因孟子下文專言「飲食之人」，「養小失大」而云耳。學者要當推類以及其餘，孟子只是舉其一端，在人所易曉者。

今有場師，舍其梧檟，養其樲棘，則爲賤場師焉。舍，上聲。檟，音價。樲，音貳。

場師，治場圃者。梧，桐也；檟，梓也，皆美材也。樲棘，小棗，非美材也。附《蒙引》：「今有場師」至「則爲狼疾人也」，正是「養其小者爲小人」意，但未可說出。至下文「飲食之人，則人賤之矣，爲其養小以失大也」方說出，上文且譬以起之。正如「不揣其本而齊其末」、「金重於羽」二條，起「取色之重者」一條。○梧檟，即桐梓也，故《集註》云「梧，桐也。檟，梓也」。○梧、檟，二木名。樲棘，小棗，一物也。

養其一指而失其肩背，而不知也，則爲狼疾人也。

狼善顧，疾則不能，故以爲失肩背之喻。新安陳氏曰：「一指、肩背，有小大之分，故借以旁證小體大體。」附《蒙引》：「養其一指而失其肩背」，只是取譬之辭，孟子非實以肩背爲大者所在也。此章總重在心志。

飲食之人，則人賤之矣，爲其養小以失大也。爲，去聲。

飲食之人，專養口腹者也。

飲食之人無有失也，則口腹豈適爲尺寸之膚哉。」

此言若使專養口腹而能不失其大體，則口腹之養，軀命所關，不但爲尺寸之膚而已。但養小之人，無不失其大者，故口腹雖所當養，而終不可以小害大，賤害貴也。朱子曰：「此章言身，則心具焉。『飲食之人，無有失也，則口腹豈適爲尺寸之膚哉』，此數句說得倒了也，自難曉。意謂使飲食之人真無所失，則口腹之養本無害。然人屑屑理會口腹，則必有所失無疑。是以當知養其大體，而口腹底他自會去討喫，不到得飢了也。」○雙峰饒氏曰：「以身而言，一毫一髮，皆吾所當愛，皆吾所當養，但體有大小，莫專養小體。若才養目便貪色，才養耳便貪聲，才養口便貪味，必至害其大體。」又曰：「『無以小害大』，不是教人養其大者，而不養其小者。若養其小者而不失其大者，則小者不爲大者之累，便是不以小害大。」○新安陳氏曰：「此章言人當以養心志爲重，養口體爲輕，非謂養心志者不養口體也。養心志，則道心爲主，而人心聽命。雖飢食渴飲與常人同，而食所當食，飲所當飲，自與常人異。若專養口體，則人心愈危，道心愈微，不至於窮口腹之欲而滅天理者鮮矣。孟子於此，欲人不養小以失大，蓋所以遏人欲而存天理也。」附顧麟士曰：「前原説無尺寸之膚不愛不養，況口腹不但尺寸乎，照應理如此也。」

○公都子問曰：「鈞是人也，或爲大人，或爲小人，何也？」孟子曰：「從其大體爲大人，從其小體爲小人。」

鈞，同也。從，隨也。大體，心也。小體，耳目之類也。

曰：「鈞是人也，或從其大體，或從其小體，何也？」曰：「耳目之官不思，而蔽於物，物交物，則引之而已矣。心之官則思，思則得之，不思則不得也。此天之所與我者，先立乎其大者，則其小者不能奪也。此爲大人而已矣。」

官之爲言司也。耳司聽，目司視，各有所職而不能思，是以蔽於外物。既不能思而蔽於外物，則亦一物而已。又以外物交於此物，其引之而去不難矣。問：「蔽是遮蔽，如目之視色，從他去時，便是爲他所遮蔽。若能思，則視其所當視，不視其所不當視，則不爲他所蔽矣。」朱子曰：「然若不思，則耳目亦是一物。」心則能思，而以思爲職。凡事物之來，心得其職，則得其理，而物不能蔽。失其職，則不得其理，而物來蔽之。此三者，皆天之所以與我者，而心爲大。三者，謂耳、目、心。若能有以立之，則事無不思，而耳目之欲不能奪之矣，此所以爲大人也。朱子曰：「『物交物』，上『物』字指外物，下『物』字指耳目。耳目謂之物者，以其不能思。心能思，所以爲大體。君子固當於思處用工，能不妄思，是能先立其大者，然後耳目之小者，不能奪。此句最有力。且看他下箇『立』字，謂之立者，是要卓然豎起此心，使自立，所謂敬以直内是也。」○耳目亦物也，不能思而交於外物，只管引將去。心之官固是主於思，然須是思方得。若不思，却只把不是做是，是底却做不是，邪思雜慮便順他做去，却害事。《通考》朱氏公遷曰：「『大人不失其赤子之心』，功夫在

『不失』字。此章『思則得之』，功效在『思』字，得之即不失之謂也。二章皆因論大人，而以理義之心言之。」附《存疑》：「從其大體」，是耳目之欲，皆聽命於心也。當視則視，而不妄視；當聽則聽，而不妄聽也。「從其小體」，是心反聽命於耳目，淫聲美色惟其所欲，而心不爲之宰制也。○「先立乎其大」一句，正是答「或從其大體，或從其小體」意。「耳目之官不思」至「不思則不得」，是解大、小體。「耳目之官不思，而蔽於物」，所以爲小體也；「心之官則思，思則得之，不思則不得」，所以爲大體也。「先立乎其大者」，則心得其職，事至能思，耳目之欲皆聽其主宰，而不能奪，此所以從乎大體也。不能「先立乎其大者」，則心失其職，事不能思，耳目能奪之，淫聲美色惟其所欲，心不能主，而反從乎小體矣。孔子之所謂「操」、「存」，孟子之所謂「求其放心」，乃立之之道也。○《淺説》：「思則得之」説得廣，注中「凡事物之來」，不專指聲色言。「物不能蔽」，「蔽」字就心言，非蔽耳目也。○《蒙引》：孟子之學，惟於「思」之一字著力最深，故每以此覺人。一則曰「弗思矣」，二則曰「弗思甚也」，又曰「求則得之，舍則失之」，求亦思也。至於所引「誠之者，人之道也」，亦改「誠之」爲「思誠」，其喫緊之意可見。誠以人之所以爲人者，心焉而已矣。「心之官則思」，「思曰睿，睿作聖」，又曰「思者，聖功之本」，思之於人大矣。

然「此天」之「此」，舊本多作「比」，而趙注亦以「比方」釋之。今本既多作「此」，而注亦作「此」，乃未詳孰是。但作「比」字於義爲短，故且從今本云。○范浚字茂明，婺州人。《心箴》曰：「茫茫堪輿，俯仰無垠。音銀。人於其間，眇然有身。是身之微，太倉稊杜兮反。米，參爲三才，曰惟心爾。雲峰胡氏曰：「堪輿，謂天地。言天地至大，而人處天地間，此身至小，不過如太倉一粒稊米而已。然人之所以可與天地參，爲三才者，惟在此心，心之體豈不甚大。」往古來今，孰無此心。心爲形役，乃獸乃禽。雲峰胡氏曰：「此言此心之大，往古來今，人人有之。若純乎義理，則是從其大體。若役於形氣，則是從其小體。彼禽獸之心，終日役役，不過飲食牝牡而已。人之心而爲形所役，與禽獸何異。嗚呼，人之心，其大也本可以參天地，而役於小者，不能異乎禽獸，亦獨何哉？可以反而思矣。」惟口耳目，手足動静，投閒去聲。抵隙，乞逆反。爲厥心病。雲峰胡氏曰：「此言口欲味，目欲色，耳欲聲，四肢欲安佚。本心微有閒隙，彼則乘之而入矣。」一心之微，衆欲攻之，其所存者，嗚呼幾平聲。希。雲峰胡氏曰：「此言此心之發於義理者甚微，而役於形氣者甚衆。以彼之衆，攻我之微，如國勢方弱，而四面受敵，其不亡者罕矣。」君子存誠，克念克敬，天君泰然，百體從令。」雲峰胡氏曰：「前八句是説小人之從其小體，此四句是説大人之從其大體。曰誠、曰念、曰敬，念即思之謂，而敬即存誠之方也。一誠足以消萬僞，一敬足以敵千邪，所謂先立乎其大者，莫切於此。天君泰然，是先立乎其大者。百體從令，是小者弗能奪。朱子曰：『范氏之箴，蓋得其旨，未可易之也。』愚按從而釋之云：❶先師曰『荀卿以耳目爲天官，心爲天君』，又曰『心者，形之君也，出令而無所受令』，即此語以看《孟子》此章，甚切。能先立乎其大者，則此心卓然能爲耳目之君，而從其大體，所謂『天君泰然，百體從令』者也。不能先立乎其大者，則退然方聽命於耳目，而從其小體，所謂心爲形役者也。立之如何，亦曰操而存之，使得其能思之職而已。」

○孟子曰：「有天爵者，有人爵者。仁義忠信，樂善不倦，此天爵也。公卿大夫，此人爵也。樂，音洛。

天爵者，德義可尊，自然之貴也。南軒張氏曰：「仁義，又言忠信，忠信只是誠實此二者。」○雙峰饒氏曰：「仁義，人人有之。忠信、樂善，人所當勉，須忠信樂善，仁義方爲我有，乃爲可貴。」○新安陳氏曰：「樂善，即樂此仁義、忠信。不倦者，樂之至也。」附《淺説》：有自然之貴，非人所得而予奪，而謂之天爵者。有人爲之貴，乃人所得而予奪，而謂之人爵者。彼其仁者，心之德，愛之理。義者，心之制，事之宜。仁義發於心，而念念皆實之謂忠。仁義見於事，而事事皆實謂之信。樂此仁義、忠信之善，與之相忘而不倦焉。若此者，自然可尊也，非天爵乎。彼公卿大夫之位，不出於

❶「按」，《四書大全》作「故」，當是。

己而出於人，不出於自然而出於使然，非人爵乎。○《蒙引》：仁義兼舉體用，道理已盡了。忠信，則仁義之發於心而見於事者，無一之不實。樂善不倦，則仁義之實者，又無一息之間斷。謂之天爵者，非人所得而貴賤者也。○「仁義」，「可欲之謂善」也。「忠信」，「有諸己之謂信」也。「樂善不倦」，「充實之謂美，充實而有光輝之謂大」，雖「大而化之」之「聖」，亦樂善而不倦者也。故「樂斯二者，樂則生矣，生則惡可已也。惡可已，則不知手之舞之，足之蹈之」，亦樂善不倦者也。

古之人脩其天爵，而人爵從之。

脩其天爵，以爲吾分去聲。之所當然者耳。人爵從之，蓋不待求之而自至也。南軒張氏曰：「『古之人脩其天爵』而已，非有所爲而爲之。『人爵從之』者，言其理則然也。」

今之人脩其天爵，以要人爵。既得人爵，而棄其天爵，則惑之甚者也，終亦必亡而已矣。」要，平聲。

要，求也。脩天爵以要人爵，其心固已惑矣。得人爵而棄天爵，則其惑又甚焉，終必并其所得之人爵而亡之也。朱子曰：「孟子時，人尚脩天爵以要人爵，後世皆廢天爵以要人爵。」○問：「脩天爵以要人爵者，雖曰脩之，實已棄之久矣，何待於得人爵而後始謂之棄邪。」曰：「若是者，猶五覇之假仁，猶愈於不假不脩者耳。」○南軒張氏曰：「古之士脩身於下，無一毫求於其君之心，而人君求賢於上，每懷不及之意。上下皆循乎天理，是以人才衆多，而天下治。逮德之衰，在下者假名而要利，在上者徇名而忘實，而人才始壞矣。降及後世，則不復以仁義忠信取士，而乃求之於文藝之間。自孩提之童，則使之懷利心而習爲文辭，則併與其假者而不務矣，則人才何怪其難哉。」○新安陳氏曰：「無所爲而爲善者，誠也，故堅所守而不移。有所爲而爲善者，僞也，故得所求而遂已。或曰：『脩其天爵，亦有人爵不從之者；棄其天爵，亦有人爵終不亡者，何也？』曰：『脩天爵，自有得人爵之理。棄天爵，自有亡人爵之理。其不得者，上之遺賢；其不亡者，下之僥倖，豈常理哉。』」

○孟子曰：「欲貴者，人之同心也。人人有

貴於己者，弗思耳。

貴於己者，謂天爵也。附《存疑》：此章是因時人多求在人之貴，而不知有在己之貴，故特唤醒之。下兩條，又是説人所欲之貴不足貴，在己之貴有可貴。乃示人求諸己，而不求諸人也。○《蒙引》：「欲貴者，人之同心也」，在外之貴也，即人爵也。「人人有貴於己者」，在内之貴也，即天爵也。○「人人有貴於己者，弗思耳」，不必兼言其拘於氣稟也，只可説是蔽於物欲而弗思。蓋孟子言性善，不論氣質也。

人之所貴者，非良貴也。趙孟之所貴，趙孟能賤之。

人之所貴，謂人以爵位加己而後貴也。良者，本然之善也。趙孟，晉卿也。新安倪氏曰：「晉趙氏，世呼趙孟，如智氏，世呼智伯。晉爲盟主，趙氏世卿，故當時謂趙孟能賤貴人。」能以爵禄與人而使之貴，則亦能奪之而使之賤矣。若良貴，則人安得而賤之哉。

詩云：『既醉以酒，既飽以德。』言飽乎仁義也，所以不願人之膏粱之味也。令聞廣譽施於身，所以不願人之文繡也。」聞，去聲。

《詩》，《大雅·既醉》之篇。飽，充足也。願，欲也。膏，肥肉。粱，美穀。令，善也。聞，亦譽也。文繡，衣之美者也。仁義充足而聞譽彰著，皆所謂良貴也。新安陳氏曰：「兩『不願』字，即《中庸》『不願乎其外』之意。充足乎仁義之良貴，則自無所慕乎人爵之貴矣。」○尹氏曰：「言在我者重，則外物輕。」南軒張氏曰：「人真知其貴於己者，則見外誘之不足慕矣。惟不知在己之自有至貴，是以慕外而求於人也。良貴得之於天，人何預焉。得於天者公理，而求於人者私欲也。令聞廣譽，君子非有欲之之心。飽乎仁義，則聞譽自至，猶言爲善有令名，理之固然者也。」○雲峰胡氏曰：「上章一『要』字，是内輕而外重。此章兩『不願』字，是内重而外輕。」○東陽許氏曰：「世人但知公卿大夫之爵爲貴，而不知在我之身皆有貴者，乃天所賦之善，所謂天爵也。天爵人所同有，故思則得之。人爵各有命分，雖求之無益。天爵亦是天命，此則義理之命，人爵乃氣數之命。孟子前章尚有脩天爵而人爵自至之説，此章則於人爵下兩『不願』字，是不將這箇爲念矣。」附《存疑》：《詩》「既飽以德」，是主恩惠言。此作德行之德，斷章取義也。○「仁義忠信，樂善不倦」，此「飽乎仁義」也。「飽乎仁義」，則吾心自有膏粱之味，故不願人之膏粱之味。古人非其道也，非其義也，禄之以天下不顧，不以三公易其介，真不願人之膏粱之味也。○《蒙引》：「不願」，謂無所慕於彼也，非謂有厭薄、不願就之意。

○孟子曰：「仁之勝不仁也，猶水勝火。今之爲仁者，猶以一杯水，救一車薪之火也。不熄，則謂之水不勝火，此又與於不仁之甚者也。

與，猶助也。仁之能勝不仁，必然之理也。但爲之不力，則無以勝不仁，而人遂以爲真不能勝，是我之所爲有以深助於不仁者也。朱子曰：「『仁之勝不仁也，猶水勝火。』以理言之，則正之勝邪，天理之勝人慾，甚易，而邪之勝正，人慾之勝天理，若甚難。以事言之，則正之勝邪，天理之勝人慾，甚難，而邪之勝正，人慾之勝天理，却甚易。蓋纔是蹉失一兩件事，便被邪來勝將去。若以正勝邪，則須是做得十分工夫，方勝得他。然猶自恐怕勝他未盡，正如人身正氣稍不足，邪便得以干之矣。」附《蒙引》：梁惠王以能行小惠，而訝其民之不加多於鄰國，是正所謂「不熄，則謂之水不勝火」者也。○《存疑》：人以爲仁真不能勝不仁，如何是助不仁之甚。如此則人皆謂仁不能勝不仁，都去爲不仁，不肯爲仁矣，豈不是有助於彼。○《蒙引》：《集註》兩「人」字不同，則「人遂以爲真不能勝」，此「人」字對下文「我」字，非下節所謂「此人」者也。

亦終必亡而已矣。」

言此人之心，亦且自怠於爲仁，終必并與其所爲而亡之。○趙氏曰：「言爲仁不至，而不反諸己也。」南軒張氏曰：「此爲有志於仁，而未力者言也。仁與不仁，特係乎操舍之間，而天理人慾分焉。天理存，則人慾消，固不兩立也，故以水勝火喻之。然用力於仁，貴乎久而勿舍。若一暴十寒，倏得復失，則暫存之天理，豈能勝無窮之人欲。遂以爲仁不可以勝不仁，而不加勉焉，則同於不仁之甚者，其淪胥以亡也必矣。學者觀此，可斯須而不存是心乎。天理寖明，則人欲寖消。及其至也，人欲消盡，天理純全，以水勝火，其不然乎。」○新安陳氏曰：「深味『亦終必亡而已矣』，竊以爲此章恐爲戰國之諸侯言之。以暫時一念一事之仁，欲勝彼之殘暴甚不仁，不惟不能勝，遂使人謂仁不能勝不仁，豈非反助其虐，亦終必滅亡而已矣。如此解，則與『天爵、人爵』章『終亦必亡而已矣』，解爲『終必并所得人爵而失亡之』者相協也。」

○孟子曰：「五穀者，種之美者也。苟爲不熟，不如荑稗。夫仁亦在乎熟之而已矣。」

荑，音蹄。稗，蒲賣反。夫，音扶。

荑稗，草之似穀者，其實亦可食，然不能如五穀之美也。但五穀不熟，則反不如荑稗之熟。猶爲仁而不熟，則反不如爲他道之有成。是以爲仁必貴乎熟，而不可徒恃其種上聲。之美，又不可以仁之難熟，而甘爲他道之有成也。○尹氏曰：「日新而不已則熟。」慶源輔氏曰：「日新，日進也。不已，無間斷也。必日進於一日，而又無間斷，然後純熟夫仁。」○潛室陳氏曰：「他道，如百工衆技、百家諸子皆是。」○雲峰胡氏曰：「此章與上章相因。上章言爲仁之不力，無以勝不仁。此章言仁之熟，由於爲之力。熟無所容力，熟之在乎用力。」○新安陳氏曰：『而已矣』者，熟之之說，盡夫爲仁之功，外此無他也。苟能於孔門求仁之方，循而行之，日新不已，由勉而利，利而安，心與仁一，則熟之功效、氣象可言矣。」附《蒙引》：朱子一日舉孟子「五穀者，種之美者也。苟爲不熟，不如荑稗」誨諸生曰：「和尚問話，只是一言兩句，荑稗之熟者也。儒者明經，若通徹了，不用費辭，亦一言兩句，其理便明。否則，却是五穀不熟，不如荑稗。」

○孟子曰：「羿之教人射，必志於彀，學者亦必志於彀。彀，古候反。

羿，善射者也。志，猶期也。彀，弓滿也。

滿而後發，射之法也。學，謂學射。

大匠誨人，必以規矩，學者亦必以規矩。」

大匠，工師也。規矩，匠之法也。新安陳氏曰：「二節兩『學者』字：一謂學射者，一謂學匠者。」〇此章言事必有法，然後可成。師舍上聲，下同。是則無以教，弟子舍是則無以學，曲藝且然，況聖人之道乎。南軒張氏曰：「學者之於道，其爲有漸，其進有序。自洒掃應對，至於禮儀之三百、威儀之三千，猶本之有規矩也，亦循乎此而已。至於形而上之事，則在其人所得何如。形而上者，固不外乎洒掃應對之閒也。舍是以求道，是猶舍規矩以求巧也。」〇慶源輔氏曰：「射者志於彀，而真積力久則善中矣。工者守乎規矩，而真積力久則能巧矣。教者與受教者，舍彀而言中，舍規矩而言巧，皆誣也。」〇雙峰饒氏曰：「聖門教人定法，無如一部《大學》。」〇雲峰胡氏曰：「此章與《離婁》篇首章相似，彼謂治天下不可無法，此謂師之教弟子之學，皆不可無法。」附《淺説》：大抵知行者，造道之法也。虞廷之精一，孔門之博約，《大學》之格致誠正，古今之爲師、爲弟子者，其能舍是以爲教與學乎。

孟子集註大全卷之十一終

孟子集註大全卷之十二　三魚堂讀本❶

告子章句下

凡十六章《通考》勿軒熊氏曰：「一章，言食色輕而禮重。二章，孝弟。三章，事親。四章，義利之辯。五章，辭受。六章、十四章，出處。七章，王霸、君臣。八章及下章，皆言戰國富强之禍。十章，田制。十一章、十三章，爲政。十二章，言信。十五章，處貧賤。十六章，言教法。」

任人有問屋廬子曰：「禮與食孰重？」曰：「禮重。」任，平聲。

任，國名。趙氏曰：「任、薛同姓之國，在齊楚之間。」屋廬子，名連，孟子弟子也。

「色與禮孰重？」

任人復扶又反。問也。

曰：「禮重。」曰：「以禮食，則飢而死。不以禮食，則得食，必以禮乎？親迎，則不得妻。不親迎，則得妻，必親迎乎？」迎，去聲。屋廬子不能對，明日之鄒，以告孟子。孟子曰：「於答是也何有？於，如字。

何有，不難也。朱子曰：「『不親迎則得妻』，如古者國有凶荒，則殺禮而多昏。《周禮》荒政十二條中，亦有此法。蓋貧窮不能備親迎之禮，法許如此。」附顧麟士曰：「於答何有，正謂往應一節，下三節先就其言而斷之。」

不揣其本而齊其末，方寸之木可使高於岑樓。揣，初委反。

本，謂下。末，謂上。方寸之木至卑，喻

❶「之」，原無，今據全書體例補。

食色。岑鋤深反。樓，樓之高鋭似山者，至高，喻禮。若不取其下之平，而升寸木於岑樓之上，則寸木反高，岑樓反卑矣。慶源輔氏曰：「物之不齊，固當揣其本以齊其末，不可只據其末以定其高卑。」附《蒙引》：「不揣其本」，「金重於羽」，總是一意。

金重於羽者，豈謂一鉤金與一輿羽之謂哉？

鉤，帶鉤也。金本重而帶鉤小，故輕，喻禮有輕於食色者。羽本輕而一輿多，故重，喻食色有重於禮者。慶源輔氏曰：「物固有重而有輕，然重者少而輕者多，則輕者反重，而重者反輕矣。」附顧麟士曰：「此兩節亦以興下節，正意不可預出。」○《蒙引》：此金字，五金之總名。

取食之重者，與禮之輕者而比之，奚翅食重？取色之重者，與禮之輕者而比之，奚翅色重？翅，與啻同，古字通用，施智反。

禮食、親迎，禮之輕者也。飢而死以滅其性，不得妻而廢人倫，食色之重者也。奚翅，猶言何但，言其相去懸絶，不但有輕重之差楚宜反。而已。附《蒙引》：禮食、親迎，禮之輕者也。此本不是輕，但以對飢而死以滅其性，不得妻而廢人倫，則爲輕耳。

往應之曰：『紾兄之臂而奪之食，則得食。不紾，則不得食，則將紾之乎？踰東家牆而摟其處子，則得妻。不摟，則不得妻，則將摟之乎？』」紾，音軫。摟，音婁。

紾，戾也。摟，牽也。處上聲。子，處女也。此二者，禮與食色皆其重者，而以之相較，則禮爲尤重也。○此章言義理事物，其輕重固有大分，去聲。然於其中又各自有輕重之別。彼列反。聖賢於此錯綜子宋反。斟酌，錯綜，分經緯。斟酌，量淺深也。毫髮不差，固不肯枉尺而直尋，亦未嘗膠柱而調瑟，《史記·廉頗藺相如傳》：「趙孝成王七年，秦與趙兵相距長平。時趙使廉頗將兵，固壁不戰。王信秦之閒言，使趙括爲將，代廉頗。藺相如曰：『王以名使，括若膠柱而鼓瑟耳。括徒能讀其父書傳，不知合變也。』」注：「瑟，每一絃有一柱，旋移變而取聲音之和。今以膠定其柱，不使變移而鼓之，豈能聲和。」所

以斷丁亂反。之，一視於理之當然而已矣。

朱子曰：「禮之大體，固重於食色矣。然其閒，事之大小、緩急不同，則亦或有反輕於食色者。惟理明義精者，爲能權之，而不失耳。權之不失，是乃所以全禮之重，而深明食色之輕也。觀於寸木岑樓之喻，孟子之意可見矣。」○南軒張氏曰：「食色雖出於性，而其流則以害性，苟無禮以止之，則將何所極哉。禮之重於食色，固不待較而明矣。惟夫汩於人欲而昧夫天性，於是始有禮與食色孰重之疑矣。」○慶源輔氏曰：「《集註》章旨之説，於聖賢處事之權度，固已得其要矣。苟或義理未精，權度未審，則於凡事膠轕難辯之際，巧者必至於枉尺而直尋，拙者必至於膠柱而調瑟，終不得夫時措之宜也。」○新安陳氏曰：「飲食男女，人之大欲存焉，禮則天理所以防閑人欲者也。禮本重，食色本輕，固自有大分也。然亦不可拘拘於禮文之微者，又當隨時隨事而酌其中焉。聖賢固不肯枉尺直尋以踰夫禮之經，亦未嘗膠柱調瑟以昧時宜之權也。」○東陽許氏曰：「敬兄，禮也。雖無食而將死，必不可奪兄之食，而違敬兄之禮；婚娶，禮也。雖至於絶嗣，必不可摟人處子，而違婚娶之禮。任人，蓋異端之徒，棄蔑禮法而譏侮之者。故孟子止就其所言食、色二者，使之自權其輕重，而自思之，蓋不屑之教誨也。」附《蒙引》：「錯綜斟酌」，錯者，交而互之，一左一右之謂也，即經也。就此章言，則輕重自有大分者也。綜者，總而挈之，一低一昂之謂也，即緯也。就此章言，則或食色重而禮輕，或禮重而食色輕也，固不肯枉尺而直尋者，輕重之不越其大分者也。亦未嘗膠柱而調瑟者，所重固在乎禮，亦有時殺以就食色也。○顧麟士曰：「此章言輕重，如稱物相似。任人是一頭重輕者，孟子之説則兩頭俱重，取舍了然矣。此等議論，真有功於人心世道。」○「不紾則不得食」，雖亦至於飢死，然兄臂必不可紾也。「不摟則不得妻」，雖亦至於無後，然處子必不可摟也。不是偶然不得食，與暫時不娶，故曰：兩頭俱重。不要反把食色一面說輕了，方佳。

○曹交問曰：「人皆可以爲堯舜，有諸？」孟子曰：「然。」趙氏曰：「曹交，曹君之弟也。」人皆可以爲堯舜，疑古語，或孟子所嘗言也。朱子曰：「孟子道人皆可以爲堯舜，何曾道便是堯舜，更不假偹爲耶。」附顧麟士曰：「按《紹聞編》王伯厚曰：『注謂「曹交，曹君之弟」。按《左傳》哀公八年：「宋滅曹。」至孟子時，曹亡久矣。曹交，蓋以國爲氏者。』」

「交聞文王十尺，湯九尺，今交九尺四寸以長，句。食粟而已，如何則可？」

曹交問也。食粟而已，言無他材能也。附《存疑》：「人皆可以爲堯舜」，意思全在「爲」字上。曹交把他都略了，只就形體上論。「食粟而已」，言不能爲堯舜。「如之何則可」，言如何則可爲堯舜也。○《蒙引》：曹交曰「食粟而已，如何則可」，是固以不勝爲患也。曹交此意，便是自歸於稟質之弗强，而不自責其學力之未加矣。

曰：「奚有於是，亦爲之而已矣。有人於此，力不能勝一匹雛，則爲無力人矣。今曰舉百鈞，則爲有力人矣。然則舉烏獲之任，是亦爲烏獲而已矣。夫人豈以不勝爲患哉，弗爲耳。勝，平聲。

匹字本作鴄，鴨也，從省作匹。《禮記》説「匹爲鶩」音木。是也。《記·曲禮》：「庶人之摯匹。」〔注：匹，讀爲鶩。野鴨曰鳧，家鴨曰鶩，不能飛騰，如庶人之終守耕稼也。〕烏獲，古之有力人也，能舉移千鈞。趙氏曰：「秦武王好以力戲，力士烏獲至大官。」○新安陳氏曰：「『爲』之一字，爲此章之要。所謂『弗爲耳』，及下文『所不爲也』，皆與『爲之而已』一句相應。而『行堯之行』與『歸而求之』，行也，求也，皆所以爲之也。『舉烏獲之任，是亦爲烏獲』，以譬能爲堯舜之事，是亦爲堯舜也。」附《存疑》：「奚有於是」，「是」字指形體言。所以爲堯舜者，不在於形體，而在於作爲也。「有人於此」以下，則申其意。○《蒙引》：所以爲有力人者，在於能舉百鈞；所以爲無力人者，在於不勝匹雛。則所以爲烏獲者，亦在於能舉烏獲之任，是皆不在於形體也。此上盡是譬喻。至「夫人豈以不勝爲患哉，弗爲耳」，則正言人皆可爲堯舜矣。或者兼以舉烏獲之任，說者泥而鑿矣。烏獲之任，人固以不勝爲患也，如何爲得，所謂是誠不能也。○《存疑》：「無力」、「有力」，兩個「爲」字輕，與上下「亦爲」、「弗爲」二「爲」字不同。

徐行後長者謂之弟，疾行先長者謂之不弟。夫徐行者，豈人所不能哉，所不爲也。堯舜之道，孝弟而已矣。後，去聲。長，上聲。弟，音悌。先，去聲。夫，音扶。❶

陳氏曰：「孝弟者，人之良知良能，自然之性也。堯、舜，人倫之至，亦率是性而已，豈能加毫末於是哉。」慶源輔氏曰：「堯、舜不過率是性而充其量，非有所增益於性分外也。」楊氏曰：「堯舜之道大矣，而所以爲之，乃在夫音扶。行止疾徐之閒，非有甚高難行之事也，百姓蓋日用而不知耳。」和靖尹氏曰：「堯舜之道，止於孝弟，孝弟非堯舜不能盡。」○朱子曰：「堯舜之道，孝弟而已，這是對那不孝不弟底說。孝弟便是堯舜之道，不孝不弟便是桀紂。」○南軒張氏曰：「人性莫大於仁義，仁莫先於愛親，義莫先於從兄，此孝弟之所由立也。盡得孝弟，則仁義亦無不盡。是則堯舜之道，豈不可以一言蔽之乎。人孰無是心哉，顧體而充之何如耳。」○慶源輔氏曰：「陳氏就孝弟上說，而極於堯舜之聖；楊氏是就堯舜上說，而本於孝弟之近，二說互相發明。所謂『百姓蓋日用而不知』者，其警發於人尤爲切至也。」附《存疑》：「奚有於是」一條，說爲堯舜在乎作爲。「徐行後長」一條，示以堯舜之道不難爲。「子服堯之服」一條，則教以爲之也。○孝弟之理，通於上下。舉其近，徐行後長，此孝弟也。極其遠，則堯之親睦九族、平章百姓，舜之瞽瞍底豫而天下定，此孝弟也。此是實理實事。○《蒙引》：「堯舜之道，孝弟而已矣」，孟子直要說得爲堯舜之容易處，今或眩於「堯舜，人倫之至」，及「堯舜之道大矣」之詞，則反惑矣。原陳、楊二氏之說，亦本是發其所以容易者耳。

子服堯之服，誦堯之言，行堯之行，是堯而

---

❶「扶」，原作「夫」，今據《四書大全》改。

已矣。子服桀之服，誦桀之言，行桀之行，是桀而已矣。」「之行」二「行」，並去聲。

言爲善爲惡，皆在我而已。詳曹交之問淺陋麤倉胡反。率，慶源輔氏曰：「此指其以身之長短與湯文較也。人皆可以爲堯舜，豈謂是歟。」必其進見之時，禮貌衣冠言動之閒，多不循理，故孟子告之如此兩節云。覺軒蔡氏曰：「孟子以人皆可爲堯舜，所以誘曹氏之進也，然亦豈謂不假脩爲，而即可爲堯舜耶。勉之以孝弟，又勉之以衣服言行之閒，固不以難而沮人，亦不以易而許人，惜乎曹交之不足以進此也。」○新安陳氏曰：「上一節告以徐行、疾行，此一節告以衣服、言行，皆是執其病之切處箴教之。」附《蒙引》：「子服堯之服」三句，都須就孝弟說。

曰：「交得見於鄒君，可以假館，願留而受業於門。」見，音現。

假館而後受業，又可見其求道之不篤。慶源輔氏曰：「此亦是富貴者之習氣，都未知那居無求安之味在。」

曰：「夫道若大路然，豈難知哉，人病不求耳。子歸而求之，有餘師。」夫，音扶。

言道不難知，若歸而求之，事親敬長上聲，下同。之閒，則性分去聲。之內，萬理皆備，隨處發見形甸反。無不可師，不必留此而受業也。問：「學莫難於知道，故欲脩身者，必以致知爲先。今曰道豈難知，而特患於不爲，何哉？」朱子曰：「道之精微，固難知也。然自始學言之，則如是而爲孝，如是而爲弟，如是而爲不孝，如是而爲不弟，其大體向背之閒，豈不明而易知乎。致知云者，亦曰即其已行之知，而推致之耳。」○慶源輔氏曰：「道若大路，然人所共由者也。初匪難知，但患人蔽於私，役於氣，自暴自棄，而不肯求耳。誠能即其孝親、弟長之良知、良能，而遡其自然之性，則一性之中，萬理皆備，日用之閒，隨所感處，無不發見。而察之而體之，則師不必求於外，而得道不必索於外而存矣。」附《蒙引》：「夫道若大路然」，如父當慈，子當孝，兄當友，弟當恭之類，此理昭然，智愚所共曉者，故曰「豈難知哉」，此正指衆人所可與知者耳。若夫精微之蘊，則亦有未易知者。孟子與曹交言則如此。《中庸》曰：「君子之道費而隱。夫婦之愚，可以與知焉。及其至也，雖聖人亦有所不能焉。」○《存疑》：「夫道若大路」，須放開説，不止上文孝弟，故注曰「性分之中，萬理皆備」。或曰「堯舜之道，孝弟而已矣」，孝弟尚有未盡者乎。曰「堯舜之道，孝弟而已」者，約堯舜之德，而歸之孝弟也。「夫道若大路」者，示人以人道之全，使人求盡之，以至於堯舜也。其理固自相通矣。○「性分之中，萬理皆備」，求之事親長長之閒，則其理隨處而發見者，所謂人能孝弟，則其心和順，本立而道生也。「有餘師」，只在隨處發見上，如惻隱之心發見，只惻隱便可師，即此充之，便是吾師也，羞惡、恭敬、是非亦然。○《達説》：子欲假館而受業者，以道未易知，而欲師我以求道也。殊不知夫道者，具於性分之內，著於日用之常。譬若大路，爲衆人之所共由也，豈難知哉。特人自絶乎道，病在不知所以求之耳。子若歸而求諸事親、敬長之閒，而體吾所謂孝弟之道，吾知性分之內，萬理咸備。孝弟既盡，衆善自生，隨吾身之所往，皆是道之發見。依道而行，即此是師，無往而非道，則亦無往而非師矣，不亦有餘師乎。○《蒙引》：「子歸而求之」，或以爲反而求之，非也。「歸」字是對留受業於鄒説，故注云「不必留此而受業也」。○「隨處發見，無不可師」，只言依他行便都是道也，《中庸》所謂率性之道，亦此意也。○「人病不求」者，或蔽於私，或役於氣，自暴也，自棄也。

○曹交事長之禮既不至，求道之心又不篤，故孟子教之以孝弟，而不容其受業。蓋孔子餘力學文之意，亦不屑之教誨也。

朱子曰：「曹交識致凡下，又有挾貴求安之意，故孟子拒之。然所以告之者，亦極親切，非終拒之也。」○新安陳氏曰：「可爲堯舜，在性分，不在形體。交以形體似聖人言，陋矣。孟子所答全章之要，在『爲之』而已。中言『行堯之行』，以躬行言也。末言『豈難知』與『病不求』、『歸求』，以求知言也。求知以開其爲之之端，躬行以盡其爲之之實，則所謂可爲堯舜者，必真能爲之，安有不假脩爲，而可安坐以至堯舜之理耶？徐行尤易能，故先只言徐行之弟，而後總以孝弟言之。『有餘師』，非謂人師也。如先儒所謂學者，當以己心爲嚴師之意。」附《蒙引》：「曹交事長之禮既不至」，於前數節見得。「求道之心又不篤」，於後兩節見得。弁，音盤。

○公孫丑問曰：「高子曰：『《小弁》，小人之詩也。』」孟子曰：「何以言之？」曰：「怨。」

高子，齊人也。《小弁》，《小雅》篇名。周幽王娶申后，生太子宜臼，又得褒姒，音似。生伯服，而黜申后，廢宜臼。於是宜臼之傅爲去聲。作此詩，以叙其哀痛迫切之情也。南軒張氏曰：「家國之念深，故其憂苦；父子之情篤，故其辭哀。」附《蒙引》：怨只是哀怨，不必直謂怨親也。《小弁》數章，豈皆怨親之詞。如曰「天之生我，我辰安在」，亦自怨也，但不可泥説是自怨而非怨親。○《淺説》：《詩》之意貴乎温厚和平，况《小弁》之詩，又處父子之閒乎。讀其詩，但見哀痛迫切，怨而已矣，此所以謂小人也。

曰：「固哉，高叟之爲詩也。有人於此，越人關弓而射之，則己談笑而道之，無他，疏之也；其兄關弓而射之，則己垂涕泣而道之，無他，戚之也。《小弁》之怨，親親也。親親，仁也。固矣夫，高叟之爲詩也。」關，與彎同。射，食亦反。夫，音扶。

固，謂執滯不通也。爲，猶治也。越，蠻夷國名。道，語也。親親之心，仁之發也。新安陳氏曰：「《小弁》之事，人倫之大變，宗社傾覆繫焉，如之何勿怨。是其怨乃所以見親親之心，蓋愛親之心，仁之發見者也。」附《蒙引》：《集註》云「親親之心，仁之發也」，依此當以仁爲親親之根源。

曰：「《凱風》何以不怨？」

《凱風》，《邶蒲昧反。風》篇名。衛有七子之母，不能安其室，七子作此以自責也。新安陳氏曰：「母生七子而寡不能安其室，七子作詩不敢非其母，引罪自責，謂子不能慰母心，使母不安，以感動之也。」附《蒙引》：《凱風》只可説自責，不可説怨恨。身怨命便是怨，不謂怨親也。

曰：「《凱風》，親之過小者也；《小弁》，親之過大者也。親之過大而不怨，是愈疏也；

親之過小而怨，是不可磯也。愈疏，不孝也；不可磯，亦不孝也。磯，音機。

磯，水激石也。不可磯，言微激之而遽怒也。朱子曰：「親之過大，則傷天地之太和，戾父子之至愛。若此而不怨焉，則是坐視其親之陷於大惡，恝然不少動其心，而父子之情益薄矣，此之謂愈疏。親之過小，則特以一時之私心，而少有虧於父子之天性。若此而遽怨焉，則是水中不可容一激石，一有激石，則叫號而遽怒矣，此之謂不可磯。故二者均爲不孝也。」○南軒張氏曰：「《小弁》、《凱風》，其事異，故其情、其辭異。當《小弁》之事而怨慕不形，是漠然無親；當《凱風》之事而怨心遽形，是歸過於親，皆失親親之義，而賊夫仁矣，故皆以不孝斷之。怨一也，由《小弁》之所存，❶則爲天理；由高子之所見，則爲人欲，不可不察也。」附《蒙引》：七子之母，過在身家；宜臼之父，過係宗社。七子之母所係者，不自制其一己情慾之私；而宜臼之父所失者，三綱淪，九法斁，而四海覆矣，此其過小、大可見。七子之母，雖曰過係身家，然大節已墜，亦難以語人道者矣。如有國者有此婦人，亦能使三綱淪，九法斁，而四海覆也，晉賈氏，唐武、韋、楊之屬是已，即褒姒亦是已。○「愈疏，不孝也」，《小弁》之所以怨也；「不可磯，亦不孝也」，《凱風》之所以不怨也。○「磯，水激石也。不可磯，言微激之而遽怒也。」問：「激者，水激之也。怒者，水乎，石乎？」曰：「非石怒，乃水怒也。故小水激石，謂水所見激之石也，實石激水而致怒也。故小注謂『水中不容一激石』，後世所謂釣磯是也。磯，即是石。但水中或水涯石，乃謂之磯。」○《存疑》：注「磯，水激石也」，當云激水石。蓋當水之行處下石，水行不去，遂激起而叫號矣。是此石乃激水之石也，《蒙引》曰「水所見激之石」，是此意。○當知「不可磯」，是水淺急流去處。若長江大河，巨石屹立，亦不能號。○顧麟士曰：「石喻母，水喻子。」

孔子曰：『舜其至孝矣，五十而慕。』」

言舜猶怨慕，《小弁》之怨，不爲不孝也。

附《蒙引》：「五十而慕」，此解作怨慕，亦借解耳。其實舜三十登庸，已不格姦而允若矣，何至五十而有怨乎，

❶「小」，原作「少」，今據四庫本張栻《孟子說》改。

其怨乃在「往于田」之日也。○「五十而慕」，還作不得於親説，與《萬章》篇首意不同矣。○《淺説》：舜之怨慕，怨己而慕乎親也。《小弁》之怨，怨己而亦怨親也，實未免有不同者，孟子亦姑引以爲証，而取詩意之近厚耳。《凱風》亦有自怨之意，如曰「母氏聖善，我無令人」是也，但不如《小弁》哀痛迫切之甚耳。○趙氏曰：「生之膝下，一體而分。喘尺免反。息呼吸，氣通於親。新安陳氏曰：「此由子生之始，而推其未生以前，深味之，愛親之心，油然生矣。」當親而疏，疎同。怨慕號平聲。天。是以《小弁》之怨，未足爲愆也。」問：「説《詩》者，皆以《小弁》之意與舜怨慕同。竊謂只『我罪伊何』一句，與舜『於我何哉』之意同。後面『君子秉心，維其忍之。』君子不惠，不舒究之』，分明是怨其親，與舜怨慕之意似不同？」朱子曰：「『作《小弁》』者，自是未到得舜地位，蓋亦常人之情耳。只「我罪伊何」上面説「何辜於天」，亦似自以爲無罪，未可與舜同日語也。」○雲峰胡氏曰：「七情中有哀而無怨，怨出於哀，哀之切，故怨之深。雖程子嘗論《小弁》之怨，與舜不同，然皆出於人情之至痛，而天理之至真者也。」附《蒙引》：趙氏曰「生之膝下，一體」云云，下句皆指既生以後説，所以申一體而分之意。新安陳氏以爲「此由子生之始，而推其未生之前」者，非也。

○宋牼將之楚，孟子遇於石丘。牼，口莖反。

宋，姓。牼，名。石丘，地名。

曰：「先生將何之？」

趙氏曰：「學士年長上聲。者，故謂之先生。」

曰：「吾聞秦楚搆兵，我將見楚王説而罷之。楚王不悦，我將見秦王説而罷之。二王我將有所遇焉。」説，音稅。

時宋牼方欲見楚王，恐其不悦，則將見秦王也。遇，合也。按《莊子》書：「有宋鈃刑，堅二音。者，禁攻寢兵，救世之戰。上説音稅。下教，强上聲。聒古活反。不舍。」上聲。○見《莊子·天下》篇。疏去聲。云：「齊宣王時人，以事考之，疑即此人也。」搆，古侯反，合也。

曰：「軻也請無問其詳，願聞其指。說之將何如？」曰：「我將言其不利也。」曰：「先生之志則大矣，先生之號則不可。

徐氏曰：「能於戰國擾攘之中，而以罷兵息民爲說，其志可謂大矣。然以利爲名，則不可也。」蔡氏曰：「宋牼在當時，想亦是年德之高者，故孟子以先生呼之，而猶不免溺於利害之私蹊，不知仁義之正道，世俗從可知矣。」

先生以利說秦楚之王，秦楚之王悅於利，以罷三軍之師，是三軍之士樂罷而悅於利也。爲人臣者，懷利以事其君；爲人子者，懷利以事其父；爲人弟者，懷利以事其兄，是君臣、父子、兄弟，終去仁義，懷利以相接。然而不亡者，未之有也。樂，音洛，下同。先生以仁義說秦楚之王，秦楚之王悅於仁義，而罷三軍之師，是三軍之士樂罷而悅於仁義也。爲人臣者，懷仁義以事其君；爲人子者，懷仁義以事其父；爲人弟者，懷仁義以事其兄，是君臣、父子、兄弟，去利懷仁義以相接也。然而不王者，未之有也，何必曰利？」王，去聲。

此章言休兵息民，爲事則一，然其心有義利之殊，而其效有興亡之異，學者所當深察而明辯之也。南軒張氏曰：「古之謀國者，以義理，不以利害，此天理人欲之所以分，而治忽所由係也。說之以利，使其能從，亦利心耳。罷兵雖息一時之患，而徇利實傷萬世之彝。」○西山真氏曰：「戰國交兵之禍烈矣，宋牼一言而罷之，豈非生民之福，而仁人之所甚願者哉。顧利端一開，君臣、父子、兄弟，大抵皆見利而動，其禍又有甚於交兵者，是以聖賢不得不嚴其防也。」○新安陳氏曰：「以利說二王而罷兵，若足爲斯民幸矣。然上下皆懷利以相接，必將有滅亡之禍，是利未得而害已甚矣。以仁義說二王而罷兵，上下皆懷仁義以相接，則仁必愛親，義必急君，雖不言利，而仁義之利自在其中矣。此章大意，與首篇首章相似。利端一開，利心競熾，而大倫將不暇顧，其禍有甚於交兵者。交兵不過殺人身耳，言利則必蠱害人心，《孟子》此章於遏人欲、存天理尤嚴焉。」附《蒙引》：宋牼，戰國之士耳。孟子逆知其所以說秦楚者無他，只是以利害入之耳。孟子以爲如此使其說入，則人人只各從利上尋求，依舊是這事件，兵隨罷而隨搆矣。故開以仁義，使其因是行而有補於名教，而亦有實利於人國也。自恒情觀之，宋牼之言似未可大駭，而不知其有伏禍也。○「三軍之士」，就在下人說，言三軍中人也。有有位者，有無位者。自將校以至卒伍，皆士也。下文「爲人臣者」、「爲人子者」、「爲人弟者」，三軍之士也。○「爲人臣，懷仁義以事其君」云云，如此則君有正臣，父有孝子，兄有賢弟。四境之内，同一尊君親上之誠；舉國之人，同一愛親敬兄之願。人心既振，國勢自張，然而不王者，未之有也。○《存疑》：「懷仁義以事其君」，是懷個仁義之心去事君，不是把仁義去事君也。蓋其所以事君者，只是見得道理當如此，初不爲一己富貴之圖，便是懷仁義以事其君也。這裏容易說作把仁義去事君，殊不是。緣此源流，出於「以仁義說秦楚之王」也。○「以仁義說秦楚之王」，只是就搆兵上說其非仁義，不是搆兵外另說他去做仁義也。就搆兵上說其非仁義，仁義只在搆兵之中，所謂殃民非仁，過制非義，若孟子之告慎子是也。搆兵外另說他去做仁義，仁義又在搆兵之外，是秦楚方搆兵，把個仁義去替他，使舍彼而爲此也。其不同如此。○「懷利」、「懷仁義」，若不作懷利心、懷仁義之心說，只作教君去營利、爲仁義。然則爲子弟者，亦教父兄去營利、爲仁義耶，理有不通矣。

○孟子居鄒，季任爲任處守，以幣交，受之而不報。處於平陸，儲子爲相，以幣交，受之而不報。任，平聲。相，去聲，下同。

趙氏曰：「季任，任君之弟。任君朝音潮。會於鄰國，季任爲去聲。之居守其國也。儲子，齊相也。」不報者，來見則當報之，但以幣交，則不必報也。朱子曰：「初不自來，但以幣交，未爲非禮。但孟子既受之，後便當來見，而又不來，則其誠之不至可知矣。故孟子過而不見，施報之宜也，亦不屑之教誨也。」○慶源輔氏曰：「來見則禮意重，幣交則禮意輕也。」附《蒙引》：「居」、「處」二字少有別。居，意常。處，意暫。蓋鄒是父母之國，平陸其所寓也。○不報者，不往答拜也。

他日由鄒之任見季子，由平陸之齊不見儲子。屋廬子喜曰：「連得閒矣。」

屋廬子連，其名也。知孟子之處上聲。此必有義理，故喜得其閒隙而問之。附《蒙引》：「連得閒矣」，謂己得閒而問也，非謂孟子所處有閒隙處也。

問曰：「夫子之任見季子，之齊不見儲子，爲其爲相與？」「爲其」之「爲」，去聲，下同。與，平聲。

言儲子但爲齊相，不若季子攝守君位，故輕之邪。俗作耶。

曰：「非也。《書》曰：『享多儀，儀不及物曰不享，惟不役志于享。』

《書》，《周書·洛誥》之篇。享，奉上也。儀，禮也。物，幣也。役，用也。言雖享，而禮意不及其幣，則是不享矣，以其不用志于享故也。蔡氏曰：「享不在幣而在於禮，幣有餘而禮不足，亦所謂不享也。」附《蒙引》：儀，禮意也，對物言。《集註》只云「禮也」，其下文便云「禮意」。禮有本有文，此禮字蓋指本言。多，厚也，不可因多字遂謂是禮文。○《書》所享，指天子。孟子引之，則謂享賢者事也。

爲其不成享也。」

孟子釋《書》意如此。新安陳氏曰：「幣物有餘而禮儀不足，是有慢上之心，謂其所貪在物，雖禮意不足無妨，乃是雖有享之名，而不成享之禮也。」附《蒙引》：「爲其不成享也」一句最當玩味，要見是發上文未發之意，莫與上文「不享」一般看。要深一步，正是解那意。○《存疑》：「惟不役志於享」，是《書》自解「曰不享」意。「爲其不成享」，又是孟子解《書》「曰不享」意，蓋不役志於享，而儀不及其物，則不成個享禮了，所以「曰不享」。

屋廬子悦。或問之。屋廬子曰：「季子不得之鄒，儲子得之平陸。」

徐氏曰：「季子爲去聲。君居守，不得往他國以見孟子，則以幣交而禮意已備。儲子爲齊相，可以至齊之境内而不來見，則雖以幣交，而禮意不及其物也。」慶源輔氏曰：「不得之鄒而不來，則是制於禮者也；得之平陸而不至，則是簡於禮者也。制於禮者，欲爲禮而不可；簡於禮者，可爲而不欲。君子之所爲，一視其禮意之輕重，而行而義而已。」○覺軒蔡氏曰：「此章見孟子於禮意之間、是否之際，權衡輕重，各稱其宜如此。然皆以幣交而皆受之，豈孟子當時亦有幣交之禮，而季子、儲子皆非惡人，亦有可受之理歟。」附《蒙引》：「屋廬子悦」，已得孟子之意矣。「或問之」，雖聞其言，未得其意也，故問之，猶曾子曰「唯」，門人問曰「何謂也」。○《淺説》：或者猶有疑，曰：「同一幣交也，何有成享與不成享之異。」屋廬子曰：「季子爲君居守，況由任至鄒，則越國矣。是季子不得之鄒，則以幣交而禮意已備。儲子特齊相，統國政猶有人也，況平陸又在齊之境内乎。是儲子得之平陸而不求見，則雖以幣交，而禮不及其物也。」

○淳于髡曰：「先名實者，爲人也；後名實者，自爲也。夫子在三卿之中，名實未加於上下而去之，仁者固如此乎。」先、後、爲，皆去聲。

名，聲譽也。實，事功也。言以名實爲先而爲之者，是有志於救民者也。以名實爲後而不爲者，是欲獨善其身者也。先、後並如字。名實未加於上下，言上未能正其君，下未能濟其民也。附《蒙引》：「爲人」，似可兼正君、救民，而朱子於此獨言救民，大抵必正君而能救民也。

孟子曰：「居下位，不以賢事不肖者，伯夷也。五就湯，五就桀者，伊尹也。不惡汙君，不辭小官者，柳下惠也。三子者不同道，其趨一也。一者何也？曰：仁也。君子亦仁而已矣，何必同。」惡、趨，並去聲。

仁者，無私心而合天理之謂。慶源輔氏曰：「無私心，以存諸心而言；合天理，以行諸外而言。人固有雖無私心，而行事不合天理者，唯仁則内外合、天人備矣。」○《論語》於「令尹子文、陳文子」章注引師説以爲「當理而無私心則仁矣」，今又以爲「仁者無私心而合天理」。其先後不同者，蓋彼就二子之事而言，故以爲「當理而無私心」，此直指夫仁而言，故曰「仁者無私心而合天理」。楊氏曰：「伊尹之就湯，以三聘之勤也。其就桀也，湯進之也。湯豈有伐桀之意哉，其進伊尹以事之也，欲其悔過遷善而已。伊尹既就湯，則以湯之心爲心矣。及其終也，人歸之天命之不得已而伐之耳。若湯初求伊尹，即有伐桀之心，而伊尹遂相去聲。之以伐桀，是以取天下爲心也。以取天下爲心，豈聖人之心哉。」程子曰：「五就湯，五就桀，此伊尹後來事。蓋已出了，則當以湯之心爲心，所以五就桀，不得不如此。」○張子曰：「伯夷、伊尹、柳下惠，皆稱聖人，出於仁之一端，莫非仁也。三子者，各以是成性，故得稱仁。」○雲峰胡氏曰：「《集註》於三子之中，引楊氏説獨詳於伊尹者，如夷、惠不屑就、不屑去，其迹甚易明，惟伊尹有去、又有就，其心未易識，故詳之。」《通旨》朱氏公遷曰：「仁以事言，孔子許三仁、夷、齊，是就其處事處，許之以仁。孟子許三子，是就其存心處，許之以仁。孔子是因其處事，而知其心之仁。孟子是因論出處而引三子之事，以明仁人之心也。然夷、齊三子迹無可疑，三仁之事則似反乎仁而實得乎仁，故《集註》之説各不同。」附《蒙引》：「居下位，不以賢事不肖者，伯夷也」，若伊尹則賢亦事，不賢亦事，然猶有去就也。至於柳下惠，「不惡汙君，不羞小官」，則又不屑於去矣。三子制行之不同如此。○此下位，不指有官者，謂士庶也。伯夷當紂之時，居北海之濱，以待天下之清，故云。○「君子亦仁而已矣」，説開去，不指三子，孟子自謂也，以謂承三子言亦可。○三子者不同道，亦見得伯夷爲後名實一等人，伊尹、柳下惠合爲先名實一等人矣。○《存疑》：夫子在三卿之中，爲人也，名實未加於上下而去，爲人又不成矣，故以爲未仁。㬎意以天下之道二，出與處而已，出便是出，處便是處，各成其事方是仁。若既出了，未能成事，又去之，既不成處，又不成出，兩無所成，這便不得爲仁。不知爲人，固君子之本心，然時之用舍，有不能必者。時苟我以出，而爲人可也。時不我以，猶汲汲於爲人，必至枉道，未有能直人者。故古之聖賢，救世之心雖切，在己之道終不可枉。故雖立人本朝，欲行救世之心，道苟不合，則奉身而退，孔子之去魯，孟子之去齊，皆是道也。但此意有難以語㬎者，故特舉伯夷、伊尹、柳下惠之事以曉之。蓋伯夷去也，柳下惠就也，伊尹有去、有就者也。去者是仁，就者亦是仁，以見己既在三卿之中，名實未加於上下而去之者，亦仁也，故曰：「君子亦仁而已矣，何必同。」〇仁者無私心而合天理也，其趨一者，心之所存，一皆無私而其事皆合天理也。伯夷之去，非沽名也，天下無道，在所當去，是其心固無私，而其去亦合天理也。下惠之不去，非貪禄也，進不隱賢，必以其道，不以三公易其介，其心亦非有私，而於理亦合也。伊尹之有去有就。其就湯也，感湯之聘，欲以道覺民。其就桀也，以湯之進，冀其悔過遷善也。其去而就湯也，以桀不悔過而湯有可就，亦非爲利禄也。是其心未嘗有私，於理亦合也。無私心，以心言；合天理，以事言。夫子告顔子曰「克己復禮爲仁」。朱子解「三月不違仁」曰「無私欲而有其德」，此解仁曰「無私心而合天理」，若依二説，作無私心就是合天理，似亦得。但此以三子行事論，與彼論學者爲仁不同。人之行事，固有心雖無私而於理未當者，如所謂雖無邪心，苟不得正，舉皆妄是也。亦有事雖當理而心却有私，如子張學干禄，及今之學者爲人是也，故不可强同於彼。《蒙引》謂是就事上論心，愚尚有未醒處。〇「君子亦仁而已矣，何必同」，言君子之或去，或就，亦惟求無私心、合天理而已。其迹之或去、或就，雖若不同，不必論也。必欲其迹之同：同於去者，恐有同室之鬭，而不知救之；同於就者，恐有鄉鄰之鬭，而不知閉户。其迹雖若相同，而去仁遠矣。

曰：「魯繆公之時，公儀子爲政，子柳、子思爲臣，魯之削也滋甚。若是乎賢者之無益於國也。」

公儀子，名休，爲魯相。去聲。子柳，泄柳也。削，地見侵奪也。㬎譏孟子雖不去，亦未必能有爲也。附《蒙引》：爲政者，相國之任。爲臣，則凡布列庶位者皆是。○趙注曰：「公儀休，爲執政之卿。子柳、子思，二人爲師傅之臣。」

曰：「虞不用百里奚而亡，秦穆公用之而霸。不用賢則亡，削何可得與。」與，平聲。

百里奚，事見形甸反。前篇。新安陳氏曰：「亡則何止乎削，故曰『削何可得』。魯之不亡，尚有三賢在也，否則如虞之亡，求削而不可得矣。」

曰：「昔者王豹處於淇，而河西善謳。綿駒處於高唐，而齊右善歌。華周、杞梁之妻善哭其夫，而變國俗。有諸內必形諸外，爲其事而無其功者，髡未嘗覩之也。是故無賢者也，有則髡必識之。」華，去聲。

王豹，衛人，善謳。淇，水名。綿駒，齊人，善歌。謳，聲有曲折也。歌，長言也。高唐，齊西邑。華周、杞梁二人，皆齊臣戰死於莒，音舉。其妻哭之哀，國俗化之，皆善哭。《左傳》襄公二十三年：「齊侯襲莒，杞殖、華〔胡化反。〕還〔音旋。〕載甲夜入。明日，先遇莒子。莒子重賂之，使無死，曰：『請有盟。』華周對曰：『食貨棄命，亦君所惡也，昏而受命，日未中而棄之，何以事君。』莒子親鼓而伐之，獲杞梁。莒人行成。齊侯歸，遇杞梁之妻于郊。〔梁戰死，妻行迎喪。〕使弔之，辭曰：『殖之有罪，何辱命焉。若免於罪，猶有先人之故廬在，下妾不得與郊弔。』齊侯弔諸其室。」○劉向《說苑》：「齊莊公攻莒，杞梁與莒戰，梁遂鬬殺二十七人而死。妻聞而哭，城爲之阤，而隅爲之崩。」《通考》吴氏程曰：「按《左傳》、《禮記》皆無華周妻哭之事，不過帶說華周，猶前篇稱禹稷過門不入耳。」髡以此譏孟子仕齊無功，未足爲賢也。附《淺說》：凡有才猷蘊諸內，必有功業著於外也。如或內足以爲其事，而外略不見其功者，髡未嘗覩之也。是故今無賢者也，有賢者出，則有功可見，而髡必識之矣。○顧麟士曰：「按《說苑》，華周作華舟。」

曰：「孔子爲魯司寇，不用，從而祭，燔肉不至，不稅冕而行。不知者以爲爲肉也，其知者以爲爲無禮也。乃孔子則欲以微罪行，不欲爲苟去。君子之所爲，衆人固不識也。」稅，音脱。「爲肉」、「爲無」之「爲」，去聲。

按《史記》：「孔子爲魯司寇，攝行相去聲，下同。事。齊人聞而懼，於是以女樂遺去聲。魯君。季桓子與魯君往觀之，怠於政事。子路曰：『夫子可以行矣。』孔子曰：『魯今且郊，如致膰音煩。於大夫，則吾猶可以止。』桓子卒受齊女樂，郊又不致膰俎於大夫，孔子遂行。」孟子言以爲爲肉者，固不足道，以爲爲無禮，則亦未爲深知孔子者。蓋聖人於父母之國，不欲顯其君相之失，又不欲爲無故而苟去，故不以女樂去，而以膰肉行。其見幾平聲。明決，而用意忠厚，固非衆人所能識也。然則孟子之所爲，豈髡之所能識哉。○尹氏曰：「淳于髡未嘗知仁，亦未嘗識賢也，宜乎其言若是。」南軒張氏曰：「孔子之去魯，非孟子發明於此，後世固亦未知也。」○慶源輔氏曰：「觀孟子引孔子之事以答淳于髡，則孟子之去齊，亦必有所爲而不欲言之者矣。」○汪氏曰：「爲肉、爲無禮，皆非知孔子。蓋不能用聖人而耽聲色，君之大罪。膰肉不至，君之微罪。若不以微罪行而著君之罪，則爲不仁。苟去，則爲不義。以微罪行，仁也。不爲苟去，義也。君子之所爲，仁義而已。」○新安陳氏曰：「髡本辯口滑稽之徒，始謂孟子去齊而未仁，孟子答以夷、惠、伊尹，或去或就皆仁也。又謂有賢則必識之，孟子答以夫子之去魯，亦豈髡所能識哉。反覆言古人事，末方以君子自擬，以衆人指髡。髡雖譏孟子未立功而去，而孟子所以去齊之故，終不自言以顯齊王之失，亦見幾明決，而用意忠厚焉。自謂所願則學孔子，今觀其進退語默，宛然孔子家法也。」附《存疑》：「以微罪行，不欲苟去」，是二意，俱就膰肉上見得。蓋膰肉小事，聖人乃以是去，不爲無罪，是在聖人有微罪也。然雖小事，在魯君亦不是，亦有可去處，是其去亦有故也。《蒙引》曰：「上句微罪字重，其失在己也；下句不苟去字重，其失在人也。」微罪從前俱作君相説，惟《蒙引》作孔子説，最說得好，當從之。〇《蒙引》：「君子之所爲」至「不識也」，當依上文「君子亦仁而已矣」例。其大注云：「蓋聖人於父母之國」至「用意忠厚如此，固非衆人所能識也」。此數句都附在大文「不欲爲苟去」二句，而起下文二句意。〇顧麟士曰：「此章三問三答。首疑孟子之去爲不仁，答言不論去就，但無私心，合天理，同歸於仁。次疑不去亦未必有名實，答言賢者於人國必有益，但不用耳。終疑無名實不可謂賢，答言賢者固不可識也。孔子見幾明決，而用意忠厚，故去國之故，不肯明言，直俟孟子始發明之。然則孟子之去齊，亦必有不欲明言者，髡固未知，宜其嘵嘵耳。」

〇孟子曰：「五霸者，三王之罪人也。今之諸侯，五霸之罪人也。今之大夫，今之諸侯之罪人也。

趙氏曰：「五霸：齊桓、晉文、秦穆、宋襄、楚莊也。三王：夏禹、商湯、周文武也。」丁氏曰：「丁氏，名公著，唐蘇州人。夏昆吾，商大彭、豕韋，周齊桓、晉文，謂之五霸。」趙氏曰：「丁氏說，本杜預《春秋》傳注。」〇新安陳氏曰：「自王道衰，伯圖盛，人惟知五伯之功，豈敢議五伯之罪。惟孟子崇王賤伯，故以三王律五伯，而名其爲罪人焉。五伯，宜從前一說。」

天子適諸侯曰巡狩，諸侯朝於天子曰述職。春省耕而補不足，秋省斂而助不給。入其疆，土地辟，田野治，養老尊賢，俊傑在位，則有慶，慶以地。入其疆，土地荒蕪，遺老失賢，掊克在位，則有讓。一不朝，則貶其爵。再不朝，則削其地。三不朝，則六師移之。是故天子討而不伐，諸侯伐而不討。五霸者，摟諸侯以伐諸侯者也，故曰：五霸者，三王之罪人也。朝，音潮。辟，與闢同。治，去聲。

慶，賞也，益其地以賞之也。掊克，聚斂力驗反。也。讓，責也。移之者，誅其人而變置之也。討者，出命以討其罪，而使方伯連帥帥上，所類反。下，所律反。諸侯以伐之也。伐者，奉天子之命，聲其罪而伐之也。摟，牽也。五霸牽諸侯以伐諸侯，不用天子之命也。新安陳氏曰：「無王如此，使居三王之世，豈非罪人。」自「入其疆」至「則有讓」，言巡狩之事。自「一不朝」至「六師移之」，言述職之事。南軒張氏曰：「天子入諸侯之國，首察其土田，次詢其賢才。蓋爲國之道，莫先於農桑，莫要於人才也。」附《蒙引》：自「天子適諸侯，曰巡狩」至「助不給」是一節，省耕、省斂，天子、諸侯之所同也。自「入其疆」至「有讓」是一節，言天子巡狩之事。自「一不朝」至「六師移之」，言諸侯述職之事。以上文觀之，則賞罰征討之柄自天子出，固無有摟諸侯以伐諸侯之事者也。故繼之曰「是故天子討而不伐」云云，而繳云「故曰：五霸者，三王之罪人也」，「是故」二字分明承上。○「自天子適諸侯」至「六師移之」，皆舉先王之法，而承之以「是故天子討而不伐」至「伐諸侯者也」，以見當時諸侯之違王法，不止摟諸侯以伐諸侯一事。但即此一節明其無王，而上文所舉先王之法，皆在所違中矣，詞簡而意該，不可不知也。○自「天子適諸侯」至「六師移之」，皆舉三王之法，遂見得五伯之違王法也。便見得五伯爲三王罪人，不必依陳氏，謂使居三王之世，方爲罪人。○「土地辟」，謂增墾也。「田野治」，指熟地言。下文「土地荒蕪」，則兼田野不治在其中。○「養老」者，無凍餒之老也。「尊賢」者，知重有德也。「俊傑在位」者，收用人才而不取掊尅之徒也。此一句專指布列庶位，以脩百職者，不與尊賢相混。○「遺老失賢，掊尅在位，則有讓」，王者亦訪察。不然，初入其疆，亦難辨其掊尅與俊傑也。○「慶以地」。或曰：「三王之世，九州之内，自先王建邦分土時，便已星羅棊布，本無閑地，則當如何？」曰：「割土地荒蕪、遺老失賢者之地以賞之。」曰：「三王之世，命討素行，威命素舉，其四隣皆無有土地荒蕪者，則又當何如？」曰：「孟子不云乎，『此其大略也』。」○「則有讓」，不言所讓者何事，豈以上文「有慶以地」在，而意自可推耶。或曰：善善長，惡惡短，不削地亦未可知。○「六師移之」，注既曰「誅其人而變置之」，則非滅其國矣。後章曰「變置社稷」，「變置」二字終於「滅」字不同。○「方伯連帥」，蓋只是一人，平時爲方伯，征討則稱連帥也。蓋古者兵民爲一，凡公卿、大夫、士當征伐時，則皆稱軍師、卒旅之長。《詩・王風・揚之水》傳曰：「先王之制，諸侯有故，則方伯連帥以諸侯之師討之。王室有故，則方伯連帥以諸侯之師救之。天子鄉遂之民，供貢賦衛王室而已。」○五伯之伐諸侯，而必摟諸侯以伐之者，此正假仁處也。以其不奉天子之命，亦須合諸侯之議，併諸侯之力，而以爲出於公也。天子則命方伯連帥伐其罪，五伯則摟諸侯以攻伐，實違其法而猶竊其法，雖竊其法而壞其法也。○大注「自『入其疆』至『則有讓』」，言巡狩之事。自『一不朝』至『六師移之』，言述職之事」，此乃朱子解注分析意思，非謂孟子因上文説巡狩、述職二事，此又分析其事以實之也。蓋自「天子適諸侯」至此，總言舉先王之法以律當時諸侯耳。○「春省」至「不給」，下文「是故天子討而不伐」處，雖不及照應此二句，然只此二句，亦見得當時諸侯爲三王罪人處。蓋當時此法盡廢矣，那一件不是得罪三王處。○《存疑》：「土地辟」，是無不田之地。「田野治」，是無不耕之田。○「養老」，如《王制》之養國老、庶老及死事者之父祖是也。「三王養老皆以引年」，注「老人雖多，非賢者不可皆養」，則庶人之年老有德者，亦在所養，《鄉飲酒禮》可見。《公孫丑》章「俊傑在位」，是承尊賢使能説。此曰「俊傑在位」，當依《蒙引》作人才布列庶位，以脩職者言。

五霸，桓公爲盛。葵丘之會諸侯，束牲、載書而不歃血。初命曰：『誅不孝，無易樹子，無以妾爲妻。』再命曰：『尊賢育才，以彰有德。』三命曰：『敬老慈幼，無忘賓旅。』四命曰：『士無世官，官事無攝，取士必得，無專殺大夫。』五命曰：『無曲防，無遏糴，無有封而不告。』曰：『凡我同盟之人，既盟之後，言歸于好。』今之諸侯，皆犯此五禁，故曰：今之諸侯，五霸之罪人也。歃，所洽反。糴，音狄。好，去聲。

按《春秋傳》去聲。僖公九年：「葵丘之會，陳牲而不殺，讀書加於牲上。新安陳氏曰：「威信服人，無事歃血。歃，歠也。」壹明天子之禁。」樹，立也。已立世子，不得擅時戰反。易。初命三事，所以脩身正家之要也。《穀梁傳》僖公九年：「九月戊辰，諸侯盟於葵丘。桓盟不日，此何以日？〔日，謂記其日。〕美之也，爲見天子之禁，故備之也。葵丘之會，陳牲而不殺，賣書加於牲上。一明天子之禁，曰：毋壅泉，〔專水利。〕毋訖糴，〔訖止也。〕毋易樹子，毋以妾爲妻，毋以婦人與國事。」〔與音預。〕〇慶源輔氏曰：「一明天子之禁，但一意以明天子之禁而已。不孝是惡之大者，故居首。世子必告於天子而後立，既立則豈可擅自易之。不孝是不子，易樹子是不父，以妾爲妻則無夫婦之别。」賓，賓客也；旅，行旅也，皆當有以待之，不可忽忘也。士世禄而不世官，恐其未必賢也。官事無攝，當廣求賢才以充之，不可以闕人廢事也。取士必得，必得其人也。無專殺大夫，有罪則請命於天子，而後殺之也。無曲防，不得曲爲隄防。壅泉，激水以專小利，病鄰國也。無遏糴，鄰國凶荒，不得閉糴也。無有封而不告者，不得專封國邑，而不告天子也。新安陳氏曰：「五命，即載書之辭。才者育之，亞於尊賢，所以明貴德。言歸於和好，無構怨也。」附《蒙引》：「葵丘之會諸侯」爲一句，非「諸侯束牷、❶載書而不歃血」也，謂桓公也。〇束牲，陳牲不殺也。既殺則有血在，不容不歃也。蓋此箇牲特地是取血用，故朱子知其爲不殺也。束牲者，束縛之于壇上。既不殺，則不容不束縛。〇印本作「讀書加于牲上」，蓋讀其書，而加于不殺牲體之上也。一本作「賣」字。〇世子之樹也，上則已爲天子之所命，下則已爲國人之所戴，故不易也。然萬一有罪，亦不容不易。〇尊賢育才，以彰有德，賢才皆有德者也。陳氏之説，非俊傑在位便是育，亦不必説如今學校育才。〇壅泉與激水不同，泉者其源也，水者其流也。泉水若利于己國，則壅激之以歸于内，是爲專小利也。泉水若不利于己國，則壅激之以歸于外，是爲病鄰國也。然專其利于己，則必有病于人矣。嫁其病于人，則亦爲利于己

❶「牷」，據文意當作「牲」。

矣。○「言歸于好」，「言」蓋語辭，如《詩經》「言旋」、「薄言」之類。若「永言孝思」之「言」，則解曰念也。○「言歸于好」，不得違五命之禁也。新安解作「無構怨也」，恐不切。○葵丘五命，非桓公所自爲，一明天子之禁也。○《存疑》：初命，正家也。再命、四命，用人、用刑也。三命，治民也。五命，睦鄰尊王也。

長君之惡其罪小，逢君之惡其罪大。今之大夫，皆逢君之惡，故曰：今之大夫，今之諸侯之罪人也。」長，上聲。

君有過不能諫，又順之者，長君之惡也。君之過未萌，而先意導之者，逢君之惡也。南軒張氏曰：「君有過，承順而長之，固爲罪矣。逢君惡者，逆探君意而成之，罪尤大也。其詭秘姦譎爲甚，而戕賊蠹害尤深。蓋君萌不善之念，其始必有未安於心，未敢遽達也。己迎而安之，則其發也必果。君以爲己意未形於事，而彼能先之，則其愛也必篤。故長君惡於外者，其罪易見；逢君惡於內者，其慝難知。易見者害猶淺，難知者害不可言也。自古姦臣之得君，未有不自逆探君意以成其惡，故君臣之相愛不可解，卒至於俱亡而後已。『逢君之惡』云者，可爲極小人之情狀矣。」○慶源輔氏曰：「長君之惡者，無能而巽懦，阿諛之人也；逢君之惡者，有才而傾險，陰邪之人也。」**附**《蒙引》：「長君之惡者，未必皆逢君之惡。逢君之惡者，未有不長君之惡。長君之惡其罪小，猶云『齊桓公正而不譎』，對下句言耳。逢君之惡，所謂賊其君者也，安得不爲諸侯之罪人。」○《黄氏日抄》曰：「『五伯，三王之罪人』一章，以至古之所謂民賊，警切世變，極爲痛快。自戰國風俗一變之後，行乎世者，滔滔皆若人，徒飾以三王以上之議論耳。」○林氏曰：「邵子有言：『治《春秋》者，不先治五霸之功罪，則事無統理，而不得聖人之心。《春秋》之間，有功者未有大於五霸，有過者亦未有大於五霸。故五霸者，功之首，罪之魁也。』以上邵子之說。孟子此章之義，其亦若此也與。音余。然五霸得罪於三王，今之諸侯得罪於五霸，皆出於異世，故得以逃其罪。至於今之大夫，宜得罪於今之諸侯，則同時矣。而諸侯非惟莫之罪也，乃反以爲良臣而厚禮也。不以爲罪，而反以爲功，何其謬靡幼切。哉。慶源輔氏曰：「孟子雖取桓文之五命，而又以五霸爲三王之罪人，得春秋之大指矣。」

○魯欲使慎子爲將軍。

慎子，魯臣。附《蒙引》：慎子，非《史記》所載慎到也。到，趙人，學黄老之術，嘗著書，本傳不言其仕進。慎子，魯臣也，名滑釐。

孟子曰：「不教民而用之，謂之殃民。殃民者，不容於堯舜之世。

教民者，教之禮義，使知入事父兄，出事長上聲。上也。用之，使之戰也。慶源輔氏曰：「能如是而教其民，乃可以即戎，使之敵愾禦侮。臨戰之際，皆如手足之捍頭目，子弟之衛父兄矣。不然，則是陷之於死地矣，故謂之殃民。在堯舜之仁政，豈容之哉。」附《蒙引》：輔氏似以爲殃民之事，堯舜所不容者。非也。「者」字，分明作人説，明其爲堯舜罪人，所以斥之。

一戰勝齊，遂有南陽，然且不可。」

是時，魯蓋欲使慎子伐齊，取南陽也。故孟子言就使慎子善戰有功如此，且猶不可。新安陳氏曰：「就使僥倖克敵，己驕敵怒，禍方深耳。況未必能，且不免敗。」附《蒙引》：「然且不可」，新安以爲就使克敵，禍方深耳。非也。此正是下文「吾明告子」云云之意。然且不可，是言於理不可也。○「不教民而用之」一條，言其徒殃吾民，而不足以勝敵也。「一戰勝齊」一條，又言縱使勝敵，而於理亦不可也。

慎子勃然不悦，曰：「此則滑釐所不識也。」

滑釐，慎子名。滑，音骨。

曰：「吾明告子。天子之地方千里，不千里不足以待諸侯。諸侯之地方百里，不百里不足以守宗廟之典籍。

待諸侯，謂待其朝音潮。覲聘問之禮。宗廟典籍，祭祀會同之常制也。慶源輔氏曰：「觀此二句，則知先王之制，封國大小自有意義，豈私意可得而損益之哉。」

周公之封於魯，爲方百里也，地非不足，而儉於百里。太公之封於齊也，亦爲方百里也，地非不足也，而儉於百里。

二公有大勳勞於天下，而其封國不過百里。儉，止而不過之意也。問：「《王制》與《孟子》同，而《周禮》諸公之地，封疆方五百里，諸侯方四百里，伯三百里，子二百里，男百里。鄭氏以《王制》爲夏、商制，爲夏、商中國方三千里。周公斥而大之，中國方七千里，所以不同。」朱子曰：「鄭氏只文字上說得好看，然甚不曉事情。且如百里之國，周人欲增到五百里，須併四箇百里國地，方做得一國。其所併四國，又當別裂地以封之，如此則天下諸侯東遷西移，改立宗廟社稷，皆爲之騷動矣。且如此趲去，不數大國，便無地可容了，許多國何以處之，恐其不然。竊意其初只方百里，後來吞併，遂漸漸大。如禹會諸侯於塗山，執玉帛者萬國，到周時只千八百國，自非吞併，如何不見了許多國。武王時，諸國地已大，武王亦不奈何，只得就而封之。當時封許多功臣之國，緣當初滅國五十，得許多空地可封。不然，則周公、太公亦自無安頓處。孟子百里之說，亦只是大綱如此說，不是實攷得見古制。」

今魯方百里者五，子以爲有王者作，則魯在所損乎，在所益乎。

魯地之大，皆併去聲。吞小國而得之，有王者作，則必在所損矣。

徒取諸彼以與此，然且仁者不爲，況於殺人以求之乎。

徒，空也，言不殺人而取之也。慶源輔氏曰：「不殺人而取彼與此，仁者猶且不爲，以其非所當得故也，況於殃民而求廣土地者乎。」附《存疑》：自「吾明告子」至「然且仁者不爲」，解「然且不可」意方盡。《蒙引》謂「吾明告子」以下三節，指「然且不可」說，「徒取諸彼」節，指「殃民」說，不是。

君子之事君也，務引其君以當道，志於仁而已。」

當道，謂事合於理。志仁，謂心在於仁。華陽范氏曰：「君子之事上也，引其君於正；小人之事上也，引其君於邪。君子引其君於仁義，引其君於愛民，引其君於納諫，引其君於恭儉，引其君於學問，此君子之所以引其君者，志於仁而已矣；小人引其君於好利，引其君於好戰，引其君於用刑，引其君於拒諫，引其君於驕侈，此小人之所以引其君者，志於不仁而已矣。伊尹以堯舜之道引成湯，故成湯爲堯舜之君；周公以文武之道引成王，故成王爲文武之君，此引其君於當道。榮夷公以專利引周厲王，故周亂；趙高以刑法引秦二世，故秦亡，此引君於當非道也。」〇西山真氏曰：「道之於仁，非有二也。以事之理而言，則曰道。以心之德而言，則曰仁。心存於仁，則其行無不合道矣。」〇新安陳氏曰：「事合理，必不爭己所不當有之地。心存仁，必不殺人以爭地。二句不特可斷，此一事實臣事君之法也。殃民者，仁之反，欲慎子導君以仁，不殃民而爲不仁也。」附《淺説》：大凡「君子之事君也」，務引其君以當道，使之事事合理，而非理者不可見諸行；務引其君以志仁，使之念念合理，而非理者不可萌諸心。彼其驅不教之民，以圖分外之地，其心可謂不仁，而事亦可謂過當矣。豈君子之所以引其君乎？

〇孟子曰：「今之事君者曰：『我能爲君辟土地，充府庫。』今之所謂良臣，古之所謂民賊也。君不鄉道，不志於仁而求富之，是富桀也。爲，去聲。辟，與闢同。鄉，與向同，下皆同。辟，開墾口狠反。也。朱子曰：「鄉道、志仁，不可分爲二事。《中庸》曰『脩道以仁』，孟子言『不志於仁』，所以釋『不鄉道』之實也。前章務引其君以當道，志於仁而已，亦言志仁之爲當道耳。」附《蒙引》：鄉道，即當道也。當道，即當敵之當，亦向也。〇《存疑》：「辟土地」，是盡地力，李悝是也。故注曰「開墾」，故以爲「富桀」，不是擴境土。若開擴境土，當屬戰必克矣。「充府庫」，聚斂也。

『我能爲君約與國，戰必克。』今之所謂良臣，古之所謂民賊也。君不鄉道，不志於仁，而求爲之强戰，是輔桀也。約，要平聲。結也。與國，和好去聲。相與之國也。新安陳氏曰：「前是爲君富國，剥下奉上者；此是爲君强兵，戰勝攻取者。暴君之良臣，實治世之民賊，不能引君鄉道志仁，而導以不道不仁，助桀爲虐者也。」

由今之道，無變今之俗，雖與之天下，不能一朝居也。」

言必争奪，而至於危亡也。南軒張氏曰：「此章大抵與前章意同。戰國之臣所以輔君者，徒以能富國强兵爲忠，而其君亦固以此爲臣之忠於我也，而孟子以爲民賊，何哉？蓋君不鄉道，不志於仁，而但爲之富强之計，則君益以驕肆，而民益以憔悴，是上成君之惡，而下絶民之命也。當時諸侯，乃以民賊爲良臣，豈不痛哉。」○新安陳氏曰：「自當時觀之，孟子此論若迂且激，既而六國吞，暴秦亡，此論豈不深中大驗。此章與上章意實相類，其因譏切慎子而繼發歟。」附《蒙引》：「由今之道，無變今之俗」，猶《皋陶謨》曰「百僚師師，百工惟時」，傳曰：「百僚、百工，皆言百官。言其人之相師，則曰百僚；言其人之趨事，則曰百工，其實一也。」愚按此曰「道」、曰「俗」，亦然。○本文「由」字與「變」字，主君言，以此二等爲良臣者，今之道、今之俗也。○顧麟士曰：「如此，則下『雖與之天下』語方合『君不嚮道』云云，特申解『民賊』一句耳。」

○白圭曰：「吾欲二十而取一，何如？」

白圭，名丹，周人也。欲更平聲。税法，二十分扶問反，下同。而取其一分。林氏曰：「按《史記》：白圭能薄飲食，忍嗜時至反。欲，與童僕同苦樂。音洛，下同。樂觀時變，人棄我取，人取我與，以此居積致富。其爲此論，蓋欲以其術施之國中也。」勿軒熊氏曰：「按《貨殖列傳》：白圭當魏文侯時，李克務盡地力，而白圭樂觀時變。故人棄我取，人取我予，能薄飲食，忍嗜欲，與用事僮僕同苦樂，趨時若猛獸鷙鳥之發，曰：吾治生，猶孫吴用兵，商鞅行法。智不足以權變，勇不足以斷決，仁不能以取予，强不能以有守，雖欲學吾術，皆不告也。蓋世言治生者，祖白圭。」附《存疑》：白圭儉嗇以致富，其欲二十而取一。注謂「欲以其術施之國」者，蓋欲儉薄以足用，不多取民以足用也。孟子辨白圭二十取一之非，主意只是言其不足用。

孟子曰：「子之道，貉道也。貉，音貊。

貉，北方夷狄之國名也。

萬室之國，一人陶，則可乎？」曰：「不可，器不足用也。」

孟子設喻以詰契乙反。圭，而圭亦知其不可也。

曰：「夫貉五穀不生，惟黍生之。無城郭、宮室、宗廟祭祀之禮，無諸侯幣帛、饔飧，無百官有司，故二十取一而足也。夫，音扶。

北方地寒，不生五穀，黍早熟，故生之。得及未寒時生成。饔飧，以飲食饋客之禮也。附《蒙引》：無城郭，則無營築之費。無宮室，則無構造之費。無宗廟、祭祀之禮，則無犧牲、粢盛、酒醞之費。無諸侯幣帛、饔飧，則無朝會饋賜、宴勞之費。無百官有司，則無食禄之費。故二十取一而足也。○幣帛，大段凡綾羅緞絹之類，及銅錢貨物，皆幣也，故又謂之錢幣。幣蓋通名，帛只是其一端。

今居中國，去人倫，無君子，如之何其可也。

無君臣祭祀、交際之禮，是去人倫。無百官有司，是無君子。附《蒙引》：「今居中國，去人倫，無君子」，而遺了城郭、宮室，此古人文章也。

陶以寡，且不可以爲國，況無君子乎？

因其辭以折之。

欲輕之於堯舜之道者，大貉小貉也。欲重之於堯舜之道者，大桀小桀也。」

什一而稅，堯舜之道也。多則桀，寡則貉，今欲輕重之，則是小貉小桀而已。慶源輔氏曰：「什一，中正之制也，故以爲堯舜之道。三代聖人，雖因時損益，有所不同，然一本於中正，則無以異也。惟其中正，所以行之天下而安，傳之萬世而無弊。周衰，王制盡廢，兼并之俗起，而貧富遂以不均。白圭謹身禁欲，樂觀時變，知取知予，以此居積致富，此三代盛時所無有也，其犯先王之禁大矣。顧乃私憂過計，創爲輕賦之説，欲以其術施之國家，故孟子明辨其不可。觀其始，則取其事之易辨者，以開其智。中則歷陳其不可之實，以破其説。末則舉堯舜之道，不可得而輕重者，使之有所歸著，亦可謂委曲詳盡矣。」○雲峰胡氏曰：「《易》曰『節以制度』，必先言『中正以通』。蓋堯舜之道，中而已，重之輕之，皆非中也。可行於夷狄，不可通行於天下。可行於一時，不可通行於萬世。」○新安陳氏曰：「彼真貉真桀爲大者，此爲小者也。」《通旨》朱氏公遷曰：「因其過，而以中道矯之者，所以救時政之敝也；因其不及，而以中道關之者，所以正邪説之誣也，皆所以明先王之道，不可不行也。」

○白圭曰：「丹之治水也愈於禹。」

趙氏曰：「當時諸侯有小水，白圭爲去聲。之築堤壅，委恐反。而注之他國。」附《蒙引》：白圭所以自負於過禹者，蓋其隄防一築，而國遂不被其害，無四乘之勞，無八年之久故耶。

孟子曰：「子過矣。禹之治水，水之道也。

順水之性也。附《蒙引》：順字，是朱子添助字，只説水之道，亦便見得是順水之性。○或以爲性與道不同，順其性即道也。此説似善解剥，但非虛心自然所見。夫順其性者，人也，如何以人之道，爲水之道。

是故禹以四海爲壑，今吾子以鄰國爲壑。

壑，受水處也。附《蒙引》：是故禹以四海爲壑，正是水之道處。

水逆行，謂之洚水。洚水者，洪水也，仁人之所惡也。吾子過矣。」惡，去聲。

水逆行者，下流壅塞，故水逆流。今乃壅水以害人，則與洪水之災無異矣。勿軒熊氏曰：「按白圭自言善治生，有智、仁、强、勇四術。然築堤壅水，不能行所無事，則不智。以鄰國爲壑，利己害人，則不仁。所謂强勇，亦愚悍自信而已。此戰國富强之術，故深抑之。」○新安陳氏曰：「禹除天下之害，順水之性而委之於海。圭除一國之害，不順水之性而但委之於鄰。是禹爲天下除害，而圭乃爲鄰國之害也，不仁甚矣。」附《蒙引》：「水逆行」云云，所惡也。今吾子以鄰國爲壑，是壅水以害人，與洪水之災無異，其亦不仁矣。而乃誇以爲愈於禹，吾子過矣。「吾子過矣」，不必説爲禹罪人，只謂其言之過。

○孟子曰：「君子不亮，惡乎執。」惡，平聲。

亮，信也，與諒同。惡乎執，言凡事苟且，無所執持也。朱子曰：「攷之《説文》，古無亮字，以爲與諒通者，近之。然諒有二訓，止訓信者，友諒之類是也。訓必信者，貞而不諒是也。」○南軒張氏曰：「諒對貞而言，則專於諒者，未必貞也。以己之私意爲諒，非諒之正也。孟子之言諒，諒之正也。」○慶源輔氏曰：「此與《論語》『人而無信』章同意，此以守言，彼以行言也。」○汪氏曰：「執諒，體常也；不諒，通變也。」附《蒙引》：「君子不亮，惡乎執」，與「人而無信，不知其可」意大同小異，觀注云「凡事苟且」可見，若彼處難下苟且字。輔氏以爲此以守言，彼以行言，恐太分析矣。既失其執持，其何以行之哉，其實一也，但語意各有緩急耳。○賈誼曰：「執此之信，堅如金石。」諒有堅固之意，故曰「惡乎執」。做得亦罷，不做得亦罷，言則無物，行則無恒，且行且却，乍作乍輟，事不可立，功不可成。○亮以心言，心所以主乎其事者也，故曰「君子不諒，惡乎執」。○《淺説》：有是實心，斯有是實事。若主於心者不忠信，則凡事苟且，無所執持，而事不可立矣。

○魯欲使樂正子爲政。孟子曰：「吾聞之，喜而不寐。」

喜其道之得行。

公孫丑曰：「樂正子强乎？」曰：「否。」「有知慮乎？」曰：「否。」「多聞識乎？」曰：「否。」知，去聲。

此三者，皆當世之所尚，而樂正子之所短，故丑疑而歷問之。

「然則奚爲喜而不寐？」

丑問也。

曰：「其爲人也好善。」「好善足乎？」好，去聲，下同。

丑問也。

曰：「好善優於天下，而況魯國乎？

優，有餘裕也。言雖治天下，尚有餘力也。趙氏曰：「善取於己，則有盡；善取於人，則無窮。此其所以治天下，猶有餘力也。」

夫苟好善，則四海之內，皆將輕千里而來告之以善。夫，音扶，下同。

輕，易去聲。也，言不以千里爲難也。附《蒙引》：「夫苟好善」云云，告之以善，由是以天下之善而理天下之事，豈不誠綽綽有餘裕哉，而況魯國。夫苟不好善，則人將曰：『訑訑，予既已知之矣。』訑訑之聲音顏色，距人於千里之外。士止於千里之外，則讒諂面諛之人至矣。與讒諂面諛之人居，國欲治，可得乎？」訑，音移。治，去聲。

訑訑，自足其智，不嗜善言之貌。慶源輔氏曰：「世間此等人亦甚多，然其所謂智者，是乃所以爲患也。然原其始，則起於『予既已知之』之意萌於中而已，可不畏乎。」○新安陳氏曰：「距，與拒通。《前漢·汲黯傳》『智足以距諫』，亦用此『距』字。」附《淺説》：夫苟不好善，則人將曰：「彼之爲人訑訑然，自謂天下之事，我皆已知之矣」，往告以善，必不見好也。君子小人，迭爲消長。上聲。直諒多聞之士遠，則讒諂面諛之人至，理勢然也。○此章言爲政，不在於用一己之長，而貴於有以來天下之善。南軒張氏曰：「好善誠篤，非舍己私者不能。能舍己則中虛，虛則能來天下之善，於爲天下何有。蓋善者，天下之公也。自以爲是，則專己而絕天下之公理，蔽孰甚焉。」

○陳子曰：「古之君子何如則仕？」孟子曰：「所就三，所去三。

其目在下。附趙注曰：「陳臻。」○《蒙引》：所就而仕者三，所去而不仕者亦有三。

迎之致敬以有禮，言將行其言也，則就之。禮貌未衰，言弗行也，則去之。

所謂見行可之仕，若孔子於季桓子是也。受女樂而不朝，音潮。則去之矣。附《蒙引》：迎，接也，非出迎也。○《存疑》：「迎之致敬以有禮」，猶云恭而有禮。蓋亦有致敬而無禮者，若齊餽兼金一百而無處，儲子得之平陸，僅以幣交，是恭敬之無禮也。○「迎之致敬以有禮」，將以爲行其言之地耳。《蒙引》曰『迎之致敬以有禮』，是固君子之所樂就者，然不特此」，却界作兩段意，恐未是。○《蒙引》：言焉又將行其言也，一説人君許以行其道也。○顧麟士曰：「按《淺説》、《達説》，俱從前説。」

其次，雖未行其言也，迎之致敬以有禮，則就之。禮貌衰，則去之。

所謂際可之仕，若孔子於衛靈公是也。故與公遊於囿，公仰視蜚，與飛同。鴈而後去之。《史記·孔子世家》：「孔子反乎衛，入主蘧伯玉家。他日靈公問兵陳。孔子曰：『俎豆之事，則嘗聞之。軍旅之事，未之學也。』明日與孔子語，見蜚鴈仰視之，色不在孔子，孔子遂行，復如陳。」《通考》趙氏悳曰：「《春秋年表》云：『衛靈公即位之三十八年，孔子來，禄之。』按《孔子世家》云：『孔子適衛，衛靈公問孔子居魯得禄幾何。對曰：「養之六萬。」衛人亦致粟六萬石。頃之，或譖孔子，孔子遂去衛。』是則孔子於衛靈公有公養之仕也。如衛孝公，則吾亦未能信，以其無以按據也。以時推之，則孔子於季桓子受女樂之時，時靈公即位之三十七年，魯定公十一年也。定公十三年，是衛靈公即位之三十八年。問陳之時，則即位之四十三年，衛靈公是年卒。後之學者，宜精究之。」

其下，朝不食，夕不食，飢餓不能出門户。君聞之曰：『吾大者不能行其道，又不能從其言也，使飢餓於我土地，吾恥之。』周之，亦可受也，免死而已矣。」

所謂公養之仕也。君之於民，固有周之之義，況此又有悔過之言，新安陳氏曰：「所謂大者，以大節論。所謂又者，以其次言也。」所以可受。然未至於飢餓不能出門户，則猶不受也。其曰免死而已，則其所受亦有節矣。朱子曰：「孟子言：『所就三，所去三。』其上，以言之行不行爲去就，此仕之正也。其次，以禮貌衰未衰爲去就，又其次。至於不得已而受其賜，則豈君子之本心哉。蓋當是時，舉天下莫能行吾言矣，則有能接我以禮貌，而周我之窮困者，豈不善於彼哉，是以君子以爲猶可就也。然孟子蓋通上下言之，若君子之自處，則在所擇矣。孟子於其受賜之節，又嘗究言之曰『飢餓不能出門户』，明未至於如是之貧，則不可受，免死而已矣。言受之有限，不求贏餘，明不多受也。」○慶源輔氏曰：「言將行其言也，則就之爲道而仕也。迎之致敬以有禮，則就之爲禮而仕也，道在我，禮在彼。至於周之亦可受，此君子之不得已也。《集註》恐後之貪利苟得者，以是藉口而全不顧義，遂流於欲而不知也，故言此以防警之。然使上之賜下，止周其身，下受其賜，止以免其死，則時可知矣。」○雲峰胡氏曰：「本文初言去就，各有三。至其目，則上兩節言去就，末一節獨不言。蓋飢餓不能出門户，是欲去而不能去者，故周之不曰可就，而曰『亦可受』。觀『亦』之辭，見其瀕死不容不受，❶而曰『免死而已』，則亦未嘗過受也。君子於去就辭受之際，可謂嚴矣。此孟子答古之君子之問也，今之君子何如哉。」附《蒙引》：「行其道」與「從其言」不同。行其道，如彼之道明德也，吾行其明德之道；如彼之道新民也，吾行其新民之道。彼以堯舜之道望我，吾行堯舜之道也；彼以湯武之事望我，吾行湯武之事也，此是行其道。若從其言，只是爲他因事納誨，如有所諫諍之類，與上文「言將行其言也」「言」字不同。彼即是行其道也，觀本文「大者」及「又」字最分明。○《淺説》：此一節雖不見其爲仕，但受其所周，是亦就也。○《蒙引》：此末一段只言就，若不如是，則不就而去在其中矣。然亦只是暫時之就，終須去耳。

○孟子曰：「舜發於畎畝之中，傅説舉於版築之間，膠鬲舉於魚鹽之中，管夷吾舉於士，孫叔敖舉於海，百里奚舉於市。說，音悦。

舜耕歷山，三十登庸。説築傅巖，武丁舉之。膠鬲遭亂，鬻余六反。販方萬反。魚鹽，文王舉之。管仲囚於士官，桓公舉以相去聲。國。孫叔敖隱處上聲。海濱，楚莊王舉之爲令尹。百里奚事見形甸反。前篇。

新安陳氏曰：「舜，聖人且君也，故只曰發。傅説以下五賢，皆臣也，故皆曰舉。」附《蒙引》：孟子深斥百里奚自鬻之説，而又謂百里奚舉於市，其辨云何？曰：「百里奚爲人養牛，莊周與范氏皆明言之，此不足辭，但無干穆公之事。」

故天將降大任於是人也，必先苦其心志，勞其筋骨，餓其體膚，空乏其身，行拂亂其所

❶「瀕」，原作「頻」，今據《四書大全》改。

爲，所以動心忍性，曾益其所不能。曾，與增同。

降大任，使之任大事也，若舜以下是也。空，去聲。窮也。乏，絶也。拂，戾也，言使之所爲不遂，多背音佩。戾也。動心忍性，謂竦荀勇反。動其心，堅忍其性也。然所謂性，亦指氣禀食色而言耳。朱子曰：「動其仁義禮知之心，忍其聲色臭味之性。」○慶源輔氏曰：「『竦動其心』，則心活；『堅忍其性』，則性定。心活，則不爲欲所役；性定，則不爲氣所動。」○雲峰胡氏曰：「或謂孟子嘗曰『不動心』，曰『養性』，此曰『動心忍性』何也？曰：『彼言不動心，是處富貴，而富貴不能變動其心也；此言『動心』，是處貧賤，而貧賤有以竦動其心也。譬之水，動心是浚得源頭，活水滚滚出來；不動心，是水之流不爲沙泥所溷，不爲波流所汩也。養性者，養其本然天命之性，不使之有所動於外；忍性者，忍其氣禀食色之性，不使之有所動於中。』」○新安陳氏曰：「分配之苦心志，所以動心，動心則善念由此生。勞餓空乏之所以忍性，忍性則物慾由此窒。拂亂所爲，所以增益前所不能者而能之，則德業由此進。舜，大聖人，未必盡由此，而窮苦之迹實如此，履此豈無所警省。若傅説以下，所以能當大任，實由乎此也。」程子曰：「若要熟，也須從這裏過。」朱子曰：「只是要事事經歷過，似一條路，須每日從上面往來，行得熟了，方認得許多險阻去處。❶若素不曾行，忽然一旦撞行去，少間定墮坑落塹也。」○慶源輔氏曰：「人不經憂患困窮，頓挫摧屈，則心不平，氣不易，察理不盡，處事多率。故謂人若要熟，須從這裏過。」○潛室陳氏曰：「更嘗變故多，則閲義理之會熟。熟謂義理與自家相便習，如履吾室中。」附《蒙引》：此條總是言雖上智之人，於天下之事一一經涉過，方得。若身處順境，則無由經涉天下許多事務曲折，而所就亦少矣。故引程子曰「若要熟，也須從這裏過」。○「動心忍性」，成其德也。「增益其所不能」，成其才也。或謂「只動心忍性便是增益不能」，則欠了才一脚，未週也。○不必如新安

❶「阻」，原作「瞿」，今據哈佛本改。

陳氏以苦心志爲所以動心，❶勞餓空乏爲所以忍性。勞餓空乏，獨不能生善念乎。❷苦心志，獨不能忍嗜欲，薄滋味乎。○不言餓其腑臟，而云體膚者，人受餓，則體膚消削，其歸固在體膚也。○《存疑》：「行拂亂其所爲」，總是所爲不遂。然曰「行」，曰「所爲」，亦須有分别。爲是作爲，有經營運用意。行是據見成底行去，以所爲者見之行也。看來只是一串事，有終始之分。行拂亂其所爲，言行出底事，與其所營爲者，愈相拂也。○動心忍性，增益不能，俱本窮拂亂來。○《淺説》：「故天將降大任」云云「行拂亂其所爲」，如此者正欲其窮則反本，勞則能思，有以竦動其仁義禮智之心，堅忍其氣禀食色之性，而德於是乎益純矣。閲歷世故，備嘗世味，有以知其所未能知，爲其所未能爲，而才於是乎益周矣。

人恒過，然後能改。困於心，衡於慮，而後作。徵於色，發於聲，而後喻。衡，與横同。

恒，胡登反。常也，猶言大率也。横，不順也。作，奮起也。徵，知盈反。驗也。喻，曉也。此又言中人之性，常必有過，然後能改。新安陳氏曰：「下文所謂作與喻，即其改過之事。」蓋不能謹於平日，故必事勢窮蹙以至困於心，横於慮，然後能奮發而興起。不能燭於幾平聲。微，故必事理暴著，以至驗於人之色，發於人之聲，然後能警悟而通曉也。朱子曰：「困心衡慮者，心覺有其過。徵色發聲者，其過形於外。」○慶源輔氏曰：「舜，大聖人之事。傅説而下，皆上智之事。自『人恒過』而下，則中人之事也。纔言恒過而後能改，便見是中人之性矣。下兩句只是改過之事。雖是不能謹於平日，至於事勢窮蹙，困心衡慮，始能奮發而興起，然畢竟是其才尚足以有爲。雖是不能燭於幾微，至於事理暴著，徵色發聲，始能警悟而通曉，然畢竟是其智尚足以有察。如此故亦可以進於善，若至是而猶不知覺焉，則下愚而已。」附《蒙引》：一則以不能謹於平日言，一則以不能灼於幾微言，不必論高下。一説困心衡慮而後作者，其改過得

❶「氏」，原脱，據上下文意及全書體例增。
❷「生」，原脱，今據哈佛本補。

之己；徵色發聲而後喻者，其改過得之人。雖均之爲中人，然又略有高下，當從後說。附《存疑》：不能謹於平日，以致困心衡慮，到作後凡事皆能謹之平日，不致困心衡慮矣。不能燭於幾微，以致徵色發聲，到喻後凡事皆能燭之幾微，不至徵色發聲矣。

入則無法家拂士，出則無敵國外患者，國恒亡。拂，與弼同。

此言國亦然也。慶源輔氏曰：「上既言上智、中人之事矣，故此推言在國亦然。」法家，法度之世臣也。拂士，輔弼之賢士也。新安陳氏曰：「人主爲國內有守法持正者規諫之，外有敵國外患以警懼之，則不敢縱肆而國可保。否則，驕縱而國亡矣。」附《蒙引》：法家之法與法語之言「法」字同。如漢之汲黯、吳之張昭、唐之魏徵、宋璟其庶幾乎。「世臣」二字，就「法家」二字出。拂士，只是輔弼左右之士，比法家略次。法家是世臣，拂士是方仕者，有親疏尊卑之辨。敵國、外患，也須做兩般看。如魯有武仲之據防，楚有伍子胥之在吳，非敵國，乃外患也。

然後知生於憂患，而死於安樂也。」樂，音洛。

以上文觀之，則知人之生全，出於憂患，而死亡由於安樂矣。新安陳氏曰：「憂患未必便生，然憂患則警戒而其慮深，有生全之理，結章首至『而後喻』一截。安樂未必便死，然安樂則多怠肆而其志荒，有死亡之理，結『入則無法家』至『國恒亡』一節。自困而亨，上聖且然，諸賢且然，中人則待有過而後能然，爲國者亦莫不然也。大概此章言困苦憂患之意多，安樂即憂患之反也。」附《蒙引》：生、死二字活看，如國亡身危而名辱，雖不死，亦死道也。若舜發於畎畝，傅説舉於版築，則自憂患而得生道矣。大注以「全」字貼「生」字，「亡」字貼「死」字，尤有意。○不可如新安陳氏所分貼。蓋生於憂患、死於安樂之意，逐節都有。當味「入則無法家弼士」一節，大注云「此言國亦然也」，則以專爲死於安樂者，非矣。○尹氏曰：「言困窮拂鬱，能堅人之志，而熟人之仁，雲峰胡氏曰：「必堅忍其志，然後自至於熟。堅志是入德路頭，熟仁是成德地步。」以安樂失之者多矣。」南軒張氏曰：「知生於憂患，而死於安樂，生言生之道，死言死之道也。繼體之君，公侯之裔，生處安樂，無憂患可歷，則如之何。必也念安樂之可畏，思天命之無常，戒謹恐懼，不敢有其安樂，是乃困心衡慮之方生之道也。死於安樂，非安樂能死之，以溺於安樂而自絶焉耳。其在君子，則雖處安樂，而生理未嘗不遂；在小人，則雖處憂患，而死亦恐不免，窮斯濫是也。」○勉齋黄氏曰：「恐懼脩省，常生於憂患；驕奢淫泆，必起於宴安。當阨窮困躓之餘，其操心危，其慮患深，其刻厲奮發以進於善，有不期然者矣。」○新安陳氏曰：「張子《西銘》云：『富貴福澤，將厚吾之生。貧賤憂戚，庸玉汝於成。』後二句，即《孟子》此章之意。前二句，孟子所未言也。人能知此，則處憂患者固可生，處安樂者亦不死矣。《盡心上》篇「有德慧」章，意與此合當參看。動心是充廣道心，忍性是節制人心。一是擴天理，一是遏人欲。」

○孟子曰：「教亦多術矣，予不屑之教誨也者，是亦教誨之而已矣。」

多術，言非一端。屑，潔也。不以其人爲潔而拒絶之，所謂不屑之教誨也。其人若能感此，退自脩省，悉井反。則是亦我教誨之也。朱子曰：「趙氏注：『屑，潔也。』考孟子『不屑就』與『不屑不潔』之言，屑字皆當作潔字解。不屑之教誨，謂不以其人爲潔而教誨之。如坐而言，不應隱几而卧之類。」新安陳氏曰：「不屑教，非忍而絶之，實將激而進之，是亦多術中教誨之一術也。孔子於孺悲，孟子於滕更皆是。」○尹氏曰：「言或抑或揚，或與或不與，各因其才而篤之，無非教也。」

孟子集註大全卷之十二終

孟子集註大全卷之十三三魚堂讀本❶

盡心章句上

凡四十六章《通考》勿軒熊氏曰：「前五章皆言性命之學。盡心知性，存心養性，即《大學》之要法也。論古聖賢，凡六章。餘皆講學、脩身、齊家、治國之事。」

孟子曰：「盡其心者，知其性也。知其性，則知天矣。

心者，人之神明，所以具衆理而應萬事者也。新安陳氏曰：「心者，神明之舍。具衆理，心之體也。應萬事，心之用也。《大學章句》釋『明德』，《或問》釋『致知』之『知』字，此釋『心』字，大概三處互相發云。」性則心之所具之理，而天又理之所從以出者也。人有是心，莫非全體，然不窮理則有所蔽，而無以盡乎此心之量。去聲。故能極其心之全體而無不盡者，必其能窮夫音扶。理而無不知者也。既知其理，則其所從出，亦不外是矣。朱子曰：「天者，理之自然，而人之所由以生者也。性者，理之全體，人之所得以生者也。心則人之所以主於身，而具是理者也。天大無外，而性禀其全，故人之本心，其體廓然，亦無限量。惟其梏於形氣之私，滯於聞見之小，是以有所蔽而不盡。人能即事即物窮究其理，至於一日會通貫徹，而無所遺焉，則有以全其本然之體，而吾之所以爲性，與天之所以爲天者，皆不外此而一以貫之矣。」「伊川云『盡心然後知性』，❷此不然。『盡』字大，『知』字零星。性者，吾心之實理，若不知得，卻盡箇甚。惟就知上積累將去，自然盡心。人能盡其心者，只爲知其性。此句

❶「之」，原無，今據全書體例補。

❷「心」，原作「性」，今據《四書大全》改。

文義與『得其民者，得其心也』相似，『者』字不可不仔細看。」○人之所以盡其心者，以其知其性故也。蓋盡心與存心不同，存心即操存求放之事，是學者初用力處。盡心則窮理之至，廓然貫通之謂，所謂知性即窮理之事也。須是窮理方能知性，知性之盡則能盡其心矣。○性以賦於我之分而言，天以公共道理而言。天便是箇大底人，人便是箇小底天。吾之仁義禮智，即天之元亨利貞，凡吾之所有者，皆自彼而來也。故知吾性，則自然知天矣。○問：「如何是天者，理之所出？」曰：「天便是那太虛，但能盡心知性，則天便不外是矣。」○慶源輔氏曰：「知性而盡心者，譬如家主盡識一家所有之物，然後隨取隨有，隨用隨足，方盡得主家之職。知性而知天，如家主既識得家中之物，則自然知此物是何從而來也。」○陵陽李氏曰：「性與心初無閒，而知與盡則有序。性與心無閒，則知性故能盡心。知與盡有序，則謂盡之爲先而知之爲後，是失其先後之倫也。」以《大學》之序言之，知性則格物之謂，盡心則知至之謂也。問：「盡心今既定作知至說，則知天一條當何繫屬。繫之知性之下、盡心之前，與知性俱爲一衮事耶。抑繫之盡心之下，乃知至又精熟底事邪？」朱子曰：「『知其性則知天矣』，據此文勢只合在知性裏說。」○問：「四十而不惑，五十而知天命，不惑謂知事物說否？」曰：「然。」《通考》勿齋程氏曰：「至誠無息，至明無蔽，表裏精粗，毫髮不遺，是曰盡性。體無不統，用無不周，充極其量，毫髮無疑，是曰盡心。」附《淺說》：心體之所以爲大者，正以其具有是性，而萬物之理無不該也。故性有未知，則心有所蔽，而無以盡其本然之量矣。苟能盡其心者，由能知其性也。而吾之所以有是性者，又自天而來也。天有元亨，吾得之以爲仁禮。天有利貞，吾得之以爲義智。天大無外，而性稟其全，天人一理，性命一物。不知性則已，既知性則知天矣。《蒙引》：雲峰謂：「知性有工夫，盡心無工夫。」盡是大段見功，知是積累用工。」愚謂「積累用工」之言，作推本說則可。若本文「知性」字，亦是舉成功者說。故《集註》云「知性，則物格之事也」，又曰「必其能窮夫理，而無不知者也」。○知性之外，再無知天工夫。○或以性爲理之所當然，天爲理之所以然者，殆未察也。此處不必依《論語》「四十而不惑，五十而知天命」說，蓋未至知天，亦未足爲知性。未有知性而違天者，纔說著理，便究到所以然處。○「盡心」、「盡性」之「盡」，不是做工夫之謂。蓋言上面工夫已至，至此方盡得耳，《中庸》言「盡性」，《孟子》言「盡心」是也。又曰：「盡心者，知之至也。盡性者，行之極也，都是工夫到頭處。」○天，與《中庸》「天命之謂性」「天」字同。《存疑》：盡心、知性有先後，知性、知天無先後。○吾心之理皆出於天，方其窮理之時，必然窮到所從來處。然未到豁然貫通時，未免强探力索之勞，夢想億度之閒耳，未可以言知天也。惟窮之又窮，工夫積累，至一旦豁然貫通焉，則心胸了悟，天人洞然一貫，上天之載，無聲無臭者，可得之於不言之表矣。

存其心，養其性，所以事天也。

存謂操平聲。而不舍，上聲。養謂順而不害事，則奉承而不違也。朱子曰：「先存心而後養性，存得父子之心盡，方養得仁之性，存得君臣之心盡，方養得義之性。存之養之即是事，心性即是天，故曰『所以事天也』。知性是知得性中物事，既知得，須盡知得，方始是盡心。存其心，養其性，方始是做工夫處。如《大學》『物格而后知至』，物格者，物理之極處無不到，知性也；知至者，吾心之所知無不盡，盡心也。至於意誠，則存其心養其性也。聖人說知，必說行。」○存心者，氣不逐物，而常守其至正也。養性者，事必循理，而不害其本然也。○心性皆天之所以與我者，不能存養而梏亡之，則非所以事天也。夫心具性，敬以存之，則性得其養而無所害矣，此君子之所以奉順乎天。蓋能盡其心而終之之事，顔冉所以請事斯語之意。故敬者，學之終始，所謂徹上徹下之道也。○問：「盡心、存心。盡，莫是極至地位。存，莫是初存得這心否？」曰：「盡心也，未說極至，只是凡事便須理會教十分周足，無少闕漏處，方是盡。存也，非獨是初工夫，初閒固是操守，存在這裏，到存得熟後，也只是存。這存字無始終，只存這裏。」○慶源輔氏曰：「心是活物，須是操則存，不然便放去矣。性是實理，須當順之而不害。害謂違悖而戕傷之，性本不可以戕傷言，但爲自家違悖了，便是戕傷之也。奉承之而不違，便只是存心養性事。」○問：「盡心知性，存心養性，上是知工夫，下是行工夫。然上一節知性在先，盡心在後。下一節存心在先，養性在後，何也？」潛室陳氏曰：「知性即窮理格物之學，是工夫最先者，盡心即《大學》知至境界。存心即誠意正心之謂，養性在其中矣。非存心外別有所謂養性工夫，故養性在存心下。」○新安陳氏曰：「人能存心養性，然後能事事合理。順事乎天，而無愧於天之所以賦予我者，此《西銘》所以曰『存心養性』爲『匪懈』，又曰『存吾順事』，存心養性即所以順事之本也。」附《淺説》：然心既盡矣，又貴乎有以存之，使其一動一静，常在於方寸之中，而能爲一身之主。性既知矣，又貴乎有以養之，使凡事事物物皆順其當然之則，而勿喪其本然之真。夫心也，性也，皆天之所以與我者，吾而放之害之，則違天矣。故存其心，養其性，所以事天也。○《蒙引》：此處「存心」、「養性」對説，便當有著落。《中庸》單舉存養以對動時説，故自不同。○「存其心，養其性」，存養二字，本該動静。朱子解《中庸》所謂「存養省察之要」者，借此「存養」二字用也。但以對省察而言，則存養偏爲静時工夫，而存養二字未爲誤用也。蓋朱子當時偏看諸經，無他字可用於静時工夫者，故借用此。若《孟子》存養二字本意，省察已該其中。○《存疑》：存心工夫兼動静，静亦定，動亦定是也。養性亦兼動静，或謂如此則静時存心，就該得養性矣，愚謂尚有毫釐之差。蓋應事接物，順其情而不害，是動養也。事物未感，守其理而不失，是静養也。心以知覺言，性以理言。○事天與知天稍不同，必窮理之極，然後可言知天。若存養之始，就可言事天矣。

殀壽不貳，脩身以俟之，所以立命也。

殀壽，命之短長也。貳，疑也。不貳者，知天之至，脩身以俟死，則事天以終身也。立命，謂全其天之所付，不以人爲害之。朱子曰：「殀壽不貳，不以死生爲吾心之欣戚也。不貳是不疑，若一日未死，一日要是當，百年未死，百年要是當，這便是立命。既不以殀壽貳其心，又須脩身以俟，方始能立命。不以殀壽動心，一向亂做，又不可。殀壽不貳，便是知性知天之力。脩身以俟，便是存心養性之功。立命一句，更用通下章看，此與《西銘》都相貫穿。」○殀壽之不齊，蓋氣之所稟有不同者，不以悦戚貳其心，而惟脩身以俟之，則天之正命自我而立，而氣稟之短長非所論矣。○慶源輔氏曰：「徇私以賊理，縱欲以傷生，皆所謂以人爲害之也。」○新安陳氏曰：「『命之短長』，此『命』字以氣言。『立命』，此『命』字兼理與氣言。」《通考》朱氏公遷曰：「知命以知言，俟命以行言，立命兼知行言。行法以德行言，居易以事理言。殀壽不貳，即是知命。脩身俟之，即是俟命。合知命、俟命，則是立命。知命、俟命，則命在天，立命則命在我。」

附《淺説》：然生死壽夭，最人心易動，而自始至終，亦人之未易保全者。必也性無一毫之不知，心無一毫之不盡，或壽或夭，略不足以介諸懷。心無一息之不存，性無一息之不養，以脩身爲己任，直至死而後已焉。如此則天賦與我之正理，無不全而歸之矣，非所以立命而何？知天者，智也；事天者，仁也。立命者，智仁各造其極，而人之能事畢矣。○《蒙引》：此「命」字以理言，下章意與此同，獨「命」字義與此異。「殀壽不貳，脩身以俟之」，此是知行之至也。蓋窮理而至於夭壽不貳，則理之窮者，無所不至也。力行而至於脩身以俟死，則行之力者，亦無所不至矣。如此則人道已盡，而天之所付畀於我者，無不全而歸之矣，人之能事畢矣，故曰：「所以立命也。」此節非謂窮理只是窮夭壽之理，力行只是俟死而已矣。死生夭壽，最是大事，而人之所難豁然者。今既於此判斷得過，則何理之不窮，何行之不脩，此孟子立言之意也。其意中所含，全在造其理，履其事，而各至其極也。然則以「立命」爲與下章「莫非命」字相同，是主氣言者，亦泥於夭壽之意，而失其精意所在耳。新安看理不破，卻又謂下章「命」字以氣言。此章「命」字兼理氣言，亦可謂無主張，而爲騎牆之術矣。○「脩身以俟之」，「之」字承上句「殀壽」字言。○《存疑》：此命是「天命之謂性」之「命」，立是植立不墜之謂。天之命於我者，至爲完備，若有一理之未盡，不能立得命。以夭壽動心，而怠於自脩，便有欠缺不盡者矣，命何由立。「夭壽不貳，脩身以俟之」，則爲善之心至死不倦，此理之在我者，無一不盡，天之所以命我者，植立不墜矣，故曰：「所以立命。」○死生壽夭，最是大事，人鮮不以是動心者，以是動心，則爲善之念怠矣。「夭壽不貳，脩身以俟之」，是不以死生動心，爲善之志，至死不倦。若曾子將死，起而易簀曰「吾得正而斃焉」是也。蓋古之聖賢，仁以爲己任，直是死而後已。若一息尚存，此志不容少懈者，豈以光陰無幾，怠其爲善之心耶。○「立命」之「命」，當作理説，與上文「知天」、「事天」爲一串事，意方有歸者。蓋知天、事天而至於立命，猶窮理盡性以至於命也。舊依小注作氣説，今覺不是。○「夭壽不貳，脩身以俟之」，是知天事天之極功也，故能立命。此説得之《蒙引》，甚覺怜悧痛快，從前只管鶻突，此虛齋所以有功於後學也。或曰：「如此則下章總注曰『此與上章蓋一時之言，所以發其末句未盡之意』，如何可通？」曰：「上曰『夭壽不貳，脩身以俟之』，重在立命上。下曰『莫非命也，順受其正』，又是申明『夭壽不貳，脩身以俟』之意。蓋人之或壽或夭，莫非命也。然盡其道而死者，爲正命。夭壽不貳，脩身以俟之，乃所以順受正命耳。以是爲發末句未盡之意，有何不通。」○程子曰：「心也、性也、天也，一理也。自理而言謂之天，自稟受而言謂之性，自存諸人而言謂之心。」張子曰：「由太虛有天之名，由氣化有道之名，合虛與氣有性之名，合性與知覺有心之名。」朱子曰：「『由太虛有天之名，由氣化有道之名』，此是總說。『合虛與氣有性之名，合性與知覺有心之名』，此就人上說。四句本只是一箇太虛，漸細分說得密耳。『由太虛有天之名』，便是四者之總體，而不雜乎四者之言。『由氣化有道之名』，氣化者，那陰陽造化金木水火土皆是。太虛便是太極圖面上一圓圈，氣化便是陰静陽動。『合虛與氣有性之名』，有這氣，便有這理隨在這裏，若無此氣，這理在甚處安頓。『合性與知覺有心之名』，知覺又是那氣之虛處，聰明視聽作爲運用，皆是知覺。」○有是物則有是理，與氣故有性之名，若無是物，則不見理之所寓。「由太虛有天之名」，只是據理而言。「由氣化有道之名」，由氣之化各有生長消息底道理，故有道之名。既已成物，則物各有理，故曰：「合虛與氣有性之名。」○九峰蔡氏曰：「横渠四語，只是理、氣二字而細分。『由太虛有天之名』，即『無極而太極』之謂，以理言也。『由氣化有道之名』，即『一陰一陽之謂道』之謂，以氣言也。『合虛與氣有性之名』，即『繼之者善，成之者性』之謂，以人物稟受而言也。『合性與知覺有心之名』，即人心、道心之謂，以心之體而言也。」○趙氏曰：「《集註》並舉程、張二說，正欲學者於三者同處分析得異處分明，❶於異處體會得同處親切耳。」○新安陳氏曰：「天者，理而已，惟以理言，則幾於泛。以形體謂之天，惟以形體言，則涉於淺。今曰太虛，則虛空之中有太極之理，此由太虛所以有天之名也。『一陰一陽之謂道』，所以一陰而又一陽，一陽而又一陰者，氣之化也。化云

❶「析」，原作「所」，今據《四書大全》改。

者，所以然之妙也，此由氣化所以有道之名也。合太虛之虛與氣化之氣，理寓於氣而具於人，此合虛與氣所以有性之名也。性，理也。知覺，所以知覺此理也。偏言知覺，惟見氣之靈耳。必合性與知覺言之，所以有心之名也。以此剖析之，其庶幾乎。」《通考》吴氏程曰：「天以理言，虛則不雜於氣之名也。二氣迭運，交錯變化，見天理之流行。氣根於理，而理墮於氣，此即氣以成形，而理亦賦焉者也。性純乎理，而知覺則雜於氣，此即人之神明，所以具衆理，應萬事者也。」○北山何文定曰：「張子所謂虛字，指理而言。蓋謂理形而上者，未涉形氣，故爲虛爾。下面合虛與氣証之，見得此虛字是指自然之理。蓋謂有此太虛自然之理，而因名之曰天。然自然之理，初無聲臭之可名也，必其陽動陰静，消息盈虛，萬化生生，其變不窮，因可得而見，故曰：『由氣化有道之名。』天以理之自然言，太虛之體也。道以理之運行言，太虛之用也。就人身看，則必氣聚而成人，而理固亦聚於此，方始有五常之名，故曰：『合虛與氣，有性之名。』所謂『合虛與氣』，謂氣聚而理方聚，方可指此理爲性爾，合字不過如周子二五妙合之意。『心統性情』，性者，理也，情者，氣之所爲也，故曰：『合性與知覺，有心之名。』」附《蒙引》：「由太虛有天之名，由氣化有道之名」，此即子貢所謂天道者也。○太虛，即太極之謂。虛者，不雜於氣之名。形而下者謂之氣，則皆是實物。惟理則虛，周子所以有無極之説，謂太極者，以其統乎二氣五行萬象，而莫與對焉者也，即是太虛。○太虛者，「無極之真」也。氣化者，「二五之精」也。○「太虛」，一説以其無聲無臭而謂之太虛，一説其未有物而謂之太虛，看來後説不是。夫未有物之前，固是此太虛。既有物之後，亦是此太虛。且以解天字所由名，安得指未有物者而名之。○「合性與知覺，有心之名」，此心字是純好字，即本文之存心、盡心者也。○注「心者，人之神明」，心是活物，大凡説心處，都是指活者。此心字，指其活者言，所謂虛靈知覺者也，故曰「人之神明」。若夫胸中方寸地，特其神明之會耳，非神明也。神明方能具衆理應萬事，非謂塊然方寸地，能具衆理應萬事者也。其曰「心者，性之郛廓」，亦謂性不出乎此，有似乎性郛廓耳，亦非謂方寸地當郛廓也，故張子曰「合性與知覺，有心之名」。看來神明本是人一身之神明，而一身之神明悉在此箇中，故手有手的神明，足有足的神明，耳目有耳目的神明，以至一毛一髮莫不各有神明。只是那精明處，是神明畢萃於此箇中。故手持足行，而所以持、所以行者，神明在胸中有以運用之也。目視耳聽，而所以視、所以聽者，神明在胸中，有以運用之也。愚私見如此。朱子於張子注下云：「聰明聽視，❶作爲運用，都是知覺。」譬如户部十三司萃作一處，而有以主管天下十三布政司之錢糧出納也，故曰「心者人之神明」。人以其身言也，而《論語》注亦曰「畫通神明」，此神明豈不通一身而言。

愚謂盡心知性而知天，所以造其理也。存心養性以事天，所以履其事也。不知其理，固不能履其事。然徒造七到反。其理，而不履其事，則亦無以有諸己矣。慶源輔氏曰：「不知其理，則冥行妄作而已。不履其事，則必至於妄想空虛。」知天而不以殀壽貳其心，智之盡也。事天而能脩身以俟死，仁之至也。智有不盡，固不知所以爲仁。然智而不仁，則亦將流蕩不法而不足以爲智矣。朱子曰：「盡心者，私智不萌，萬理洞貫，斂之而無所不具，擴之而無所不通之謂也。學至於此，則知性之爲德無所不該，而天之爲天者不外是矣。存者，存此而已。養者，養此而已。死生不異其心，而脩身以俟其正，則不徇乎氣禀之偏，而天之正命自我立矣。」○大概此章所謂盡心者，物格知至之事，曾子所以一唯，而無疑於一貫之言者是也。所謂事天者，誠意、正心、脩身之事，曾子所以臨深履薄而無日不省其身者是也。所謂立命者，如是以没身焉，曾子所以啓手足而知免，得正斃而無求者是也。以是推之，一章之指略可見矣。○節齋蔡氏曰：「《孟子》此章與《大學》、《中庸》相表裏，窮其理以知天，即《中庸》所謂智也。履其事以事天，即《中庸》所謂仁也。殀壽不貳，脩身以俟死，所以立命而不踰，即《中庸》所謂勇也。與《大學》合，前屢言矣。」○雲峰胡氏曰：「欲造其理者，用工全在知性上。知性有工夫，盡心無工夫。盡是大段見功，知是積累用功。欲履其事者，用工全在存心上，存心有工夫，養性無大功夫。存者，操之而不舍，養不過順之而不害耳。《集註》分理與事言，又分智與仁言，何也？蓋能知其理，已自是

❶「聽視」，《四書蒙引》作「視聽」。

智，然必不以殀壽貳其心，方見其爲智之盡。能踐其事，已自是仁，然必脩身以俟死，方見其爲仁之至。『流蕩不法』四字，讀者多以爲指異端之學言。愚見『流蕩』與『存養』字相反，『不法』與『脩』字相反。能存養，則不至於流蕩矣。能脩身，則所爲無不法者矣。流蕩不法，則是不能全其天之所與，而以人爲害之者也。」附《存疑》：《傳習録》謂「夭壽不貳，脩身以俟，是困知勉行事」大差，此地位豈困知勉行者可及，《易傳》「樂天知命故不憂」，即「夭壽不貳，脩身以俟」也，可謂困知勉行乎。陽明説道理多不顧前後，此處可見。

○孟子曰：「莫非命也，順受其正。

人物之生，吉凶禍福皆天所命。然惟莫之致而至者，乃爲正命。故君子脩身以俟之，所以順受乎此也。「此」字，指正命。○朱子曰：「『莫非命也』，此一句是活絡在這裏，看他如何來。然在天言之，皆是正命。在人言之，便有正、有不正。此命字是指氣言，若我無以致之，則命之壽殀，皆是合當如此者。如顔子之夭，伯牛之疾是也。」○雲峰胡氏曰：「『莫非命也』，凡有生者之所同。『順受其正』，能脩身者之所獨。」○新安陳氏曰：「此『命』字，氣也。『順受其正』，理也。立巖牆下，非理也。盡道而死，理也。桎梏死，非理也。君子必以理御氣。」附《存疑》：凡人生死壽夭都是命，然這裏要分別箇正、不正。莫之致而至者，正命也。有以致之者，非正命也。盡其道而死，莫之致也。桎梏而死，有以致之也。○《蒙引》：吉凶禍福何别？曰：「小則爲吉凶，大則爲禍福。」○大注「人物之生」，「物」字人多作帶人字説，看來自天命言之，不但人有命，物亦有命。故天命之性，率性之道，朱子亦兼物言。但下文云云，則都就人言也。

是故知命者，不立乎巖牆之下。

命，謂正命。巖牆，牆之將覆音福。者，知正命則不處上聲。危地，以取覆壓之禍。

慶源輔氏曰：「立乎巖牆之下，以致覆壓而死，則乃是人所自取耳，非天爲之也。蓋巖牆有傾覆之勢，自家卻去下面立地，便是自取其覆壓也。是故君子戰戰兢兢，如履薄冰，非禮勿動。」○雲峰胡氏曰：「《集註》於此『命』字，必曰『正命』者，蓋上文有『莫非命也』一句，故死於巖牆之下，亦命也，但非正命爾。惟知正命者，則不立乎巖牆之下。」○新安陳氏曰：「巖牆下，理不當立，立而壓死，人所自取，非正命也。」附《蒙引》：凡行險以僥倖者，皆立巖牆之下也。其以巖牆而言，特舉人所易曉者耳。

盡其道而死者，正命也。

盡其道，則所值之吉凶，皆莫之致而至者矣。問：「人或死於干戈，死於患難，如比干之類，亦是正命乎？」朱子曰：「固是正命。」又問：「以理論之，則謂之正命。以死生論之，則非正命，如何？」曰：「如何恁地說。得盡其道而死者，正命也。當死而不死，卻是失其正命，此處須當活看。古人所以殺身成仁，舍生取義，學者須是於此處見得臨利害時，便將自家斫剉了，直須是壁立萬仞始得。如今小有利害，便生計較，便説道恁地死，非正命，如何得。」○新安陳氏曰：「盡其道，即上章所謂脩身是也。」附《蒙引》問：「盡其道而死者，正命也。若中人上下，道未盡而亦未至於悖者，亦得爲正命否？」曰：「所謂盡其道者，舉其的耳。豈必皆至如聖人之盡道，然後爲正命哉，但考終命而不以桎梏死皆其類。」

桎梏死者，非正命也。」

桎梏，所以拘罪人者。桎，音質，足械也。梏，梏沃反，手械也。**言犯罪而死，**新安陳氏曰：「不盡其道而有罪，爲犯罪。若在縲紲非其罪者，不謂之犯罪。」**與立巖牆之下者同，皆人所取，非天所爲也。**問：「桎梏死者，雖非正命，然亦以命言。此乃自取，如何謂之命？」朱子曰：「亦是自作而天殺之，但非正命耳。使文王死於羑里，孔子死於桓魋，卻是正命。」○新安陳氏曰：「天之命於人，吉凶禍福，死生壽殀，雖萬變而不齊。人之事乎天，必盡其道，有正無邪，則一定而不易。能盡其道，而值其吉且福且壽者，固正命也。此似有以致之，然我惟知自盡其道耳，初非有以覬覦於天而爲之也。盡道而吉，福壽自至焉，非天命之正而何。苟盡其道，不幸而值凶禍夭，是我於道理本無愧，不過自值乎凶禍夭耳。非我有以致之而然，是亦命之正也。必不盡其道，自取禍敗喪亡，則自有以致之，始不得爲正命耳。」**○此章與上章蓋一時之言，所以發其末句未盡之意。**潛室陳氏曰：「凡死雖均是命，但盡道而無憾者爲正。比干雖殺身，正也。盜跖雖永年，非正也。知，謂知此道理。立，謂盡此道理。不惑於死生壽夭，壹是天理排定，是謂知命。既知得了，不成一向委付於命，須是盡了自家身分上道理，無少虧欠，方是立命。盡此道理了，恁時死才無憾，是謂正命。」○雲峰胡氏曰：「前章末句言立命，是全其天之所付，而不以人爲害之者也。此所謂桎梏死，及死於巖牆之下，是不知正命，未免流蕩不法，而以人爲害之矣。立命是已造聖賢之域，知命是方入聖賢之階。立在知後，知在立先。」《通考》程氏復心曰：「上章止言壽殀，故《集註》又推言及吉凶禍福，皆天所受。然惟人爲莫與，而夭所自至者，則爲正命。故上章所謂『君子脩身以俟之』者，正所謂順受乎此也。」附《蒙引》此章大意若曰：夫人之或吉或凶，或禍或福，莫非命也，但要順受其正者耳。夫惟當順受其正命，是故知正命者，不立乎巖牆之下。然果何如而爲正命，又何如而爲非正命。蓋盡其道而死，則其死爲正命。其桎梏而死者，乃其所自取，非正命也。○塲屋若出全題於「順受其正」處，且未宜說出「脩身以俟之」，蓋犯了下文「盡其道而死者」一句。孟子本文，是於此句解出順受其正意。○如孔孟之聖賢，而不見用於世，而聖賢亦莫不順受其正，這是於聖賢分上已得其正命。若就天觀之，彼以順感而此以逆應，則是天自失其正命矣。○《淺說》：上章命字以理言，此章命字以氣言。然盡道而死，順受其正，乃所以立命也。若桎梏而死，則非所以立命矣。故曰：「發其末句未盡之意。」

○孟子曰：「求則得之，舍則失之，是求有益於得也，求在我者也。舍，上聲。

在我者，謂仁義禮智，凡性之所有者。附《蒙引》：上三句虛說。下句方指出言惟其在我，故求則得，舍則失，而求有益於得也。○「仁、義、禮、智」四字，已盡乎萬物矣，而必曰「凡性之所有者」，以貼「在我者」之意也。

求之有道，得之有命，是求無益於得也，求在外者也。」

有道，言不可妄求。有命，則不可必得。在外者，謂富貴利達，凡外物皆是。「命」字，以氣言。附《蒙引》：此言在外者，不可妄求。縱求，亦不能必得，方見是求無益於得。○問：「以道求之，如何？　既是求，尚安得爲道？」曰：「總是言不可求，求則爲妄矣。」○問：「以道而求者，如何？」曰：「如學而求師，病而求醫，人君之求賢才之類，此非妄求也，乃有道之求也。但是以道求，即是求在我者。但是求在外者，即是妄求。」○趙氏曰：「言爲仁由己，富貴在天。如不可求，從吾所好。」去聲。朱子曰：「富貴，身外之物。求之，惟恐不得。縱使得之，於身心無分毫之益，況不可必得乎。若義理，求則得之，能不喪其所有，可以爲聖爲賢，利害甚明。」○南軒張氏曰：「言求在我者，有益於得，所以擴天理也。言求在外者，無益於得，所以遏人欲也。富貴利達，衆人謂己有求之之道，然不知其有命焉。固有求而得之者矣，是亦有命，而非求之能有益也。蓋亦有巧求而不得者多矣，以此可見其無益於得也。」○新安陳氏曰：「此章言仁義禮智根於性，乃所當求；富貴利達制於命，不可必求也。」附《存疑》：此見人當致力於其所可求，不必勞心於其不可得也。

○孟子曰：「萬物皆備於我矣。此言理之本然也。大則君臣父子，小則事物細微，其當然之理，無一不具於性分去聲。之内也。《通考》程氏復心曰：「萬物之生，同乎一本。其所以生此一物者，即其所以生萬物之理。故一物之中，莫不有萬物之理也。所謂萬物皆備者，亦曰有其理而已矣。」附《存疑》：萬物之理，本來皆具於人之心，原無一件欠缺。其有欠缺者，在人失之耳。此其本然也，故注曰「此言理之本然」。本然對當然説，此言理之本然，下二節言人之當然，與《中庸》言「誠者，天之道。誠之者，人之道」相似。○《蒙引》：「萬物皆備於我」，只是有是性。性大綱，即仁義禮智四者而已。蓋有是仁在我，則自父子之親，以至於仁民愛物之理，皆在此矣；義在我，則自君臣之分，以至敬長尊賢之理，皆在此矣。禮、智二者，亦然。

反身而誠，樂莫大焉。樂，音洛。

誠，實也。言反諸身，而所備之理，皆如惡去聲。惡臭、好去聲。好色之實然，則其行之不待勉强上聲。而無不利矣，利，順也。

其爲樂孰大於是。朱子曰：「萬物不是萬物之迹，只是萬物之理，如君臣之義，父子之親。這道理本備於吾身，誠是實有此理，檢點自家身上，果無欠缺。事君真箇忠，事親真箇孝，莫不各盡其當然，而無一毫之不盡，則仰不愧天，俯不怍人，自然是快活。然反之於身，有些子不實，則中心愧怍，不能以自安，如何會樂。橫渠謂『反身而誠，則無不慊於心』，❶此說極有理。」○反身而誠，見得本具是理，而今亦不曾虧欠了他底。若不反身而誠，只是天下公具之理，我無與焉。○此乃躬行之至，無一理不實有於吾身，非爲一時見處發也。如仁義忠孝，應接事物之理，皆真有之，而非出於勉强僞爲也。此是見得透，信得及處。到此地位，則推己及物，不待勉强，而仁在我矣。下言强恕而行者，蓋言未至於此，則當强恕以去己之私蔽，而求得夫天理之公也。○潛室陳氏曰：「反諸身者，既是萬理皆實，即渾身是義理流行，何處不順裕。若於實理無得，即觸處滯礙，無往而非逆境，何樂之有。」○雲峰胡氏曰：「此一反字，只是自檢點過，不是湯武反之之反。」《通考》程氏復心曰：「此言盡性之事也。」附《蒙引》：注雖用《大學》「惡惡臭，好好色」，但《大學》是大學者之事，利仁者也。此章是聖人之事，安仁者也。反身亦輕。○《存疑》：反之於身，而所備之理，若子之孝則真實是孝，無一毫虛假；臣之忠則真實是忠，無一毫虛假。此便如惡惡臭，真實是惡，如好好色，真實是好一般，故曰：「如惡惡臭、如好好色之實然。」《蒙引》謂「惡惡如惡惡臭，則惡實無諸己；好善如好好色，則善實有諸己，而向之備於我者，不失矣」，此說不是。依其說，則如惡惡臭，如好好色，乃是反身而誠之所以然處，注意不如此。

强恕而行，求仁莫近焉。」强，上聲。

强，勉强也。恕，推己以及人也。反身而誠，則仁矣。其有未誠，則是猶有私意之隔，而理未純也。故當凡事勉强推己及人，庶幾平聲。心公理得，而仁不遠也。朱子曰：「强恕不言忠，無忠何以爲恕，蓋有心爲恕，則忠固在其中矣。所謂無忠做恕不出，兩字不容去一者，正謂此也。若自己心裏元自不實不盡，更將何物推以及

❶「無」，原脫，今據《朱子語類》及清《正誼堂全書》本《張橫渠先生文集》補。

人，以此見凡說恕字，必有忠字在源頭了。今人皆不忠之恕，惟務苟且於一時，不復有己可推，亦無復近仁矣。」○反身而誠，則恕從這裏流出，不用勉强。未到恁田地，須是勉强。○問：「强恕而行？」曰：「此是元不曾恕在，故當凡事勉强推己及人。若反而誠，則無待於勉强矣。强恕而行，是要求至於誠。」○雲峰胡氏曰：「强恕求仁，即誠之之事。」附《蒙引》：推己及人，亦只就父子、君臣、事物細微上説，即《中庸》所謂「所求乎子以事父未能，所求乎臣以事君未能，所求乎弟以事兄未能」云云，即《大學》所謂「所惡於上，毋以使下。所惡於下」云云也。○强恕未便得爲仁，於求仁爲近也。○心公理得處，則是曲能有誠，而萬物之備於我者，亦不失矣。心則吾心，理則萬物之理也。「心公」應「私意之隔」字，「理得」應「理未純」字。○《淺説》：是雖未能廓然大公也，然私由是而可克矣。是雖未能與理爲一也，然理由是而可復矣。其於仁也，不亦近乎。○此章言萬物之理具於吾身，體之而實，則道在我而樂音落。有餘。聖賢之事。行之以恕，則私不容而仁可得。學者之事。○朱子曰：「反身而誠，自然循理，所以樂。强恕而行，且恁地把捉，勉强做去。『萬物皆備於我』，下文反身强恕，皆蒙此句爲義。强恕者，亦是他見得萬物皆備於我了，只爭著一箇反身而誠，便須要强恕上做工夫，亦只是要去箇私意而已。私意既去，則萬物自無欠缺處矣。」○新安陳氏曰：「樂莫大焉，必以無不慊、仰不愧、俯不怍形容，方見樂之味。《集註》雖不用此語，然曰『如惡惡臭、好好色之實然』，則是以《大學》『誠意』章自慊之意言之，而此意已在其中矣。誠與仁一理耳，實有此理，則曰誠。純乎此理而無私，則曰仁。未有誠而不仁者也，亦未有仁而不誠者也。」《通考》程氏復心曰：「此言學者之事也。其階級分明，工夫有序，由是而進聖人之道，庶乎其可至也。」○朱氏公遷曰：「仁以學言。依於仁，與造次顛沛必於仁，是欲其不息之也。仁爲己任，死而後已，既欲其全體之，又欲其不息之也。力行强恕，則由此而可體夫天理之公。博學、篤志、切問、近思，則自可不失其本心之德。所以至之者雖不同，及其至焉則一也。」附《語類》：「問：『反身而誠，樂莫大焉，是大賢以上事。强恕求仁，是學者身分上事否？』曰：『然。』問：『大賢以上，是知與行俱到。大賢以下，是知與行相資發否？」曰：『然。』」○《蒙引》：「反身而誠」者，夫子之一貫也。「强恕而行」者，曾子所謂忠恕也。

○孟子曰：「行之而不著焉，習矣而不察焉，終身由之而不知其道者，衆也。」

著者，知之明。察者，識之精。慶源輔氏曰：「著則明之而已，察則又加精焉。」言方行之而不能明其所當然，既習矣而猶不識其所以然，習謂行之積習既久。所以終身由之而不知其道者，多也。慶源輔氏曰：「所當然，是就事上説。所以然，是就理上説。凡事皆有所當然，必有理之所以然。人能於方行之時，明其事之所當然，既習之後，又識其理之所以然，則能知夫道矣。」○勿軒熊氏曰：「此與上章通言有此三等人。反身而誠，上也。强恕而行，次也。此承上章而言，下等人也。」○新安陳氏曰：「天下事物有當然之則，必有所以然之故。行而不明當然之則，習而不察所以然之故，此爲凡人言也。《易》曰『百姓日用而不知』，『終身由之而不知其道』，於凡人無責也。學者則不當然矣，孟子斯言其亦憫凡人，而不無望於學者與。」附《蒙引》：行者，據成迹而行耳，習亦然。所謂行之，猶所謂日用飲食也。如父坐而子當立，彼見父亦立也。臣拜而君受，彼見君亦拜也。但不知子之立而父之坐者，以父者子之所天，父固當坐而子固當立也。臣之拜而君之受者，以君者臣之元首，臣固當拜而君固當受也。此行之而不著者也。如是而行之不已，則習也。既習矣，於其所當然者，或能知之矣，而又不能識其所以然。如父之坐，子之立，其所以然非出於安排也，一出於天命之性，自然而然，而有不得不然者也。君之受，臣之拜，其所以受、所以拜者，非出於矯僞也，一出於天性之真，自然而然，而有莫覺其然者也。○著字、察字，不是著力字。故大注「所以終身由之」，「所以」字不可深泥。○下一句只是總上二句言，此其所以知道者鮮也。○夫道有當然，必有其所以然。所以然，即是所當然之故也。若不識其所以然，究竟亦未知其所當然也，故概以爲不知道。○只是「學而不思則罔」，習其事而不求之心也。○不能明其所當然，非謂父不知當慈，子不知當孝也，若是則只用知一箇字便了。蓋父之慈、子之孝，内面有許多節目。凡在所當然者，皆其所當知也。既不能悉知其所當然，則其所行者特皮膚而已耳。雖已知其所當然，而猶未能察其所以然，則其所知者，亦糟粕而已耳。○輔氏謂「所當然是事，所以然是理」，愚以爲不然。蓋曰行、曰習者，其事也。曰知其所當然，識其所以然者，理也。下句「終身由之」，即其事也。「不知其道」，即謂理也。○顧麟士曰：「《通義》鄱陽朱氏曰：『此章勉人知道，而爲儆歎之辭。』」○按《紹聞編》：「行與習，是行之淺深。著與察，是知之淺深。」

○孟子曰：「人不可以無恥。無恥之恥，無恥矣。」

趙氏曰：「人能恥己之無所恥，是能改行去聲。從善之人，終身無復扶又反。有恥辱之累矣。」南軒張氏曰：「恥者，羞惡之心所推也。恥吾之未能進於善，則善可遷。恥吾之未能遠於過，則過可消。苟惟漠然無所恥，則爲無所忌憚而已矣，故人當以無所恥爲恥也。」○慶源輔氏曰：「恥者，改過遷善之機也。人能以己之無恥爲恥，則思去其恥而恥可無。否則安於其恥，而恥終不可免。」附《蒙引》：本文四箇「恥」字，畢竟皆同，只管相因下來。惟下一箇「恥」字，作恥辱説，似以事言。然其實，亦是無可恥也，皆以心言，故恥字從心。

○孟子曰：「恥之於人大矣。

恥者，吾所固有羞惡去聲。之心也。存之則進於聖賢，失之則入於禽獸，故所繫爲甚大。慶源輔氏曰：「存之則有所不爲，故可進於聖賢；失之則無所不爲，故至入於禽獸，讀之使人凜凜。」

爲機變之巧者，無所用恥焉。

爲機械下戒反。變詐之巧者，所爲之事皆人所深恥，而彼方且自以爲得計，故無所用其愧恥之心也。慶源輔氏曰：「陷溺其心於機械變詐之巧，則是無所不爲者也，故人雖以爲深恥，而己方自以爲得計。其愧恥之心雖其固有，亦曰窒塞而不復發見矣。」○雲峰胡氏曰：「『爲機變之巧』，此『巧』字便與『恥』字相反。恥則守正而有所不爲，巧則行險而無所不爲。雖其本心未嘗無恥，而彼方自矜其爲之之巧，則無所用其恥矣。周夫子《拙賦》，正是深貶此一巧字。」附《蒙引》：不曰「無恥」，而曰「無所用其恥」者，蓋恥者人所固有，獨彼自不用其恥耳。不恥不若人，何若人有。」但無恥一事不如人，則事事不如人矣。或曰：「不恥其不如人，則何能有如人之事，其義亦通。」新安陳氏曰：「前説以不恥爲無恥，不如後説之明。順其意，蓋曰：恥不如人，則漸能如人。不恥其不如人，則何能如人之有。」或問：「人有恥不能之心如何？」程子曰：「恥其不能而爲之，可也。恥其不能而掩藏之，不可也。」慶源輔氏曰：「程子是用後説。恥不能而爲之，則終必能，是以貴夫恥也。恥不能而掩藏之，則終不能矣，是不能擴充夫恥也。」《通考》朱氏公遷曰：「此自其固有之心而言。無恥之恥則無恥，所以勸也。不恥不若人，則不若人，所以戒也。二章正相表裏。」**附**《蒙引》：但無恥一事不如人，則不顧義理之正，而無所不爲矣，何若人有。

○孟子曰：「古之賢王好善而忘勢，古之賢士何獨不然。樂其道而忘人之勢，故王公不致敬盡禮，則不得亟見之。見且猶不得亟，而況得而臣之乎？」好，去聲。樂，音洛。亟，去利反。

言君當屈己以下，去聲，降也。賢士不枉道而求利。二者勢若相反，此「勢」字，不與本文二「勢」字相同。而實則相成，蓋亦各盡其道而已。張子曰：「不資其力而利其有，則能忘人之勢。若資仰其富貴而欲有所取，則不能矣。」○南軒張氏曰：「在上者忘其勢，而惟恐不得天下之善。在下者忘人之勢，而惟義是從。此爲俱得其道，使二者一日而相合，則上下交而爲泰矣。故王公不致敬盡禮於賢士，雖欲數見之且不得，況可得而臣之。蓋士非以此自高也，其道固當爾也。」○慶源輔氏曰：「君好善，則不知勢之在己。士樂道，則不知勢之在人。兩盡其道，則雖若相反，而實相成。不然君挾其勢而驕夫士，士攝於勢而徇乎君，則兩失其道矣，尚何足與有爲哉。」○雲峰胡氏曰：「使爲君者有以成賢士樂道之志，而爲士者肯出而成其君好善之美，則上下交而爲泰矣，此《集註》所謂『相成』也。」新安陳氏曰：「致敬，內致敬也。盡禮，外盡禮也。王公必致敬盡禮於賢，是能好善而忘勢，屈己以下賢也。賢士必待君致敬盡禮而後應之，是能樂道忘人之勢，不枉道而求利也。」附《蒙引》：賢王曰古，賢士亦曰古，孟子蓋有感於當時而言也。○好善者，好人之善也。忘勢者，忘己之勢也。樂其道，樂己之道也。忘人之勢，謂君之勢也。何獨不然，喚下文，言亦有所好，有所忘也。○在賢王則曰「好善」，在賢士則曰「樂道」。「好」字淺，「樂」字深。「善」字細，「道」字大。○顧麟士曰：「『古之賢王』至『忘勢』一截，『古之賢士』至『忘人之勢』又一截，蓋兩平語也。故王公以下，只承賢士説，而思賢王意亦見於其中，則其立言之妙。」○《存疑》：固有致敬而不盡禮者，故曰「致敬盡禮」，即迎之致敬以有禮意。《蒙引》謂「有内外之别」，恐未是。○《蒙引》：觀此章要識孟子主意，蓋主意在大注云云。

○孟子謂宋句踐曰：「子好遊乎，吾語子遊。句，音鉤。好、語，皆去聲。

宋，姓。句踐，名。遊，遊説音税。也。

人知之，亦囂囂；人不知，亦囂囂。」

趙氏曰：「囂囂，五高、許驕二反。自得無欲之貌。慶源輔氏曰：「遊説之士大病是不説義理，而惟欲其言之售，故往往以人之知不知爲欣戚，是以孟子語以自得無欲之説。」○新安陳氏曰：「自得於己而無所欲於人，非内重而外輕者不能也。」附《蒙引》：孟子謂宋句踐曰：「子好遊乎，吾語子遊。」夫遊説者，往往以人之知不知爲欣戚。汝之遊而言聽諫行，人知之也，亦囂囂然而無以爲欣。諫不行，言不聽，人不知也，亦囂囂然而無以爲戚。此兩句源頭便是自尊德樂義來。

曰：「何如斯可以囂囂矣。」曰：「尊德樂義，則可以囂囂矣。樂，音洛。

德謂所得之善，尊之則有以自重，而不慕乎人爵之榮。義謂所守之正，樂之則有以自安，而不徇乎外物之誘矣。慶源輔氏曰：「尊如尊德性之尊，樂如樂天知命之樂。」○新安陳氏曰：「能如此，則自得無欲之氣象，自然著見而不可掩矣。」附《存疑》：德謂所得之善，如仁義忠信，樂善不倦是也。義謂所守之正，如進退出處之不苟是也。尊德則有以自重，而不慕乎人爵之榮。人知之，則心中自有可愛可求，而不在乎富貴，所謂舜禹有天下而不與焉，固囂囂也；人不知之，則心中亦有至貴至富，不戚戚於貧賤，所謂簞瓢陋巷不改其樂者焉，亦囂囂也。樂義則有以自安，而不徇乎外物之誘。人知之，則見得富貴是吾分所當得，何足爲欣，固囂囂也；人不知之，則見得貧賤是吾分所當安，何足爲戚，亦囂囂也。故曰：「尊德樂義，則可以囂囂矣。」○《蒙引》：所謂「有以自重」、「有以自安」者，自得也。所謂「不慕乎人爵之榮」、「不徇乎外物之誘」者，無欲也。自得即內重，無欲即外輕，此所謂囂囂也。

故士窮不失義，達不離道。離，力智反。

言不以貧賤而移，不以富貴而淫，此尊德樂義見形甸反。於行事之實也。新安陳氏曰：「尊德樂義，內存於心，無迹可見。必窮有定守而不失義，所謂『貧賤不能移』；達有實用而不離道，所謂『富貴不能淫』。此乃尊德樂義，著見於行事之實迹也。」附《蒙引》：故士窮不失義，窮而尊德樂義也；達不離道，達而尊德樂義也。窮不失義，義字兼德。達不離道，道字兼德義。窮達二字，應上人知不知意，然不可就指人不知爲窮，知爲達也。蓋此又說開來，看「士」字可見。○《存疑》：「尊德樂義，見於行事之實」者，上面尊德樂義，是就其平日用功言，此則推出一步，就其行事言也。觀本文「故」字，及總注「內重而外輕，則無往而不善」意可見。

窮不失義，故士得己焉。達不離道，故民不失望焉。

得己，言不失己也。不失己，如云不失其身。民不失望，言人素望其興道致治，去聲。而今果如所望也。慶源輔氏曰：「窮不失義，則在我者得其所守。達不離道，則能興道致治，以慰斯民平日之所望。」

古之人得志，澤加於民。不得志，脩身見於世。窮則獨善其身，達則兼善天下。」見，音現。

見，謂名實之顯著也。新安陳氏曰：「內盡脩身之實，而名自著見於世。蓋實之不可掩者，非君子願乎其外，而欲以是自見也。」此又言士得己，民不失望之實。新安陳氏曰：「得志兼善，此民不失望之實。不得志獨善，此士得己之實也。」附《存疑》：既言士得己，民不失望，又即古人之事以實之，故曰：「又言士得己，民不失望之實。」○「不得志，脩身見於世」，是窮則獨善其身也。「得志，澤加於民」，是達則兼善天下也。下二句，即上二句意。○此章言内重而外輕，則無往而不善。南軒張氏曰：「句踐徇名而外求者，孟子使求之吾身而已。夫士達所不離之道，即其窮所不失之義也。道言體，義言用，互相明耳。窮不失義，則無慕乎外，故有以自得於己，一違於義，則失己矣。達不離道，則凡其注措設施，無非道之所在，故有以副民望也。『得志，澤加於民』，其道得行也。『不得志，脩身見於世』，惟義之安也。其曰『得志』、『不得志』云者，蓋澤加於民，雖所性不存焉，而道行固亦君子本志之所欲也。」○雲峰胡氏曰：「内重是德義，外輕是窮達。嚴内外輕重之分者，既不失其本性之善，故窮亦善，達亦善。但達則能使民皆歸於善，窮則此身自不失其善耳。」附《蒙引》：「此章言内重而外輕」，謂「囂囂」也，「尊德樂義」意已含在内。不可以内重爲尊德樂義，以外輕爲囂囂。○《存疑》：「士内重而外輕」者，「尊德樂義則可以囂囂矣」；「無往而不善」者，「故士窮不失義，達不離道」以下事也。

○孟子曰：「待文王而後興者，凡民也。若夫豪傑之士，雖無文王猶興。」夫，音扶。

興者，感動奮發之意。凡民，庸常之人也。豪傑，有過人之才智者也。蓋降衷秉彝，人所同得。唯上智之資，無物欲之蔽，爲能無待於教，而自能感發以有爲也。南軒張氏曰：「興者，興起於善道也。文王，風化之盛者。必待風化之盛，薰陶漸漬而後興起，此衆民耳。若夫豪傑之士，則卓然自立，無待於人，雖無文王，固自興起也。此章勉人，使自立耳。」○慶源輔氏曰：「文武興則民好善，此中人以下之資也。蓋無特立之操，教之善則爲善，否則爲惡矣。唯豪傑之士，無物欲之累，以蔽其秉彝之天，有過人之才，以致其爲善之力。雖無聖人在上以教率之，自能奮其特立之操以有爲也。孟子此言，蓋欲學者不以凡民自棄，而以豪傑自期耳。」附《蒙引》：豪傑之士，朱子既解曰「豪傑，有過人之才智者也」，又曰「唯上智之資，無物欲之蔽」者，蓋據見在言，則是有過人之才智；原所以而言，則是禀上智之資，無物欲之蔽。

○孟子曰：「附之以韓魏之家，如其自視欿然，則過人遠矣。」欿，音坎。

附，益也。韓、魏，晉卿，富家也。欿然，不自滿之意。尹氏曰：「言有過人之識，則不以富貴爲事。」南軒張氏曰：「以外物爲重輕者，不得其欲，則不足，得則滿矣。其滿與不足，係乎外物者也。若益以韓魏之家，而自視欿然，則是不以外物爲重輕，志存乎道義而已，所進又可量乎，其過人也遠矣。」**附**《蒙引》：言加以韓魏之家，如其自視欿然，則其器識之過人也萬萬矣。過人處在内在前，不是就指此處爲過人，故尹氏曰「有過人之識，則不以富貴爲事」。○有韓魏之家，而其自視欿然，其所歉者，固有在也。求之古舜禹之有天下而不與，孔子視不義之富貴如浮雲，亦是此道理。○附之以韓魏之家，而自視欿然，則簞瓢陋巷亦能不改其樂矣，總是以浮雲視外物。○附，益也，非是既富而又益之也，止是言以此加之也。○《存疑》：「自視欿然」者，自視若不足也，是自簡身心，不自滿足，不是韓魏之家猶不滿其願。

○孟子曰：「以佚道使民，雖勞不怨。以生道殺民，雖死不怨殺者。」

程子曰：「以佚道使民，謂本欲佚之也，播穀乘屋之類是也。以生道殺民，謂本欲生之也，除害去去聲。惡之類是也。蓋不得已而爲其所當爲，則雖咈符勿反。民之欲而民不怨，其不然者反是。」朱子曰：「彼有惡罪當死，吾求所以生之者而不得，然後殺之以安衆而勵其餘，此以生道殺之也，彼亦何怨之有。」○慶源輔氏曰：「播穀乘屋之類，雖不免於勞，然其本意則乃欲佚之而已，故雖勞而不怨。除害去惡之類，雖不免於殺，然其本意則乃欲去之而已，故雖死而不怨殺者。」○不得已者，事也。爲其所當爲者，理也。事雖不得已，而吾但爲其理之所當爲，故雖勞之、殺之，可謂咈民之欲矣，而民自不怨。不然則是私意妄作而已，民之怨怒其可得而逃乎，君子其亦謹其所謂勞與殺之事哉。

○新安陳氏曰：「事雖不得已而理實所當爲，則雖咈民之私欲而實契民之公心，故民雖勞且死而自不怨也。」附《蒙引》：按朱子謂「彼有惡罪當死，吾求所以生之者而不可得」云云，此正所謂吾求所以生之而不得，則死者與我俱無憾矣。○一說如興兵伐罪，豈不是欲生斯人，然鋒刃之下，不免有死者，雖殺之，而實以生道殺之也。然民雖死敵，何怨之有。此二句即孔子《易傳》「說以使民，民忘其勞；說以犯難，民忘其死」，不必謂死此人以生衆人也。○或曰二說俱不可廢，其義始備。如抑洪水、驅猛獸、伐桀紂之類，除害也，固是以生道殺人。朱子所謂彼有惡罪當死而殺之者，去惡也，亦是以生道殺人。○一說以佚道使民，勞者此人，佚者亦此人也。以生道殺民，則死者不可復生矣，是殺者在此人，而生者非此人也。但所殺者寡，所生者衆，其殺之實以生道殺之，其生道歸於衆也，固不必同。○《存疑》：「播穀乘屋之類」，其曰「之類」，則固有以該鑿池、築城等事矣。

○孟子曰：「霸者之民，驩虞如也。王者之民，皞皞如也。皞，胡老反。驩虞，與歡娛同。皞皞，廣大自得之貌。程子曰：「驩虞，有所造爲而然，豈能久也。耕田鑿井，帝力何有於我。《帝王通曆》：「帝堯之時，有老人擊壤於路曰：『吾日出而作，日入而息，鑿井而飲，耕田而食，帝力於我何哉。』」《風土記》云：「擊壤者，以木爲之，長三四寸，形如履。臘節僮少以爲戲，將戲先側一壤於地，遥於三四十步，以手中壤擿之，中者以爲上。」如天之自然，乃王者之政。」楊氏曰：「所以致人驩虞，必有違道干譽之事。若王者則如天，亦不令力呈反，下同。人喜，亦不令人怒。」慶源輔氏曰：「霸者亟民之從，規模狹窄，時下雖得民之歡娛，然豈能久哉，事過意息則忘之矣。至於王者，則如天道之自然，當生則生，當殺則殺，而民自忘其喜怒也。」○新安陳氏曰：「二『如』字，似『恂恂如』、『踧踖如』之『如』，語助辭也。霸者之民，感上之惠而驩虞如，霸功淺近易悅故也。王者之民，忘上之德而皞皞如，王者廣大深遠而無迹故也。」附《蒙引》：此二句，即王霸之民氣象，而見得王霸者之氣象。○《存疑》：驩虞，感上之恩也。霸者有心於民感，故其民感之，《易》曰「憧憧往來，朋從爾思」是也。皞皞，忘上之恩也。王者無心於民感，故其民忘之，《易》曰「顯比，王用三驅，失前禽」是也。

殺之而不怨，利之而不庸，民日遷善而不知爲之者。

此所謂皞皞如也。庸，功也。《周禮》曰：「民功曰庸。」豐氏曰：豐氏名稷，字相之，四明人。因民之所惡去聲。而去上聲。之，非有心於殺之也，何怨之有。新安陳氏曰：「即上章『以生道殺民』之意。」因民之所利而利之，非有心於利之也，何庸之有。輔其性之自然，使自得之，故民日遷善而不知誰之所爲也。慶源輔氏曰：「因民之性，輔其自然，使自得夫善，如堯所謂『匡之直之，輔之翼之，使自得之』是也。惟其如是，故民日遷於善，而不知誰之使我如此也，此即程子所謂『耕田鑿井，帝力何有於我』之事。」附《存疑》：「殺之不怨」三句，道理就是過化存神，上下與天地同流處。「所過者化」一條，是因其不怨、不庸，不知爲之，而贊其德業之大也。○殺之，刑也。利之，養也。民日遷善，教也。不怨、不庸，不知爲之，皞皞也。所以致民不怨、不庸、不知爲之處，注最明白。○《淺説》：「殺之則民忘其殺，而不以爲怨」云云，此所謂「皞皞如」也。即此觀之，可見君子云云。

夫君子所過者化，所存者神，上下與天地同流，豈曰小補之哉。」夫，音扶。

君子，聖人之通稱也。所過者化，身所經歷之處，即人無不化，如舜之耕歷山而田者讓畔，陶河濱而器不苦窳音愈。也。所存者神，心所存主處便神妙不測，如孔子之立斯立、道去聲。斯行、綏斯來、動斯和，莫知其所以然而然也。此句釋神字。是其德業之盛，慶源輔氏曰：「德以其得於己者而言，業以其見於事者而言。」乃與天地之化同運並行，舉一世而甄吉延反。陶之，非如霸者但小小補塞先則反。其罅虛訝反。漏而已。

此則王道之所以爲大，而學者所當盡心也。程子曰：「所存者神，在己也。所過者化，及物也。」○朱子曰：「經歷不必爲經行之地，凡其身之所臨，政之所及，風聲氣俗之所被，皆謂經歷。程子直以所過者化爲及物，蓋言所過者化，則凡所經歷物無不化，不必久於此而深治之，然後物從其化也。其曰在己者，蓋以化者無意而及物，此則誠於此而動於彼。其感應之速，如影響形聲之召，有不知其所以然者，是則所謂神爾。」○問：「所經歷處皆化，如此即是民化之，非大而化之之化？」曰：「作大化之化有病，只是所經歷處，纔沾著些便化。雷一震而萬物俱生動，霜一降而萬物皆成實，無不化者，《書》曰『俾予從欲以治，四方風動』，亦是此意。」○存是自家主意處便神妙不測，亦是人見其如此。○上下與天地同流，重鑄一番過相似。小補，只是逐片逐些子補綴。○自「王者之民，皥皥如也」而下，至此皆説王者功用如此。○南軒張氏曰：「霸者之爲利小而近，目前之利，民歡樂之。王者之化遠而大，涵養斯民，富而教之，民安於其化，由於其道，而莫知其所以然也。」○新安陳氏曰：「過化存神，所存主者其體也。所過者化，以其所存者神也。若此則上下與天地同流矣，言其配化育之流行也。視霸者之區區求以利之者，不亦小乎。夫以王者功用之大，其本在於過化存神而已。而此二者，又存神爲之主焉。」○孟子辯王霸屢矣，此又言王霸之民其不同如此。首以霸與王對説，中言王而不及霸，末方以小補繳上霸者之事。附《蒙引》：「所過者化」一段，不是説不怨、不庸以前的事，亦不是説不怨、不庸以後的事，只就不怨、不庸者贊王道之大如此。蓋王道只是公，公則大矣，私則小矣，萬古不能易此理。○《存疑》：所過者化，言聖人政教所經過，即人無不化也。如殺之，則民畏威遠罪矣。利之，則民蒙其利矣。教之，則民日遷善矣。過是殺、利、教，經過遠罪、蒙利、遷善即化也。○君子過化存神，便如天地之氣，一噓而萬物皆生，一吸而萬物皆成，故曰「上下與天地同流，豈曰小補之哉」。小補之説霸者。○過化存神，通是業，德是就其平日所存言。○《淺説》：過化存神一節，只是就民之皥皥上贊王道之大耳，不是推説。過化存神分開講，然其實過化存神非二事也。存者，念及民也，念及民則有政教及民矣，所謂過也。神字，就民應之速上見，所謂化也。而其所以神者，以其誠也。○《存疑》：政教所及，民即感化，便是過化。聖人施政教，心中存主要民化而民就化，便是所存者神。○《蒙引》：「如舜之耕歷山」云云，非舜只是過化，孔子只是存神也，舉成文之類乎過化與存神者也。「綏斯來，動斯和」，亦只是過化，但其斯之所以然處，則存神也。過化必本於存神，存神未有不過化者。○「盡心知性」一章，可以見孟子之本領。「王者之民，皥皥如也」一章，可以見孟子之設施。○「夫君子所過者化，豈曰小補之哉」，只是「君子周而不比」道理之所充也。先儒謂：「王者之民，雨露之草木也；霸者之民，桔槔之夏畦也。」又曰：「可使天下被聖人之仁，不可使天下知聖人之仁。被聖人之仁而知有聖人之仁，仁之小者，有功之可議也。被聖人之仁而不知有聖人之仁，仁之大者，無迹之可尋也。」此説亦善論王道矣。

○孟子曰：「仁言，不如仁聲之入人深也。

程子曰：「仁言，謂以仁厚之言加於民。仁聲，謂仁聞，去聲。謂有仁之實而爲衆所稱道者也。此尤見仁德之昭著，故其感人尤深也。」慶源輔氏曰：「仁言，如《書》所載訓告誓命之類是也。仁聲，如邠人聞太王爲仁人，伯夷、太公聞文王善養老之類是也。」附《蒙引》：仁言發於己而未必其然，仁聲傳於人而已有所試。又仁言出於一時，仁聲著於平素，「仁言不如仁聲之入人深也」，此一句只就入人上説。「善政不如善教之得民也」，此以政教得效之小大言，即《論語》「道之以政」章意。然《論語》則自該得「仁言」一節之意，孟子則各有所主。

善政，不如善教之得民也。

政，謂法度禁令，所以制其外也。教，謂道去聲。德齊禮，所以格其心也。慶源輔氏曰：「善政，亦非徒尚夫法度禁令也，固亦有德行乎其間，但『道之以政，齊之以刑』，終不若『道之以德，齊之以禮』者得民之心，感而誠服也。」附《達説》：次節分，上言治道入民得民有淺深，下申言得民之實也，須以首節、次節平看。末節言善政、善教感人之淺深，而仁言、仁聲所以入人之淺深可例見矣。

善政民畏之，善教民愛之。善政得民財，善教得民心。」

得民財者，百姓足而君無不足也。得民

心者，不遺其親，不後其君也。南軒張氏曰：「善政立而後善教可行，所謂富而教之者也。孟子論得民心必歸之善教者，蓋至此而後爲得民之至也。」○慶源輔氏曰：「百姓足而君無不足者，取之有道，用之有節，故民先自足，而君亦無不足也。不遺其親，不後其君，使民之於君親之如父母，愛之如四體，尊而敬之，則得其財與無不足，又有不足道者矣。」○雲峰胡氏曰：「孟子之意，蓋謂使民畏不如使民愛，得民財不如得民心。然『善政得民財』一句，《集註》又恐後世貪君汙吏借此以藉口，訓之曰『得民財者，百姓足而君無不足也』。意謂無善政，則百姓不足，君孰與足矣。然有善政以得民財，孟子猶以爲不如善教之得民心，況後世無善政而取民之財者哉。」**附**《蒙引》：「民畏之」、「民愛之」與「得民財」、「得民心」自是兩意。雖曰「民愛之」外，更無可説「得民心」處，但「民愛之」對「民畏之」説，「得民心」對「得民財」説。「民畏之」，固不足以該「得民財」也。得民心，不止謂愛君，言民有恒心也，更有不遺其親之類，與《孟子》首章本文意同。○「善政得民財」者，取之有道，用之有節，百姓足而君無不足也。得民心，不止愛君而已，孝弟忠信，入以事其父兄，出以事其長上，或忘其勞，或忘其死，風俗淳厚，教化大行之類。○政、教，皆王道之不可無者，況善政乎。王者之道，固使民愛，亦未嘗不使民畏，固以得民心爲本，亦未嘗不欲得民財也。但論二者得效之淺深，則彼不若此耳。或者因是遂貶善政之不足爲，大誤。故朱子於《論語》「道政齊刑」章云「此其相爲終始，不可偏廢」云云，且仁言亦豈君子之所免哉。○《存疑》：民愛異於得民心者，民愛是初感其教而悦之，得民心是其教既成，民入其教而興親上死長之心也。民愛之，其效淺。得民心，其效深。

○孟子曰：「人之所不學而能者，其良能也。所不慮而知者，其良知也。

良者，本然之善也。程子曰：良知良能，皆無所由，乃出於天，不係於人。西山真氏曰：「善出於性。故有本然之能，不待學而能；本然之知，不待學而知也。」

孩提之童，無不知愛其親也。及其長也，無不知敬其兄也。長，上聲，下同。

孩提二三歲之閒，知孩笑，可提抱者也。愛親敬長，所謂良知良能也。慶源輔氏曰：「孩提而下，又所以指其良知良能之在人者曉之，是豈待學而後能、慮而後知哉。」○新安陳氏曰：「孩提知愛親敬兄，與能愛親敬兄，此蓋指良知良能之先見而切近者，以曉人也。」附《蒙引》：「及其長也」，長字，對孩提言，謂稍長也。○上謂良知、良能二者，下文知愛其親，知敬其兄，只有知字，何偏也？曰：「連愛、敬二字說，則有良能矣。」

親親，仁也。敬長，義也。無他，達之天下也。」

言親親、敬長，雖一人之私，然達之天下無不同者，所以爲仁義也。朱子曰：「『無他，達之天下』，只說『達之天下』，無別道理。」○問：「仁義不止於孝弟，而孟子以爲達之天下，還是推孝弟之心以友愛天下，即是仁義否？」潛室陳氏曰：「此章無推此及彼之意，所謂達，乃『達道』、『達德』之『達』，言人心所同然也。親親，仁之發。敬長，義之發。仁義之道無他，人心之所同然耳。」○新安陳氏曰：「親吾親，敬吾長，雖一人之私，然推而達之天下，則人人皆親親敬長，無不同者，此人心天理之公也。親親，仁之實。敬長，義之實。仁義不待外求，不過即人之本心，可通乎天下之人心，而仁義不可勝用矣。正以愛親、敬兄出於良知、良能者，凡人之性無不同此本然之善故也。」附《蒙引》：末節重在仁義字上，蓋仁義天下之公理也。親親，仁也，謂是仁也。敬長，義也，謂是義也。不可謂親親、敬長，仁義之發也。親親、敬長所以爲仁義者，以其達之天下也。○顧麟士曰：「達之天下無不同者，只就孩提稍長說。」○既出乎人之本然，必通乎人之同然也。○《存疑》：此章大意是言在人皆有本然之善，以見人之不可失也。

○孟子曰：「舜之居深山之中，與木石居，與鹿豕遊，其所以異於深山之野人者幾希。及其聞一善言，見一善行，若決江河，沛然莫之能禦也。」行，去聲。

居深山，謂耕歷山時也。蓋聖人之心至虛至明，渾上聲。然之中，萬理畢具。新安陳氏曰：「此由其感而應之用，而推原其未感未應之體如此。」一有感觸，則其應甚速而無所不通，新安陳氏曰：「善言、善行，皆是感觸我者，聞而急聽之，見而急行之，若決江河，沛然莫禦，乃其應之甚速而無不通者矣。」非孟子造七到反。道之深，不能形容至此也。問：「舜聞善言，見善行，若決江河，沛然莫能禦。其未有所聞見時，氣象如何？」朱子曰：「湛然而已，其理充塞具備，一有所觸，便沛然而不可禦。」○南軒張氏曰：「所謂善言、善行者，豈有外於舜之性者。惟舜之心純乎天理，故聞善言，見善行，不待勉强而自趨，沛然若決江河之莫禦也。」○新安陳氏曰：「孟子又嘗曰『大舜有大焉，善與人同，舍己從人，樂取於人以爲善』，與此章實互相發。蓋舜之心，萬善之感會也。聞見天下之善，因感觸吾心之善，即勇於從之，合而爲一人之善，此大舜之所以爲大歟。」附《蒙引》：聞一善言，便暢然了悟其所言之理。見一善行，便釋然曉解其所行之善。此是若決江河處，如孔子六十而耳順，聲入心通也。○所謂「其應甚速」，非止聲入心通，適與意會而已。分明是樂取諸人以爲善也，如好察邇言，執其兩端用其中於民，未嘗不見之行事也。○「聖人之心，至虛至明」，惟「至虛」，故「渾然之中，萬理畢具」；惟「至明」，故「一有感觸，則其應甚速，而無所不通」。○「決江河」，謂江河之決也，非人決之也。○顧麟士曰：「『及其』，一轉甚捷，蓋始終皆指歷山時也。故又曰『自耕稼陶漁以至爲帝，無非取於人者』，但此不兼登庸以後說。」○「與木石居，與鹿豕遊」，無甚異於深山之野人也。見行聞言，江河莫禦，則甚異於深山之野人也。同在深山，故比較如此。

○孟子曰：「無爲其所不爲，無欲其所不欲，如此而已矣。」

李氏曰：「有所不爲不欲，人皆有是心也。至於私意一萌，而不能以禮義制之，則爲所不爲、欲所不欲者多矣。能反是心，則所謂擴充其羞惡去聲。之心者，而義不可勝平聲。用矣，故曰如此而已矣。」華陽范氏曰：「君子所當爲者，義也。所不可爲者，不義也。所可欲者，善也。所不可欲者，不善也。不爲不義，則所爲皆義。不欲不善，則所欲皆善。君子之道，止於如此而已矣。」○朱子曰：「人心至靈，其所不當爲、不當欲之事，何嘗不知。但初間自知了，到計較利害，卻自以爲不妨，便自冒昧爲之、欲之耳。今既知其所不當爲、不當欲者，便要這裏截斷，斷然不爲、不欲，故曰『如此而已矣』。」○勿軒熊氏曰：「此《大學》誠意章事。『無爲其所不爲』，是就躬行上克治，所謂『志士厲行，守之於爲』也。『無欲其所不欲』，是就心之發念處克治，所謂『哲人知幾，誠之於思』也。」○雲峰胡氏曰：「有所不爲，有所不欲，是本來羞惡之心。無爲其所不爲，無欲其所不欲，是能擴充其羞惡之心。爲是一身之動，欲是一念之動，不惟謹其動，而且謹其動之幾，是真能擴充其羞惡之心，而義不可勝用矣。」○新安陳氏曰：「李氏之説，上言禮義，下獨言義者。蓋以義制事，則能不爲其所不當爲；以禮制心，則能不欲其所不當欲，故兼以禮義言之。然義者，心之制也，施之斷制，義爲尤切。斷然不爲其所不當爲，不欲其所不當欲，則在充其羞惡之心，以達夫義之用而已。」附《蒙引》：「無爲其所不爲，無欲其所不欲」，便是心師之法。所謂性分之內，萬理皆備，隨處發見，無不可師，亦此類也。○《集註》所謂「義不可勝用」者，不可以對「仁」而言此章單言之義也。無爲、無欲字内，四德俱有，本文只曰「如此而已矣」，未必專爲義發。李氏以其切於所謂羞惡之心、義不可勝用者，故特用其字，而亦未純用其意也。○大注「義不可勝用」，入在「如此而已矣」。○顧麟士曰：「按《通義》鄱陽朱氏曰：『此章勉人擴充羞惡之心。』」○上兩句即擴充矣，非又因此而擴充之。

○孟子曰：「人之有德慧術知者，恒存乎疢疾。知，去聲。疢，丑刃反。

德慧者，德之慧。慧，聰警也。術知者，術之知。疢疾，猶災患也。言人必有疢疾，則能動心忍性，增益其所不能也。慶源輔氏曰：「德之慧，謂慧德也，與昏正相反。術之智，謂智術也，與愚正相反。疢疾，則非真是病，故曰『猶災患也』。人惟有災患，竦動其仁義禮智之心，堅忍其食色臭味之性，故能增益其所不能，而有夫德慧術智也。」附《蒙引》：凡在心之理，謂之德；處事之方，謂之術，此下舉孤臣孽子以證其實。○慧者，其見之敏，有以灼於事之未然。智者，其見之明，有以鑒其理之當然。○德慧者，德之慧。德字廣，慧特其一端，如仁德之愛也，義德之宜也，禮德之節也，信德之實也。術智者，術之智，術字亦廣。〇人之有德慧術智，恒在疢疾中來。存，訓在。

獨孤臣孽子，其操心也危，其慮患也深，故達。」

孤臣，遠臣。獨，惟也，不連「孤」字。孽子，庶子，皆不得於君親，而常有疢疾者也。達，謂達於事理，即所謂德慧術知也。南軒張氏曰：「人平居無事，漠然不省。唯疢疾加焉，則動心忍性，有所感發，故慧知由此而生。危，故專一而不敢肆。深，故精審而不敢忽。專精之極，故於事能通達也。處安樂者誦斯言，可不思逸豫之溺人，而深戒懼乎；當憂患者誦斯言，可不念其爲進德之地，而自勉勵乎。」〇新安陳氏曰：「此章與『舜發畎畝』章互相發，故《集註》及南軒之説，皆引『動心忍性』以釋此章。人苟履憂患之境，處孤孽之勢，當知天以是玉我於成，勿自沮而深自力，於以進其德，益其術，庶幾操心危而卒無危，慮患深而卒免患而至於達乎。達，則德必慧，術必知，而疢疾不能爲吾患矣。」附《存疑》：「操心危」者，戰兢恐懼，常恐其身之陷於禍患也。「慮患深」者，思患預防，使禍患無自而生也。操心，是恐懼意。慮患，是脩省意。

〇孟子曰：「有事君人者，事是君則爲容悦者也。

阿徇以爲容，逢迎以爲悦，此鄙夫之事，妾婦之道也。慶源輔氏曰：「阿徇爲容，謂長君之惡，以求容其身者。逢迎爲悦，謂逢君之惡，以求君之悦者。」附《蒙引》：「有事君人者」，下一句便言事君人之爲人，下放此。〇「事是君則爲容悦者也」，言其事是君則專爲容悦而已，恬不以責難陳善，引君當道爲事也。容與悦雖在君，而其爲容與悦者則在臣也。〇《存疑》：「事是君則爲容悦」，言事是君則專爲取容悦也。要看箇「爲」字，是專務之意。

有安社稷臣者，以安社稷爲悦者也。

言大臣之計安社稷，如小人之務悦其君，眷眷於此而不忘也。慶源輔氏曰：「此即所謂天理人欲，同行而異情也。其眷眷不忘雖同，而其情則異。一則務爲容悦之私，一則務安社稷以爲忠也。」附《存疑》：「以安社稷爲悦」，是承上「事是君則爲容悦」句説。蓋大臣之所務者，猶小人之所務，故遂承上言事君人專務爲容悦，安社稷則以安社稷爲容悦，言其以安社稷一事，來做小人容悦一事也。猶云農夫專務耕田，秀才則把讀書來做耕田一事相似。此節人或謂以安社稷去爲悦，或謂心中以此爲悦，俱不是。如其説，注何故又拽上文來解云「大臣之計安社稷，猶小人之務悦其君」。○「以安社稷爲悦」，彷彿似「人能無以飢渴之害爲心害」句。但曰「飢渴之害」，是指貧賤，不復是前「飢渴」意。曰「悦」，只是前「悦」字，意蓋以安社稷爲悦，是把安社稷當容悦。無以飢渴之害爲心害，是改飢渴作貧賤，此其不同也。

有天民者，達可行於天下，而後行之者也。

民者，無位之稱。以其全盡天理，乃天之民，故謂之天民。必其道可行於天下，然後行之。不然，則寧没世不見知而不悔，不肯小用其道以徇於人也。張子曰：「必功覆敷救反。斯民，然後出如伊吕之徒。」雲峰胡氏曰：「伊尹，爲天民之先覺，此則曰『有天民者』，旨意不同。蓋前所謂天民者，皆禀氣於天，均之爲天之生民。此則以其全盡天理，乃天之民也。」○新安陳氏曰：「伊耕莘、吕釣渭之時，可當天民之名，使不遇湯武，則没世不出必矣。此提天民，主其不輕出而言，非以伊吕等後來出當大任而言也。」附《存疑》：安社稷所以未得爲天民者，志在事功，或不顧道義而爲之，如孔明之取劉璋是也。○孔子委吏乘田，亦爲天民，必可行天下而後出。此所以僅爲天民，未得爲己正物正之大人也。

有大人者，正己而物正者也。

大人德盛，而上下化之，所謂「見形甸反。龍在田，天下文明」者。龜山楊氏曰：「物正，物自正也。大人只是正己而已，若物之正，何可必乎。惟能正己，物自然正，此乃篤恭而天下平之意。」○慶源輔氏曰：「上謂君，下謂民。大人德盛，故君民無不化。大人一出而天下文明，是聖人之事也。」○雲峰胡氏曰：「《易》乾卦九二、九五皆稱『大人』，九二『見龍在田，天下文明』，在下之大人也。九五『飛龍在天，乃位乎天德』，在上之大人也。孟子所言四者，雖人品不同，然皆在下而爲臣者也，❶故以乾九二當之。」附《存疑》：正己無工夫，是以見成者言。物正亦不大段費力，是人自化之，《易》曰「德博而化」是也。○此章言人品不同，略有四等。容悦，佞臣不足言。安社稷，則忠矣，然猶一國之士也。天民，則非一國之士矣，然猶有意也。無意無必，唯其所在而物無不化，惟聖者能之。朱子曰：「天民，專指未得位者。大人，則其德已著。」○南軒張氏曰：「以事是君爲容悦者，慕爵禄而從君者也。以安社稷爲悦，則志存乎功業者也，與爲容悦者固有間矣，然未及乎道義也。蓋志存功業，則苟可就其功業而遂其志，則亦所屑爲矣。古之人惟守道明義而已，雖有蓋世之功業在前可爲，而在我者有一毫未安，則不敢徇也。天民者，必明見夫達，而其道可行於天下而後行之。蓋其所主在道，而非必於行也。謂之天民者，言能全夫天理者也。天之生民者，其理無不具，而人之虧欠者多矣。故程子謂天民，爲能踐形者也。以其在下而未達，故謂之民，若伊尹之在莘野是也。正己而物正之者，正己而物自正也。若規規然有意於正物，則其道狹矣。❷至正而天下之感無不通焉，固有不言而信，不令而從者矣。秦漢而下，其間號爲賢臣者，不過極於以安社稷爲悦而已，語夫天民事業則鮮也。」○慶源輔氏曰：「猶有意，如程子所謂『伊尹雖聖人，終是有任底意思在』是也。大人則聖人矣，如周公、孔子方能當之。周公，在上而能使天下文明者也；孔子，在下而能使萬世文明者也。至公無私，進退以道，周公之無意無必也；仕止久速，無可不可，孔子之無意無必也。」○新安陳氏曰：「志於道德者，功名不足以累其心。志於功名者，富貴不足以累其心。事君爲容悦，志於富貴者也。安社稷爲悦，志於功名者也，春秋列國名卿可以當之。若天民者，則志於道德矣，然猶未能純乎道德，而無意於功名也。至於大人，則純乎道德之自然，而功名不足以累其心矣。」附《存疑》：此章論人品，與答浩生不害異者。此就仕上説，彼就學上説。○顧麟士曰：「『天民』民字，亦不必如南軒因『天之生民』民

❶「皆在」，原作「在皆」，今據哈佛本乙。
❷「狹」，原作「挾」，今據《四書大全》改。

字，只是未行無位，故曰民耳。必看『達可行於天下而後行之』，則此時尚未行。如伊耕莘，吕釣渭，不謂之民而何。但其全盡天理，則曰天民耳。此意《大全》諸説甚明，而人都不理會。」○今人於伊、吕意亦無不解者，但皆説了既行後一截，則「天民」字無當耳。

○孟子曰：「君子有三樂，而王天下不與存焉。樂，音洛。王、與皆去聲，下並同。

南軒張氏曰：「君子之樂，樂其天也。於下文三者得其樂，則視王天下之事，如太虚中浮雲耳，果何與於我，而況其他哉。」附《蒙引》：孟子三樂，次第分明，是一樂爲重於二樂，二樂爲重於三樂。蓋一樂爲親，二樂爲己，三樂爲人。○《淺説》：王天下，只是説得位而已，未説到其道大行處。若説到道行處，便是下章「中天下而立，定四海之民」，正爲君子之所樂者矣。傳道猶可樂，況親見其道之大行，而使萬物各得其所乎。行道、傳道，皆是性分之樂。然以對所性之藴，則所性又爲在内矣。

父母俱存，兄弟無故，一樂也。

此人所深願而不可必得者，今既得之，其樂可知。附《蒙引》：「父母俱存」，則得以致吾孝；「兄弟無故」，則得以致吾友，所謂「樂之實，樂斯二者，樂則生矣，生則惡可已也。惡可已，則不知足之蹈之，手之舞之」。○《淺説》：「兄弟無故」，不專是俱存意，凡無不幸之事皆是。若遇兄弟有惡處者，亦是有故。此亦是係於天者。

仰不愧於天，俯不怍於人，二樂也。

程子曰：「人能克己，則仰不愧，俯不怍，心廣體胖，其樂可知，有息則餒矣。」新安陳氏曰：「本文無克己之意，此程子推原所以能不愧不怍之由，而示人以其要也。人所以俯仰愧怍，累於己私耳。克去己私，則内不愧於心，所以仰不愧於天，俯不怍於人，心廣體胖之樂，不期其然而然矣。」附《存疑》：今人心中，纔有一事不慊，便覺不樂，俯仰無愧，其樂可知。然欲俯仰無愧，亦不容易，故注以「克己」解之。此當以顔子不改其樂，孔子樂在其中，來參看。

得天下英才而教育之，三樂也。

盡得一世明睿俞例反。之才，而以所樂乎

已者不愧不怍之樂。教而養之，則斯道之傳得之者衆，而天下後世將無不被其澤矣。聖人之心所願欲者，莫大於此，今既得之，其樂爲何如哉。慶源輔氏曰：「此樂與朋自遠來之樂同，而有大焉。」〇新安陳氏曰：「朋自遠來，其言平而易遂。得天下英才，其言高而難必。孟子之門僅一正子，亦恐未足以當此。」〇韓子曰「軻之死，不得其傳焉」，是孟子於此一樂，亦終不能得也。附《蒙引》：英才以資質言，故注曰「明睿之才」。若兼有學力，則教育字不見分曉。英才，謂才之英者。〇教與養不同，既教之，又養之，俟其成也。〇孔子有教無類，而孟子必欲得天下英才而教育之。蓋有教無類者，聖人欲人同歸於善之心，而所賴以廣斯道之傳者，則非英才莫之敢望也。孔子初心，亦欲得中行而與之，其不可得，故思其次。〇《存疑》：「得天下英才而教育之」，惟孔子可以當之。在孟子當時，亦未能酬其願者。然七篇仁義，與夫子之書並傳，天下後世亦不可謂不被其澤。蓋雖不得當時之英才而教育之，後世之英才，實聞其風而沾其教也。

君子有三樂，而王天下不與存焉。」

林氏曰：「此三樂者，一係於天，一樂。一係於人，三樂。其可以自致者，惟不愧不怍而已，學者可不勉哉。」南軒張氏曰：「三樂之中，仰不愧、俯不怍其本歟。蓋不愧不怍，在我可得而勉者也。使吾胸中多所愧怍，則雖處父母兄弟之閒，固亦不得而樂其樂也。所以教育天下之英才者，是吾之不愧不怍者也。自不能無愧怍，則雖得英才，亦何以爲教而有此樂哉。」附《存疑》：孟子此論，於勢利窠窟中，挑剔出真貴重者示人，非有許大識見，不敢作此語。

〇孟子曰：「廣土衆民，君子欲之，所樂不存焉。樂，音洛，下同。

地闢民聚，澤可遠施，去聲。故君子欲之，然未足以爲樂也。附《蒙引》：孟子曰「廣土衆民，澤可遠施，君子欲之」，然所及猶有限，所樂不存焉。若夫「中天下而立，定四海之民」，無一夫不被其澤，君子樂之矣，然所性亦不存焉。夫君子所性，雖大行而得所欲所樂也，而不爲之加。雖窮居而不得所欲所樂也，而不爲之損。何則，其所得於天者，其分已定故也。以君子之所性言之，仁義禮智根於心，其生色也，睟然見於面，盎於背，施於四體，不言而喻。君子所性者如此，大行何加，窮居何損。以此見孟子當時，雖曰不得以遂其行道濟時汲汲之本心，然所性自存，亦何爲不豫哉。○君子欲之，非謂一己之欲也。欲其澤之遠施，有以濟乎人也，非如常人之欲富貴耳。

中天下而立，定四海之民，君子樂之，所性不存焉。

其道大行，無一夫不被其澤，故君子樂之，然其所得於天者，則不在是也。朱子曰：「此君子，是通聖人而言。」○慶源輔氏曰：「二者皆施仁之事，但有一國與天下之辨。故所欲未足以爲樂，至於樂，則博施濟衆，聖人之事也。所欲極於所樂，固亦非性外事，但於吾性所受之全體，則初無增損也。」○雲峰胡氏曰：「前章君子三樂，所樂在所性之中；此章君子樂之，所性在所樂之外。何也？曰：『中天下而立，達而在上者之事。君子之所性，固不以達而在上有所加也。故君子雖樂乎此，而其所得乎天者，不在此也。』或曰：『《集註》前謂斯道傳之者衆，而天下後世將無不被其澤。此謂其道大行，無一夫不被其澤。皆曰道曰澤，而此則所性不存焉，何也？』曰：『斯道傳之者衆，萬世之澤也。其道大行，一時之澤也。況其道大行，必中天下而立能之，是道有待於位而後行，不如是則不能行，此君子所樂乎此，而所性不存焉。若夫盡得一世明睿之才，而以所樂乎己者教而育之，以己之天覺彼之天，聖人之心深樂乎此，而其樂即在性分之內。且孟子於「三樂」，則曰「王天下不與存」。於「中天下而立」，則曰「所性不存」。分而言之，故自大有開哉。』」《通考》朱氏公遷曰：「君子之樂不同：有天倫之樂，有及人之樂，有盡己之性而自慊以爲樂，是皆本乎道心之正也。孟子告時君以與民同樂者凡三章，此又樂之出於人心者也。」附《蒙引》：「中天下而立」，猶云「宅中圖治」，猶云「中天地爲民物之主」，不必謂天下四方，而我卻居其中央也。堯都平陽，在天下之北。周都豐鎬，在天下之西。然皆爲四方之極，便見中天下而立也。○「中天下而立」，對「廣土」言；「定四海之民」，對「衆民」言。「中天下而立」，則非特廣土而已；「定四海之民」，則非特衆民而已。○胡氏謂「《集註》前謂『斯道傳之者衆』云云，一時之澤也」，此說大謬。率是言也，聖人之生，皆不肯行道於一時，而專欲傳道於來世，則當時之民，將誰援之乎。○《存疑》：所性與所欲所樂，虛實不同，則兩箇「不存」，亦當異看。「所樂不存」，言未足爲樂也。「所性不存」，言性分不因是而有加也，故下曰「雖大行不加」、「窮居不損」。

君子所性，雖大行不加焉，雖窮居不損焉，分定故也。分，去聲。

分者，所得於天之全體，故不以窮達而有異。朱子曰：「此是說生來承受之性，君子所性，只是這一箇道理。雖達而爲堯舜在上，亦不是加添些子；若窮而爲孔孟在下，亦不是減少些子。蓋這一箇道理，合下都定了，更添減不得。」○「中天下而立，定四海之民」，固是人所欲。與其處畎畝之中，孰若進而得行其道，使天下皆被其澤。要得出行其道者，亦是人之所欲，但其用其舍，於我性分之內，本不相關。進而大行，退而窮居，於我性分之內，無所加損。附《存疑》：大行不加，窮居不損，此舜禹所以有天下而不與，孔子飲水曲肱，樂在其中也。○分定要看得明白。曰「分者，分也」，其所分者，即其分也。如曰口分，則以所分之田言也。曰命分，則以所分之氣言也。曰性分，則以所分之理言也。分有多寡之數，皆定於初分之始。周人百畝而徹，是每分田百畝，唐人八爲口分，是每分田八十畝，則均田之初，已定矣。貴爲公卿，是其分當得公卿，賤爲皂隸，是其分止於皂隸，則有生之初，賦稟已定矣。性雖不可以多寡言，然天以理全賦於人，而人全受之於己，便是其合得之分也。自其繼善成性之時，固已定矣。惟其分定，所以大行不加，窮居不損。○《蒙引》：聖賢說話，意各有主。伊尹曰「與我處畎畝之中，由是以樂堯舜之道。我豈若使是君爲堯舜之君哉，是民爲堯舜之民哉」，而孟子則曰「所性不存焉」，意各有所主，自不相背也。孟子若無伊尹一段意思，當時亦不歷聘列國，且三宿而後出晝矣。伊尹若無孟子一段意思，則亦不能囂囂於畎畝之中。

君子所性，仁義禮智根於心。其生色也，睟然見於面，盎於背，施於四體，四體不言而喻。」睟，音粹。見，音現。盎，烏浪反。

上言所性之分，與所欲、所樂不同。此乃

言其蘊委粉反，又去聲。也，仁義禮智，性之四德也。四德，即性之蘊蓄者。根，本也。生，發見形甸反，下同。也。睟然，清和潤澤之貌。盎，豐厚盈溢音逸。之意。施於四體，謂見於動作威儀之閒也。喻，曉也。四體不言而喻，言四體不待吾言，而自能曉吾意也。蓋氣禀清明，無物欲之累，則性之四德根本於心，其積之盛，則發而著見於外者，不待言而無不順也。新安陳氏曰：「順，謂順其則也。❶當玩味根字、生字，其根深則其積盛，其積盛則其生發自不可遏矣。」附《蒙引》：此以君子言也，故注云「蓋氣禀清明，無物欲之蔽則」云云，若常人雖同具此性於心，謂之根於心則未也。根有植立根固之意，其性實爲己有也。○蘊，猶實也。○注四體，謂「動作威儀之閒」，蓋人之動作威儀，全在手足上，故言四體，《易·文言》亦曰「暢於四肢」。○「生色」二字，通貫下三句。○本文「不言而喻」，專帶四體。《集註》則云「發而著見於外者，不待言而無不順也」，通帶「其生色也」以下，亦用其意而不泥其字也。○《存疑》：盎然，豐厚盈溢之貌。豐厚，寬大而厚重也。盈溢，從容有餘裕也。○四體如何待言而喻，如手容未能恭，必待簡束起來然後恭，足容未能重，必待簡束起來然後重，此似言而後喻也。今手容不待簡束而自恭，足容不待簡束而自重，便似不待言而自喻，總是自然不待勉强意。曰「不言而喻」，譬喻之詞也。程子曰：「睟面盎背，皆積盛致然。四體不言而喻，唯有德者能之。」朱子曰：「仁義禮智根於心，便見得四端著在心上，相離不得。纔有些子私意，便剗斷了那根，便無生意。便如本根著在土上，方會生其色也，睟然便從那根上發出來。且性字從心，見得有這心，便有許多物在其中。」○君子氣宇清明，無物欲之累，故合下生時，這箇根便著土，所以生色形見於外。衆人則合下生時，便爲氣禀物欲一重隔了，這箇根未著土。蓋有殘忍底心，便没了仁之根；有頑鈍底心，便没了義之根；有忿狠底心，便没了禮之根；有黑暗底心，

❶「則」，原作「責」，今據《四書大全》改。

便没了智之根，都各有一重隔了。而今人便只要去其氣稟之隔，教四者之根著土而已。○「四體不言而喻」，是四體不待命令而自如此。如手容恭，不待自家教他恭，而手容自然恭；足容重，不待自家教他重，而足容自然重。○覺軒蔡氏曰：「先師云：『看文字要看大意，又看句語中何字最切要。』『仁義禮智根於心』，『根』字甚有意。蓋根於心者，培養得厚盛，則發於外者，自然睟面盎背，到得手足順便，不覺其所以然。」《通旨》朱氏公遷曰：「言性自理而言，正言人心之理，而事物之理在其中也。子貢舉夫子所言性與天道之大凡，則汎以人心之理言之也。孟子以性之全體言，故謂『仁義禮智根於心』。子思即誠之體用言，故以仁知皆爲性之德。謂之德性者，本其得於天而言也。謂之性之德者，自其蘊之我而言也。尊之，則爲存心之事。知之、養之，則爲智行兼盡之事。知其有性而不謂之命，則爲以理御氣之事。」○此章言君子固欲其道之大行，然其所得於天者，則不以是而有所加損也。新安陳氏曰：「道之大行如堯舜，固所樂也，而於性分亦何加。窮居如孔孟，亦非所戚也，其於性分亦何損。此君子所以惟求盡其性分之在内者，而無所慕於勢分之在外者也。」附《蒙引》：「君子所性」章，亦爲不得大行而發，上章亦如此。

○孟子曰：「伯夷辟紂，居北海之濱，聞文王作興，曰：『盍歸乎來！吾聞西伯善養老者。』太公辟紂居東海之濱，聞文王作興，曰：『盍歸乎來！吾聞西伯善養老者。』天下有善養老，則仁人以爲己歸矣。辟，去聲，下同。大，他蓋反。

己歸，謂己之所歸。餘見形甸反，❶下同。前篇。新安陳氏曰：「仁人，指伯夷、太公，前篇以爲大老，此以爲仁人。達尊三，齒、德，居其二，大老以齒言，仁人以德言也。」附《存疑》：「天下有善養老」者，則仁人以爲己歸，是承文王事，而泛論箇道理如此。謂就文王説，固不是。謂説開當時之君，亦非也。

五畝之宅，樹牆下以桑，匹婦蠶之，則老者

❶「甸」，原作「旬」，今據哈佛本改。

足以衣帛矣。五母雞、二母彘，無失其時，老者足以無失肉矣。百畝之田，匹夫耕之，八口之家，可以無飢矣。衣，去聲。

此文王之政也。一家養母雞五、母彘二也。餘見前篇。《通考》趙氏悳曰：「《孟子》言『五畝之宅』者三。《梁惠王上》首尾言之，此首篇之首尾也。至七篇又言，而語加詳，此一書之首尾也。孟子拳拳王道，不越乎此，寓意深矣。」附《存疑》：「五畝之宅」條，且舉文王治岐之政，且莫説到養老上。至「所謂西伯善養老」條，方就上文發出養老意。○《蒙引》：衣帛無失肉，皆言老者，見少者不與也。無飢獨言八口之家，老者固在其中。然於此可見聖人之政，少壯者只要得無飢寒耳，老者卻要他温飽，政中之教也。

所謂西伯善養老者，制其田里，教之樹畜，導其妻子，使養其老。五十非帛不煖，七十非肉不飽，不煖不飽，謂之凍餒。文王之民，無凍餒之老者，此之謂也。」

田，謂百畝之田。里，謂五畝之宅。樹，謂耕桑。畜，許六反。謂雞彘也。趙氏曰：「善養老者，教導之使可以養其老耳，非家賜而人益之也。」南軒張氏曰：「以伯夷太公之事觀之，則知天下有善養老者，則仁人必歸之。蓋善養，則其仁心之所存，仁政之所行，可知矣。仁人見其然，是以樂從之。」○慶源輔氏曰：「若無孟子此説，則人將謂文王之養老，只如後世尊養三老五更之禮文而已。」附《存疑》：言「所謂西伯善養老者」，豈必家賜而人益之哉。不過制其田里，教之樹畜，導其妻子，使養其老而已。「五十非帛」云云「無凍餒之老者」，不過制其田里，教之樹畜，導其妻子，使養其老之謂也。○「導其妻子使養老」，就在匹婦蠶之、雞彘無失其時内。

○孟子曰：「易其田疇，薄其税斂，民可使富也。易、斂，皆去聲。

易，治也。疇，耕治之田也。教民務本。附《蒙引》：「易其田疇」者，不違農時，使民得盡力於農畝也，與薄税斂俱主在上人説。

食之以時，用之以禮，財不可勝用也。勝，音升。

教民節儉，則財用足也。附《達説》：食以時，朝饔夕飧之類；用以禮，冠婚喪祭之類，然亦上之教之也。《淺説》同。○《蒙引》：食以時，如魚不盈尺，人不得食，數罟不入洿池，以至果食未熟者，教以勿採之類。○用以禮，如雞豚狗彘之畜，以養老者，非祭祀賓客之需，不妄烹宰。

民非水火不生活，昏暮叩人之門户，求水火，無弗與者，至足矣。聖人治天下，使有菽粟如水火。菽粟如水火，而民焉有不仁者乎。」焉，於虔反。

水火，民之所急，宜其愛之，而反不愛者，多故也。尹氏曰：「言禮義生於富足，民無常産，則無常心矣。」華陽范氏曰：「先王養天下之民，非人人衣食之也。唯不奪農時，則皆得治其田疇，恭儉節用，則可以薄其税斂，此二者，使富足之道也。」又曰：「聖人之治天下，既庶而後富之，既富而後教之。倉廩實而知禮節，衣食足而知榮辱。所謂菽粟如水火，則民無有不仁。堯舜三王之盛，皆由此道也。」○新安陳氏曰：「禮義常心，即所謂仁也。使菽粟如水火之多，則民皆能推有餘以濟不足，必不至於慳吝不仁矣。有餘則易公其有，所以無不仁；不足則各私其有，烏得仁。夫聖人治天下，政事亦多端矣，然其大本在養民而已。民以食爲天，使民足其食之天，不在乎他，在使民務本以豐財之源，儉約以節財之流而已。孟子言治鑿鑿，皆實如此。」附《蒙引》：「聖人治天下，使有菽粟如水火」，上兩條是也。「使」之一字，正主易田疇，薄税斂，食以時，用以禮。○顧麟士曰：「菽粟如水火，必無之事也，只形容其至足耳。」○《存疑》：新安、《蒙引》俱以爲推己之有餘，濟人之不足，蓋緣上昏夜叩人之門户，求水火，無不足説來。依愚見，只是有恒産、有恒心意。

○孟子曰：「孔子登東山而小魯，登太山而小天下。故觀於海者難爲水，遊於聖人之門者難爲言。

此言聖人之道大也。東山，蓋魯城東之

高山，而太山則又高矣。此言所處上聲。益高，則其視下益小。所見既大，則其小者不足觀也。難爲水，難爲言，猶仁不可爲衆之意。慶源輔氏曰：「觀於海，則天下之水皆不足以動吾之視。遊於聖人之門，則天下之言皆不足以動吾之聽。亦猶仁，則天下之衆皆莫能與之敵，故亦曰難爲衆也。」○潛室陳氏曰：「仁不可爲衆，言仁者難爲衆。看有幾多人衆來到仁者面前，皆使不得。如太山之前難爲山，大海之前難爲水。」附《存疑》：登東山小魯，登太山小天下，就聖道上看便是。處賢人之地，下視一才一德之士小。處聖人之地，下視賢人君子小。○「登東山而小魯」二句，就本身所處上言其大。「觀於海者難爲水」二句，就他人所見上言其大。「觀於海者難爲水」，是起下「遊於聖人之門者難爲言」句。○顧麟士曰：「《集註》所處屬聖人，所見屬學者。」○「孔子」二字，一頓。○《通義》白雲許氏曰：「聖門難爲言，謂既聽聖人之言，則餘人之言皆不足聽。此句與觀海相連一般說，觀海、觀水、流水，雖三節皆言水，自是三樣意思比喻。」

觀水有術，必觀其瀾。日月有明，容光必照焉。

此言道之有本也。瀾，水之湍急處也。明者，光之體。光者，明之用也。觀水之瀾，則知其源之有本矣。觀日月於容光之隙乞逆反。無不照，則知其明之有本矣。新安陳氏曰：「二者皆是於其用處知其本，承上文以比聖道之所以大者，以其有本也。」附《蒙引》：瀾處正是大，其源即是本。容光必照，必照處正是大，其明即是本。○《淺說》：「觀水有術」，「術」字不可與「明」字對。○《存疑》：「經綸天下之大經，立天下之大本，知天下之化育」，❶聖道之大也。「天下至誠」，則其本也。○源與明，即是本也。注云「則知其源之本」，本就在源上說。《蒙引》謂「知其源之有本」非源自源而本自本是也，則「知其明之有本」亦然。「日月有明」，是就把明當本。若就明上再討本，當云稟太陰之精，遠了，且與水

❶「下」，《中庸》作「地」。

之本不類。

流水之爲物也，不盈科不行。君子之志於道也，不成章不達。」

言學當以漸，乃能至也。成章，所積者厚，而文章外見形甸反。也。朱子曰：「成章是做得成片段，有文理可觀。如孝真箇是做得孝成，忠真箇是做得忠成，子貢之辨、子路之勇都是真箇做得成了。不是半上落下，今日做得，明日又休了。」達者，足於此而通於彼也。慶源輔氏曰：「如自『有諸己之謂信』至於『大而化之之謂聖』，自『志學』至於『從心不踰矩』，其閒次第皆是足於此而通於彼，須實體之方知其味，非妄想虛空者所能測識也。」○新安陳氏曰：「盈科而後進，已見前篇。盈而行者，溢於此而流於彼也。」附《存疑》：「流水之爲物也」，盈科而後進，是起下「君子之志於道」句。盈科後進，是滿一坎而後進一坎，其坎亦不一，以前章「放乎四海」參看可見。「成章後達」，亦當依此例看。○「成章」注雖解「所積者厚，而文章外見」，要亦隨地位而言耳，與《論語》「斐然成章」一般。如由善、信而至美、大、聖、神，節節都有箇成章。如善便成箇善，信便成箇信，美便成箇美，大便成箇大，這便是成章。如此說方與盈科後進相似，道理亦是如此。《蒙引》以《中庸》形、著、明來說，似未是，何也？以形、著、明爲成章，是暢於四支，發於事業，充實而有光輝之大事，下學逐節工夫都忽略了，故未是。《蒙引》說「以漸」，極費力。蓋由認形、著、明做成章，難得以漸意思出，故費力耳。依愚說，只是足於此而通於彼，與盈科後進一般，不待說「以漸」，就在其中矣。○朱子注「孝真箇是孝」之說有礙，此是說《論語》「斐然成章」，誤脩在此。必如其說，則孝未成章者，不成都不做弟，故曰有礙。○顧麟士曰：「《紹聞編》程子曰：『成章者，篤實而有光輝也。今以瓦礫積之，雖如山嶽，亦無由有光輝。若使積珠玉，小積則有小光輝，大積則有大光輝。』」○《蒙引》：朱子下箇「所積者厚」，又是推原成章所以處，蓋成章不是工夫字。

○此章言聖人之道大而有本，學之者必以其漸乃能至也。朱子曰：「此一章如《詩》之有比興。比者，但比之以他物，而不說破其事，如『鶴鳴於九皋』之類是也。此之『觀水有術』至『容光必照焉』，似《詩》之比興，則引物以發其意，而終説破其事，如『他人有心，予忖度之』之上，引毚兔、柔木之類是也。此之以登山、觀海，興起遊聖門難爲言，以流水不盈科不行，興起爲道不成章不達，似《詩》之興也。『君子之志於道，不成章不達』，蓋人之爲學，須是務實，乃能有進，若這裏工夫欠了分毫，定是要透過那裏不得。」○慶源輔氏曰：「聖道之大固有其本矣，然自學者言之，則又豈能一蹴而遽至哉。故又以水必盈科而後行，君子之志於道，必成章而後達者曉之，以見學者當務實而有漸，不可躐等陵節，懸空妄想，而卒歸於無所得。」《通考》東陽許氏曰：「第一節兩言登山，謂所處地位高，則視下愈小。觀海難爲水，謂所見大，則小者不足觀。聖門難爲言，謂既聽聖人之言，則餘人之言皆不足聽。第二節言聖人之道，有本故用不窮。第三節學者當學聖人以漸而進，不可躐等也。」○朱氏公遷曰：「此章『不成章不達』，是進道必以其序。《中庸》『行遠自邇，登高自卑』，及《孟子》『身不行道，不行於妻子』，皆是行道必以其序。進道不以序，則必躐等而陵節；行道不以序，或至倒行而逆施，斯所以貴乎有序也。此舉其本體，而以用功之道言之。」

○孟子曰：「雞鳴而起，孶孶爲善者，舜之徒也。

孶孶，孶，與孜同。勤勉之意。言雖未至於聖人，亦是聖人之徒也。

雞鳴而起，孶孶爲利者，蹠之徒也。

蹠，盜蹠也。蹠，與跖同。

欲知舜與蹠之分，無他，利與善之閒也。」

程子曰：「言閒者，謂相去不遠，所爭毫末耳。善與利，公私而已矣。才出於善，便以利言也。」問：「這箇利，非是有心於爲利，只是理不明，纔差些，便入那邊去。」朱子曰：「然纔差，向利邊去，只見利之爲美矣。」○閒，是兩者相並在這裏，一條路做這邊去，一條路做那邊去，所以謂之閒。○楊氏曰：「舜蹠之相去遠矣，而其分乃在利善之閒而已，是豈可以不謹？然講之不熟，見之不明，未有不以利爲義者，又學者所當深察也。」朱子曰：「程子嘗言：『不獨財利之利，凡有利心，便不可。如作一事須尋自家穩便處，皆利心也。』如此則善利之閒，相去毫髮，苟辨之不明，其不反以利爲善者鮮矣。此《大學》之道所以雖以誠意、正心爲重，而必以格物、致知爲先也。」〇新安陳氏曰：「善與利之閒，察之貴乎精；而爲善之力，守之貴乎一。察之精，致知之事也。守之一，力行之事也。察之不精，則認利爲義，認人欲爲天理者有矣。守之不一，則今日爲善，明日怠焉者有矣。必精以察乎善利之閒而不雜，一以守其爲善之力而不移，則庶乎不流爲蹠之歸，而人皆可爲舜者，將真可以爲舜矣。此章亦所以遏人欲擴天理也。」

或問：「雞鳴而起，若未接物，如何爲善？」程子曰：「只主於敬，便是爲善。」慶源輔氏曰：「程子又教人以静時工夫也。動静相涵，敬義兩立，孳孳不已，則庶乎可以進於聖人之學矣。」〇新安陳氏曰：「未接物時，敬以直内以立其本；及接物時，義以方外以達其用。此動静交養、内外夾持之功，皆所謂爲善也，必如是而後爲善之功始密矣。不然，則未接物時，爲無所用其爲善之力乎。」附《存疑》：人心發動，從天理便是善，從人欲便是利。舜是爲善之極，蹠是爲利之極。當其發動之初，二者相並，其閒相去只有毫末。惟自善而充之，至無一之不善，則爲舜矣；自其利而充之，至無一之不利，則爲蹠矣。故舜與蹠之相去，善惡雖甚懸殊，原其所以分，只在利善之閒，無甚差遠。其始也，只毫釐之差；其終也，乃千里之謬。可見人當於其閒圖之，無使至差謬之遠也。〇或問：「閒與曾子所謂獨，周子所謂幾，何分別？」曰：「閒比獨、幾又後一步。一念方發，或善或惡，人所不知，故曰獨，其端甚微，故曰幾。時既發後，一善一惡，二者相並在此，其中閒則曰閒。」〇《語類》：「利與善之閒，不是冷水，便是熱湯，無那中閒温吞煖處也。」〇《蒙引》：「凡無所爲而爲，只見理之當爲便爲者，善也。若有所爲而爲，則雖其所當爲，亦利也。孟子立善、利二字，便都該得。」〇《淺説》：末一節，是申上二節意，不是推其所以之説。又一説，上二節言舜蹠之相去遠，末一節言其分之不遠者，亦非。

〇孟子曰：「楊子取爲我，拔一毛而利天下，不爲也。「爲我」之「爲」，去聲。楊子，名朱。取者，僅足之意。取爲我者，僅足於爲我而已，不及爲亦，去聲。人也。列子稱其言曰「伯成子高，不以一毫利物」，是也。❶此失之不及者也。○《列子・楊朱》篇：「楊子曰：『伯成子高不以一毫利物，舍國而隱。大禹不以一身自利，一體偏枯。古之人損一毫利天下，不與也；悉天下奉一身，不取也。人人不損一毫，人人不利天下，天下治矣。』禽子問楊朱曰：『去子體之一毛以濟一世，汝爲之乎？』楊子曰：『世固非一毛之所濟。』禽子曰：『假濟，爲之乎？』楊子弗聽。」○朱子曰：「莊子數稱楊子，吾恐楊氏之學。如今道流脩煉之士，其保嗇神氣，雖一句話不妄與人說，只是箇逍遥物外，僅足其身，微似義耳，然不似也。」附《蒙引》：「拔一毛而利天下不爲」對「摩頂放踵」，便是假借辭，非實說。「拔一毛而利天下不爲」，總是言凡可以利天下者，皆不爲也。「摩頂放踵利天下，爲之」，總言其凡苟可以利天下者，皆必爲也。

墨子兼愛，摩頂放踵利天下，爲之。放，上聲。

墨子，名翟。兼愛，無所不愛也。摩頂，摩突其頂也。突，蛇没反，觸也。放，至也。此失於太過者也。○南軒張氏曰：「摩其頂以至踵，一身之閒，凡可以利天下者，皆不惜也。」

子莫執中，執中爲近之，執中無權，猶執一也。

子莫，魯之賢人也。知楊墨之失中也，故度待洛反。於二者之閒而執其中。近，近道也。權，稱去聲，下同。錘直爲反。也，所以稱平聲。物之輕重而取中也。執中而無權，則膠於一定之中而不知變，是亦執一而已矣。程子曰：「中無定體，惟達權，然後能執之。」○龜山楊氏曰：「聖人所謂權者，猶權衡之權，量輕重而取中也，用之無銖兩之差，則物得其平矣。今夫物有本重而末輕者，執其中而不知權，則物失其平，非所以用中也。」程子曰：「中字最難識，須是默識如字。心通。且試言一廳，則中央爲中。一家，則廳非中而堂爲中。一國，則

❶「也」，原作「已」，今據哈佛本改。

堂非中而國之中爲中。推此類可見矣。」又曰：「中不可執也。新安陳氏曰：「不可如子莫之固執耳，非謂堯、舜、湯之執中爲不可也。」識得則事事物物皆有自然之中，不待安排，安排著直略反。則不中矣。」程子曰：「楊子拔一毛不爲，墨子又摩頂放踵爲之，此皆是不得中。至子莫執中，欲執此二者之中，不知怎麽執得。」○朱子曰：「三聖相授，允執厥中，與子莫執中，文同而意異。蓋精一之餘，無適非中，其曰允執，則非徒然執之也。子莫之執中，其爲我不敢爲楊朱之深，其兼愛不敢爲墨翟之過，而於二者之中執其一節以爲中耳。故由三聖以爲中，則其中活。由子莫以爲中，則其中死。中之活者，隨時隨事而無不中。中之死者，非學聖人之學不能有以權之而常適於中也。權者，權衡之權，言其可以稱物之輕重，而遊移前卻以適其中，蓋所以節量仁義之輕重，而時措之者也。程子謂子莫執中，比楊墨爲近，而中則不可執也。當知子莫之執中，與舜、禹、湯之執中不同，則知此説矣。蓋聖人義精仁熟，非有意於執中，而自然無過不及，故有執中之名，而實未嘗有所執也。以其無時不中，故又曰時中。若學未至，理未明，而徒欲求夫所謂中者而執之，則所謂中者，果何形狀而可執也，殆見愈執而愈失矣，子莫是也。既不執中，乃慕夫時中者而欲隨時以爲中，吾恐其失之彌遠，未必不流而爲小人之無忌憚也。《中庸》但言『擇善』而不言『擇中』，其曰『擇乎中庸』，亦必繼之曰『得一善』，豈不以善端可求而中體難識乎。夫惟明善，則中可得而識矣。」○慶源輔氏曰：「楊氏資質略偏於剛毅，墨氏資質略偏於寬厚，只緣不知至理所在，而各流於一偏，淪胥不已，遂至各極其偏。一則爲我，一則兼愛，至於子莫，又自其末流觀之，而知楊墨之皆失中也。乃度於兼愛、爲我之閒，而執其中，其意固善，而於道亦近矣。然時有萬變，事有萬殊，物有萬類，而中無定體。若但膠於一定之中而執之，不能如稱、錘之因物輕重而前卻以取平，則與二子之執一者，亦無異矣。若子莫者，是要安排箇中來執之也。」○問：「《書》之『允執厥中』與『子莫執中』之説，二者分辨如何？」潛室陳氏曰：「允執厥中，乃時中之中，觸處是道理活法也。子莫乃執一以爲中，死法也，霄壤之異。」○新安陳氏曰：「安排者，以私意揣度之，而不須其自然也。」**附**《蒙引》：此章之言，蓋以楊墨之害道，人多知之，而子莫之執中，乃甚惑人。故孟子概以爲猶執一，而深闢之。○《存疑》：「子莫執中」，比楊墨尤無理。天下之道，爲己與爲人而已，二者不並立。當其爲己，則不得爲人；當其爲人，則不得爲己。故顔子居陋巷，不復攖情於世務；禹八年於外，不復眷戀乎私家。蓋出處不並行，道理無兩立，當其時，各爲其事，是所謂中也。子莫執中，是爲顔子之居陋巷，而又攖情於世務；爲禹八年之外，而又欲眷戀乎私家，彼此俱執，出處並行，豈成道理。不如楊墨之各執一偏，猶各成箇道理也。然則孟子曰「猶執一」，猶爲架之也。○譬之裘葛，楊子則專於穿裘，墨子則專於穿葛，子莫則裘葛並穿，聖賢則夏穿葛，冬穿裘者也。○《蒙引》：執中而無權，由前面無致知工夫耳。

所惡執一者，爲其賊道也，舉一而廢百也。」

惡、爲，皆去聲。

賊，害也。爲我害仁，兼愛害義，新安陳氏曰：「爲我者，惟知有己，不知有人，似義非義，而有害於仁。兼愛者，愛無差等，似仁非仁，而有害於義。」執中者害於時中，皆舉一而廢百者也。南軒張氏曰：「爲我、兼愛，皆道也。當爲我則爲我，當兼愛則兼愛，是乃道也。彼墮於一偏者，固賊夫道，而於其間取中者，是亦舉其一而廢其百耳。」○雲峰胡氏曰：「吾儒亦有所爲中、所謂一。但吾儒之中也，隨時以取中；異端之中也，執中而無權。吾儒之一也，一以貫萬；異端之一也，一而廢百。」○新安陳氏曰：「舉一偏而廢百端，百者，言其多耳。」○此章言道之所貴者中，問：「中一名而涵二義，這箇中要與喜怒哀樂未發之中異，與時中之中同。」曰：「然。」中之所貴者權。楊氏曰：「禹、稷三過其門而不入，苟不當其可，則與墨子無異。顔子在陋巷，不改其樂，苟不當其可，則與楊氏無異。子莫執爲我、兼愛之中而無權，鄉鄰有鬭而不知閉户，同室有鬭而不知救之，是亦猶執一耳，故孟子以爲賊道。禹、稷、顔回易地則皆然，以其有權也，不然則是亦楊墨而已矣。」朱子曰：「子莫見楊、墨皆偏在一處，要就二者之中而執之，正是安排尋討也。原其意思固好，只是見得不分明，依舊不是。且如三過其門而不入，在禹、稷之時則可，在顔子則不可。居陋巷，在顔子之時則是中，在禹、稷之時則非中矣。居陋巷，則似楊氏。三過其門而不入，則似墨氏。要之禹稷似兼愛而非兼愛，顔子似爲我而非爲我。」《通旨》朱氏公遷曰：「子莫執中與聖人之中不同，聖人隨事即理而有自然之中，子莫則膠於一定以爲中。所以然者，以其無權故也。若有權以稱之，斯得事理自然之中矣。」附《蒙引》：爲我，似義非義而有害於仁，若是真義，則何害於仁；兼愛，似仁非仁而有害於義，若是真仁，則何害於義。蓋仁義本並行不悖，隨所在而各伸其是，所謂權而取中也。○朱子曰：「爲我害仁，兼愛害義。愚竊謂若説爲我害義，兼愛害仁，亦可。」○爲「其賊道也」，此「道」字即中而合權者也。「爲我害仁」之「仁」，中而權者也。「兼愛害義」之「義」，亦中而權者也。大注「道之所貴者中，中之所貴者權」，此要體認精切，蓋不可於道外求中，中外求權也。道之所貴者中，不中不足以爲道；中之所貴者權，非權不足以爲中。

○孟子曰：「飢者甘食，渴者甘飲，是未得飲食之正也，飢渴害之也。豈惟口腹有飢渴之害，人心亦皆有害。

口腹爲飢渴所害，故於飲食不暇擇，而失其正味。人心爲貧賤所害，故於富貴不暇擇，而失其正理。朱子曰：「飢渴害其知味之性，則飲食雖不甘，亦以爲甘。利欲害其仁義之性，則所爲雖不可，亦以爲可。」附《蒙引》：問：「飲食正味如何？」曰：「此只淺説，如魚餒、肉敗，不得其醬而食，便是不暇擇而失其正味也。」

人能無以飢渴之害爲心害，則不及人不爲憂矣。」

人能不以貧賤之故而動其心，則過人遠矣。慶源輔氏曰：「人若能不以貧賤動其心，而於富貴辨其所當得而受之，其不當得則不受之，則過於常人遠矣。過人之遠，則不憂其不及人矣。」○新安陳氏曰：「富貴有當得不當得之正理，知之在心；如飲食有美惡之正味，知之在口。口腹因飢渴而失其正味，人易知之。人心因貧賤而失其正理，人多未知也。孟子因舉人之易知者，以曉人之未知者。夫貧賤不與飢渴期，而飢渴必至，自非有守之君子必不能忍飢渴，❶遂厭貧賤，而求富貴以害其心之正理矣。是害口腹者，飢渴也。害心者，亦飢渴也。飢渴能害口之正味，不當以害心之正理。此君子所以可飢可寒，可貧可賤，而不可與爲不義也。人能不以貧賤動其心，不以飢渴之害害其心，則必不厭貧賤以脱飢渴，必不冥受富貴以圖甘肥，而不患不及人矣。凡此皆孟子所以遏人欲而存天理也。」附《蒙引》：言心不爲貧賤所害，如口腹之於飢渴，然則過人遠矣。語意如所謂「以安社稷爲悦者」，不可依新安謂「貧賤不與飢渴期，而飢渴自至」。須看上文是平説，以彼喻此，不成此處又合言之。只看大注亦自分曉。○《淺説》：「人能無以飢渴之害爲心害」，此飢渴就當貧賤字看。

○孟子曰：「柳下惠不以三公易其介。」

介，有分辨之意。慶源輔氏曰：「介，有分辨意，則與界限之界同。凡事各有界限，甚分明，不可踰越。」○新安陳氏曰：「介，有剛介、介特、廉介之意。惟其有可辨，所以能如此。亦如廉本訓廉隅，惟其廉隅分辨，所以清廉、廉潔也。」柳下惠進不隱賢，必以其道，遺佚不怨，阨窮不憫，直道事人，至於三黜，是其介也。○此章言柳下惠和而不流，問：「『柳下惠不以三公易其介』，❷此與聖人之和互相發明邪，乃所以爲和邪？」龜山楊氏曰：「觀惠之和，宜若不介，故此特言之。」問：「何以知其介？」曰：「只不卑小官之意，便自可見。如柳下惠之才以爲大官，何所不可，而樂於爲小官，則其剛介可知矣。」○新安陳氏曰：「不以三公之貴，移奪其所守之介，和而不流故也。」與孔子論夷齊不念舊惡意正相類，皆聖賢微顯闡齒淺反。幽之意也。汪氏曰：「伯夷餓於首陽，伊尹祿以天下不顧，皆能不以三公易其介，獨稱柳下惠，何也？以惠之和，嫌於不介故也。」○雲峰胡氏曰：「人皆知夷齊之清，而不知夷齊之清而有量。人皆知柳下惠之和，而不知惠之和而不流。孔孟之言，皆闡幽之意也。微顯，是帶道説。」○新安陳

❶「忍」，原作「忽」，今據《四書大全》改。
❷「柳」，原作「流」，今據《四書大全》改。

氏曰：「『微顯闡幽』四字，出杜預《春秋傳序》。本以言孔子作《春秋》之意，於顯明者則微之，幽昧者則闡之。《集註》以爲孔、孟之論夷、齊、柳下惠，亦得此意。蓋夷、齊之清，惠之和，此其顯而易見者。夷、齊之不念舊惡，惠之介，此其幽而難見者。今則微其顯而闡其幽，聖賢之至公至明如此。」附顧麟士曰：「三公設言，亦倒句耳。正言之，則如云不貶其介以换那三公也。」

○孟子曰：「有爲者辟若掘井，掘井九軔而不及泉，猶爲棄井也。」辟，讀作譬。軔，音刃，與仞同。

八尺曰仞。新安陳氏曰：「《集註》於《語》『夫子之牆數仞』下云『七尺曰仞』。愚按《周書》『爲山九仞』，孔安國云『八尺曰仞』，鄭玄云『七尺曰仞』，《集註》兩存其説歟。蔡氏傳從孔説。愚證之《周禮》『匠人爲溝洫。廣四尺，深四尺，謂之溝。廣八尺，深八尺，謂之洫。廣二尋，深二仞，謂之澮』，蓋其爲溝、洫、澮，是加一倍之數。尋，八尺也。仞，亦八尺也。度脩廣，則計之以尋。度高深，則計之以仞。是澮之廣與深，各一丈六尺也。以此觀之，則孔説爲是，鄭説恐非。」言鑿井雖深，然未及泉而止，猶爲自棄其井也。○呂侍講曰：名希哲，字原明，河南人。「仁不如堯，孝不如舜，學不如孔子，終未入於聖人之域，終未至於天道，未免爲半塗而廢、自棄前功也。」慶源輔氏曰：「爲人而未得爲聖人，言治而不及於堯舜，皆爲未及夫泉也。」○雲峰胡氏曰：「當與《論語》『譬如爲山』一章通看，學問垂成而不至於成者，可爲戒矣。」《通旨》朱氏公遷曰：「此勉人進學之辭，爲學而未至者言之。餘如『學如不及』，『逝者如斯』，『日知其所亡』，『深造之以道』，及『人一己百，人十己千』，『知之成功一也』，凡教人以不可自畫者，皆此類。」附《淺説》：「有爲者譬若掘井」，何則？掘井必欲得泉，有爲必要成功也。若掘井雖九仞矣，苟未及泉而止，猶是自棄其井也。有爲者，若始勤而終怠，進鋭而退速，則是自棄前功，與棄井者何異哉。故不爲則已，爲則必要其成也。○《蒙引》：或者以爲有爲者設心如是，非也。味大注自明，還是孟子警人之辭。○有爲者，可兼德學事功説，不可專主爲學。

○孟子曰：「堯舜，性之也；湯武，身之也；

五霸，假之也。

堯舜，天性渾上聲。全，不假脩習。湯武，脩身體道，以復其性。五霸，則假借仁義之名，以求濟其貪欲之私耳。程子曰：「身之，是身踐履之也。假之者，身不行而假借之也。」○張子曰：「堯舜固無優劣，及至湯武則有別。孟子言性之、反之，自古無人如此言，惟孟子分出，遂知堯舜是生知，湯武學而能之。」○龜山楊氏曰：「堯舜性之，由而行者也。湯武身之，體之者也。五霸則假之而已，非己有也。若管仲責包茅不入，王祭不共，昭王南征不反，非謀伐之本意，假此爲説耳。」○朱子曰：「性之，是合下如此。身之，是做到那田地。」○問：「性善之善，與堯舜性之之性，如何？」曰：「性善之善字實，性之之性字虛。性之只是合下禀得，合下便得來受用。」又曰：「反之，是先失著了，反之而後得。身之，是把來身上做起。」○性是自然有底，身是從身上做得來底。湯武固皆身之，但細觀其書，湯身之之功恐更精密，湯有慚德，如武王恐未必有此意。○新安陳氏曰：「孟子論堯、舜、湯、武曰『堯舜，性者也。湯武，反之也』，與此章爲二而互相發明。反之，即復其性也。論五霸者不一，莫切於『假之』一辭，曰『以力假人者霸』，與此章爲三，乃是以一字斷盡五霸心事，得《春秋》以一字爲褒貶，與誅心之法者也。」附《存疑》：三「之」字指道。性是渾成底物，身便是作爲，故取以立言。性、身本是死字，此卻做活字用，猶「廛無夫里之布」之「廛」及「是貨之也」之「貨」字相似，言堯舜性乎此道也。蓋道出乎性也，賦性合下便有此道也，故注曰「天性渾全，不假脩爲」。湯武身乎此道也，蓋道出於身也，以身行之而後得也，故注曰「脩身體道，以復其性」。五霸假之，言非性非身，但假借這道來自文也。○《蒙引》：原五霸性分，元自有真仁義，乃置真者不用，而外尋箇假者以自文，可歎也。

久假而不歸，惡知其非有也。」惡，平聲。

歸，還也。有，實有也。言竊其名以終身，而不自知其非真有。慶源輔氏曰：「其初不過以之欺人，而其終遂全以之自欺。」或曰：「蓋歎世人莫覺其僞者。」亦通。舊説趙邠卿注。久假不歸，即爲真有，則誤矣。朱子曰：「惡、知二字，爲五霸設，如云五霸自不知也。五霸久假而不歸，安知其亦非己有也。」○汪氏曰：「舊説之意，謂若能久假而不歸，則固有者將自得之，是爲假者謀。假者之初意，全非天理，而以人欲之私行之，合下已差矣。加以久假，則私意纏繞，以終其身，虚僞益甚，膠固莫解，其得爲真有之乎。是皆學術心術不正，不能辨公私理欲之幾者之論，宜朱子明辨其誤也。」附《蒙引》：久假，便是不歸，不必説不歸於真。言其假之久而安也，所謂居之不疑相似。○末兩句是孟子歎辭，承上言五霸本是假之，而終不自知其爲假，所以可歎也。

○尹氏曰：「性之者，與道一也。身之者，履之也，及其成功則一也。五霸則假之而已，是以功烈如彼其卑也。」問：「假之之事，真所謂幽沉仁義，非獨爲害當時，又且流毒後世。」朱子曰：「此孟子所以不道桓文而卑管晏也。且如興滅繼絶，誅殘禁暴，懷諸侯而尊周室，百般好事他都做，只是無惻怛之誠心。他本欲他事之行，又恰有這題目入得，故不得不舉行，此邵子所以有功之首、罪之魁之論。」○雲峰胡氏曰：「性之者，自然而然；身之者，當然而然；假之者，似然而實不然。自然者，所性而有；當然者，能復其有；似然者，不自知其非真有。」

○公孫丑曰：「伊尹曰：『予不狎于不順。』放太甲于桐，民大悦。太甲賢，又反之，民大悦。

予不狎于不順，《太甲》篇文。狎，習見也。不順，言太甲所爲不順義理也。言不欲習見其如此。餘見形甸反。前篇。附《達説》：始悦其正君之非，終悦其成君之德。○《存疑》：「予不狎于不順」，蔡傳解《書》與此異。蔡傳似精，蓋恐其狎不順義理之人，營宮而遷之於桐，欲使不狎於不順，則其遷有名而不爲放，所以爲精也。

賢者之爲人臣也，其君不賢則固可放與？」與，平聲。孟子曰：「有伊尹之志則可，無伊尹之志則篡也。」

伊尹之志，公天下以爲心，而無一毫之私者也。南軒張氏曰：「伊尹之事，志存乎宗祀，變而得其正者也。方是時，太甲在諒陰，故徙之先王墓側，使之動心忍性而深思焉，是伊尹以冢宰攝政，而太甲居憂于桐耳。太甲克終允德，則於練除之際，奉而歸亳焉。其克終，雖由其自怨艾以改過，實亦尹之至誠有以感格之。無尹之志，徒以君不賢而放之，是篡亂之所爲耳。後世唯霍光放昌邑王賀而立宣，庶幾乎心存宗祀者，然始也建立之不審，而至誠敦篤又不加焉，其於尹之志蓋有愧也。是以嚴延年劾之，以爲擅廢立，無人臣禮，而識者有取焉。霍光且爾，況他人本爲一身利害計者乎，所爲元惡大憝，必誅而無赦者也。」○慶源輔氏曰：「公天下以爲心，豈一朝夕勉强所能爲哉。非道全德備，其素行有以信於人，至誠有以通於天者，不能也。」○覺軒張氏曰：「孟子此兩語，不惟見伊尹之心如青天白日，而百世之下姦臣亂賊亦無所逃其罪矣。味『則可』之辭，亦見處變僅可之意，而非正法也。」《通考》趙氏悳曰：「孟子論伯夷之清、柳下惠之和，則皆言其有隘與不恭之弊。於伊尹之任，既三言之，而獨不言其弊，蓋所謂有伊尹之志則可，無伊尹之志則篡者，即此任之弊也。不與夷惠之弊同論，而乃於此發之也，其慮天下後世遠矣。」

○公孫丑曰：「《詩》曰『不素餐兮』，君子之不耕而食，何也？」孟子曰：「君子居是國也，其君用之，則安富尊榮。其子弟從之，則孝弟忠信。不素餐兮，孰大於是。」餐，七丹反。

《詩》，《魏國風·伐檀》之篇。素，空也。無功而食祿，謂之素餐。此與告陳相、彭更之意同。南軒張氏曰：「《伐檀》之詩，非必欲君子稼穡而後食也。公孫丑以君子不耕而食爲素餐，其爲《詩》也亦固矣，其弊將至於爲許行之徒之論矣。故孟子告之以不素餐之大者。夫君子仁義脩乎身，居是國也，其君用之，則安富尊榮，如其未用，子弟從之，則亦薰陶乎孝弟忠信之習，而足以善俗。若夫飾小廉而妨大德，徇末流而忘正義，非君子之道也。」○新安陳氏曰：「君子居人國，用則有功於君而功業建，不用亦有功於人子弟而風俗厚，豈爲無功而食乎。丑之見何陋也。」《通旨》朱氏公遷曰：「仕不受祿與不受萬鍾，則義之中有見幾之智。孟子之於齊、宋、薛，子思之於魯繆公，則義之中見交際之禮。『傳食諸侯』一章，則言人之有功者，我當食其人，主於食人者而言也。『不素餐兮』一章，則言見食於人者，必有功於人主，於食人之食者而言也。是皆孟子自道之辭，所以解門人之惑者如此，皆因論辭受而見處物之義。『萬章問交際』一章，亦兼辭受之義與交際之禮。」附《蒙引》：「君子之不耕而食，何也」，爲孟子發，言其不仕而食祿也。孟子曰「其君用之則安富尊榮」，不是用之爲臣也，言雖不在其位，君但用其言，則亦有效矣。○《存疑》：《蒙引》曰：「『其君用之』與『子弟從之』相對說，謂上有功於君，下有功於民」，最是。小注作用，不用，未是。○安者，安其位，無禍亂也。尊者，高居九五，爲人所崇仰，無敢慢也。若周王下堂見諸侯，下勞晉侯於踐土，失其尊矣。榮與辱對，以仁則榮，不仁則辱來照看。雖大國必畏之，是榮也。

○王子墊問曰：「士何事？」墊，丁念反。

墊，齊王之子也。上則公卿大夫，下則農工商賈，音古。皆有所事，而士居其閒，獨無所事，故王子問之也。

孟子曰：「尚志。」

尚，高尚也。志者，心之所之也。士既未得行公卿大夫之道，又不當爲農工商賈之業，則高尚其志而已。朱子曰：「此『志』字，與『父在，觀其志』之『志』同，未見於所行，方見其所存也。」附《淺說》：此章之意，只在言士雖未得爲大人之事，其志則欲爲大人之事耳。蓋堯舜君民，參贊天地，君子分內事。故顔子簞瓢陋巷，亦有爲邦之問，而范仲淹自做秀才時，便以天下爲己任，無一事不理會過也。

曰：「何謂尚志？」曰：「仁義而已矣。殺一無罪，非仁也。非其有而取之，非義也。居惡在，仁是也。路惡在，義是也。居仁由義，大人之事備矣。」惡，平聲。

非仁非義之事，雖小不爲，而所居所由無不在於仁義，此士所以尚其志也。慶源輔氏曰：「士雖未得位以行其道，而其志則須高尚方可。志於仁義則高尚，溺於利欲則卑污。」《通旨》朱氏公遷曰：「匹夫不可奪志，孔子汎爲學者言。人不可以不尚志也，孟子專爲王子言。爲士者，但當尚志也。」大人，謂公、卿、大夫。言士雖未得大人之位，而其志如此，則大人之事體用已全。若小人之事，則固非所當爲也。南軒張氏曰：「殺一無罪而非仁，由是而體之，則人之所以能愛者，可得而推矣。非其有而取之爲非義，由是而體之，則其義之所以爲宜者，可得而推矣。居仁由義，居則不違，由則不他，居仁則體立，由義則用行，大人之事亦不越此而已矣。」○新安陳氏曰：「此章因王子問士何所事，對以士志乎仁義，已備大人之事。蓋志者，事之本未爲者也。事者，志之用有爲者也。志之所向素高，則事之大本已立，一旦得大人之位，舉而措之耳，何必待有事迹可見，而後始謂之有所事哉。若農、工、商、賈，小人之事，不特非所當爲，亦不屑爲，且不暇爲也。」《通旨》朱氏公遷曰：「仁存諸心，義形諸事，是仁爲體而義爲用也。然指仁義而名之，則以人心、人路言。就仁義而形容之，則以安宅、正路言。」附《淺説》：「何謂尚志，曰『志在仁義而已矣』」，如殺一無罪之人，非仁也，其心必曰吾若居位，必不殺一無罪也。非所當有者而取之，非義也，其心必曰吾若居位，必不取非其有也。心之所居何在，仁是也，鰥寡孤獨，吾欲視之於一體也；路之所由何在，義是也，紀綱法度，吾欲使之得其宜也，士之尚志如此。夫居仁者，大人之體也；由義者，大人之用也。士者，志於居仁由義，則雖未得爲大人之事，而大人之事已備矣。若小人之事，則固非所當爲，士者豈肯爲之哉。○《存疑》：居，以心之所存言。路，以身之所行言。孟子他日謂「仁，人之安宅」、「義，人之正路」與「仁，人心；義，人路」，都是此意。○非仁非義之事，雖小不爲，而所居所由，無不在於仁義，皆據後日言其所志則如是也，所以謂尚志。或曰：「居仁由義，若依後日言，則士當窮居時，獨無所居所由乎？」曰：「士當窮居時，雖有所居所由，亦必不苟，但此不言耳。」○居仁由義，決然做後來出仕時說。不然，士當窮居時，焉得有無罪可殺。或曰：「殺人之事甚大，乃謂雖小不爲，何也？」曰：「居民上，操生殺之柄，誤殺一人，亦小事也。」

○孟子曰：「仲子，不義與之齊國而弗受，人皆信之，是舍簞食豆羹之義也。人莫大焉亡親戚、君臣、上下。以其小者信其大者，奚可哉？」舍，音捨。食，音嗣。

仲子，陳仲子也。言仲子設若非義而與之齊國，必不肯受。齊人皆信其賢，然此但小廉耳。其辟兄離母，不食君禄，無人道之大倫，罪莫大焉。豈可以小廉信其大節，而遂以爲賢哉。南軒張氏曰：「仲子飾小廉而廢大倫，其不知義已甚矣。」○慶源輔氏曰：「觀前篇而論仲子之事，其介然自守如此，則不義而與之齊國必不肯受，此徇名而强矯者或能之，故孟子以爲是特舍簞食豆羹之義而已，蓋未以爲賢也。若夫安於人倫，使之各盡其道，則非盡性而樂循理者不能，故孟子言此以曉齊人，使之勿迷於小而必察其大耳。」○新安陳氏曰：「孟子於陳仲子其對匡章既深非之，此又申言之，二章當參看。」《通旨》朱氏公遷曰：「伊尹之一介不取與，亦其義之合於聖人者，故孟子稱之如此。若微生之與害於直，仲子之操害於廉，則皆不合於義者也，是故夫子以微事斷之，孟子以大節斷之，欲人以之爲戒耳，皆因論人而見處物之義。」附《存疑》：「仲子不義與之齊國而弗受」，即伊尹禄之以天下不顧，繫馬千駟弗視，亦非小事。乃謂是舍簞食豆羹之義者，蓋對親戚、君臣、上下言，則徒爲小節也。伊尹禄以天下不顧，自親戚、君臣、上下而達之，仲子不受齊國而遺親戚、君臣、上下，所以不爲聖賢所取也。○《蒙引》：「是舍簞食豆羹之義」，截下去看大注一「然」字。○《淺説》：「信」字當許字看，信其大者，此大者虚説，不指大倫。○大倫一虧，雖實讓非義之國，亦無足觀者，是舍簞食豆羹之義。講中不可用徇名矯飾意。

○桃應問曰：「舜爲天子，皋陶爲士，瞽瞍殺人，則如之何？」

桃應，孟子弟子也。其意以爲舜雖愛父，而不可以私害公。皋陶雖執法，而不可以刑天子之父。故設此問，以觀聖賢用心之所極，非以爲真有此事也。附《存疑》：此章問答，是就各人所處上説，都未及權變處，是就天理極致處説，都未粘著人情上。《蒙引》所難，乃是就人情權變上説，不是精微極致道理，亦非桃應所問之意。依其説全無味了，善乎朱子之言曰「此亦只是論聖賢之心耳」。

孟子曰：「執之而已矣。」

言皋陶之心知有法而已，不知有天子之父也。

「然則舜不禁與？」與，平聲。

桃應問也。

曰：「夫舜惡得而禁之，夫有所受之也。」夫，音扶。惡，平聲。

言皋陶之法有所傳受，非所敢私，雖天子之命亦不得而廢之也。附《存疑》：「夫有所受之」者，《書》曰「天討有罪，五刑五用」，法本於天，制於聖人，法官相傳而世守之，便是有所受也。常説謂受之於堯，極拙。謂總是國法，便有所受，亦鶻突。○顧麟士曰：「此一節方了皋陶義。」

「然則舜如之何？」

桃應問也。

曰：「舜視棄天下，猶棄敝蹝也。竊負而逃，遵海濱而處，終身訢然，樂而忘天下。」

蹝，音徙。訢，與欣同。樂，音洛。

蹝，韻書音所爾反，又所蟹反。草履也。遵，循也。言舜之心，知有父而已，不知有天下也。孟子嘗言舜視天下猶草芥，而惟順於父母可以解憂，與此意互相發。○此章言爲士者，但知有法，而不知天子父之爲尊。爲子者，但知有父，而不知天下之爲大。蓋其所以爲心者，莫非天理之極，人倫之至。雲峰胡氏曰：「皋但知有天子之法，天理也，君臣人倫之至也。舜但知有父，天理也，父子人倫之至也。」附《存疑》：在天爲理，在人爲倫，一而已矣。學者察此而有得焉，則不待較計論量，而天下無難處上聲。之事矣。朱子曰：「某嘗問李先生以此事，先生曰『蒯聵父子，只爲無此心，所以爲法律所縛，都轉動不得。若舜之心，則法律縛他不住，終身訢然樂而忘天下，求仁得仁，何怨之有』，然此亦只是言聖賢之心耳。聖賢之心，合下是如此，權制有未暇論，然到極不得已處，亦須變而通之。

蓋法者，天下公共在，皐陶亦只得執之而已。若人心不許，舜棄天下而去，則便是天也，皐陶亦安能違天。法與理便即是人心底，亦須是合下有如此底，心方能爲是權制。今人爲事合下無如此底心，其初便從權制去，則不可。」○執之而已矣。非洞見皐陶之心者，不能言也。此一章之義，見聖賢所處無所不用其極，所謂止於至善者也。○南軒張氏曰：「舜之有天下，初不以天下與於己，循天理之當然而已。爲瞽瞍殺人而枉其法，則失天下之公。若致辟於瞽瞍，則廢父子之倫。是皆雖有天下，不可一朝居者也，舜寧去天下而存此義耳。舜非輕天下也，義所當去，視天下猶敝蹝也。是故在皐陶，則使舜得以伸其竊負之義。在舜，則以此而可以終身。夫何求哉，循天理而已。善發明舜之心者，其惟孟子乎。若後世以利害之見論之，則謂天下方戴舜而賴其治，舜乃去之，得無廢成業而孤衆望乎，此不知天命者也。聖人所以爲治，奉天命而已。若汩於利害，而失天理之所在，雖舜亦何以治天下哉。或者以爲皐既執瞽瞍，舜烏得而竊之，蓋未之思也。皐既執瞽瞍於前，而使舜得伸其竊負之義於後，是乃天理時中，全君臣父子之倫者也。微孟子，孰能推之。」○汪氏曰：「竊負而逃，畏天故也；訢然之樂，樂天故也。孟子之對，示後世爲人臣子之道而已。以天子之父殺人，且不可舍，況其卑者乎。以天下之大且可棄，況其小者乎。」

○孟子自范之齊，望見齊王之子，喟然歎曰：「居移氣，養移體，大哉居乎，夫非盡人之子與。」夫，音扶。與，平聲。

范，齊邑。居，謂所處上聲，下同。之位。養，奉養去聲。也。言人之居處，所繫甚大。王子亦人子耳，特以所居不同，故所養不同，而其氣體有異也。附《蒙引》：「望見齊王之子，喟然歎曰」，其發歎之意，全在「況居天下之廣居者乎」。惟先有此感，然後發此歎，非徒歆羨其勢位之器宇，異於凡人而已也。○《淺説》：「夫非盡人之子」，連帶下「宮室、車馬、衣服多與人同」，作一串説下。注中特以「所居不同，故所養不同，而其氣體有異」，貼在「其居使之然」內。

孟子曰：

張、鄒張敬夫、鄒志完。皆云羨延面反。文也。

「王子宮室、車馬、衣服多與人同，而王子若彼者，其居使之然也，況居天下之廣居者乎。

廣居，見形甸反，下同。前篇。謂仁也。尹氏曰：「睟音粹。然見於面，盎於背，居天下之廣居者然也。」新安陳氏曰：「居仁宅者之氣象，必德潤身，而心廣體胖，與王子驕貴之氣習又不侔矣。」附《蒙引》：宮室，宮通一家言，室其宮之閫房也。衣服，衣專指衣裳，服通言冠履。曰「多與人同」，亦見終有不盡同處。

魯君之宋，呼於垤澤之門。守者曰：『此非吾君也，何其聲之似我君也。』此無他，居相似也。」呼，去聲。

垤澤，宋城門名也。孟子又引此事爲證。問：「孟子先言居移氣，養移體，後却只言居。」朱子曰：「有是居，則有是養。居公卿，有公卿底奉養。居貧賤，有貧賤底奉養。言居，則養在其中。」○南軒張氏曰：「居天下之廣居，宅乎天理者也。宅之之久，則其氣質變化，有不期然而然者矣。夫聖賢相去，雖有先後，而玩其氣象，如出一人者，以其所居之同故也。」○新安陳氏曰：「此章重在居廣居一句。勢位之居，猶足移氣，與賤者異。廣居之居，其能充吾正氣，而與常人異也必矣。」附《存疑》：「此無他，居相似」，是孟子之言，此下當貼一句云：「以此觀之，則居之能移氣也可見，而居廣居者信乎能變化氣象也。」○《蒙引》：引魯君事爲證，證王子也。然居廣居意，亦自見於言外。○顧麟士曰：「按《通義》鄱陽朱氏曰：『此章勉人爲仁之辭。』」

○孟子曰：「食而弗愛，豕交之也。愛而不敬，獸畜之也。食，音嗣。畜，許六反。

交，接也。畜，養也。獸，謂犬馬之屬。附《蒙引》：「食而弗愛」四句，泛說。○獸畜，頗厚於豕交，蓋豕交全不愛，獸畜則愛矣，但不敬耳。○犬馬有爲人之所愛者，如西旅獻獒，周穆王之於八駿，非豕之比也。朱子因上文「豕交」字，而於此解爲「犬馬之屬」，雖微文末義，亦致其精。

恭敬者，幣之未將者也。

將，猶奉也。《詩》曰：「承筐是將。」《小雅・鹿鳴》篇。程子曰：「恭敬，雖因威儀、幣帛而後發見，形甸反。然幣之未將時，已有此恭敬之心，非因幣帛而後有也。」附《蒙引》：此以下方説上國君待賢去。

恭敬而無實，君子不可虛拘。」

此言當時諸侯之待賢者，特以幣帛爲恭敬，而無其實也。拘，留也。趙邠卿曰：「實，謂愛敬也。」○慶源輔氏曰：「世衰道微，在上者，皆不知有恭敬待賢之誠，而惟恃其有幣帛之聘。在下者，惟知有幣帛之可慕，而不知察夫上之人所以待之之誠。上下之情，交騖於利，而不知有義理焉，故孟子發此論以警之。」《通考》東陽許氏曰：「恭敬者之恭敬，以發於心者言。恭敬而無實之恭敬，以幣帛言。」附《蒙引》：「君子不可虛拘」，言君子不可得而虛拘也。虛字，從無實字生，非謂君子當去，不可虛拘也。既是君子，自能去矣，不待教之。○《淺説》：凡待人者，徒食而弗愛，是豕交之也；徒愛而弗敬，是獸畜之也。然所謂恭敬者，又非幣帛之謂也。乃幣帛未將之時，而恭敬之心已生於內，此恭敬之實也。無文不顯，故托於幣帛以表其敬耳。吾觀當時諸侯之待觀者，特以幣帛爲恭敬，而無其實也。恭敬而無實，是亦豕交獸畜矣，名曰君子，又豈虛禮可得而拘耶。○顧麟士曰：「此章明人君待賢之禮。」

○孟子曰：「形色，天性也。惟聖人，然後可以踐形。」

人之有形有色，無不各有自然之理，所謂天性也。踐，如踐言之踐。《禮記・曲禮》：「脩身、踐言，謂之善行。」蓋衆人有是形，而不能盡其理，故無以踐其形。惟聖人有是形，而又能盡其理，然後可以踐其形而無歉若忝反。也。《通考》程氏勿齋曰：「至誠盡性，充其形色，是曰踐形也。」附《蒙引》：非指形色爲天性也，形色皆天性所在也。此形色平説，故注云「有形有色」，然色非有出於形之外也。○程子曰：「此言聖人盡得人道，而能充其形也。蓋人得天地之正氣而生，與萬物不同，既爲人，須盡得人理，然後稱去聲。其名。衆人有之而不知，賢人踐之而未盡，能充其形，惟聖人也。」楊氏曰：「天生烝民，有物有則。物者，形色也。則者，性也。各盡其性，則可以踐形矣。」龜山楊氏曰：「莫非形也。自聖人言之，目之所視，耳之所聽，以至口之所言，身之所動，不待著意莫不合則，所謂動容周旋中禮者也。未至於聖，則未免有充焉，若孔子告顔淵『非禮勿視』等語是也。故惟聖人然後可以踐形。」○朱子曰：「形是耳目口鼻之類，色如一顰一笑，皆有至理。」○形色上便有天性，視便有視之理，聽便有聽之理。○問：「『形色天性』，下却云『踐形』而不言色，何也？」曰：「有此形便有此色，言形則色在其中矣。」○踐，猶踐言、踐約之踐，言聖人所爲，便踏著箇形色之性耳。性，即理之謂。伊川謂充其形色説得好。形是形體，色如臨喪則有哀色，介冑則有不可犯之色之類。天之生人，人之得於天，其具耳目口鼻者，莫不皆有此理。耳便必當無有不聽，目便必當無有不明，口便必能盡別天下之味，鼻便必能盡別天下之臭。聖人與常人都一般，惟衆人有氣禀之雜、物欲之累。雖同是耳也，而不足於聽。同是目也，而不足於明。同是口，而不足以別味。同是鼻，而不足以別臭。雖有是形，而不能充踐此形。惟聖人，耳則十分聰，目則十分明，口、鼻莫不皆然，如此方可以踐此形。○潛室陳氏曰：「聖人盡性地位，方償得他本來形色、學未至於聖人，則於性分道理未免虧欠。才於性分有虧欠，即是空具此形色，不能充踐滿足也。○問：「孟子曰『形色，天性也』，告子曰『食色，性也』，二者之分如何？」曰：「形色爲性，是引氣入道理中來；食色爲性，是逐道理出形氣外去，霄壤之分。」○新安陳氏曰：「程子之説，蓋自踐字推廣之。衆人，全不能踐者也。賢人，雖能踐之，而未盡者也。聖人，則極能踐之，而無不盡者也。如《洪範》五事，則貌、言、視、聽、思，極於肅、乂、哲、謀、聖，皆踐形之意也。」《通考》朱子曰：「色在形裏面，猶言容貌也。」又曰：「人生天地，莫不有形、莫不有色，而本其有得於天者，則是形是色，莫不有所以然之故、所當然之則焉，則是所謂天性者也。然衆人牿於氣禀，狃於習俗，不能無人欲之私。是以視則不明，聽則不聰，貌則不恭，言則不從，蓋不能盡其形色本然之理，則雖有是形，而無以踐其形也。惟聖人能盡其性，而無一毫人欲之私雜於其間，是以視則極明，聽則極聰，蓋盡形色本然之理，無一不盡。既有是形，而又有以踐其形。本有是物，而又能脩其實以副之也。」附《存疑》：「形色，天性也」，與「仁，人心也」語勢雖同，而意不同。「仁，人心也」，言仁即人心也。「形色，天性也」，言形色有箇天性也。「惟聖人，然後可以踐形」，含箇盡性在內。形色，便有箇天性在內，聖人能盡性，所以能踐形。○曰「聖人，然後可以踐形」，是知人一箇形甚大，未至於聖人，亦云負此形矣。○耳目手足，形也。視聽持行，色也。聰明恭重，天性也。耳聽之聰，目視之明，手容必恭，足容必重，踐形也。○《蒙引》：踐形，猶云實其形，謂不虛之也，以能盡其形之理也。○踐形，猶言成人。必盡人之道，方爲成人。必盡形之性，方爲踐形。○形色、天性，本來都到十分地位。人必究得到十分地位，方是踐形，方滿得那腔子。

○齊宣王欲短喪。公孫丑曰：「爲朞之喪，猶愈於已乎？」

已，猶止也。新安陳氏曰：「丑附其說，謂三年短而爲朞，猶勝於止而不爲者乎。」附《蒙引》：「齊宣王欲短喪」，欲短三年之喪而爲期也。是自短其服制，而又推以及國人，所謂恕己及人，不忠之恕也。

孟子曰：「是猶或紾其兄之臂，子謂之姑徐徐云爾，亦教之孝弟而已矣。」紾，之忍反。

紾，戾也。教之以孝弟之道，則彼當自知兄之不可戾，而喪之不可短矣。孔子曰：「子生三年，然後免於父母之懷，予也有三年之愛於其父母乎？」所謂教之以孝弟者如此。蓋示之以至情之不能已者，非強上聲。之也。附《存疑》：「教之孝弟」，只承上「紾兄之臂」說，短喪之意在言外。《集註》「喪之不可短」，乃附說。「孔子曰：子生三年」以下，是就正意解。○《蒙引》：自紾兄者言，只是弟。然孝者必弟，弟者必孝，故孟子并言之。非以弟字屬兄之不可戾，孝字屬喪之不可短也。

王子有其母死者，其傅爲之請數月之喪。公孫丑曰：「若此者，何如也？」爲，去聲。

陳氏曰：「王子所生之母死，厭一甲反。於嫡母而不敢終喪。其傅爲請於王，欲使得行數月之喪也。大功，九月。小功，五月。時又適有此事，丑問如此者是非何如。」按《儀禮》：「公子爲亦，去聲。其母所生母。練冠、麻衣、縓七絹反，赤黄色。緣，俞絹反。既葬除之。」疑當時此禮已廢，或既葬而未忍即除，故請之也。《儀禮》「喪服」章記：「公子爲其母練冠、麻衣、縓緣。爲其妻縓冠、葛絰帶、麻衣、縓緣，皆既葬除之。」公子，君之庶子也。附《蒙引》：按《儀禮》「公子爲其母練冠、麻衣、縓緣，既葬除之」，此便是終喪也。疑當時此禮已廢之説爲是，故曰「是欲終之而不可得也」。若既葬而未忍即除，則其情雖厚，亦爲過制矣。○顧麟士曰：「按王子之喪，或不得行其喪親之數，或請之既葬之後，《集註》本有二説。」

曰：「是欲終之而不可得也。雖加一日愈於已，謂夫莫之禁而弗爲者也。」夫，音扶。

言王子欲終喪而不可得，其傅爲請，雖止得加一日，猶勝不加。我前所譏，乃謂夫莫之禁而自不爲者耳。○此章言三年通喪，天經地義，不容私意有所短長。示之至情，人心天理之真切處。則不肖者有以企去智反。而及之矣。附《存疑》：公孫丑以王子之事爲問，意其傅之所請若是，則已「爲朞之喪，猶愈於已」之言未必非，是欲即其傳之事以自解也。不知王子之不終喪，壓於嫡母，欲爲而不得者也。齊王之欲短喪，三年之喪初無所禁，得爲而不欲者也。欲爲而不得，則爲之請行數月之喪者爲是；得爲而不欲，則謂爲期之喪猶愈於已者爲非，其事絶不同，安可以彼解此哉。看來公孫丑此問，尤無見識，其視桃應之問相去遠矣。

○孟子曰：「君子之所以教者五：

下文五者，蓋因人品高下，或相去遠近先後之不同。慶源輔氏曰：「如時雨化，品之高者。成德、達財，其次也。答問，下者也。私淑艾，有同時而相去或遠，不同時而其生也後，不能及門受業者也。」附《蒙引》：下文時雨化、成德、達材、答問、私淑艾，都主君子之教言。

有如時雨化之者，

時雨，及時之雨也。草木之生，播種封植，丞職反。人力已至而未能自化，所少者，雨露之滋耳。及此時而雨之，則其化速矣。教人之妙，亦猶是也，若孔子之於顔、曾是已。程子曰：「待物生，以時雨潤之，使之自化。」○朱子曰：「時雨化者，不先不後，適當其時而已。」○他地位已到，因而發之，如孔子告顔淵以四勿，告曾子以一貫，所謂時雨化之者。○新安陳氏曰：「惟人力已至，而後時雨可化。惟顔、曾力到功深，而後孔子之化可施。使他弟子而遽以是告之，是猶種植之力未至，雖有時雨，亦不能速化也。」附《存疑》：時雨化者，天資高，學力到，一點便化。

有成德者，有達財者，

財，與材同。此各因其所長而教之者也。成德，如孔子之於冉、閔。達財，如孔子之於由、賜。朱子曰：「成就其德，德則天資純粹者。通達其材，材是天資明敏者。」○雲峰胡氏曰：「孔門四科，顔、曾、冉、閔皆以德行稱。孟子五教，《集註》則以夫子之於冉、閔爲成德，而顔、曾爲時雨化之，何也？蓋自顔、曾以下，皆在夫子教之之中，而顔、曾二子，獨得夫子化之之妙也。」附《蒙引》：成德，自其天資之純厚而成就之。達材，自其天資之明敏而成就之。蓋人材所稟，合下自有仁、智兩類。○《存疑》：有德未必無材，於德爲優曰德，自其所優言也；有材者未必無德，於材爲優曰材，自其所優言也。○德是心術近正底人，仁義禮智得之有生之初者未喪，雖未大喪，亦不能保其全也。成德是涵育薰陶，使之去其偏而入於全，去其疵類而一於純美也。○材是有技能底人，通於治國治民之理，而能有爲者也。達是開導誘掖，未就理者使之就理，就理而未致其極者使至於極也。

有答問者，

就所問而答之，若孔孟之於樊遲、萬章也。南軒張氏曰：「成德、達財，答問固在其中，而又有所謂答問者，此則專爲凡答其來問者也。雖鄙夫之空空，所以答之者，亦無非竭兩端之教也。」○慶源輔氏曰：「樊遲之粗鄙，萬章之淺率，孔孟皆必候其問而後告教之是也。」附《淺説》：又有資質凡下，學力未充，不可語之以所難知。惟隨其疑而解之，不可强之以所不能，惟因其明而通之。〇《存疑》：答問亦是門人，但於材德未必有，只隨其所問而答之。

有私淑艾者。艾，音乂。

私，竊也。淑，善也。艾，治也。人或不能及門受業，但聞君子之道於人而竊以善治其身，是亦君子教誨之所及，若孔孟之於陳亢、夷之是也。孟子亦曰：「予未得爲孔子徒也，予私淑諸人也。」朱子曰：「艾，芟草也。自艾、淑艾，皆有斬絶自新之意。懲艾、創艾，亦取諸此。」〇有答問者，未及師承，只是來相答問而已。私淑艾者，未嘗親見面授，只是或聞其風而師慕之，或私竊傳其善言善行，學之以善於其身，是亦君子之教誨也。附《通義》仁山金氏曰：「亢因子貢、伯魚而聞夫子之道，之因徐子而聞孟子之命，此所謂遞相傳授者也。孟子之私淑於人，則又在雨化德成之閒矣。」〇《蒙引》：或同時而相去不遠，如孔孟之於陳亢、夷之是也；或不同時而其生也後，如孟子所謂予私淑諸人也。〇有私淑艾，亦主教者言，蓋其教澤所遺，有以成就之也。凡道德足以師範後學者，皆有私艾之澤，必併此言之，然後足以盡君子之教。

此五者，君子之所以教人也。」

聖賢施教各因其材，小以成小，大以成大，無棄人也。趙氏曰：「君子之教人，如天地之生物，各因其材而篤焉。天地無棄物，聖賢無棄人。」

〇公孫丑曰：「道則高矣，美矣，宜若登天然，似不可及也。何不使彼爲可幾及，而日孶孶也。」幾，音機。孟子曰：「大匠不爲拙工改廢繩墨，羿不爲拙射變其彀率。爲，去聲。彀，古候反。率，音律。

彀率，彎弓之限也。言教人者，皆有不可易之法，不容自貶悲檢反。以徇學者之不能也。附《蒙引》：道爲君子之道，是君子所知所行

下文。

之法」，「皆」之一字，指大匠及羿。君子教人正意，卻在

是比況，下是正言也。○大注言「教人者，皆有不可易

之「君子引而不發」一意也。此兩節同是一箇道理，上

者。○「大匠不爲拙工」、「羿不爲拙射」二句，以起下文

君子引而不發，躍如也。中道而立，能者從之。」

引，引弓也。發，發矢也。躍如，如踴躍而出也。因上文彀率而言，君子教人，但授以學之之法，而不告以得之之妙。如射者之引弓而不發矢，然其所不告者，已如踴躍而見於前矣。中者，無過不及之謂。中道而立，言其非難非易。去聲。能者從之，言學者當自勉也。朱子曰：「引而不發，謂漸啓其端，而不竟其說。躍如，謂義理昭著，如有物躍然於心目之閒。」○躍如，是道理活潑潑地，發出在面前，如由中躍出。○「引而不發，躍如也」，須知得是引箇甚麽，是怎生地不發，又是甚麽物事躍在面前，須是聳起這心與他看，教此心精一無些子夾雜，方見得他那精微妙處。○道理散在天下事物之閒，聖賢也不是不說，然也全說不得，自是那妙處不容說。然雖不說，只纔撥動那頭了時，那箇物事自跌落在面前。如張弓十分滿而不發箭，雖不發箭，然已知得真箇是中這物事了。○南軒張氏曰：「聖人之道，天下之正理，不可過不可不及也。自卑者視之以爲甚高，而不知其高之爲中也；自隘者視之以爲甚大，而不知其大之爲常也。徇彼而遷就，則非所以爲道矣。能與不能，則存乎其人耳。中道而立，能者從之，此正大之體而天地之情也。學者循繩墨彀率而勿舍焉，及其久也，將自有得，不然蘄獲助長，爲害秪甚矣。」○此章言道有定體，教有成法；卑不可抗，高不可貶；語不能顯，默不能藏。汪氏曰：「君子雖不貶道以徇人，亦未嘗離人絶物，而使人不可幾及也。」○雲峰胡氏曰：「道有定體，故卑不可抗，高不可貶，是之謂中道而立。教有成法，故語不能顯，默不能藏，而在乎人之能者從之。」○新安陳氏曰：「道有定體，謂中道而立。教有成法，謂繩墨彀率。卑者不可抗之使高，高者不可貶

之使卑，申言道有定體也。雖語有不能顯者，謂引而不發。雖默有不能藏者，謂躍如也。熟玩味之，有無窮之妙。」附《蒙引》：「得之之妙」，如曾子所得之一貫，顏子所得之卓爾。○「授以學之法」，如孔子之博文約禮，三千之徒均此教也。若顏氏、曾氏之傳，獨得其宗，則所謂「能者從之」也。○「得之之妙」，不外乎「學之之法」而得之，而其所以得之，只在深造之以道。學者但當致力於其所學之法，而得之之妙，則無所容其力也。力到功深，則自然心領神會。○「君子引而不發」，大注曰「但授以學之之法，而不告以得之之妙」，小注曰「雖啟其端，而不竟其說」，二說似不同，蓋既授以學之之法，則非只是啟其端而已，如博文約禮、三綱領八條目之教，豈但有啟其端而不竟其說之理。夫子曰「誨人不倦」，又曰「有鄙夫問於我，空空如也，我叩其兩端而竭焉」，尤見其不然也。然則當細認大注之意，而不可以小注混之矣。或曰：「啟其端，猶舉一隅云耳，未可非也。」曰：「律以大注，則所謂三隅者，非得之之妙也。況舉一隅之云，與上文『不憤不啓，不悱不發』同是說有受教之地，固居所受之前，而所謂『復』者，則又可見其終無不覺之說也。」○此章孟子之言，總是言教有成法，而其所以教有成法者，以其道有定體也。惟道有定體，故教有成法。卑不可抗，高不可貶者，道有定體也。語不能顯，默不能藏者，教有成法也。亦惟其卑不可抗，高不可貶，故語不能顯，默不能藏。胡氏、陳氏所分貼俱難從。○《存疑》：君子教人，看道當如何知，便教人如是去求知，如博文、致知、格物是也。看道當如何行，便教人如是去求行，如約禮、誠意、正心、脩身是也。若夫真實知得這道是如何，真實行得這道是如何，此是得之之妙，則不告之，非不告也，不可告也，何也？下學可以言傳，上達必由心悟，故不可告也。然雖不告，而其所以真知得、真行得者，已躍如而見於前矣，何也？但不用功則已，如一用功，則這箇道理便是吾所必得底，亦固不遠也，真所謂躍如也。中道而立者，此道若極乎高遠而人爲難求，則是太過，太過非中也；若流於卑近而人爲易求，則是不及，不及亦非中也。既不極於高遠而難求，亦不流於卑近而易求，無過不及，所以謂之中也。學者若過用其心，而求之於高遠，如所謂索隱行怪者焉，則道不在於高遠，非過用其心者之所可從也；若不用其心，而求之於卑近，如所謂卑之無甚高論者焉，則道不在卑近，非不用其心者之所可從也，是皆不謂之能也。惟不求之高遠，不求之卑近，就中道而求之始謂之能，而道於是乎得矣，故曰「能者從之」。○按：躍如，只是說道理當時可得，象似踴躍而出一般。蓋有其事，必有其功，下學便可上達。纔下致知工夫，這理就當爲吾知；纔下力行工夫，這理就當爲吾行，更不待幾時刻，決定是如此，更無走作，故曰躍如。朱子小注謂「道理活潑潑地」，又謂「妙處不容說」，看來都不是，乃未定之見。○顧麟士曰：「兩節總是要破丑『登天』一問，不要把『不發』、『躍如』說得太玄妙了。」○《通義》鄱陽朱氏曰：「此章與上章，皆聖賢施教之道也。」

○孟子曰：「天下有道，以道殉身；天下無道，以身殉道。

殉，如殉葬之殉，以死隨物之名也。《記・檀弓下》：「陳子車死於衛，其妻與其家大夫謀以殉葬。〔謀，將殺人以殉葬。〕定而後，陳子亢至，以告曰：『夫子疾莫養於下，請以殉葬。』子亢曰：『以殉葬非禮也。雖然，則彼疾當養者，孰若妻與宰。得已則吾欲已，不得已則吾欲以二子者之爲之也。』於是弗果用。」身出則道在必行，道屈則身在心退，以死相從而不離去聲。也。趙氏曰：「道不可離也，雖時有治亂，已有窮達，非道殉身，即身殉道，以死相從，豈可得而離哉。」附《存疑》：身出而道隨之，故曰「以道殉身」；道屈而身隨之，故曰「以身殉道」。天下有道則道泰，謂「以身殉道」似亦可。不然者曰「以身殉道」則不見行道意，必曰「以道殉身」然後見身出而道在必行耳。聖賢立言，各有攸當。

未聞以道殉乎人者也。」

以道從人，妾婦之道。華陽范氏曰：「君子遭世之治，則身顯而道行，得志澤加於民，故以道從身。遭世之亂，則身隱而道不行，不得志脩身見於世，故以身從道。以道殉乎人者，陳代所謂枉尺而直尋也。古之聖賢以道殉身，伊尹、周公是也。以身殉道，孔子、孟子是也。君子窮達不離乎道，道可以處則處，道可以出則出。故人君用人，不用其身，唯用其道。以道殉人者，雖得之，無所用也。」○南軒張氏曰：「身與道不可離也，以道殉人，則是可離矣，烏有所謂道哉。」○新安陳氏曰：「妾婦以順從爲道，故亦曰道。孟子見有身徒顯而道不行，道不行而身猶不知隱者，故發此論。言當隨時之理亂，而酌身之進退，非道殉身，則身殉道，身與道不可須臾離也。使道不殉身，身不殉道，即是以道殉乎人矣。」附《存疑》：未聞以道殉人，主意正在此一句。當時仕者，皆以道殉人者也，故發此言。

○公都子曰：「滕更之在門也，若在所禮，而不答，何也？」更，平聲。

趙氏曰：「滕更，滕君之弟來學者也。」附《蒙引》：「若在所禮」者，意亦在於貴與賢與。

孟子曰：「挾貴而問，挾賢而問，挾長而問，挾有勳勞而問，挾故而問，皆所不答也。滕更有二焉。」長，上聲。

趙氏曰：「二，謂挾貴、挾賢也。」尹氏曰：「有所挾，則受道之心不專，所以不答也。」慶源輔氏曰：「學者之心須是專一，方有受教之地。有所挾，則二、三也。」○新安陳氏曰：「挾者，兼有而恃之之稱。勳勞，己嘗有功勞於師，故謂己與師有舊好，恃此以來學，望師待以異意而教之，皆所不當答。」○此言君子雖誨人不倦，又惡去聲。夫音扶。意之不誠者。南軒張氏曰：「受道者以虛心爲本，則能受。有所挾，則私意先橫於中，而不能入矣。故空空之鄙夫，聖人必竭兩端之教，而滕更挾二，故不答也。使能思所以不答之故，於所挾致力以消之，是亦誨之矣。」附《蒙引》：趙氏曰：「挾二，謂挾貴、挾賢也。」以國君之弟，固有貴可挾。以諸侯子姓而能從師受業，亦可見有賢可挾處。○《存疑》：問：「挾貴、挾賢、挾長、挾故，皆不答是矣。若有勳勞於我，似不必計其有所挾而亦不答，何也？」曰：「平日雖有勳勞於我，然當其有問，是其所無欲求益於我也。若有所挾，是不以所無求益爲重。從而答之，非但己失自重，彼亦從而輕之，不以爲意，彼此皆失其正矣，此所以不答也。」

○孟子曰：「於不可已而已者，無所不已。於所厚者薄，無所不薄也。

已，止也。不可止，謂所不得不爲者也。所厚，所當厚者也。此言不及者之弊。朱子曰：「厚、薄，是以家對國言之。又曰所厚，謂父子兄弟骨肉之恩，理之所當然，而人之不能已者。」附《存疑》：周平王忘父之讐，宋高宗忘父兄之讐，是不可已而已者。唐明王一日殺三子，是其所厚者薄也。○《蒙引》：厚薄，看來亦不可依朱子小注專作父子兄弟。對外人說，各各有厚薄。

其進銳者，其退速。」

進銳者，用心太過，其氣易去聲。**衰，故退速。**覺軒蔡氏曰：「進銳退速，其病正在意氣方盛之時，已有易衰之勢，不待意氣已衰之後，始見其失也。」**○三者之弊，理勢必然，雖過不及之不同，然卒同歸於廢弛。**施紙反。○慶源輔氏曰：「不及者之弊，則愈見其不及，流於欲者之所爲也。過者之弊，則其退也可立而待，役於氣者之所爲也。欲肆則無極，氣過則易衰，循理而行，則有漸而可繼也。」○勿軒熊氏曰：「前二句，則見之處事接物之閒。後一句，則本於立心講學之際。」○雲峰胡氏曰：「前二者，是當用心而不用心之弊。後一者，是過用其心之弊。不用其心，固宜廢弛；過用其心者，亦同歸於廢弛，過猶不及也。」附《蒙引》：於不可已而已者，以處事言。於所厚者薄，以待人言。其進銳者，以脩爲言。自是三項。但於不可已者，與於所厚者，同是說不及之弊。對

下句，便是一不及，一太過。不可以進銳退速貫上二項作一事說，進字、退字說不去。○一說「或爲其所當爲，而爲之太驟；或厚其所當厚，而厚之太過」，似亦可通。○《存疑》：進銳不但進脩，爲治亦然。如所謂求治太速，更張無漸者，亦是。

○孟子曰：「君子之於物也，愛之而弗仁；於民也，仁之而弗親。親親而仁民，仁民而愛物。」

物，謂禽獸草木。《通考》程氏勿齋曰：「天地之心，鬼神之會，靈於萬物，能推所爲，是之謂人。動植之類，形氣之偏，拘於所稟，而不能推，是之謂物。」**愛，謂取之有時，用之有節。**新安陳氏曰：「當取則取，當用則用，但有時有節，即愛也。若釋氏以不取不用爲愛，則非矣。」《通考》仁山金氏曰：「《集註》草木、禽獸，皆舉之。取之有時，用之有節，此先王愛物之政也。若釋氏雖例以不殺爲愛物，然知施於動物，而不知施之植物，此之謂不知類。況絕滅親親之倫，此之謂不知本。墨氏猶愛無差等，釋氏則又倒行逆施矣。」**程**

子曰：「仁，推己及人，如老吾老以及人之老，於民則可，於物則不可。統而言之則皆仁，分而言之則有序。」慶源輔氏曰：「統而言之，則皆自吾所性之仁。分而言之，則有輕重之序。然在學者言之，則於此三者之序，有由之而不知者，有得於此而失於彼者，又有倒行逆施、雜亂無次者。要當因聖賢之言，反求之心，涵養於未發之前，體察於已發之後，毋惑於異端，毋汩於私欲，然後是聖學工夫。」楊氏曰：「其分去聲，下同。不同，故所施不能無差楚宜反。等，所謂理一而分殊者也。」問：「孟子言愛與仁，有小大之分。」潛室陳氏曰：「親親而仁民，仁民而愛物，所謂一理萬殊，稱物平施，此仁字是用。待禽獸只有愛心，不可使失所。若夫牛不穿鼻，馬不絡首，一以人理奉之，則親民何別，不幾於同人類於牛馬乎。仁者，人心也，有人理存焉。施於人者，不可施於物，乃理一分殊處。」○新安陳氏曰：「理一所以爲仁，分殊所以爲仁之義。」尹氏曰：「何以有是差等，一本故也，無僞也。」慶源輔氏曰：「一本故無僞，而有等差。若無等差，是僞而二本也。」○西山真氏曰：「凡生於天地間者，莫非天地之子，而吾之同氣者也，是之謂理一。然親者吾之同體，民者吾之同類，而物則異類矣，是之謂分殊，故仁愛之施，則有差。」○朱氏祖義曰：「不以待人者施之物，以其有貴賤之分也；不以待親者施之他人，以其有親疎之殺也。於無所不受之中，而不失其貴賤親疎之等差。此聖人之仁，所以歷萬世而無弊也。」○新安陳氏曰：「暴殄者，固非愛物矣。梁武之宗廟不用犧牲，亦非愛物之宜，蓋愛之而仁，是以仁民者仁物也，無怪其於民反不仁也。墨氏之愛無差等，施由親始，亦非仁民之宜，蓋仁之而親，是以親親者親民也，無怪其無父，而於親反不親也。是皆倒行逆施之道，無次序，無等差，非仁矣。」○東陽許氏曰：「『愛之而弗仁』之愛，愛惜之義，不輕用物，不暴殄天物之意。『仁民』之仁，乃愛之本義。親，又重於仁。」《通旨》朱氏公遷曰：「愛親，是愛之所由立。愛人、愛物，是愛之所由施，皆偏言之仁也。」○東陽許氏曰：「此章四仁字，皆言仁之用。程子推己及人，正訓仁字。推字亦要輕看，以己所有，推出行去爾。」附《蒙引》：此章只是輕重之等。既有輕重，則先後亦在其中。重者必在所先，輕者必在所後，但正意主於輕重之等。〇《存疑》：此章言君子之施仁，有等級而不混也。上是不混，下是有等。〇愛若單言，則包仁、親；若並言，則當分別。愛，是愛惜不暴殄也，注謂「取之有時，用之有節」，是也。前篇告梁惠王不違農時，斧斤以時入山林，注謂「樽節愛養之事」，正是此愛。仁，是視人猶己，以己及人，己欲立而立人，己欲達而達人，使人皆如己也。若以是施之物，豈可哉。犬豕牛有當殺時，馬便用之乘載，如何使他皆如我得，故曰：「愛之而弗仁。」親，是恩意親切，比仁尤加厚，如所謂事親、敬長、慈幼是也。在民，若以是施之，非惟億兆之衆力有所不及，其視至親無異路人，亦兼愛而無別矣，豈可哉？故曰：「仁之而弗親。」

〇孟子曰：「知者無不知也，當務之爲急。仁者無不愛也，急親賢之爲務。堯舜之知而不偏物，急先務也。堯舜之仁不偏愛人，急親賢也。「知者」之「知」，並去聲。知者固無不知，然常以所當務者爲急，則事無不治，去聲。而其爲知也大矣。仁者固無不愛，然常急於親賢，則恩無不洽，而其爲仁也博矣。問：「如舜舉皋陶，湯舉伊尹，所謂親賢者，乃治天下不易之務。若當務之急，是隨其時勢之不同，堯之曆象治水，舜之舉相去凶，湯之伐夏救民，皆所務之急者。」朱子曰：「也是如此。然當務之急，如所謂勞心者治人，勞力者治於人，堯舜之治天下，豈無所用其心，亦不用於耕耳。又如夫子言『務民之義』，應係所當爲者皆是也。」又曰：「堯以不得舜爲己憂，舜以不得禹、皋陶爲己憂，此聖人之所急也。上好禮，則民莫敢不敬。上好義，則民莫敢不服。上好信，則民莫敢不用情。若學圃、學稼，則是不急。」〇新安陳氏曰：「上四句，言知仁之理。下六句，舉堯舜之知仁以實之。」《通旨》朱氏公遷曰：「博施濟衆者，聖人之所病；爲天下得人者，聖人之所能，故曰：『堯舜之仁不偏愛人，急親賢也。』」附《存疑》：知者雖無不知，然天下之事多矣，如欲物物而知之，則知不能徧，天下之事廢弛者多矣。故惟當務之爲，急於當務，則大者既立，其小者亦將以次而舉，事無不治，其爲智也大矣。仁者雖無不愛，然天下之人多矣，如欲人人而愛之，則愛不能偏，天下之人有遺者多矣。故急親賢之爲務，急於親賢，則賢人各供其職，脩政立事，四海皆被其澤，恩無不洽，其爲仁也溥矣。

不能三年之喪，而緦小功之察。放飯流歠，而問無齒決，是之謂不知務。」飯，扶晚反。歠，昌悅反。

三年之喪，服之重者也。緦麻三月，小功五月，服之輕者也。察，致詳也。放飯，大飯。流歠，長歠，不敬之大者也。齒決，齧吾結反。斷乾音干。肉，不敬之小者也。曲禮曰：「毋放飯，毋流歠。」又曰：「濡肉，齒決。乾肉，不齒決。濡，溼也，宜齧斷之。乾肉堅，宜用手。」問，講求之意。南軒張氏曰：「孟子所譬，特言舍大徇小者，爲不知務耳，非謂能三年之喪，則緦、小功有不足察。無放飯、流歠，則齒決有不必問也。先後具舉，本末畢貫，此所以爲道。」○新安陳氏曰：「上文言智之知急務，仁之急親賢爲務，乃智仁之大者。此取譬於喪服飲食，以譏不能其大而求其細，非知務者也。『不知務』，是併結上文『當務』、『親賢爲務』二『務』字。」

附《淺説》：夫智急於先務，仁急於親賢，是謂知務也。苟或舍重務輕，如不能三年之喪而緦、小功之察，舍大務小，如放飯、流歠而問無齒決，是之謂不知務。○

此章言君子之於道，識其全體則心不狹，知所先後則事有序。雲峰胡氏曰：「《集註》之意，以爲識智之全體，則其用宜無所不知；識仁之全體，則其用宜無所不愛。然智之用，有當務之爲急；仁之用，當急親賢之爲務。故不識其全體者，知之不周，愛之不廣，狹用其心者也。不知所先後者，知之雖周，而精神敝於無用；愛之欲廣，而德澤壅於下流，泛用其心也。輔氏以爲識其全體是言仁，知所先後則爲智，非《集註》意矣。」豐氏曰：「智不急於先務，雖偏知人之所知，偏能人之所能，徒弊精神而無益於天下之治去聲。矣。仁不急於親賢，雖有仁民愛物之心，小人在位，無由下達，聰明日蔽於上，而惡政日加於下，此孟子所謂不知務也。」新安陳氏曰：

「『當務爲急』與『親賢爲務』相對。以《臯謨》『能哲而惠』及『樊遲問仁智』章之意推之，謂智之所當務者，即是急親賢之爲務。仁之所爲，智之所知，亦儘可通，南軒即此説也。但孟子、朱子之意本不如此，蓋知行當務，所包甚闊，不可竟以親賢當知。此章乃平論智仁，非論智仁相爲用也。」

孟子集註大全卷之十三終

孟子集註大全卷之十四 三魚堂讀本

盡心章句下

凡三十八章《通考》勿軒熊氏曰：「前四章極言當時戰國之禍，九章論古聖賢，二章言孟子出處，餘皆講學、脩身、齊家、治國之事。」

孟子曰：「不仁哉，梁惠王也。仁者以其所愛及其所不愛，不仁者以其所不愛及其所愛。」

親親而仁民，仁民而愛物，所謂以其所愛及其所不愛也。附《蒙引》：注「親親而仁民，仁民而愛物，所謂以其所愛及其所不愛也」，「夫仁者以天地萬物爲一體」，「民吾同胞，物吾與也」，蓋無一物不在所愛之中。今乃以民物爲所不愛，何也？此亦所謂「其所厚者薄，而其所薄者厚」之意。民亦吾所愛也，視親則爲在所不愛矣。物亦吾所愛也，視民則爲在所不愛矣。

公孫丑曰：「何謂也？」「梁惠王以土地之故，糜爛其民而戰之，大敗，將復之，恐不能勝，故驅其所愛子弟以殉之，是之謂以其所不愛及其所愛也。」

梁惠王以下，孟子答辭也。糜爛其民，使之戰鬬，糜爛其血肉也。復，扶又反。之，復戰也。子弟，謂太子申也。即所謂「東敗於齊，長子死焉者」。以土地之故及其民，以民之故及其子，皆以其所不愛及其所愛也。

○此承前篇之末三章之意，雲峰胡氏曰：「承『所厚者薄』，『親親仁民』，『仁者無不愛』而言。」言仁人之恩，自内及外。不仁之禍，由疏與疎同。逮親。南軒張氏曰：「仁者，推其愛親者以愛人。不仁者，以其忍於他人者忍於其親。仁與不仁之分，其端甚微，而其流如此。」○慶源輔氏曰：「『仁人之恩，自内以及外』者，自本而推之也。惟其自本而推之，故雖無所不愛，而輕重等差，蓋不可紊也。『不仁之禍，由疏逮親』者，徇欲而從流者也。惟其徇欲而從流，故横放逆施，莫之紀極也。始也糜爛其民人，而殘賊其子弟，終不至殺身覆族不已也。」《通考》朱氏公遷曰：「此斥其不仁之辭。予之不仁，是因其所發，而知其所存；惠王不仁，是因其所行，而知其所蘊，二章皆以事言也。」附《存疑》：惠王本意，不是驅其所愛子弟以殉之，兵敗被殺，則似驅之也。

○孟子曰：「《春秋》無義戰。彼善於此，則有之矣。

《春秋》每書諸侯戰伐之事，必加譏貶，以著其擅時戰反。興之罪，無有以爲合於義而許之者。但就中彼善於此者則有之，如召音邵。陵之師之類是也。《春秋》僖公四年：「齊侯伐楚，楚屈完來盟于師，盟于召陵。」○南軒張氏曰：「《春秋》無義戰，如齊桓公侵蔡伐楚，如晉文公城濮之戰，在當時其事雖若善，至於不禀王命而擅用其師，則均爲不義而已矣。」○雲峰胡氏曰：「《春秋》書戰，皆以著諸侯無王之罪。召陵之師，猶知假尊王之義。」附《蒙引》：《春秋》是指《春秋》經，非指春秋時也，故注云「《春秋》每書諸侯戰伐之事」云云。「彼善於此則有之矣」，此句要見得總是無義戰意。○顧麟士曰：「無義戰，言無義其戰者，指孔子書法説。」

征者，上伐下也，敵國不相征也。」

征，所以正人也。諸侯有罪，則天子討而正之，此《春秋》所以無義戰也。新安陳氏曰：「《春秋》以道名分，使征伐自天子出，《春秋》不作矣。惟不自天子出，而自諸侯出，《春秋》所以作也。『無義戰』三字，斷盡諸侯兵争之罪。」附《蒙引》：「征者，上伐下也」條，正解上文所以「《春秋》無義戰」之意。○征與伐何别？曰：「有不義之伐，無不義之征。」○顧麟士曰：「纔説相征，便是無王，安得有義。敵國，恐是言相敵之國。」

○孟子曰：「盡信書，則不如無書。

程子曰：「載事之辭，容有重稱而過其實

者，學者當識其義而已。苟執於辭，則時或有害於義，不如無書之愈也。」**附**《蒙引》：此「書」字不必指《書》經，凡載事之辭，皆書也。

吾於《武成》，取二三策而已矣。

《武成》，《周書》篇名，武王伐紂歸而記事之書也。策，竹簡也。取其二三策之言，其餘不可盡信也。程子曰：「取其奉天伐暴之意，反政施仁之法而已。」張子曰：「『不以文害辭，不以辭害意』，此教人讀《詩》法也。『於武成取二三策而已』，此教人讀《書》法也。」

仁人無敵於天下，以至仁伐至不仁，而何其血之流杵也。」

杵，舂杵也，或作鹵與櫓同，音魯。楯也。楯，豎尹反，兵器所以蔽身者。《武成》言武王伐紂，紂之「前徒倒戈，攻于後以北，血流漂杵」。孟子言此則其不可信者，然《書》本意乃謂商人自相殺，非謂武王殺之也。孟子之設是言，懼後世之惑且長上聲。不仁之心耳。問：「血流漂杵，乃紂之前徒倒戈之所爲。荀子以爲殺之者皆商人，非周人者是也，而孟子不之信，何哉？」朱子曰：「此亦拔本塞源之論，蓋雖殺者非我，而亦不忍言也。程子以爲孟子設爲是言，蓋得其微意。」余隱之云：「《魯語》曰『俎豆之事，則嘗聞之矣。軍旅之事，未之學也』，孔子之意可見矣。客有問陶弘景：『注《易》與《本草》孰先？』陶曰：『注《易》誤不至殺人，注《本草》誤則有不得其死者。』世以爲知言。唐子西嘗曰：『弘景知《本草》而未知經注。本草誤，其禍疾而小。注六經誤，其禍遲而大。前世儒臣引經誤國，其禍至於伏屍百萬，流血千里。』《武成》曰『血流漂杵』，武王以此自多之辭。當時倒戈攻後，殺傷固多，非止一處，豈至血流漂杵乎。孟子深慮戰國之君以此藉口，故曰『盡信書，則不如無書』，而謂血流漂杵，未足爲多，豈示訓之至哉。經訓之禍，正此類也。反以孟子爲畔經，豈不惑之甚耶。」《通考》朱氏公遷曰：「弔民伐罪，興師之義也，湯武之師是已。《春秋》彼善於此者，假義而已。若魯欲伐齊，則貪昧而不知義。齊欲滅燕，則暴虐而不合義。季氏欲伐公臣，則強僭而犯義。宋不度德量力，而稱兵於倍地之四隣，是又衡行賊義，以取敗亡者也。此皆明興師之義。」附《蒙引》：據此言，則其所不信者，不止「血流漂杵」之一言矣。然今通考《武成》，則其言一一皆平實而可信，何也？〇《存疑》：觀《書》言「血流漂杵」與孟子之言異，須知孟子立言之意。《蒙引》説得好，謂孟子斯言非初不識《書》本意，蓋直反《書》意而言之，所以拔本塞源而爲生民之命也。

〇孟子曰：「有人曰：『我善爲陳，我善爲戰。』大罪也。陳，去聲。

制行音杭。伍曰陳，交兵曰戰。以帝王之世律之，大罪人也。附《淺説》：「有人曰『我善爲陳，我善爲戰』」，斯人也，爭地以戰，殺人盈野，爭城以戰，殺人盈城，大罪之人也。

國君好仁，天下無敵焉。南面而征，北狄怨；東面而征，西夷怨，曰：『奚爲後我？』好，去聲。

此引湯之事以明之，解見形甸反。前篇。附《淺説》：且「國君好仁，天下無敵」，又安用彼善爲陳、善爲戰者哉。何以見仁者之無敵？如湯「南面而征，北狄怨；東面而征，西夷怨，曰『奚爲後我』」，孰有敵之者。

武王之伐殷也，革車三百兩，虎賁三千人。兩，去聲。賁，音奔。

又以武王之事明之也。兩，車數，一車兩輪也。千，《書序》作百。附《蒙引》：「革車三百兩，虎賁三千人」，言其不盛兵威也，以矯「我善爲陳，善爲戰」之意。「千，《書序》作百」，則益明矣。〇《周禮》：「虎賁氏下大夫二人，中士十有二人，府二人，史八人，胥八十人，虎士八百人。」「虎賁氏掌先後王而趨以卒伍，軍旅會同亦如之。」蓋如今之親軍禁兵也。〇《淺説》：又如武王之伐殷也，革車只用三百兩，虎賁只有三千人，本易敵也。然觀武王入殷之初，而謂商人曰：「無畏！寧爾也，非敵百姓也。」於是民皆稽首，若崩厥角矣。夫誰與王敵？

王曰：『無畏！寧爾也，非敵百姓也。』若崩厥角稽首。

《書·泰誓》文與此小異。孟子之意當

云：王謂商人曰：無畏我也，我來伐紂本爲去聲。安寧汝，非敵商之百姓也。於是商人稽首至地，如角之崩也。附顧麟士曰：「此上三條，以湯武明其無敵。雖皆《書》辭，不算引《書》，可勿辨其同異也。」○「王曰」至「姓也」止，「若崩」句敘辭。○《蒙引》：崩不是崩墜，只是垂向下之意。○「無畏！寧爾也」一條，重在「若崩厥角稽首」一句。

征之爲言正也，各欲正己也，焉用戰？」焉，於虔反。

民爲暴君所虐，皆欲仁者來正己之國也。

南軒張氏曰：「戰國之際，以功力相勝，善爲戰者，則謂之能臣矣。而孟子前以爲當服上刑，今又以爲大罪，蓋所謂深救當時之弊，使之循其本也。循其本有道焉，其惟好仁乎，好仁則無敵於天下。若不志於仁，而徒欲以功力取勝，則天下孰非吾敵，勝與負均爲殘民而逆天也。」○雲峰胡氏曰：「觀此復引《書》而言，則可知前章所謂『盡信書，不如無書者矣』。大抵此四章，亦相承而言。一章以梁王之戰爲不仁，二章以春秋之戰爲無義，三章言武王仁義之師必無血流漂杵之事，四章言湯武仁義之師必不用我善爲戰之人。」○東陽許氏曰：「孟子之時，皆尚攻戰，能者爲賢臣，而孟子乃以爲大罪。蓋國君苟能行仁政以愛其民，使之飽煖安逸，則下民親戴其上矣。其他國之民受虐於君者，心必歸於此。人既樂歸於我，我以親上之民而征虐民之君，則其民豈肯與我爲敵，故以湯武之事以證之。」附《淺說》：夫國君好仁，而自能無敵於天下者，何也？蓋征之爲言正也，民爲暴君所虐，皆欲仁者來正己之國也，又豈有敵之者。既無敵，則焉用戰。既不用戰，則焉用彼善戰之人哉。

○孟子曰：「梓匠輪輿能與人規矩，不能使人巧。」

尹氏曰：「規矩，法度可告者也。巧則在其人，雖大匠亦末如之何也已。蓋下學可以言傳，上達必由心悟。」南軒張氏曰：「聖賢之教人，自洒掃、應對、進退而上，皆規矩也。行著習察則存乎人，聖賢亦豈能使之然哉。然而固不外乎規矩，舍規矩以求巧，無是理也。」○新安陳氏曰：「巧，即循規矩熟後自得之妙，未有舍規矩而可以得巧者。上達，即下學之覺悟處，未有舍下學而徑可以上達者。但巧與上達，非教者所能致力耳，未嘗以爲出於規矩與下學之外也。」〇本文如《詩》六義之比，未嘗説破。此乃以吾道之教者與學者言之也。莊周所論斲輪之意，蓋如此。《莊子·天道》篇：「桓公讀書於堂上，輪扁〔音篇，又如字，匠氏名。〕斲輪於堂下。釋椎鑿而上問桓公曰：『敢問公之所讀者何言耶？』公曰：『聖人之言也。』曰：『聖人在乎？』公曰：『已死矣。』曰：『然則君之所讀者，古人之糟魄〔普各反。〕❶已夫。桓公曰：『寡人讀書，輪人安得議乎，有説則可，無説則死。』輪扁曰：『臣也以臣之事觀之，斲輪徐則甘而不固，疾則苦而不入，不徐不疾，得之於手而應之於心，口不能言，有數存焉於其閒。臣不能以喻臣之子，臣之子亦不能受之於臣，是以行年七十而老斲輪。古之人與，〔音余。〕其不可傳者死矣。然則君之所讀者，古人之糟魄已夫。』」

〇孟子曰：「舜之飯糗茹草也，若將終身焉。及其爲天子也，被袗衣，鼓琴，二女果，若固有之。」飯，上聲。糗，去久反。茹，音汝。袗，之忍反。果，《説文》作裸，烏果反。

飯，食也。糗，乾音干。糒音備。也。茹，亦食也。袗，畫俗作畵。衣也。趙氏曰：「畫，黼黻、絺繡之衣也。」二女，堯二女也。果，女侍也。朱子曰：「趙氏以果爲侍，《廣韻》從女、從果者，亦曰侍。」言聖人之心，不以貧賤而有慕於外，不以富貴而有動於中，隨遇而安，無預於己，所性分去聲。定故也。南軒張氏曰：「『若將終身』、『若固有之』，可謂善形容舜者。蓋所欲不存，樂天而安土。窮而在下，則無一毫之虧；達而在上，亦無一毫之加，故無適而不得也。」〇慶源輔氏曰：「『所性』，謂天所予我之性。『分定』，謂雖大行不加，雖窮居不損也。夫貧富貴賤，皆外物之儻來寄也。聖人盡性，故湛然無所欣戚於其閒，隨遇而安，不以物動己也。無預於己，不以己隨物也。」《通考》朱氏公遷曰：

❶「普」，原作「晉」，今據《四書大全》改。

「有天下不與者，是不爲外物所役。若將終身、若果有之者，是不爲外物所遷。飯疏、飲水、樂在其中者，是不爲外物所累，安土敦仁，聖之至也，是皆即其心之所安而言之。」附《蒙引》：草，蔬菜也，故蔬菜之類，字皆從草頭。草者，其總名。蔬菜，即草之可食者也。

○孟子曰：「吾今而後知殺人親之重也。殺人之父，人亦殺其父；殺人之兄，人亦殺其兄。然則非自殺之也，一閒耳。」閒，去聲。

言吾今而後知者，必有所爲去聲。而感發也。一閒者，我往彼來，閒一人耳，其實與自害其親無異也。范氏曰：「知此則愛敬人之親，人亦愛敬其親矣。」南軒張氏曰：「天有顯道，厥類惟彰。感應之理，未有不以類者。方其殺人之親，孰知人殺吾親，其機固已在此乎。觀魏晉南北朝之君，互相屠戮，自今觀之，屠戮他人者，實自絶滅而已矣。孟子斯言，欲使時君無動於忿欲，寡怨息爭，以保全其宗廟親族，是仁術也。」附《蒙引》：「然則非自殺之也，一閒耳」，此章之言，只重在此一句。注「閒，去聲」，故云「此往彼來，閒一人耳」。惟《論語》「回也，其心三月不違仁」章注云「顔子於聖人，未達一閒者也」，則作平聲讀，有新安陳氏之説頗詳。○「然則非自殺之也，一閒耳」，猶言假手於人耳，其實是己殺之也。

○孟子曰：「古之爲關也，將以禦暴。

譏察非常。

今之爲關也，將以爲暴。」

征稅出入。新安陳氏曰：「關有譏，有征。古者禁異服，譏異言，以譏爲主。今以征爲主而已。」○范氏曰：「古之耕者什一，後世或收大半之稅，此以賦斂力驗反。爲暴也。文王之囿，與民同之。齊宣王之囿，爲阱國中，此以園囿爲暴也。後世爲暴不止於關，若使孟子用於諸侯，必行文王之政，凡此之類，皆不終日而改也。」南軒張氏曰：「古以義理爲國，後世徇利而已。古人創法立制，與天下公其凡以爲民耳。以利爲國，雖古法之尚存者，亦皆轉而爲一己之計矣。本原不正，無往不失先王之意，豈特爲關之暴而已哉。」○慶源輔氏曰：「闕則一，而古今所以爲闕之意，則不同。『譏察非常』，爲義也，天理也。征稅出入，爲利也，人欲也。天下之事莫不然，孟子舉闕之一事言之。范氏推言及賦斂苑囿之事，且曰『使孟子用於諸侯，必行文王之政』者，尤説得孟子之事實。蓋孟子言語，句句是事實，言之則必行之。」

○孟子曰：「身不行道，不行於妻子。使人不以道，不能行於妻子。」

身不行道者，以行去聲。言之。不行者，道不行也。使人不以道者，以事言之。不能行者，令不行也。朱子曰：「身若不行道，則妻子無所取法，全無畏憚了，然猶可使也。若使人不以道，則妻子亦不可使矣。」○問：「不行於妻子，百事不可行，不可使亦在其中。不能行於妻子，却只指使人一事言之否？」曰：「然。」○南軒張氏曰：「順理之事，則人易從，否則雖妻子亦不能使之必從也。前言不躬行，則無以化之。後言使之非道，則不得而强之。然使之以道而躬行未至，彼亦未必信從，均於不行而已，是行道爲本也。然在行道者言之，使人以道，亦行道之見於一事者也。古人謂『進德者，必考之於妻子』，其是之謂歟。」附《存疑》：此與《論語》「雖州里行乎哉」意一般，《蒙引》説最好，非專爲妻子也。妻子，至親近、仰吾以爲天者，尚不可化，不可令，況他人乎。

○孟子曰：「周于利者，凶年不能殺；周于德者，邪世不能亂。」

周，足也，言積之厚，則用有餘。慶源輔氏曰：「德貴蓄積，然後有餘用，而外物不足以亂之。若夫挾一善一長，而自以爲足，而欲以遊於邪世，則鮮有不爲其所亂者矣。故良農不患乎年之有凶，而惟患乎蓄糧之不厚。君子不患乎世之難處，而患乎德之不周。戰兢自持，死而後已，凡皆以周其德也。」○新安陳氏曰：「積利厚者，凶豐皆給。積德厚者，理亂皆正。孟子不言利而此言之，主周於德而言，借以爲喻而引起耳。」附《蒙引》：周於德，謂識到、守到、氣又到也，故邪世不能亂。三者一不至，則亂矣。識不到則眩，荀彧之從曹操是也；守不到則敗，楊雄之爲莽大夫是也；氣不到則懾，王坦之之倒執手板是也。○據《集註》云「言積之厚，則用有餘」，則所謂邪世不能亂者，就應用而言也。如甯武子當成公之時，蘧伯玉當靈公之際，皆所謂邪世不能亂者。又其大者，如孔子之在春秋，孟子之在戰國，真如白璧在泥塗，終不受點污也。○上句起下句，正與《論語》「百工居肆以成其事，君子學以致其道」同。○《存疑》：所以不能亂者，有定見、有定力也。邪世，如所謂「世衰道微，邪説暴行又作」是矣。孟子談仁義於戰國之季，韓愈闢佛氏於憲宗之時，真可謂不亂矣。

○孟子曰：「好名之人，能讓千乘之國。苟非其人，簞食豆羹見於色。」好、乘、食，皆去聲。見，音現。

好名之人，矯情干譽，是以能讓千乘之國。然若本非能輕富貴之人，則於得失之小者，反不覺其真情之發見矣。蓋觀人不於其所勉，而於其所忽，然後可以見其所安之實也。朱子曰：「讓千乘之國，惟賢人能之。然好名之人，亦有時而能之，本非真能讓國也，徒出一時之慕名，而勉强爲之耳。這邊雖能讓千乘之國，那邊簞食、豆羹必見於色，東坡謂『人能破千金之璧，而不能無失聲於破釜』，正此意也。『苟非其人』，其人指真能讓國者，非指好名之人也。」○常把此一段對「鄉爲身死而不受」爲義，蓋此段是好名之心勝，大處打得過，小處漏綻也。動於萬鍾者，是小處遮掩得過，大處發露也。○千乘之國，辭受之間，十目所視、十手所指之地也。簞食豆羹，得失之際則微矣，人亦何暇注其耳目於斯哉。此好名之士，所以飾情於彼以取美名，而不意其鄙吝之真情實態，乃發露於忽易不虞之地也。○慶源輔氏曰：「矯情者，務勉於其大而難久；至誠者，不忽於其小而有常。是以觀人之法，不於所勉而於所忽，人之誠與僞見矣。所安，即誠也。○新安陳氏曰：『所安』對『所勉』言。勉强者，多矯飾於大，而不免發露於小。安焉者，則貫小大，皆出於真實也。」附《蒙引》：此章是觀人之法，只在孔子「察其所安」一句内。

○孟子曰：「不信仁賢，則國空虛。

空虛，言若無人然。慶源輔氏曰：「仁者，德之首。賢，則總言其有德耳。」○新安陳氏曰：「仁、賢分言，則仁，仁人也；賢，有德之人也。合言，則仁德之賢人也。」附《蒙引》：仁、賢，還作兩人看，如俊傑賢能之類。若禮義政事，則在所不分。

無禮義，則上下亂。

禮義，所以辨上下，定民志。附《蒙引》：禮義者，禮必有義，義即其所以爲是禮者之理也。

無政事，則財用不足。」

生之無道，取之無度，用之無節故也。附《蒙引》：政事者，政以大綱言，事，其中節目也。○《存疑》：善政得民財，故無政事，則財用不足。○尹氏曰：「三者以仁賢爲本，無仁賢，則禮義政事處上聲。之，皆不以其道矣。」南軒張氏曰：「信仁賢，則君有所輔，民有所庇，社稷有所託，姦宄有所憚，國本植立而堅固矣。有禮義，則自身以及國，君君、臣臣、父父、子子而上下序，所謂治也。有政事，則先後綱目粲然具舉，百姓足而君無不足焉。此三者爲國之大要，然信仁賢，其本也。信仁賢而後禮義興，禮義興而後政事脩，雖三王之所以治，亦不越是矣。」○新安陳氏曰：「禮義由賢者出，爲政在人，三者所以以仁賢爲本也。何代不生賢，在人君能信用之耳。有之而不信，用與無人同。孟子不曰『無仁賢』而曰『不信仁賢』，見仁賢信用之，則有；不信用，則無，此『不信』二字之深意。」

○孟子曰：「不仁而得國者，有之矣。不仁而得天下，未之有也。」

言不仁之人，騁丑井反。其私智，可以盜千乘之國，而不可以得丘民之心。須看盜字。鄒氏曰：「自秦以來，不仁而得天下者，有矣。秦、隋、五代是也。然皆一再傳而失之，猶不得也。所謂得天下者，必如三代而後可。南軒張氏曰：「不仁而得國，得其土地而已，豈得其民心哉，然是終可保乎。孟子之言，所當深味，不可執辭以害意也。後之取天下而立國差久者，其始所行亦必庶幾於仁，不然雖得土地於一時，亂亡亦相踵而至，是其得也，適以速其滅亡耳。」○慶源輔氏曰：「不仁而得天下，如曹操、司馬氏及五代之君皆是也。鄒氏斷以『得天下必如三代而後可』者，得孟子之旨矣。」○雲峰胡氏曰：「騁私智，可以盜之於一時，非至仁不可得之於悠久。」附《蒙引》：如田恒之於齊，三卿之於晉，下以術而愚其民，上以力而脅其君，則亦可以盜國者。若普天之下，萬邦之廣，欲以術而愚之，則一人之術有限，而天下之大不可以勝愚也。欲以力而制之，則一己之力有限，而天下之大不可以勝制也。故曰：「不仁而得天下，未之有也。」自孟子時觀之，則只有不仁而得國者，無不仁得天下者。自孟子後觀之，則自秦以來，有不仁而得天下者矣。然究竟論之，則皆一再傳而失之，猶不得也。

○孟子曰：「民爲貴，社稷次之，君爲輕。

社，土神。稷，穀神。建國，則立壇壝以水反，又維季反。以祀之。《周禮·地官·大司徒》：「設其社稷之壝，而樹之田主，各以其野之所宜木，遂以名其社與其野。」○封人掌設王之社壝，爲畿封而樹之。聚土曰封壝。〔謂壇及堳埒也。《白虎通》曰：「天子社壇，方五丈，取五方五色土封之。諸侯半之，各以其所守之方一色土封之，皆冒以黃土。」〕○《周禮圖》社稷壇相並，社壇在東，稷壇在西，各三級。壝在四隅，如矩曲方。○趙氏曰：「社，所以祭五土之神。稷，所以祭五穀之神。稷非土無以生，土非稷無以見生生之效，以其同功均利以養人故也。」附《蒙引》：壇壝，猶言壇埸。壝，墠也。墠，除地也，亦埸也。築起者爲壇，壝其埸也。蓋國以民爲本，社稷亦爲去聲。民而立，而君之尊，又係於二者之存亡，故其輕重如此。問：「民貴君輕之説，得不啓後世簒奪之端乎？」朱子曰：「以理言之，則民貴；以分言之，則君貴，此固兼行而不悖也。各於其時，視其輕重之所在而已爾。若不惟其是，而姑借聖賢之説，則亦何詞之不可借，而所以啓後人之禍者，又豈止於斯乎。」○新安陳氏曰：「此以理言，非以分言也。」

是故得乎丘民而爲天子，得乎天子爲諸侯，得乎諸侯爲大夫。

丘民，田野之民，至微賤也，然得其心，則天下歸之。天子至尊貴也，而得其心者，不過爲諸侯耳。是民爲重也。附《存疑》：得乎天子，亦可爲天子，若舜、禹是也。然舜、禹之得乎天子，亦得乎民，觀所居成聚，一年成邑，二年成都，與夫朝覲、訟獄、謳歌之皆歸可見。○《蒙引》：得其民則天下歸之，此謂神器歸之也，非謂天下之人歸之。蓋上得乎丘民之心，是天下之民歸心矣。

諸侯危社稷，則變置。

諸侯無道，將使社稷爲人所滅，則當更平聲。立賢君，是君輕於社稷也。

犧牲既成，粢盛既潔，祭祀以時，然而旱乾水溢，則變置社稷。」盛，音成。

祭祀不失禮，而土穀之神不能爲去聲。民禦災捍音汗。患，則毁其壇壝，而更平聲。置之，亦年不順成，八蠟助駕反。不通之意。《記·郊特牲》：「天子大蠟八。伊耆氏始爲蠟。蠟也者，索〔音色。〕也，歲十二月，合聚萬物而索饗之也。蠟之祭也，主先嗇〔田祖也。〕而祭司嗇也，祭百種以報嗇也。饗農〔先農。〕及郵〔音尤。〕表畷、〔陟劣反。〕〔郵表畷，田官督約農事之所也。〕禽獸，仁之至，義之盡也。古之君子，使之必報之。迎貓，爲其食田鼠也。迎虎，爲其食田豕也。迎而祭之也。〔迎其神，而祭之。〕祭坊與水庸。〔溝也，所以止水，以其有功於農而祭之。〕八蠟，以記四方。四方年不順成，八蠟不通，〔不與諸方相通而祭。〕以謹民財。順成之方，其蠟乃通。○雲峰胡氏曰：「兩『變置』字不同，《集註》釋之亦異。變置諸侯者，改立其人也。變置社稷者，改立其祀神之壇壝，而非改立其神也。」附《蒙引》：《禮記·郊特牲》注：「蠟祭八神：先嗇一，司嗇二，農三，郵表畷四，貓虎五，坊六，水庸七，昆蟲八。」《山堂考索》曰：「康成取昆蟲以足八神之數，其意蓋謂蟲螟之災，神實驅之，不知昆蟲實出於祝辭，正不可附會而足其數也。王肅出貓虎而棄昆蟲，其意蓋謂迎貓、迎虎實爲二物，不知貓虎均爲食田鼠、田豕，尤不可分爲二祭也。昆蟲既不足以充其數，貓虎又不當以析爲二，則所謂祭百種以報嗇者，非八神之一乎。」愚按《禮記·郊特牲》本文，似未嘗以昆蟲爲一神，郵表畷既合，貓虎何爲分。今定八蠟：先嗇一，司嗇二，百種三，農四，郵表畷五，貓虎六，坊七，水庸八。○伊耆氏，堯也。年不順成，八蠟不通，二句相連。蓋年若不順成，則八蠟之祭不通。惟順成之處則行，不順成之處則不行，蓋以其神無功，故不報祭。

不順，謂雨暘不時。不成，謂五穀不登。是社稷雖重於君，而輕於民也。南軒張氏曰：「人君恃崇高之勢，而忽下民之微，故肆其私欲，輕失人心，以危其社稷。使其知民之貴，社稷次之，而己不與焉，則必兢兢業業，不敢自恃，惟懼其失之也，則民心得而社稷可保矣。是以明王畏其民，而闇主使民畏己。畏其民者昌，使民畏己者亡。驕亢自居，民雖迫於勢而憚之，然其心日離。民心離之，是天命去之矣。」○慶源輔氏曰：「天生民而立之君，以司牧之，是君爲民而立也。世衰道微，至戰國時，爲君者不知其職，視民如草芥，而不知卹也。故孟子發此輕重之論，而并及夫社稷焉，蓋社稷亦爲民立故也。於是反覆明辨之，其丁寧警切之意可謂仁矣。」

○孟子曰：「聖人，百世之師也，伯夷、柳下惠是也。故聞伯夷之風者，頑夫廉，懦夫有立志。聞柳下惠之風者，薄夫敦，鄙夫寬。奮乎百世之上，句。百世之下，聞者莫不興起也。非聖人而能若是乎，而況於親炙之者乎。」

興起，感動奮發也。親炙，親近而熏炙之也。餘見形甸反。前篇。朱子曰：「孟子於二子，論之詳矣。雖以爲聖之清和，然又嘗病其隘與不恭，且以其道不同於孔子，而不願學也。及其一旦發爲此論，及以百世之師歸之，而孔子反不與焉。蓋孔子道大德中而無迹，故學之者没身鑽仰而不足。二子志潔行高而迹著，故慕之者一日感慨，而有餘也。」○問：「孟子，學孔子者也，乃一稱夷、惠而深歎仰之，何耶？」曰：「夷、惠之行高矣，然偏勝而易能，有迹而易見。且百世之貪懦鄙薄者衆，一聞其風而興起焉，則其爲效也速，而所及者廣。譬之薑桂大黄之劑，雖非中和，然其去病之功爲捷，而田夫販婦、大寒大暑之所便也。若孔子之道，則廣大而中正，渾然而無迹，非深於道者，不能庶幾其萬一。如參苓芝术之爲藥，平居有養性之益，而緩急伐病之功，未必優於桂薑大黄，非所以施於閭巷之間，危惡之候也。孟子屢稱夷、惠而不及孔子，其意殆以此耶。」○南軒張氏曰：「夷、惠稱聖人，以其聖於清、聖於和而得名也。」○潛室陳氏曰：「伯夷、柳下惠皆入聖來，故其清爲聖人之清，和爲聖人之和，作用處與常人萬萬不侔。但比孔子，猶爲小成之聖耳。」〇汪氏曰：「聖人達，則澤及當時；窮，則風傳後世。於此不及伊尹者，夷、惠不爲政於天下，所可言者風而已。伊尹異於是，故不及之。」〇雲峰胡氏曰：「四時之風，莫和於春，莫清於秋，物無有不動者，然在物猶有迹也。仲尼元氣也，渾然無迹矣。」附顧麟士曰：「聖人，百世之師也。『聖人』二字重，宜一頓。『故聞』至『若是乎』，正解夷、惠之師百世而斷其由於聖人也。『況於親炙』句，大段無此一宕，則似聖人可以師百世，而反未必感當時，故追論之疑，反不甚重。」〇《存疑》：自「聞伯夷之風」以下至末，皆實説聖人百世之師處。〇《蒙引》：二子非有意於爲人師，其高風垂於後世，人從而師之耳。蓋其所造已到極處，亦人倫之至也，故曰聖人。〇「而況於親炙之者乎」，不必兼一世言，注分明云「親近而薰炙之也」。〇自後世言，謂之風。自當時言，只是德。《程明道先生行狀》曰：「覲德者心醉，聞風者誠服。」德與風，誠有辨也。

〇孟子曰：「仁也者，人也。合而言之，道也。」

仁者，人之所以爲人之理也。然仁，理也。人，物也。以仁之理，合於人之身而言之，乃所謂道者也。〇程子曰：「《中庸》所謂『率性之謂道』是也。」朱子曰：「此『仁』字不是别物，即是這人底道理。仁是人之道理，就人身上體認出來，及就人身上説，合而言之，便是道也。」〇人之所以得名，以其仁也。言仁而不言人，則不見理之所寓。言人而不言仁，則人不過是一塊血肉耳。必合而言之，方見得道理出來。〇如《中庸》「仁者，人也」，是對「義者，宜也」，意又不同。「人」字，是以人身言，人自有生意。「脩道以仁」，便謂「仁者，人也」，是切己言之。孟子是統而言之。〇仁，則性而已矣。道，則父子之親，君臣之分，見於人之身，而尤著者也。〇只仁與人，合而言之便是道，猶言公而以人體之，便是仁也。《通考》朱氏公遷曰：「仁以天理言。仁者，人身之天理也。子思以生理言，孟子以所以爲人之理言。子思欲人推之而有序，孟子欲人體之而不違。生理，即天地生物之心，所以爲人之理，即器中之道、物中之則也。

《中庸》『脩道以仁』，以仁之全體言。『仁者，人也』，以仁之名義言。『親親爲大』，以仁之事實言。」附《存疑》：此是解釋仁、道二字。言仁，即是人之理。而道，則是仁與人合而言之也。道，猶路也。因人行，方有個路。亦因人行，方有個道。不是懸空有個道路，是因人然後有。故但説道，便粘著人，無人説不得道。如曰「率性之謂道」，性，仁也，率之乃人也。道者，事物當然之理。當然之理，仁也。事物，乃人也，豈不是合仁與人而言。若單言仁，則只是個性爾。單言人，只是個形爾。合形與性，乃謂之道，故曰「形而上者謂之道」，亦可見是合仁與人而言也。○「合而言之」是誰言，凡古今聖賢之語道者，皆此言也。孔子曰「天下之達道五」，是孔子言也。《中庸》曰「率性之謂道」，是子思言也。○《蒙引》：「仁也者，人也」，此單言之仁，兼四德萬善在其中。又如「集義所生」之「義」，「克己復禮」之「禮」，皆單言而兼衆善者也。○仁與道是一時事，此處不分性、道。○仁以所具而言，道以所循而言。○有物必有則，此箇則，便是物之所循者也，故曰「合而言之，道也」。仁不在人之外，而道又不在仁與人之外。○仁字最説得廣，父慈子孝、兄友弟恭之類皆是，以至「視思明，聽思聰」等之類皆是。○「仁也者，人也」，全重在人，未有合意，至下句方合之，以見道之所以爲道處。○《達説》：知「仁者，人也」，則求仁者，當反諸身。知「合而言之，道也」，則遠人者，不可以爲道矣。

或曰：「外國本，『人也』之下，有『義也者，宜也；禮也者，履也；智也者，知也；信也者，實也』，凡二十字。」今按如此，則理極分明，然未詳其是否也。

尤延之云：「《孟子》『仁也者，人也』下，高麗本云云」，此説近是。○新安陳氏曰：「若據此本，則是合仁義禮智信而言之，皆道也。且又見得仁義禮智，兼信而言，五常之道尤爲明備云。」附《蒙引》：按外國本之説，理味俱短，而朱子乃謂「如此則理極分明」，何耶？蓋既曰「仁也者，人也」，則何所不該，不當復繼之以云云矣。若曰「仁也者，愛也」，則兼繼以「義也者，宜也」云云，故周子曰「德：愛曰仁，宜曰義，理曰禮，通曰智」。如《中庸》對「義」言，雖亦曰「仁者，人也」，然却曰「親親爲大」，則亦主乎偏言矣。愚竊以爲，朱子不當取外國本。

○孟子曰：「孔子之去魯，曰『遲遲，吾行

也』，去父母國之道也。去齊，接淅而行，去他國之道也。」

重平聲。出。已見《萬章下》篇。○南軒張氏曰：「當其可，即是道。當去魯之時，則遲遲其行爲道。當去齊之時，則接淅而行爲道。孟子學孔子，去齊也，非父母國，而有三宿出晝之遲滯，何也？孟子於宣王，蓋有望焉，故其去有眷眷不能已者。夫其不能以已，是固道之所存也。」

○孟子曰：「君子之戹於陳蔡之閒，無上下之交也。」

君子，孔子也。戹，與厄同。君臣皆惡，無所與交也。慶源輔氏曰：「陳蔡之戹，聖人之極否也，是亦氣數之窮，在聖人則何與焉。」附顧麟士曰：「下句釋上句，言外若曰：見戹，非道之故也。」○《蒙引》：《史記》「陳蔡大夫，發徒圍之」之說，未可信。其絶糧，亦止是無上下之交，而懷資不足，無從得糧耳。○是時陳蔡臣服於楚，若昭王來聘孔子，陳蔡大夫安敢圍之。據《論語》，絶糧是去衛如陳之時。

○貉稽曰：「稽大不理於口。」貉，音陌。

趙氏曰：「貉姓，稽名，爲衆口所訕。所晏反。理，賴也。」今按《漢書》無俚。音里。《方言》亦訓賴。《前漢·季布贊》：「賢者誠重其死。夫婢妾賤人，感慨而自殺，非能勇也。其畫無俚之至耳。」晉灼曰：「楊雄《方言》曰：『俚，聊也。』許慎曰：『賴也。』」○慶源輔氏曰：「大不賴於口者，言大爲衆口所訕也。」附《蒙引》：理，賴也。不賴於口，言壞於衆口也。爲人所壞，則不足賴矣。

孟子曰：「無傷也，士憎茲多口。

趙氏曰：「爲士者，益多爲衆口所訕。」按此則憎當從土，❶今本皆從心，蓋傳寫之誤。新安陳氏曰：「爲士者，往往見憎於此。多口，如語之屢憎於人。」附《蒙引》：此「士」字，指文王、孔子之流。舉文王、孔子，所以見其無傷也，盡其在我之意，在言外見得。孟子之言，只是無傷意。○《淺説》：孟子

❶「土」，原作「士」，今據《四庫大全》改。

曰：衆口所訕，無害也。汝之被訕，猶未多也。若爲士者，則益多爲衆口所訕矣。

詩云：『憂心悄悄，慍于群小。』孔子也。『肆不殄厥慍，亦不隕厥問。』文王也。

《詩》，《邶蒲昧反。風·栢舟》及《大雅·緜》之篇也。悄悄，憂貌。慍，怒也。本言衛之仁人，見怒於群小，孟子以爲孔子之事，可以當之。如見毁於叔孫是也。肆，發語辭。南軒張氏曰：「肆，猶言遂也，承上起下之辭。」隕，墜也。問，聲問也。本言大王事昆夷，雖不能殄絶其慍怒，亦不自墜其聲問之美。孟子以爲文王之事，可以當之。如見因於羑里是也。○尹氏曰：「言人顧自處上聲。如何，盡其在我者而已。」新安陳氏曰：「文王、孔子二聖人，尚不免逢人之慍怒，況今能絶衆口之謗訕乎，惟在自反而盡其在我者耳。」○東陽許氏曰：「此章言文王、孔子雖有聖人之德，亦不免爲衆口所謗訕，而其所以處之者如此。然人雖謗之，終不能損其令名。孟子意謂稽雖爲衆口所訕，但當自脩其德而已。」附《蒙引》：《孟子》注曰「本言衛之仁人，見怒於群小」，而《詩》傳以爲「婦人不得於夫之詩」。此群小，指衆妾也。仁人，泛指莊姜，亦女中之仁者。

○孟子曰：「賢者以其昭昭，使人昭昭；今以其昏昏，使人昭昭。」

昭昭，明也。昏昏，闇與暗同。也。尹氏曰：「《大學》之道，在自昭明德，而施於天下國家，其有不順者寡矣。」慶源輔氏曰：『以己昭昭，使人昭昭』者，求之己也；『以己昏昏，使人昭昭』者，求之人也，尹氏引《大學》之説當矣。能明明德，則施於天下國家，其有不順者寡矣。若不自明其德，則如面牆，一物無所見，一步不可移，雖至近於妻子，亦且不順，況他人乎。」附《蒙引》：賢者以其昭昭，使人昭昭。在人君，則人字兼臣民；在人臣，則人字兼君民。○《存疑》：此指當時之治人者言，自諸侯至於大夫，凡有治人之責者皆然。

○孟子謂高子曰：「山徑之蹊閒，句。介然

用之而成路。句。爲閒不用，則茅塞之矣，今茅塞子之心矣。」介，音戛。

徑，小路也。蹊，人行處也。介然，倏然之頃也。用，由也。路，大路也。爲閒，少頃也。茅塞，茅草生而塞之也。言理義之心，不可少有閒去聲。斷徒玩反。也。

趙氏曰：「高子，齊人嘗學於孟子，去而學他術。」○慶源輔氏曰：「理義之心，人所固有，雖易發而亦易窒。善端發處，體察而力充之，則可以成德。否則，內爲氣習所蔽，外爲物欲所誘，而遂窒之矣。」○新安陳氏曰：「學問漸進，則理義日開；學問纔止，則理義日窒。氣習、物欲，皆塞理義之心之茅也。學問廢弛，譬之茅又生而塞子之心矣。高子爲人，如前篇論《小弁》，後章論禹、文王樂，有固陋窒塞可見。」○東陽許氏曰：「山閒之小徑，倏然有人行而不斷，即成大路。少頃無人行，則茅長而遂塞之。學問之道，才有閒斷，私欲便生，而塞天理之路矣。」《通旨》朱氏公遷曰：「此因儆戒學者，而以理義之心言之也。失其本心，人心有害，放其良心，放心不求，皆是此類。蓋惰者不能自强，慾者不能自克，此其所以爲衆人也。」附《蒙引》：「爲閒不用，則茅塞之矣」，是承上句意説。言此箇山蹊，但介然用之而成路。雖成路矣，然復不用，則又爲茅所塞矣。以況在人理義之心，若能時時存養之，則日進於高明矣。若稍二三其心，則物欲又隨而牿亡之矣。或曰：「只是對説，不用貫意。蓋只是一箇山谿也，用之則爲大路，舍之則塞。」愚謂惟聖罔念作狂，故他日有西子蒙不潔之喻，孟子語意大不然也。○趙氏謂「高子嘗學於孟子，去而學他術」，今觀此章，亦未見得是爲此發，大概警其工夫閒斷。且公孫丑不稱其字，而曰高叟，安見其爲學於孟子耶。

○高子曰：「禹之聲，尚文王之聲。」

尚，高尚也。豐氏曰：「言禹之樂，過於文王之樂。」

孟子曰：「何以言之？」曰：「以追蠡。」追，音堆。蠡，音禮。

豐氏曰：「追，鐘紐女九反。也，《周禮》所謂旋蟲是也。趙氏曰：「按《周禮·考工記》：『鐘縣，〔平聲。〕謂之旋。旋蟲，謂之幹。』蓋懸鐘之紐也，其形如環，環有盤旋之義，于旋之上爲蟲，形以飾之。自漢以來，鐘旋之上，以銅篆作蹲熊及盤龍，〔獸名辟邪。〕皆旋蟲之類也。」蠡者，齧倪結反。木蟲也。言禹時鐘在者，鐘紐如蟲齧而欲絶，蓋用之者多，而文王之鐘不然，是以知禹之樂過於文王之樂也。」

曰：「是奚足哉，城門之軌，兩馬之力與。」與，平聲。

豐氏曰：「奚足言此，何足以知之也。軌，車轍迹也。兩馬，一車所駕也。城中之涂與途同。容九軌，《周禮・冬官下》：「匠人營國，方九里，旁三門。國中九經九緯，經涂九軌。」國中，城内也。經緯，謂涂也。經緯之涂，皆容方九軌。凡八尺爲軌，廣九軌，積七十二尺，則此涂十二步也。車可散行，故其轍迹淺。城門惟容一車，車皆由之，故其轍迹深。蓋日久車多所致，非一車兩馬之力，能使之然也。借此以爲鐘歷年久之譬。言禹在文王前千餘年，故鐘久而紐絶。文王之鐘，則未久而紐全，不可以此而議優劣也。」○此章文義本不可曉，舊説相承如此，而豐氏差初賣反，較也。明白，故今存之，亦未知其是否也。

○齊饑。陳臻曰：「國人皆以夫子將復爲發棠，殆不可復。」復，扶又反。

先時齊國嘗饑，孟子勸王發棠邑之倉，以賑貧窮。至此又饑，陳臻問言，齊人望孟子復勸王發棠，而又自言恐其不可也。華陽范氏曰：「孟子在賓師之位，方以仁義説齊王，幸而聽其言，故發棠邑之粟。然而不行王政，孟子言終不合。及再饑，孟子遂不復言，度其不可言也。」

孟子曰：「是爲馮婦也。晉人有馮婦者，善搏虎，卒爲善士。則之野，有衆逐虎，虎負嵎，莫之敢攖。望見馮婦，趨而迎之。馮婦攘臂下車，衆皆悦之，其爲士者笑之。」

手執曰搏。卒爲善士，後能改行去聲。爲善也。之，適也。負，依也。山曲曰嵎。攖，觸也。笑之，笑其不知止也。疑此時齊王已不能用孟子，而孟子亦將去矣，故其言如此。南軒張氏曰：「世固有勇於爲善事者，不察夫義理之當然與否，而必爲之，蓋亦足以悦於流俗。然發不中節，有害於君子之道，是皆馮婦之類耳。學者，其無惑於衆人之悦，而有動哉。審諸己而已矣。」○慶源輔氏曰：「齊人之所望於孟子者，利也。而孟子之所以自守者，義也。夫告君以發粟賑民，是亦美事，固君子所樂爲者。但是時齊王已不能用孟子，而孟子亦將去矣，故其義不當復有所言耳。君子之所爲與時變化，不主故常，唯義理如何耳。豈徇其常所爲者，以取人之屢快哉。」○新安陳氏曰：「勸王發倉賑饑，仁也。知時不可言而不言，知也。」《通考》朱氏公遷曰：「此於智之中，有制事之義。若『孔子去魯，遲遲吾行』與『燔肉不至，不税冕而行』，則智之中有愛君之仁。又按齊人歸女樂，孔子行，是孔子所以去之本意。燔肉不至，而孔子行，則以明其用心之忠且厚也。此皆見聖賢見幾之智。」附趙注：「馮，姓。婦，名也。」

○孟子曰：「口之於味也，目之於色也，耳之於聲也，鼻之於臭也，四肢之於安佚也，性也，有命焉，君子不謂性也。

程子曰：「五者之欲，性也。性之所欲，此即「食色，性也」之「性」。然有分，去聲。不能皆如其願，則是命也。願，即欲也。命，則天理之則也，不可踰越其分限。不可謂我性之所有，而求必得之也。」愚按：不能皆如其願，不止爲貧賤。蓋雖富貴之極，亦有品節限制，則是亦有命也。朱子曰：「此『性』字，指氣質而言。此『命』字，合理與氣而言。五者之欲，固是人性，然有命分。既不可謂『我性之所有，而必求得之』，又不可謂『我分可以得，而必極其欲』。如貧賤不能如願，此固分也。富貴之極，可以無所不爲，然亦有限制裁節，又當安之於理。如紂之酒池肉林，却是富貴之極，而不知限節。若以其分言之，固無不可爲，但道理却恁地不得。今人只説得一邊，不知合而言之，未嘗不同也。」○新安陳氏曰：「此『命』字，合理與氣言。貧賤之安於分，此以氣言也。富貴之不過其則，此以理言也。」《通考》朱氏公遷曰：「命，兼理氣言。貧賤而知有分，則是氣。富貴而知有品節，則是理。此『性也，有命』之説。不徇私以滅理，是命於理者，我能立之；不縱欲以傷命，是命於氣者，我能立之。此『脩身立命』之説。二章皆以理御氣，皆以理制欲也。」又曰：「性自氣稟、食色而言，不謂性兼爲富貴、貧賤者言之。動心忍性，專爲困窮患難者言之，皆非特地論性。而推其語意脉絡，則所謂性者，各有所指也。」

仁之於父子也，義之於君臣也，禮之於賓主也，智之於賢者也，聖人之於天道也，命也，有性焉，君子不謂命也。

程子曰：「仁義禮智天道，在人則賦於命者。所稟有厚薄清濁，然而性善可學而盡，故不謂之命也。」張子曰：「晏嬰智矣，而不知仲尼，是非命邪。」朱子曰：「横渠有云『晏嬰智矣，而不知仲尼，是非命歟』，此『命』字，恐作兩般看。若作所稟之命，則是嬰稟得智之淺者。若作命分之命，則是嬰偶蔽於此，遂不知夫子。此當作兩般看。」愚按：所稟者厚而清，則其仁之於父子也至，義之於君臣也盡，禮之於賓主也恭，智之於賢否也哲，聖人之於天道也，無不脗武粉反，一音泯。合，而純亦不已焉。薄而濁，則反是，是皆所謂命也。或曰：「者，當作否。人，衍字」，更詳之。朱子曰：「『命也，有性焉』，此『命』字，專指氣而言，此『性』字，專指理而言。如舜遇瞽瞍，固是所遇氣數然。舜惟盡事親之道，期於底豫，此所謂盡性。大凡清濁厚薄之稟，皆命也。一以所稟言之，一以所性言之，所造之有淺有深，所感之有應有不應。但其命雖如此，又有性焉，故當盡性。」○或説以五者之命，皆爲所值之不同。如舜之於瞽瞍，則仁或不得於父子；文王之於紂，則義或不得於君臣；孔子之於陽貨，則禮或不得於賓主；子貢不能聞一知十，則智或不得於賢者；孔子不得堯舜之位，則聖人或不得於天道，此皆命也。然君子當勉其在己者，而不歸之命。其義亦通。○雲峰胡氏曰：「此『命』字，專指氣而言。然氣亦有二：清濁美惡，氣質之不齊也；高下厚薄，脩短氣數之有異也。」附《蒙引》：「仁之於父子也，有至與不至」云云，命也，其辭雖兼至與不至，其意則主於不至者，故曰：「有性焉，君子不謂命也。」○「仁之於父子」五者，當云「仁之於父子也，有至與不至；義之於君臣也，有盡與不盡；禮之於賓主也，有恭與不恭；智之於賢否也，有哲與不哲」。若夫仁之於父子也至，義之於君臣也盡，禮之於賓主也恭，智之於賢否也哲，則所謂聖也，而其聖也，又未必其皆能與天道爲一，亦有純與不純之異焉。此皆所謂命也。○聖人之於天道，亦有至不至者。如堯舜性之，則於天道無不脗合，而純亦不已矣。湯武反之，禹入聖域而不優，則於天道爲未盡矣。又如孔子聖之時，譬如天地之無不持載，無不覆幬，譬如四時之錯行，如日月之代明，則於天道脗合，而純亦不已矣。若柳下惠、伯夷、伊尹，則只爲一偏之聖，如春夏秋冬之各一其時耳，是於天道爲未至也。○按：《論語》「性與天道」章，《集註》曰「性者，人所受之天理。天道者，天理自然之本體，其實一理也」，小注王氏曰「此理在天，未賦於物，故曰天道。此理具於人心，未應於事，故曰性，即元亨利貞，仁義禮智是也」。今人多用《論語》之説以解《孟子》之意。愚謂此處仁義禮智與天道，皆爲賦於命者，如何亦以天理自然之本體，所謂元亨利貞者釋之耶，要知只是仁義禮智之渾然全體者耳。蓋其全體之渾然，即其本體之自然者也，故亦曰天道。○《存疑》：命，依小注當兼所禀、所遇説方盡。所遇，如舜之於瞽瞍是也。但大注不及，蓋就其重者言耳。○《蒙引》：「晏嬰智矣，而不知仲尼」，總是言晏嬰之未盡處。朱子小注是以禀賦言，則禀得智之淺，固是未盡。以命分言，則偶蔽於此，亦是智未盡。正就嬰身上説命，蓋智之盡與不盡，在晏嬰，不在孔子也。在孔子，亦説得所值之命，然非此文本旨。

○愚聞之師曰：「此二條者，皆性之所有，而命於天者也。然世之人，以前五者爲性，雖有不得，而必欲求之。以後五者爲命，一有不至，則不復扶又反。致力。故孟子各就其重處言之，前重在命，後重在性。以伸此而抑彼也。伸後，抑前。張子所謂『養則付命於天，道則責成於己』，其言約而盡矣。」朱子曰：「『口之於味』五者，此固性之所欲。然在人則有所賦之分，在理則有不易之則，皆命也，是以不謂之性，而付命於天。『仁之於父子』五者，在我則有厚薄之稟，在彼則有遇不遇之殊，是皆命也，然有性焉，君子不謂之命，而責成於己。須如此看，意思方圓，無欠缺處。」○「口之於味」等，固是性，然亦便是合下賦予之命。「仁之於父子」等，固是命，然亦是各得其所受之理，便是性。孟子恐人只見得一邊，故就其所主而言。舜禹相授受，只説「人心惟危，道心惟微」，論來只有一箇心。人心，如「口之於味」等，若以爲性所當然，一向惟意所欲，却不知蓋有命存焉。須著安於定分，不敢少過，始得。道心，如「仁之於父子」等，若以爲命已前定，任其如何，更不盡心，却不知蓋有性存焉，須著盡此心以求合乎理，始得。上云「性也」，是氣稟之性。「有命焉」，是斷制人心，欲其不敢過也。下云「命也」，蓋其所受氣稟，亦有厚薄之不齊。「有性焉」，是充廣道心，欲其無不及也。此段只要遏人欲，長天理。前一節，人以爲性我所有，須要必得。後一節，以爲命則在天，多委之而不脩。所以孟子到人説性處，却曰有命，人説命處，却曰有性。○且如嗜芻豢而厭藜藿，是性如此。然芻豢分無可得，只得且喫藜藿。如父子有親，有相愛底，亦有不相愛底，有相愛深底，亦有相愛淺底，此便是命。然在我有薄處，便當勉强以致其厚。在彼有薄處，吾當致厚感他，得他亦厚。如瞽瞍之頑，舜便能使烝烝，乂不格姦。○問：「仁義禮智天道，此天之所以命於人，所謂本然之性者也。今曰命有厚薄，則是本然之性有兩般也。若曰伊川以厚薄言人氣質稟受於陰陽五行者，如此孟子不應言命，若以氣質厚薄言命，則是天之降才爲有殊矣。」曰：「孟子言降才，且如此説。若命，則誠有兩般。以稟受有厚薄也，又不可謂稟受爲非命也。大抵天命流行，物各有得，不謂之命不可也。命如人有貧富貴賤，豈不是有厚薄。知之於賢者，則有小大。聖人之於天道，亦有盡不盡處。只如『堯舜性之』，則是盡天道。『湯武身之』，則是於天道未能盡也。此固是命，然不可不求之於性。」○潛室陳氏曰：「世人以上五者爲性，則見血氣而不見道理；以下五者爲命，則見氣數而不見道理。於是人心愈危，道心愈微。孟子於常人説性處，却以命言，則人之於嗜欲雖所同有，却有品節限制，不可必得，而人心安矣。於常人説命處，却以性言，則人之於義理，其氣稟雖有清濁不齊，須是著力自做工夫，不可專委之天，而道心顯矣。」附《蒙引》：「此二條者，皆性之所有，而命於天者也」。「性」、「命」二字皆兼理氣，「性」字兼兩邊，「命」字亦兼兩邊。然世人以前五者爲性，後五者爲命，則各失了一邊。孟子之言，亦各指一邊説，但孟子是就所重一邊立言，世人却就所輕一邊藉口。○「伸此抑彼」有二説。一説，世之人以前五者爲性，雖有不得，而必欲求之，故孟子抑之。以後五者爲命，一有不至，則不復致力，故孟子伸之。此《大全》小注之説。一説，前段是伸命而抑性，後段是伸性而抑命。後説長，看上文各字。

○浩生不害問曰：「樂正子，何人也？」孟子曰：「善人也，信人也。」

趙氏曰：「浩生，姓。不害，名。齊人也。」

「何謂善？何謂信？」

不害問也。

曰：「可欲之謂善，

天下之理，其善者必可欲，其惡者必可惡。去聲，下同。其爲人也，可欲而不可惡，則可謂善人矣。朱子曰：「可欲，是資禀好。別人以爲可欲，是説這人可愛也。只是渾全一箇好人，其爲人處心造事，行己接物，一皆可欲而不可惡，則可謂之善人矣。」○有可欲之善，然後有諸己，而充實將去。若無可欲者，則充實箇甚物。譬如先討得真實藥材，然後脩製，以爲圓爲散。若是藥材不真，雖百般羅碾，畢竟不是。○問：「『可欲之謂善』，若作人去欲他，恐與『有諸己之謂信』不相恊。蓋有諸己，是説樂正子身上事。可欲，却做人説，恐未安。」曰：「此便是他有可欲處，人便欲他，豈不是渠身上事，與下句非不相恊。」○慶源輔氏曰：「先儒多以可欲爲己之欲，如《書》所謂『敬脩其可願』之意。獨《集註》不然，可欲是別人以爲可欲。蓋若以爲己之欲，則説得太輕。且人之欲，有善惡之不同故也。」

有諸己之謂信，

凡所謂善，皆實有之，如惡去聲。惡臭，如好去聲。好色，是則可謂信人矣。慶源輔氏曰：「善固多端，故《集註》言『凡所謂善』以該之。『如惡惡臭，如好好色」，則表裏誠實，無一毫勉强假託之意也。」○張子曰：「**志仁無惡之謂善，誠善於身之謂信。**」朱子曰：「善人者，或其天資之美，或其知及之而勉慕焉，未必其真以爲然，而果能不失也。必其用力之久，真實有此善於己，而無一毫虛僞意，然後可以謂之信人矣。」附《蒙引》：「可欲之謂善」，「視其所以」而已。「有諸己之謂信」，則「所由」、「所安」皆善矣，到此地位，大段高了。○「有諸己之謂信」，全要學力，必知至，必誠意，乃實有諸己。苟或以名家之子，而從曹操，爲之成就簒圖，可謂喪其善者。而司馬温公又深取之，且帝魏寇蜀，故朱子謂温公若生三國時，亦從曹氏矣，斯亦未得爲信人矣。蓋其偏也，學之所係，其重如此。此章論人品是主學言，故由善信而美、大，由美、大而聖、神。由始學至於成德，正所謂由學而至聖者也，善人亦有由學者。○《存疑》：以實之謂信，其立身制行之善，皆實有諸己而非虛僞，這便是以實便是信。○《蒙引》：好善未能如好好色，則善不能實有諸己；惡惡未能如惡惡臭，則惡未能實無諸己。有善則無惡矣，好善則惡惡矣，故本文只是善有諸己，《集註》則兼「如惡惡臭」。

充實之謂美，

力行其善，至於充滿而積實，則美在其中，而無待於外矣。朱子曰：「無待於外，都是裏面流出來。」○既信之，則其行必力，其守必固。如是而不已焉，則其所有之善，充足飽滿於其身，雖其隱微曲折之間，亦皆清和純懿，而無不善之雜，是則所謂美人也。○「有諸己之謂信」，是都知得了，實是如此做，此是就心上説，心裏都理會得。「充實之謂美」，是就行上説，事事都行得盡，充滿積實，美在其中，而無待於外。○慶源輔氏曰：「『有諸己』，則已是知至意誠之事。然又須見於履踐方得，故云『力行其善』至於充滿其量，蓄以成實，然後美在其中，而無所待於外矣。」附《蒙引》：自「可欲之善」、「有諸己之信」而遂充之，以至於充實，故注云「力行其善至於」云云。但此「充實」二字平説，不可謂充之而至於實也。充滿而積實，猶言廣博而深厚。必充滿，然後積實；必廣博，然後深厚。○《存疑》：充實，是這信到充滿積實處。一、二件實，亦可謂信；十數件實，亦可謂信，但不可謂充實。充實，是立身制行，無一事不實，性分内事，無一欠缺，故謂之充實，《易》之「有孚盈缶」是也。美，即善也，然必善到充實，方謂之美。此是美重於善處，故曰「美在其中」，又謂「和順積中」。○《蒙引》：子謂「韶盡美矣，又盡善」，則善重於美。「可欲之謂善」、「充實之謂美」，則美重於善。聖賢用字，不同如此。

充實而有光輝之謂大，

和順積中，而英華發外，引《記·樂記》語。美在其中，而暢於四支，發於事業，引《易·坤卦·文言》。則德業至盛，而不可加矣。朱子曰：「美能充於内而已，未必其能發見於外也。又如是而不已焉，則其善之充於内者，彌滿布濩，洋溢四出，而不可禦；其在躬也，則睟面盎背，而施於四體；其在事也，則德盛仁熟，而天下文明，是則所謂大人者也。」○慶源輔氏曰：「大，則形見於外矣，故《集註》以德業至盛不可加言之。」附《存疑》：「充實而有光輝」，此是工夫到後，自然之符驗。《大學》之「誠於中，形於外」，《中庸》之「誠則形」是也。○《蒙引》：注自「和順積中」至「發於事業」，只是一理。兩段皆成語，一出《禮》，一出《易》，其實「和順積中」則是「美在其中」矣。「英華發外」，謂「暢於四肢，發於事業」也。「大」字全就光輝上說，「美」指在内者，「大」指在外者。美人非無外，内有餘，而外猶未足也。大人非無内，發於外者本於内，即其外可知其内矣。

大而化之之謂聖，

大而能化，使其大者泯然無復扶又反。可見之迹，則不思不勉，從七容反。容中去聲。道，而非人力之所能爲矣。張子曰：「大可爲也，化不可爲也，在熟之而已矣。」程子曰：「『大而化之』，只是理與己一。其未化者，如人操尺度量物，用之尚不免有差。至於化，則己便是尺度，尺度便是己。」○朱子曰：「大而不化，則其大者，未能離乎方體形迹之閒。必其德之盛者日益盛，仁之熟者日益熟，則向之所謂大者，方且春融凍解，混然無迹，而與天地合德，日月合明，四時合序，鬼神合吉凶矣，是則所謂聖人者也。」○慶源輔氏曰：「大，則猶可以目見而指言。至於化，則無迹，不可以目見，不可以言傳，無待於息。惟無假於勉强，從容自然，與道爲一，而非人之智力所能及矣。」《通考》雙峰饒氏曰：「生知安行，是『性之』之聖。大而化之，是『反之』之聖。」○朱氏公遷曰：「聖以全體至極言，亦曰專言之者。凡言資質德性與衆人異者，此説『性之』之聖也。自學力推之，以至其極者，此説『反之』之聖也。孔子以『性之』之聖，而加『反之』之功，斯所以爲聖之至歟。」附《存疑》：化，是消融變化，不見了形迹。如金與冰，方未融化，便有個形塊，及金見火，冰見日，而消融都無個形迹，便是化。大而未化，是暢於四支，尚有矜持，發於事業，尚有造作者。在矜持造作，便有個形迹可見，亦猶金冰之有形塊也。到工夫熟，然後從心所欲，無矜持，無造作。施於四體，四體不言而喻，發於事業，不見而章，不動而變，無爲而成，都無形迹可見。亦如金之融化於火，冰之融化於日也。○化字，都是就形迹言，故曰「變者，化之漸；化者，變之成」。如自初一、初二，積至二十八、九，漸漸進去是變，到三十日則變盡而成一月。前所變底形迹，都泯然不見了，這便是化，故曰「變之成」，此可以體認「化」字之義。

聖而不可知之之謂神。

程子曰：「聖不可知，謂聖之至妙，人所不能測。非聖人以上，又有一等神人也。」朱子曰：「至於聖，則造道入德之功，至矣，盡矣，不可以有加矣。是其盛德至善之極，無聲無臭之妙，必有非耳目所能盡，心思所能測者，是則所謂神者，而非聖人之上，復有神人也。夫自『可欲』而至於『大』，則思勉之所及也。至於『聖』且『神』焉，則非思勉之所及矣。然非思勉之而不已焉，則亦未有至焉者也。」○問：「『可欲之謂善』至『聖而不可知之謂神？』」曰：「『善』，渾全底好人，無可惡之惡，有可喜、可欲之善。『有諸己之謂信』，真箇有此善。若不有諸己，則若存若亡，不可謂之信。自此而下，雖一節深入一節，却易理會。『充實』，謂積累。『光輝』，謂發見於外。『化』，則化其『大』之之迹。『聖而不可知』處，便是『神』也。所以明道言『仲尼無迹，顏子微有迹，孟子其迹著』。」或問：「顏子之微有迹處。」曰：「如『願無伐善，無施勞』，皆是。」○此六位，皆他人指而名之之辭。○南軒張氏曰：「本領在可欲之善。信者，信此者也。美者，美此者也。大，則充此而有光輝也。化則爲聖，而其不可知則神也。

至於聖且神，其體亦不外此而已。」又曰：「可欲之善，聖神之事備焉。人生而静，皆具此體。至於化而聖，然後爲全盡，純於此者也。」附《蒙引》：聖之至妙，不可謂聖中另有箇至妙處，如此則亦有未妙處。此句乃是揀出至妙處來説矣，只是贊其妙不可知是聖。○「化」字與「不可知」不同。化，自我而言，謂不勉不思也。不可知，以人而言，莫測其所以然也。○聖之至妙，人不能測，只看「立之斯立，道之斯行，綏之斯來，動之斯和」，就可見。《通書》「發之微妙而不可見，充之周遍而不可窮」，正是此意。聖、神，《蒙引》又欲作兩人説，看來只作一人説爲是。○自「善」至「美」，此猶是成己事，體之所以立也。大以後，則兼以其充積之盛，自然及物者言之，體立而用有以行也。○《存疑》：善，或是天資，或兼學問，但未必能固守不失也。信，能固守不失矣，然道理或有欠缺，所性之分未盡也。大，則所性之分能盡矣，然猶待於勉强，未能自然也。聖，則不待勉强而出於自然矣，神不外聖。

樂正子，二之中，四之下也。」

蓋在善、信之閒，觀其從於子敖，則其有諸己者，或未實也。問：「樂正子，以善名矣，而以餔啜從子敖，先館舍，後長者，何也？」朱子曰：「言在二者之中，則其餘於善，而不足於信矣。」○慶源輔氏曰：「意者樂正子雖能明善，而亦工夫未到，於善未誠。使其誠有諸己，則於從子敖之事，當如惡惡臭，而自不嚮邇也。」張子曰：「顔淵、樂正子，皆知好去聲，下同。仁矣。新安陳氏曰：「樂正子，資質純粹，略似顔子，故横渠引此立論。」樂正子志仁無惡，而不致於學，所以但爲善人、信人而已。顔子好學不倦，合仁與智，具體聖人，獨未至聖人之止耳。」慶源輔氏曰：「張子并顔子言之，見學之不可已如此。」附《蒙引》：浩生不害問曰「樂正子，何人也」，孟子不止曰「善人也」，亦不止曰「信人也」，而乃兼之曰「善人也、信人也」，這便見得樂正子在二之中矣。蓋以爲善人則有餘，以爲信人則未足也。○張子曰「樂正子志仁無惡，而不致於學」。致，推極也。非謂樂正子只是天資之美，全未曾有學也，只是學之功未至其極，故止於善、信耳。○「顔子好學不倦，合仁與智」，志仁無惡，仁也；學而不厭，智也。既志仁無惡，而又能致於學，所以能具體聖人。○「獨未至聖人之止耳」，此「止」字非《論語》「未見其止」之本旨，蓋小注所謂「結裹」之意。○或曰：「予嘗疑《孟子》書出於公孫丑之徒所記，故於孟子弟子或多稱子。今觀其答浩生不害曰『樂正子二之中，四之下也』，其自言亦不名而子之，何歟？」曰：「此蓋因不害稱樂正子，亦隨其所稱而應之也。如今人於酬酢稱謂，往往有此，尊者亦不以爲嫌也。如對孫言及其子，則曰汝父、汝伯父、汝叔父。對外孫言及其子，則曰汝幾舅。對弟子之弟子言及其師，亦曰某姓先生。」○程子曰：「士之所難者，在有諸己而已。能有諸己，則居之安，資之深，而美且大，可以馴音旬。致矣。徒知可欲之善，而若存若亡而已，則能不受變於俗者，鮮上聲。矣。」慶源輔氏曰：「程子又發明學者，只要有諸己。有諸己則住不得，自然趲將去，故美且大，可以馴致。不然徒知其善，而若存若亡，則爲流俗所變，而終亦必亡之矣。」○新安陳氏曰：「此條重在有諸己之信。」尹氏曰：「『自可欲之善』至於『聖而不可知之神』，上下一理，擴充而至於神，則不可得而名矣。」慶源輔氏曰：「尹氏『上下一理』之說，尤得其要。惟其不可得而名，故謂之神也。」○雲峰胡氏曰：「須看尹氏『上下一理』四字。善者，人心之天理。始而爲人之所可欲者，此理也。終而人之所不可知者，亦此理也。善非粗淺，神非高虛，惟在乎實有此善，而力行以充之爾。」○新安陳氏曰：「自善、信至聖、神，高下固懸絕矣。然雖聖神之極致，亦不外乎自善、信而充之。生知安行之聖人，固不必由科級而進。學知利行以下之希聖，未有不由科級而進者。可欲之善，真能有諸己，勉勉循循，充而拓之，以至於極。雖比『性之』之聖，有生熟之不同，豈有不能如『身之』之聖者。」

○孟子曰：「逃墨必歸於楊，逃楊必歸於儒。歸，斯受之而已矣。

墨氏務外而不情，楊氏太簡而近實，故其反正之漸，大略如此。歸斯受之者，憫其陷溺之久，而取其悔悟之新也。朱子曰：

「楊墨皆是邪說，無大輕重。但墨氏之說，尤出於矯僞，不近人情而難行，故孟子之言如此，非以楊氏爲可取也。」○南軒張氏曰：「兼愛者，棄本而外馳。爲我者，狹隘而私勝。墨之比楊，猶奢之比儉，自爲者固非，猶愈於兼愛之泛也，泛者尤難反耳。」附《存疑》：墨氏務外而不情，楊氏太簡而近實，聖人則大中而至正。惡務外不情而逃之，必有所歸，然未能便至於聖人。厭務外則慕近實，歸於楊者，其勢然也。若又厭其太簡，則必求大中至正之歸，是逃楊必歸於儒，亦其勢然也。○《蒙引》：受，是儒者受之，不兼楊之受墨也。

今之與楊墨辯者，如追放豚，既入其苙，又從而招之。」

放豚，放逸之豕豚也。苙，闌也。招，罥扃縣反。也，羈其足也。言彼既來歸，而又追咎其既往之失也。附《存疑》：「今之與楊墨辯」，正與「歸斯受之」相反。○此章見聖賢之於異端，距之甚嚴，而於其來歸，待之甚恕。距之嚴，故人知彼說之爲邪；待之恕，故人知此道之可反，仁之至，義之盡也。雲峰胡氏曰：「『於異端距之甚嚴』者，至正不可以容邪，義之盡也；『來歸待之甚恕』者，至大可以容小，仁之至也，於此可見聖賢至正、至大之心矣。」附《蒙引》：此章之言，爲當時儒者，待異端而不得其術而發也。蓋異端之學，溺於所習之非，逆其本然之性，其閒豈無杌隉不安，而思以自還之理。爲吾儒者，但因其一言之近道，一念之近正，即當達其新知，而忘其舊習可也。乃泥於門户塗轍之殊，莫知納約自牖之義，非惟在彼之窮，而不得所歸之爲可憫，而在我之道，所以與人同歸於善者，實有所未純也。故孟子言此，聖賢之心何如哉。○此章何以見「聖賢之於異端，距之甚嚴」處，蓋所謂「待之甚恕」者，只就「歸斯受之」上見得。然「歸斯受之」，則方其未歸，決在所絕矣。即今日之恕，見得前日之嚴。

○孟子曰：「有布縷之征，粟米之征，力役之征。君子用其一，緩其二。用其二而民有殍，用其三而父子離。」

征賦之法，歲有常數。然布縷取之於夏，

粟米取之於秋，力役取之於冬，當各以其時。若并去聲。取之，則民力有所不堪矣。新安陳氏曰：「『用其二』，一時併用二端也。『用其三』，一時併取其三也。」今兩税三限之法，亦此意也。尹氏曰：「言民爲邦本，取之無度，則其國危矣。」慶源輔氏曰：「此孟子言之以警夫取民無度者。」○問：「布縷、粟米、力役之征，《周禮》皆取之，而孟子言『用其一而緩其二』，朱子乃有夏秋之辨。夫夏秋之説，始出於唐，不知何所據而云？」潛室陳氏曰：「緩非廢其征，但不作一時併征之耳。」《月令》：「孟夏蠶畢，而獻繭税。孟秋農乃登穀，始收穀。」布縷征之夏，粟米征之秋，乃古法。若唐分兩税，始於德宗、楊炎，非止布縷、粟米之征，乃是取大曆十四年應干賦斂之數，併而爲兩税，名同實異，失孟子之意矣。」附《蒙引》：此云布縷之征、粟米之征、力役之征，通天下之制也。如《禹貢》則任土所宜而貢，中閒又有不同。○此所謂布，只是麻所爲者。若今棉布，則彼時中國未有也。○《存疑》：「布縷之征」，五畝之宅所出也；「粟米之征」，百畝之田所出也；「力役之征」，丁口所出也。布縷取之於夏，則粟米、力役在所緩也；粟米取之於秋，則布縷、力役在所緩也；力役取之於冬，則布縷、粟米在所緩也。故曰：「用其一，緩其二。」○兩税，夏秋二税也。三限，《蒙引》無的説。按：楊炎兩税法，夏輸無過六月，秋輸無過十一月。國朝税法，夏税不得過七月，秋税不得過十二月，皆不得爲三限。宋法，夏至十月，秋至明年二月。夏税至十月，是歷夏、秋、冬三時；秋税至明年二月，是歷秋、冬、春三時，或是三限，限三時也。蓋不必布縷取之夏，粟米取之秋，力役取之冬者，同其不并取，以紓民力則同也。○唐人租庸調之法：租，即粟米之征；庸，即力役之征；調，即布縷之征。

○孟子曰：「諸侯之寶三：土地、人民、政事。寶珠玉者，殃必及身。」

尹氏曰：「言寶得其寶者安，寶失其寶者危。」新安陳氏曰：「諸侯寶人民而善政事以治之，則有人、有土，而常爲吾寶矣。」附《存疑》：土地，所以立國；人民，所以守土；政事，所以治民，故皆爲諸侯之寶。

○盆成括仕於齊。孟子曰：「死矣盆成括。」盆成括見殺。門人問曰：「夫子何以知其將見殺？」曰：「其爲人也小有才，未聞君子之大道也，則足以殺其軀而已矣。」

盆成，姓。括，名也。恃才妄作，所以取禍。徐氏曰：「君子道其常而已。括有死之道焉，設使幸而獲免，孟子之言猶信也。」南軒張氏曰：「不聞道，則爲才所役。道者，理義之存乎人心者也。於此有聞，則才有所不敢恃矣。人之有才，本不足以爲人害。惟無所本而徒用其才，於是才始足以病己，甚至有取死之道，又不若魯鈍無才之愈也。小有才而未聞道者，身且不能保，爲國者乃信而用之，亡國、敗家其何日之有。」○慶源輔氏曰：「才出於氣而有限，才本自小。道原於性而無方，道本自大。況曰『小有才』，則又才之小者也。不顧義理，而惟才是逞，則行險僥倖，無所不至，不至於顛覆不已也。孟子之言，但述其理之當然耳，不以是爲奇中也。學者不達而以是爲奇，則必以料事爲明，而駸駸然入於逆詐億不信矣。」**附**《存疑》：「小有才」，言略有才也。小有才而不聞道，猶足以殺其軀。若有大才而不聞道，殺其軀也必矣，若商辛、智伯是也。

○孟子之滕，館於上宮。有業屨於牖上，館人求之弗得。

館，舍也。上宮，別宮名。業屨，織之有次業而未成者，蓋館人所作，置之牖上而失之也。

或問之曰：「若是乎從者之廋也？」曰：「子以是爲竊屨來與？」曰：「殆非也。夫子之設科也，往者不追，來者不拒。苟以是心至，斯受之而已矣。」從、爲，去聲。與，平聲。夫子，如字，舊讀爲扶余者非。

或問之者，問於孟子也。廋，與廋同。匿也。言子之從者，乃匿人之物如此乎。孟子答之，而或人自悟其失，因言此從者固不爲去聲。竊屨而來，但夫子設置科條以待學者，苟以向道之心而來，則受之耳，雖夫子亦不能保其往也。門人取其言，有合於聖賢之指，故記之。

慶源輔氏曰：「先儒多讀『夫子』作『夫〔音扶〕予』，而以爲孟子自說。朱子獨以爲『夫子』，而作問者自悟其失，而言者蓋不獨以殆非也，下無『曰』字而知其然。若以爲孟子之言，則不惟露筋骨，且非所以待學者，將使學者不自重矣。惟以爲問者之言，則可取。愚嘗謂近世好議論者，往往以學者之失而議先生長者，是其識量又不逮於當時織屨者矣。『苟以是心至，斯受之』者，與人爲善之公也。至於孺悲欲見則辭以疾，滕更在門則不見答，是又義之所當然也，然教亦固在其中矣。」附《存疑》：「子以是爲竊屨來」，言其來滕也。○《淺説》：不曰「設教」而曰「科」者，教人各因其材，自不得不別其科也。○「苟以是心至，斯受之而已矣」，只是申説來者不拒也。往者是向日之不善也。

○孟子曰：「人皆有所不忍，達之於其所忍，仁也。人皆有所不爲，達之於其所爲，義也。

惻隱羞惡之心，人皆有之，故莫不有所不忍不爲，此仁義之端也。然以氣質之偏、物欲之蔽，則於他事或有不能者，但推所能，達之於所不能，則無非仁義矣。

慶源輔氏曰：「『不忍』者，惻隱之事也；『不爲』者，羞惡之事也，是皆本於性，發於情，而統於心，人之所固有者也。但爲氣稟所拘，物欲所蔽，則心失其正而不能統夫性與情，故有所當發而不發，亦有所不當發而反發。遂至於其所不忍者，或有時而忍；於其所不爲者，或有時而爲，而性亦從而梏亡之矣。今教之以推所不忍，以達於所忍；推所不爲，以達於所爲。如是則心得其職，情得其正，而性之所以爲仁義者，得矣。」○西山真氏曰：「有所不忍、不爲者，此心之正也。能即是心而推之，雖所忍者，亦不忍，即仁也；雖所爲者，亦不爲，即義也。」《通考》勿齋程氏曰：「推廣善端，滿其所受，是之謂充。理無不通，行無不得，是之謂達。理無不通，以心言；行無不得，以事言。「賜也達」、「下學而上達」、「君子上達」、「慮患也深，故達」，皆理無不通也。「家邦必達」、「欲速則不達」、「達不離道」、「達道」、「達德」、「不成章不達」，「達之天下」，皆行無不得也。「授之以政，不達」，「人皆有所不忍，達之於其所忍」，「人皆有所不爲，達之於其所爲」，則兼心與理言之。

人能充無欲害人之心，而仁不可勝用也；人能充無穿窬之心，而義不可勝用也。勝，平聲。

充，滿也。穿，穿穴；窬，踰牆，皆爲盜之事也。能推所不忍，以達於所忍，則能滿其無欲害人之心，而無不仁矣。能推其所不爲，以達於所爲，則能滿其無穿窬之心，而無不義矣。南軒張氏曰：「人皆有所不忍，皆有所不爲，此其秉彝之不可泯滅者也。然有所不忍矣，而於他則忍之；有所不爲矣，而於他則爲之，此豈有異心哉。爲私欲所蔽，而生道息故也。若以其所不忍，而達之於其所忍，豈非仁乎；以所不爲，而達之於其所爲，豈非義乎。自無欲害人之心而充之，則其愛無所不被，仁有不可勝用矣；自無穿窬之心而充之，則其宜無所不得，義有不可勝用矣。蓋其理本具於性，貴於充之而已。」〇慶源輔氏曰：「此一節，因前説而教人以充滿其本心之量也。無欲害人之心，即是所不忍、無穿窬之心，即是所不爲。是心也，其量、其大、其用有常。人能推所不忍，以達於其所忍，然後能充滿其無欲害人之心量。推所不爲以達於其所爲，然後能充滿其無穿窬之心量。能充滿其心量，則其用有常，而仁義不可勝用矣。」〇新安陳氏曰：「達如導水，自畎澮達之川，自川達之海。充，如水達海，而充滿於其中也。惟達而後能充，如擴而充之之意。」《通考》朱子曰：「此心之量，足以包括天地，兼利萬物。只是人自不能充滿其量，所以推不去。或能推之於一家，而不能推之於一國；或能推之於一國，而不足以及天下，皆是未足以充其本然之量。」附《蒙引》：「人能充無欲害人之心」，此承上文，只是一意，但露出「害人」與「穿窬」字面，以示人之所達耳。若曰：「如害人者，人所不忍也，人能充無欲害人之心，而仁不可勝用矣；穿窬者，人所不爲也，人能充無穿窬之心，而義不可勝用矣。」

人能充無受爾汝之實，無所往而不爲義也。

此申説上文充無穿窬之心之意也。蓋爾

汝，人所輕賤之稱，人雖或有所貪昧隱忍而甘受之者，然其中心必有慙忿而不肯受之之實。人能即此而推之，使其充滿無所虧缺，則無適而非義矣。問：「『充無受爾汝之實』。」朱子曰：「『惡不仁者，其爲仁矣，不使不仁者加乎其身』，惡不仁，而不能使不仁者不加乎其身，便是不能充無受爾汝之實。」○看來「實」字對「名」字說，不欲人以爾汝之稱加諸我，是惡爾汝之名也。然反之於身，而去其有可爾汝之行，是能充其無受爾汝之實也。若我身有未是處，則雖惡人以爾汝相稱，亦自有所愧矣。○新安陳氏曰：「朱子此條，乃用趙注之說，與《集註》不同。蓋謂惡爾汝之名，是惡人之輕己也。反身而去其可輕之行，是能充其無受爾汝之實也。人能充滿其無受爾汝之實，行則所爲無往非義矣。意義較明白。」○慶源輔氏曰：「此一節，事雖微而理愈密。夫人不受爾汝之稱，皆是羞惡之實心。存養之不加，體察之不至，則不受之心雖有得於此，而或遂失於彼，亦不能充滿其實心之量，而義有時而不行矣。惟能推所不受，而達之於所受，而無所滲漏，然後能充滿其無受爾汝實心之量，無所適而不爲義也。」**附**《存疑》：「無受爾汝之實」，亦不爲之心也。私欲一萌，不受於此而受於彼，若所謂「萬鍾則不辨禮義，而受之者有矣」。故必即此而推之，使其充滿無所虧欠，則無適而非義矣。此節就辭受上說，下節又就語默上說，都是申說上文「充無穿窬之心」之意。朱子小注及《蒙引》皆以行己盡善，不致取輕於人，爲充無受爾汝之實，看來不是。大注自明白，輔氏說得是也。○「爾汝，人所輕賤之稱」，看來亦是嗟來食之類。蓋指當時仕者，不禮於其君，而見輕賤，如所謂「食而不愛，豕交之；愛而不敬，獸畜之」是也。如此看，本文「充無受爾汝之實，無所往而不爲義」之意，自明白矣。○《紹聞編》曰：「『爾汝，人所輕賤之稱，人或有所貪昧隱忍而甘受之者』，非其實也。『其中慙忿而不肯受之』者，乃其實也。」○《蒙引》：申說上文「充無穿窬之心」之意，非是又深一層，只是指出上文所謂「充無穿窬之心」者，如受爾汝之實，以言不言餂人，此皆所當推而達之而不爲者。

士未可以言而言，是以言餂之也；可以言而不言，是以不言餂之也，是皆穿窬之類也。」餂，音忝。

餂，探取之也。今人以舌取物曰餂，即此意也。便平聲。佞未可以言而言。隱默，可以言而不言。皆有意探取於人，是亦穿窬之類。然其事隱微，人所忽易，去聲。故特舉以見形甸反。❶例，明必推無穿窬之心，達於此而悉去上聲。之，然後爲能充其無穿窬之心也。朱子曰：「餂，是鉤致之意。如本不必說，自家却强說幾句，要去動人，要去悅人，是以言餂之也。如合當與他說却不說，須故爲隱難，要使他來問我，是以不言餂之也。不直心而私意如此，便是穿窬之類。裏面是如此，外面却不如此。外面恁地，裏面却不恁地。」○問：「此章先言仁義，後專言義，何也？」曰：「仁只是一路，只是箇不忍之心，苟能充此心便了，義却頭項多。」又問：「『人能充無穿窬之心』，是就至粗處說。『未可以言而言』與『可以言而不言』，是說人至細處否？」曰：「然。『能充無受爾汝之實』處，工夫却甚大了，到這田地時，工夫大段周密了，所以說無所往而不爲義也。使行己有一毫未盡，便不能無受爾汝之實矣。達者，推之也，是展開去。充者，填滿也，須填塞教滿。」○南軒張氏曰：「以言取之者，其猶以諂爲悅者乎？以不言取之者，其猶以默爲容者乎？以是爲穿窬之類者，以若有取之之心故耳。此章始言仁義，而末獨言義，何也？蓋仁義，體用相須者也。人之不仁，以非義害之也。不爲非義，而後仁可得而存。故反復再三，推而言之，使人知所用力也。」○慶源輔氏曰：「此一節，事之微而理之密，又有甚於前者。故以士言之，夫『不爲穿窬』、『無受爾汝』，在士則有所不必道。然一語一默之微，發於計較安排，而有意探取於人，則是亦穿窬之類。故《集註》亦以爲『其事隱微，人所忽易』，故特舉以見例。必推無穿窬之心，而達之於此類至纖至悉處，亦不容有不盡，方始能充其無穿窬之心也，其義亦精矣。」○雲峰胡氏曰：「《孟子》首篇曰『善推其所爲』，欲齊王即其不忍之心而推之也。末篇曰達，曰充，欲人皆即其有所不忍不爲之心，而達之充之也。擴此心之用，無少壅遏，則謂之達；滿此心之量，無少欠缺，

❶「甸」，原作「旬」，今據《四書大全》改。

則謂之充。《集註》論此達與充二字，而推之一字，凡五及之。達者推之始，充者推之終也。不推不能達，不達不能充。《集註》可謂能發孟子終始，教人之本旨矣。先儒云孟子平生工夫受用處，只在善推其所爲一句爾，非朱子孰能發之哉。」○新安陳氏曰：「此章後二節，單言義，『無受爾汝之實』，正其行也。戒以言不言餂之，正其言也。正其言行，以充其羞惡之心，乃於稱謂語默日用之常事，以求義之精焉。《語》曰：『色厲内荏，其猶穿窬與。』《表記》曰『君子不以色信人。情疏而貌親，在小人則穿窬之盜也與』，皆可以擴充，此義所當參玩。」《通考》朱氏公遷曰：「此因其良心，主乎學力而言。『仁，人心也』章，未專言仁。『人皆有所不忍』章，未專言義。蓋仁體統人，不違仁，則義在其中。義，頭緒多，不爲非義，而後仁可得而存。體用本相須，而用功則有不同也。」附《蒙引》：以言不言餂人，是穿窬之類也。受爾汝之實，亦穿窬之類。故人於穿窬不爲，而於此或有爲之者，是以不能皆義，此孟子所以喫緊示人也。○此以士言，猶《論語》「色厲内荏」，指當時大人言也。○政使當言而言，苟有悦人之意，是亦穿窬之類。孟子所謂「之類」云者，學者固當以此法求之。○南軒謂「以佞爲悦，以默爲容」，其説亦好，但非「餂」字之義，故《集註》不用。○《存疑》：語默雖細事，但有意窺探人心術，便不光明，所以爲穿窬之類。

○孟子曰：「言近而指遠者，善言也。守約而施博者，善道也。君子之言也，不下帶而道存焉。」

古人視不下於帶，《記·曲禮下》：「天子視不上於袷，〔音刼。〕不下於帶。凡視上於面則傲，下於帶則憂，傾則姦。」則帶之上，乃目前常見至近之處也。舉目前之近事，而至理存焉，所以爲言近而指遠也。朱子曰：「説『言近指遠』，『守約施博』，四方八面皆看得見。此理本是遠近博約如一，而行之則自近約始。道理只是一，但隨許多頭面去，又不可不去逐頭面理會也。」○慶源輔氏曰：「『言近而指遠』，故測之而益深，窮之而愈遠，是君子教人之事。」附顧麟士曰：按《紹聞編》曰：「此章足以見當時之學術。如申子卑卑施之於名實，韓子引繩墨，切事情，是言近而指則繆者也；如莊周以繆悠之説、荒唐之言、無端厓之辭，恣縱而不儻，是言遠而畔於理者也，皆非善言也。如楊朱之爲我，似守約而偏於自私，則其守乖矣，何有於施博；墨翟之兼愛，似施博而出於二本，則其施舛矣，何有於守約，皆非善道也。惟君子之言，舉目前之近事，而至理陳焉，是『言近而指遠』也。『言近而指遠』，則既非過高而不合於經常，亦非徒近而不根於至理，故曰『善言』也。君子之守以脩其身爲亟，而天下平焉，是『守約而施博』也。『守約而施博』，則得其要於己，而道爲有本；善其推於人，而道爲有用，故曰『善道』也。」○《存疑》：雖目前淺近之言也，有個道理，便是指遠。遠、近字，不可太拘。○《蒙引》：天下無一事無理，理則有當然之則，有所以然之故，皆至精至微，而不可以淺近言也。○「不下帶而道存焉」，謂只即目前近事論之，而理則有至妙者。南軒以爲所言只是其身中事，似太泥。

君子之守，脩其身而天下平。

此所謂守約而施博也。南軒張氏曰：「所謂指遠者，固存乎近；所謂施博者，固存乎約也。『不下帶而道存』，『言近而指遠』也。蓋其所言，只其身中事在目前者耳，而至理初不外是也。脩身而天下平，守約而施博也。脩身則本立，由是而家齊、國治、天下平，皆其所推耳。」○慶源輔氏曰：「守約施博，故推之而無不準，動之而無不化，是君子治天下之事。」

人病舍其田而芸人之田，所求於人者重，而所以自任者輕。」舍，音捨。

此言不守約而務博施之病。朱子曰：「不知道者，務爲高遠之言，則固荒唐而無餘味。然欲其近，則又鄙淺而無深遠之趣也。不知約之可守，則固泛濫而不切矣，然欲其約，則又狹隘而無廣博之功也。然則所謂善言、善道者，非有道之君子，其孰能知之乎。」○南軒張氏曰：「『舍其田而芸人之田』者，不治其身而治人之譬也。不務在己者，而責諸人，其自任亦輕矣，蓋不知一身爲天下之本故也。」附《蒙引》：「人病舍其田而芸人之田」，引譬起下。○顧麟士曰：「此節與興題相似，下二句是正說。」○《通義》鄱陽朱氏曰：「此章明君子之言行。」

○孟子曰：「堯舜，性者也；湯武，反之也。」

性者，得全於天，無所污烏故反。壞，不假

脩爲，聖之至也。反之者，脩爲以復其性，而至於聖人也。程子曰：「『性之』、『反之』，古未有此語，蓋自孟子發之。」吕氏曰：「無意而安行，性也。朱子曰：「吕氏説『性也』，『性』下合添『之者』二字。」有意利行，而至於無意，復性者也。堯舜不失其性，湯武善反其性，及其成功則一也。」程子曰：「堯與舜更無優劣，及至湯、武，便别。孟子言『性之』、『反之』，自古無人如此説，只是孟子分别出來，便知得堯、舜是生而知之，湯、武是學而能之。文王之德則似堯、舜，禹之德則似湯、武，要之皆是聖人。」○朱子曰：「『湯、武反之』，其反之雖同，然細看來，武王終是疎略，成湯却孜孜向進。如其伐桀，所以稱桀之罪，只平説過，又放桀之後，惟有慙德。武王數紂，至於極其過惡，於此可見矣。」《通考》朱氏公遷曰：「此以德性言，聖人『身之』兼用功而言，『反之』舉成功而言，惟其能『身之』，所以能『反之』也。」又曰：「此『性』字，以天理自然而言，非指性而言也，乃所以性其性也。但性之性者，是性其性。誠明之性，是性其誠。指其人而言，曰『性者』。自其率性而言，曰『性之』。」附《蒙引》：反，復也，無失則無復。聖人固皆人道之至，就聖人中論之，又自有高下。

動容周旋中禮者，盛德之至也。哭死而哀，非爲生者也；經德不回，非以干禄也；言語必信，非以正行也。中、爲、行，並去聲。

細微曲折，無不中禮，乃其盛德之至，自然而中，而非有意於中也。經，常也。回，曲也。三者亦皆自然而然，非有意而爲之也，皆聖人之事，性之之德也。問：「信言語以正行，莫無害否？」朱子曰：「言語在所當信，若有意以此而正行，便是有爲而然也。」○慶源輔氏曰：「若有意於中，則必有勉强持守之意，力懈意弛，則必有所不中者矣。」又曰：「三者，特舉聖人之庸行，人所易曉者，例其餘。聖人之動，無不時也，豈有意而爲之者哉，故《集註》斷以爲『聖人之事，性之之德也』。」附《蒙引》：曰「非爲生者」、「非以干禄也」、「非以正行也」，數句要説仔細。蓋下文「行法俟命」，亦是非有爲而爲者，恐説得無「性之」、「反之」之别，故上數節要説出自然而然，而非有意爲之之意，須與下節意稍異。○「盛德之至」，言無所勉强也。○「正行」者，言顧行也。○《存疑》：「經德」，猶曰庸德，如子臣弟友之道之類是也。能盡其道，便是不回。○正行，就在言語必信内。言語必信，則言之必行，所行者莫非道義之所在，而行無不正矣。然聖人之必信，乃是自然如此，既言之，必行之，是聖人至誠之意，不是有意於正行而爲此。○《蒙引》：不可以下三句，爲屬動容周旋中禮看，輔氏之説錯認。○「動容」，以顔貌言；「周旋」，以動履言，此皆其小處。此等處皆能中禮，則其大者可知，故曰：「細微曲折，無不中禮。」○此一節是「由仁義行」者也。「君子行法以俟命」，則所謂「行仁義」者。○「動容周旋」以下，只是「性之」之德，不是指堯舜言，君子行法俟命亦然。

君子行法，以俟命而已矣。」

法者，天理之當然者也。君子行之，而吉凶禍福有所不計，蓋雖未至於自然，而已非有所爲去聲。而爲矣。此反之之事，董子所謂「正其義不謀其利，明其道不計其功」，正此意也。○程子曰：「動容周旋中禮者，盛德之至。行法以俟命者，『朝聞道，夕死可矣』之意也。」新安陳氏曰：「惟聞道，故生順死安，雖夕死亦可；惟行法，故禍福皆一聽天命，其意相類。」呂氏曰：「法由此立，命由此出，聖人也。新安陳氏曰：「以法與命移上聖人説。聖人從容中道，身即爲度，法由我立；與天爲徒，命由我出，與天地合德，與鬼神合吉凶，如《書》云『自作元命』，唐李泌云『君相造命』是也。」行法以俟命，君子也。聖人性之，君子所以復其性也。」朱子曰：「聖人，是人與法爲一，己與天爲一。學者，是人未與法爲一，己未與天爲一，故須行法以俟命也。」○「行法以俟命」，三代以降，惟董子嘗言之，而諸葛忠武侯言於其君有曰「臣鞠躬盡力，死而後已。至於成敗利鈍，非臣之明所能逆覩也」。程子語其門人有曰：「今容貌必端，言語必正，非欲獨善其身，以求知於人，但天理當然，亦曰循之而已矣。」此三言者，所指雖殊，要皆行法俟命之意。○慶源輔氏曰：「法者，凡古聖賢之所制皆是也，蓋莫非天理之當然。如爲君而仁，爲臣而敬，子孝父慈，皆是也。君子行之，而吉凶禍福，聽天所命，我皆在所不計，所謂俟命也。雖未能如聖人之安行自然，已非有爲而爲之矣。」附《蒙引》：如動容周旋自當中禮，哭死自當哀，經德自當不回，言語自當信，莫非天理之當然者。○程子曰「『行法以俟命』者，『朝聞道，夕死可矣』之意，是脩身以俟死之説」，新安小注未然。○聖人以義制命，蓋凡義之所在，即是命也。如義當死，便是命當死矣。義當不食其禄，便是命該貧賤矣。此類聖人皆安，全不以介意，亦不屑言命，故曰「命由此出」。○孔子於衰周，孟子於戰國，所以直欲挽回三代之治者，以造化在我也。且如湯以七十里，文王以百里，即其效也。若夏少康，雖非聖人，亦能以一旅取天下，所限者，聖賢往往不得機會耳。

○孟子曰：「説大人，則藐之，勿視其巍巍然。說，音税。藐，音眇。

趙氏曰：「大人，當時尊貴者也。藐，輕之也。巍巍，富貴高顯之貌。藐焉而不畏之，則志意舒展，言語得盡也。」和靖尹氏曰：「藐者，止是不以其貴勢威嚴爲事，而慴非謂便視他作無物也。」○朱子曰：「『説大人則藐之』，蓋主於説而言，如曰『見大人則藐之』，則失之矣。蓋大人固當畏，而所謂藐者，乃是藐其堂高數仞之類耳。這爲世人，把大人許多崇高富貴當事，有言不敢出口，故孟子云爾。」○今人不是畏大人，只是畏其巍巍然者。若能勿視其巍巍然，而不失其畏大人之心，乃是真能畏大人者。○問：「孔子畏大人，而孟子藐之，何也？」曰：「孟子藐大人，不視其巍巍然者而已。故雖不肯枉尺直尋，而齊人敬王，莫如孟子也。特以當世之士，以道殉人，内無所守，故特發此以立其志，使其意氣舒展，無所懾懼，而得以盡其所言爾。若君子以禮存心，固將無所不用其敬，豈於大人而反藐之哉。」○慶源輔氏曰：「若不藐視之，則是爲其巍巍者所動矣。志氣一有所懾怯，則必不能展盡底藴。剛强者，有懷或不敢盡。柔弱者，則必至於變其所欲言，而反徇之。」

堂高數仞，榱題數尺，我得志弗爲也。食前

方丈，侍妾數百人，我得志弗爲也。般樂飲酒，驅騁田獵，後車千乘，我得志弗爲也。在彼者，皆我所不爲也。在我者，皆古之制也。吾何畏彼哉？」榱，楚危反。般，音盤。樂，音洛。乘，去聲。

榱，桷音角。也。題，頭也。食前方丈，饌食列於前者，方一丈也。此皆其所謂巍巍然者，我雖得志，有所不爲，而所守者皆古聖賢之法，則彼之巍巍者，何足道哉。南軒張氏曰：「藐，讀如眇。左氏曰：『以是藐諸孤。』藐，小之也。小之者，小其所挾也。視其巍巍然，則動於中，動於中則慕在彼之勢，而屈在我之義矣。使在我不知古制之守，則爲其巍巍然所動矣。故程子曰：『內重則見外之輕，得深則見誘之小。』後之爲士者，惟不知古制之是守。故未得志，則有所慕。既得志，則行其所慕，逐欲不已以爲天下害。士必寡欲而後能守古制，守古制而後知自重，知自重而後不爲勢所屈，使此身用而道行，則生民受其福矣。」附《淺說》：所以能「勿視其巍巍然」者何也？蓋「堂高數仞，榱題數尺」，「食前方丈，侍妾數百人」，「般樂飲酒，驅馳田獵，後車千乘」，此皆其所謂巍巍然者。我若得志，凡若此者，我皆有所不爲也。夫在彼者，既皆有所不爲也，而在我者，則又皆古之制也。是我重而彼輕，我大而彼小，吾何畏彼哉。○《存疑》：居天下之廣居，立天下之正位，行天下之大道，非仁無爲，非禮無行，便是古聖賢之法。曾子曰「彼以其富，我以吾仁，彼以其爵，我以吾義」，亦是此意。○《蒙引》：「榱，桷也。題，頭也」，桷有數尺之長，桷頭安得有數尺之大？曰：「此頭字，乃桷之名數也。如云桷一頭、二頭，即桷數也。」○「皆」之一字所該固廣，不止不爲上文三者而已。○楊氏曰：「孟子此章，以己之長，方人之短，猶有此等氣象，在孔子則無此矣。」慶源輔氏曰：「孟子有泰山巖巖然之氣象，便是指此等處言也。若聖人則大而化之，泯然不見其大之迹，故不至如此，然非聖人覺此而不爲也。德盛仁熟，大而化之，則自然不至有此等氣象矣。」

○孟子曰：「養心莫善於寡欲。其爲人也

寡欲，雖有不存焉者，寡矣；其爲人也多欲，雖有存焉者，寡矣。」

欲，如口鼻耳目四支之欲，雖人之所不能無，然多而不節，未有不失其本心者，學者所當深戒也。程子曰：「所欲不必沈溺，只有所向，便是欲。」周子曰：「養心不止於寡而存耳。蓋寡之又寡，以至於無，則誠立明通。」○蔡氏曰：「誠立而實體安固，明通而實用流行。」○程子曰：「欲寡則心自誠。荀子言『養心莫善於誠』，既誠矣，又何養，此已不識誠，又不知所以養。」○朱子曰：「孟子只是言天理人欲，相爲消長分數。其爲人也寡欲，則人欲分數少，故雖有不存焉者，寡矣。不存焉者寡，則天理分數多也。其爲人也多欲，則人欲分數多，故雖有存焉者，寡矣。存焉者寡，則天理分數少也。蓋『多』字對『寡』字說，若眼前事事貪要時，這心便一齊走出了。未便說到邪辟不好底物事，只是眼前底事，纔多欲，本心便都紛雜了。只減少，便漸存得此心。」問周子之言。曰：「語其所至，則固然矣，然未有不由寡欲而能至於無者。語其所至而不由其序，則無自而進。由其序而不要其至，則或恐其安於小成也。周子之說，於此爲有相發之功焉。」○伊川教人，直是都不去他用其心，只是要得寡欲，存這心最是難。湯武，聖人，孟子猶言「湯武，反之也」。反，復也。反復得這本心，如不邇聲色，不殖貨利，只爲要存此心。觀《旅獒》之書，只受一犬，而反覆切諫，以此見欲之可畏，無小大皆不可忽。○南軒張氏曰：「寡欲爲養心之要，然人固有天資寡欲者，有天資多欲者。其爲人寡欲，則不存者寡，多欲，則存焉者寡，以是知『養心莫善於寡欲也』。存者，謂其心之不外馳也。雖然天資寡欲之人，不存固寡，然不知存其存，則亦莫之能充也。若學者，以寡欲爲要，則當存養擴充，由寡欲以至於無欲，則其清明高遠者，爲無窮矣。」○勉齋黃氏曰：「孟子嘗言『求放心』矣，又言『存其心』矣，操之則存，舍之則亡，心之存亡，決於操舍。而又曰『莫善於寡欲』何也？操存，固學者之先務。然人惟一心，而攻之者衆，聲色臭味交乎外，榮辱利害動乎內，隨感而應，無有窮已，則清明純一之體，又安能保其常存而不放哉。此孟子發明操存之說，而又以爲『莫善於寡欲也』。雖然寡欲固善矣，然非真知夫天理人欲之分，則何以施其克治之功哉。故格物致知，又所以爲寡欲之要，此又學者之所當察也。」〇慶源輔氏曰：「程子又極其微而言之，學者須是於欲有所向處，便加克治。若待其張主，則用力難矣。」〇雲峰胡氏曰：「《孟子》一書，三『養』字皆切要語。曰『養氣』，曰『養性』，曰『養心』，合而觀之，氣生於理，善養氣者在養性；理具於心，善養性者在養心；心汩於欲，善養心者在寡欲，寡之又寡，以至於無，則心存而性存，氣不必言矣。」《通考》朱氏公遷曰：「此章與『飢者甘食』章皆因論理欲，而以理義之心言之。一章言理欲相爲勝負，其要在『寡欲』二字。一章言天理者人欲之害，其要在『無以爲害』四字。」〇董氏彝曰：「養心，則養性在其中；養氣，則養心性之助，此内外交相培養之道也。寡欲者，養心之道，而存心者，又所以養性也。然心者，性之郛郭。性者，心之實理。心既養矣，則性安有不得其養者哉，此所以養心則養性在其中。」附《存疑》：孟子曰「寡欲」，周子曰「無欲」者，《蒙引》曰：「孟子以耳目口鼻四肢之欲而言，周子是指心之流於欲者，是則不可有也，所指有淺深之不同。若耳目口鼻四肢之欲，安得而盡無也，雖聖人不容絶，但不至流耳。」〇《淺説》：注云「雖人之所不能無」，「無」字與「聖人無欲」之「無」字不同。大抵學者寡欲，聖人無欲。寡者，有節而不至於流耳，未能無意也。在聖人，則循其所當然，而心略不爲之動也，非絶去聲色臭味，而不與之接也。〇《蒙引》：此章當以心對欲看。心者，天理之府。而爲之害，把天理逐出外者，欲也。〇《語類》：「欲，是好欲，不是不好底欲。不好底欲，不當言寡。」〇如秀才要讀書，要讀這一件，又要讀那一件，又要學寫字，又要學作詩，這心一齊都出外去，所以伊川教人直是都不去他處用其心也，不要人學寫字也，不要人學作文章，這不是僻，道理是合如此。人只有一箇心，如何分做這許多去。若只管去閑處用了心，到得合用處，於這本來底都不得力。且看從古作爲文章之士，可以傳之不朽者，今看來那箇喚做知道也。是此初心，下只趨向那邊，都是做外去了，只是要得寡欲，存這心最是難。

〇曾皙嗜羊棗，而曾子不忍食羊棗。

羊棗，實小黑而圓，又謂之羊矢棗。曾子以父嗜之，父没之後，食必思親，故不忍食也。

公孫丑問曰：「膾炙與羊棗孰美？」孟子

曰：「膾炙哉。」公孫丑曰：「然則曾子何爲食膾炙而不食羊棗？」曰：「膾炙所同也，羊棗所獨也。諱名不諱姓，姓所同也，名所獨也。」

肉聶而切之爲膾。聶，之涉反，詳見《論語·鄉黨》篇「膾不厭細」章下。炙，之夜反。炙音隻。肉也。勿軒熊氏曰：「須看『不忍』字重，母没，而杯圈不能飲，不忍故也。」○新安陳氏曰：「不諱姓，喻食膾炙。諱名，喻不食羊棗。」《通旨》朱氏公遷曰：「此章據其事實，而追論之。先君子梧岡先生曰：『曾子之孝，見於《論》、《孟》者，凡三章。養曾皙，見其順親志。啓手足，見其重遺體。養志，是生能致其養。不食羊棗，是没能盡其思。』」附《存疑》：「諱名不諱姓」，做親名説方是。

○萬章問曰：「孔子在陳曰：『盍歸乎來。吾黨之士狂簡，進取，不忘其初。』孔子在陳，何思魯之狂士？」

盍，何不也。狂簡，謂志大而略於事。進取，謂求望高遠不忘其初，謂不能改其舊也。此語與《論語》小異。慶源輔氏曰：「志大，謂狂。略於事，謂簡。如曾點『異乎三子者之撰』，則志大而略於事可知。直欲躐乎聖人之樂處，則期望高遠可知。終不肯做下學工夫，後至於臨人之喪而歌，不能改其舊可知。狂簡二字，又該括得下兩句，進取即是志大，不忘其初即是略於事也。」附《蒙引》：萬章意以爲孔子何不思其上者，而取於狂士耶。

孟子曰：「孔子『不得中道而與之，必也狂獧乎。狂者進取，獧者有所不爲也』。孔子豈不欲中道哉，不可必得，故思其次也。」獧，音絹。

「不得中道」至「有所不爲」，據《論語》亦孔子之言。然則孔子字下當有「曰」字，《論語》道作行，獧作狷。有所不爲者，知恥自好，去聲。不爲不善之人也。「孔子豈不欲中道」以下，孟子言也。其次，謂狂者。附《存疑》：萬章引孔子在陳之言，其問在思狂。孟子引孔子之言，并獧而告之者，爲狂、獧皆可進於道，萬章之問未完也。既答萬章如何斯可謂狂之問，又曰狂者又不可得，以下者是因上文所引孔子思獧之言，而詳其意。○《蒙引》：「其次」，專指狂者，答萬章問意。孔子之言本兼狂、獧，孟子引來特要應「何思魯之狂士」一句。

「敢問何如斯可謂狂矣？」

萬章問。附《蒙引》敢問當時在魯之士，何者則可謂狂矣。

曰：「如琴張、曾皙、牧皮者，孔子之所謂狂矣。」

琴張，名牢，字子張。子桑户死，琴張臨其喪而歌，事見形甸反。《莊子》。《莊子·大宗師》篇：❶「子桑户、孟子反、子琴張相與爲友。子桑户死，未葬。孔子聞之，使子貢往行事焉。或編曲，或鼓琴，相和而歌曰：『嗟來桑户乎！而已反其真，而我猶爲人猗！〔於宜反。〕』子貢趨而進曰：『敢問臨喪而歌，禮乎？』二人相視而笑，曰：『是惡〔音烏〕知禮意。』」雖未必盡然，要必有近似者。曾皙見前篇。季武子死，曾皙倚其門而歌，事見《檀弓》。《記·檀弓下》：「季武子寢疾，及其喪也，曾點倚門而歌。」又言志「異乎三子者之撰」，事見《論語》。牧皮，未詳。附顧麟士曰：「此亦只舉其人，不重徵其事，恐妨下問也。」

「何以謂之狂也？」

萬章問。

曰：「其志嘐嘐然，曰『古之人，古之人』。夷考其行，而不掩焉者也。嘐，火交反。行，去聲。

嘐嘐，志大言大也。重平聲。言「古之人」，見其動輒稱之，不一稱而已也。夷，平也。掩，覆敷救反。也。言平考其行，則不能覆其言也。新安陳氏曰：「志大言大，動欲慕古，狂故也。平考其行，行不掩言，簡故也。」程子

❶「大」，原作「太」，今據《四庫大全》改。

曰：「曾皙言志，而夫子與之。蓋與聖人之志同，便是堯舜氣象也，特行有不掩焉耳，此所謂狂也。」慶源輔氏曰：「曾皙之志，固不止於如此。然其不屑於事爲，其志直欲徑探乎聖人之樂處，則與所謂『嘐嘐然曰：古之人，古之人』之意，亦不相遠，而其行有不能掩其言者，則又自有不可誣也。故《集註》取程子之説以釋之，『夫子與之』者，是與其『志大言大』也；『便是堯舜氣象』者，是亦所謂『古之人，古之人』之類也。」附《蒙引》：「其志嘐嘐然曰」，本文只是其志，而《集註》曰「嘐嘐，志大言大也」，兼志與言何？曰：「人之志，常於言見之也。又『其志嘐嘐然曰』，須於『其志』二字微讀，謂以言乎狂者之志，常『嘐嘐然曰：古之人，古之人』，動輒慕古也。及夷考其行，則不能揜其言也，是以『志』字，對『行』字言。」○孟子此言，總不出孔子所謂「進取不忘其初」者，萬章不察，故復問，而孟子又只仍孔子意説，放明白與他。

狂者又不可得，欲得不屑不潔之士而與之，是獧也，是又其次也。

此因上文所引，遂解所以思得獧者之意。狂，有志者也。獧，有守者也。有志者，能進於道。有守者，不失其身。屑，潔也。朱子曰：「狂者，知之過；獧者，行之過。」○南軒張氏曰：「《中庸》云『智者過之』，其狂者歟。『賢者過之』，其獧者歟。鄉原，即所謂小人之中庸也。」○慶源輔氏曰：「狂者，是合下氣質高明，便自有所見者；獧者，是合下氣質貞固，便自有所守者。狂者，則於知上所得分數多；獧者，則於行上所得分數多。聖門學者，必皆中與和合德，知與行並進，然後爲貴，所謂中道者是也。此等人既不可得，故不得已而與夫狂獧也。」○新安陳氏曰：「以不善爲不潔，而不屑爲之也。」附《蒙引》：是獧也，比之狂者，又其次也。

孔子曰：『過我門，而不入我室，我不憾焉者，其惟鄉原乎。鄉原，德之賊也。』」曰：「何如斯可謂之鄉原矣？」

鄉原，非有識者。原，與愿同。荀子「原慤」克角反。字，皆讀作愿，謂謹愿之人也。《荀子·榮辱》篇：「孝悌原慤，以敦比其事業。」○《富國》篇：「其臣主百吏，汙者皆化而脩，悍者先化而原，躁者先化而慤，是明主之功已。」○《正論》篇：「上端誠，則下原慤矣；上公正，則下易直矣。」故鄉里所謂愿人，謂之鄉原。孔子以其似德而非德，故以爲德之賊。過門不入而不恨之，以其不見親就爲幸，深惡去聲。而痛絶之也。以上釋孔子語。萬章又引孔子之言而問也。慶源輔氏曰：「先儒皆以原爲善，不惟無所據，又既謂之善人，則不應遂以爲德之賊。故《集註》引《荀子》爲證，以原爲愿，且曰鄉人無知，其所謂愿人，謂之鄉原。原字固淺狹，又鄉人以爲愿，則亦非真愿者也。」

附《蒙引》：鄉原有似乎中道，而實非也，故曰「德之賊」。德，即中道也。

曰：「『何以是嘐嘐也？言不顧行，行不顧言，則曰：古之人，古之人。行何爲踽踽涼涼？生斯世也，爲斯世也善，斯可矣』。閹然媚於世也者，是鄉原也。」行，去聲。踽，其禹反。閹，音奄。

踽踽，獨行不進之貌。涼涼，薄也，不見親厚於人也。鄉原譏狂者曰「何用如此嘐嘐然，行不掩其言，而徒每事必稱古人邪」，俗作耶。又譏獧者曰「何必如此踽踽涼涼，無所親厚哉。人既生於此世，則但當爲此世之人，使當世之人皆以爲善，則可矣」，此鄉原之志也。以上皆釋鄉原之言。閹，如奄人之奄，閉藏之意也。《周禮·春官》：「守祧，奄八人。」遠廟曰祧。奄，如今之宦者。祧，他凋反。媚，求悦於人也。孟子言此深自閉藏，以求親媚於世，是鄉原之行去聲。也。朱子曰：「鄉原，務爲謹愿，不欲忤俗以取容，專務徇俗，欲使人無所非刺。既不肯做狂，又不肯做獧，一心只要得人説好，更不理會自己所見所得，與天理之是非。彼狂者嘐嘐然，以古人爲志，雖行之未至，而所知亦甚遠矣。狷者，便只是有志力行，不爲不善。二者皆能不顧流俗汙世之是非，雖皆不得中道，却都自是爲己，不爲他人，鄉原反非笑之。鄉原者，爲他做得好，便人皆稱之，而不知其有無窮之禍，如五代馮道者，此真鄉原也。」○慶源輔氏曰：「『閹然媚於世』，此是鄉原之隱情匿志，孟子説破其情狀。」附《蒙引》：「閹然媚於世」一句，是孟子話。上都是述其言，然亦未必是鄉原實有此言，是孟子代他説，故注云「此鄉原之志也」。○「是鄉原」一句，只是對「閹然媚於世」説，爲有「者」字。○「深自閉藏」，以其收縮退斂，不敢放出一句忤人之詞，不敢做出一件戾俗的事，惟專媚世以取容，故曰云云。○《存疑》：「生斯世也，爲斯世也」，言不可與人異也，此便是同流合汙處。

萬章曰：「一鄉皆稱原人焉，無所往而不爲原人，孔子以爲德之賊，何哉？」

原，亦謹厚之稱，而孔子以爲德之賊，故萬章疑之。附《蒙引》：「無所往而不爲原人」，謂人皆慕而效之也。○《淺説》：「一鄉皆稱原人焉」，則無所往而不稱之爲原人矣。

曰：「非之無舉也，刺之無刺也。同乎流俗，合乎汙世。居之似忠信，行之似廉潔。衆皆悦之，自以爲是，而不可與入堯舜之道，故曰德之賊也。」

吕侍講曰：「言此等之人，欲非之則無可舉，欲刺之則無可刺也。流俗者，風俗頽徒回反。靡，如水之下流，衆莫不然也。汙，濁也。非忠信而似忠信，非廉潔而似廉潔。朱子曰：「狂者所見，過於高遠，而行不到；狷者能力行，而見有所不逮，二者皆可收拾入來。至於鄉原，則孟子敢斷然以爲『德之賊』者，蓋其『居之似忠信，行之似廉潔，衆皆悦之』，使其回頭來，却未可知。只被他『自以爲是』，既把來做是了便休，是以終身爲原人，而孟子以爲『德之賊也』。」○南軒張氏曰：「此數句，極鄉原之情狀。非之無舉，刺之無刺，言其善自矯飾。流俗能同，汙世能合，言其無所執守也。以忠信廉潔曰似，則非真矣。衆皆悦之，則異乎鄉人之善者好之矣。自以爲是，所以卒爲鄉原而不可反也。堯舜之道，大中至正，天理之存乎人心者也，此所謂善也。若鄉原所謂『善斯可矣』，則出於一己之私，竊善之似而已。異端之於正道，如黑與白，本不足以賊德。惟道之不明，世俗之見易以惑溺，故以爲德之賊也。」○慶源輔氏曰：「鄉原，既欲人以爲謹愿，故同乎流俗而不敢自異，合乎汙世而不能自拔。故衆皆悦之，自以爲是，則又迷而不知反，故不可與入堯舜大中至正真實之道也。」附《蒙引》：非，輕；刺，重。流俗，狹；汙世，廣。忠信，以立心言，故曰「居」；廉潔，以制行言，故曰「行」，如「居之無倦，行之以忠」之「居」、「行」。「自以爲是」一句最重，猶所謂「色取仁而行違，以居之不疑」也。○《存疑》：「非」，是説他不是，乃大概説。「刺」，是攻擊，乃細舉不是而譴責之，視「非」尤重，如漢王數羽十罪，袁紹數曹操罪惡，是刺。○居，以存心言；行，以制事言。居，是居惡在之居。行，是即路惡在之路而行之也。○忠是盡己，以心言，謂居之可也。信是以實，以事言，亦歸之居者，内外一理，就其本言也。廉潔，必行處方見得，如伯夷不立惡人之朝，不與惡人言之類可見。

孔子曰：『惡似而非者：惡莠，恐其亂苗也；惡佞，恐其亂義也；惡利口，恐其亂信也；惡鄭聲，恐其亂樂也；惡紫，恐其亂朱也；惡鄉原，恐其亂德也。』惡，去聲。莠，音有。孟子又引孔子之言以明之。莠，似苗之草也。佞，才智之稱，其言似義而非義也。利口，多言而不實者也。鄭聲，淫樂也。樂，正樂也。紫，閒去聲。色。朱，正色也。鄉原，不狂不獧，人皆以爲善，有似乎中道而實非也，故恐其亂德。慶源輔氏曰：「佞者，有口才，能辯説，故以爲才智之稱。惟其能言，則其説多似義而實不然，故以爲害義。巧言之人，徒尚口而初無誠實，故以爲害信。鄉原既譏狂者故不狂，又譏獧者故不獧，衆皆悦之，故人皆以爲善，而不可與入堯舜之道。故有似乎中道而實非，此聖人所以恐其亂德而深惡之。據《論語》所載，亦與此不同，雖有詳略，然其惡似而非之，則意一也。」附《存疑》：佞與利口如何分別？佞是才智之稱，他胸中有智略，本是不義的事，他却安排裝點，説出都是一段道理，全似個義。如蒯徹之説韓信，其言鑿鑿可聽，此真佞者。利口之人，無許多心機，只是目前口尖舌利。假如與人做朋友，他説要與你如何，真有同患難、同死生底意思，聽其言，雖管、鮑、雷、陳不過，人皆以爲信，不知心中全無實事。

君子反經而已矣。經正，則庶民興。庶民興，斯無邪慝矣。」

反，復也。經，常也，萬世不易之常道也。經，只是日用常行道理。興，興起於善也。邪慝，如鄉原之屬是也。新安陳氏曰：「邪慝不止是鄉原，如楊墨皆是。以此章言則指鄉原，故云鄉原之屬。」世衰道微，大經不正，故人人得爲異説以濟其私，而邪慝並起，不可勝平聲。正，君子於此，亦復其常道而已。常道既復，則民興於善，而是非明白，無所回互，雖有邪慝，不足以惑之矣。《通考》吴氏程曰：「回互，委曲掩覆也。『是非』以下八字，皆所以貼『正』字，且見不容邪慝之意。」○尹氏曰：「君子取夫音扶。狂狷者，蓋以狂者志大而可與進道，狷者有所不爲，而可與有爲也。所惡去聲。於鄉原，而欲痛絶之者，爲去聲。其似是而非，惑人之深也。絶之之術無他焉，亦曰『反經』而已矣。」問：「反經之説？」朱子曰：「經便是大經，君臣、父子、夫婦、兄弟、朋友。且先復此大經，天下事，未有出此五者。其閒却殺有曲折，如《大學》亦先指此五者爲言，使大綱既正，則其他節目皆可舉。若不先此大綱，則其他細碎工夫，如何做。」○問：「經正還只是躬行，不及政事？」曰：「這箇不通分做兩件説。如堯舜雖是端拱無爲，只政事便就這裏做出，那曾恁地便了。」○孟子論鄉原亂德之害，而卒以「君子反經」爲説，此所謂上策莫如自治者。況異端邪説，日新月盛，其出無窮，蓋有不可勝正者。惟吾學既明，則彼自滅熄耳。此學者所當勉，而不可以外求者也。○「經正，則庶民興」，蓋風化之行，在上之人舉而措之而已。庶民興，則人人知反其本而見善明，見善明，則邪慝不能惑也。❶既人不之惑，則其道自然銷

❶「慝」，原作「應」，今據哈佛本改。

鑠，而至於無也。歐陽永叔云「使王政明而禮義充，雖有佛，無所施於吾民矣」，亦此意也。○慶源輔氏曰：「《集註》反經之説，實辯異端、息邪説之大權也。」○雲峰胡氏曰：「此章言『經正』，而下章則以聖人相傳之統繼之，不無意也。」附《存疑》：經，是常道，五倫其大者，故曰「天下大經，忠信廉潔」，要不外乎常道。○反經者，是自家躬行以率之於上，又脩明教化禮樂以導之。《蒙引》所謂「端化原，脩治法，於以一天下之道德，同天下之風俗」者是也。○此君子，是有世道之責者，方能經正而庶民興。不然，雖以孟子之距詖行、放淫辭，而不能息戰國之楊墨；韓昌黎之《佛骨表》，歐公之《本論》，而不能去萬世之佛氏。

○孟子曰：「由堯舜至於湯，五百有餘歲，若禹、皋陶，則見而知之。若湯，則聞而知之。

趙氏曰：「五百歲而聖人出，天道之常。然亦有遲速，不能正五百年，故言有餘也。」《通考》仁山金氏曰：「邵子《經世書》自巳會之末，以運經世之一之末，歲在甲辰，而帝堯即位。二聖相授，至經世之亥，一百四十歲，而交午會，以運經世之二之子，歲在甲子，禹攝之八年。下至經世之三之卯，歲在己卯，凡四百五十二年，而成湯有天下。下至以運經世之四之亥，歲在癸亥，凡六百三十九年，文王爲西伯。以運經世之五，至以運經世之六之末，庚戌之歲，凡五百八十七年，而孔子生。又七十一年，庚申，獲麟。三年，壬戌之歲，孔子卒。至以運經世之七之寅，乙酉之歲，孟軻至梁，上去孔子卒，凡一百四十三年。」尹氏曰：「知，謂知其道也。」慶源輔氏曰：「天道固有常矣，然亦不能截然整齊，須有先後遲速。」○雲峰胡氏曰：「《語》、《孟》末，皆言堯舜以來相傳之意。但《論語》以行言，故歷述其政事之實。《孟子》以知言，故歷敘其見聞之真。堯言『執中』，中之用也；湯言『降衷』，中之體也。舜自心上發出執中之蘊，而六經言心始此；湯自性上推原降衷之初，而六經言性始此，此可見堯、舜、湯明道處。至若見而知之，言禹、皋而不言稷、契，何也？或曰『舉皋、陶或例其餘』，然考之《書》，稷、契不曰『謨』，而禹、皋陶曰『謨』，蓋可見也。況《洪範》九疇，禹發之。天敘、天秩，五典、五禮，皋發之。其明道之功，固不小也。」附《蒙引》：此章重在見知，必有見知於先，而後有聞知於後。如孔子之時，賢者識其大者，不賢者識其小者，莫不有文武之道焉。是以緣當時周、召、吕、畢之徒，一脉相傳而來，孔子乃得聞之。不然，文武之道，其絶也久矣。此據孟子語意如此，亦不必太拘，故朱子小注曰「禹、皋之徒，本皆名世之士。伊、吕，又湯、文之師」云云。○見知、聞知，亦不必取徵於書傳。書傳所載有限，彼既見知、聞知，則大道之全，自其渾然之體，與其燦然之用，何所不周，何所不至，而豈可以簡册有爲而發之遺言緒論，爲之證哉。見大義者，默而識之可也。○由堯、舜至於湯，歷至於孔孟，所謂見知、聞知者，只是「惟精惟一」以明其德，而推以新民而已。

由湯至於文王，五百有餘歲，若伊尹、萊朱，則見而知之。若文王，則聞而知之。

趙氏曰：「萊朱，湯賢臣。」或曰：「即仲虺許偉反。也，爲湯左相。」去聲。○雲峰胡氏曰：「舜言『精一』，而後『協於克一』，伊尹能發之。堯言『執中』而後『建中於民』，仲虺能發之。曰『勇』、曰『智』、曰『仁』、曰『禮』、曰『義』，《中庸》『三達德』，《孟子》『四端』，已散見於《仲虺誥》中矣，皆只是知萊朱即仲虺也。」○《論語》之末，言武不言文，此言文不言武。文王謨，以明道言也；武王烈，以行道言也。「《易》之作也，其於中古乎」，文王明道之功大矣。○新安陳氏曰：「萊朱與伊尹並稱，而經傳不他見。仲虺作誥，弘大精微，仁、義、禮、智、信，皆開端言之，而『德日新』一言，又首倡之，湯《盤銘》、伊尹《咸有一德》，皆因而述之。伊尹相湯，虺爲左相，同時，他誰與之班者，萊朱即仲虺也必矣。」

由文王至於孔子，五百有餘歲，若太公望、散宜生則見而知之，若孔子則聞而知之。散，素亶反。

散，氏。宜生，名。文王賢臣也。子貢曰：「文武之道，未墜於地，在人。賢者識其大者，不賢者識其小者，莫不有文武之道焉，夫子焉不學。」此所謂聞而知之也。或曰：「尚父，鷹揚之士也。散宜生，於經傳不多見。亦以爲見文王之道而知之者，何也？」雲峰胡氏曰：「敬勝怠、義勝欲之類，非太公孰發之。《書》曰『茲迪彝教』，則彝倫之教散宜生蓋有助焉。」附《蒙引》：《集註》引子貢曰「文武之道，未墜於地」至「夫子焉不學」，爲聞而知之，愚以爲湯之聞知堯、舜，文王之聞知於湯，概是如此，兼有得之於簡編者。

由孔子而來至於今，百有餘歲。去聖人之世，若此其未遠也；近聖人之居，若此其甚也，然而無有乎爾，則亦無有乎爾。」

林氏曰：「孟子言孔子至今時未遠，《通考》趙氏悳曰：「孟子之生雖不可知，然哀公十六年孔子卒，又十年而悼公立，凡四十年。元公二十一年，穆公三十三年，共公二十二年，康公九年，景公二十九年，共一百六十四年，而魯平公繼立，由孔子而來至於今，百有餘歲。則孟子必生於穆公之末，共公之初，以魯平公之將見孟子，而臧倉沮之，梁惠王見之而稱曰叟，其年先後於穆、共之閒，概可見矣。」鄒魯相去又近，然而已無有見而知之者矣。則五百餘歲之後，又豈復扶其反。有聞而知之者乎。朱子曰：「由堯舜至孔子，率五百餘歲，而聖人一出，所以異世同心，歷聖同道。道統繩繩，相續不絶者，實賴同時之見而知之者。知之於先，而異世之聞而知之者，得以知之於後耳。自孔子至今，方百餘歲，去孔子之時，若此其未遠也。孟子鄒人，近孔子所居之魯，又若此其甚也。若使今此已無有見而知之者，則如前所云五百歲之後，豈復有聞而知之者乎。」○禹、皋之徒，本皆名世之士。伊尹、太公，又湯文之師，非必見其君而後知之。湯、文、孔子，又生知之聖，亦非必聞前聖之道，而後得之也。此其曰「見而知之」、「聞而知之」者，蓋以同時言之。則斯道之統，臣當以君爲主。以異世言之，則斯道之傳，後世當以前聖爲師。學者不以辭害意可也。至於章末二句，則孟子之致意深矣。觀其所謂「然而無有乎爾」，則雖若託於不居，而其自任之實可見。觀其所謂「則亦無有乎爾」，則雖若歎其將絶，而所以啓夫萬世無窮之傳者，又未嘗不在於斯也。學者誠能深考其言而自得之，則古人雖遠，而其志意之所存者，蓋無以異乎日相與言，而授受於一堂之上也。○雲峰胡氏曰：

「論先後，則不有見之者，而孰有聞之者，是則見而知之者爲先。論難易，則見而知之者，聚精會神於一時之頃，而聞而知之者，心融神會於異世之遥，是則聞而知之者爲難也。」《通考》東陽許氏曰：「爾，如是也，指見知、聞知者而言。『然而無有乎爾』，正謂在孟子時，去聖人之世雖未遠，而當時見知者，今亡矣。須將此一節於一串之下，乃見意。」愚按：此言雖若不敢自謂已得其傳，而憂後世遂失其傳，然乃所以自見其有不得辭者，而又以見夫音扶，下同。天理民彝不可泯滅，百世之下必將有神會而心得之者耳。故於篇終，歷序群聖之統，而終之以此，所以明其傳之有在，新安陳氏曰：「此申言『然而無有乎爾』之意。孟子隱然謂道統之傳在己，但其辭婉，其意深，非詳玩味之不能見耳。」而又以俟後聖於無窮也，新安陳氏曰：「申言則亦『無有乎爾』之意，以望後世聖賢之能傳道統者，此已爲程子接孟子之絶學者張本矣。」其旨深哉。雲峰胡氏曰：「《集註》『神會心得』四字，有深意，蓋爲聞而知之者言也。孟子所謂『見而知』、『聞而知』者，知其道也。知其道者，知其心也。時有先後之異，心無先後之間，萬古一理，千聖一心。世遠而心之神明相接，迹異而心之天理相孚，默而成之，不言而信，此其爲神會而心得之者歟。」《通考》朱氏公遷曰：「聖賢或正言以敘道統之所傳，或因言而見道統之所在，或直以爲任，或謙不敢當，語不無少異也。其在孔門則克己復禮之功，吾道一貫之旨，乃其正言者。若喟然之歎，三省之學，如愚之氣象，皆因言而可見者也。又竊論之，孔子之道有自來矣。然子思則兼堯、舜、文王言，子貢則專以文、武言，孟子又專以文王言，孔子亦自言『文王既没，文不在兹乎』，蓋道一而已。前而堯舜之道，亦文王之道也；下而武王之道，亦文王之道也。近舉文王，而堯舜之道在其中；上舉文王，而武王之道在其中。不必疑其言之異也。」附《蒙引》：或曰：「『然而無有乎爾』，豈無顔、曾、子思三人乎，而孟子云然，是前無三子，而自擅其見知孔子也。」曰：「不然。孟子固曰聖王不作，諸侯放恣。楊墨之道不息，孔子之道不著。仁義充塞，人將相食。顔、曾、子思當孔子在日，則以有孔子在，今則與孔子俱往矣。世道之責，微孟子任之，則孔子之道不百年而墜矣，故曰：軻書孔子之道尊，此孟子所以欲自比於見知者，以俟後聖於無窮也。」○有宋元豐八年，河南程顥伯淳卒。潞公文彦博題其墓曰：「明道先生。」而其弟頤正叔序之曰：「周公没，聖人之道不行。孟軻死，聖人之學不傳。道不行，百世無善治；去聲。學不傳，千載音宰。無真儒。無善治，士猶得以明夫善治之道，以淑諸人，以傳諸後。無真儒，則天下貿貿音茂。焉，莫知所之，人欲肆而天理滅矣。雲峰胡氏曰：「《論語》之末，堯而後，終之以武王。《孟子》之末，終之以孔、孟。道不行，百世無善治，武王以後事。學不傳，千載無真儒，孔孟以後事。無善治而下，又言道之不明，其害有甚於道之不行者也。」先生生乎千四百年之後，新安陳氏曰：「孟子没至明道生，大約年數如此。」得不傳之學於遺經，以興起斯文爲己任。辯異端，闢邪説，使聖人之道煥然復明於世。蓋自孟子之後，一人而已。雲峰胡氏曰：「朱子贊濂溪先生之言曰：『道喪千載，聖遠言湮。不有先覺，孰開我人。』今言明道，而不言濂溪者，二程夫子受學於濂溪先生，見而知之者也。且孟子所述列聖之相傳者，非徒爲其行道而言，實爲其聞知、見知，有以明斯道而言也。伊川《墓述》專言學不傳則道不明之害，而又深言夫明道之功，正與孟子之意脗合，故《集註》述之。」然學者於道不知所向，則孰知斯人之爲功。不知所至，則孰知斯名「明道」二字。之稱去聲。情也哉。」情，實也，各稱其實也。○慶源輔氏曰：「《集註》係以程子之説者，見程子果得其傳於遺經，而孟子之説至是而遂驗也。」○雲峰胡氏曰：「所向者，入道之始事。所至者，造道之極功。學者不知所向，則非有志於斯道者，不足以知明道。不知所至，則非深造於斯道者，亦不能真知明道也。趨向之正，造詣之深，庶乎可知明道之所以爲明道矣。真知明道，則真知堯舜以至於孔孟者矣。善乎勉齋黄氏之言曰：『由孔子而後，曾子、子思繼其微，至孟子而始著。由孟子而後，周、程、張子繼其絶，至朱子而始著。朱子出，而自周以來聖賢相傳之道，一旦豁然，如大明中天，昭晰呈露。』然則《集註》所謂『百世而下，必有神會而心得之者』，朱子亦當自見其有不得辭者矣。」○新安陳氏曰：「朱子繫以伊川此説者，見得孟子之意，望百世之下將有神會心得其道者，而千四百年後，果有如程子者出焉，見孟子之言至是而果驗。孟子不傳之絶學，至是而果有傳也。觀韓子所謂『堯以是傳之舜，至軻之死，不得其傳焉』之言，見道統之傳，至孟子而絶。察朱子所列《明道墓表》之意，見道統之傳，既絶而後續也。孟子、朱子之意，章章明矣。」《通考》吴氏程曰：「或疑伊川以明道上承孟子，不及濂溪。此蓋明道門人推尊稱美之辭，見於伊川敘述，而朱子深然其説。要之程子之學，雖有所受，而得之經者爲多，故伊川自謂其得不傳之學於遺經。而朱子序《大學》、《中庸》，亦直謂程子接孟氏之傳，續千載之緒，良有見矣。」○善按明道嘗云「吾學雖有所受，❶天理二字，却是自家貼體出來」，則其得之經者爲多，亦可概見耳。**附**《蒙引》：孟子篤孔氏而闢楊墨，明王道而黜伯功，卓然有功萬世焉，嗚呼盛矣，而世猶或譏之。然李太伯以富國强兵爲學，其不識孟子宜也。如司馬公大儒亦譏之，豈非孟子説誘時君，變化百出，温公守樸，意見所不合歟。吁，此可與權之難也。

孟子集註大全卷之十四終

雲閒受業趙鳳翔魚裳
　　　　　慎徽旂公　編次

❶「善」，哈佛本作「愚」。

論語考異

宋浚義王應麟伯厚甫

或問：「《論語》首篇之次章，即述有子之言，而有子、曾子獨以子稱，何也？」曰：「程子謂此書成於有子、曾子之門人也。」曰：「柳子謂孔子之没，諸弟子以有子爲似夫子，立而師之，其後不能對諸子之問，乃叱避而退，則固有常師之號，是以稱子。其説非歟？」曰：「非也。此太史公采雜説之謬，宋子京、蘇子由辨之矣。孟子謂子夏、子張、子游以有若似聖人，欲以所事孔子事之。朱子云：蓋其言行氣象有似之者，如《檀弓》所記子游謂『有若之言似夫子』之類是也，豈謂貌之似哉。」曰：「有子不列於四科，其人品何如？」曰：「宰我、子貢、有若，智足以知聖人，此孟子之言也。蓋在言語之科，宰我、子貢之流亞也。」曰：「有子之言，可得聞與？」曰：「『盍徹』之對，『出類拔萃』之語，見於《論》、《孟》。而《論語》首篇所載凡三章，曰『孝弟』，曰『禮』，曰『信恭』，尤其精要之言也。其論『晏子焉知禮』，則《檀弓》述之矣。荀子云『有子惡卧而焠掌』，可以見其苦學。」曰：「朱子謂有子重厚和易，其然與？」曰：「吴伐魯，微虎欲宵攻王舍，❶有若與焉，可謂勇於爲義矣，非但重厚和易而已也。」曰：「有子、曾子並稱，然斯道之傳，唯曾子得

❶「微」，原作「衛」，今據《困學紀聞》改。

之。子思、孟子之學，曾子之學也，而有子之學無傳焉，何歟？」曰：「曾子守約而力行，有子知之而已，智足以知聖人而未能力行也。《家語》稱其『彊識好古道』，其視以魯得之者有閒矣。」曰：「學者學有子，可乎？」曰：「孝弟務本，此入道之門、積德之基，學聖人之學莫先焉。未能服行斯言，而欲凌高厲空，造一貫忠恕之域，吾見其自大而無得也。學曾子者，當自有子孝弟之言始。」曰：「《檀弓》記有子之言，皆可信乎？」曰：「王无咎嘗辨之矣。若語子游欲去喪之踊，孺子䵣之喪，❶哀公欲設撥以問若，若對以爲可，皆非也。唯《論語》所載爲是。」

《春秋》正義云：「哀公問主於宰我。案古《論語》及孔、鄭皆以爲社主，張、包、周等並爲廟主。」今本作「問社」。《集解》用孔氏說，凡建邦立社，各以其土所宜之木，亦不言社主。然正義必有據。

張衡《思玄賦》「匪仁里其焉宅兮，匪義迹其焉追」，注引《論語》「里仁爲美，宅不處仁，焉得知」，❷里、宅皆居也。石林云：「以擇爲宅，則里猶宅也，蓋古文云然。今以宅爲擇，而謂里爲所居，乃鄭氏訓解，而何晏從之。當以古文爲正。」致堂云：「里，居也。居仁如里，安仁者也。」商爲起予，理明辭達也；回非助我，默識心通也。

《說苑》：「管仲築三歸之臺，以自傷於民。」《集註》取之。

「舉直錯諸枉」，「舉枉錯諸直」。孫季和

❶「䵣」，原作「贛」，今據《困學紀聞》改。

❷「知」，原作「智」，今據《困學紀聞》改。

謂：「舉直而加之枉之上，則民服，枉固服於直也；舉枉而加之直之上，則民不服，直固非枉之所能服也。」若諸家解，何用加二「諸」字。

王景文曰：「孔子見起證而知其末，故曰『其或繼周者，雖百世可知也』。孟子見進證而知其極，故曰『千歲之日，可坐而致也』。邵氏見困證而知其窮，故曰『苟有命世之人，雖民如夷狄，三變而帝道可舉。惜時無百年之世，世無百年之人，時難、人難，不其然乎』。」邵子之言，見《觀物篇》。

「默而識之」，朱子謂不言而存諸心。「屢空」，不取虛中之説，恐學者流於異端也。

申棖。鄭康成云：「蓋孔子弟子申續。《史記》云：『申棠，字周。』《家語》云：『申續，字周。』」今《史記》以棠爲黨，《家語》以續爲績，傳寫之訛也。後漢《王政碑》云「有羔羊之絜，無申棠之欲」，亦以棖爲棠，則申棠、申棖一人爾。唐開元封申黨召陵伯，又封申棖魯伯。本朝祥符封棖文登侯，又封黨淄川侯，俱列從祀。黨即棠也，一人而爲二人，失於詳攷《論語釋文》也。《史記索隱》謂《文翁圖》有申棖、申棠，今所傳《禮殿圖》有申黨，❶無申棖。

甘羅曰：「項橐七歲爲孔子師。」董仲舒《對策》：「此亡異於達巷黨人，不學而自知。」孟康注：「人，項橐也。」《隸釋》載《逢盛碑》，以爲后橐。孟康之説，未知所出，《論語注疏》無之。

「師摯之始」，鄭康成謂魯太師之名。「太師摯適齊」，孔安國以爲魯哀公時人，康成以爲周平王時人。班固《禮樂志》謂：

❶「黨」，原作「棠」，今據《困學紀聞》改。

「殷紂作淫聲，樂官師瞽抱其器而犇散，或適諸侯，或入河海。」《古今人表》列太師摯以下八人於紂時。吴斗南云：「按《商本紀》紂世抱樂器而犇者，太師疵、少師彊也。《人表》亦列此二人於師摯八人之後，誤合兩事爲一。」石林云：「司馬遷論周厲王事曰『師摯見之矣』。」則師摯，厲王時人也。諸説不同，横渠從孔安國注。

「考其所爲，觀其所由，察其所安」，亦見《大戴禮・文王官人》篇。

「老彭。」鄭注云：「老聃，彭祖。」龜山曰：「老氏以自然爲宗，謂之不作可也。」朱文公曰：「以《曾子問》言禮證之，述而不作，信而好古，皆可見。蓋聃，周之史官，掌國之典籍、三皇五帝之書，故能述古事而信好之。如五千言，或古有是語而傳之。《列子》引《黄帝書》，❶即『谷神不死』章也。聃雖知禮，謂行之反以多事，故欲滅絶之。《禮運》『謀用是作，兵由此起』，亦有此意。」致堂曰：「仲尼問禮，或以證舊聞，❷或以絶滅禮學之故振而作之，使於問答之際有啓發，❸非以爲師也。」❹

王无咎云：「鹿邑之外，有互鄉城。邑人相傳謂互鄉童子見孔子者，此處也。前代因立互鄉縣，其城猶存。」鹿邑屬亳州。❺

「不舍晝夜。」《釋文》：「舍，音捨。」《集註》亦云「上聲」。而《楚辭辨證》云：「洪引顔師古曰：『舍，止息也。』屋舍、次舍皆此義。《論語》『不舍晝夜』謂曉夕不息

❶「黄」，原作「皇」，今據《困學紀聞》改。
❷「聞答」，原作「問達」，今據《困學紀聞》改。
❸「發」，原作「蒙」，今據《困學紀聞》改。
❹「師」，原作「飾」，今據《困學紀聞》改。
❺「州」，原作「縣」，今據《困學紀聞》改。

耳。今人或音捨者，非是。」《辨證》乃朱子晚歲之書，當從之。

龐涓、孫臏同學兵法，蘇秦、張儀同學從衡，李斯、韓非同學刑名，始也朋而終也仇。故曰：「小人同而不和」、「比而不周」。

思欲近，近則精；慮欲遠，遠則周。

「四教」以文爲先，自博而約；「四科」以文爲後，自本而末。

互鄉童子則進之，開其善也；闕黨童子則抑之，勉其學也。

草廬一言而定三分之業，一言之興邦也；夕陽亭一言而召五胡之禍，一言之喪邦也。

唐太宗文學館學士，許敬宗與焉；裴晉公淮西賓佐，李宗閔與焉。以是知佞人之難遠。

尹和靖云：「君臣，以義合者也。故君使臣以禮，則臣事君以忠。」東澗謂：「如言『父慈子孝』，加一則字，失本義矣。」

「以能問於不能，以多問於寡，有若無，實若虛，犯而不校」，顏子和風慶雲之氣象也。「富貴不能淫，貧賤不能移，威武不能屈」，孟子泰山巖巖之氣象也。

「麻冕，禮也。今也純，儉。」鄭注：「純，黑繒也，側基反。」而《釋文》以鄭爲下音，今讀者從上音如字，非也。按《儀禮》疏，古「緇」、「紂」二字並行，「緇布」之「緇」本字不誤，「紂帛」之「紂」多誤爲純。「純帛」注：「純，實緇字。古緇以才爲聲。」《周禮》《釋文》：「純，側其反，依字从糸才。」《詩·行露》箋：「紂帛。」《釋文》云：「紂音緇，依字糸旁。才，後人以才爲屯，因作純。」又《丰》詩箋云：「士妻紂衣。」《儀禮》「純衣」，《釋文》無音，亦非。《集解》「純，絲也」，取《說文》。

「君子不以紺緅飾」，孔氏注：「一入曰緅。」

石林云：「《考工記》『三入爲纁，五入爲緅，七入爲緇』，緅在纁、緇之閒。《爾雅》『一入爲縓』，《禮》『練衣黄裏，縓緣』，『練冠，麻衣縓緣』，蓋孔氏誤以緅爲縓，則緅不可爲近喪服。」《集註》謂「緅，絳色，以飾練服」，亦用孔注。《正義》曰：「『一入爲緅』，未知出何書。又云『三年練以緅飾衣』，❶似讀緅爲縓。」當以石林之説爲正。

馬融注《論語》云：「所因，三綱五常。」《大學衍義》謂：「三綱之説，始見於《白虎通》。」愚按《谷永傳》云「勤三綱之嚴」，《太玄・永・次五》云「三綱得於中極，天永厥福」，其説尚矣。《禮記正義》引《禮緯含文嘉》有「三綱」之言，然緯書亦起於西漢之末。

《太平御覽》引《莊子》曰：「孔子病，子貢出卜。孔子曰：『子待也。吾坐席不敢先，居處若齊，食飲若祭，吾卜之久矣。』」「子路請禱」，可以參觀。

「仁者静。」孔安國云：「無欲故静。」與《太極圖説》同。

石林解「執禮」云：「猶執射、執御之執。《記》曰：『秋學禮，執禮者詔之。』蓋古者謂持禮書以治人者，皆曰執。《周官・太史》『大祭祀，❷宿之日，讀禮書。祭之日，執書以次位常。凡射事，執其禮事』，此禮之見於書者也。」解「《雅》、《頌》各得其所」云：「季札觀魯樂，以《小雅》爲周德之衰，《大雅》爲文王之德。《小雅》皆變雅，《大雅》皆正雅。楚莊王言武王克商，作頌，以《時邁》爲首，而《武》次之，《賚》

❶「三」，原作「二」，「練」，原作「緅」，今據《困學紀聞》改。
❷「祀」，原作「禮」，今據《困學紀聞》改。

爲第三，《桓》爲第六，以所作爲先後。以此攷之，《雅》以正變爲大小，《頌》以所作爲先後者，《詩》未删之序也。論政事之廢興，而以所陳者爲大小，推功德之形容，而以可告者爲先後者，删《詩》之序也。」其説可以補注義之遺。

《吕氏春秋》：「楚有直躬者，其父竊羊而謁之上。上執而將誅之，直躬者請代之。將誅矣，告吏曰『父竊羊而謁之，不亦信乎。父誅而代之，不亦孝乎。信且孝而誅之，國將有不誅者乎』。荆王聞之，乃不誅也。孔子聞之，曰：『異哉，直躬之爲信也。一父而載取名焉，故直躬之信，不若無信。』」此即葉公所云也。致堂曰：「直躬，猶曰正己，而《吕氏春秋》以爲人姓名，妄也。」

周生烈子云：「舜嘗駕五龍以騰唐衢，武嘗服九駿以馳文塗，此上御也。」謂五臣、九臣。

《文子》曰「人皆以無用害有用，故知不博而日不足。以博弈之日問道，聞見深矣」，可以發明「無所用心」之戒。言無所用心之害，非以博奕爲賢也。讀此章者，當以韋昭之論、陶侃之言參觀。

曹操《祭橋玄文》曰：「仲尼稱不如顔淵。」注引《論語》「孔子謂子貢：『吾與汝俱不如也。』」按包氏解云：「吾與女俱不如。」

「周有八士。」包氏注云：「四乳生八子。」其説本董仲舒《春秋繁露》。謂四産得八男，皆君子雄俊，此天所以興周國。《周書·武寤》篇「尹氏八士」注云：「武王賢臣。」《晉語》❶「文王詢八虞」，賈逵云「周八士皆在虞官」。以仲舒興周之言攷之，當在文武時。

❶「晉」，原作「昔」，今據《困學紀聞》改。

東坡解「孟莊子之孝」爲獻子。石林謂：「以獻子爲穆伯子之，以惠叔爲惠伯，讀《左氏》不精，二者皆誤。」致堂取蘇説，而不辨其誤。

《吕氏春秋·不苟論》曰：「孔丘、墨翟晝日諷誦習業，夜親見文王、周公旦而問焉。」注引《論語》「夢見周公」。孔墨並稱，始於戰國之士，其流及於漢儒，雖韓退之亦不免。

「逸民」各論其行，而不及朱張。或曰：「其行與孔子同，故不復論也。」《釋文》引王弼注：「朱張，字子弓，荀卿以比孔子。」

「虞仲、夷逸，隱居放言。」包氏注：「放，置也，不復言世務。」介之推曰：「言，身之文也。身將隱，焉用文之？」《中庸》曰：「其默足以容。」古注亦有味。

《論語》疏：「案《春秋少陽篇》：伯夷，姓墨，名允，字公信。伯，長也。夷，謚。叔齊，名智，字公達。伯夷之弟，齊亦謚也。」《少陽篇》，未詳何書。真宗問陳彭年：「墨允、墨智何人？」彭年曰：「伯夷、叔齊也。」上問：「見何書？」曰：「《春秋少陽》。」夷齊之父名初，字子朝。胡明仲曰：「《少陽篇》以夷齊爲伯叔之謚，彼已去國，隱居終身，尚誰爲之節惠哉？蓋如伯達、仲忽，亦名而已矣。」

沮、溺、荷蓧之行，雖未能合乎中，陳仲子之操，雖未能充其類，然唯孔、孟可以議之。斯人清風遠韻，如鸞鵠之高翔，玉雪之不汙，眎世俗殉利亡恥、饕榮苟得者，猶腐鼠糞壤也。小人無忌憚，自以爲中庸，而逸民清士乃在譏評之列，學者其審諸。

《吕氏春秋》云：「子路揜雉，得而復釋之。」蓋因「子路共之」而爲此説。朱文公《集註》引晁、劉兩説，「共」字當爲「拱執」之義。

上蔡云「聖人語常而不語怪，語德而不語力，語治而不語亂，語人而不語神」，本王无咎之説。

陸務觀云：「一言可以終身行之者，其恕乎。此聖門一字銘也。『《詩》三百，一言以蔽之曰，思無邪』，此聖門三字銘也。」

「爲力不同科。」馬融解云：「力役有上中下三科。」五峰謂此説是。

「譬諸艸木，區以別矣。」五峰曰：「艸木生於粟粒之萌，及其長大，根莖華實雖凌雲蔽日，據山蟠地，從初具乎一萌之内，而未嘗自外增益之也。」用《樂記》「區萌」字，音勾。　朱文公曰：「林少穎亦説與黄祖舜如此。」

《漢・藝文志》「小道可觀」，《蔡邕傳》「致遠則泥」，以子夏之言爲孔子。《唐・孔穎達傳》「以能問於不能」，以曾子之言爲孔子。

「卞莊子之勇。」《或問》云：「事見《新序》。」愚按《荀子・大略》篇「齊人欲伐魯，忌卞莊子，不敢過卞」，此可見其有勇也。

《史記正義》首陽山有五。顔師古注《漢書》云：「伯夷歌『登彼西山』，當以隴西爲是。」石曼卿詩曰：「恥生湯武干戈日，寧死唐虞揖遜區。」謂首陽在河東蒲坂，乃舜都也。予嘗攷之曾子書以爲「夷齊死於濟澮之閒，其人成名於天下」，又云「二子居河、濟之閒」，則曼卿謂首陽在蒲，爲得其實。澮，水名，《左氏》所謂汾澮。❶

水，一也，孔子觀之而明道體之無息，孟子觀之而明爲學之有本。荀子亦云：「水至平，端不傾，心術如此象聖人。」其觀於水也，亦亞於孔、孟矣。於此見格物之學。

吕成公讀《論語》「躬自厚而薄責於人」，遂終

❶「左」，原作「在」，今據《困學紀聞》改。

身無暴怒。絜齊見象山讀《康誥》有感悟，反己切責，若無所容。前輩切己省察如此。

孔庭之教曰《詩》、《禮》。子思曰：「夫子之教，必始於《詩》、《書》而終於禮、樂，雜説不與焉。」《荀子・勸學》亦曰：「其數則始乎誦經，終乎讀《禮》。其義則始乎爲士，終乎爲聖人。」經，謂《詩》、《書》。

四勿、九思，皆以視爲先。見弓以爲蚍，見寢石以爲伏虎，視汨其心也；閔周者黍稷不分，念親者莪蒿莫辨，心惑其視也。吴筠《心目論》以動神者心，亂心者目。《陰符經》：「心生於物，死於物，機在目。」蔡季通釋其義曰：「老子曰『不見可欲，使心不亂』，西方論六根、六識，必先曰眼，曰色，均是意也。」

古者士傳言諫，其言責與公卿大夫等。及世之衰，公卿大夫不言而士言之，於是有欲毁鄉校者，有謂處士横議者。不知三代之盛，士亦有言責也。夫子曰「天下有道，庶人不議」，而不及士，其指微矣。乙酉二月，夢前宰輔以太學所上書求余跋語，夢中作此，寤而識之。

「非帷裳，必殺之。」鄭康成云：「帷裳，謂祭之服，其制正幅如帷。『非帷裳』者，謂深衣，削其幅，縫齊倍要。」見《春秋正義》。《集解》不取，《集註》用鄭説。

孔門弟子，唯言偃吴人，而澹臺滅明南游至江。《史記正義》：「蘇州南五里有澹臺湖。」《儒林傳》：「澹臺子羽居楚。」

韓非曰：「季孫相魯，子路爲郈令。魯以五月起衆爲長溝，子路以其私秩粟爲飯，要作溝者於五父之衢而餐之。孔子聞之，使子貢往覆其飯，擊毁其器，曰：『魯君有民，子奚爲乃餐之？』言未卒，而季孫使者至，讓曰：『肥也起民而使之，先生使弟子令徒役而餐之，將奪肥之民耶？』孔子駕而去魯。」此雖與《論語》、❶《史記》不同，然亦夫子去魯之一事也。攷《左氏傳》，郈，叔孫之邑也。

申屠嘉不受私謁，則可以折幸臣；董仲舒正身率下，則可以事驕王；魏相以廉正，霍氏不能誣袁安；任隗以素行，竇氏無以害。故曰「其身正，不令而行」，「苟正其身矣，於從政乎何有」。

君子不因小人而求福，孔子之於彌子也；不因小人而避禍，叔向之於樂王鮒也。朱博之黨丁、傅，福可求乎？賈捐之之諂石顯，禍可避乎？故曰：「不知命，無以爲君子。」

朱子以無垢爲雜學。《論語集註》獨取「審富貴，安貧賤」之語。❷

陳仲猷曰：「『逝者如斯夫』，道體無窮，借水以明之。『鳶飛戾天，魚躍于淵』，道體無不在，借鳶魚以明之。」葉仲圭曰：「『出入無時，莫知其鄉』，常人之心也；『寂然不動，感而遂通』，聖人之心也。聖人之心豈常人之所無哉，昏與明異而已矣。」仲猷、仲圭，皆余同年。

王充云：「『浴乎沂』，涉沂水也。『風乎舞雩』，風，歌也。」仲長統云：「諷於舞雩之下。」愚以「風」爲「諷」，則與「詠而歸」一意矣，當從舊説。

上蔡《論語解》引元澤云：王元澤。「教之化民也深於命，民之效上也捷於令。」本《史記》趙良之言。《商君傳》。

❶「雖」，原作「誰」，今據《困學紀聞》改。
❷「取」，原作「以」，「之語」，原脱，今據《困學紀聞》改、補。

《集註》：「於蘧伯玉於孫林父、甯殖放弑之謀，不對而出。」按《左氏傳》甯殖當爲甯喜。

《史記・循吏傳》：「孫叔敖三得相而不喜，三去相而不悔。」與令尹子文之事相類，恐是一事。

范伯崇曰：「温故而不知新，雖能讀墳、典、索、丘，足以爲史，而不足以爲師。」

《劉子・謹獨》篇曰：「顔回不以夜浴改容。」《顔氏家訓》曰：「曾子七十乃學，名聞天下。」皆未詳所出。《家語》「曾參少孔子四十六歲」，非老而學者。

蘧伯玉，《史記》謂「孔子所嚴事」，不當弟子列。《禮殿圖》有之，而唐、宋皆錫封從享。公伯寮，非孔子弟子，乃季氏之黨，致堂胡氏之説當矣。《家語》不列其名氏，蓋自《史記》失之。《家語》有孫亶，字子象，《史記索隱》以爲縣豐，唐、宋封爵皆不及焉。《禮記・檀弓》言縣子，❶豈其人與？

柳子厚《與太學諸生書》曰：「仲尼吾黨狂狷，南郭獻譏。」按《荀子・法行篇》：「南郭惠子問於子貢曰：『夫子之門何其雜也？』」非以狂狷爲譏。

「無可無不可」，致堂謂：「以五字成文。聖人從容中道，無所偏倚。世之通儻不泥者，纔足謂之『無不可』爾。馬援以此稱高帝，亦稔於常談。」

夫子之割之席，曾子之簀，一於正而已。論學則曰「正心」，論政則曰「正身」。

「善人吾不得而見之矣，得見有恒者，斯可矣。」善人，周公所謂吉士也；有恒，周公所謂常人也。

微生高，《漢・古今人表》作「尾生高」。蓋即

❶「言」，《困學紀聞》作「有」。

《莊子》所謂尾生。東方朔曰：「信若尾生。」然尾生之信非信也。

鄭校周之本，以《齊》、《古》讀正，凡五十事。《釋文》。

陳自明以「子見南子」爲「南蒯」。以《傳》攷之，昭公十二年南蒯叛，孔子年方二十有二，子路少孔子九歲，年方十三，其説鑿而不通矣。

聖人「毋必」，而《鄉黨》言「必」者十有五，記必爲之事也。其傳《易》曰「積善之家，必有餘慶；積不善之家，必有餘殃」，「陰疑於陽必戰」，「小人勿用，必亂邦也」，著必然之理也。

孔門受道，唯顔、曾、子貢。太史公稱「子貢一出，存魯，亂齊，破吴，彊晉，伯越」，是以戰國説客視子貢也。又列於《貨殖傳》，以《論語》一言而斷其終身，可乎？子貢聞「一以貫之」之傳，與曾子同，貨殖何足以庇之？

「過則勿憚改」，「非禮勿視，非禮勿聽，非禮勿言，非禮勿動」，「己所不欲，勿施於人」，「勿欺也」，皆斷以「勿」。蓋去惡不力，則爲善不勇。

孔門獨顔子爲好學，所問曰「爲仁」，曰「爲邦」，成己成物，體用本末備矣。❶

「唐棣」與「常棣」不同。致堂謂「『偏其反而』即『《詩·常棣》篇，孔子删而取』」，恐誤。

闕黨之童，游聖門者也，夫子抑其躁，是以知心之易放。互鄉之童，難與言者也，夫子與其進，是以知習之可移。

終

❶「末」，原缺，今據《困學紀聞》補。

孟子考異

宋浚義王應麟伯厚甫

《孟子集註序説》引《史記》列傳，以爲孟子之書，孟子自作。韓子曰：「軻之書非自著。」謂《史記》近是。而《滕文公》首章「道性善」注則曰「門人不能盡記其詞」，又第四章「決汝漢」注曰「記者之誤」。吴伯豐以問朱文公，文公答曰：「前説是，後兩處失之。」熟讀七篇，觀其筆勢，如鎔鑄而成，非綴緝所就也。

趙氏《孟子章指》引《論語》曰「力行近仁」，誤以《中庸》爲《論語》。無垢《孝經解》誤以「臨深履薄」爲衛武公之詩。致堂《無逸傳》誤以「不解于位」爲《泂酌》。吴才老《書裨傳·臣辯》誤以晉侯重耳爲申生，❶誠齋《易傳後序》誤以韓宣子爲季札。

《文選》陳孔璋《爲曹洪書》云：「有子勝斐然之志。」注引《墨子》曰：「二三子復於子墨子曰：『告子勝仁。』子墨子曰：『未必然也。告子爲仁，猶跂以爲長，偃以爲廣，不可久也。』」勝蓋告子之名，豈即《孟子》所謂告子歟？

《文選》注引「《孟子》曰：『墨子兼愛，摩頂致於踵。』趙岐曰：『致，至也。』」今本作「放踵」。注無「致」「至也」三字。

《元和郡縣志》：「齊雪宮故趾，在青州臨淄縣東北六里。《晏子春秋》所謂『齊侯見晏子于雪宮』。」

❶「以」，原缺，今據《困學紀聞》補。

《孟子》「以齊王，由反手也」，趙岐注謂「譏管、晏不勉其君以王業」。「文王望道而未之見」，注謂「殷録未盡，❶尚有賢臣，道未得至」。王无咎非之曰：「岐名通《孟子》，而實汩之。」

「琴張」，注謂「子張善鼓琴」，蓋未知《左傳》有琴張。

「周公思兼三王，以施四事」，注云「四事，禹、湯、文、武所行事也」。而伏生《大傳》云「周公兼思三王之道，以施於春、秋、冬、夏」，其説陋矣。

滕定公、文公。按趙氏注，《古紀》、《世本》滕國有考公麇、元公弘，即定公、文公也。《世本》今無傳，此可備參攷。

「《志》曰『喪祭從先祖』」，注引《周禮·小史》「掌邦國之志」。愚謂「邦國之志」若周志、史佚之志、鄭晉楚書、秦記之類。

《孟子》疏謂：「齊王悦南郭先生吹竽，喜鄒忌鼓琴，安知與衆樂樂。」愚攷之《史記》，騶忌以鼓琴見齊威王，非宣王也。唯南郭處士吹竽乃宣王時，見《韓非·内儲説》。

《説苑》：「景羌相鄭，❷鄭人有冬涉水者，出而脛寒。後景羌過之，下陪乘而載之，覆以上衽。叔向聞之曰：『景子爲人國相，豈不固哉。吾聞良吏居之三月而溝渠脩，十月而津梁成，六畜且不濡足，而況人乎？』」此即《孟子》所言子産以乘輿濟人之事也。叔向之時，鄭無景羌，當以《孟子》爲正。

「曾西」，注以爲曾子之孫，《集註》因之。

❶「謂」，原作「未」，今據《困學紀聞》改。

❷本段三「羌」字，《困學紀聞》作「差」。

《經典序録》：「曾申，字子西，曾參之子。子夏以《詩》傳曾申。左丘明作《傳》以授曾申。曾西之學，於此可攷。楚國宜申、公子申，皆字子西，❶則曾西之爲曾申無疑。」

郅惲曰：「孟軻以彊其君之所不能爲忠，量其君之所不能爲賊。」與今《孟子》語小異。

「謹庠序之教，申之以孝悌之義，頒白者不負戴於道路矣。」愚按《書大傳》云：「歲事既畢，餘子皆入學。十五入小學，十八入大學。距冬至四十五日，始出學，傅農事。上老平明坐於右塾，庶老坐於左塾，餘子畢出，然後歸。夕亦如之，餘子皆入，父之齒隨行，兄之齒鴈行，朋友不相踰。輕任并重任分，頒白不提挈，出入皆如之，此之謂造士。」《漢書·食貨志》云：「春將出民，里胥平旦坐於右塾，隣長坐於左塾，云云。入者必持薪樵，輕重相分，斑白不提挈。」孝悌之義，當以是觀之。

「棄禮捐恥」，秦所以敗；「恥尚失所」，晉所以替，恥之於人大矣。

陳蕃諫校獵曰：「齊景公欲觀於海，放乎琅邪。晏子爲陳百姓惡聞旌旗輿馬之音，舉首嚬眉之感，景公爲之不行。」此以《孟子》二章爲一事。

梁惠王「西喪地於秦七百里」。潏水李氏曰：「初，北地郡屬魏，後盡爲秦并，喪於秦不止七百里也。」

《法言·脩身篇》引《孟子》曰：「夫有意而不至者有矣，未有無意而至者也。」今《孟子》無此語，其在外書歟？

---

❶「皆」上，原衍「公子申」，今據《困學紀聞》删。

周子静端朝。爲學官。小司成龔蓋卿以「守氣不如守約」命題。子静曰：「『氣』不與『約』字對，兩『守』字著略點。晦翁注甚明，豈可破句讀《孟子》？」

《尸子》引孔子曰：「誦詩讀書，與古人居。」《金樓子》曰：「曾生謂：『誦詩讀書，與古人居；讀書誦詩，與古人期。』」《孟子》「頌其詩，讀其書，不知其人，可乎」，斯言亦有所本。

命不可委，故《孟子》言「立命」；心不可委，故南軒以陶淵明「委心」之言非。

仁曰仁術，儒曰儒術，術即道也。申不害以術治韓，晁錯言術數。❶公孫弘謂「智者術之原」，君子始惡乎術矣。故學者當擇術。

致堂曰：「楊朱與老聃同時，墨翟又在前，宗師大禹，而晏嬰學之。以爲楊、墨出於師商，攷之不詳甚矣。」朱文公曰：「莊周之學，出於老氏，韓子始謂子夏之後有田子方，子方之後流而爲莊周。以其書之稱子方者攷之，則子方之學子夏，周之學子方者，皆不可見。」愚謂觀此二説，則異端之學，非孔門弟子傳流之差也。

《莊子》曰：「爲善無近名，爲惡無近刑，緣督以爲經。」又曰：「將處夫材與不材之閒。」此子莫之執中也。❷

楊之學似老，墨之學似佛。楊朱書唯見于《列子》。

董仲舒云：「以仁治人，以義治我。」劉原文云：「仁字從人，義字從我，豈造文之意邪？」愚謂告子「仁内義外」之説，孟子非

❶「韓，晁錯言術數」六字，原缺，註有「内漏六字」，今據《困學紀聞》補。

❷「之」，原作「知」，今據《困學紀聞》改。

之。若以人、我分仁、義，是仁外義内，其流爲「兼愛」、「爲我」矣。

《孟子》引費惠公之言，謂小國之君也。春秋時，費爲魯季氏之邑。《史記・楚世家》有鄒、費、郯、邳，蓋戰國時以邑爲國，意者魯季氏之僭歟？

「仁，人心也」，「求其放心」，此孟子直指本心處，但禪學有體無用。

「曹交」，注謂曹君之弟。按《左傳》哀公八年，宋滅曹。至孟子時，曹亡久矣。曹交，蓋以國爲氏者。

老泉《三子知聖人汙論》，誤以「汙」字爲句。趙岐謂「孟子知其言太過，故貶謂之『汙下』」，亦非孟子之意。

《史記・六國表》注皇甫謐曰：「孟子稱禹生石紐，西夷人也。」今無此語。

孟子字未聞。《孔叢子》云「子車」。注：「一作子居。居貧坎軻，故名軻，字子居，亦稱字子輿。」疑皆傅會。《聖證論》云：「子思書、《孔叢子》有孟子居，即是軻也。《傅子》云孟子輿。」

《孟子正義》云：「唐林謹思《續孟子書》二卷，謂《孟子》七篇，非軻自著，乃弟子共記其言。」與韓文公之説同。

《正義序》云「孫奭」，《崇文總目》、《館閣書目》、《讀書志》皆無之。朱文公謂：「邵武士人作，不解名物制度，其書不似疏。」

《吕氏春秋》：「舜行德三年而三苗服。孔子聞之曰：『通乎德之情，則孟門、太行不爲險矣。』故曰：德之速，疾乎以郵傳命。」此可以證《孟子》引孔子之言。

墨之治喪以薄。《宋書・禮志》引《尸子》「禹治水，爲喪法，曰『桐棺三寸，制喪三日』」。蓋墨家托於禹也。

好樂，好勇，好貨色，齊宣王所以不能用孟

子也。文帝好清静，故不能用賈誼；武帝好紛更，故不能用汲黯。「上有好者，下必甚焉。」光武封一卓茂，而節義之俗成；太宗誅一德儒，而諫争之門闢，信乎如風之偃草也。不仁而得天下，未之有也。秦皇以不仁得之矣，二世而失，猶不得也。「惟尹躬暨湯，咸有一德，克享天心」，故湯曰「天吏」，尹曰「天民」。孟子，學伊尹者也。「當今之世，舍我其誰也」，是亦聖之任。「仁在乎熟之而已矣。」子路，未熟之五穀；管仲，已熟之荑稗；楊、墨，五穀之螟螣。照乘之珠，和氏之璧，戰國之君以爲寶，故曰「諸侯之寶三」。爲天吏則可以伐燕，於漢、楚見之。董公未説漢王之前，以强弱角勝負，所謂以燕伐燕也。三軍縞素之後，則爲天吏矣。仁義之言，齊、梁以爲迂闊者，董公一言而漢、楚之興亡決焉，可謂豪傑之士。弱而不可輕者，民也。古先哲王曰「敬民」，曰「畏民」。石守道謂：「湯以七十里亡夏，文王以百里亡商，陳勝以匹夫亡秦，民可不畏乎。」故曰：民爲貴。太史公以陳涉與湯、武並言，涉豈能爲湯、武哉？蓋楚、漢閒豪傑之餘論也。「善推其所爲」，此心之充拓也；「求其放心」，此心之收斂也。致堂曰：「心無理不詠。去而不能推，則視之不見，聽之不聞，痒疴疾痛之不知；存而善推，則潛天地，撫四海，致千歲之日至，知百世之損益。」此言充拓之功也。西山曰：「心一而已，由義理而發，無以害之，可使與天地參；由形氣而發，無以儉之，至於違禽獸不遠。」此言收斂之功也。不闔則無闢，不涵養則不能推廣。

「守孰爲大？守身爲大。」有猷有爲矣，必曰有守；不虧其義矣，必曰不更其守。何德將歎習曰：「入時愈深，則趨正愈遠。」以守身爲法，以入時爲戒，可謂士矣。

「行一不義，殺一不辜，而得天下，皆不爲也。」諸葛武侯謂「漢賊不兩立，其義正矣」，然取劉璋之事，可謂義乎？

「君子可欺以其方，難罔以非其道。」曰無再中之理，而新垣平言之；曰無漸去之理，❶而袁充言之。漢文、隋文皆以是改元，漢文悟平之詐，而隋文終受充之欺，此存亡之判與。

「夫道一而已矣。」爲善而雜於利者，非善也；爲儒而雜於異端者，非儒也。

堯使契爲司徒，教以人倫，學所以明人倫，舜察於人倫。「居中國，去人倫，無君子，如之何其可也」，孟子道性善，稱堯舜，莫大於人倫，此正人心之本原也。

《晏子春秋》曰：「有賢而不知，一不祥；知而不用，二不祥；用而不任，三不祥。」《孟子》謂：「言無實不祥，不祥之實，蔽賢者當之。」蓋古有此言也。

孺子滄浪之歌，亦見於《楚辭·漁父》。攷之《禹貢》，漢水東爲滄浪之水，則此歌楚聲也。《文子》亦云：「混混之水濁，可以濯吾足乎；泠泠之水清，可以濯吾纓乎。」

「無恒産而有恒心者，惟士爲能」，古之士所以異於民也。蘇秦無二頃田，而奔走游

❶「去」，《困學紀聞》作「長」。

說，豈所謂士哉？ 水心葉氏云：「周衰，不復取士。 孔孟不以其不取而不教也，孔孟之徒不以其不取而不學也，道在焉故也。」

「不得志，脩身見於世。」上蔡謝子曰：「天下皆亂而己獨治，不害爲太平。」蜀士楊肩吾曰：「天下雖不治平，而吾國未嘗不治且平者，岐周是也。 一國雖不治平，而吾家未嘗不治且平者，曾、閔是也。 一家雖不治平，而吾身吾心未嘗不治且平者，舜與周公是也。」《文子》亦云：「不憂天下之亂而樂其身治者，可與言道矣。」❶《鹽鐵論》引《孟子》曰：「居今之朝，不易其俗，而成千乘之勢，不能一朝居也。」又云：「今之士，今之大夫，皆罪人也。」又云：「王者與人同而如彼者，居使然也。」與今本不同。

民心之得失，此興亡之幾也。 林少穎云：「民之思漢，則王莽不能脅之使忘；民之忘漢，則先主不能彊之使思。」唐與政云：「民心思漢，王郎假之而有餘；民心去漢，孔明扶之而不足。」

《論語》終於《堯曰》篇，《孟子》終於「堯、舜、湯、文、孔子」，而《荀子》亦終《堯問》，其意一也。

「利與善之閒」，君子必審擇而明辨焉。 此天理人欲之幾，善惡正邪之分界也。 孟子之言公，「不夷不惠，可否之閒」，「材與不材之閒」，楊、莊之言私。

「若將終身焉」，窮不失義；「若固有之」，達不離道。 能處窮，斯能處達。

「養心莫善於寡欲」，注云「欲，利也」。 雖非

❶「文子」至「道矣」二十一字，《困學紀聞》作雙行小註。

本指，「廉者招福，濁者速禍」，亦名言也。道家者流，謂丹經萬卷，不如守一，愚謂不如《孟子》之七字。不養其心而言養生，所謂「舍爾靈龜，觀我朵頤」也。

《呂氏春秋·開春論》云：「神農之教曰：『士有當年而不耕者，則天下或受其饑矣；女有當年而不績者，則天下或受其寒矣。』故身親耕，妻親績，所以見致民利也。」《管子》引神農之數，《文子》亦引神農之法，此即許行所爲神農之言歟？《漢·藝文志》農家有《神農》二十篇，劉向《别録》云「疑李悝、❶商君所説」。

孔子、孟子皆不之秦，荀子嘗入秦而譏其無儒。孔子順曰「秦爲不義，義所不入」，其志如魯仲連。

句容有盜，改置社稷而盜止。下邳多盜，遷社稷於南山之上，盜亦衰息。見陳後山《談藪》。岳州田鼠害稼，雍明遠曰：「迎貓之祭不脩也。」命祭之，鼠隨以斃。見《范蜀公集》。孟子有「變置社稷」，《禮記》有八蠟，孰謂古制不可行于今乎？

「求在我者」，盡性於己；「求在外者」，聽命於天。李成季曰：「與其求於人，曷若無欲於己；與其使人可賤，不若以賤自安。」呂居仁亦以見人有求爲非。

「宿於晝」，《水經注》云：「澅水出時水，東去臨淄城十八里，所謂澅中也。俗以澅水爲宿留水，以孟子三宿出澅。」當作「晝」。《後漢》「耿弇進軍中」，《史記》「晝邑人王蠋」，《通鑑》作「晝邑」。

「以刃與政，有以異乎？」邵子之論秦曰：「殺人之多，不必以刃，謂天下之人無生

❶「疑」，原脱，今據《困學紀聞》補。

路可趨也。」

「商鞅富强之術，誘三晉之民，力耕於内，而使秦民應敵於外。」使梁王用孟子之言，施仁政於民，秦焉得誘之？ 仁勝不仁，如春融冰泮，故曰「仁者無敵」。

「蓋大夫王驩」，漢泰山郡蓋縣故城，在沂州沂水縣西北。

趙氏《春秋論》曰：「『五伯者，三王之罪人』，謂其三代而春秋之也，齊桓其作俑也。『今之諸侯，五伯之罪人』，謂其春秋而戰國之也，晉定其作俑也。『今之大夫，今之諸侯之罪人』，謂其戰國而七國之也，晉之韓、趙、魏其作俑也。」❶

止齋曰：「人多言常平出漢耿中丞，顔師古以壽昌爲權道，豈知常平蓋古制？ 孟氏言『狗彘食人食而不知檢，塗有餓莩而不知發』，今文作『檢』，班氏《食貨志》作『斂』是也。」夫豐歲不斂，饑歲不發，豈所謂無常平乎？

陳烈讀「求其放心」而悟曰：「我心不曾收，❷如何記書？」遂閉門静坐，不讀書百餘日，以收放心，然後讀書，遂一覽無遺。

前賢之讀書如此。

「若民則無恒産，❸因無恒心」，《孟子》言戰國之民也。周之盛時，以井牧授田，以鄉遂設教。「攸介攸止，烝我髦士」，士亦田野之秀民也。不惟士有常心，民亦有常心矣，故曰「文武興而民好善」。

孟子考異終

❶「魏」，原脱，今據《困學紀聞》補。
❷「收」，原作「放」，今據《困學紀聞》改。
❸「若」，原作「教」，今據《困學紀聞》改。

附録　四庫全書總目提要

《三魚堂四書大全》四十卷通行本。

國朝陸隴其編。❶隴其有《古文尚書考》，已著録。初，明永樂閒，胡廣等奉詔撰《四書大全》，陰據倪士毅舊本，潦草成書，而又不善於剽竊，龐雜割裂，痕跡顯然。雖有明二百餘年懸爲功令，然講章一派從此而開，庸陋相仍，遂似朱子之書專爲時文而設，而經義於是遂荒。是編取胡廣書，除其煩複，刊其舛謬，又採《蒙引》、《存疑》、《淺説》諸書以附益之，自較原本爲差勝，然終未能盡廓清也。其初稿成於康熙辛酉，❷前有自序，尚歉然以爲未定。及晚年輯《困勉録》，復取是書互相參考，别以朱筆點次，乃成定本。然未及重爲之序，故其門人席永恂、侯銓、王前席等校刊之時，仍以原序冠卷端，實則序在前而書在後也。《大學》、《中庸》并載《或問》，亦仍《大全》之舊。卷末附載王應麟《論語、孟子考異》，不知何人採摭《困學紀聞》爲之，❸非應麟原有是書也。

❶「編」，原作「撰」，今據清乾隆武英殿刻本《四庫全書總目》改。

❷「酉」，原作「未」，今據陸隴其自序及《四庫全書總目》改。

❸「紀」，原作「記」，今據《四庫全書總目》改。

鳴謝

《儒藏》精華編惠蒙善助，共襄斯文；謹列如左，用伸謝忱。

本焕法師　壹佰萬元

智海企業集團董事長　馮建新先生　壹佰萬元

NE·TIGER時裝有限公司董事長　張志峰先生　壹佰萬元

張貞書女士　壹佰萬元

北京大學《儒藏》編纂與研究中心

本册审稿人　陈锦春
本册责任编委　李畅然

圖書在版編目(CIP)數據

儒藏.精華編.一二三/北京大學《儒藏》編纂與研究中心編.—北京：北京大學出版社，2020.5

ISBN 978-7-301-11841-2

Ⅰ.①儒… Ⅱ.①北… Ⅲ.①儒家 Ⅳ.①B222

中國版本圖書館CIP數據核字（2020）第027526號

書　　名	儒藏（精華編一二三） RUZANG（JINGHUABIAN YIERSAN）
著作責任者	北京大學《儒藏》編纂與研究中心　編
責任編輯	沈瑩瑩
標準書號	ISBN 978-7-301-11841-2
出版發行	北京大學出版社
地　　址	北京市海淀區成府路205號　100871
網　　址	http://www.pup.cn　　新浪微博：@北京大學出版社
電子信箱	dianjiwenhua@126.com
電　　話	郵購部 010-62752015　發行部 010-62750672　編輯部 010-62756449
印 刷 者	北京中科印刷有限公司
經 銷 者	新華書店
	787毫米×1092毫米　16開本　47.25印張　747千字
	2020年5月第1版　2020年5月第1次印刷
定　　價	1200.00元

ISBN 978-7-301-11841-2

9 787301 118412 >

定價：1200.00元